MUSKERRY CRITICAL EDITIONS
Vol. 4

SEANMÓIN AGUS TRÍ FICHID

Seanmóin do gach Domhnach agus lá saoire sa mbliain, de réir an tSoiscéil as Leabhar an Aifrinn.
Ón Athair Peadar Ua Laoghaire, Canónach, S. P.

AN SOÍSCÉAL AS LEABHAR AN AIFRINN

THE GOSPEL FROM THE MISSAL
translated into Irish by the Rev. Peter O'Leary, P. P.

AN TEAGASC CRÍOSTAÍ

An tAthair Uilliam Ó Catháin Easpag Chluana do chéad-chuir amach
An tAthair Peadar Ua Laoghaire Canónach do chuir in eagar

Copyright © 2025 David Webb

All rights reserved, save that book chapters may be reproduced for educational purposes.

ISBN: 978-1-7398872-3-0

An Clár

Preface..1
    Preface to An Teagasg Críostaidhe (1920)...........................11
    Preface to An Teagasc Crísdy (1922)....................................11
I. An Chéad Domhnach den Advent.......................................15
II. An Tarna Domhnach den Advent......................................18
III. An Tríú Domhnach den Advent.......................................23
IV. An Ceathrú Domhnach den Advent..................................28
V. Lá Nollag..33
VI. Domhnach na Nollag..38
VII. Lá Coille..43
VIII. Lá Nollag Beag..49
IX. Domhnach an Epiphaní...55
X. An tOchtú Lá den Epiphaní..61
XI. An Tarna Domhnach tar éis an Epiphaní...........................66
XII. An Tríú Domhnach tar éis an Epiphaní............................73
XIII. An Ceathrú Domhnach ón Epiphaní...............................79
XIV. An Cúigiú Domhnach ón Epiphaní.................................85
XV. An Séú Domhnach tar éis an Epiphaní.............................91
XVI. An Domhnach i Septuagesima......................................98
XVII. An Domhnach i Secsagesima.....................................103
XVIII. An Domhnach i gCuíncuagesima..............................109
XIX. Céadaoin an Luaithrigh..116
XX. An Chéad Domhnach den Charaíos..............................122
XXI. An Tarna Domhnach den Charaíos..............................129
XXII. An Tríú Domhnach den Charaíos...............................136
XXIIa. An Tríú Domhnach den Charaíos.............................144
XXIII. An Ceathrú Domhnach den Charaíos........................151
XXIV. Domhnach na Páise...158
XXV. Domhnach na Failme..165
XXVI. Domhnach Cásca...181
XXVII. Mion-Cháisc..187
XXVIII. An Tarna Domhnach tar éis na Cásca......................194
XXIX. An Tríú Domhnach tar éis na Cásca...........................200
XXX. An Ceathrú Domhnach tar éis na Cásca......................207
XXXI. An Cúigiú Domhnach tar éis na Cásca.......................213
XXXII. Dardaoin Deasgabhála..220

XXXIII. An Domhnach Laistigh d'Ocht-Lá na Deasgabhála............227
XXXIV. Domhnach Cíncíse............234
XXXV. Féile na Tríonóide............242
XXXVI. An Chéad Domhnach tar éis Cíncíse............249
XXXVII. Féile Chuirp Críost............256
XXXVIII. An Domhnach Laistigh d'Ocht-Lá Féile Chuirp Críost............263
XXXIX. An Tríú Domhnach tar éis Cíncíse............271
XL. An Ceathrú Domhnach tar éis Cíncíse............278
XLI. An Cúigiú Domhnach tar éis Cíncíse............285
XLII. An Séú Domhnach tar éis Cíncíse............292
XLIII. An Seachtú Domhnach tar éis Cíncíse............299
XLIV. An tOchtú Domhnach tar éis Cíncíse............306
XLV. An Naoú Domhnach tar éis Cíncíse............313
XLVI. An Deichiú Domhnach tar éis Cíncíse............319
XLVII. An tAonú Domhnach Déag tar éis Cíncíse............326
XLVIII. An Tarna Domhnach Déag tar éis Cíncíse............334
XLIX. An Tríú Domhnach Déag tar éis Cíncíse............341
L. An Ceathrú Domhnach Déag tar éis Cíncíse............348
LI. An Cúigiú Domhnach Déag tar éis Cíncíse............355
LII. An Séú Domhnach Déag tar éis Cíncíse............362
LIII. An Seachtú Domhnach Déag tar éis Cíncíse............368
LIV. An tOchtú Domhnach Déag tar éis Cíncíse............375
LV. An Naoú Domhnach Déag tar éis Cíncíse............382
LVI. An Fichiú Domhnach tar éis Cíncíse............389
LVII. An tAonú Domhnach ar Fhichid tar éis Cíncíse............395
LVIII. An Tarna Domhnach ar Fhichid tar éis Cíncíse............401
LIX. An Tríú Domhnach ar Fhichid tar éis Cíncíse............408
LX. An Ceathrú Domhnach ar Fhichid tar éis Cíncíse............415
An Teagasc Críostaí............423
    Ceacht a haon............423
    Ceacht a dó............424
    Ceacht a trí............426
    Ceacht a ceathair............429
    Ceacht a cúig............432
    Ceacht a sé............434
    Ceacht a seacht............436
    Ceacht a hocht............437
    Ceacht a naoi............439

Ceacht a deich	441
Ceacht a haondéag	443
Ceacht a dódhéag	444
Ceacht a trídéag	446
Ceacht a ceathairdéag	448
Ceacht a cúigdéag	451
Ceacht a sédéag	452
Appendix	453
Na Paidreacha Miona	465
An Chré	465
An Fhaoistin Choiteann	466
Na Mion-ghníomhartha	466
Dólás mar gheall ar pheacaíbh	466
Gníomh Creidimh	467
Gníomh Dóchais	467
Gníomh grá agus croí-bhrú	468
Úrnaithe roimis na Gníomhartha	468
Ag Éirí ar Maidin duit, abair le Dia na glóire:	468
Abair le t'Aingeal Coímhdeachta	469
Altú Roim Bia	469
Altú tar éis Bídh	469
Le línn dul a chodladh dhuit, abair:	469
Úrnaithe roim Aifreann	470
Guímís	471
Teachtaireacht an Aingil	471
An Ghuí	472
Úrnaithe	472
An Salvé Regína	473
Guímís Dia	473
An Memoráré	474
Liodán Íosa	474
Liodán na Maighdine Muire	478
Glossary	483

An tarna seanmóin don Tríú Domhnach den Charaíos (XXIIa) is ea a dheineann seanmóin agus trí fichid a bheith ann.

SEANMÓIN IS TRÍ FICHID

Preface

This volume contains the 61 sermons that formed Peadar Ua Laoghaire's *Seanmóin is Trí Fichid*, as well as the catechism the language of which he updated and set prayers (such as the Our Father) and other religious texts (such as the Creed and the Litany of Jesus and the Litany of Mary). As the original text of *Seanmóin is Trí Fichid* did not contain the Gospel passages, merely saying *léitear an Soiscéal* before each sermon, the correct Gospel passages have been located in Ua Laoghaire's *An Soísgéal as Leabhar an Aifrinn* and inserted here. As such, everything in the two volumes of Ua Laoghaire's *Seanmóin is Trí Fichid,* his *An Teagasg Críostaidhe* and his *An Soísgéal as Leabhar an Aifrinn* is included here.

Maol Muire relates in her *An tAthair Peadar Ó Laoghaire agus a Shaothair* that these sermons are not sermons that Ua Laoghaire actually delivered before any congregation. Rather he wrote out suggested sermons for each Sunday and Holy Day in the liturgical calendar. She states that the sermons were prepared at the urging of An tAthair Abhaistín, O.M.Cap. This is probably Father Augustine Hayden (1870-1954)[1]:

> Na seanmóintí atá bailighthe san dá leabhar úd—"Seanmóin is Trí Fichid"—dob é an tAthair Abhaistín, O.M.Cap., d'iarr air iad to cheapadh, agus, mar adubhairt an tAthair Peadar féin, "níor thug sé sos ná suaimhneas dom" go dtí go rabhadar déanta. Táid na seanmóintí go háluinn; machtnamh iseadh gach ceann díobh ar bhréithribh an tSoisgéil. Bíodh nár thug sé ós árd iad d'aon phobul, bhíodh sé ag cuimhneamh ar a lucht éisteachta an fhaid a bhí sé ghá

---

1   Father Augustine was a Capuchin priest and Irish nationalist who was born as John Hayden in Co. Kilkenny and raised in Blarney, Co. Cork. On ainm.ie he is found as Agaistín (not Abhaistín) Ó hAodáin. Father Augustine played a role in setting up Coláiste na Múmhan in Ballingeary in the Muskerry Gaeltacht in 1904. Further information can be found at https://www.ainm.ie/Bio.aspx?ID=524, although that biography does not mention his role in encouraging Ua Laoghaire to write the sermons.

Preface

sgríobhadh. Is amhlaidh a bhí an pobul os comhair a aigne, agus do dhein sé cainnt leó, agus do réir mar a thagadh an chainnt 'na slaodaibh chuige, do sgríobhadh sé í go tapaidh gan puinn duaidh. Dubhairt an tAthair Abhaistín go raibh sé féin ag féachaint air le linn dó bheith á gceapadh, agus go mbíodh sé ag sgríobhadh chomh tapaidh sin, leathanach ar leathanach, gur dhóigh le duine air, ná bíodh aon mhachtnamh ar siubhal aige. [*An tAthair Peadar Ó Laoghaire agus a Shaothair*, 108]

Ua Laoghaire clearly knew what sort of sermon he would give for each Sunday and Holy Day here: he was very familiar with the Gospel passages and the lessons that needed to be brought out in a homily or sermon on each of them. Maol Muire went on to point out that nothing too abstruse is covered in the sermons—there are no polemics here on disputed theological points. Rather Father Peter focused his sermons on the plain words of the Gospels and how the Gospels applied to the lives of the rural parishioners he knew best.

Nevertheless, although Maol Muire, writing in 1939, regarded the sermons as very uncontroversial in their context, from the standpoint of 2025 they are less so. This reflects the way in which the entire Christian church gradually abandoned key tenets of faith in the 20th century, eventually watering down the Christian faith to just being a good person (in your own eyes, much like the first-century Pharisees) and supporting all the Cultural Marxist causes that derive from modern political culture ("racism", multiculturalism, "gay rights", climate change, etc). It is hard to find a priest in any Christian church in Europe and North America, including the Roman Catholic church, who has not replaced Christian teachings with support for mass immigration and supposed refugees.[2] There appears little difference

---

2 My own primary school, St. Thomas More's RC school in Bedhampton, Hampshire in England, is a case in point. The school now enrols pupils in "houses" including Mahatma Gandhi and Claudette Colvin (a figure in the US civil rights movement), thus pushing far left politics onto ten-year-olds. See https://www.st-thomasmores.hants.sch.uk/news/detail/school-values-patrons-houses-and-new-house-captain/. When I attended the school, the houses were St. Peter, St. Joseph, St. Thomas More and St. Thomas à Becket.

Preface

between what passes for Catholicism today and Communism, in direct contradiction of Pope Pius IX's *Syllabus of Errors*, published in 1864.

By contrast, Ua Laoghaire's sermons contain trenchant statements of traditional faith such as the following:

> Dá bhrí sin, ní gá dul chun aon trioblóide chun a chur 'na luí ar aigne éinne againn gur éirigh ár Slánaitheóir ó sna mairbh. **Is fírinne d'fhírinnibh ár gcreidimh é, agus an té ná creidfeadh é, ní Críostaí ceart in aon chor é**. [p181; bold font added]

Statements of this type to the effect that you can't be a proper Christian if you don't believe in the Resurrection of Christ would be classed by many clergymen today as "intolerant". After all, can you not be a good person if you don't believe in the Resurrection as long as you support the refugees and transgenderism? But what is the church even for if there is no content to the faith?

Ua Laoghaire lived before the time when it became normal for priests (and popes[3]) to play down the reality of hell and play down the role of the church as the Ark of Salvation. Many clergymen now argue that non-Christian religions such as Islam might also be a path to God. For this reason, these sermons, which frequently mention the reality of hellfire, are an important restatement of the real Christian faith, without which you cannot be a real Christian.

As far as moral teaching goes, Ua Laoghaire was very insistent on the need of Christians to forgive their neighbours (and enemies) and brooked no excuses in that regard:

> Is mó duine ná déanfadh éagóir ar a chómharsain, ná déanfadh díobháil do 'na phearsain ná 'na chuid ná 'na chlú, agus go mb'fhéidir dá ndeineadh an chómharsa droch-bheart air ná féadfadh sé, nú go

---

3 The late Pope Francis, accused of numerous counts of heresy in open letters by religious scholars, said on January 14th 2024 "I like to think of hell as empty". That was not what Christ taught.

Preface

n-áiteódh sé air féin ná féadfadh sé, an droch-bheart san do mhaitheamh don chómharsain sin. **Sin é díreach an Fairisíneach amu' 's amach.** [p290; bold font added]

The Gospel passages drawn from *An Soísgéal as Leabhar an Aifrinn* are a translation done by Ua Laoghaire in 1902, and therefore diverge in many respects from the same passages in his *Na Cheithre Soisgéil* as edited by Gerald O'Nolan in 1915. One of the most surprising passages is in Sermon XIV (the sermon for the Fifth Sunday after the Feast of the Epiphany, usually known today as the Fifth Sunday in Ordinary Time), where "oversowing" of cockle among wheat is translated in the preterite as *archuir* (p85). This is accepted lest Ua Laoghaire's text be misrepresented, but a footnote added here states that this word is not natural Irish.

There were a number of oddities in the original text of *Seanmóin agus Trí Fichid* that have been resolved here. In Sermon V, we initially read *b'é toil an Ímpire an reacht san a chur amach an uair sin i dtreó go bhfaghadh sé amach cad é an mhéid daoine a bhí sa tír*. This is edited in this edition to read *cad é an méid daoine a bhí sa tír* (p34). In Sermon XII, we initially read *do réir dhlíghe Mhaoise*. This is edited here as *de réir dlí Mhaoise* (p73), as *dlí*, almost universally in Ua Laoghaire's works, stands without lenition in this phrase. The fact that the manuscript is available only for Sermons XXXIII-LX means that the original spelling cannot be checked. In Sermon XV, we read *má dhéinean, ní meisgeóir é feasta, agus ní bhainean caint Naoimh Póil leis sa méid sin*. In a letter to Sr. Máighréad Mhuire (dated February 13th 1914 and held in the G1,278 manuscript collection in the National Library of Ireland) Ua Laoghaire wrote that *Naomh Peadar, Naomh Pádraig* and similar phrases should be taken as entire phrases and not declined. This is therefore edited here to give *cainnt Naomh Pól* (p96). The manuscript shows that *Giúdach* was repeatedly adjusted by a later hand to *Iúdach*: the original form is restored throughout here, including for those parts of the text for which no manuscript is available. *Do thogh* is universally edited here as *do*

Preface

thoibh in line with Ua Laoghaire's statement that *do thogh* meant nothing in Irish (see the Glossary for the reference).

Personal names are a problem in editing works of this kind. I fundamentally think it unimportant how names like *Heród* are spelt in Irish: Gerald O'Nolan has *Héród* in *Na Cheithre Soisgéil* (and tearma.ie has *Héaród*), but I have used *Heród* throughout here simply because that is what was found in the sermons, and so the Gospel passages have been aligned with that. Names including *Eóin mac Sebedí* and *Mac Dáivid* (in reference to Christ) do not have lenition following *mac* here. This was traditionally correct, at least up to the 18th century, and Ua Laoghaire frequently uses this approach in his works.

I have generally slenderised masculine names for the genitive, producing forms like *Ábrahaim*. The original text had *Adam* in the genitive. This has been edited as *Adaim*, given that Ua Laoghaire's Bible manuscripts do have *Adaim* at Genesis 5:1. *Isaaic* is an awkward genitive spelling, as there are no Irish names ending in *-aac*, but *Ísaaic* is found in Ua Laoghaire's *Na Cheithre Soisgéil* (p20, which is Matthew 8:11). *Ímpireacht Thibérias Chésair* has been edited as *ímpireacht Thibérias Caesar*, treating *Caesar* as a noun in apposition without lenition or declining for the genitive (I explain in the Glossary why I believe the pronunciation was often /seːzər/ in Muskerry, whether or not Ua Laoghaire himself had that pronunciation). Placenames are similarly handled: I use *Ierúsaleim* in the genitive here (the spelling *Iarúsailéim* is, of course, ridiculous, and was made up for the edition of the Bible published in Maynooth). I had difficulty with *cnuc Olivet* for the Mount of Olives: *Olivet* should not be a genitive singular; it should be, if anything, a genitive plural, and so it has been left untouched apart from the decision to use *v* and not *bh* in such names. *Máire Mhagdelén* was found in the Gospel passages, but *Máire Maghdelén* in the Sermons. The former has been standardised on here. There isn't really a right or wrong approach to

Preface

such proper nouns, and it is possible to spend an inordinate amount of time on such issues.

The version of the Catechism included here is Ua Laoghaire's updating of Bishop William Keane's 1857 catechism. I have also included here the prefaces to both *An Teagasg Críostaidhe* and the edition in Letiriú Shímplí *An Teagasc Crísdy*, which contain interesting information (there was no preface to the original edition of *Seanmóin is Trí Fichid*). The prayers included here are those found printed with the Catechism, as well as the prayers printed with *An Soisgéal as Leabhar an Aifrinn*. There is some overlap between the prayers found in those volumes in any case.

The spelling system used here is that developed by Coiste Litríochta Mhúscraí for dialectal works. Spellings have been retained that correctly illustrate Ua Laoghaire's Irish. *An Athar Síorai* in the genitive here is not a spelling mistake, but Ua Laoghaire's near-universal use. So also with *cine daonna, colann daonna, scríbhinn diaga* and others. A detailed Glossary is attached giving details of pronunciation and discussing the difference between grammatical forms found in West Muskerry Irish and the Standardised Irish now taught in Irish schools. I was able to spend some time in the National Library of Ireland reading the manuscript, which is only available for part of the text, and this resolved some issues. Finally, the leading member of Coiste Litríochta Mhúscraí, Dr. Seán Ua Súilleabháin, a retired former lecturer in Roinn na Nua-Ghaeilge, University College Cork, has given copious advice on the preparation of this volume. I am, of course responsible for any errors, and they may be notified to me at foghlamthoir@gmail.com.

David Webb

Lincolnshire

December 2025

Preface

Abbreviations

AÓL: Amhlaoibh Ó Loingsigh.
CFBB: *Cnósach Focal ó Bhaile Bhúirne.*
DBÓC: Dónall Bán Ó Céileachair.
DIL: *Dictionary of the Irish Language.*
FGB: *Foclóir Gaeilge-Béarla.*
GCD: *Gaeilge Chorca Dhuibhne.*
GCh: *Gaelainn Chaighdeánaithe*, the Standardised form of Irish.
IWM: *The Irish of West Muskerry.*
LASID: *Linguistic Atlas and Survey of Irish Dialects*, Volume II.
LS: An Letiriú Shímplí (Simplified Spelling).
NIWU: *Notes on Irish Words and Usages.*
PSD: Patrick S. Dinneen and his dictionary.
PUL: Peadar Ua Laoghaire.
WM: West Muskerry.

References

"Cuíl Ruish", part of a song collection compiled by Alexander Martin Freeman, in *Journal of the Folk-Song Society*, No. 23 (the third part of Vol VI), Taunton: Barnicott and Pearce, 1920.
"Habit Shirt", part of a song collection compiled by Alexander Martin Freeman, in *Journal of the Folk-Song Society*, No. 23 (the third part of Vol VI), Taunton: Barnicott and Pearce, 1920.
"Seachain!", in *An Músgraigheach*, Uimhir 1, Meitheamh 1943.
"Séadna", in *An Músgraigheach*, Uimhir 2, Fóghmhar 1943.
de Bhaldraithe, Tomás. *English-Irish dictionary: with terminological additions and corrections*, Baile Átha Cliath: An Gúm, 1987.
Dinneen, Patrick S. *Foclóir Gaedhilge agus Béarla*, Dublin: The Irish Texts Society, 1927.
Lloyd, J. H. "Diarmuid and Gráinne as a Folk-Tale", in *Gadelica: A Journal of Modern Irish Studies*, Vol. 1, No. 2 (1912).
Maol Muire (Sister Mary Vincent). *An tAthair Peadar Ó Laoghaire agus a Shaothar*, Baile Átha Cliath: Brún agus Ó Nualláin, 1939.
Marstrander, Carl J. S. et al. *Dictionary of the Irish Language*, Dublin: Royal Irish Academy, 1913-76.
Ó Briain, Mícheál. *Cnósach Focal ó Bhaile Bhúirne*, Baile Átha Cliath: Institiúid Árd-léighinn Bhaile Átha Cliath, 1947.
Ó Buachalla, Pádraig (tr.) *Eachtra Phinocchio*, Baile Átha Cliath: Oifig Díolta Foillseacháin Rialtais, 1933.
O Cathain, Dochtuir (i.e. An Dochtúir Uilliam Ó Catháin). *An Teagasg Croistaidhe* [sic]*, do reir ceist agus freagardh* [sic] *le oideas agus curam Dhochtuir I Chathain, Easbog Cluina* [revised by Rev. R. Smiddy], Cork: D. Mulcahy, 1857.

Preface

Ó Cróinín, Donncha. "Scéalaíocht Amhlaoibh Í Luínse", in *Béaloideas*, Vol 35/36, 1967/1968.
Ó Cuív, Brian, "An t-Athair Peadar Ua Laoghaire's translation of the Old Testament", in *Zeitschrift für celtische Philologie*, Vol 49–50 (1997), pp. 643–652.
Ó Cuív, Brian. *Irish Dialects and Irish-Speaking Districts*, Dublin: Dublin Institute for Advanced Studies, 1971.
Ó Cuív, Brian. *The Irish of West Muskerry, Co. Cork*, Dublin: The Dublin Institute for Advanced Studies, 1944.
Ó Dónaill, Niall. *Foclóir Gaeilge-Béarla*, Baile Átha Cliath: An Gúm, 1977.
Ó Fiannachta, Pádraig (tr). *An Bíobla naofa: arna aistriú ón mbuntéacs faoi threoir ó Easpaig na hÉireann maille le Réamhrá agus Brollaigh*, Maigh Nuad: An Sagart, 1981.
Ó Laeri, Peaduir, *An Teagasc Crísdy*, Dublin: Browne and Nolan, 1922.
Ó Luínse, Amhlaoibh. *Seanachas Amhlaoibh Í Luínse*, Dublin: Comhairle Bhéaloideas Éireann, 1980.
Ó Sé, Diarmuid. *Gaeilge Chorca Dhuibhne*, Dublin: Institiúid Teangeolaíochta Éireann, 2000.
O'Leary, Peter. "Dr. Sheehan's Gabha na Coille", in *The Freeman's Journal*, Dublin, March 17th 1915.
O'Leary, Peter. *An Soísgéal as Leabhar an Aifrinn: the Gospel from the Missal*, Dublin: The Irish Book Company, 1902.
O'Leary, Peter. *Ár nDóithin Araon, Ag Séide agus ag Ithe. An Sprid*, Dublin: Brún agus Ó Nualláin, 193?.
O'Leary, Peter. *Papers on Irish Idiom*, Dublin: Browne and Nolan, 1929.
O'Nolan, Gerald. *A Key to the Exercises in Studies in Modern Irish (Part I)*, Dublin: Educational Co. of Ireland, 1920.
O'Nolan, Gerald. *Studies in Modern Irish: Part I*, Dublin: Educational Co. of Ireland, 1919.
Pléimeann, Risteárd, letter dated January 4th, 1918, Gaelic manuscript collection G 1,277 (1) comprising correspondence of An tAthair Peadar Ua Laoghaire of Castlelyons (Caisleán Ua Liatháin), Co. Cork, with An tAthair Risteárd Pléimeann (Fr Richard Fleming), Shán Ó Cuív Papers, National Library of Ireland, Dublin. PUL's replies to various points raised in the letter are written directly on this letter from Pléimeann.
Sjoestedt, Marie-Louise. *Phonétique d'un parler irlandais de Kerry*, Paris: E. Laroux, 1931.
Ua Laoghaire, Diarmuid. *Cogar mogar*, Baile Átha Cliath: Muintir na Leabhar Gaedhilge, The Irish book company, 1909.
Ua Laoghaire, Peadar (ed) and Ua Cathain, Uilliam. *An Teagasg Críosdaidhe*, Baile Átha Cliath: Brún agus Ó Nóláin, 1920.
Ua Laoghaire, Peadar, letter dated Dardaoin Chorp Criost 1919, Gaelic manuscript collection G 1,277 (1) comprising correspondence of An tAthair Peadar Ua Laoghaire of Castlelyons (Caisleán Ua Liatháin), Co. Cork, with An tAthair

Preface

Risteárd Pléimeann (Fr Richard Fleming), Shán Ó Cuív Papers, National Library of Ireland, Dublin.

Ua Laoghaire, Peadar, letter dated February 13th, 1914, Gaelic manuscript collection G 1,278 comprising correspondence of An tAthair Peadar Ua Laoghaire of Castlelyons (Caisleán Ua Liatháin), Co. Cork, with An tSiúr Máirghréad Mhuire, Clochar na Trócaire, An Teampall Mór [Co. Tipperary], Shán Ó Cuív Papers, National Library of Ireland, Dublin.

Ua Laoghaire, Peadar, letter dated March 10th 1918, Gaelic manuscript collection G 1,277 (1) comprising correspondence of An tAthair Peadar Ua Laoghaire of Castlelyons (Caisleán Ua Liatháin), Co. Cork, with An tAthair Risteárd Pléimeann (Fr Richard Fleming), Shán Ó Cuív Papers, National Library of Ireland, Dublin.

Ua Laoghaire, Peadar, letter dated November 29th, 1917, Gaelic manuscript collection G 1,277 (1) comprising correspondence of An tAthair Peadar Ua Laoghaire of Castlelyons (Caisleán Ua Liatháin), Co. Cork, with An tAthair Risteárd Pléimeann (Fr Richard Fleming), Shán Ó Cuív Papers, National Library of Ireland, Dublin.

Ua Laoghaire, Peadar, undated letter to Eleanor Knott, item XLV in collection 12 O/21/76, Eleanor Knott Papers, Royal Irish Academy, Dublin.

Ua Laoghaire, Peadar. *An Craos-Deamhan*, Baile Átha Cliath: Muintir na Leabhar Gaedhilge, 1905.

Ua Laoghaire, Peadar. *Bricriu: nó "is fearr an t-imreas 'ná an t-uaigneas"*, Baile Átha Cliath: Muintir na Leabhar Gaedhilge, 1915.

Ua Laoghaire, Peadar. *Críost Mac Dé*, Baile Átha Cliath: Brún agus Ó Nóláin, in three volumes, 1923-1925.

Ua Laoghaire, Peadar. *Guaire*, Baile Átha Cliath: Muintir na Leabhar Gaedhilge, in two volumes, 1915.

Ua Laoghaire, Peadar. *Irish numerals and how to use them*, Dublin: Browne and Nolan, 1922.

Ua Laoghaire, Peadar. *Mo Sgéal Féin*, Baile Átha Cliath: Brún agus Ó Nualláin, 1915.

Ua Laoghaire, Peadar. *Mo Shlighe chun Dé: leabhar urnaighthe*, Corcaigh: Liam Ruiséal, 1921.

Ua Laoghaire, Peadar. *Na Cheithre Soisgéil as an dTiomna Nua*, Baile Átha Cliath: Brún agus Ó Nualláin, 1915.

Ua Laoghaire, Peadar. *Niamh*, Baile Átha Cliath: Muintir na Leabhar Gaedhilge, 1907 and 1910.

Ua Laoghaire, Peadar. *Notes on Irish Words and Usages*, Dublin: Browne and Nolan, 1926.

Ua Laoghaire, Peadar. *Seanmóin is Trí Fichid*, Baile Átha Cliath: Muinntir na Leabhar Gaedhilge, in two volumes, 1909.

Ua Laoghaire, Peadar. *Sgéalaidheachta as an mBíobla Naomhtha*, Baile Átha Cliath: Brún agus Ó Nóláin, in seven volumes, 1922-1925.

Ua Laoghaire, Peadar. *Sgothbhualadh*, Baile Átha Cliath: Brún agus Ó Nóláin, 1904.

Preface

Ua Súilleabháin, Seán. "Gaeilge na Mumhan", in McCone, Kim (ed) et al, *Stair na Gaeilge*, Maigh Nuad: Roinn na Sean-Ghaeilge, Coláiste Phádraig, 1994.

Wagner, Heinrich. *Linguistic Atlas and Survey of Irish Dialects: Volume II. The Dialects of Munster* (1964), Reprint, Dublin: Dublin Institute for Advanced Studies, 1982.

Preface

Preface to *An Teagasg Críostaidhe* (1920)

This Catechism was originally printed in modern Roman type some sixty years ago for the diocese of Cloyne, by the Rev. Canon Schmiddy, under the direction of Dr. Keane, who was then Bishop of the diocese. In 1901 it was republished in the older Roman or Gaelic Type, with a vocabulary, by Canon O'Leary, and it has since been used in many parts of Ireland.

An edition published in 1919 gave the questions and answers and the prayers in simplified spelling, according to the pronunciation of Canon O'Leary. When that edition was being prepared for the press some additional prayers were supplied by Canon O'Leary to make the book complete for use in the bilingual schools in which Catechism is taught in Irish. At the same time Canon O'Leary altered a few words to bring the language more into conformity with the usage of the present day. Some slight alterations in the text were also necessary to bring the Catechism into conformity with the new Canon Law. All these alterations and the new prayers are given in the present edition.

Preface to *An Teagasc Crísdy* (1922)

This Catechism was originally printed in modern Roman type some sixty years ago for the diocese of Cloyne, by the Rev. Canon Schmiddy, under the direction of Dr. Keane, who was then Bishop of the diocese. In 1901 it was republished in the older Roman, or Gaelic type, with a vocabulary, by Canon O'Leary, and it has since been used in many parts of Ireland. The present edition gives the questions and answers and the prayers in Simplified Spelling according to the pronunciation of Canon O'Leary. It is hoped that this new edition may be a help in teaching the Catechism in Irish to thousands of children and adults. It should prove a great aid to students in

Preface

memorising the Catechism, and thus lighten the labour of both teachers and pupils.

This edition contains everything that the previous edition contained except the vocabulary. It also contains some additional prayers supplied by Canon O'Leary to make the book complete for use in the bilingual schools in which the Catechism is taught in Irish. These additional prayers include short acts of contrition, faith, hope, and charity; morning and evening prayers; grace before and after meals, and a prayer to the guardian angel.

Those who use this book as a key to the older editions should note that Canon O'Leary has altered a few words to bring the language more into conformity with the usage of the present day. He has substituted *dream* for *drong*, *heachuint* for *sheachnadh*, *a ghinean* for *a ghnidhean*, *adaváil* for *admhughadh*, *pé peacy* for *gidh b'iad peacaí*, and made some other alterations. Some slight alterations in the text were also necessary to bring the Catechism into conformity with the new Canon Law.

When the first edition of this book was published in 1919, Canon O'Leary, *beanàcht Dé len' anam*, wrote as follows to the Editor:

> Tháinig an Teagasc Críostaí. Tá go hálainn ar fad! Níl aon leathscéal ag éinne, óg ná aosta, anois, chun bheith dhá leogaint air ná féadfadh sé an t-eólas ceart a bheith aige ar fhírinníbh an chreidimh.

The hope expressed in the preface to the first edition, and repeated in this, that *An Teagasc Crísdy* may be a help in teaching the Catechism in Irish to thousands of children and adults, has been fully realised.

Lá le Brídi, 1921.

SEANMÓIN IS TRÍ FICHID

I. An Chéad Domhnach den Advent

Léitear an Soiscéal. (Lúcás 21:25-33)

San am san, duairt Íosa lena dheisceablaibh, "Beidh cómharthaí sa ghréin agus sa ré agus insna réiltibh, agus brú na ngínte insna tíorthaibh trí mhearathall fothraim na mara agus na dtonn; daoine dá bhfeóchadh le scannradh, ag cuímhneamh ar cad a bheidh le teacht ar an ndomhan go léir, mar beid cómhachta na bhflaitheas dá suathadh, agus an uair sin chífid siad Mac an Duine ag teacht i scamall le mórchómhacht agus le gradam. Nuair a thosnóid na nithe seo, áfach, deinidh-se féachaint suas agus úr gcínn a thógáilt, mar tá tráth úr bhfuascalta buailte libh". Agus thug sé solaoid dóibh, "Féachaidh ar an crann fige agus ar na crannaibh go léir. Nuair a bhíonn a dtoradh acu dá chur amach, is eól díbh go mbíonn an samhradh buailte libh. Mar sin díbh-se: nuair a chífidh sibh na nithe seo ag teacht, bíodh ' fhios agaibh ríocht Dé ' bheith buailte libh. Abraim libh go deimhin ná beidh an tsliocht so imithe go gcómhlíonfar na nithe seo go léir. Raghaidh an spéir agus an talamh ar neamhní, ach ní raghaid mo bhréithre-se ar neamhní".

A phobal Dé, is é brí atá leis an bhfocal san, Advent, ná rud éigin, nú duine éigin, a bheith ag teacht, agus tugtar an ainm, Advent, ar an suím aimsire 'na mbíonn súil ag daoine leis an rud a bhíonn ag teacht, nú leis an nduine a bhíonn ag teacht. Do cheap an Eaglais an roinnt bheag aimsire seo ar a dtugtar an tAdvent chun teacht na Nollag a chur i gcuímhne do sna Críostaithe. Teacht na Nollag, 'sé sin teacht an lae shaoire is mó sa mbliain agus is naofa sa mbliain, teacht an lae ar ar tháinig Slánaitheóir an domhain ar an saol chun na cine daonna do shaoradh ó ifreann agus ó chómhachtaibh an diabhail.

Is é cúis gur cheap an Eaglais an méid seo aimsire roimh theacht na Nollag ná i dtreó go ndéanfadh na Críostaithe iad féin d'ollmhú go maith chun saoire na Nollag do chaitheamh mar is cóir, ag tabhairt onóra do Dhia, ag breith bhaochais leis an Slánaitheóir glórmhar mar gheall ar theacht dár saoradh, agus ag cur ár gcroí agus ár n-aigne

I. An Chéad Domhnach den Advent

féin ar dea-staid, i dtreó gur mhóide an toradh, agus an tairbhe, agus an leas anama, ' gheóbhaimís trí theacht ár Slánaitheóra. An té ' dhéanfaidh an t-ollmhú go maith i gcaitheamh an Advent, beidh a chroí agus a aigne oiriúnach chun tabharthaisí móra ó ghrástaibh Dé do ghlacadh nuair a thiocfaidh an lá beannaithe, agus gheóbhaidh sé na tabharthaisí go líonmhar. An té ná ceapfaidh a aigne chun aon ollmhú ' dhéanamh, ach an aimsir bheannaithe seo do chaitheamh fé mar a chaith sé an chuid eile den bhliain, gan cuímhneamh choíche le haon dúthracht ar Dhia ná ar leas a anama féin, tiocfaidh lá naofa na Nollag air agus beidh Dia na glóire ag bronnadh na ngrást ar na Críostaithibh, ach ní fhanfaidh puínn de ghrásta Dé i gcroí an duine sin, mar ní bheidh aon tslí 'na chroí chuige.

Ní fhágann an Eaglais sinn ag brath orainn féin chun na haimsire seo do chaitheamh mar is cóir. Tispeánann sí dhúinn go soiléir an obair is ceart dúinn a dhéanamh. Ní hé amháin go dtispeánann sí an obair dúinn, ach tá dlí dhaingean déanta aici chun a chur ' fhéachaint orainn an obair a dhéanamh, chun a chur ' fhéachaint orainn ár leas a dhéanamh. Seo aithne d'aitheantaibh na hEagailse: troscadh agus tréanas a dhéanamh ar na laethantaibh órdaithe. Tá ceangailte ar Chríostaithibh an troscadh san do dhéanamh dhá lá sa tseachtain i gcaitheamh na haimsire beannaithe seo.

Níl aon ní is mó ' chruann croí an duine agus a dheighleann amach é ó ghrásta Dé ná craos, 'sé sin é féin a thabhairt suas d'an-mhian na colla. Ar an gcuma gcéanna, níl ní ar bith is feárr chun croí an duine do tharrac chun Dé ná an cholann do smachtú le troscadh agus le tréanas agus le húmhlaíocht. Sin é cúis gur cheap an Eaglais an troscadh dhúinn i gcaitheamh an Advent, mar is é an troscadh is feárr d'ollmhóidh sinn i gcómhair na Nollag.

San am gcéanna, áfach, is beag an mhaith troscadh ó bhia mura ndeinimíd troscadh eile 'na theannta, 'sé sin troscadh ón bpeaca. Is beag an tairbhe dhúinn craos a chur uainn mura gcuirimíd uainn na peacaí eile chómh maith leis; mura gcuirimíd uainn uabhar agus

I. An Chéad Domhnach den Advent

sainnt, agus drúis, agus fearg, agus formad. Is beag an tairbhe do dhuine bheith ana-dhian air féin sara mbrisfeadh sé an troscadh le bia ' chaitheamh, má dheineann sé craos le meisce. Más maith linn an aimsir a chaitheamh sa cheart, ní foláir dúinn, ní amháin dlí na hEagailse do chómhlíonadh, ach íntinn na hEagailse, leis, do chómhlíonadh, agus cómhairle na hEagailse do ghlacadh, agus beart a dhéanamh de réir na cómhairle sin.

Is é íntinn agus aigne na hEagailse, agus is é brí agus bunús gach dlí dá gcuireann sí orainn, agus brí agus bunús gach cómhairle dá dtugann sí dhúinn, go ndéanfaimís leas ár n-anama, go gcimeádfaimís sinn féin glan ón bpeaca, nú má tá peacaí orainn go ndéanfaimís sinn féin do ghlanadh uathu láithreach le faoistin mhaith agus le haithrí, le cúnamh ó ghrásta Dé.

Is í cómhairle na hEagailse dhúinn an fhaoistin mhaith agus an aithrí ' dhéanamh go minic i gcaitheamh na bliana, agus más í sin a cómhairle dhúinn i gcaitheamh na bliana, is dá mhó a chuireann sí an chómhairle sin 'na luí orainn i gcaitheamh na haimsire beannaithe seo.

Dá bhfiafródh duine dhíom, dá bhrí sin, conas is feárr ' fhéadfadh sé an aimsir bheannaithe seo ' chaitheamh chun é féin d'ollmhú i gcómhair na Nollag, déarfainn leis láithreach: dein dlí na hEagailse, dlí an troscaidh, do chómhlíonadh, go macánta agus go dleathach, chómh fada agus a leogfaidh do shláinte dhuit é. Abair do phaidreacha ar maidin agus um thráthnóna, le breis dúthrachta agus aireachais. Tóg do chroí suas chun Dé go minic i gcaitheamh an lae, agus go minic i gcaitheamh na hoíche má bhíonn tú id dhúiseacht. Bris, agus cuir uait, pé droch-bhéasa atá agat. Bí ag faire ar do bhéal sara ndéarfá droch-fhocal. Bí ag faire ar t'aigne sara gcimeádfá droch-smaoineamh ann. Bí coitianta dhá iarraidh ar Dhia, trí ímpí na Maighdine Muire, Máthair Dé, cabhair agus cúnamh a thabhairt duit chuige sin. Éirigh chun faoistine go minic agus glac Corp Naofa an Tiarna.

I. An Chéad Domhnach den Advent

Má dheineann tú mar sin, beidh an aimsir bheannaithe seo caite go maith agat nuair a thiocfaidh an Nollaig. Beidh tú ollamh chun cion Críostaí de ghrásta Dé ' fháil an lá san. Má chaitheann tú gach Advent dá bhfágfar ar an saol so thu ar an gcuma gcéanna, beidh tú ollamh go maith, le cúnamh Dé, i gcómhair an lae dhéanaigh. Ansan, nuair a bheid na cómharthaí úd sa ghréin, agus an fharraige dá suathadh, agus na daoine dá bhfeóchadh le scannradh, agus an Slánaitheóir, Íosa Críost, ag teacht 'na mhór-chómhacht agus 'na ghradam chun breithiúntais a thabhairt ar an ndomhan go léir, féadfair-se do cheann a thógáilt agus féachaint suas, mar beidh fuascailt buailte leat, beidh sólás agus aoibhneas síoraí na bhflaitheas in áirithe agat.

Go dtugaidh an Slánaitheóir gléigeal díbh-se agus dómh-sa an áirithe sin, a phobal Dé. Amen.

II. An Tarna Domhnach den Advent

Léitear an Soiscéal. (Maitiú 11:2-10)

San am san, nuair ' airigh Eóin, agus é i mbraighdineas, oibreacha Chríost, chuir sé beirt dá dheisceablaibh ag triall air, dhá fhiafraí dhe, "An tusa atá le teacht, nú an bhfuil orainn feitheamh le duine eile?" Agus d'fhreagair Íosa agus duairt sé leó, "Téidh agus ínsidh d'Eóin na nithe a chualúir agus a chonacúir. Tá radharc ag daíll; tá siúl ag bacaigh; táid na lobhair glan; tá éisteacht ag daoine a bhí bodhar; éiríd na mairbh; táid na boicht dá dteagasc. Agus is beannaithe an té ná glacfaidh scannal umam-sa". Agus nuair a bhí an bheirt imithe, do chrom Íosa ar labhairt leis na daoine i dtaobh Eóin: "Cad a bhí uaibh le feiscint nuair a thánúir amach sa bhfásach? Slat dá suathadh le gaoith? Ach cad a bhí uaibh le feiscint nuair ' thánúir amach? Fear in éadaíbh míne? Féach, i dtithibh na rí atá lucht an éadaigh mhín. Ach cad a bhí uaibh le feiscint nuair ' thánúir amach? Fáidh, an ea? Ach deirim-se libh gur duine é is mó ná fáidh. Óir is air seo atá scríofa: 'Féach, cuirim-se m'aingeal rómhat amach chun na slí d'ollmhú rómhat'".

II. An Tarna Domhnach den Advent

A phobal Dé, bhí míorúiltí móra ag ár Slánaitheóir á dhéanamh agus bhí gach éinne ag trácht orthu. Bhí na tuairiscí iúntacha ag imeacht ó bhéal go béal i measc na ndaoine. D'airigh Eóin Baiste, agus é istigh sa phríosún, na tuairiscí uathásacha. Duairt sé le beirt dá dheisceablaibh féin dul agus labhairt leis an té a bhí ag déanamh na míorúiltí sin, agus a fhiafraí dhe arbh é an Slánaitheóir é.

B'fhéidir go bhfiafródh duine dhíom-sa anois cad ba ghá do Naomh Eóin Baiste an cheist sin do chur in aon chor. Nár chóir go raibh ' fhios ag Naomh Eóin Baiste gurbh é an Slánaitheóir a bhí ag déanamh na n-oibreacha san?

Gan amhras, do bhí ' fhios ag Naomh Eóin Baiste go raibh an Slánaitheóir le teacht an uair sin, mar bhí sé tar éis mórán oibre ' dhéanamh ag ollmhú na ndaoine dho. Ach ní raibh ' fhios aige gurbh é an Slánaitheóir féin a bhí ag déanamh na míorúiltí sin ar a raibh na daoine go léir ag cainnt. Bhí sé istigh sa phríosún agus ní raibh aon chaoi aige ar ' fhios a bheith aige cé ' bhí ag déanamh na míorúiltí. Do fágadh gan an t-eólas san é mar bhí cúis leis.

Ní raibh aon chuma eile aige chun teacht ar an eólas a bhí uaidh ach na teachtairí ' chur uaidh ag triall ar an té a bhí ag déanamh na míorúiltí. Dheallródh an scéal gur thuig sé in' aigne, murarbh é an Slánaitheóir a bhí ag déanamh na míorúiltí sin, nárbh fholáir nú gur chómhacht éigin fhónta a bhí dhá ndéanamh, óir ná tabharfadh Dia an neart san d'aon droch-chómhacht. Dá bhrí sin, do thuig Naomh Eóin nár bhaol go neósfí bréag do.

Anois, a phobal, tugaidh fé ndeara go cruínn cad a thit amach nuair a chuir na teachtairí an cheist chun ár Slánaitheóra. An nduairt sé leó: "Téidh thar n-ais ag triall ar Eóin agus abraidh leis gur mise an Slánaitheóir agus ná fuil oraibh feitheamh le duine eile"? Ní duairt. Duairt sé focal leó ná raibh blúire coinne acu leis. "Téidh", ar seisean, "agus ínsidh d'Eóin na nithe a chonacúir lenúr súilibh, radharc á thabhairt do dhallaibh, siúl do sna bacaigh, na lobhair dá nglanadh,

II. An Tarna Domhnach den Advent

éisteacht á thabhairt do dhaoine a bhí bodhar, teagasc á thabhairt do sna daoine bochta. Agus is beannaithe an té ná glacfaidh scannal umam-sa".

Cad 'na thaobh nár thug ár Slánaitheóir uaidh an freagra díreach ar an gceist a cuireadh chuige? Níor thug mar do theastaigh uaidh rud áirithe do mhúineadh an uair sin do sna teachtairíbh úd, agus do sna daoine a bhí láithreach, ag éisteacht leis, agus do theastaigh uaidh an rud céanna do mhúineadh dá raibh de Chríostaithibh le teacht ar an saol riamh ó shin, agus é ' mhúineadh dhúinn-na inniu. Cad é an rud é sin, a phobal? Sid é é. Nách gá d'aon Chríostaí aon cheist a chur ar éinne beó i dtaobh fírinne an chreidimh, mar go dtispeánaid na míorúiltí féin gurb é Mac Dé a dhein iad. Níorbh fhéidir d'aon chómhacht ach do chómhacht Dé na míorúiltí sin a dhéanamh. Dá bhrí sin, bhí cómhacht Dé ag an té a dhein iad. Dá bhrí sin, nuair a neósfí na míorúiltí do Naomh Eóin Baiste, do bheadh ' fhios aige gurbh é Slánaitheóir an domhain a bhí dhá ndéanamh. Ar an gcuma gcéanna, gach aon Chríostaí ó shin anuas go neósfí na míorúiltí sin do, do bheadh ' fhios aige gurbh é Slánaitheóir an domhain a dhein iad, mar ná féadfadh aon chómhacht iad a dhéanamh ach cómhacht Dé, agus ná raibh cómhacht Dé ag éinne ach ag Mac Dé. Dhein na naoimh míorúiltí, ach más ea is le cómhacht Mhic Dé a dheineadar iad.

D'ainmnigh ár Slánaitheóir chúig saighseanna míorúiltí do sna teachtairíbh, agus tá níos mó ná aon bhrí amháin i ngach saghas acu. Thug ár Slánaitheóir radharc súl corpartha do dhallaibh. d'admhaigh duine de sna dallaibh sin gur 'na dhall a rugadh é, agus dá bhrí sin nárbh fhéidir an radharc a thabhairt do ach le cómhacht Dé. Ach d'oibrigh an Slánaitheóir ar an gcine daonna cómhacht dob aoirde agus ba dhoimhne agus ba mhó go mór ná an chómhacht san. Níor dhein an chómhacht san ach radharc súl corpartha ' thabhairt do bheagán daoine. Thug an chómhacht eile radharc spriodálta, ó ghrásta Dé, do sna Críostaithe go léir. Do tugadh lúth a gcos do bheagán daoine a bhí an uair sin 'na ghátar. Solaoid ab ea é sin ar an

II. An Tarna Domhnach den Advent

gcuma 'nar chuir an Slánaitheóir, moladh go deó leis, ar chumas na gCríostaithe go léir, más maith leó é, siúl de réir aitheanta Dé agus na hEagailse go sroisid siad aoibhneas na bhflaitheas. Do glanadh na lobhair. Níorbh fhéidir an glanadh san a dhéanamh ach le cómhacht Dé. Galar is ea lobhra atá teipithe riamh ar dhochtúiribh. Do leighis ár Slánaitheóir an galar san, agus thispeáin sé cómhacht Dé a bheith aige. Ach solaoid ab ea an leigheas san ar an gcuma 'na bhfuil na Críostaithe dá leigheas riamh ó shin, le cómhacht an tSlánaitheóra, ó lobhra an pheaca.

Do thóg ár Slánaitheóir roinnt daoine ón mbás. Thóg sé ón mbás duine a bhí cheithre lá san uaigh. Do thuig gach éinne ná raibh aon bhreith in aon chor ag aon chómhacht ar bith ach ag cómhacht Dé ar an ngníomh san a dhéanamh. Ach ní raibh sa ghníomh san, dá uathásaí é, ach solaoid ar an gcuma 'na dtógtar na Críostaithe, coitianta, riamh ó shin, ins gach aon pháirt den domhan, ó bhás an pheaca mhairbh chun beatha na ngrást, nuair a dheinid siad faoistin mhaith agus a gheibhid siad an aspalóid. Míorúilt uathásach is ea an t-anam a chur thar n-ais i gcorpán mharbh. Ach is neamhní é mar chómhacht seochas anam an duine do thógaint ó pheaca mharbh agus é ' chur ar staid na ngrást.

Thug ár Slánaitheóir, moladh go deó leis, an freagra úd do sna teachtairíbh le breith leó ag triall ar Eóin, agus thug sé an freagra céanna, agus an brí doimhinn eile sin leis, don Eaglais, chun go mbéarfadh an Eaglais léi é, agus chun go gcuirfeadh sí isteach ansan i Soiscéal an Domhnaigh seo é, agus go múinfí do sna Críostaithibh é ins gach aon pháirt den domhan an fhaid a bheadh Críostaí beó ar an saol so.

Gan amhras, do bhí ' fhios ag ár Slánaitheóir go mbeadh daoine do ghlacfadh an múineadh agus go mbeadh daoine ná glacfadh. Bhí ' fhios aige go raibh ag éisteacht leis an uair sin daoine do chreidfeadh go raibh cómhacht Dé aige an fhaid a chífidís é ag tógaint na marbh ón mbás, agus bhí ' fhios aige go séanfadh na daoine céanna san ar

II. An Tarna Domhnach den Advent

ball é nuair a chífidís é féin ag fáil bháis ar chrann na cruise. Sin é cúis 'na nduairt sé: "Is beannaithe an té ná glacfaidh scannal umam-sa". Duairt sé é leis na daoine a bhí ag éisteacht leis an uair sin, agus tá sé dhá rá riamh ó shin leis na Críostaithibh go léir gach aon uair a léitear an Soiscéal so dhóibh. Is beannaithe an té ná glacfaidh scannal mar gheall ar theagasc an tSlánaitheóra. 'Sé sin le rá, is beannaithe an té a ghlacfaidh toil Dé, agus a bheidh sásta le toil Dé, agus a dhéanfaidh toil Dé, bíodh ná beidh dá bhárr aige ar an saol so ach dealús agus annró agus cruatan, mar beidh dá bhárr ar an saol eile aige an t-aoibhneas síoraí a cheannaigh an Slánaitheóir dúinn nuair a dh'fhuilig sé na pianta úd, agus an bás úd ar chrann na cruise, na pianta agus an bás ónar ghlac na Giúdaígh an scannal go léir.

Is ceart dúinn, a Chríostaithe, machnamh go dlúth agus go doimhinn ar an méid sin teagaisc ata curtha rómhainn ansan i Soiscéal an lae seo, agus murar dheineamair beart dá réir san aimsir atá caite againn, iompáil anois agus a mhalairt sin de scéal a bheith againn feasta; ár gcreideamh a chimeád láidir, seasmhach 'nár gcroí, mar gurb é Íosa Críost, Mac Dé, do chuir an creideamh san ar bun; súile ár n-aigne do chimeád coitianta ag féachaint ar an olla-mhaitheas a bhaineann leis an saol eile agus gan suím do chur i saibhreas an tsaeil seo; ár n-anam do chimeád coitianta glan, i láthair Dé, ó lobhra gránna an pheaca; cluasa ár n-aigne do chimeád de shíor ag faire ar gach cogar a thiocfaidh chúinn ó ghrásta Dé chun sinn a sheóladh ar leas ár n-anama; an peaca maraitheach, an t-aon rud amháin a thugann bás síoraí don anam, do sheachaint níos géire ná mar a sheachnóimís aon droch-ní eile a dh'fhéadfadh teacht orainn ar an saol so; bheith coitianta dhá iarraidh ar Dhia, trí ímpí na Maighdine Muire, Máthair an tSlánaitheóra, a ghrásta ' thabhairt go líonmhar dúinn chun gach dea-oibre dhíobh-san do dhéanamh ar an gcuma is feárr a thabharfaidh sásamh d'aigne an tSlánaitheóra. Ansan, imeóidh an saol so uainn agus ní bheidh aon chaitheamh 'na dhiaidh againn, agus nuair is é toil Dé glaoch orainn, osclóidh aoibhneas síoraí na bhflaitheas rómhainn. Ansan is ea ' thuigfimíd i gceart an focal úd a duairt ár Slánaitheóir le teachtairíbh Eóin:

II. An Tarna Domhnach den Advent

"Is beannaithe an té ná glacfaidh scannal umam-sa".

Go dtugaidh Dia, dá ghrástaibh, díbh-se agus dómh-sa, an chómhairle sin do ghlacadh agus beart a dhéanamh dá réir, agus teacht chun an aoibhnis atá geallta dhi. Amen.

III. An Tríú Domhnach den Advent

Léitear an Soiscéal. (Eóin 1:19-28)

> San am san, do chuir na Giúdaigh ó Ierúsalem amach sagairt agus Levíteacha ag triall ar Eóin, chun a fhiafraí dhe, "Cé hé thusa?" Agus d'adhmhaigh sé, agus níor shéan sé, agus d'admhaigh sé, "Ní mise Críost". Agus d'fhiafraíodar de, "Cad eile, más ea? An tu Elias?" Agus duairt sé, "Ní me. Fáidh an ea thu?" Agus duairt sé, "Ní hea". Dúradar leis, dá bhrí sin, "Cé hé thu, ionas go mbéarfaimís freagra ag triall ar an muíntir a chuir anso sinn? Cad 'deirir id thaobh féin?" Duairt sé, "Guth duine is ea me ag glaoch sa bhfásach, 'Deinidh slí an Tiarna do dhíriú', mar aduairt Isáias fáidh". Agus de sna Fairisínigh ab ea na teachtairí. Agus cheistíodar é, agus dúradar leis, "Cad chuige go ndeineann tú baisteadh mura tu Críost ná Elias, nú mura fáidh tu?" D'fhreagair Eóin iad agus duairt: "Deinim-se baisteadh in uisce, ach do sheasaimh 'núr measc an té nách aithin díbh. Is é sin an té atá le teacht im dhiaidh-se agus a bhí ar bith rómham, agus nách fiú mise go scaoilfinn iall a bhróige". Thit so amach i mBetánia, lastall den Iórdan, mar a raibh Eóin ag baisteadh na ndaoine.

I Soiscéal an Domhnaigh seo a ghoibh thorainn, a phobal Dé, do chonacamair cad é an teistiméireacht a thug ár Slánaitheóir féin ar Naomh Eóin Baiste. Chuir sé os cionn na bhfáidh go léir é. "Ach deirim-se libh", ar seisean, "gur duine é is mó ná fáidh, mar is air atá scríofa, 'Tá m'aingeal agam á chur rómhat amach chun na slí d'ollmhú dhuit'".

Bhí na Giúdaigh ag rith, 'na slóitibh, amach ó chathair Ierúsaleim agus ó chathrachaibh eile na tíre, chun go bhfeicfidís an duine

III. An Tríú Domhnach den Advent

iúntach agus go n-éistfidís leis an gcainnt uathásach a thugadh sé uaidh. Fé dheireadh do tuigeadh sa chathair nár dhuine shaolta in aon chor é; gur dhuine de sna fáidhíbh é; nú go mb'fhéidir gurbh é an Slánaitheóir féin é, a bhí geallta don chine daonna ó thosach aimsire, agus do sna Giúdaigh fé leith ó aimsir Ábrahaim. Chómh luath agus do tuigeadh an méid sin sa chathair, do comáineadh amach teachtairí chun a fhiafraí dhe cérbh é féin. Dheallródh an scéal gurb é céad rud a dhein na teachtairí ná a fhiafraí arbh é Críost é, mar deir an Soiscéal san a léas díbh gur admhaigh sé, agus nár shéan sé, agus gur admhaigh sé: "Ní mise Críost". Ansan d'fhiafraíodar de arbh é Elias é, agus duairt sé nárbh é. Ansan d'fhiafraíodar de arbh fháidh é, agus duairt sé nárbh ea.

Féachaimís isteach sa ní sin, a phobal, agus cuirimís ceist chúinn féin. Cad 'na thaobh go luíonn an Soiscéal chómh trom ar an méid sin cainnte a deineadh idir na teachtairí sin agus Naomh Eóin Baiste? Do fiafraíodh de Naomh Eóin Baiste arbh é féin an Slánaitheóir. D'fhreagair sé láithreach nárbh é. Conas ' fhéadfadh an chreidiúint go léir a bheith ag dul do mar gheall ar an bhfreagra san? Ar ndeóin, ní hamhlaidh adéarfadh sé gurbh é. Cad 'na thaobh go moltar chómh mór é mar gheall ar an admháil sin? Conas ' fhéadfadh sé a mhalairt d'fhreagra ' thabhairt uaidh mura mbeadh sé ar buile?

Ach fan go fóill. Tháinig mórán daoine roimis agus 'na dhiaidh agus ní raibh éinne acu ná déarfadh go tapaidh gurbh é féin an Críost a bhí geallta, dá bhfaigheadh sé an chaoi air mar a fuair Naomh Eóin. Dhein a lán acu é agus gan aon phioc acu den aoirde ná den uaisleacht ná den mhórgacht a bhí i Naomh Eóin Baiste. Mura raibh aoirde agus uaisleacht agus mórgacht iontu, bhí uabhar a ndóthain iontu, agus is é an t-uabhar a chuir ' fhéachaint orthu an t-éitheach a dh'ínsint, agus a chur 'na luí ar an gcoitiantacht go raibh cómhachta acu ná raibh acu. Dheineadar an t-éitheach san, agus an feall san ar dhaoine, bíodh ná raibh buile ná easpa meabhrach orthu. Le huabhar is ea ' dheineadar é. Ní cúrsaí meabhrach ná easpa meabhrach é. Uabhar nú úmhlaíocht is ea an scéal ar fad. Ní mar gheall ar a

III. An Tríú Domhnach den Advent

mheabhair ná ar a chiall ná ar a thuiscint a tugadh an moladh san do Naomh Eóin Baiste, ach mar gheall ar an úmhlaíocht uathásach a bhí ann. Do tispeánadh an úmhlaíocht san go soiléir sa chuid eile den chainnt. Duairt sé, le neart úmhlaíochta, nárbh é Críost é. Duairt sé láithreach 'na dhiaidh san, nárbh é Elias é. Ansan duairt sé nárbh fháidh in aon chor é. Ansan, chun bárr ar fad a thabhairt don úmhlaíocht a bhí 'na chroí, duairt sé nárbh éinne in aon chor é, ná raibh ann ach guth, guth ag glaoch sa bhfásach. Dhein sé neamhní dhe féin le neart úmhlaíochta.

Níor thuig na teachtairí an úmhlaíocht san. Conas ' fhéadfadh duine go raibh a ainm i mbéalaibh daoine ar fuid na tíre sin go léir bheith chómh híseal 'na mhéinn, chómh beag suím 'na mhór-chlú, chómh beag beann ar mholadh na ndaoine, agus go ndéarfadh sé nárbh éinne in aon chor é!

"Cad 'na thaobh", ar siad, "go ndeineann tú baisteadh más duine chómh suarach tu?" Thug sé freagra orthu agus bhí an úmhlaíocht sa bhfreagra san, leis.

"Deinim-se baisteadh in uisce", ar seisean, "ach tá 'núr measc, anois féin, duine nách aithin díbh. Is é sin an té atá le teacht im dhiaidh-se agus nách fiú me go ndéanfainn iall a bhróige do scaoileadh".

Sin é, a phobal, bun agus éifeacht an tSoiscéil sin ar fad, an úmhlaíocht a bhí i Naomh Eóin Baiste do thispeáint dúinn-na. Tá focal an tSlánaitheóra féin againn leis go raibh sé os cionn na bhfáidh go léir, i bhfad os a gcionn, ná raibh aon bhreith ag éinne acu air in aoirde ná i naofacht ná i mbeannaitheacht, agus fós cuireann sé féin 'na luí ar na teachtairíbh gur duine ana-shuarach é, nárbh fhiú trácht in aon chor air, ná raibh ann ach guth, agus nár labhair an guth féin ach amu' in uaignes an fhásaigh.

Agus cad chuige an úmhlaíocht uathásach san do thispeáint dúinn-na, a phobal? Tá, chun a chur 'na luí orainn gur ceart dúinn

III. An Tríú Domhnach den Advent

beagáinín den úmhlaíocht san a dh'fhoghlaim agus gur ró-mhaith an bhail orainn dá ndéanfaimís beagán di ' dh'fhoghlaim.

Níl aon chuma is feárr 'na bhféadfaimíd maitheas na húmhlaíochta ' dh'fheiscint ná má chuirimíd os cómhair ár súl olcas an uabhair. As an uabhar is ea ' fhásann an uile shaghas uilc. An t-uabhar is é ' chuireann duine ag formad lena chómharsain. As an bhformad san tagann fuath don chómharsain, agus fearg, agus mioscais, agus cúl-chainnt, agus tromaíocht; agus ansan, dlí agus clampar agus fuil. As an uabhar a dh'fhásann an tsainnt. Ní bheadh leath beann ar an airgead ag fear na sainnte mura mbeadh go dtuigeann sé in' aigne go gcuirfidh an t-airgead ar a chumas bheith níos aoirde ná duine eile, agus níos uaisle, dar leis féin. Ar ball, nuair a théann an tsainnt in achrann i gceart 'na chroí, ní chuímhníonn sé ar uaisleacht ná ar íslacht ach ar an airgead féin. Ach is é an t-uabhar a thosnaigh an t-olc.

Mar sin do gach sórd aimhleasa dá ndeineann an duine ar an saol. Is é an t-uabhar a chuireann an chéad droch-lámh sa duine. Is é bun-phréamh gach uilc é i gcroí an duine. Is leasú saibhir é do gach droch-íntinn agus do gach droch-mhian agus do gach droch-bhéas. Is nimh mharaitheach é do gach súáilce diaga, do gach íntinn mhaith, do gach dea-bhéas, do gach dea-shampla, do gach dea-chómhairle, do gach cogar fónta dá labhrann grásta Dé istigh i gcroí an duine.

Ar an dtaobh eile dhe, is í an úmhlaíocht a mhúchann agus a mhilleann agus a mharaíonn an t-uabhar. Is í an úmhlaíocht bun-phréamh gach maitheasa i gcroí an duine. Neartaíonn sí creideamh agus dóchas agus carthanacht. Tugann sí cead cínn do gach íntinn mhaith, breis ghreama do gach dea-bhéas, breis toradh do gach dea-shampla, feidhm níos treise do gach dea-chómhairle, agus deineann sí guth árd den chogar a labhrann grásta Dé i gcroí an duine. Is amhlaidh mar atá an scéal, a phobal, ní féidir do Dhia na glóire féin, ná do ghrásta Dé, aon cheart a bhaint den duine an fhaid a bheidh an t-uabhar istigh i gcroí an duine. D'fhéadfadh Dia, láithreach, an mac

III. An Tríú Domhnach den Advent

mallachtain do thomáint síos go hifreann agus é ' chimeád thíos ann, agus gan leogaint do baint in aon chor leis an nduine. D'fhéadfadh Dia namhaid an chreidimh ar an saol so do chloí láithreach agus do chur fé chois. D'fhéadfadh Dia an uile shólás saolta ' thabhairt do sna Críostaithibh ar an saol so, agus gan teinneas ná trioblóid do leogaint 'na ngaire choíche. Ach cad é an tairbhe ' bheadh ag Dia as san go léir an fhaid a bheadh an t-uabhar, namhaid Dé, istigh 'nár gcroí againn-na!

Dá bhrí sin, sarar féidir do Dhia na glóire aon mhaitheas a dh'fháil as an gCríostaí, ní foláir, ar dtúis, an t-uabhar do dhíbirt amach a croí an Chríostaí sin, agus an croí do líonadh go barra le fíor-úmhlaíocht, in inead an uabhair.

Chuige sin is ea ' chuireann an Eaglais anso os ár gcómhair inniu, sa tSoiscéal so a léas díbh, an úmhlaíocht uathásach san a bhí istigh 'na chroí ag Naomh Eóin Baiste. Duairt an Slánaitheóir ná raibh duine beó riamh dob aoirde i láthair Dé ná Naomh Eóin Baiste, agus duairt Naomh Eóin Baiste féin ná raibh ann ach guth, ná raibh duine beó ba shuaraí ná é.

Má bhí Naomh Eóin Baiste chómh hárd san i láthair Dé agus chómh húmhal san in' aigne féin, conas is féidir dúinn-na, atá íseal, suarach go leór, i láthair Dé, bheith árd 'nár n-aigne féin? Cad é mar obair dúinn-na uabhar a bheith orainn, agus mór-is-fiú, agus éirí-in-áirde, agus droch-mheas a bheith againn ar ár gcómharsain? Obair gan chiall gan mheabhair gan tuiscint is ea é, a Chríostaithe. Ach galar is ea an t-uabhar gur deocair leigheas a dhéanamh air. Cuid den leigheas is ea an teagasc so a tugtar dúinn i Soiscéal an lae inniu. Má bhí aon duine beó riamh nár mhiste dho roinnt mór-is-fiú ' bheith air, b'é Naomh Eóin Baiste an duine sin. Má bhí sé sin gan uabhar, cad é mar obair dúinn-na uabhar a bheith orainn? Má bhí sé sin úmhal, nách é is lú is gann dúinn-na bheith úmhal?

III. An Tríú Domhnach den Advent

Iarraimís anois ar Dhia, a Chríostaithe, an úmhlaíocht san do bhronnadh orainn, go flúirseach agus go saibhir, trí ímpí na Maighdine Muire, Máthair Dé, agus trí ímpí Naomh Eóin Baiste, i dtreó go mbeidh ár slí chun Dé go maith an fhaid a fágfar ar an saol so sinn, agus ansan, nuair a thógfaidh Dia as an saol sinn, go dtabharfaidh sé aoibhneas na bhflaitheas dúinn ar feadh na síoraíochta, i bhfochair na naomh agus na n-aingeal agus i bhfochair Naomh Eóin Baiste féin. Amen, a Thiarna!

IV. An Ceathrú Domhnach den Advent

Léitear an Soiscéal. (Lúcás 3:1-6)

> Sa chúigiú bliain déag d'impireacht Thibérias Caesar, nuair a bhí Pontius Pílát in' uachtarán ar Iúdaéa, agus Heród 'na *thetrarc* ar Ghaililí, agus a dhriothair Pilib 'na *thetrarc* ar Itúria agus ar chrích Thraconítis, agus Lisania 'na *thetrarc* ar Abilína, in aimsir an dá árdshagart Annas agus Caiphas, do thárla briathar Dé ar Eóin mac Sacarí sa bhfásach. Agus tháinig sé ar fuid na gcríoch uile ar bruach Iórdain ag fógairt baiste chun aithrí agus chun maithiúnachais na bpeacaí, mar atá scríofa i leabhar na bhfocal aduairt Isáias fáidh, "guth duine ag glaoch sa bhfásach, 'Deinidh slí an Tiarna d'ollmhú; deinidh na bóithre do dhíriú dho; líonfar gach gleann, agus ísleófar gach sliabh agus gach cnuc, agus beidh gach cam 'na dhíreach agus gach slí gharbh 'na shlí réidh, agus chífidh gach feóil an slánú a dhéanfaidh Dia'".

A phobal Dé, is ar Naomh Eóin Baiste atá trácht sa tSoiscéal inniu arís againn, fé mar a bhí Dé Domhnaigh seo ' ghoibh thorainn agus an Domhnach roimis. Dé Domhnaigh seo ' ghoibh thorainn do cuireadh os ár gcómhair an úmhlaíocht thar bárr a bhí i Naomh Eóin Baiste, agus do deineadh san i dtreó go spriocfí sinn féin chun úmhlaíochta. Tháinig Naomh Eóin Baiste chun na slí d'ollmhú don tSlánaitheóir. Cad í an tslí a bhí aige le hollmú don tSlánaitheóir? Cad í an tslí í ach an tslí isteach i gcroí na ndaoine? Chun dul isteach i gcroí na ndaoine agus seilbh a ghlacadh ann, agus fanúint ann, is ea

IV. An Ceathrú Domhnach den Advent

bhí an Slánaitheóir ag teacht. Sin é an bóthar isteach a bhí ag Naomh Eóin Baiste le hollmhú agus le réiteach agus le díriú, i dtreó go líonfí suas gach clais agus go leagfí ar lár gach cnuc agus gach sliabh, agus go mbeadh gach cam 'na dhíreach agus gach garbh 'na réidh, agus ansan ná beadh aon rud chun grásta an tSlánaitheóra do chosc ar dhul isteach agus fanúint istigh.

Labharthar ar chnucaibh agus ar shléibhtibh a bhí le leagadh ar lár. B'é an t-uabhar a bhí i gcroí na ndaoine an cnuc dob aoirde dhíobh-san. Do tugadh do Naomh Eóin Baiste, chun an chnuic sin do leagadh, an úmhlaíocht úd ar ar thráchtamair Dé Domhnaigh seo ' ghoibh thorainn. Ach bhí an tslí go léir lán de chnucaibh agus de shléibhtibh, cnuic a shíolraigh ón gcnuc mór san, agus níorbh fholáir iad go léir do leagadh agus do leibhéaladh sararbh fhéidir do ghrásta an tSlánaitheóra dul isteach. Bhí cnuc an uabhair ar dtúis os a gcionn go léir, agus leata fúthu go léir thíos. Ansan bhí na cnuic agus na sléibhte fiaine eile, sainnt agus drúis agus craos agus fearg agus formad agus leisce, agus slua de chnucánaibh gránna achrannacha mórthímpall ag bun gach cnuic díobh-san. Bhí aigne na ndaoine múchta, calcaithe, le gach sórd peaca dá olcas agus dá ghráinniúlacht. Ní raibh aon aithne d'aitheantaibh Dé ná raibh briste brúite acu ar gach aon tsaghas cuma, agus ní raibh suím acu i nDia ná in aithrí, i neamh ná in ifreann. Bhí an scéal ar an gcuma san, ní hamháin ag págánachaibh na Gréige agus na Rómha, ach ag sliocht Ábrahaim féin, ag pobal Israeil, an pobal a thoibh Dia dho féin, an tslíocht a fuair na haitheanta, agus gurb orthu do gealladh an Slánaitheóir do theacht i gcolainn daonna. Bhíodar imithe amú ó fhírinne agus ó ghrásta Dé i dtreó go rabhadar níosa mheasa, dá mb'fhéidir é, ná na págánaigh a bhí 'na dtímpall ar fuid an domhain. Ní raibh aon droch-bhéas gráinniúil ag na págánaigh ná raibh acu, agus bhí droch-ní acu ná raibh ag na págánaigh. Níor dhein na págánaigh ceilt ná séanadh ar a ndroch-bheartaibh. Ní mar sin do sna Giúdaígh. Do chlúdaíodar a ndroch-bhearta fé scáil na beannaitheachta. Do leogadar orthu, os cómhair an tsaeil, go rabhadar ana-naofa, ana-bheannaithe, ana-dhiaga, agus laistigh, fén samhlú san, thugadar

IV. An Ceathrú Domhnach den Advent

iad féin suas, gan srian gan chosc, don uile shaghas peaca dá olcas agus dá ghráinniúlacht, i dtreó gur chuir ár Slánaitheóir i gcúmparáid iad leis na tuamaibh aolta, iad geal lasmu' agus gan istigh iontu ach an bréantas.

Bhí an scéal ar an gcuma san nuair a tháinig an t-am, an cúigiú bliain déag d'ímpireacht Thibérias Caesar, mar adeir an Soíscéal, agus do tháinig briathar Dé ar Eóin, mac Sacarí, sa bhfásach, agus do ghluais Eóin ar fuaid na dtíortha ar bruach abhann Iórdain, agus d'fhógair sé baisteadh chun aithrí agus chun maithiúnachais peacaí. Do labhair an guth sa bhfásach, díreach fé mar a gheall Isáias fáidh i bhfad roimhe sin:

> "Deinidh slí an Tiarna d'ollmhú; deinidh na bóithre do dhíriú dho; líonfar gach gleann agus isleófar gach sliabh agus gach cnuc, agus beidh gach cam 'na dhíreach agus gach slí gharbh 'na shlí réidh; agus chífidh gach feóil an slánú a dhéanfaidh Dia".

Sin mar a thargair Isáias, a phobal, teacht Naomh Eóin Baiste, agus sin mar a tháinig sé. Do ghlaeigh sé ar na Giúdaígh agus duairt sé leó an aithrí ' dhéanamh, an tslí d'ollmhú agus do chur i dtreó do theacht an Tiarna.

Do thóg an Eaglais an chainnt sin aduairt Isáias agus chuir sí anso isteach i Soíscéal an lae inniu í, i dtreó go labharfí inniu í le Críostaithibh an domhain agus go n-iarrfí orthu an aithrí ' dhéanamh fé mar a hiarradh an uair sin ar na Giúdaígh an aithrí ' dhéanamh. Bhí gá go cruaidh ag na Giúdaígh le haithrí ' dhéanamh. Is dána an t-éadan nárbh fholáir a bheith ar éinne againn-na adéarfadh ná fuil gá aige féin le haithrí.

Dá bhrí sin, a phobal, labhrann an Eaglais linn-na go léir inniu i bhfoclaibh Isáiais. Glaonn sí orainn, díreach mar a ghlaeigh Naomh Eóin Baiste ar na Giúdaígh, agus deir sí linn an tslí d'ollmhú don Tiarna. Deir sí linn na cnuic agus na sléibhte móra do leagadh ar lár, 'sé sin, uabhar agus sainnt agus mioscais, agus gach sórd eile

IV. An Ceathrú Domhnach den Advent

an-mhian, do chur as ár gcroí amach, mar gur cuma iad nú cnuic atá sa tslí ar ghrásta Dé agus ná leogfadh do teacht isteach 'nár n-anam. Deir sí linn na gleannta do líonadh suas, 'sé sin, na clasa doimhne folmha atá 'nár n-aigne, clasa ná fuil ag fás iontu ach smaointe díomhaoine, smaointe gan tairbhe, smaointe baoithe, smaointe peacúla, iad do líonadh suas, i dtreó ná beidh slí ag aon droch-ní chun fáis a thuilleadh iontu, agus go bhféadfaidh grásta Dé siúl agus seasamh orthu, agus iad a chimeád cúmhartha, glan, folláin. Déir sí linn gach cam a dhéanamh díreach. Ní féidir do ghrásta Dé teacht isteach in anam an duine trí bhóithribh cama. Bóthar cam is ea faoistin ná raibh fírinneach, faoistin a dheineann duine uaireanta nuair a chimeádann sé droch-ní éigin gan ínsint, nú nuair a chuireann sé milleán na bpeacaí ar dhuine éigin eile, nú ar bheithíoch éigin, ar an mbuin nú ar an gcapall. Tá an cam san in aigne an duine riamh. Bhí sé in aigne ár gcéad athar Adam nuair aduairt sé gurbh í an bhean a thug Dia dho fé ndeara dho an peaca ' dhéanamh. Tá an cam san in aigne gach Críostaí a bhíonn ag dul ar a chosaint féin in aghaidh Dé sa bhfaoistin, chómh maith agus ná beadh radharc ag Dia ar an smaoineamh is sia isteach 'na chroí. Iarrann an Eaglais ar gach Críostaí féachaint chuige féin go géar, agus gach cam dá bhfuil istigh 'na chroí, ag teacht idir é agus grásta an tSlánaitheóra, é ' dhíriú amach i láthair Dé, milleán a pheacaí go léir d'fhágáilt air féin, é féin a thabhairt ciontach go hiomlán agus gan bheith ag dul ar a chosaint féin, ach a iarraidh go húmhal agus go haithríoch ar Dhia na glóire na peacaí a mhaitheamh do.

Iarrann an Eaglais orainn, mar aduairt Isáias ar dtúis, agus mar adeir an Soíscéal inniu i dtaobh Eóin Baiste, "gach slí gharbh a dhéanamh réidh". Bóthar garbh is ea bóthar atá lán de chlochaibh agus de charraigreachaibh agus de gach aon tsaghas mí-chothroim agus achrainn. Sin é díreach an saghas bóthair a bhíonn le gabháil ar an saol so ag an nduine 'na mbíonn a chroí greamaithe ar mhaoin agus ar shaibhreas an tsaeil seo. Ní gá do dhuine aon fháltas mór de mhaoin ná de shaibhreas an tsaeil seo ' bheith aige chun a chroí ' bheith greamaithe mar sin air. Ní hea, ach d'fhéadfadh an duine is

IV. An Ceathrú Domhnach den Advent

dealbha dár mhair riamh a chroí a bheith chómh greamaithe ar an saol so aige agus dá mba leis an saol go léir. An té 'na mbeidh a chroí greamaithe mar sin ar an saol aige, is cuma é nú duine a bheadh ag gabháil trí bhóthar gharbh a bheadh lán de chlochaibh agus de charraigreachaibh. An uile phéirse den tslí dá gcuireann sé dhe, ní bhíonn sé ach ag bualadh a chos i gcoinnibh na gcloch agus ag gearradh a ghlún ar na carraigreachaibh. Trioblóidí an tsaeil na clocha agus na carraigreacha. Ní gheibheann sé neómat suaimhnis de ló ná d'oíche uathu. Ní leogaid siad do cuímhneamh ar phaidir ná ar Chré, ar Dhia ná ar Mhuire, ar fhaoistin ná ar Chomaoine, ar leas a anama ná ar an síoraíocht. Iarrann an Eaglais inniu ar an nduine sin, "an bóthar garbh do dhéanamh réidh". Conas is féidir do an bóthar garbh a dhéanamh réidh? Conas is féidir do na clocha agus na carraigreacha do thógaint den bhóthar? Níl aige le déanamh ach a chroí do dheighilt ón saol so agus é ' ghreamú ar an saol eile. An té ná cuirfidh aon tsuím i ngnóthaíbh an tsaeil seo, ní bhéarfaid trioblóidí an tsaeil aon ghreim ar chroí air; beidh sé sásta le toil Dé i gcónaí. Má théann rud 'na choinnibh, tógfaidh sé a chroí suas chun Dé agus déarfaidh sé, ó chroí, "Go ndéintear do thoil ar an dtalamh mar a déintear ar neamh!" Baineann san an cruadas as na clochaibh. Ní ghortaíd siad a chosa. Bíonn suaimhneas istigh 'na chroí, pé caismirt a bhíonn 'na thímpall. Ní chuireann aon rud puínn buartha air, nú má chuireann, is buairt í ná deineann ach é ' thógáilt suas níos aoirde chun Dé agus neamh-shuím níos mó ' thabhairt do sa tsaol so agus ins gach ní a bhaineann leis an saol so. Bíonn caoi go hálainn ag grásta an tSlánaitheóra ar theacht isteach 'na chroí agus ar oibriú go torthúil istigh ann, mar, le cúnamh Dé, tá "bóthar réidh" déanta aige den "bhóthar gharbh".

An Críostaí a ghlacfaidh teagasc na hEagailse, i Soíscéal an lae inniu, ar an gcuma san, aireóidh sé an guth ag labhairt sa bhfásach, i bhfásach an tsaeil seo, ollmhóidh sé a chroí don tSlánaitheóir, cuirfidh sé gach cam as a chroí le faoistin ghlan, cuirfidh sé clocha agus carraigreacha agus trioblóidí an tsaeil i leataoibh uaidh féin le foighne agus le muinín as Dia. Ansan, nuair a bheidh an bóthar

IV. An Ceathrú Domhnach den Advent

curtha dhe aige agus a chúrsa tabhartha, fíorfar 'na thaobh an focal deirineach den tSoiscéal: "Chífidh gach feóil an slánú a dhéanfaidh Dia". Go dtugaidh Dia san dúinn-na, a phobal, trí ímpí na Maighdine Muire agus trí ímpí Naomh Eóin Baiste. Amen.

V. Lá Nollag

Léitear an Soiscéal (Lúcás 2:1-14)

> San am san, do chuaigh reacht amach ó Chaesar Augúst go ndéanfí áireamh ar an ndomhan go léir. Do deineadh an chéad áireamh so nuair a bhí Cúrínus in' uachtarán ar chrích Shíria, agus do ghluais na daoine go léir go ndéanfí iad d'áireamh, gach duine 'na chathair dúchais féin. Agus tháinig Ióseph aníos ó Ghailílí, ó chathair Nasareit, go Iúdaéa, go cathair Dháivid, go ndéanfí é ' dh'áireamh in éineacht le Muire, a bhan-chéile a bhí ag iompar clainne. Agus do thárla, agus iad ann, go dtáinig a haimsir chun na clainne do bhreith. Agus do rug sí a mac, a céad-ghin, agus d'fhíll sí in éadaíbh é, agus chuir sí 'na luí i mainnséar é, mar ní raibh aon tslí dhóibh i dtigh ósta. Agus do bhí aeirí sa cheanntar chéanna agus iad ag faire na dtráth san oíche ar a dtréad. Agus féach, tháinig aingeal an Tiarna agus sheasaimh sé in aice leó, agus do las solas Dé 'na dtímpall, agus tháinig eagla mór orthu. Agus duairt an t-aingeal leó, "Ná bíodh eagla oraibh, mar féach, tugaim scéala dhíbh ar lúcháir mhór atá le teacht ar na ndaoine go léir, mar go bhfuil Slánaitheóir bertha dhíbh inniu, 'sé sin Críost an Tiarna, i gcathair Dháivid. Agus seo cómhartha dhíbh. Gheóbhaidh sibh an leanbh fíllte in éadach 'na luí i mainnséar. Agus láithreach do bhí i bhfochair an aingil mór-shlua neimhe agus iad ag moladh Dé, agus is ea adeiridís, "Glóire do Dhia insna flaithis go hárd, agus ar talamh síocháin do lucht dei-mhéinne".

A phobal, gan amhras, do mheas an tÍmpire árdchomhachtach san a bhí an uair sin 'na cheann ar Ímpireacht na Rómha gur ag déanamh a thoile fein a bhí sé nuair a chuir sé amach an t-órdú san, ach níorbh ea. Toil Dé a bhí aige á dhéanamh. Leónú Dé a bhí aige dá chur chun cínn, bíodh ná raibh aon phioc dá fhios aige.

V. Lá Nollag

Nuair a chaill ár gcéad athair agus ár gcéad mháthair ceart na cine daonna chun ríochta na bhflaitheas, do gheall Dia dhóibh go dtiocfadh duine ar shíol na mná agus go saothródh sé an ceart san dóibh arís. D'fhan an gheallúint sin in aigne na ndaoine. Do labhair na fáidhe agus na haithreacha naofa ar an ngeallúint sin, ó am go ham, dhá ínsint, fé mar a dh'fhoílsigh Dia dhóibh é, cathain agus canad a cómhlíonfí í. Dúradar gur san áit dárbh ainm Betlehem a cómhlíonfí í, agus do thuig scoláirthí na nGiúdach go raibh an t-am ann tímpall na haimsire 'nar cuireadh an reacht so amach. B'é toil an Ímpire an reacht san a chur amach an uair sin i dtreó go bhfaigheadh sé amach cad é an méid daoine a bhí sa tír. Ach b'é toil Dé go gcurfí an reacht san amach an uair sin i dtreó go dtabharfí gach cine de chlaínn Israeil chun a mbaile dúchais féin agus go dtabharfí Naomh Ióseph agus an Mhaighdean Mhuire go Betlehem, go Cathair Dháivid, a mbaile dúchais, agus gurb ann a thiocfadh an Slánaitheóir ar an saol, fé mar a gealladh. Mar sin do cómhlíonfí go cruínn na targaireachtaí go léir; agus 'na theannta san, do thiocfadh rud eile as. Do bheadh os cómhair a súl ag lucht seanchais go deó cúntas cruínn, soiléir, so-thuisceanta ar cathain agus canad a rugadh ár Slánaitheóir. Níorbh fhéidir choíche aon dul amú ' bheith sa scéal. Bhí fios aimsire an reachta ag an saol mór agus a chúntas insna leabhraibh, agus bhí an t-áireamh insna leabhraibh le feiscint, agus ar an áireamh san bhí an dá ainm, Muire agus Ióseph, agus ní do Nasaret, a n-áit chónaithe, a bhí an dá ainm sin curtha síos, ach do Bhetlehem, a gcathair dúchais, an áit a bhí ceapaithe don tSlánaitheóir chun teacht ar an saol.

Ansan, fé mar adeir an Soíscéal, tháinig an t-am agus do rug an Mhaighdean a mac, a céad-ghin, agus d'fhíll sí in éadaíbh é agus chuir sí 'na luí i mainnséar é, mar ní raibh aon tslí dhóibh in aon cheann de sna tithibh ósta a bhí sa chathair.

Is mór an t-abhar machnaimh do Chríostaithibh atá sa méid sin cainnte, a phobal Dé. An Slánaitheóir a bhí geallta don chine daonna ó thosach aimsire, an Fuasclóir ar a raibh na fáidhe go léir ag

V. Lá Nollag

déanamh targaireachta ar feadh cheithre mhíle blian, an Rí go raibh a chómhacht agus a réim gan teóra le luí go hiomlán agus go fórleathan ar chómhachtaibh an tsaeil seo agus an tsaeil eile, é ag teacht ar an saol so gan gradam gan saibhreas, gan leabaidh 'na luífeadh sé ann, gan díon os cionn a chínn! Sin mistéir, a phobal. Sin rúndiamhar. Ní féidir dúinn é ' thuiscint go hiomlán, ach is ceart dúinn machnamh go dlúth air agus an brí atá leis do thuiscint chómh fada agus is féidir dúinn é.

Déarfadh ciall agus tuiscint an tsaeil seo, má theastaigh ón Slánaitheóir na daoine do chómhairliú agus iad do chur ar a leas, gur mhaith an rud do teacht ar an saol i gcruth éigin 'na mbeadh urraim ag an saol do, i gcruth éigin a bheadh uasal, creidiúnach, onóireach. Ní mar sin a tháinig sé, ach díreach sa chruth is mó a gheibheann, i gcónaí, ón saol so agus ó cháirdibh an tsaeil seo, easonóir agus droch-mheas agus tarcaisne. Níl aon rud is mó ' gheibheann droch-mheas ón saol so ná dealús. Tháinig an Slánaitheóir go fíor-dhealbh. In inead na huaisleachta, do thoibh sé an íslacht. In inead pháláis an rí, do thoibh sé pluais na carraige. In inead an chliabháin óir, do thoibh sé mainnséar an asail. Cad é an múineadh a thugann san dúinn-na, a phobal? Múineann sé dhúinn nách fíor-uaisleacht i láthair Dé uaisleacht an tsaeil seo. Gur uaisleacht bhréagach uaisleacht an tsaeil seo. Gur saibhreas bréagach saibhreas an tsaeil seo. Gurb é an té a bhíonn íseal ar an saol so an té is dóichí-de bheith uasal i láthair Dé, agus gurb é an té a thugann a chroí agus a aigne ar fad do shaibhreas agus do chreidiúint agus d'onóir an tsaeil seo is dóichí-de bheith suarach go maith i láthair Dé.

Gan amhras, d'fhéadfadh duine a dhá dhóthain de shaibhreas agus de chreidiúint agus d'onóir an tsaeil seo a bheith aige gan díobháil anama dho féin. Ach is é saghas duine é sin ná an fear ná leogfaidh don tsaibhreas ná don chreidiúint ná don onóir aon ghreim a bheith ar chroí air; an fear a thuigfidh in' aigne, coitianta, ná fuil insna nithibh sin ach nithe a thug Dia dho ar iasacht go ceann tamaill bhig agus nách foláir scarúint leó nuair a bheidh an tamall beag caite.

V. Lá Nollag

Déanfaidh an duine sin úsáid mhaith den tsaibhreas an fhaid is toil le Dia é ' fhágáilt 'na chúram air, agus más toil le Dia é ' thógáilt uaidh, ní bheidh sé ag briseadh a chroí 'na dhiaidh. Ní thiocfaidh an saibhreas idir é agus Dia an fhaid a bheidh sé ar an saol so, agus ní bheidh aon ní le freagairt aige ann nuair a raghaidh sé i láthair Dé ar an saol eile.

Ach ní hé gach éinne a dh'fhéadfadh saibhreas agus creidiúint agus maitheasaí eile an tsaeil seo do láimhseáil ar an gcuma san. Is amhlaidh mar atá an scéal ag ár bhformhór, is neamh-chúntúrthaí go mór dúinn bheith in éaghmais an tsaibhris ná é ' bheith againn. Sin é an rud ba thoil lenár Slánaitheóir a chur 'na luí orainn nuair a thoibh sé an ísleacht in inead na huaisleachta, an stábla in inead pháláis an rí, mainnséar an asail in inead an chliabháin óir.

Ach mura raibh uaisleacht an tsaeil seo 'na thímpall an uair sin, bhí uaisleacht nárbh í sin 'na thímpall. Tháinig mór-shlua aingeal as na flaithis ag tabhairt onóra dho, mar gurbh é Rí na bhflaitheas é. Ach cár thánadar? Ar thánadar go dtí rí na tíre, nú ag triall ar uaislibh na tíre? Níor thánadar. Bhí aeirí i gcóngar na háite agus bhíodar ag faire na hoíche ag tabhairt aire dá dtréadaibh, agus tháinig an t-aingeal agus sheasaimh sé in aice leó, agus do las solas Dé 'na dtímpall, agus, ní nárbh iúnadh, tháinig scannradh orthu. Ansan duairt an t-aingeal leó: "Ná bíodh eagla oraibh", ar seisean. "Do thánag le scéala maithe chúibh. Tá an Slánaitheóir tagaithe ar an saol chúibh, i gCathair Dháivid, inniu, 'sé sin Críost an Tiarna. Agus seo cómhartha dhíbh", ar seisean. "Gheóbhaidh sibh an Leanbh agus é fíllte in éadach 'na luí i mainnséar".

Féach isteach sa chainnt sin, a Chríostaí. Scéala móra maithe. Slánaitheóir an domhain tagaithe ar an saol. É tagaithe san áit 'nar gealladh É ' theacht, i gCathair Dháivid, sa chathair 'na raibh ' fhios ag an uile dhuine de chlainn Israeil go raibh sé le teacht. "Agus", arsan t-aingeal, "seo cómhartha dhíbh". Nár dhó' le héinne go ndéarfadh sé, "Gheóbhaidh sibh an Leanbh i bpálás ríoga, 'na luí i

V. Lá Nollag

gcliabhán óir"? Ní duairt, ach duairt sé, "Gheóbhaidh sibh an Leanbh 'na luí i mainnséar". Cómhartha, a phobal, ar Shlánaitheóir an domhain dob ea É ' bheith 'na luí i mainnséar asail!

Duairt an t-aingeal gurbh ea. Tuigimíd-na an cómhartha anois. Táimíd ag éisteacht riamh leis. Ach cé ' fhéadfadh é ' thuiscint ná é ' chreidiúint an uair sin mura mbeadh go nduairt an t-aingeal é? Cómhartha, an uair sin, ar Shlánaitheóir an domhain, ab ea É ' bheith fíor-dhealbh ar an saol so. Dob ea, a Chríostaí, agus cómhartha cruínn is ea riamh ó shin, agus anois, ar cháirdibh an tSlánaitheóra, iad a bheith dealbh, iad a bheith gan puínn de strus ná de shaibhreas an tsaeil seo. Sin ní agus ba cheart go gcuirfeadh sé sólás mór ar dhaoine bochta. Is iad daoine muínteartha an tSlánaitheóra iad. Má táid siad dealbh, bhí sé fein dealbh rómpu. Má tá orthu cruatan agus annró a dh'fhulag, d'fhuilig sé féin rómpu cruatan agus annró a bhí ní ba chrua. Má curtar le fuacht agus le fán iad, do cuireadh an Slánaitheóir le fuacht agus le fán chómh maith leó. Níl orthu na trioblóidí agus na pionóisí a dh'fhulag 'na n-aonar. Tá an duine muínteartha is feárr a bhí ag éinne riamh, an Slánaitheóir gléigeal, tá sé ag fulag gach trioblóide agus gach pionóis' in éineacht leó.

Is álainn agus is uasal an cuideachtanas atá acu agus iad ag gabháil trí thrioblóidíbh an tsaeil seo, agus ar ndeóin is álainn agus is uasal an cuideachtanas atá in áirithe dhóibh ar an saol eile, nuair a bheidh aoibhneas na bhflaitheas acu ar feadh na síoraíochta i bhfochair an tSlánaitheora, agus i bhfochair na Maighdine Muire, agus i bhfochair gach fíoraein eile a bhí dealbh ar an saol so agus atá anois saibhir go deó i bhflaitheas na ngrást.

Go dtugaidh Dia dhúinn go léir caradas agus muíntearthas agus cuideachtanas an tSlánaitheóra ar an saol so agus ar an saol eile. Amen, a Thiarna.

SEANMÓIN IS TRÍ FICHID

VI. Domhnach na Nollag

Léitear an Soiscéal. (Lúcás 2:33-40)

San am san, do bhí Ióseph agus Muire, máthair Íosa, ag déanamh iúnadh de sna nithe adúradh 'na thaobh. Agus do chuir Simeón a bheannacht orthu, agus duairt sé le Muire a mháthair, "Féach, tá so ceapaithe chun díthe agus chun aiséirithe dá lán in Israel, agus chun bheith 'na chómhartha a gheóbhaidh diúltadh, agus raghaidh claíomh trí t'anam-sa féin, ionas go nochtfí smaointe as mórán croíthe". Agus ban-fháidh dob ea Anna iníon Phanuéil, de threibh Aseir, agus bhí sí tar éis mórán laethanta ' chur di, agus bhí sí tar éis seacht mbliana óna hóige do chaitheamh ag á fear, agus bhí sí sin 'na bainntrigh go raibh sí cheithre bliana agus cheithre fichid, agus ní fhágadh sí an teampall, ach ag déanamh troscaidh agus úrnaithe in onóir do Dhia de ló agus d'oíche. Agus tháinig sí sin do láthair an uair chéanna, agus d'admhaigh sí an Tiarna agus do labhair sí 'na thaobh le gach duine a bhí ag súil le fuascailt d'Israel. Agus nuair a bhí gach ní cómhlíonta acu de réir dlí an Tiarna, d'fhilleadar go Gaililí agus go dtí a mbaile féin, Nasaret. Agus d'fhás an mac agus do neartaigh sé, lán d'eagna, agus bhí grásta Dé ann.

Ínstear dúinn sa tSoiscéal san, a phobal, go raibh Ióseph agus Muire, máthair Íosa, ag déanamh iúnadh de sna nithibh adúradh 'na thaobh. B'fhéidir go bhfiafródh duine éigin cad 'na thaobh go rabhadar ag déanamh iúnadh d'aon ní adéarfí 'na thaobh? Ná raibh ' fhios acu gurbh é Mac Dé é? Gan amhras, bhí ' fhios acu go dian-mhaith gurbh é Mac Dé é, ach ar ndó', sin mar ba mhó ba cheart go ndéanfaidís iúnadh de gach ní adéarfí 'na thaobh. Is dócha go raibh daoine eile, in éaghmais Ióseiph agus Mhuire Mháthair, agus gur airíodar cuid de sna nithibh adúradh 'na thaobh, agus nár dheineadar aon iúnadh de sna nithibh sin mar nár chreideadar iad. Níor chreideadar go raibh ann ach leanbh mar aon leanbh eile. Ní mar sin do Naomh Ióseph agus don Mhaighdin Mhuire. Bhí ' fhios acu gurbh é Mac Dé é; bhí ' fhios acu gur leanbh iúntach é, gur tháinig sé ar an saol ar chuma nár tháinig aon leanbh eile riamh ar an saol, go raibh tréithe ann ná feacathas in aon leanbh eile riamh, go raibh cómhachta aige

VI. Domhnach na Nollag

ná raibh ag aon leanbh eile riamh, gur leanbh iúntach é, ar gach aon tsaghas cuma, thar aon leanbh eile dár tháinig riamh ar an saol. Dá bhrí sin, bhíodar ag faire ar gach focal dá labhradh sé agus ar gach focal dá labharthí 'na thaobh, agus ag déanamh iúnadh dhíobh. Níorbh fhéidir dóibh gan a bheith, ó bhí ' fhios acu gurbh é Mac Dé é. Duine gan mheabhair a chuirfeadh ceist den tsórd úd.

Bhí fear eile agus bean eile an uair sin agus chreideadar gurbh é Mac Dé é. Simeón ab ainm don fhear agus Anna ab ainm don mhnaoi. Bhí Simeón aosta. Bhí saol fada tabhartha ag Dia dho. Tuigtear, ó fhoclaibh an tSoiscéil, go raibh geallta ag Dia dho ná tiocfadh an bás air go dtí go bhfeicfeadh sé an Slánaitheóir. Do tugadh an Leanbh chun an teampaill go ndéanfí dlí Mhaoise do chómhlíonadh 'na thaobh agus an tímpall-ghearradh ' chur air. Nuair a tugadh isteach sa teampall é, do chonaic Simeón é agus d'aithin sé láithreach é. Bhí ' fhios aige gurbh é sin an Slánaitheóir a bhí geallta don chine daonna ó thosach, agus go raibh geallta dho féin go bhfeicfeadh sé é sara bhfaigheadh sé bás. Chómh luath agus ' chonaic sé an Leanbh, do rith sé chuige agus ghlac sé chuige in' ucht é, agus duairt sé leis an Maighdin Muire, mar atá thíos sa tSoiscéal, "Féach, tá an leanbh so ceapaithe chun díthe agus chun aiséirithe dá lán in Israel, agus chun bheith 'na chómhartha a gheóbhaidh diúltadh; agus raghaidh claíomh trí t'anam-sa féin, ionas go nochtfí smaointe as morán croíthe".

'Sé sin le rá, abhar beatha síoraí ab ea é, agus is ea fós an Slánaitheóir, do lucht creidimh, agus abhar báis shíoraí ab ea é, agus is ea fós é, do lucht díth creidimh.

Gan amhras, claíomh trí chroí na Maighdine Muire ab ea an radharc a chonaic sí ar an gcnuc an lá a chonaic sí a hAon-Mhac, Aon-Mhac Dé, ag dul chun báis ar chrann na cruise. Níl aon Chríostaí ná tuigeann an méid sin go maith.

Ach cad é an brí atá leis an bhfocailín eile úd a leanann an méid sin, "ionas go nochtfí smaointe a morán croíthe"? Cad iad na smaointe a

VI. Domhnach na Nollag

bhí le nochtadh? Cad iad na croíthe as a rabhadar le nochtadh? Cad a bhí chun iad do nochtadh?

Seo mar a thugaid saoithe na hEagailse réiteach ar na ceisteannaibh sin. Ó aimsir Mhaoise anuas, bhí pobal Israeil ag dul i mbréagaí agus ag dul in olcas. Chimeádadar an dlí maith go leór chómh fada agus a dh'fhéadfadh súil duine iad d'fheiscint. Istigh 'na gcroí, áfach, do scaoileadar a srian féin lena ndroch-mhiantaibh. D'áitíodar orthu féin go raibh gach aon rud sa cheart acu an fhaid do chómhlíonfaidís dlí Mhaoise de réir chruinnis focail na dlí, agus lasmu' dhe sin, ná raibh bac orthu a rogha rud do dhéanamh. Chómhlíonadar an dlí de réir an fhocail, ach níor chómhlíonadar in aon chor sprid na dlí. Bhí gach aon rud dá fheabhas le feiscint 'na ngníomharthaibh lasmu', ach ní raibh aon rud istigh 'na gcroí ach gach aon rud dá olcas. Bhí ' fhios acu go raibh an Slánaitheóir geallta dhóibh, agus bhíodar deimhnitheach go raibh sé le teacht. Ach d'áitíodar orthu féin gurbh é cuma 'na dtiocfadh sé ná 'na rí chómhachtach agus armáil mhór aige, agus go n-árdódh sé suas Clann Israeil, agus go gcuirfeadh sé an saol so go léir féna gcosaibh.

Ach ní rabhadar go léir go holc. Bhí fo-dhuine orthu anso agus ansúd a bhí gan locht i láthair Dé, mar a bhí an seanóir úd Simeón naofa. Do ghlacadar-san an Slánaitheóir láithreach, agus thugadar iad féin suas do. Do dhiúltaigh an chuid eile dho. Chonacadar go raibh sé ag déanamh míorúiltí ná féadfadh éinne a dhéanamh gan cómhacht Dé ' bheith aige. Bhí ' fhios acu go raibh sé coitianta dhá rá gurbh é féin an Slánaitheóir a bhí geallta, agus go raibh sé ag tabhairt na míorúiltí mar urrús ar fhírinne a chainnte. Ach bhí ' fhios acu leis nách uabhar, ná bua armála, ná gradam saolta, ná saibhreas, ná smacht ar náisiúnaibh eile, a bhí aige le tabhairt dóibh, ach úmhlaíocht agus pionós agus dealús agus fuacht agus fán agus ocras agus tart, agus pé maitheasaí a bhí aige á gheallúint, nách leis an saol so a bhaineadar, ach leis an saol eile. Níor oir san dóibh in aon chor. Ní raibh aon lorg acu ar úmhlaíocht ná ar phionós ná ar dhealús. Thispeánadar láithreach cad a bhí istigh 'na gcroí. Sin mar a "nochtadh smaointe a

VI. Domhnach na Nollag

mórán croíthe". Sin é an brí a bhí leis an bhfocal aduairt Simeón naofa. Chimeád na droch-dhaoine a n-aigne gan nochtadh go dtí gur hiarradh orthu iad féin d'úmhlú agus pionós a dh'fhulag. Dhiúltaíodar do-san. Leis an ndiúltú san, do thispeánadar an droch-mhianach a bhí istigh iontu. "Do nochtadh smaointe a mórán croíthe".

Agus an bhean úd ar a dtráchtann an Soiscéal, Anna, iníon Phanueil, naomh mhór ab ea í sin leis. Bhí sí cheithre bliana agus cheithre fichid nuair a tugadh an Leanbh, Íosa, isteach sa teampall an uair úd, agus bainntreach ab ea í, agus istigh sa teampall a chaitheadh sí a haimsir go léir, ag déanamh úrnaithe agus troscaidh in onóir do Dhia. D'aithin sise, leis, an Leanbh chómh luath agus do chonaic sí é, agus duairt sí le gach éinne gurbh é an Slánaitheóir é.

B'in beirt fhínnithe a bhí ansan istigh sa teampall, le leónú Dé, chun an Linbh a dh'aithint nuair a tabharfí ann é, agus chun a dh'ínsint os cómhair na ndaoine go léir gurbh é an Slánaitheóir é; i dtreó nár fágadh aon leathscéal ag na Giúdaigh chun a rá nár tugadh cómharthaí a ndóthain dóibh ar cérbh é.

Agus anois, a phobal, conas a bhaineann an obair seo go léir linn-na? Baineann sé linn ar an gcuma so. An rud a thit amach do sna Giúdaigh an t-aon uair amháin úd, agus do "nochtadh na smaointe a mórán croíthe" acu, tá sé ag titim amach do Chríostaithibh an domhain gach aon lá ó shin anuas. B'fhéidir ná fuil sé ag titim amach chómh holc ná chómh tiubaisteach agus ' thit sé amach do sna Giúdaigh, ach tá sé ar siúl, ag déanamh a bheag nú a mhór de dhíobháil coitianta, coitianta. Níl ag aon Chríostaí ach féachaint isteach 'na chroí féin agus chífidh sé ar siúl istigh ann an chaismirt chéanna a bhí ar siúl i gcroí na nGiúdach nuair a hiarradh orthu iad féin d'úmhlú, agus a dtoil do smachtú, agus uabhar do shéanadh, agus druím lámha ' thabhairt le baois an tsaeil seo. Chuir na Giúdaigh cos i dtalamh láithreach agus do shéanadar an Slánaitheóir níos túisce ná ' shéanfaidís iad féin. Ní dheineann an Críostaí chómh dubh san ar

VI. Domhnach na Nollag

fad é, b'fhéidir. Is amhlaidh a bhíonn sé go minic i gcás 'dir dhá chómhairle. Ní maith leis an Slánaitheóir do shéanadh, agus san am gcéanna tá an dúil thar bárr aige i saibhreas agus i gcúmpórd an tsaeil seo. Ansan fíorthar 'na thaobh focal Shimeóin, "Nochtaithear smaointe a mórán croíthe". Sa chaismirt do, má dhrideann sé i dtreó an tSlánaitheóra, chítear go bhfuil an smaoineamh fónta 'na chroí. Má bhíonn gach aon iarracht aige á thabhairt chun dridim i dtreó an tsaeil agus é féin do bhogadh amach ó bhóthar chruaidh chúng an chreidimh, nochtaithear na smaointe arís. Chítear go soiléir ná fuil ach ainm an Chríostaí air, gur ar an saol so atá a chroí greamaithe. Cad is ceart do dhuine a dhéanamh nuair a mhothaíonn sé caismirt den tsórd san ar siúl istigh 'na chroí féin, gnóthaí an tsaeil seo, agus cúram an tsaeil seo, agus dúil i saibhreas an tsaeil seo, dhá tharrac agus dhá mhealladh ar aimhleas a anama, agus an creideamh atá istigh 'na chroí dhá tharrac chun Dé? Ní gá dhómh-sa a dh'insint díbh-se, ná a dh'insint d'aon Chríostaí 'na bhfuil fios aitheanta a chreidimh aige mar atá agaibh-se, cad is ceart don duine sin a dhéanamh. Tá 'fhios agaibh féin go maith cad is ceart do a dhéanamh. Gur ceart do iompáil láithreach agus a chroí agus a aigne ' thabhairt suas do Dhia agus gan a thuilleadh suime ' chur i ngnóthaíbh an tsaeil, ach amháin seo, pé cúram saolta atá curtha air ag Dia, an cúram san do chómhlíonadh go macánta agus go dleathach de réir toile Dé.

An Críostaí a dhéanfaidh a ghnó ar an gcuma san, tiocfaidh an bás air mar a thiocfaidh sé ar gach éinne, ach ní gá dho, le cúnamh an tSlánaitheóra, aon eagla ' bheith aige roimis an mbás, mar fíorfar 'na thaobh an tarna cuid de chainnt Shimeóin naofa agus ní bheidh aon bhaint aige leis an gcéad chuid. "Tá an Leanbh so ceapaithe", arsa Simeón, "chun díthe agus chun aiséirithe dá lán in Israel". Bás síoraí is ea an díth sin, agus aoibhneas síoraí in sna flaithis is ea an aiséirí sin.

Sin é cuma 'na mbaineann Soiscéal an lae inniu linn-na, a phobal, agus is chuige sin a chuireann an Eaglais an Soiscéal síos ansan i

VI. Domhnach na Nollag

leabhar an Aifrinn dúinn, i dtreó go léifí don phobal é agus go ndéanfadh an uile dhuine den phobal machnamh go dlúth air, agus ansan go ndéanfadh na daoine beart dá réir. Go séanfaidís, le lán-dúthracht, aimhleas a n-anama agus go ndéanfaidís, leis an lán-dúthracht chéanna, leas a n-anama.

Go dtugaidh Dia, dá ghrástaibh, dúinn go léir, an chómhairle sin do ghlacadh ar an saol so, agus toradh na cómhairle sin a dh'fháil ón Slánaitheóir ar an saol eile. Amen.

VII. Lá Coille

Léitear an Soiscéal (Lúcás 2:21)

[4]San am san, nuair a bhí ocht lá críochnaithe go ndéanfí tímpall-ghearradh ar an leanbh, do tugadh mar ainm air ÍOSA, an ainm a thug an t-aingeal air sular gabhadh sa bhroínn é.

A phobal Dé, bhí Ábraham a' dul sa chéadú bliain dá aois agus bhí a bhean, Sarai, deich mbliana agus cheithre fichid. Nuair a bhíodar araon san aois sin, do labhair Dia le hÁbraham agus d'órdaigh sé dho tímpal-ghearradh do dhéanamh air féin agus ar gach duine fireann a bhí ar a theaghlach; agus san do bheith mar dhlí ag á shliocht go deó, 'sé sin go gcaithfí tímpall-ghearradh do dhéanamh ar gach leanbh fireann a thiocfadh ar an saol ar shliocht Ábrahaim. Ansan do thug Dia le tuiscint do go raibh margadh aige á dhéanamh leis féin agus

---

4 Tá dhá shoiscéal do Lá Coille in *An Soísgéal as Leabhar an Aifrinn* (1902). Sid é an soiscéal eile: San am san, duairt na haeirí lena chéile, "Téanam go Betlehem go bhfeiceam an ní seo do thárla, agus gur fhoílsigh an Tiarna dhúinn é". Agus do thánadar go tapaidh, agus fuaradar Muire agus Iósph, agus an leanbh 'na luí sa mhainnséar. Agus nuair a chonacadar, do léiríodar brí na cainnte adúradh leó i dtaobh an linbh sin. Agus bhí iúnadh ar gach aon do chlois, agus mar gheall ar a nduairt na haeirí. Ach do chimeád Muire na nithe sin go léir, dhá mbreithniú 'na croí. Agus do chuaigh na haeirí thar n-ais ag tabhairt moladh agus glóire do Dhia mar gheall ar gach ní dá bhfeacadar agus dár airíodar, fé mar a hínseadh dóibh.

VII. Lá Coille

lena shliocht, agus gurbh é an tímpall-ghearradh cómhartha, nú séala, an mhargaidh sin. B'é nádúr an mhargaidh sin go gcaithfeadh sliocht Ábrahaim bheith geárrtha amach ó dhroch-chleachtaibh an tsaeil, ó sna peacaí troma a bhí ag na Gíntibh á dhéanamh, agus ansan gur ar an sliocht san a thiocfadh Slánaitheóir an domhain ar an saol. Dhein Ábraham láithreach an rud a dh'órdaigh Dia dho. Dhein sé an tímpall-ghearradh, an lá céanna, air féin agus ar gach duine fireann a bhí ar a theaghlach. Do lean an dlí sin as san anuas, agus nuair a tháinig ár Slánaitheóir, moladh go deo leis, b'é a thoil naofa dul fén ndlí sin, díreach mar a bhí ceangailte ar gach duine fireann den phobal Eabhra ó aimsir Ábrahaim anuas.

Ní raibh, ní nách iúnadh, aon ghá ag an Slánaitheóir leis an dtímpall-ghearradh, ach tispeánaid na haithreacha naofa gur mó cúis a bhí aige le luí fén ndlí. Dhein sé é chun urrama do thispeáint don dlí. Dhein sé é chun a thispeáint dúinn-na nách foláir dúinn úmhlú do dhlí Dé agus do dhlí na hEagailse. Dhein sé é i dtreó nárbh fhéidir do sna Giúdaígh a chasadh in asachán leis 'na dhiaidh san, mar ba ghnáth leó a chasadh leis na Gínteachaibh, gur dhuine gan tímpall-ghearradh é. Níorbh fhéidir, dar leó, tarcaisne ba mhó a thabhairt do dhuine ná a rá gur dhuine gan tímpall-ghearradh é. Nuair a bhí na Giúdaígh ag diúltú don tSlánaitheóir 'na dhiaidh san, agus ag tabhairt an uile shórd masla dho, is tapaidh a thabharfaidís an méid sin masla dho, leis, dá bhfágtí ar a gcumas é.

'Na dhiaidh san, nuair a bhí an Slánaitheóir tar éis dul suas ar neamh, ar deas-láimh Dé, d'éirigh plé idir na Giúdaígh a bhí tar éis an chreidimh a ghlacadh agus na Gínteacha a bhí ag glacadh an chreidimh. Na Giúdaígh dhá rá gur cheart tímpall-ghearradh do dhéanamh ar na Gínteachaibh sin agus na Gínteacha ag cur 'na choinnibh. Chuaigh na haspail agus na heaspaig agus na seanóirí i gcómhairle agus do socraíodh ná raibh ceangailte ar na Gínteachaibh an tímpall-ghearradh do ghlacadh. As san amach do chuaigh an tímpall-ghearradh as taithí.

VII. Lá Coille

Ach féach, a phobal. Tá tímpall-ghearradh agus tímpall-ghearradh ann, tímpall-ghearradh a bhain leis an gcolainn agus tímpall-ghearradh a bhaineann leis an aigne. Sin é ball díreach 'nar dhein na Giúdaigh an dearúd mór. Ní raibh aon bhrí in aon chor leis an dtímpall-ghearradh a bhain leis an gcolainn ach sa mhéid 'nar chiallaigh sé an tímpall-ghearradh a bhaineann leis an aigne. Bhí na Giúdaigh an-aireach, ana-chruínn, ana-choínsiasach, dar leó, i dtaobh na dlí, agus ar aon tsaghas cleas ná réasún ní lamhálfaidís faillí sa tímpall-ghearradh a bhain leis an gcolainn, ach i dtaobh na haigne, níor dheineadar aon tímpall-ghearradh ar an aigne. Níor dheineadar aon ghearradh amach orthu féin ó sna peacaí. Ní hea, ach do thugadar iad féin do gach aon tsaghas peaca agus do gach aon tsaghas droch-iompair níos léire agus níos fonnmhaire ná mar a dhein na Gínte féin. Do chómhlíonadar leitir na dlí ach do ghabhadar de chosaibh i mbrí agus i sprid na dlí. Rud gan tairbhe ab ea an focal nuair a bhí an brí agus an substainnt imithe as.

Ach tuigimís an méid seo, a phobal. Bíodh gur leog na Giúdaigh uathu an brí agus nár chimeádadar ach an focal, bíodh gur leogadar uathu an substainnt agus nár chimeádadar ach an colg, ní fhágann san gur chuaigh an brí ná an substainnt amú. Tá sé chómh ceangailte anois agus a bhí sé riamh, ar an nduine, ar an uile dhuine gur thug Dia ciall agus réasún do, gach fonn peacúil do ghearradh amach ón' aigne agus óna chroí, agus iad do chimeád geárrtha amach. Níl ceangailte ar éinne tímpall-ghearradh do dhéanamh ar a cholainn, ach tá ceangailte ar gach éinne an tímpall-ghearradh eile úd a dhéanamh air féin, 'sé sin tímpall-ghearradh na haigne. Chuige sin is ea ' chuireann an Eaglais an Soiscéal so os cómhair Chríostaithe an domhain inniu. Chuige sin is ea is mian leis an Eaglais go dtabharfadh Críostaithe an domhain onóir inniu don ghníomh a dhein an Slánaitheóir nuair a ghlac sé an tímpall-ghearradh ar a cholainn, agus go ndéanfaidís brí agus éifeacht agus substainnt do chur san onóir sin le tímpall-ghearradh dáiríribh a dhéanamh ar a gcroí agus ar a n-aigne féin, dhá ngearradh féin amach, glan, ó

VII. Lá Coille

dhroch-smaointibh agus ó dhroch-ghníomharthaibh, agus ó dhroch-chómhrá; ó gach aon tsaghas ruda a chuirfeadh fearg ar Dhia.

Cuireann an Eaglais os ár gcómhair, leis, an rud a dhein na haeirí bochta nuair a labhair an t-aingeal leó. "Gheóbhaidh sibh", arsan t-aingeal, "an Leanbh agus é fíllte in éadach, 'na luí i mainnséar". Ní dúradar na haeirí mar adéarfadh cuid againn-na, b'fhéidir, dá mbeimís 'na n-áit: "Cad é mar shaghas áite do Shlánaitheóir an domhain bheith 'na luí i mainnséar! Ní dheallraíonn an chainnt sin go bhfuil ciall léi". Ní dúradar, ach dúradar láithreach: "Téanam go Betlehem go bhfeiceam an rud so do thárla agus gur fhoílsigh an Tiarna dhúinn é". Chómh luath agus a tugadh an tuairisc dóibh, d'éisteadar leis. Chómh luath agus do hínseadh dóibh cá bhfaighidís an Slánaitheóir, do ghluaiseadar chun na háite. Daoine bochta ab ea iad. Ní raibh puínn de shaibhreas an tsaeil seo chun teacht idir iad agus Dia. Dá mbeadh, ní hag triall orthu a thiocfadh an t-aingeal. Bhí a gcroí agus a n-aigne geárrtha amach ó shaibhreas an tsaeil agus ó gach aimhleas anama do leanann saibhreas an tsaeil. Do ghluaiseadar chómh luath agus do fuaradar an focal. Thánadar go Betlehem. Chonacadar an stábla, an phluais i gcliathán na carraige. Ba shuarach an radharc le feiscint é, agus ba chradhscalach, agus ba dhealbh. Níor iompaíodar le seirithean ón radharc. Do chreideadar an focal aduairt an t-aingeal leó. D'aithníodar an cómhartha a tugadh dóibh agus do ghlacadar é. D'úmhlaíodar iad féin do Shlánaitheóir an domhain agus d'adhradar é. Bhí 'fhios acu agus do chreideadar gurbh é Mac Dé an Leanbh san, dá laige agus dá dhreóile a dh'fhéach sé an uair sin, agus dá shuaraí le rá an córú a bhí air féin agus ar a raibh 'na thímpall. Ansan d'ínseadar don Mhaighdin Mhuire agus do Naomh Ióseph an radharc a tispeánadh dóibh féin, conas mar a tháinig na haingil agus cad 'dúradar, agus conas mar a bhí rómpu ansan i mBetlehem gach ní díreach mar adúradh leó.

Ansan, a phobal, tagann focal eile orainn sa tSoiscéal san, agus measaim ná fuil aon Chríostaí a thabarfaidh fé ndeara é ná curfar ag machnamh. Seo mar adéir an Soiscéal: "Do chimeád Muire na nithe

VII. Lá Coille

sin go léir agus í dhá mbreithniú 'na croí". Cad 'na thaobh gur cuireadh síos an chainnt sin dúinn? Cad é an brí atá leis an gcainnt sin? Cad é an breithniú a bhí ag an Maighdin Muire le déanamh ar na nithibh sin? Ná raibh ' fhios aici cheana cad é an brí a bhí leis na nithibh go léir, agus cad ba ghá dhi a thuilleadh breithniú a dhéanamh orthu?

Gan amhras, do thuig an Mhaighdean Mhuire, go soiléir agus so solasmhar agus go cruínn, an gnó a bhí ag an Slánaitheóir le déanamh ar an saol. Do thuig sí an léirscrios a dhein peaca an tsínsir ar an gcine daonna. Do thuig sí an díol fiach uathásach nárbh fholáir a dhéanamh, thar cheann na cine daonna, mar gheall ar an bpeaca san. Do thuig sí gurbh é an Leanbh san a bhí ansúd sa mhainnséar aici do dhéanfadh an díol fiach uathásach san thar cheann na cine daonna. Chun san a chur i dtuiscint di, ní raibh aon ghá le cainnt na n-aeirí, ná le haon tuairisc ar an radharc aingeal a tispeánadh dóibh, ná ar na cómharthaí a tugadh dóibh. Do thuig sí féin an scéal go léir níos feárr go mór ná mar a thuigeadar-san é tar éis an radhairc a tugadh dóibh. Cad é an gá a bhí aici, mar sin, le bheith ag breithniú an scéil?

Breithnímís féin an scéal ar dtúis, a phobal, agus ansan b'fhéidir go dtuigfimís níos feárr é. Nách minic a thiteann amach dúinn féin, an rud is feárr a thuigimíd, gurb air is déine agus is géire a dheinimíd machnamh? Do thuig an Mhaighdean Mhuire gach ní dár thit amach an oíche sin níos feárr go mór ná mar a thuig aon duine eile iad, an uair sin ná riamh ó shin. Sin é díreach an chúis gur chimeád sí 'na croí iad agus gur dhein sí breithniú orthu nár fhéad aon duine eile beó a dhéanamh orthu, an oíche sin ná riamh ó shin. Chuir Dia na glóire in aigne na Maighdine Muire, i dtaobh na hoibre a bhí ag an Slánaitheóir le déanamh i bhfuascailt na cine daonna, solas agus tuiscint nár cuireadh riamh a leithéid in aigne aon daonnaí eile. Chonaic sí, i dtaobh an stábla, agus i dtaobh an annróidh, agus i dtaobh an radhairc a tispeánadh do sna haeiríbh, doimhneas brí ná feacaigh aon duine eile an uair sin, lasmu' den tSlánaitheóir, ach í féin. Sin é cúis, a phobal, gur chimeád sí 'na croí iad agus go raibh sí

VII. Lá Coille

dhá mbreithniú. Agus i dtreó go mbeadh fios an méid sin againn-na is ea ' dh'ínseann an Eaglais dúinn sa tSoíscéal san conas mar a chimeád sí 'na croí iad agus í ag breithniú orthu.

Ach tá bun eile, mar an gcéanna, ag an Eaglais le hé ' dh'ínsint dúinn sa tSoíscéal. Is maith leis an Eaglais a chur ar ár súilibh dúinn-na gur ceart dúinn, chómh fada agus is féidir é, aithris a dhéanamh ar an Maighdin Muire sa bhreithniú. Chimeád sí na nithe sin go léir agus bhí sí á mbreithniú 'na croí. Is maith leis an Eaglais go ndéanfaimís-na na nithe sin go léir do chimeád 'nár n-aigne agus bheith dhá mbreithniú 'nár gcroí. Ní haon iomad mór cainnte atá sa tSoíscéal san, ach tá oiread abhair machnaimh ann agus a chimeádfadh duine ag breithniú ar feadh mórán aimsire agus gan deireadh ' bheith leis an mbreithniú. D'fhéadfadh duine cuímhneamh ar dtúis ar anacra agus ar fhuacht agus ar neamh-chúmpórd na pluaise sin, ar laige an Linbh agus ar dhealús a mhuíntire, ar an gcruatan a bhí aige le fulag chómh luath agus ' tháinig sé ar an saol. Ansan d'fhéadfadh duine cuímhneamh ar cérbh é an Leanbh san; gurbh é Mac Dé féin é; go raibh cómhacht Dé go hiomlán aige; ná raibh ach neamhní 'na raibh de chómhachtaibh saolta riamh ag ríthibh agus ag ímpiríbh an domhain seochas cómhacht an LINBH sin agus é 'na luí sa mhainnséar san fíllte san éadach san. Ansan d'fhéadfadh duine a dh'fhiafraí dhe féin cad é an brí, nú cad é an bun, a bhí ag ár Slánaitheóir le teacht ar an saol so chómh dealbh, chómh suarach cóir, chómh geárrtha amach ón saibhreas saolta so 'na mbíonn oiread san dúil' ag daoine ann. Cad é an brí ná an bun ' fhéadfadh a bheith aige leis ach, ar dtúis, gur mian leis tosnú láithreach ar na pianta ' dh'fhulag chun sinn-na ' dh'fhuascailt, agus ansan, gur mian leis a chur 'na luí go daingean ar ár n-aigne gur saibhreas bréagach saibhreas an tsaeil seo, gur cómhachta bréagacha cómhachta an tsaeil seo, gur Críostaí gan chiall an Críostaí do leogfadh do shaibhreas an tsaeil seo, ná do shólás an tsaeil seo, ná do chómhacht, ná do chreidiúint an tsaeil seo, teacht idir é agus Dia.

VII. Lá Coille

Chun go ndéanfaimís machnamh den tsórd san, a Chríostaithe, ar theacht ár Slánaitheóra ar an saol so, agus ar an gcuma 'nar tháinig sé, agus ar na nithe do thit amach le línn é ' theacht, is ea ' chuireann an Eaglais os ár gcomhair an Soíscéal san atá léite agam díbh. Mura ndeinimíd an machnamh san, de réir íntinne na hEagailse, is baol ná beidh toradh na hoibre againn a dhein ár Slánaitheóir. Is bocht an scéal é, a Chríostaithe, má théann obair ár Slánaitheóra in aistear uainn. Gan amhras, sin aon ní amháin de sna nithibh ar a raibh an Mhaighdean Mhuire ag cuímhneamh an chéad oíche Nollag úd. Bhí sí dhá chuímhneamh, tar éis an anacra agus na bpionós agus na bpianta go léir a bhí ag an Slánaitheóir le fulag, go mbeadh an fulag in aistear dá lán daoine. Iarraimís inniu ar an Maighdin Muire a guí do chur chun a hAon-Mhic ar ár son, agus é ' chur go cómhachtach chuige, i dtreó ná beadh sé de mhí-ádh orainn an oidhreacht a cheannaigh sé chómh daor dúinn do chailliúint trínár neamh-shuím féin. Go saoraidh Dia na glóire sinn ar a leithéid sin de mhí-fhoirtiún. Amen, a Thiarna.

VIII. Lá Nollag Beag

Léitear an Soíscéal. (Maitiú 2:1-12)

Nuair a rugadh Íosa i mBetlehem Iúda, agus Heród 'na rí ann, féach, thánadar draoithe ón ndomhan toir agus dúradar, "Ca bhfuil an rí seo na nGiúdach atá bertha? Chonacamair a réalt sa domhan toir agus thánamair dhá adhradh". Agus nuair ' airigh an rí Heród san, do tháinig buaireamh air, agus ar Ierúsalem go léir mar aon leis. Agus do chruinnigh sé uachtaráin na sagart agus scríbhneóirí poiblí, agus cheistigh sé iad ar cá mbéarfí Críost. Dúradar leis gur i mBetlehem Iúda do béarfí é. Óir sin mar atá scríofa sa bhfáidh, "Agus tusa, a Bhetleheim, a thalamh Iúda, ní tu is lú in aon chor i dtaoiseachaibh Iúda, óir is asat-sa a thiocfaidh an taoiseach a dhéanfaidh mo phobal Israel do riaradh". Ansan do ghlaeigh Heród na draoithe chuige, i ganfhios, agus fuair sé amach uathu go cruínn an t-am 'nar tispeánadh an réalt dóibh. Agus do stiúraigh sé go Betlehem iad, agus duairt sé, "Cuardaídh go maith an mac so, agus nuair a gheóbhaidh

VIII. Lá Nollag Beag

sibh tuairisc air, tagaidh agus ínsidh dómh-sa é, go dtéad agus go n-adhrad é, leis". Tar éis na cainnte sin ón rí, d'imíodar. Agus féach, an réalt a chonacadar sa domhan toir, do ghluais sé rómpu go dtáinig sé agus gur stad sé os cionn na háite 'na raibh an leanbh. Nuair a chonacadar an réalt, do tháinig árdáthas orthu. Agus chuadar isteach sa tigh, agus fuaradar an leanbh agus a mháthair, Muire, agus shléachtadar do agus d'adhradar é, agus d'oscladar a gcuid stóir, agus thugadar bronntanaisí dho, ór agus túis agus mírr. Agus do tugadh foláramh dóibh i dtaibhreamh gan dul thar n-ais go dtí Heród, agus chuadar bóthar eile thar n-ais chun a dtíre féin.

Níorbh fhéidir, a phobal Dé, aon mhíniú ' dhéanamh ar chainnt an tSoiscéil sin a dhéanfadh brí na cainnte níos soiléire, níos so-thuisceanta, ná mar atá sé cheana. Tispeántar dúinn anso arís, fé mar a tispeánadh dúinn i Soiscéal Lae Coille, conas mar a tugtar dá chéile, i bpearsain an tSlánaitheóra, an uaisleacht is aoirde agus an ísleacht is ísle, uaisleacht na bhflaitheas agus ísleacht Bhetleheim, soílse na n-aingeal do sna haeiríbh bochta agus doircheacht an stábla agus an mhainnséir.

Bhí triúr draoithe, triúr ríthe a tugtar orthu, leis, bhíodar 'na gcónaí in áit éigin an-fhada soir ó thír Iúdaéa. Bhíodar ana-shaibhir agus tispeánann an scéal go léir gur dhaoine ana-naofa iad. Do tispeánadh an réiltín iúntach dóibh. Do foílsíodh dá n-aigne cad é an brí a bhí leis an réiltín. Thuigeadar 'na n-aigne gur chiallaigh an réiltín sin rí uasal a bheith tagaithe ar an saol. Thuigeadar, mar do tugadh le tuiscint dóibh é, gurbh é Rí na cruinne an Rí sin, gurbh é Rí na bhflaitheas é, gurbh é Dia na glóire é i gcolainn duine, agus dá bhrí sin go raibh ceangailte orthu féin dul chun na háite 'na raibh sé tagaithe ar an saol agus é ' dh'adhradh mar ba cheart Dia d'adhradh. Do tugadh le tuiscint dóibh, leis, gur chun eólais a dhéanamh dóibh, agus chun na slí a thispeáint dóibh, a tháinig an réiltín iúntach chúthu. D'éiríodar láithreach agus d'ollmhaíodar iad féin chun bóthair, agus do ghluaiseadar fé dhéin an réiltín. Ní raibh an réiltín ró-árd ón dtalamh. Nuair a ghluaiseadar féna dhéin do ghluais sé rómpu agus do leanadar é. Bhí sé ag gluaiseacht rómpu agus iad dhá leanúint go dtí

VIII. Lá Nollag Beag

go dtánadar isteach i gcathair Ierúsaleim. Nuair a chuadar isteach sa chathair, ní raibh an réiltín le feiscint acu a thuilleadh. Thuigeadar as san go rabhadar tagaithe chun na háite 'na raibh an Rí le fáil, agus ná raibh acu ach a thuairisc do chur ar mhuíntir na cathrach. Daoine uaisle ab ea iad féin agus dá bhrí sin thugadar aghaidh ar an nduine dob uaisle sa chathair, b'é sin an rí Heród.

Tabhair fé ndeara anois an cheist a chuireadar. "Ca bhfuil an Rí seo na nGiúdach", ar siad, "atá tagaithe ar an saol? Chonacamair a réiltín sa domhan toir agus thánamair chun é ' dh'adhradh".

"An Rí seo na nGiúdach", ar siad. Tispeánann san go raibh ' fhios acu gur ar phobal na nGiúdach a bhí sé tagaithe agus gurbh é an Slánaitheóir é a bhí geallta dhóibh ó thosach. Do thuig Heród an scéal ar an gcuma gcéanna, mar, cad a dhein sé? Chuir sé fios láithreach ar uachtaránaibh na cathrach, ar na scoláirthíbh dob eólgaisí agus ba léannta a bhí ann, agus cad a dh'fhiafraigh sé dhíobh? D'fhiafraigh sé dhíobh cá raibh an Slánaitheóir le teacht ar an saol, agus cathain. Bhí ' fhios aige ná raibh ní ar bith ba mhó agus ba dhéine a bhíodh dá scrúdadh coitianta ag scoláirthíbh na nGiúdach ná an dá cheist sin, cathain a thiocfadh Críost agus canad. D'ínseadar do go raibh an t-am ann chun é ' theacht, de réir thargaireachtaí na bhfáidh, agus gur i mBetlehem a bhí sé le teacht.

Ansan do tháinig an smaoineamh mallaithe i gcroí Heróid agus thug sé toil don smaoineamh. Do buaileadh isteach in' aigne go raibh an Slánaitheóir tagaithe. Conas eile ' dh'fhéadfadh an triúr so teacht ón ndomhan toir ar a lorg agus solas míorúilteach dhá stiúrú? "Tá sé tagaithe gan amhras", ar seisean in' aigne féin, "agus cuirfidh sé mise agus mo shliocht as an ríocht má leogtar leis. Ach ní leogfar. Caithfead é ' chur as mo shlí láithreach nú cuirfidh seisean mise as a shlí".

Ghlaeigh sé chuige an triúr uaisle. "Deir na targaireachtaí go léir", ar seisean, "gur i mBetlehem atá geallta é ' theacht ar an saol. Téidh go

VIII. Lá Nollag Beag

dtí Betlehem agus deinidh é ' chuardach go maith, agus nuair a gheóbhaidh sibh é, tagaidh thar n-ais agus ínsidh dómh-sa ca bhfuil sé, i dtreó go bhféadfad dul agus é ' dh'adhradh mar an gcéanna". An ropaire! An Leanbh do mharú is ea ' theastaigh uaidh.

Ach féach, a Chríostaithe. Tispeánann an scéal go léir nár fágadh aon leathscéal ag an bpobal Eabhra chun gan an Slánaitheóir do ghlacadh. Do tugadh dóibh gach aon deimhne ba ghá dhóibh ' fháil, gurbh é an Leanbh san é. Do chreid Heród go daingean gurbh é é. Mura mbeadh gur chreid, cad é an t-eagla ' bheadh aige roimis? Cad ba ghá dho bheith a d'iarraidh é ' chur chun báis mura mbeadh go raibh ' fhios aige cérbh é?

Is ceart dúinn an scéal san do bhreithniú go cruínn, a Chríostaithe. B'fhéidir gur dhó' linn ná hoireann an chainnt sin dúinn féin. Má bhreithnímíd i gceart í, chífimíd go n-oireann. Cad é siúd a dhein Heród? Níor dhein sé, tar éis an tsaeil, ach rud atá ag mórán de Chríostaithibh an domhain á dhéanamh riamh ó shin. Dhein sé feall ar a bhreithiúntas féin agus ar a choínsias féin. Do thispeáin a bhreithiúntas do go raibh an Slánaitheóir tagaithe. Duairt a choínsias leis go raibh ceangailte air, i láthair Dé, dul agus úmhlú don tSlánaitheóir. Do bhréagnaigh sé a bhreithiúntas agus do ghoibh sé de chosaibh 'na choínsias le heagla go gcaillfeadh sé ríocht shaolta. Sin é díreach an rud a dheineann an Críostaí nuair a dheineann sé an peaca. Ínseann a bhreithiúntas do nách ceart do an gníomh san a dhéanamh. Screadann a choínsias air, istigh 'na chroí, gan an gníomh san a dhéanamh mar gur peaca é. Ach is maith leis droch-mhian éigin do shásamh, nú saibhreas éigin saolta do chimeád. Chun an tsaibhris sin do chimeád, cuid a chómharsan, b'fhéidir, nú chun an droch-mhiana do shásamh, cuireann sé púicín ar a bhreithiúntas díreach mar a dhein Heród. Tachtann sé an scread a chuireann a choínsias as, díreach mar a thacht Heród é. Labhrann grásta Dé leis, mar a labhrann sé i gcónaí leis an té a bhíonn chun an pheaca ' dhéanamh, ach ní leogann sé air leis féin go n-airíonn sé aon chogar ó ghrásta Dé. Deineann sé feall air féin, feall ar a bhreithiúntas, feall ar a

VIII. Lá Nollag Beag

choínsias, díreach mar a dhein Heród. Cimeádann sé an greim diúid ar chuid a chómharsan. Deineann sé an peaca. Tugann sé cead cínn do gach droch-mhian, don tsainnt, do chraos, do mheisce, do dhrúis, do sna peacaíbh go léir. Fé dheireadh bíonn gach aon pheaca 'na dhroch-bhéas aige. Gheibhid na droch-bhéasa an lámh uachtair ar fad ar an mbreithiúntas agus ar an gcoínsias in éineacht. Bíonn an breithiúntas dall agus bíonn an coínsias 'na chodladh, nú b'fhéidir go mbíd siad araon marbh aige, curtha chun báis aige, díreach mar a mheas Heród an Slánaitheóir do chur chun báis. Geallaim dhuit, a Chríostaí, nách gan chúis a chuireann an Eaglais os do chómhair anso inniu an obair sin a dhein an droch-rí sin Heród naoi gcéad déag blian ó shin, thoir i gcathair Ierúsaleim. Féach chút féin, dá bhrí sin. Bain an púicín ded bhreithiúntas. Leog dod choínsias labhairt agus éist lena ghlór. Má tá grásta Dé ag cogarnaigh istigh id chroí, dhá rá leat an droch-bhéas so, nú an droch-bhéas úd, nú an droch-bhéas eile úd, do bhriseadh agus do chaitheamh uait, éist leis an gcogar agus dein beart dá réir gan ríghneas, le heagla go mb'fhéidir gurb é an cogar deirineach é agus ná labharfí leat arís, agus ansan go nglaofí chun an chúntais tu agus gan an cúntas socair agat.

Ach féach arís, a phobal. Tá taobh eile, leis, ar an scéal. Oireann cainnt an tSoiscéil dúinn ar chuma eile chómh maith agus a dh'oireann sí dhúinn ar an gcuma san atá ráite agam. Tugann cainnt an tSoiscéil, sa méid atá ráite agam i dtaobh Heróid, solaoid dúinn, solaoid le seachaint. Ach tá solaoid eile againn sa tSoiscéal, agus ní solaoid le seachaint í ach solaoid le leanúint. Gan amhras, daoine go raibh gnó agus obair acu le déanamh thoir sa bhaile, agus mórán cúraim orthu, dob ea an triúr daoine uaisle úd a tháinig ón ndomhan toir, ach chómh luath agus ' chonacadar an réiltín iúntach úd, d'fhágadar an gnó agus an cúram, an baile agus a raibh ann, 'na ndiaidh, agus do leanadar an solas. Do leanadar an solas mar bhí ' fhios acu gurbh é solas an tSlánaitheóra é. Bhí ' fhios acu, bíodh gurbh é Rí na nGiúdach an Slánaitheóir, go raibh oiread coda acu féin de agus ' bhí ag na Giúdaígh de, mar gurbh é Slánaitheóir an domhain é. Do leanadar an solas láithreach. Ní hamhlaidh a chromadar ar

VIII. Lá Nollag Beag

chásamh agus ar cheisneamh agus ar a rá lena chéile, "Conas is féidir dúinn imeacht ónár dtír féin agus bóthar fada cuntúrthach a thabhairt orainn agus dul isteach i ndúthaigh iasachta, gan aithne againn ar éinne ann, ná ag éinne orainn". Ní dúradar aon rud dá shórd, bíodh gurbh fhíor dóibh é dá n-abraidís é. Pé cúntúirt a bhí rómpu sa tslí, pé annró a bhí acu le fulag, pé faillí a tabharfí 'na ngnó féin sa bhaile, ba chuma leó é ach go bhfaighidís radharc ar an Slánaitheóir.

Duart gur baol go bhfuil Críostaithe le fáil agus go bhfuil a n-íntinn agus a n-aigne cosmhail go maith, ar shlí, leis an íntinn agus leis an aigne a bhí ag Heród. Is é mo bhreithiúntas láidir, áfach, go bhfuil Críostaithe le fáil, agus nách cuid bheag é, agus go bhfuil a mhalairt sin ar fad le rá 'na dtaobh, daoine a dheineann coitianta, chómh luath agus ' ghlaonn a gcoínsias orthu chun a dhéanta, an rud is ceart dóibh a dhéanamh i dtaobh Dé nú i dtaobh a gcómharsan. Tá daoine, cuir i gcás, agus ' chuirfidís aon tsaghas trioblóide orthu féin níos túisce ná mar a dh'fhanfaidís istigh ón Aifreann Lá Domhnaigh nú lá saoire. Tá daoine ann agus ba dhó' leó go mbeadh náire shaolta fálta go deó acu dá bhfeictí ar meisce iad. Tá daoine ann ná féadfadh an oíche do chodladh ar aon tsuaimhneas dá mba dhó' leó go mbeadh cuid na cómharsan acu go han-dleathach. Agus mar sin do gach aon tsaghas cuma 'na bhfuil ceangailte ar an nduine a choínsias do chimeád glan i láthair Dé, tá daoine, agus ní cuid bheag acu é, ná titeann aon chodladh choíche ar an gcoínsias acu ach iad coitianta ag faire, ag cuímhneamh ar Dhia, ag cuímhneamh ar an Slánaitheóir, ag cuímhneamh ar an síoraíocht, ar neamhní an tsaeil seo, ar bhréagaí a mhaitheasa, ar shuaraí a thairbhe, ar dhíth céille an duine do leogfadh d'aon tsólás saolta teacht idir é agus sólás síoraí na bhflaitheas.

Tá an dá shaghas Críostaithe sin ann, a phobal. Tá Soíscéal an lae inniu ceapaithe ag an Eaglais don dá shaghas; don chéad shaghas, féachaint an spriocfadh an Soíscéal iad agus an ndúiseódh sé as a gcodladh iad; don tarna saghas, chun misnigh a thabhairt dóibh agus chun spionnadh do chur iontu, agus chun a chur 'na luí go láidir ar a n-aigne go bhfuil lámh Dé agus grásta Dé ag cabhrú leó coitianta, de

VIII. Lá Nollag Beag

ló agus d'oíche, agus nách baol dóibh, ach leanúint go dílis ar an slí atá acu, ná go seólfaidh grásta Dé iad isteach go ríocht na bhflaitheas, díreach fé mar a sheól an solas míorúilteach úd na trí ríthe chun na háite 'na raibh an Slánaitheóir ag feitheamh leó.

Go seólaidh solas na ngrást sinn go léir, saor sábhálta, trí chúntúirt agus trí thrioblóidíbh agus trí chruatan an tsaeil seo, suas go haoibhneas na bhflaitheas, mar a bhfuil Muire Mháthair agus Naomh Ióseph agus an Slánaitheóir gléigeal ag feitheamh linn anois. Amen, a Thiarna.

IX. Domhnach an Epiphaní

Léitear an Soiscéal. (Lúcás 2:42-52)

Nuair a bhí Íosa dhá bhliain déag, do chuadar suas go Ierúsalem de réir ghnáis na féile, agus nuair a bhí na laethanta caite agus iad ag filleadh, d'fhan an mac, Íosa, i Ierúsalem, agus ní raibh ' fhios san ag á mhuíntir. Cheapadar go raibh sé i measc na ndaoine, agus thánadar siúl aon lae ar aghaidh, agus bhíodar dhá lorg i measc a ngaolta agus a lucht aithne, ach ní bhfuaradar é, agus d'fhilleadar go Ierúsalem, dhá lorg. Agus do thárla, tar éis trí lá, go bhfuaradar é sa teampall 'na shuí i measc na n-ollamh, ag éisteacht leó agus dhá gceistiú. Agus bhí iúnadh ar a raibh ag éisteacht leis, mar gheall ar a ghuntacht agus ar na freagraí a thugadh sé. Agus bhí iúnadh orthu-san nuair a chonacadar é. Agus duairt a mháthair leis, "A mhic, cad é seo atá déanta agat orainn? Féach, bhí t'athair agus mise go buartha ar do lorg". Agus duairt sé leó, "Cad chuige go rabhúir ar mo lorg? Ná raibh ' fhios agaibh nách foláir me ' bheith insna nithibh a bhaineann le m'Athair?" Agus níor thuigeadar-san an focal a labhair sé leó. Agus d'fhíll sé anuas leó agus tháinig sé go Nasaret, agus bhí sé úmhal dóibh. Agus do chimeád a mháthair na focail sin go léir 'na croí féin. Agus do chuaigh Íosa ar aghaidh in eagna agus in aois agus i ngrásta os cómhair Dé agus daoine.

IX. Domhnach an Epiphaní

A phobal Dé, is iúntach an teilgean atá i bhfoclaibh agus i gcainnt an tSoiscéil. Dá fhaid agus dá dhoimhne a dhéanfadh duine machnamh orthu, agus dá fhaid a bheadh sé ag léiriú agus ag nochtadh a mhachnaimh, ní bheadh iomláine a mbrí tabhartha leis aige. Is feárr, dá bhrí sin, greamú ar aon ní amháin sa tSoiscéal, nú ar aon abairt amháin, nú ar aon fhocal amháin, agus taighde air sin chómh fada agus is féidir é, ná bheith ag gluaiseacht tríd an Soiscéal go léir agus gan bheith ábalta ar dhul ró-dhoimhinn in aon bhall ann.

Dá bhrí sin, a phobal, iarrfad oraibh anois féachaint isteach sa bhfocal san aduairt ár Slánaitheóir leis an Maighdin Muire agus le Naomh Ióseph nuair a fuaradar sa teampall é tar éis iad a bheith trí lá ar a lorg ar fuid na cathrach agus ar an mbóthar chun Nasareit. "A mhic", arsan Mhaighdean, "cad é seo atá déanta agat orainn? Bhí t'athair agus mise go buartha ar do lorg".

"Cad chuige go rabhúir ar mo lorg?", ar seisean. "Ná raibh ' fhios agaibh nách foláir me ' bheith in sna nithibh a bhaineann le m'Athair?"

Breithnigh an méid sin cainnte, a Chríostaí, agus féach isteach inti agus meáigh í, agus dá ghéire a dhéanfair féachaint isteach inti agus í ' bhreithniú agus í ' mheáchaint is ea is mó a chífir doimhneas agus brí agus bunús inti.

"Cad chuige go rabhúir ar mo lorg?", ar seisean. Ná déarfadh duine gur chruaidh an cheist í sin? Cad 'na thaobh ná beidís ar a lorg? Bhí sé acu ar feadh dhá bhliain déag. Ba mhó acu é ná an saol eile go léir. Neamhní ab ea an saol go léir gan é. An fhaid a bhí sé acu, bhí sólás agus saibhreas an tsaeil seo agus an tsaeil eile acu. Nuair a fuaradar ná raibh sé acu, do mhothaíodar 'na gcroí agus 'na n-aigne go raibh sólás agus saibhreas an tsaeil seo agus an tsaeil eile in easnamh orthu. An raibh aon ní eile ar a bhféadfaidís cuímhneamh ach dul ar a lorg? Agus an raibh aon bhreith acu ar gan bheith go buartha agus go brónach an fhaid a bhíodar ar a lorg agus gan iad á fháil? Bhí na mílte

IX. Domhnach an Epiphaní

daoine an uair sin ag dul abhaile chun a dtíortha féin, soir, siar, ó dheas, ó thuaidh, ó chathair Ierúsaleim. Ní raibh ar na míltibh sin go léir beirt eile chómh naofa, chómh taithneamhach i láthair Dé, leis an mbeirt sin, Naomh Ióseph agus an Mhaighdean Mhuire. Agus féach, ní raibh ar na míltibh sin go léir beirt eile, is cuma liom cad a bhí le fulag acu, gur cuireadh a leithéid de phionós orthu agus do cuireadh, i gcaitheamh na dtrí lá san, ar an Maighdin Muire agus ar Naomh Ióseph. Agus rud eile. Do thuig an Slánaitheóir, moladh go deó leis, an tÉ go rabhadar ar a lorg, do thuig sé méid na buartha a bhí orthu agus géire an phionóis a bhí acu dá fhulag, níos feárr go mór ná mar a thuigeadar féin é. Agus rud eile fós. Do ghoill an bhuairt sin agus an pionós san ar a Chroí Naofa féin níos truime ná mar a ghoilleadar orthu-san. Bhí ' fhios aige go rabhadar ar a lorg chómh maith agus ' bhí ' fhios acu féin é. Chonaic sé a mbuairt agus a mbrón agus a ndólás, agus do chuir san buairt agus brón agus dólás ar a chroí féin, ach tríd agus tríd, do lean sé ar an obair a bhí ar siúl aige, ag ceistiú na n-ollamh agus ag freagairt a gceisteanna dhóibh.

Tispeánann san dúinn, a phobal, gur mhó go mór-le-rá, i láthair Dé, an obair a bhí ag an Slánaitheóir dá dhéanamh an uair sin sa teampall, i measc na n-ollamh, ná aon rud a bhain le dólás ná le sólás, le buairt ná le háthas, le pionós ná le haoibhneas. Bhí gnó á dhéanamh sa cheistiúchán san agus gnó ana-mhór ab ea é. Bhí an t-am tagaithe ar na Giúdaígh 'na raibh orthu leas nú aimhleas a dhéanamh dóibh féin i gcómhair na síoraíochta. Bhí an Slánaitheóir geallta dhóibh ó aimsir Ábrahaim. Bhí na fáidhe go léir tar éis a léiriú go cruínn insna leabhraibh beannaithe conas a thiocfadh sé, agus cathain, agus cad é an áit. Ach bhí na Giúdaígh féin tar éis a lán de bhrí na dtargaireachtaí do chur amú orthu féin. Bhí an Slánaitheóir, agus gan é ach dhá bhliain déag, istigh sa teampall i measc na n-ollamh, ag ceistiúchán orthu agus ag freagairt ceisteanna dhóibh, a d'iarraidh a chur ' fhéachaint orthu an brí bréagach a bhí acu dá bhaint as an Scriptiúir do chur uathu agus an brí dílis do ghlacadh. Dá ndeinidís an ní sin, iad féin d'úmhlú agus brí dílis na dtargaireachtaí do ghlacadh, do thuigfidís an fhírinne; d'aithneóidís an Slánaitheóir,

IX. Domhnach an Epiphaní

agus é ansud ag cainnt leó; d'admhóidís é agus do ghlacfaidís é, agus do raghaidís saor ón léirscrios uathásach a tháinig orthu 'na dhiaidh san mar gheall ar an uabhar agus ar an stuacacht agus ar an mí-réasúntacht a bhí daingean istigh 'na gcroí, agus ná leogfadh dóibh iad féin d'úmhlú ná a leas a dhéanamh. Ní féidir d'éinne a mheas ná a thuiscint cad iad na grásta a thug an Slánaitheóir dóibh an uair sin nuair a bhí sé ag míniú na dtargaireachtaí dhóibh. Ach do chuireadar cos i dtalamh i gcoinnibh gach grásta. Do dhúnadar a súile i gcoinnibh gach solais. Do dhúnadar a n-aigne i gcoinnibh gach cómhairle leasa. Bhí an Slánaitheóir ag déanamh gnótha a Athar, mar aduairt sé féin. Ar son na nGiúdach a bhí an gnó aige á dhéanamh. Ach ba ghnó in aistear é. Bhí an croí ró-chalcaithe ag na Giúdaígh. Bhí an aigne ró-stuacach acu. Do theip ar ghrásta an tSlánaitheóra, dá mhéid a tugadh dóibh de, iad a bhogadh ná iad a dh'iompáil ar leas a n-anama.

Ansan do tháinig Muire Mháthair agus Naomh Ióseph agus duairt an Mhaighdean an focal: "A mhic, cad é seo atá déanta agat orainn? Bhí t'athair agus mise go buartha ar do lorg". Agus duairt an Slánaitheóir: "Cad chuige go rabhúir ar mo lorg? Ná raibh ' fhios agaibh nárbh fholáir dom bheith i ngnó m'Athar?" Agus deir an Soiscéal: "Níor thuigeadar an focal san".

Gan amhras, do thuigeadar gurbh é Mac Dé é, gurbh é Slánaitheóir an domhain é. Ach níor thuigeadar-san ná níor thuig aon duine eile, i gceart, an uair sin ná riamh ó shin, agus ní lú ná ' thuigimíd-na anois, cad é an gnó fé leith a bhí ag an Slánaitheóir á dhéanamh don Athair Síoraí sa teampall an lá san, nuair a bhí an t-aighneas úd ar siúl idir é agus na fir léannta úd. Ní féidir dúinn, agus ár ndícheall a dhéanamh, ach tuairim a thabhairt fé. Is féidir dúinn, áfach, an méid seo do thuiscint go hálainn. Má bhí in obair an lae sin, agus sa chainnt aduairt ár Slánaitheóir lena Mháthair Naofa, rúndiamhar nár fhéad sise ná Naomh Ióseph a thuiscint, is deocair a rá go mbeadh aon bhreith againn-na ar é ' thuiscint.

IX. Domhnach an Epiphaní

"Níor thuigeadar an chainnt aduairt sé leó".

Bhí san fíor an uair aduairt an Slánaitheóir an chainnt. Níl aon lá ó shin ná fuil rud éigin dá shórd ag titim amach do chuid desna Críostaithibh. Fé mar a tháinig buairt an lae úd ar Mhuire Mháthair agus ar Naomh Ióseph, tagann coitianta, ó láimh Dé, buairt agus trioblóid ar Chríostaithibh fónta, agus is minic gurbh ar na Críostaithibh is feárr a thagaid na trioblóidí is truime. Is minic go dtagaid na trioblóidí chómh trom san, chómh hiomarcach san, chómh maraitheach san, go mbíonn iúnadh ar an gCríostaí 'na dtagaid siad air, agus nách féidir leis gan a rá, in' aigne féin, i láthair Dé: "Cad a dheineas riamh ar Dhia na glóire agus a rá go gcuirfeadh sé a leithéid seo de phionós orm!"

Gan amhras, tá daoine neamh-fhoighneacha le fáil adéarfadh cainnt den tsórd san agus gan puínn cúise acu leis. Ach tá Críostaithe a gheibheann cúis a ndóthain chuige uaireanta. Daoine d'fhuiliceódh, gan labhairt, na pianta is géire, na trioblóidí is crua, an bhuairt is truime. Glacaid siad gach trioblóid, fé mar a thagann sé, ó láimh Dé, agus ní bhíonn d'fhocal acu choíche ach, "Toil Dé go ndeintear!" Ach fé dheireadh tagann rud éigin crosta orthu agus baineann sé a leithéid d'fháscadh as an gcroí acu nách féidir leó é ' dh'fhulag ná é ' sheasamh in aon chor, agus ná féadaid siad gan labhairt agus a rá: "Ó, cad a dheineas riamh ar an Slánaitheóir gléigeal go gcuirfeadh sé an mí-ádh so orm!"

Ba mhaith an rud do Chríostaí den tsórd san cuímhneamh ar an bhfocal aduairt an Mhaighdean nuair a fuair sí a hAon-Mhac sa teampall tar éis na dtrí lá ' chaitheamh ar a lorg, agus ansan a fhiafraí dhe féin: "An bhfuil do chúis ghearáin níos truime ná an chúis ghearáin a bhí ag an Maighdin an uair úd?" B'fhéidir gur dhó' leat féin go bhfuil, ach deirim-se leat ná fuil. Cuímhnigh ansan ar an bhfocal aduairt an Slánaitheóir léi féin agus le Naomh Ióseph: "Cad 'na thaobh go rabhúir ar mo lorg? Ná raibh ' fhios agaibh gur i ngnó m'Athar ba cheart dom a bheith?"

IX. Domhnach an Epiphaní

Oireann an focal san go cruínn, a Chríostaithe, dúinn-na féin ins gach aon tsaghas trioblóide is tóil leis an Slánaitheóir a thabhairt dúinn le fulag. Más é toil an tSlánaitheóra iomárd a chur ar do shláinte, an t-iomárd san do chur ar do shláinte-se seochas ar shláinte aon duine eile ar t'aithne, díreach an uair is agat-sa is mó atá gá le sláinte seochas aon duine ar t'aithne, cuímhnigh gur leat-sa adeir sé an focal úd: "Ná fuil ' fhios agat gurb é gnó an Athar Síoraí atá agam á dhéanamh?" Más máthair clainne thu agus an chlann óg, agus go ndéarfaidh an Slánaitheóir leat nách folair athair na clainne sin do thógaint uait agus bainntreach a dhéanamh díot, ná habair i láthair Dé, "Cad a dheineas riamh ar an Slánaitheóir go ndéanfadh sé a leithéid orm!" Ach cuímhnigh go ndeir sé leat mar aduairt sé lena Mháthair Naofa féin: "Ná fuil ' fhios agat gurb é gnó m'Athar Síoraí atá agam á dhéanamh?" Ní thuigeann tusa an gnó san anois, ach tuigfir ar ball é.

Peocu ' thuigfir choíche ar an saol so é, nú ná tuigfir, tuig an méid seo, agus cimeád i t'aigne é coitianta, agus ná dein dearúd go deó dhe. Nuair a bhíd na daoine ag cur síl san earrach, is ar an bhfómhar a bhíd siad ag cuímhneamh. Mura mbeadh an tsúil a bheith leis an bhfómhar, cé ' chuirfeadh síol san earrach? Ag an gCríostaí is é an saol so an t-earrach agus is é an saol eile an fómhar. Tá cruatan agus trioblóid agus annró an earraigh againn le fulag ar an saol so, agus ní foláir dúinn scarúint lena lán nithe, díreach mar a chaithid daoine scarúint leis an síol a curtar sa talamh san earrach. Ach sin é an scarúint a dheineann an fómhar a bheith torthúil ar ball. Ar an gcuma gcéanna, nuair a chuireann an Slánaitheóir ' fhéachaint orainn scarúint ar an saol so le nithibh gur fonn báis linn scarúint leó, is amhlaidh a chuireann sé ' fhéachaint orainn an síol do chur sa talamh i dtreó go mbeadh fómhar na bhflaitheas againn ar ball go saibhir agus go rafar. Is amhlaidh atá gnó an Athar Síoraí aige á dhéanamh, mar is chun "séan síoraí ' shealbhú 'na dhiaidh so ar neamh" do chruthaigh Dia sinn agus do chuir sé ar an saol so sinn.

IX. Domhnach an Epiphaní

Dá bhrí sin, a Chríostaithe, nuair a bheidh an saol so ag gabháil 'nár gcoinnibh, trioblóidí an tsaeil ag brú orainn, ag teacht chúinn ar shálaibh a chéile ár gcrá agus ár gcéasadh agus ár gciapadh, ag baint ár meabhrach asainn, go dtí gurbh fhonn linn a rá linn féin, nách mór, go bhfuil an Slánaitheóir ró-chruaidh orainn, cuímhnímís ar an bhfocal aduairt an Slánaitheóir leis an Maighdin Muire agus le Naomh Ióseph, gurb é gnó an Athar Síoraí atá aige á dhéanamh agus gur ar mhaithe linn atá sé ag déanamh an ghnótha san, mar gur mó go mór a bhainimíd-na leis an saol eile ná leis an saol so.

Ansan d'fhéadfaimís iompáil ar an Maighdin Muire féin agus ar Naomh Ióseph, agus a iarraidh orthu, as ucht an dóláis agus an uaignis a dh'fhuiligeadar i gcaitheamh na dtrí lá úd nuair a bhí an Slánaitheóir in easnamh orthu, a nguí do chur chuige anois go dúthrachtach á iarraidh air a ghrásta ' thabhairt dúinn go líonmhar agus go cómhachtach, i dtreó go bhfuiliceóimís trioblóidí na beatha so le foighne, agus ansan go bhfaighimís toradh gnótha an tSlánaitheóra, aoibhneas na bhflaitheas ar feadh na síoraíochta. Amen.

X. An tOchtú Lá den Epiphaní

Léitear an Soiscéal. (Eóin 1:29-34)

> San am san, do chonaic Eóin Íosa ag teacht ag triall air, agus duairt, "Féach Uan Dé, féach an té a thógann peaca an domhain. Sid é an té ar a nduart, 'Tá fear ag teacht im dhiaidh a bhí ar bith rómham, óir do bhí sé rómham'. Agus ní raibh aithne agam air, ach ionas go dtispeánfí in Israel é, uime sin is ea do thánag-sa ag déanamh baiste in uisce". Agus do thug Eóin fianaise uaidh agus duairt, "Óir do chonac-sa an Sprid ag teacht anuas ó neamh, agus do stad sé air. Ní raibh aithne agam-sa air, ach an té a chuir me ag déanamh baiste in uisce, duairt sé liom, 'An té go bhfeicfir an Sprid ag túirleac air agus ag fanúint air, sin é an té a dheineann baisteadh sa Sprid Naomh'. Agus do chonac-sa agus tugaim fianaise gurb é seo Mac Dé".

X. An tOchtú Lá den Epiphaní

Ag labhairt ar an Soiscéal so dho, a phobal, deir Naomh Aguistín mar seo:

"Sara dtáinig an Tiarna chun go ndéanfadh Eóin é ' bhaisteadh sa lórdan, d'aithin Eóin é agus duairt sé leis: 'Tusa ag teacht chúm-sa chun go mbaistfinn thu! Is duit-se is ceart mise ' bhaisteadh'. Ach féach, d'aithin sé an Tiarna mar d'aithin sé Mac Dé. Sara dtáinig an Slánaitheóir chun na habhann, bhí a lán daoine ag teacht ag triall ar Eóin chun go mbaistfí iad, agus duairt Eóin leó:

'Táim-se ag úr mbaisteadh in uisce; ach an té atá ag teacht im dhiaidh, is mó é ná mise. Ní fiú mé go ndéanfainn iall a bhróige do scaoileadh dho. Baistfidh sé sin sibh sa Sprid Naomh agus i dtine'. Bhí fios an méid sin aige. Más ea, cad chuige go nduairt sé nár aithin sé é?"

Tugann Naomh Aguistín freagra ar a cheist féin. Deir sé gur aithin Eóin an Slánaitheóir, mar go nduairt sé, nuair a chonaic sé ag teacht é: "Féach Uan Dé, a thógann peacaí an domhain!", agus nuair aduairt sé: "Is duit-se is ceart mise ' bhaisteadh!" Ach nuair a bhí baisteadh an tSlánaitheóra déanta aige, agus a chonaic sé an Sprid Naomh ag túirleacan air i bhfuirm colúir agus ag fanúint air, agus nuair a dh'airigh sé an guth as na flaithis: "Sid é mo Mhac dílis ar a bhfuil mo ghreann", gur tugadh do eólas i dtaobh an tSlánaitheóra agus i dtaobh Sácraimínt an Bhaistí, ná raibh aige roimis sin, agus dá bhrí sin gurbh fhíor do an focal aduairt sé. Bhí aithne aige air nuair a chonaic sé ag teacht é, ach níorbh aithne in aon chor an aithne sin seochas an aithne a tugadh do 'na dhiaidh san air, agus ar an gcuma 'na raibh Sácraimínt an Bhaistí aige á chur ar bun.

An baisteadh a bhí ag Eóin á dhéanamh, níorbh é Sácraimínt an Bhaistí in aon chor é. Níor dhein sé ach daoine do spriocadh chun aithrí. Ní raibh ann, mar aduairt Eóin féin, ach baisteadh le huisce. Ach an baisteadh a bhí ag an Slánaitheóir le déanamh, agus le cur ar bun san Eaglais don chine daonna go léir, ón uair sin go dtí deireadh an tsaeil, baisteadh le tine ab ea é, agus leis an Sprid Naomh. Bhí feabhas agus tairbhe an bhaiste a bhí ag Eóin á dhéanamh, bhí sé gan

X. An tOchtú Lá den Epiphaní

amhras de réir fheabhsa an duine a bheadh ag déanamh na haithrí. Ní mar sin don bhaisteadh a chuir ár Slánaitheóir ar bun—níl sé ag brath ar fheabhas ná ar olcas aon duine. An baisteadh a dheineann an fear nú an bhean tuatha, in am riachtanais, má deintear sa cheart é, tá sé chómh hiomlán, chómh beacht, chómh maith de bhaisteadh agus dá mb'é an Pápa ' dhéanfadh é. An baisteadh a dhéanfadh duine ' bheadh ar staid a pheaca, ach go ndéanfadh sé sa cheart é, tá sé chómh maith díreach agus dá mb'é an naomh is mó san Eaglais a dhéanfadh é. Is é cúis 'na bhfuil san mar sin, mar, pé duine a bhaisteann, is é Críost féin a dheineann an baisteadh. Pé duine a bhaisteann, is trí neart Pháise ár Slánaitheóra a tógtar d'anam an duine peaca an tsínsir agus pé peacaí eile a bhíonn air. Is trí neart Pháise ár Slánaitheóra a gheibhid na daoine, nuair a baistithear iad, an grásta naomhaithe a dheineann Críostaithe agus clann Dé dhíobh. Is trí neart Pháise ár Slánaitheóra a gheibhid siad thar n-ais an teideal chun na bhflaitheas a chailleadar tríd an bpeaca a dhein ár gcéad athair agus ár gcéad mháthair. Níor fhág an Slánaitheóir an gnó san ag brath ar fheabhas ná ar olcas aon duine a dhéanfadh an baisteadh. Deintear an gnó go hiomlán pé saghas an duine a dheineann é, ach gur duine saolta é agus go ndéanfaidh sé sa cheart é agus de réir íntinne na hEagailse.

Sin í, a phobal, an fhírinne is toil leis an Eaglais a chur os ár gcómhair i Soiscéal an lae seo. Tá fianaise Naomh Eóin Baiste féin againn leis an bhfírinne sin. Deir sé, i bhfoclaibh an tSoiscéil, "An té a chuir mise chun baiste ' dhéanamh in uisce, duairt sé liom: 'An tÉ 'na bhfeicfir an Sprid Naomh ag túirleac air agus ag fanúint air, sin é an tÉ a dhéanfaidh an baisteadh sa Sprid Naomh'. Agus do chonac-sa san, agus tá fianaise agam á thabhairt gurb é seo Mac Dé".

Cuireann an Eaglais an fhírinne sin os ár gcómhair, a phobal, agus cuireann sí os ár gcómhair deimhne ar an bhfírinne, ó bhéal Naomh Eóin Baiste féin. Cad is ceart dúinn-na ' dhéanamh? An bhfuil aon ní againn le déanamh ach éisteacht leis an bhfírinne agus a dh'admháil gur fírinne í, agus í ' fhágáilt ansan? Ar cuireadh Eóin Baiste amach

X. An tOchtú Lá den Epiphaní

sa bhfásach chun na ndaoine ' spriocadh chun aithrí, chun na slí d'ollmhú do theacht an tSlánaitheóra, chun fianaise ' dhéanamh ar theacht an tSlánaitheóra agus ar an mbaisteadh a dhéanfadh sé sa Sprid Naomh, ar deineadh an obair sin go léir gan aon ghnó eile ach i dtreó go ndéanfaimís-na an fhírinne ' dh'admháil agus í ' fhágáil ansan? Níor deineadh, go deimhin. Do deineadh an gnó go léir i dtreó go ndéanfaimís-na an fhírinne ' dh'admháil agus ansan go ndéanfaimís beart de réir na fírinne. Mura ndeinimíd-na beart de réir na fírinne, obair in aistear ab ea an obair go léir dúinn-na. Do fuaramair, gan amhras, Sácraimínt an Bhaistí, an baisteadh ' chuir ár Slánaitheóir ar bun, baisteadh sa Sprid Naomh, fuaramair é nuair a thánamair ar an saol. Bhí an Eaglais ollamh dúinn nuair a thánamair agus thug sí dhúinn an baisteadh sin. Dhein sí Críostaithe agus clann Dé dhínn. Ghlan sí sinn ó pheaca an tsínsir. Thug sí dhúinn thar n-ais an teideal chun na bhflaitheas, an teideal a chaill ár gcéad athair agus ár gcéad mháthair orainn. Dhein an Eaglais an méid sin go léir dúinn, ach cad é an tairbhe dhúinn-na é? Chómh luath agus ' thánamair i mbliantaibh na tuisceana, do loiteamair féin an obair go léir arís. Níor fhéadamair peaca an tsínsir a thabhairt thar n-ais ar ár n-anam, ach, murar fhéadamair, d'fhéadamair peacaí gnímh a chur in' inead, go tiubh agus go trom agus go léanmhar; agus do dheineamair é sin. Do leighseadh dúinn an t-olc a bhí déanta orainn ag ár gcéad athair agus ag ár gcéad mháthair. Ba bheag an tairbhe dhúinn an leigheas san. Do loiteamair féin arís é. Cuireann an Eaglais inniu os ár gcómhair, sa tSoiscéal san a léas díbh, an obair uathásach, mhíorúilteach, ab éigean a dhéanamh chun an leighis sin do dhul i sochar dúinn. Tugann an Soiscéal dúinn Eóin Baiste féin mar fhínné ar fhírinne na hoibre sin. Ach cad é an tairbhe dhúinn-na an obair, pé fírinne atá inti, agus cad é an tairbhe dhúinn an leigheas, pé cómhacht a dh'imir sé ar dtúis orainn, má táimíd ar staid an pheaca anois? Má táimíd anois ar staid an pheaca, agus má fhanaimíd ar staid an pheaca, cad é an tairbhe dhúinn-na an obair go léir? Má táimíd ar staid an pheaca, agus má fhanaimíd ar staid an pheaca, is cuma dhúinn-na 'en tsaol cad a dheineann baisteadh le huisce, ná baisteadh le tine, ná baisteadh leis an Sprid Naomh, ná aon ní eile a bhaineann le hEaglais ná le

X. An tOchtú Lá den Epiphaní

creideamh ná le sácraimíntíbh. Níl aon phioc dá sochar againn. Níl aon phioc dá dtairbhe againn. Táimíd chómh geárrtha amach ó obair an tSlánaitheóra, moladh go deó leis, agus dá mba ná tiocfadh sé riamh. Tá dóirse na bhflaitheas chómh dúnta 'nár gcoinnibh agus ' bheidís dá mbeadh an Slánaitheóir gan teacht in aon chor fós.

An duine go bhfuil droch-bhéas peacúil aige, béas éigin drúisúil, cuir i gcás, agus go bhfuil a leithéid sin de ghreim ag an ndroch-bhéas san air go leanann sé ag déanamh an pheaca chómh minic díreach agus is mian leis an Áirseóir, Fíor na Cruise 'dir sinn is é!, an droch-smaoineamh a chur 'na chroí, tá an duine sin ar staid an pheaca mhairbh i gcónaí. Tá sé geárrtha amach coitianta ó charadas Dé. Tá sé 'na namhaid ag Dia na glóire, mar ní maith leis an droch-bhéas do chaitheamh uaidh, agus is namhaid do Dhia an droch-bhéas. Mar sin do gach droch-bhéas eile chómh maith. An fear a bhíonn coitianta sáite i dtigh an óil agus nách túisce ' bhíonn aon mheisce amháin á chur de aige ná mar a bhíonn meisce eile aige á chur suas, tá an fear san ag caitheamh a shaeil ar staid an pheaca mhairbh. Ní hea, ach ní fios an mó peaca marbh atá air. Thug Dia ciall daonna dho. Tá an tabharthas san aige dá lot coitianta. Chuir Dia, b'fhéidir, cúram tí agus clainne air. Tá corp faillíthe aige á thabhairt sa chúram san. Tá cúram an tí ag imeacht in aimhréidh toisc gan éinne bheith ag féachaint 'na dhiaidh. Tá an chlann ag imeacht ar a dtoil féin, ag imeacht fiain, gan smacht gan chómhairle gan stiúrú, ag foghlaim na ndroch-bhéas do lean a n-athair rómpu. Imeóid siad ar ball, agus ní fada go dtí é, ó dhlithibh Dé agus na hEagailse. Beid siad chómh geárrtha amach ó shochar oibre an tSlánaitheóra agus atá an meisceóir athar atá acu, agus beidh an t-athair freagarthach i láthair Dé ins gach sórd aimhleasa anama dá ndéanfaidh an chlann san dóibh féin.

Chun go gcuímhneóimís, a phobal, ar na peacaí gnímh a dheinimíd féin, agus ar an gcuma 'na ngearraid siad amach sinn ó ghrásta an tSlánaitheóra a tugadh dúinn sa bhaisteadh, is ea ' chuireann an Eaglais obair an tSlánaitheóra os ár gcómhair i Soiscéal an lae inniu.

X. An tOchtú Lá den Epiphaní

Féachaimís chúinn féin dá bhrí sin. Breithnímís ár slí chun Dé. Má tá aon droch-pheaca, agus go mór mór aon droch-bhéas, ag teacht idir sinn agus ár Slánaitheóir, stadaimís láithreach agus socraímís ár n-aigne ar an ndroch-bhéas san do sheachaint, ar an ndroch-bhéas san do bhriseadh, ar sinn féin a dh'fhuascailt ón ndroch-bhéas san, ar an ngreim atá ag an ndroch-bhéas san orainn do bhogadh agus do chrothadh dhínn in ainm Dé agus Mhuire!

An té ' dhéanfaidh a dhícheall chuige sin, tabharfaidh an Slánaitheóir féin gach aon chúnamh do. Ní féidir don duine an lámh uachtair a dh'fháil ar chathannaibh an Áirseóra gan cúnamh an tSlánaitheóra, gan cúnamh ó ghrásta Dé. Ach tá an cúnamh san le fáil i gcónaí ag an té gur maith leis é ' dh'fháil. Tabharfaidh an cúnamh san saor an Críostaí ó gach céim dá chrua, ó gach greim dá ghéire, ó gach cath dá dhéine. Tabharfaidh an cúnamh san an bua dho ar a namhaid go léir, ar an ndiabhal, ar an saol, agus ar an gcolainn. Tabharfaidh an bua san do an suaimhneas aigne a gheibheann an Críostaí fónta ar an saol so, agus an t-aoibhneas síoraí atá i gcómhair an Chríostaí fhónta ar an saol eile.

XI. An Tarna Domhnach tar éis an Epiphaní

Léitear an Soiscéal. (Eóin 2:1-11)

San am san, bhí pósadh dá dhéanamh i gCána i nGaililí, agus bhí máthair Íosa ann. Agus do tugadh cuireadh chun an phósta d'Íosa féin agus dá dheisceablaibh. Agus do chuaigh dá gcuid fíona agus duairt máthair Íosa leis, "Níl aon fhíon acu". Agus duairt Íosa léi, "Cad é sin dómh-sa agus duit-se, a bhean? Níor tháinig m'aimsir-se fós". Agus duairt a mháthair leis an lucht friothála, "Pé rud adéarfaidh sé libh a dhéanamh, deinidh é". Agus do bhí san áit sé dabhcha cloiche. Do cuireadh ann iad chun lámh do ní, de réir nóis na nGiúdach, agus do raghadh dó nú trí ' mheadraibh ins gach dabhach díobh. Duairt Íosa leó, "Líonaidh na dabhcha d'uisce". Agus do líonadar iad go barra. Agus duairt Íosa leó, "Tarraigidh anois é agus beiridh ag triall ar an bhfear tís é". Agus do rugadar. Agus nuair a bhlais an fear tís an

XI. An Tarna Domhnach tar éis an Epiphaní

t-uisce agus é in' fhíon, agus gan ' fhios aige cá dtáinig sé, ach ' fhios ag an lucht friothála do tharraig an t-uisce, do ghlaeigh sé ar an bhfear nua-phósta, agus duairt sé leis, "Cuireann gach éinne an fíon fónta ar bórd i dtosach, agus ansan, nuair a bítear ar meisce, an fíon ná bíonn chómh maith. Ach do chimeádais-se an fíon fónta go dtí so". Dhein san tosnú ar na solaoidí a dhein Íosa i gCána na Gailílí, agus do nocht sé a ghlóire, agus do chreid a dheisceabail ann.

A phobal Dé, sara n-abrad aon fhocal eile libh, ní mór dhom a dh'ínsint díbh go bhfuil daoine le fáil, daoine ná tabharfadh aon onóir don Mhaighdin Mhuire agus ná leogfadh d'éinne eile onóir a thabhairt di ach chómh beag, dá bhféadaidís é, agus go nglaeid siad ar an bhfocal san aduairt ár Slánaitheóir léi sa tSoíscéal san chun a thispeáint nár thug sé aon onóir di ach mar a thabharfadh sé d'aon mhnaoi fhónta eile. Tá dhá ní ag imirt i gcónaí riamh ar dhaoine den tsórd san. Is iad dá ní iadsan ná díth céille agus droch-aigne. Mura mbeadh an donas ar fad le díth céille ' bheith orthu, níor ghá dhóibh ach an tarna féachaint do thabhairt ar an Soíscéal, agus do chífidís láithreach gur thug an Slánaitheóir, moladh 's baochas leis, onóir uathásach don Mhaighdin Mhuire an oíche sin. Duairt sé léi ná raibh an aimsir tagaithe fós do féin chun míorúiltí den tsórd san a dhéanamh, agus fós do dhein sé an mhíorúilt a dh'iarr sí air a dhéanamh! Ní hea, ach do dhein sé an mhíorúilt ba mhaith léi a dhéanfadh sé. Níor fhan sé le hí dhá iarraidh air an mhíorúilt do dhéanamh. Níor dhein sí ach a rá, "Níl aon fhíon acu". Níor ghá dhi a thuilleadh do rá. Bhí ' fhios aici féin nár ghá. Thug sí cogar do sna seirbhísigh. "Pé rud adéarfaidh sé libh a dhéanamh", ar sise, "deinidh é".

Nách uathásach an daille íntinne nách foláir a bheith ar an nduine a dhéanfadh amach as an méid sin gnótha nár thug ár Slánaitheóir onóir don Mhaighdean Mhuire an uair sin! Agus nách uathásach an droch-aigne nách foláir a bheith istigh i gcroí an duine do mheasfadh a rá, Dia 'dir sinn agus diamhasla, go raibh tarcaisne sa bhfocal a duairt sé léi! Níl aon teóra le díth céille an duine nuair is maith leis leathscéal a dh'fháil chun easonóra ' thabhairt do phuínte éigin

XI. An Tarna Domhnach tar éis an Epiphaní

creidimh ná taithneann leis. Agus níl aon teóra lena dhroch-aigne nuair a gheibheann sé an leathscéal a shásaíonn é.

I dtaobh an fhocail sin, "a bhean", do labhair an Slánaitheóir leis an Maighdin an uair sin, ar ndó', tá ' fhios ag gach éinne atá ag labhairt Gaelainne, agus a thuigeann Gaelainn, gur focal urrama agus onóra agus ceana an focal san. Focal urrama agus ceana is ea é sa Ghréigis leis. Agus focal urrama agus ceana ab ea é sa teangain a bhí dá labhairt i nGailílí an uair sin. Ní raibh aon bhlúire d'aon bhrí tharcaisniúil riamh sa chainnt go dtí gur tugadh amach sa Bhéarla í, *"Woman, what is that to me or to thee?"* Is é an Béarla do chuir an tarcaisne sa chainnt. Urraim agus onóir agus cion atá sa chainnt ins gach aon teangain eile. Is ait mar a dh'fhágann san an scéal ag muíntir an Bhéarla. An easonóir agus an dúire agus an tarcaisne do shíolraigh agus do tháinig as a gcainnt féin, iad á chur i leith an tSlánaitheóra, moladh go deó leis, a d'iarraidh a dhéanamh amach nár thug sé onóir dá Mháthair Bheannaithe, i dtreó go bhféadfaidís a dh'áiteamh orthu féin nách gá dhóibh onóir a thabhairt di.

Ach bíodh acu. Ní bhaineann a ngnó linn-na. Tá ár ngnó féin againn le déanamh. Tá ár gcúntaisí féin againn-na le socrú i láthair Dé, agus is chúthu is ceart dúinn féachaint. Tá ár dteagasc féin againn-na le baint as an Soiscéal, an teagasc a mhúineann an Eaglais dúinn as. Tá an ceathrú aithne d'aitheantaibh Dé againn. Deir an aithne sin linn: "Tabhair do t'athair agus dod mháthair onóir". Tá dea-shampla an tSlánaitheóra féin anso againn ar an gcuma 'nar ceart dúinn an aithne sin do chimeád. B'é Slánaitheóir an domhain é. Bhí am áirithe aige chun na hoibre sin do thosnú. In onóir dá Mháthair Bheannaithe, gan aon chúis eile ach chun go dtabharfadh sé sásamh aigne dhi, do leog sé dhi a chur ' fhiachaibh air an t-am san do shárú, a chur ' fhiachaibh air an mhíorúilt mhór san a dhéanamh sara dtáinig an t-am. Sin mar is ceart don Chríostaí an ceathrú aithne sin d'aitheantaibh Dé do chimeád; onóir a thabhairt dá athair agus dá mháthair. Is ceart do an rud a bheadh beartaithe aige in' aigne féin do leogaint uaidh chun sásaimh aigne ' thabhairt dá athair nú dá mháthair, nú, rud is gátaraí,

XI. An Tarna Domhnach tar éis an Epiphaní

b'fhéidir, ná sásamh aigne ' thabhairt dóibh, iad do chimeád suas de réir a ghustail.

Ach tá machnamh mór eile againn le déanamh, a Chríostaithe, ar ghnó na hoíche úd. Cad 'na thaobh gur thug an Mhaighdean Mhuire an cogar úd in aon chor dá hAon-Mhac? Is ró-fhuiriste dhúinn a thuiscint cad 'na thaobh. Daoine galánta creidiúnacha ab ea na daoine go raibh an bhainis úd ar siúl acu. Bhí cuideachta mhór ann, cuideachta chreidiúnach. Bhí, de réir nóis na tíre, is dócha, stíobhard iasachta ag tabhairt bídh agus dí amach ann. B'fhéidir gur thug sé an fíon amach níos tiúbha agus níos rabairní ná mar ba ghá dho. B'fhéidir go raibh dearúd éigin ar chuma éigin eile mar gheall ar an bhfíon. Pé cuma 'nar thit an scéal amach, bhí an fíon go léir imithe, agus bhí an stíobhard ag lorg tuilleadh fíona agus an chuideachta ag feitheamh. Conas ' fhéadfadh muíntir an tí a rá, "Níl a thuilleadh fíona ann"? Bheadh náire agus aithis fálta acu go deó. Do thuig an Mhaighdean Mhuire conas a bhí an scéal acu. Tháinig trua aici dhóibh. Ní raibh aon chuma eile 'na bhféadfadh sí iad do thabhairt as an bpúnc 'na rabhadar ach an rud a dhein sí a dhéanamh. Dhein sí é. Dhein a hAon-Mhac an rud a theastaigh uaithi, bíodh ná raibh an t-am tagaithe chuige fós. Do tugadh muíntir an tí saor ón náire a bhí ag teacht orthu agus is amhlaidh a fuaradar breis creidiúna. In inead iad a bheith gan aon bhraon fíona agus an tigh lán de dhaoine, is amhlaidh a bhí tuilleadh agus a ndóthain mór fíona acu den fhíon ba bhreátha dár bhlais éinne den chuideachtain sin riamh roimis sin. Má bhí an chuideachta tamall ag feitheamh, d'fhéadfadh an stíobhard a rá leó gurbh fhiú an fíon san tamaillín a thabhairt ag feitheamh leis.

Ach tá daoine ann, a phobal, agus déarfaidís leat gurbh ait an scéal é, a rá gur hoibríodh an mhíorúilt uathásach san chun tuilleadh fíona ' thabhairt do dhaoine agus iad ar meisce cheana féin. Fiafraigh de sna daoine sin cé 'duairt go rabhadar ar meisce cheana féin. Déarfaid siad leat go nduairt an stíobhard é. Imbriathar ná duairt. Ní duairt an stíobhard aon ní dhá shórd. Duairt sé gur ghnáth an droch-fhíon do chimeád go dtí go mbeadh an chuideachta ar bog-mheisce. Ní mar a

XI. An Tarna Domhnach tar éis an Epiphaní

chéile é sin agus a rá go raibh an chuideachta san ar meisce an uair sin. Ní hea, ach an aigne ' bheith chómh holc, chómh mailíseach san ag á lán daoine nách féidir leó choíche brí fónta do bhaint a cainnt an fhaid is féidir leó casadh éigin a chur inti agus droch-bhrí ' bhaint aisti.

Ach ní gá dhúinn bheith a d'iarraidh an tSlánaitheóra do chosaint ar bhéalaibh lucht cúl-chainnte. Bhí ' fhios aige féin, moladh go deó leis, cad a bhí aige á dhéanamh an oíche sin. Níl againn-na ach an scéal do ghlacadh mar a chuireann an Eaglais os ár gcómhair é sa tSoíscéal, agus sinn féin d'úmhlú agus glóire ' thabhairt do Dhia.

Sin a bhfuil againn le déanamh chómh fada agus ' théann gnó an tSoíscéil. Ach tá rud againn le déanamh, a phobal, chómh fada agus ' théann ár ngnó féin. Is é ár ngnó féin an gnó ba mhaith leis an Eaglais a dhéanfaimís i dtaobh an tSoíscéil, agus is chuige sin, thar gach ní eile, do chuireann sí an Soíscéal dá lé' dhúinn. Fiafraímís dínn féin, dá bhrí sin, conas a bhaineann an Soísceal san linn-na, linn-na féin.

Féach, a phobal. Níl aon fhocal cúntais scríofa síos ar ghníomharthaibh ná ar labharthaibh an tSlánaitheóra nách chun teagaisc éigin a thabhairt dúinn-na atáid siad scríofa. Agus is minic gur mó go mór-le-rá an teagasc san atá ag an scríbhinn le tabhairt do sna Críostaithibh, ar fuid an domhain, ó shliocht go sliocht, ná pé tairbhe a dhein na gníomhartha féin nuair a deineadh iad, nú na labhartha nuair a labhradh iad. Dhein an mhíorúilt sin an fhíona, cuir i gcás, mórán tairbhe an oíche a deineadh í. Do shábháil sí lín tí chreidiúnach ó náire agus ó aithis. Do neartaigh sí creideamh i ndeisceablaibh an tSlánaitheóra. Dhein sí, is dócha, mórán tairbhe ná fuil ' fhios againn, do sna daoine a bhí láithreach nuair a deineadh í. Is dócha, ní nách iúnadh, éinne do bhlais aon bhraon den fhíon san gur dhein sé tairbhe sláinte dho an chuid eile dhá shaol, agus tairbhe anama leis. Ach ba shuarach-le-rá na tairbhí sin go léir seochas tairbhe áirithe atá dhá dhéanamh riamh ó shin don chine daonna, agus ná raibh sa mhíorúilt mhór san an fhíona ach solaoid air. Trí

XI. An Tarna Domhnach tar éis an Epiphaní

ímpí na Maighdine Muire is ea ' dhein ár Slánaitheóir an mhíorúilt sin an fhíona an oíche sin. Trí ímpí na Maighdine Muire céanna atá an tairbhe eile seo adeirim á dhéanamh ag an Slánaitheóir riamh ó shin do gach Críostaí atá 'na ghátar agus a dh'iarrann é. Bhí an lín tí úd i bpúnc chruaidh an oíche úd. Do saoradh as an bpúnc san iad trí ímpí na Maighdine Muire. Do tugadh dóibh an fíon a bhí in easnamh orthu. Níl lá ná oíche, a phobal, ná fuil Críostaithe ar fuid an domhan i bpúnc chruaidh, namhaid a n-anama ag cur orthu go dian, an diabhal, agus an saol, agus an cholann ag cur orthu, iad i gcúntúirt titim sa pheaca, an fíon, fíon ghrásta Dé, in easnamh orthu go cruaidh, náire agus aithis an pheaca le teacht orthu, agus gan aon dul as acu mura bhfaighid siad an fíon. Tuigeann an Mhaighdean an crua-chás. Tugann sí an cogar dá hAon-Mhac: "Tá an fíon in easnamh orthu". Géilleann an tAon-Mhac do chogar a Mháthar Bheannaithe. Tugtar an fíon, fíon uasal ghrásta Dé, don Chríostaí atá 'na ghátar chómh cruaidh. Cuireann an fíon uasal san neart agus fuinneamh agus misneach spriodálta i gcroí agus in aigne an Chríostaí sin. Úmhlaíonn sé é féin i láthair Dé. Iompaíonn sé ón bpeaca. Gheibheann sé bua ar a namhaid. Téann sé saor, os cómhair Dé agus daoine, ón náire agus ón aithis, náire agus aithis an pheaca, a bhí i riocht titim anuas air.

Ní hínstear dúinn, a phobal, gur labhair éinne de mhuíntir an tí leis an Maighdin Muire nuair a bhíodar sa chrua-chás, ná gur hiarradh uirthi an rud a dhein sí do dhéanamh dóibh. B'fhéidir gur hiarradh. B'fhéidir gur dhein sí uaithi féin é nuair a chonaic sí an cás 'na rabhadar. Peocu san de, tá aon ní amháin deimhnitheach. Ní ceart don Chríostaí, nuair a bheidh sé sa chrua-chás, bheith ag feitheamh chun go gcuímhneódh an Mhaighdean féin ar a rá lena hAon-Mac, "Tá an Críostaí seo in easnamh an fhíona". Is ceart don Chríostaí féin labhairt léi, ní hea, ach glaoch go hárd uirthi, agus a dh'iarraidh uirthi an chabhair a dh'fháil ón Slánaitheóir do. Tá ' fhios againn go maith ná heiteóidh an Slánaitheóir í. Níor eitigh sé an oíche úd í, bíodh ná raibh an t-am tagaithe in aon chor chun míorúiltí den tsórd san a dhéanamh. Níor eitigh, mar do theastaigh uaidh a chur in úil

XI. An Tarna Domhnach tar éis an Epiphaní

dúinn-na go léir ná heiteóidh sé anois í ach chómh beag agus a dh'eitigh sé an uair sin í.

Dein-se do mhachnamh ar an méid sin, a Chríostaí. Dein do mhachnamh air go doimhinn agus go daingean agus go dlúth. Cimeád i t'aigne é de shíor, amu' agus i mbaile, de ló agus d'oíche. Preabadh an machnamh san suas id chroí agus chun do bhéil i gcónaí chómh luath agus a thiocfaidh aon chéim chruaidh ón namhaid ort. Chómh luath agus a mhothóir an namhaid ag teacht, glaeigh ar an Maighdin, glaeigh ar Mhuire Mháthair. Nuair a bheidh an droch-smaoineamh 'od dhalladh, ag teacht idir thu agus cuímhneamh ar dhlí Dé ná ar mharaitheacht an pheaca, cuímhnigh ar Mhuire Mháthair agus glaeigh uirthi, agus iarr uirthi cabhair a dh'fháil ón Slánaitheóir duit, chun an droch-smaoinimh sin a chur as do chroí. Nuair a dhéanfaidh an chómharsa olc éigin ort, agus nuair a bheidh do chroí dá loscadh le feirg mar gheall ar an olc san, mar gheall ar an éagóir sin a deineadh ort gan chúis gan abhar, i dtreó nách féidir leat a rá ó chroí, "Maith dhúinn ár gcionta mar a mhaithimíd do chách", cuímhnigh ar Mhuire Mháthair agus glaeigh go hárd uirthi, agus iarr go cruaidh uirthi "grásta na foighne in aghaidh na héagóra" ' dh'fháil ón Slánaitheóir duit, le heagla go mbeadh sé de thiubaist ort, pé éagóir a dhein do chómharsa ort, ná pé díobháil a dhein sé dhuit, díobháil is míle measa ná é ' dhéanamh duit féin i láthair Dé.

Mar sin, a Chríostaí, do gach aon tsaghas cruatain 'na mbeidh tú ann, i láthair Dé nú duine, cuímhnigh i gcónaí ar Mhuire Mháthair, agus bí coitianta dhá iarraidh uirthi tu ' dh'fhuascailt as an gcruatan, a hímpí do chur chun a hAon-Mhic ar do shon, i dtreó go gcaithfá do théarma ar an saol so id Chríostaí dhílis, fhíoraonta, agus ansan go dtabharfí dhuit ar an saol eile aoibhneas síoraí na bhflaitheas i láthair na Maighdine Muire, agus a hAon-Mhic, ár dTiarna Íosa Críost. Go dtugaidh Dia na glóire an t-aoibhneas san dúinn go léir. Amen.

SEANMÓIN IS TRÍ FICHID

XII. An Tríú Domhnach tar éis an Epiphaní

Léitear an Soiscéal. (Maitiú 8:1-13)

San am san, nuair a tháinig Íosa anuas ón gcnuc, do lean slua mhór é, agus féach, do tháinig lobhar agus d'adhar sé é agus duairt sé, "A Thiarna, más toil leat é, is féidir duit me ' ghlanadh". Agus do shín Íosa a lámh agus chuir sé air í, agus duairt sé, "Is toil liom é. Glantar thu". Agus do glanadh láithreach é óna lobhra. Agus duairt Íosa leis, "Féach, ná hinis d'éinne é, ach imigh agus tispeáin thu féin don tsagart, agus tabhair an ofráil d'órdaigh Maois, mar fhianaise dhóibh-sin". Agus nuair a bhí sé ag dul isteach go Caphárnaum, tháinig taoiseach céad chuige dhá ghuí, agus duairt sé, "A Thiarna, tá mo mhac sa bhaile 'na luí le droch-bhreóiteacht agus tá pianta móra air". Agus duairt Íosa leis: "Tiocfad-sa agus leighisfead é". Agus duairt an taoiseach, "A Thiarna, ní fiú mise go dtiocfá fém dhíon, ach abair an focal amháin agus beidh mo mhac slán. Mar is duine mise atá fé smacht, agus tá saighdiúirí fúm, agus deirim leis an bhfear so, 'Imigh, agus imíonn sé', agus le fear eile, 'Tar, agus tagann sé', agus lem sheirbhíseach, 'Dein so', agus deineann sé é". Agus nuair ' airigh Íosa san, do dhein sé iúnadh dhe; agus duairt sé leis an muíntir a bhí dhá leanúint, "Go deimhin adeirim libh, ní bhfuaras a leithéid sin de chreideamh in Israel. Agus deirim libh go dtiocfaidh a lán ón ndomhan toir agus ón ndomhan tiar, agus go luífid siad in ucht Ábrahaim agus Isaaic agus Iácóib. Agus caithfar clann na ríochta amach sa dorchadas, mar a mbeidh gol agus díoscán fiacal". Agus duairt Íosa leis an dtaoiseach céad, "Imigh, agus deintear duit de réir mar a chreidis".

A phobal Dé, tá a lán nithe sa tSoiscéal san agus d'fhéadfí seanmóin mhór fhada ' dhéanamh ar gach ní dhíobh. D'fhéadfí mórán cainnte ' dhéanamh ar leigheas an lobhair agus ar conas mar adúradh leis dul agus é féin a thispeáint do sna sagairt, de réir dlí Mhaoise. Solaoid roim ré ab ea an mhíorúilt sin ar Shácraimínt na hAithrí a bhí ag an Slánaitheóir le cur ar bun. B'é an lobhra an peaca marbh, agus b'é an leigheas an maithiúnachas a tugtar don duine nuair a gheibheann sé an aspalóid. Ní féidir labhairt libh inniu ar na nithibh go léir atá sa

XII. An Tríú Domhnach tar éis an Epiphaní

tSoiscéal san, agus dá bhrí sin ní foláir ní acu do thoghadh agus labhairt libh air.

Iarrfad oraibh, dá bhrí sin, úr n-aigne ' thabhairt don chainnt aduairt an taoiseach i dtaobh a mhic. "A Thiarna", ar seisean: "Tá mo mhac 'na luí sa bhaile agus tá droch-bhreóiteacht air, agus tá pianta móra air". "Tiocfad-sa agus leighisfead é", arsan Slánaitheóir. Ba dhó' le héinne gur cheart go mbeadh áthas mór ar an nduin' uasal agus go ndéarfadh sé leis an Slánaitheóir teacht. Ní duairt. Duairt sé a mhalairt. "A Thiarna", ar seisean, "ní fiú mise go dtiocfá-sa isteach im thigh. Ní gá an trioblóid sin do chur ort. Níl agat ach an focal do rá agus beidh mo mhac slán". Tugaidh fé ndeara anois, a phobal, an chuid eile de chainnt an duin' uasail sin. Tispeánann a chainnt gurbh oificeach airm é. "Is duine mise atá fé smacht, agus go bhfuil saighdiúirí fúm, agus nuair adeirim le fear acu imeacht, imíonn sé; nú nuair adeirim le fear teacht, tagann sé; nú nuair adeirim lem sheirbhíseach rud a dhéanamh, deineann sé é".

Cad é an bhaint a bhí ag an gcainnt sin leis an mbreóiteacht a bhí ar an mbuachaill? Nú cad é an bhaint a bhí ag an gcainnt sin leis an bhfocal eile a bhí ráite ag an nduin' uasal, "Abair an focal agus beidh mo mhac slán?" Seo mar a bhain an dá chainnt le chéile. Thispeáin an duin' uasal gur chreid sé an uile shaghas breóiteachta ' bheith fé smacht an tSlánaitheóra, díreach mar a bhí a shaighdiúirí agus a sheirbhísigh féna smacht féin. Ní raibh aige féin ach an focal do rá leis an saighdiúir nú leis an seirbhíseach, agus láithreach bonn, gan smiog a rá 'na choinnibh, do déanfí rud air. Ar an gcuma gcéanna, dar leis, bhí an bhreóiteacht fé smacht an tSlánaitheóra agus ní raibh ag an Slánaitheóir ach an focal a rá agus dhéanfadh an bhreóiteacht rud air. Dá n-abradh sé léi imeacht, d'imeódh sí laithreach. "Níl agat ach an focal a rá", ar seisean, "agus beidh mo mhac slán". Ní hiúnadh gur mhol an Slánaitheóir creideamh an duine. "Go deimhin, adeirim libh", arsan Slánaitheóir leis an muíntir a bhí láithreach, "ní bhfuaras a leithéid sin de chreideamh in Israel".

XII. An Tríú Domhnach tar éis an Epiphaní

Duine iasachta ab ea an duin' uasal san. Bhí sé daingean i gcónaí in aigne na nGiúdach gur acu féin a bhí gach aon rud i bhfuirm creidimh agus ná féadfadh aon rud i bhfuirm creidimh a bheith ag na Gíntibh bochta iasachta. Bhíodar lán d'uabhar, agus de mhór-is-fiú, agus d'éirí-in-áirde mar gheall air sin. Thug an Slánaitheóir asachán trom dóibh nuair aduairt sé leó go bhfuair sé sa duine iasachta san creideamh ná fuair sé in éinne acu féin, tar éis ar dheineadar riamh de mhaíomh as gurbh iad sliocht Ábrahaim iad. Ansan duairt sé leó focal ba ghéire go mór ná an t-asachán. "Tiocfaidh", ar seisean, "a lán, ón ndomhan tiar agus ón ndomhan toir, agus luífid siad in ucht Ábrahaim agus in ucht Isaaic agus in ucht Iácóib, i ríocht na bhflaitheas, agus caithfar clann na ríochta amach sa dorchadas mar a mbeidh gol agus díoscán fiacal".

Cheap na Giúdaígh, ó b'iad sliocht Ábrahaim iad, ná raibh aon bhaol orthu; go raibh deimhne acu ar dhul go flaitheas Dé ar ball pé cuma 'na gcaithfidís a saol anso. Cheapadar, leis, ná raibh aon bhreith ag na Gíntibh ar dhul go flaitheas Dé in aon chor, toisc gan fuil Ábrahaim a bheith iontu. Bhí ár Slánaitheóir coitianta dhá ínsint dóibh go raibh dearúd sa méid sin orthu; nárbh aon tairbhe dhóibh i láthair Dé fuil Ábrahaim a bheith iontu gan creideamh Ábrahaim a bheith acu; ná raibh creideamh Ábrahaim acu, mar dá mbeadh go nglacfaidís an Slánaitheóir; dá leanaidís de réir an fhuadair a bhí fúthu go gcaillfidís ríocht na bhflaitheas, agus go dtiocfadh na Gínte laistigh díobh in oidhreacht Ábrahaim agus Isaaic agus Iácóib; nárbh iad na daoine 'na raibh fuil Ábrahaim iontu do raghadh go flaitheas Dé, ach na daoine ' bheadh dílis do Dhia, mar a bhí Ábraham, agus do chimeádfadh aitheanta Dé; gur chuma cad í an treibh dhaonna as a dtiocfaidís-sin, agus go mbeidís 'na gclaínn ag Ábrahaim chómh maith díreach agus dá mb'ar a shliocht do shíolthóidís. Níor thaithn cainnt den tsórd san leis na Giúdaígh. Bhí an chainnt sin bun-os-cionn ar fad leis an aigne a bhí acu féin i dtaobh flaithis Dé, agus i dtaobh na ndaoine a bhí le dul ann agus i dtaobh na ndaoine ná raibh le dul ann. In inead éisteacht leis an bhfírinne agus iad féin d'úmhlú i láthair an tSlánaitheóra, is amhlaidh a tháinig fearg orthu agus chuireadar stailc

XII. An Tríú Domhnach tar éis an Epiphaní

suas, agus fé dheireadh do chuireadar an Slánaitheóir chun báis. Ansan do fíoradh dóibh an focal aduairt an Slánaitheóir leó: tháinig na Gínte iasachta isteach ó gach aon pháirt den domhan, agus do deineadh clann Dé dhíobh, agus do tugadh an teideal dóibh chun na hoidhreachta, an teideal chun ríochta na bhflaitheas; agus an tsliocht go raibh an ríocht san geallta dhóibh ó thosach, do caitheadh amach iad mar gheall ar a n-easúmhlaíocht féin. Ná measadh éinne gur deineadh aon ní i bhfuirm éagóra orthu. Arís agus arís eile, d'iarr an Slánaitheóir féin orthu, moladh go deó leis, a súile ' dh'oscailt agus féachaint chúthu féin. "Mura maith libh", ar seisean leó, "mo chainnt do chreidiúint, creididh na míorúiltí atá agam á dhéanamh os cómhair úr súl!" Níor tháinig an scéal i ganfhios orthu in aon chor. Chonacadar míorúiltí nárbh fhéidir d'aon duine ' dhéanamh gan cómhacht Dé ' bheith aige. Chonacadar an duine a bhí cheithre lá sínte san uaigh, chonacadar dá thógaint as an uaigh é, beó bríomhar, le haon fhocal amháin ón Slánaitheóir. Chonacadar an dá mhíorúilt seo atá áirithe i Soiscéal an lae inniu againn. Chonacadar gur ar éigin a chuir ár Slánaitheóir cor de gan mhíorúilt éigin uathásach a dhéanamh, i gcaitheamh na dtrí mblian a thug sé ag cur an chreidimh ar bun, i dtreó go nduairt an Soiscéalaí, 'na dhiaidh san, dá scrítí i leabhraibh na míorúiltí go léir, ná faigheadh na leabhair slí sa domhan! Chonacadar gach aon rud dob fhéidir a thispeáint dóibh chun iad do chur ar a leas, ach ní raibh aon mhaith ann. Bhí ' fhios acu, dá n-admhaídís an Slánaitheóir, nárbh fholáir dóibh iad féin d'úmhlú, agus druím lámha ' thabhairt leis an saol so, agus le saibhreas an tsaeil seo agus le pléisiúr an tsaeil seo. Ní raibh aon phioc dá fhonn orthu rud den tsórd san a dhéanamh. Déarfadh duine, pé neamh-fhonn a bheadh orthu rud den tsórd san a dhéanamh, gur chóir go ndéanfaidís é nuair a chonacadar cómhacht Dé ag oibriú ar a n-aghaidh amach insna míorúiltí móra. Níor dheineadar. Is uathásach an cumas atá ag an nduine ar a dhá shúil a dhúnadh in aghaidh na fírinne nuair ná taithneann an fhírinne leis. Ní gá dhúinn dul chómh fada siar le haimsir na nGiúdach chun solaoide ' dh'fháil ar an méid sin. Tá ár ndóthain solaoidí againn le feiscint air anois 'nár n-aimsir féin. An duine go bhfuil droch-bhéas éigin aige, agus nách maith leis

XII. An Tríú Domhnach tar éis an Epiphaní

an droch-bhéas a chaitheamh uaidh, tabharfar cómhairle dho. Neósfar an fhírinne dho. Neósfar do go bhfuil tine ifrinn ar dearg-lasadh féna chosaibh agus ná feadair sé cad é an neómat a thitfeadh sé isteach. Déarfar leis gur fearra dho an droch-bhéas a chaitheamh uaidh sara mbeidh sé ró-dhéanach. Éistfidh sé leis an gcómhairle. Cromfaidh sé a cheann. Níl sa chómhairle dho ach "scéal á ínsint do chapall agus an capall 'na chodladh". B'fhéidir gur droch-bhéas meisce atá aige. Déarfar leis an t-ól a chaitheamh uaidh. Ní dhéanfaidh sé ach a cheann a chromadh agus an focal do scaoileadh thairis. B'fheárr leis go mór ná tráchtfí in aon chor ar an scéal, go leogfí dho a bhraon dí ' dh'ól ar a shuaimhneas agus a mheisce ' chur de ar a shuaimhneas, agus gan bheith dhá bhodhradh le neamh ná le hifreann ná le haon rud a bhaineann leó. Tá ' fhios aige go dian-mhaith cad 'tá 'na chómhair thall, chómh maith díreach agus tá ' fhios ag an gcómhairleach é, ach b'fheárr leis gan cuímhneamh in aon chor air. Tá ' fhios aige, má chuímhníonn sé puínn air, go n-éireóidh a choínsias 'na choinnibh agus go gcaithfidh sé an droch-bhéas a chur uaidh. B'fheárr leis go mór a shúile ' chimeád dúnta agus a choínsias ' fhágáilt 'na chodladh, agus comáint leis ar an ndroch-bhéas. Tá go maith. Comáineadh sé leis. Dúiseóidh an bás a choínsias mura ndúisídh aon rud eile é. Ansan tá rud 'na chómhair. Cad 'tá 'na chómhair ansan? Do chuir an Slánaitheóir féin ainm ar an rud atá i gcómhair an duine sin. "Caithfar clann na ríochta amach sa dorchadas mar a mbeidh gol agus díoscán fiacal". Is é an Slánaitheóir féin aduairt an focal. "Gol agus díoscán fiacal", ar seisean. Is gránna an oscailt súl é tar éis codlata! Beidh an codladh go léir imithe ansan, imithe glan. Ní thiocfaidh aon néal eile codlata ar an nduine sin ar feadh na síoraíochta. Ansan is ea ' chífar an fhírinne go soiléir; gur pleisiúr gan ghus pléisiúr na beatha so, pé saghas é, peocu ól é, nú ithe, nú uabhar, nú sainnt, nú drúis, nú pé an-mhian eile é 'na leogfaidh an duine dho an lámh uachtair a dh'fháil air. Ansan is ea ' chífar an fhírinne, ach beidh sé ró-dhéanach an uair sin.

Tá againn, a phobal, sa tSoiscéal san a léas díbh, trí nithe ón Slánaitheóir, dhá mhíorúilt agus foláramh. Do leighis sé an lobhar

XII. An Tríú Domhnach tar éis an Epiphaní

chómh luath agus d'iarr an lobhar air é. Do leighis sé mac an taoisigh céad. Ansan do thug sé an foláramh uaidh. Dhein an lobhar gníomh creidimh sarar leighseadh é. "A Thiarna", ar seisean, "más toil leat é, is féidir duit me ' ghlanadh". Dhein an taoiseach céad gníomh creidimh sarar leighseadh a mhac. "Abair an focal", ar seisean, "agus beidh mo mhac slán". D'admhaigh gach duine den bheirt go raibh cómhacht Dé ag an Slánaitheóir, gurbh é Mac Dé é, gurbh é Slánaitheóir an domhain é. Thispeáin an dá leigheas go raibh an fhírinne ag an mbeirt. Ansan do thug an Slánaitheóir an foláramh úd uaidh i dtaobh clainne na ríochta, go gcaithfí amach iad sa dorchadas mar a mbeadh an gol agus an díoscán fiacal, nuair ná hadmhóidís an Slánaitheóir agus iompáil óna ndroch-bhéasaibh agus ó phléisiúr na beatha so.

An foláramh céanna, a phobal, a thug Críost do sna Giúdaígh an lá úd, tugann Eaglais Chríost dúinn-na inniu é sa tSoíscéal san a léas díbh. Oireann an foláramh dúinn-na chómh maith díreach agus d'oir sé do sna Giúdaígh. Tá an díth céille céanna ar a lán againn a bhí ar na Giúdaígh. Tá an dúil chéanna ag á lán againn i bpléisiúr na beatha so, agus an leisce chéanna orainn roim aon tsaghas pionóis a chur orainn féin ná aon smachtú ' dhéanamh ar ár ndroch-mhianaibh ná ar ár ndroch-bhéasaibh. Tá an olla-bhodhaire chéanna orainn a bhí ar na Giúdaígh. Airímíd foláramh an tSlánaitheóra, sa tSoíscéal, dhá rá linn go hárd, mar aduairt sé leis na Giúdaígh, má leanaimíd mar atá againn ná fuil aon bhreith againn ar sholas na bhflaitheas a dh'fheiscint go deó.

A Chríostaithe! Is é Mac Dé a thugann an foláramh san dúinn. Is É féin a cheannaigh dúinn solas na bhflaitheas, agus deir sé linn, amach as a bhéal naofa féin, go mbeidh an ceannach in aistear má leanaimíd pléisiúr na beatha so. Tógaimís, dá bhrí sin, ár gcroí agus ár n-aigne suas chun Dé. Ceapaimís go daingean 'nár n-aigne, pé rud a dhéanfaidh ár mbeatha ar an saol so, ná loitfimíd orainn féin an oidhreacht a cheannaigh an Slánaitheóir dúinn nuair a dhoirt sé a chuid fola ró-naofa ar chrann na cruise ar ár son. Iarraimís go húmhal

XII. An Tríú Domhnach tar éis an Epiphaní

ar Dhia a ghrásta do bhronnadh go líonmhar orainn i dtreó go bhféadfaimís an aigne sin do chur i ngníomh. Anois atá againn a shocrú ceocu de dhá ní a bheidh againn ar ball, ar feadh na síoraíochta, an solas nú an dorchadas, áthas agus aoibhneas na bhflaitheas nú gol agus díoscán fiacal i dtine ifrinn. Go dtugaidh Dia dhúinn an solas, agus go saoraidh Dia sinn ar an ndorchadas. Amen.

XIII. An Ceathrú Domhnach ón Epiphaní

Léitear an Soiscéal. (Maitiú 8:23-27)

> San am san, do chuaigh Íosa ar bórd na luinge, agus do lean a dheisceabail é, agus féach, do tháinig suathadh mór sa bhfarraige, i dtreó go raibh an long dá múchadh leis na tonnaibh, agus bhí seisean 'na chodladh. Agus tháinig a dheisceabail chuige agus dhúisíodar é. "A Thiarna", ar siad, "saor sinn; tá an bás againn". Agus duairt Íosa leó, "Cad is eagal díbh, a dhaoine gan puínn creidimh?" Ansan d'éirigh sé agus duairt sé leis an ngaoith agus leis an uisce fanúint socair, agus tháinig ciúnas mór. De sin do ghlac iúnadh na daoine, agus dúradar, "Cad é mar dhuine é seo go bhfuil gaoth agus farraige úmhal do?"

A phobal, ní ró-mhór an chainnt atá sa tSoiscéal san, ach dá laíghead í an chainnt is mór é an brí. Bhí an Slánaitheóir tar éis teacht anuas ón gcnuc, tar éis na seanmóna ' thabhairt dá dheisceabail, agus bhí an tslua mhór dhá leanúint. Thug sé teagasc dá dheisceabail leis an seanmóin, ar an gcnuc, ach níorbh fholáir rud éigin in éaghmais cainnte do thabhairt don tslua mhór. Do labharfadh an chainnt leis an gcluais, ach níorbh fholáir labhairt leis na súilibh acu, i dtreó gur mhóide agus gurbh fheárr-de a thuigfidís cainnt na gcluas. Níorbh fholáir a thispeáint dóibh go raibh cómhacht Dé laistiar den chainnt.

Tháinig an lobhar agus d'úmhlaigh sé é féin. Do chaith sé é féin ar an dtalamh os cómhair an tSlánaitheóra agus d'adhar sé é mar is ceart Dia d'adhradh. Ansan d'admhaigh sé cómhacht Dé nuair aduairt sé:

XIII. An Ceathrú Domhnach ón Epiphaní

"A Thiarna, más toil leat é, is féidir duit me ' ghlanadh", agus do thispeáin an Slánaitheóir cómhacht Dé nuair aduairt sé: "Is toil. Glantar thu", agus do glanadh an duine. Thispeáin an Slánaitheóir an chómhacht chéanna, cómhacht Dé, cómhacht gan teóra, an chómhacht aduairt an taoiseach céad a bhí aige ar an uile shaghas breóiteachta, nuair aduairt sé leis an dtaoiseach céad imeacht, go raibh a ghuí fálta aige.

Cómhachta ar ghalaraibh ab ea na cómhachta san. Cómhachta ab ea iad, gan amhras, ná fuil, agus ná féadfadh a bheith, ag éinne ach ag Dia. Ach mar sin féin, b'fhéidir nár chómhachta iad a dh'fhéach ró-éagsamhlach i súilibh daoine. B'fhéidir ná cuirfeadh daoine oiread suime iontu agus ba cheart a chur, toisc gan neart uathásach a bheith le feiscint iontu. B'é toil an tSlánaitheóra, moladh go deó leis, nuair a bhí na leighseanna san déanta aige, míorúilt a dhéanamh do sháródh ar aon tsaghas nirt dá bhfeacathas riamh in aon duine.

Mar adeir an Soiscéal, do chuaigh Íosa ar bórd luinge agus do lean a dheisceabail é. Nuair a bhí an long amu' ar an bhfarraige, d'éirigh stoirm. Do neartaigh ar an stoirm go dtí go raibh na tonnthacha ag éirí suas go hárd agus go trom, agus go raibh adhmad na luinge ag lúbadh agus ag díoscán le neart agus le meáchaint na dtonn, agus go raibh na máirnéalaigh agus na daoine eile a bhí ar an luíng dhá cheapadh, gach aon neómat, go raibh an long i riocht titim as a chéile. I gcaitheamh an éirligh go léir, bhí an Slánaitheóir 'na chodladh. Nuair a bhí an long, mar a mheasadar, geall le bheith briste 'na slisneachaibh, tháinig na deisceabail agus dhúisíodar é. "A Thiarna", ar siad, "saor sinn! Tá an bás againn!" D'éirigh sé. Do chas sé leó laíghead a gcreidimh. Ansan do labhair sé leis an ngaoith agus leis an uisce, agus duairt sé leó fanúint socair. D'fhanadar socair láithreach agus tháinig ciúnas mór. Ní dócha go raibh aon iúnadh ar na deisceabail mar gheall air sin. Bhí ' fhios acu cérbh é agus cad iad na cómhachta a bhí aige. Níor mhar sin, áfach, do sna máirnéalaigh agus do sna daoine eile a bhí ar bórd na luinge sin. D'fhéachadar ar an

XIII. An Ceathrú Domhnach ón Epiphaní

Slánaitheóir agus d'fhéachadar ar a chéile. "Ó!", ar siad, "cad é mar shaghas duine é seo go bhfuil gaoth agus farraige úmhal do!"

Ag trácht ar neart: deinid daoine iúnadh, uaireanta, de neart fir éigin a bhíonn ana-láidir. Tógann sé ualach éigin ná féadfadh aon fhear eile a chorraí den talamh. Tarraigeann sé 'na dhiaidh ualach éigin do theip ar chapall a tharrac. Tagann cúigear nú seisear namhad ar an mbóthar roimis chun a mharaithe. Baineann sé an t-arm de dhuine acu agus gabhann sé orthu go léir go bhfágann sé ar an mbóthar leath-mharbh iad. Níl de scéal uathásach i mbéalaibh na ndaoine ach neart an fhir sin. Ach féach ar an bhfarraige nuair a bhíonn fearg i gceart uirthi. Féach ar na tonnthachaibh móra troma agus iad ag gluaiseacht. Cad é ' bhrí neart fir, neart an fhir is treise dár mhair riamh, i gcúmparáid le tuínn acu-san! Ca bhfuil an fear a dh'fhéadfadh tonn acu do stop le neart a ghualann! Caith an fear is treise amach ar thuínn acu-san, agus níl ann ach mar a bheadh sop tuí. Do thuig muíntir na luinge úd an méid sin go dian-mhaith. Bhí aithne mhaith acu ar an bhfarraige. Bhí taithí mhaith acu ar a neart. Thuigeadar go hálainn cad é an neamhní neart duine i gcoinnibh an nirt sin. Agus chonacadar, os cómhair a súl ansúd, duine, duine, dar leó, mar aon duine acu féin, ag smachtú an nirt sin le neart a thoile. Duairt sé leis an ngaoith agus leis an uisce fanúint socair. Ní túisce do labhair sé leó ná mar a dheineadar rud air. Do chuadar chun suaimhnis láithreach agus tháinig ciúnas mór. Chonaic na máirnéalaigh agus na daoine a bhí ar bórd na luinge sin an iúnadh ba mhó dá bhfeacadar riamh, DUINE—go raibh gaoth agus farraige úmhal do. Thispeáin an Slánaitheóir go raibh cómhacht Dé aige, ní hamháin ar ghalaraibh, ach ar neart gaoithe agus farraige chómh maith, go raibh gach neart dár chruthaigh Dia fé smacht a thoile.

Na daoine a chonaic an mhíorúilt uathásach san, toil duine ag smachtú na gaoithe agus na farraige, is iúnadh linn-na anois nár iompaíodar láithreach agus an Slánaitheóir a dh'admháil. Ní chuireann an mhíorúilt sin aon iúnadh orainn-na. Cad é an iúnadh, an toil a chruthaigh gaoth agus farraige a rá go bhféadfadh sí gaoth

XIII. An Ceathrú Domhnach ón Epiphaní

agus farraige do smachtú? Ba mhór go léir an iúnadh dá mba ná féadfadh. Tuigimíd gurb é an Slánaitheóir Mac Dé. Ní fhéadfadh aon mhíorúiltí an fhírinne sin a dhéanamh níos daingne 'nár n-aigne ná mar atá sí. Más ea, cad 'na thaobh ná hiompaímíd féin agus an Slánaitheóir a dh'admháil? "Agus ar ndeóin, admhaímíd!", adéarfaidh duine, b'fhéidir.

Admhaíonn tú led bhéal é, agus séanann tú led ghníomh é. Cad é an saghas admhála an admháil sin! Is é an gníomh a dh'ínseann an fhírinne. Níl maith ná tairbhe in admháil an bhéil má thugann an gníomh an t-éitheach don bhéal. Admhaíonn tú na deich n-aitheanta. Admhaíonn tú go bhfuil ceangailte ort Dia do ghráú os cionn gach uile ní, agus gur ceart é. Ach is measa leat tu féin ná Dia. Leanann tú an rud a thugann pléisiúr duit féin, bíodh go bhfuil 'fhios agat é' bheith coiscithe ag Dia ort. Tugann do ghníomh an t-éitheach dod bhéal sa méid sin. Admhaíonn tú gur peaca dhuit an tsaoire do bhriseadh; easonóir a thabhairt do t'athair nú dot mháthair; droch-aigne bheith agat dod chómharsain; tu féin a chur ar meisce; droch-smaoineamh a chimeád id chroí go toiltheanach; gníomhartha ná cainnteanna drúisiúla ' dhéanamh; cúl-chainnt a dhéanamh ar do chómharsain; cuid do chómarsan a chimeád go han-dleathach. Admhaíonn tú gur peacaí na nithe sin go léir; go dtugaid siad easúmhlaíocht don tÉ go bhfuil gaoth agus farraige úmhal do. Agus fós bíonn tú dhá ndéanamh. Admhaíonn do bhéal an Slánaitheóir, agus séanann do ghníomh é. Ó, a Chríostaí, seachain an obair sin. Iompaigh láithreach ar an Slánaitheóir. An admháil a dheineann do bhéal, cuir ' fhiachaibh ar do ghníomh é ' dhéanamh leis. Glaeigh ar an Slánaitheóir agus iarr air a ghrásta ' thabhairt duit chuige. Tá gaoth agus farraige úmhal do, ach is minic gurbh usa dhá mhór-chómhacht, an ghaoth agus an fharraige do smachtú, dá mhéid é a neart, ná an feall atá istigh i gcroí an duine do chur amach as agus solas na fírinne do chur isteach ann in inead an fhíll. Ach tá a mhór-chómhacht gan teóra in obair na ngrást chómh maith agus 'tá a mhór-chómhacht gan teóra ins gach obair eile. Úmhlaigh thu féin, dá bhrí sin, 'na láthair. Tá sé chómh ceart agat-sa bheith úmhal do agus

XIII. An Ceathrú Domhnach ón Epiphaní

'tá sé ag gaoth nú ag farraige bheith úmhal do. Is É do chruthaigh thusa agus iadsan. Úmhlaigh thu féin 'na láthair agus iarr air a ghrásta ' thabhairt duit, an solas do leogaint isteach id chroí i dtreó go bhfeicfeadh do chroí an fhírinne agus go bhféadfá feasta, le cúnamh Dé, beart a dhéanamh de réir na fírinne.

Solaoid, a phobal, is ea an long úd ar an gcuma 'na mbíonn an Críostaí go minic dá chluicheadh agus dá chrá agus dá chiapadh i lár a namhad ar an saol so. An mac mallachtain dhá dhalladh le gach sórd droch-smaoinimh, le gach sórd droch-spriocadh; ag séideadh fé ar gach aon tsaghas cuma a chuirfeadh ar aimhleas a anama é. An saol dhá dhalladh le baois, agus le huabhar, agus le formad chun daoine a mheasann sé bheith níos neamh-spleáichí ná é féin. A cholann féin dhá dhalladh le han-mhiantaibh, le dúil in ól agus i mbia shaibhir, agus in éadach mhín, agus ins gach aon phléisiúr a bhaineann leis an gcolainn. Idir an dtriúr namhad san, tá sé díreach sa chás 'na raibh an long úd. Más Críostaí fónta é, ní ghéilleann sé d'aon namhaid den triúr. Tá an Slánaitheóir ar bórd na luinge, ach b'fhéidir go bhfuil an Slánaitheóir 'na chodladh. Má tá, ní foláir é ' dhúiseacht. Agus ní foláir é ' dhúiseacht in am. Mura ndúisítear in am é, b'fhéidir go bhfaigheadh an triúr namhad an bua agus go mbáfí an long, go mbáfí an long san uisce—go mbáfí an t-anam sa pheaca mharbh.

Má tá an Slánaitheóir 'na chodladh, conas a dúiseófar é? An focal a duairt na deisceabail leis, sin é an focal a dhúiseóidh é. "A Thiarna, saor sinn!", ar siad. "Tá an bás buailte linn".

Sin mar is ceart dúinn-na, a Chríostaithe, glaoch ar an Slánaitheóir nuair a gheibhimíd sinn féin i gcúntúirt titim sa pheaca. "A Thiarna, saor sinn ón bpeaca so! A Thiarna, saor sinn ó bhás an pheaca! A Thiarna, ná leog don namhaid sinn a bhreith uait!"

Ní foláir dúinn, san am gcéanna, ana-mhuinín a bheith againn as an Slánaitheóir, gan an t-asachán a bheith aige le casadh linn a chas sé

XIII. An Ceathrú Domhnach ón Epiphaní

leis na deisceabail a dhúisigh sa luíng é, nuair a thug sé "daoine gan puínn creidimh" orthu.

Sin mar is ceart dúinn, a phobal, focail agus brí an tSoiscéil a thagairt dúinn féin. Chuige sin is ea ' chuireann an Eaglais an Soiscéal os ár gcómhair mar seo, as Leabhar an Aifrinn, gach aon Domhnach. Ní chun éisteacht leis agus iúnadh ' dhéanamh de, mar a dhéanfaimís de nithibh a thit amach suas le dhá mhíle blian ó shin agus ná baineann anois le héinne beó, ach chun éisteacht leis agus a thuiscint 'nár n-aigne ná fuil focal ann ach focal a dh'oireann dúinn-na i láthair na huaire seo chómh maith díreach agus dá mba linn-na féin a labharfí na focail. Is é an Slánaitheóir céanna atá againn-na anois a bhí ar an luíng úd an uair úd. An chómhacht a thug an long úd saor ó ghaoith agus ó uisce, is í a thabharfaidh sinn-na saor ó namhaid ár n-anama. Níl aon chómhacht eile chun sinn a thabhairt saor. Ach ní foláir dúinn an chómhacht do dhúiseacht. Ní foláir dúinn bheith coitianta ag glaoch ar an Slánaitheóir dhá iarraidh air gan leogaint do namhaid ár n-anama buachtaint orainn. Is ceart don Chríostaí an ghlao sin do chur suas chun an tSlánaitheóra ar maidin, chómh luath agus a dh'osclóidh sé a shúile ó chodladh na hoíche. Is ceart do í ' chur suas chuige go minic i gcaitheamh an lae, go mór mór má mhothaíonn sé é féin i gcúntúirt titim in aon pheaca. Is ceart do an ghlao sin do chur suas chun an tSlánaitheóra nuair a shínfidh sé ar a leabaidh istoíche, dhá iarraidh ar an Slánaitheóir é ' thabhairt saor ó gach droch-ní a bhaineann leis an oíche. An Críostaí a thabharfaidh mar bhéas do féin bheith ag glaoch ar an Slánaitheóir ar an gcuma san, ní miste dho muinín a bheith aige as an Slánaitheóir, mar bhéarfaidh an Slánaitheóir saor é, saor go ciúnas agus go suaimhneas agus go haoibhneas síoraí na bhflaitheas.

SEANMÓIN IS TRÍ FICHID

XIV. An Cúigiú Domhnach ón Epiphaní

Léitear an Soiscéal. (Maitiú 13:24-30)

> San am san, do labhair Íosa leis na daoine an tsolaoid seo: Is cosmhail ríocht na bhflaitheas le duine a chuir síol fónta 'na chuid tailimh. Ach nuair a bhí na daoine 'na gcodladh, tháinig a namhaid agus d'archuir[5] sé cogal i lár na cruithneachtan agus d'imigh sé. Agus nuair a bhí an geamhar ag fás, agus an toradh ag teacht, do chonacathas an cogal. Ansan tháinig a sheirbhísigh chun fir an tí agus dúradar: "A Thiarna, nách síol fónta a chuiris id chuid tailimh? Cá bhfuair sé an cogal mar sin?" Agus duairt sé leó, "Namhaid a dhein an ní sin". Agus duairt na seirbhísigh leis, "An toil leat sinn do dhul agus an cogal a bhaint?" Agus duairt sé, "Ní toil, le heagla, ag stathadh an chogail díbh, go staithfidh sibh an chruithneacht. Leogtar dóibh araon fás go dtagaidh an fómhar, agus nuair a thiocfaidh an fómhar, déarfad leis na buanaithibh, 'Bailídh an cogal ar dtúis, agus ceanglaidh 'na phunannaibh é le dó, ach deinidh an chruithneacht do bhailiú isteach im scioból'".

Is cuímhin linn go léir, a phobal, an cheist úd a curtí chúinn fadó sa Teagasc Críostaí:

"Cad a thuigeann tú leis an Eaglais?"

Agus is cuímhin linn an freagra:

"Cómh-chruinniú na bhfíor-chreideamhach uile".

Ansan do curtí an cheist eile seo:

"Cad iad na cómharthaí so-fheicse atá ar an Eaglais?"

---

5 *D'archuir:* ní focal fíor-Ghaelainne é seo. Deallraíonn sé gur aistriú leitriúil go Gaelainn gurb ea é ar *superseminavit* sa Laidin ("<u>oversowed</u> cockle among the wheat" in eagrán Douay). *Do chuir* a gheibhimíd san áit seo ins *Na Cheithre Soisgéil* (fé eagarthóireacht Ghearóid Uí Nualláin).

XIV. An Cúigiú Domhnach ón Epiphaní

Agus do thagadh an freagra: "Aondacht, Naofacht, Caitliceacht, Aspalaitheacht".

Ansan do mínítí dhúinn conas mar a chiallaíonn aondacht na hEagailse aondacht creidimh agus aondacht cínn, 'sé sin le rá, an t-aon chreideamh amháin a bheith ag na daoine go léir a bhaineann leis an Eaglais, agus iad go léir a bheith fé aon cheann amháin agus fé aon smacht amháin. Do mínítí dhúinn go gciallaíonn naofacht na hEagailse gurbh Údar naofa do chuir ar bun í, gur naofa é a teagasc, gur naofa iad a sácraimíntí, agus go bhfuil daoine naofa le fáil inti riamh, agus go mbeidh go deó. Do mínítí dhúinn go bhfuil neart inti a bheidh dhá leathadh amach go dtí go mbeidh sí leata ar fuid an domhain go léir; agus do mínítí dhúinn gurb í an Eaglais seo atá anois ann an Eaglais chéanna do chraobhscaoileadar na haspail, suas le dhá mhíle blian ó shin.

Dá bhrí sin, a phobal Dé, nuair a dh'airímíd-na trácht ar an Eaglais, tuigimíd láithreach an ní ar a mbíonn an trácht. Ní mar sin do sna daoine a bhí ag éisteacht leis an Slánaitheóir nuair a thug sé dhóibh an tsolaoid sin atá curtha síos i Soíscéal an lae inniu. Theastaigh uaidh labhairt leó i dtaobh na hoibre a bhí le déanamh ar an saol so aige. Theastaigh uaidh a dh'ínsint dóibh go raibh sé chun na hEagailse do chur ar bun, agus theastaigh uaidh eólas éigin a thabhairt dóibh ar cad é an saghas cur-ar-bun a bheadh inti, agus cad é an saghas oibre ' bheadh aici le déanamh. Níorbh fhéidir do labhairt leó-súd ar an Eaglais mar a labhrann an Teagasc Críostaí linn-na anois uirthi. Ní thuigfidís aon fhocal den chainnt. Ní bheadh aon phioc dá fhios acu cad a bheadh ar siúl aige. Ní fhéadfadh sé labhairt leó ar chómharthaibh so-fheicse na hEagailse, mar ní raibh an Eaglais ann, agus níorbh fhéidir cómharthaí so-fheicse ' bheith ar rud ná raibh ann in aon chor fós. B'éigean do a theagasc a dhéanamh le solaoidíbh; an ní a bhí aige le cur ar bun do chur i gcúmparáid le nithibh éigin ar a raibh eólas ag na daoine a bhí ag éisteacht leis. Bhí eólas maith acu go léir ar cad a bhain le síol fónta ' chur i dtalamh. An obair a bhí ag an Slánaitheóir le déanamh ar an saol, obair ab ea í

XIV. An Cúigiú Domhnach ón Epiphaní

do thabharfadh aithne do sna daoine ar Dhia. Dhéanfadh an aithne na daoine úmhal do Dhia. Dá bhrí sin, is é ainm a thug an Slánaitheóir ar an obair, 'sé sin, ar an Eaglais a bhí le teacht, ná ríocht Dé, nú ríocht na bhflaitheas. "Is cosmhail", ar seisean, "ríocht na bhflaitheas le duine a chuir síol fónta 'na chuid tailimh".

Ní gá dhúinn aon mhearathall a bheith orainn i dtaobh brí na cainnte. Nuair a bhí an pobal imithe, tháinig na deisceabail agus d'iarradar ar an Slánaitheóir brí na cainnte do nochtadh dhóibh. Seo mar a nocht sé an brí dhóibh. "Is é Mac an Duine", ar seisean, "an curadóir a chuireann an síol fónta. Is é an domhan an talamh. Is iad clann na ríochta an síol fónta. Agus is iad clann an uilc an cogal. Is é an diabhal an namhaid a tháinig agus do chuir an cogal sa talamh i measc na cruithneachtan. Agus is é deireadh an tsaeil an fómhar, agus is iad na haingil na buanaithe. Agus, fé mar is gnáth an cogal do bhailiú agus do chur sa tine, sin mar a bheidh i ndeireadh an tsaeil. Cuirfidh Mac an Duine a aingil amach agus baileóid siad as a ríocht gach scannal, agus lucht an uilc a dhéanamh, agus cuirfid siad isteach sa tine iad, mar a mbeidh gol agus díoscán fiacal".

Sin é an míniú, a Chríostaithe, a thug an Slánaitheóir ar a sholaoid féin, nuair a dh'iarr a dheisceabail air an tsolaoid a mhíniú dhóibh. Is cruaidh agus is crith-eaglach an míniú é! Níl dul ón míniú san, mar is é an Slánaitheóir féin a thug uaidh é. Dá bhrí sin, fiafraíodh lucht scannail a thabhairt uathu, fiafraídís díobh féin cad 'tá rómpu. Lucht scannail a thabhairt uathu, sin iad na daoine a dheineann, le droch-chómhairle nú le droch-shampla nú ar aon tsaghas droch-shlí eile, daoine ' chur suas chun peaca ' dhéanamh. Is iadsan an cogal dáiríribh. Is iad clann an uilc iad agus is é an t-olc an toradh a thugaid siad uathu. Nuair a bhíonn duine acu-san i measc cuideachtan, ní stadann a bhéal ach ag saothrú an uilc. Níl focal le teacht as a bhéal ach focal a chuirfidh droch-smaoineamh éigin, nú droch-mhachnamh éigin, isteach i gcroí gach duine a bhíonn ag éisteacht leis. Má bhíonn Críostaithe maithe diaga ag éisteacht leis, ní mór dóibh coitianta, 'na n-aigne féin, bheith á dtabhairt féin suas do Dhia agus á iarraidh ar

XIV. An Cúigiú Domhnach ón Epiphaní

Dhia a n-anam a thabhairt saor ó nimh an diabhail atá ag scéith amach a béal an duine sin ó mhaidin go hoíche. "Ach!", adéarfaidh duine, b'fhéidir, "duine bocht ana-ghreannúr ann féin is ea é. Ní bhíonn sé ach ag déanamh suilt, ag cur daoine ag gáirí". 'Sea go díreach! Agus ní féidir leis aon chúrsaí eile suilt ná caitheamh aimsire do tharrac chuige ach cainnteanna barbaraithe, ach cómhrá mí-bhanúil, cómhrá scannalach! Is é gnó an diabhail bheith ag cur droch-smaointe in aigne an duine. An duine do labhrann an focal mí-bhanúil i láthair cuideachtan, tá gnó an diabhail aige á dhéanamh. Is é namhaid an tSlánaitheóra é. Is é an cogal i measc na cruithneachtan é. Scaoilfar leis go ceann tamaill, b'fhéidir, ach cad 'tá 'na chómhair ansan? Tiocfaidh an bás air. Tiocfaidh deireadh a shaeil air. Tiocfaid na haingil, na buanaithe, le hórdú an tSlánaitheóra. Tógfaid siad leó an cogal agus cuirfid siad isteach sa tine é, mar a mbeidh gol agus díoscán fiacal. Is í cainnt an tSlánaitheóra féin í sin: an tine agus an gol agus an díoscán fiacal. Sin é an deireadh a bheidh ar an sult scannalach, tine agus gol agus díoscán fiacal, agus ní har feadh lae é, ná ar feadh bliana, ach ar feadh na síoraíochta. Cuímhnigh in am air, a dhuine gan chiall. Dún do bhéal agus cimeád dúnta go deó é níos túisce ná ' churfá thu féin, agus b'fhéidir daoine eile, i gcúntúirt na tine sin atá ansúd ar lasadh ag feitheamh leat má leanann tú ded dhroch-bhéas.

Ach tá daoine nách tusa go bhfuil an tine úd ag feitheamh leó. Tá sí ag feitheamh le clann an uilc, pé gairm beatha 'na bhfuilid siad ar an saol so, agus gheóbhaidh sí greim orthu sa deireadh pé fada gairid a rithfidh leó, má leanaid siad ag déanamh an uilc.

Is foighneach, trócaireach, faid-araíonach an focal é siúd aduairt an máistir nuair a hínseadh do i dtaobh an chogail. "An toil leat sinn a dhul agus an cogal a bhaint?", ar siad. "Ní toil", ar seisean, "le heagla go staithfeadh sibh an chruithneacht i dteannta an chogail. Leogtar dóibh fás in éineacht go dtagaidh an fómhar".

XIV. An Cúigiú Domhnach ón Epiphaní

Dá bhrí sin, a phobal, is ea do chímíd uaireanta rud a chuireann iúnadh ar chuid againn. Chímíd droch-dhaoine ag dul ar aghaidh agus an saol ag éirí leó agus saol breá fada acu dá fháil, agus chímíd daoine macánta, daoine Críostúla, daoine diaga, agus ná bíonn aon mhí-fhoirtiún amháin curtha dhíobh acu nuair a thagann mí-fhoirtiún eile is truime ná é anuas i mullach an chínn orthu. Nuair a chítear rud den tsórd san, tá daoine ann agus bíonn fonn orthu a gceann a chrothadh agus a rá, "Duine Críostúil macánta díreach is ea é, agus is beag atá dá bhárr aige!" Ní mar sin is ceart an ní sin do bhreithniú. B'fhéidir ná fuil puínn de bhárr a mhacántachta ag an nduine sin ar an saol so, ach ní har an saol so a thugann Dia an chuid is feárr de thuarastal na macántachta uaidh. Gan amhras, tugann sé cuid de uaidh ar an saol so uaireanta. Do gheall sé féin tuarastal maith ar an saol so don chlaínn a thugann an onóir cheart dá n-athair agus dá máthair. Ach ar an saol eile is ea atá a thuarastal le fáil i gceart ag an nduine a bheidh dílis do Dhia ar an saol so. Ní dó' liom go bhfuil ar chainnt ár Slánaitheóra, mar atá sí againn sa Scriptiúir, focal atá puínn níos crua ná an focal adeireadh sé uaireanta i dtaobh na nGiúdach. "Go deimhin, deimhin, adeirim libh, tá a dtuarasdal fálta acu cheana". 'Sé sin le rá, an tuarastal a bhí uathu as a ndea-ghníomharthaibh, fé mar a bhíodar, do fuaradar ar an saol so é. Pé dea-ghníomhartha a dheineadar is chun moladh na ndaoine ' dh'fháil a dheineadar iad. Do tugadh an moladh san dóibh. Sin é a bhí uathu. D'fhág san iad gan aon tuarastal eile ' bheith tuíllte acu, agus duairt an Slánaitheóir, agus ní foláir a dh'admháil gur fíor é, ná fuil tuarastal ar bith le fáil ar an saol eile ag daoine den tsórd san.

Is bocht an scéal é, a phobal, ag an gCríostaí má dheineann sé dea-oibreacha gan aon íntinn eile ach i dtreó go bhfaigheadh sé creidiúint agus moladh ó dhaoine mar gheall orthu. Má gheibheann sé an moladh san agus an chreidiúint sin, agus mura raibh uaidh ach iad, tá an rud a bhí uaidh fálta aige agus níl aon cheart aige chun a thuilleadh. Tá a thuarastal fálta abhus aige agus níl aon rud le fáil thall aige.

XIV. An Cúigiú Domhnach ón Epiphaní

Ach más duine é do dhein dea-oibreacha agus ná fuair aon ní dá mbárr ar an saol so, tá éileamh daingean, láidir aige ar an Slánaitheóir i gcómhair an tsaeil eile, agus ní baol gur gá dho aon eagla ' bheith air ná go ndéanfaidh an Slánaitheóir díolaíocht go fial. Gheóbhaidh an duine sin aoibhneas na bhflaitheas ar feadh na síoraíochta mar thuarastal. Dá laíghead a gheóbhaidh an Críostaí de bhárr a mhacántachta agus de bhárr a dhílse ar an saol so is ea is mó an deimhne a bheidh aige ar thuarastal shaibhir a dh'fháil ar an saol eile.

Dá bhrí sin, a Chríostaí, seachain do bhéal agus tabhair aire dod chainnt. Is beag má tháinig riamh amach a béal duine cainnt is lú ciall ná an chainnt úd, "Duine macánta is ea é agus is beag atá dá bhárr aige!"

Ach i dtaobh an duine eile úd, an fear ná fuil macánta ná díreach agus fós go bhfuil an saol ar a thoil aige, an fear ná féadann gan dranna-gháire ' chur as nuair a chíonn sé bráca an donais anuas sa drom, gach aon lá 'n tseachtain, ar na daoine atá macánta díreach, agus gan donas ná diachair air féin. Cad 'tá le rá i dtaobh an fhir sin? Tá daoine ná deineann machnamh i gceart ar an scéal agus go mbeadh a fhonn orthu a rá, "Is greannúr an scéal é! Dia na glóire, moladh go deó leis, ag tabhairt an tsaeil ar a thoil don rógaire agus ag cur an uile shaghas trioblóide ar an nduine macánta!"

Stad, a Chríostaí. Ná labhair ar an gcuma san. Níl sa ghnó san go léir ach an focal úd sa tSoiscéal: "An toil leat, a Thiarna, go staithfimís an cogal?"

"Ní toil", ar seisean, "leogaidh dóibh araon fás go dtagaidh an fómhar agus ansan—" Á! Ansan a socrófar na cúntaisí. Féach, a Chríostaithe, trua agus trócaire agus foighne ó Dhia atá sa scéal go léir. An rógaire is cuime atá 'na sheasamh anois ar thalamh an domhain seo, is le Dia é. Is é Dia ' chruthaigh é. Tá inead insna flaithis ag Dia dho. Do doirteadh fuil an tSlánaitheóra, céad glóire leis, chun caoi a thabhairt don duine sin ar dhul isteach uair éigin, luath nú mall, san inead atá

XIV. An Cúigiú Domhnach ón Epiphaní

ceapaithe insna flaithis do. Tá Dia ag feitheamh go foighneach, féachaint a' ndéanfadh an duine sin an aithrí. B'fhéidir go ndéanfadh. Má dheineann, beidh áthas ar na haingealaibh. Mura ndeinidh, is dócha nách be' leis an Slánaitheóir a luathacht a curfar an cogal sa tine. Tá tine ifrinn i gcómhair an droch-dhuine sin ar an saol eile. Is mairg a mhaífeadh air pé sólás ná pé cúmpórd is dó' leis féin atá ar an saol so aige. Pé trioblóidí ná pé pionóisí atá ag an nduine macánta le fulag ar an saol so, ní dhéanfadh sé malairt amáireach leis an rógaire, pé saibhreas atá aige ná pé rath atá sa tsaol so air.

Dá bhrí sin go léir, a Chríostaithe, ná tugaimís choíche mar bhéas dúinn féin bheith ag breithniú ná ag lochtú ná ag ceisneamh ar an gcuma 'na ndeineann Dia a ghnó idir É féin agus aon duine eile. Is rud é ná fuil aon bhaint againn leis. Is rud é ná fuil aon bhlúire eólais againn air. Má dheinimíd ár ngnó féin i láthair Dé, agus é ' dhéanamh sa cheart, ní beag dúinn mar chúram é. I dtaobh daoine eile, ní bheimíd freagarthach 'na ngnó an fhaid ná tabharfaimíd scannal ná droch-shampla dhóibh agus ná déanfaimíd éagóir orthu ar aon tsaghas cuma. Ansan níl againn ach bheith coitianta dhá iarraidh ar Dhia sinn féin agus an uile dhuine atá beó do sheóladh ar leas ár n-anama. Amen.

XV. An Séú Domhnach tar éis an Epiphaní

Léitear an Soiscéal. (Maitiú 13:31-35)

San am san, do labhair Íosa leis na daoine an tsolaoid seo: "Is cosmhail ríocht na bhflaitheas le gráinne de shíol mustáird a thóg duine le cur 'na gharraí. Níl síol ar bith is lú ná é, ach nuair ' fhásann sé, níl glasra ar bith is mó ná é, agus deineann crann de, i dtreó go dtagaid éanlaithe an aeir agus go neadaíd siad 'na ghéagaibh". Do labhair sé solaoid eile leó: "Is cosmhail ríocht na bhflaitheas leis an ngiost a ghlac an bhean agus a chuir sí i bhfolach i dtrí tómhasaibh plúir, gur ghlac an plúr go léir an giost". Do labhair Íosa na nithe seo uile i bhfuirm solaoidí leis na daoine, agus níor labhair sé leó ach i

XV. An Séú Domhnach tar éis an Epiphaní

solaoidíbh, ionas go gcómhlíonfí an focal a labhair an fáidh nuair aduairt sé, "Osclód mo bhéal i solaoidíbh; nochtfad nithe atá folaithe ó chruithniú an domhain".

A phobal Dé, nílid lucht scrúdaithe an Scriptiúra ró-shocair ar fad eatarthu féin ar cad é an síol é seo ar ar labhair an Slánaitheóir sa tsolaoid seo an tsíl mustáird. Ach ní dheineann san aon deifríocht dúinn-na. Ní beag dúinn-na ' fhios a bheith againn gur shíol ana-bheag é agus gur fhás toradh ana-mhór uaidh, agus mar sin go raibh an chúmparáid cruinn idir é agus an Soiscéal a chraobhscaoil an Slánaitheóir. B'é an Soiscéal an síol as ar fhás an Eaglais, agus tá ' fhios againn-na anois conas mar a bhí an síol ana-bheag, ana-shuarach, agus conas mar a leath an fás 'na dhiaidh san, ar fuid an domhain go léir; conas mar a leath an Eaglais a géaga ar fuid an domhain go léir, go dtí go bhfuair an chine daonna uile, an uile shaghas daoine, fothain agus díon i measc na ngéag.

B'fhéidir, áfach, bíodh go dtuigimíd méid an fháis agus leathadh na ngéag agus feabhas na fothana agus an dín, ná tuigimíd chómh soiléir sin, ar an gcéad amharc, go raibh an síol ana-bheag. Dar linn-na, is dócha, ní ana-mhór ab ea an Soiscéal. Cad 'na thaobh, dá bhrí sin, go gcuireann an Slánaitheóir féin i gcúmparáid é le síol ana-bheag?

Sid é an chúis. Ní ana-mhór ab ea an Soiscéal, ar shlí. Ní ana-bheag ab ea é ar shlí eile. Nuair a tháinig an Slánaitheóir ar an saol, is chun na cine daonna do shaoradh a tháinig sé. Ní ana-mhór ab ea é sin. Ach ní 'na mhac rí a tháinig sé, ná 'na mhac bannríona. Ní hi bpálás uasal do rugadh é. Ní hi gcliabhán óir a luaisceadh é. B'é Mac Dé é, ach tháinig sé ar an saol i riocht mic siúinéara. Riocht ana-shuarach ab ea an riocht san. Riocht ab ea é ba shuaraí go mór, i gcúmparáid leis an obair a bhí le déanamh agus a deineadh 'na dhiaidh san, ná an síol beag úd i gcúmparáid leis an bhfás mór a tháinig as.

Do ceapadh an Soiscéal chun an domhain do mhúineadh, chun eólais a thabhairt do sna daoine, eólas a bheadh níos tairbhí go mór dóibh

XV. An Séú Domhnach tar éis an Epiphaní

ná aon eólas dá bhfuaradar riamh roimis sin ó scoláirthí móra na Gréige ná na Rómha. Ceapadh ana-mhór ab ea an ceapadh san. Ach chun an cheapadh san do chur i ngníomh, cad a deineadh? Ar soláthraíodh a cheithre hárdaibh an domhain scoláirthí a bheadh níos léannta, níos eólgaisí, níos tuisceanaí, níos dea-labhartha, níos géire íntleacht, ná scoláirthí móra na Gréige agus na Rómha? Níor deineadh aon ní dá shórd. Do glaodh, chun na hoibre sin a dhéanamh, chun an domhain do mhúineadh, ar iascairíbh bochta ná deighidh isteach in aon scoil riamh. Ba shuarach an chabhair iadsan, adéarfadh duine, chun léinn agus eólais agus scolaíochta an domhain a dh'iompáil taobh síos suas. Ach, mar is eól dúinn-na anois, do dheineadar é. B'iadsan an gráinne beag síl. Is í an Eaglais an crann mór. Ba shuarach é an síol, ach is mór é an crann. Agus do thispeáin an síol beag, agus an crann mór, a tháinig as an síol suarach, go raibh breall ar scoláirthíbh móra na Gréige agus na Rómha. Tá an breall céanna, a phobal, ar scoláirthíbh móra na haimsire seo, 'sé sin, ar an gcuid acu atá ag gabháil i gcoinnibh na hEagailse. Ní thaithneann teagasc na hEagailse leó. Is dó' leó, le neart a n-éirime aigne féin, agus le méid agus le fairsinge a n-eólais, go múinfid siad an chine daonna níos feárr ná mar is féidir don Eaglais iad a mhúineadh, agus go gcuirfid siad an Eaglais fé chois. Ach tá breall orthu. Agus tá breall ar a n-íntleacht agus ar a n-éirim aigne. Chuir an obair a bhain an Slánaitheóir as na hiascairíbh bochta, chuir sí ar neamhní éirim ba mhó, íntleacht ba ghéire, ná mar atá ag aon aicme scoláirthí saolta a bhaineann leis an aimsir seo. Cuirfidh an obair chéanna ar neamhní scoláirthí na haimsire seo. Tá fuath acu don Eaglais, fuath fíochmhar, mar a bhí ag á leithéidí riamh. Ach buafaidh an Eaglais orthu mar a bhuaigh sí ar a leithéidí riamh. Ní gá dhúinn aon iúnadh ' dhéanamh de sin. Is é geallúint an tSlánaitheóra féin é, moladh go deó leis!

Ach de réir mar a labhraid aithreacha naofa na hEagailse, a phobal, tá brí eile leis an ngráinne beag síl úd. Mar adeir an Slánaitheóir, "Do thóg duine é le cur 'na gharraí". Dar le cuid de sna haithreachaibh naofa, is é an Críostaí an duine sin a thóg an síol beag, agus is é an t-eólas a thugann an Soiscéal do dhuine, sin é an síol beag féin. Is é a

XV. An Séú Domhnach tar éis an Epiphaní

chroí féin an garraí 'na gcuireann an duine an síol. Síol ana-bheag is ea é. Ní thugann sé aon ní mór do dhuine ar an saol so. Ní gheallann sé saibhreas do dhuine, ná gradam saolta, ná onóir, ná mórgacht. Tispeánann sé don duine a shuaraí féin. Múineann san úmhlaíocht don duine. Ansan fásann an síol i gcroí an duine sin. Méadaíonn a chreideamh. Méadaíonn a mhuinín as Dia ar gach aon tsaghas cuma. Méadaíonn a ghrá do Dhia agus dá chómharsain. Méadaíonn a chroí i láthair Dé go dtí ná bíonn slí ag á chroí in aon chor ar an saol so. Insna flaithis is ea is mó a chaitheann a chroí an aimsir. Is cuma carthanacht an duine sin an uair sin nú an crann úd do leath a ghéaga agus go dtáinig éanlaithe an aeir chun cónaithe iontu. Tá slí agus díon i gcarthanacht an duine sin don uile dhaonnaí dár chuir Dia na glóire ar an saol riamh agus dá gcuirfidh go deó. Ní baol ná go dtuigeann an duine sin, i gceart, cad é an brí atá leis an oibleagáid a chuireann an chéad aithne d'aitheantaibh Dé orainn: "Dia do ghráú os cionn gach uile ní agus ár gcómharsa mar sinn féin ar son Dé". Tuigeann sé gach oibleagáid dá gcuirid na haitheanta eile orainn, leis, agus cómhlíonann sé gach oibleagáid acu go dúthrachtach agus go hiomlán. Tá grásta Dé 'na chónaí i gcroí an duine sin ar an saol so agus beidh an duine sin 'na chónaí i bhflaitheas na ngrást ar feadh na síoraíochta ar an saol eile.

Dhein an Slánaitheóir cúmparáid eile sa tSoiscéal san a léas díbh, a phobal. "Is cosmhail ríocht na bhflaitheas", ar seisean, "leis an ngiost". Nuair a curtar an giost isteach sa phlúr chun an aráin a dhéanamh, leathann an giost agus glacann an plúr go léir é.

De réir aigne na n-athrach naofa is é an Soiscéal an giost agus is í an Eaglais an bhean a chuir an giost san arán. Tá an Eaglais ag múineadh an domhain anois le naoi gcéad déag blian. Is é an múineadh sin an t-arán atá ag an Eaglais á thabhairt don chine daonna, agus tá giost an tSoiscéil ag gabháil tríd an arán go léir aici i gcaitheamh na haimsire go léir.

XV. An Séú Domhnach tar éis an Epiphaní

Is maith an rud dúinn-na, a phobal, fírinní an tSoiscéil do bhreithniú ar an gcuma san; ' fhios a bheith againn cad é an brí a bhí ag ár Slánaitheóir leis an síol a bhí chómh beag, agus leis an gcrann ana-mhór úd a dh'fhás as an síol beag, agus leis an bhfothain a fuair éanlaithe an aeir i ngéagaibh an chraínn mhóir; ' fhios a bheith againn gurbh í an Eaglais, a chuir an Slánaitheóir ar bun, an bhean a chuir giost an tSoiscéil isteach san arán, isteach sa teagasc a bhí uirthi a thabhairt don chine daonna, ón lá a cuireadh ar bun í go deireadh an tsaeil. Is maith an rud dúinn-na breithniú ar na nithibh sin go léir. Ach cad chuige iad go léir? Cad chuige an síol agus cad chuige an crann, agus cad chuige an t-arán agus an giost? Tá ' fhios againn go maith cad chuige an gnó go léir. Tá ' fhios againn go maith gur deineadh an gnó go léir chun caoi a thabhairt dúinn-na ar ár mbeatha do chaitheamh ar an saol so ar an gcuma is feárr a chuirfidh in áirithe dhúinn aoibhneas na bhflaitheas ar an saol eile. Má dheinimíd beart dá réir sin, má ghlacaimíd an chaoi atá tabhartha dhúinn, beidh toradh, chómh fada agus a théann ár gcuid-na dhe, ar obair an tSlánaitheóra agus ar obair na hEagailse. Beidh beatha Chríostúil caite againn ar an saol so, agus an t-aoibhneas síoraí a cheannaigh an Slánaitheóir dúinn, beidh sé againn ar an saol eile.

Sin mar ba cheart a bheith. An mar sin a bhíonn? Foraíor géar, is ró-mhinic nách ea. Tiocfaidh an meisceóir. Éistfidh sé leis an Soiscéal. Molfaidh sé fírinne na cainnte. Tuigfidh sé i dtaobh an tsíl bhig agus i dtaobh an fháis mhóir, agus i dtaobh an ghiost agus an aráin, agus i dtaobh teagaisc na hEagailse, agus admhóidh sé in' aigne gurb álainn na solaoidí iad agus gurb álainn an brí atá leó. Ansan buailfidh sé amach agus tabharfaidh sé aghaidh ar thigh an tábhairne agus cuirfidh sé é féin ar meisce. Cad é an tairbhe don duine sin obair an tSlánaitheóra ná obair na hEagailse? Cad é an tairbhe dho-san an síol beag ná an fás mór, ná an t-arán, ná an giost, ná aon ghnó eile dár deineadh ar mhaithe leis an nduine chun na beatha síoraí do chur ar a chumas? D'áirimh Naomh Pól roinnt daoine agus duairt sé ná feicfidís solas na bhflaitheas go deó. D'áirimh sé orthu lucht peacaí gráinniúla drúise ' dhéanamh. Níorbh iúnadh é dhá rá ná feicfidís-sin

XV. An Séú Domhnach tar éis an Epiphaní

solas na bhflaitheas. Ach d'áirimh sé meisceóirí orthu. Duairt sé le daoine gan aon dearúd a dhéanamh den scéal, ná feicfeadh lucht meisce solas na bhflaitheas go deó. Má bhreithnímíd an scéal i gceart, chífimíd nách aon iúnadh é dhá rá. Deineann an meisceóir craos nuair' chuireann sé é féin ar meisce. Ceann de sna seacht cínnpheacaí marbha is ea craos. Ach deineann an meisceóir rud eile. Ní fhágann sé ar a chumas féin aon phioc eile de dhlí Dé do chómhlíonadh. Ní féidir do paidir ná cré do rá istoíche ná ar maidin. Ní féidir do Aifreann a dh'éisteacht lá Domhnaigh ná lá saoire. Ní féidir do aire' thabhairt do thigh ná do chlainn ná d'aon tsaghas cúraim dár chuir Dia air. Ní féidir do dul go dtí faoistin Nollag ná Cásca. Má tá airgead aige á thuilleamh, nú á dhéanamh ar aon tslí eile, is dhá ól isteach 'na chorp atá sé in inead é' thabhairt dá mhnaoi le caitheamh ar a thigh agus ar a chlainn, agus b'fhéidir gá go cruaidh leis. Is fíor do Naomh Pól é. Ní féidir don duine sin solas na bhflaitheas a dh'fheiscint go deó, mura ndeinidh sé athrú, agus aithrí. Má dheineann, ní meisceóir é feasta, agus ní bhaineann cainnt Naomh Pól leis sa méid sin.

Mar sin do gach aon tsaghas duine eile atá ag caitheamh a shaeil ar staid an pheaca. Is neamhní dho-san obair an tSlánaitheóra. Is neamhní dho gnó na hEagailse. Is neamhní dho baiste ná creideamh, Aifreann ná órd, sagart ná sácraimíntí. Is neamhní dho flaitheas ná aingil ná aoibhneas. Ach tá aon ní amháin nách neamhní dho. Ní neamhní dho ifreann. Tá ifreann daingean go leór in áirithe dho. Níl aon dul uaidh-sin aige. B'fhéidir go bhfaigheadh sé saol breá fada anso mar go mbeadh Dia na glóire ag déanamh na foighne leis, ag feitheamh, féachaint an dtiocfadh ciall do luath nú mall. Ach dá dtugadh Dia ré aithrí dho ar feadh céad blian, cad é an tairbhe dho é nuair a bheidh an ré aithrí caite agus gan an aithrí déanta? Is bocht an scéal é, a Chríostaí! Dia na glóire ag feitheamh leat go foighneach, de ló agus d'oíche, féachaint an ndeanfá an aithrí agus go bhféadfadh sé aoibhneas na bhflaitheas a thabhairt duit, agus tusa go dúr agus go neamh-shuimiúil, agus gan aon aidhm ar aithrí ná ar leórghníomh agat, ag caitheamh do shaeil id spairt meisceóra nú id chnublach

XV. An Séú Domhnach tar éis an Epiphaní

drúiseóra, nú id dhiabhal scannail agus droch-shampla i measc daoine. Dia na glóire ag feitheamh leat go foighneach, féachaint an ndéanfá an aithrí, agus ná beadh air tu ' chur síos go tine ifrinn tar éis ar fhuilig an Slánaitheóir ar do shon, agus tusa go seasmhach ag cur i gcoinnibh na foighne sin, na peacaí atá déanta agat, tu dhá gcimeád ansan, mar a bheadh cnuc mór dubh, idir thu agus Dia, agus an aimsir atá ag Dia á thabhairt duit chun na haithrí ' dhéanamh, tu ag úsáid na haimsire sin chun an chnuic a mhéadú. Tu lán-cheapaithe, ba dhó' le duine, ar dhul síos go hifreann in ainneóin Dé na glóire féin! Is bocht an scéal é, agus is trua an scéal é! An ceannach mór déanta ag an Slánaitheóir duit. Geataí na bhflaitheas ar oscailt duit. An Eaglais ag tabhairt aire dhuit. Sácraimíntí na hEagailse dá gcárnadh ort. Grásta Dé dá chruachadh ort. Gach aon rud dá dhéanamh duit chun tu ' thabhairt saor ó ifreann agus tu ' bhreith suas go haoibhneas na bhflaitheas, agus tu féin ag déanamh do chroí díchill chun gan dul suas.

Iompaigh, a Chríostaí, iompaigh ón bhfuadar atá fút. Cas ar do sháil. Cas an fhaid atá ar do chumas casadh. Cas sara mbeidh sé ró-dhéanach. Ní fheadraís ná go dtiocfadh an bás ort sara dtagaidh an oíche ort. Má thagann, ní bheidh aon fháil ar chasadh agat. Ná habair leat féin, "Ní féidir dom casadh anois. Táim imithe ró-fhada ar bhóthar an uilc. Níl ar mo chumas anois dul thar n-ais". Ná labhair leat féin ar an gcuma san. Más maith leat casadh, ní bheidh ort bóthar fada do shiúl thar n-ais. Chómh luath agus a shocróir t'aigne ar chasadh nuair a spriocfaidh Dia chuige thu, béarfaidh Dia féin ar láimh ort agus tabharfaidh sé thar n-ais tu gan aon ríghneas. Tá Dia dhot spriocadh anois féin. Ná cuir 'na choinnibh a thuilleadh. Leog do do lámh a thógaint. Leog do thu ' bhreith leis chun faoistine agus chun aithrí agus chun Cuirp Naofa an Tiarna. Ansan má thagann an bás ort, beidh aoibhneas na bhflaitheas agat. Go dtugaidh Dia an t-aoibhneas san dúinn go léir. Amen.

SEANMÓIN IS TRÍ FICHID

XVI. An Domhnach i Septuagesima

Léitear an Soiscéal. (Maitiú 20:1-16)

San am san, duairt Íosa lena dheisceablaibh an tsolaoid seo: "Is cosmhail ríocht na bhflaitheas le fear tí a chuaigh amach go moch ar maidin ag réiteach le lucht oibre dá fhíonghort. Agus do réitigh sé leis an lucht oibre ar phingin sa ló, agus chuir sé ag obair iad sa bhfíonghort. Chuaigh sé amach arís tímpall an tríú huair, agus fuair sé tuilleadh lucht oibre 'na seasamh díomhaoin ag áit an mhargaidh, agus duairt sé leó, 'Téidh-se, leis, isteach i m'fhíonghort-sa ag obair agus tabharfad díbh fé mar a bheidh ceart'. D'imíodar isteach. Chuaigh sé amach arís ar an séú huair agus ar an naoú huair agus dhein sé mar an gcéanna. Tímpall an t-aon uair dhéag, áfach, chuaigh sé amach agus fuair sé tuilleadh 'na seasamh, agus duairt sé leó, 'Cad chuige dhíbh bheith 'núr seasamh anso díomhaoin an lá go léir?' Dúradar-san, 'Mar sin, níor réitigh éinne linn'. Duairt sé leó, 'Téidh-se leis isteach i m'fhíonghort-sa'. Um thráthnóna, duairt tiarna an fhíonghuirt lena stíobhard, 'Glaeigh ar an lucht oibre agus tabhair a dtuarastal dóibh, agus tosnaigh leis an muíntir is déanaí a tháinig'. Tháinig an mhuíntir a thosnaigh obair ar uair a haondéag, agus do tugadh pingin an duine dhóibh. Do mheas an mhuíntir a tháinig san obair ar maidin go moch go bhfaighidís breis. Ach do fuaradar-san, leis, pingin an duine. Nuair a fuaradar an méid sin, chromadar ar cheisneamh in aghaidh an fhir tí agus dúradar, 'Níor dheineadar-so a tháinig go déanach ach uair oibre, agus chuiris ar aon dul leó-san sinn-na d'fhuilig cruatan agus brothall an lae'. Do labhair seisean le duine acu agus duairt sé, 'A dhuine mhuínteartha, níl aon éagóir agam á dhéanamh ort. Nách ar phingin a réitís liom? Seo, tóg leat do chuid agus imigh do bhóthar. Is toil liom oiread a thabhairt don fhear so a tháinig déanach agus a thugaim duit-se. Nú an amhlaidh nách ceart dom an ní is toil liom a dhéanamh? An droch-shúil atá agat, óir is duine fónta mise?' Sin mar a bheidh an lucht deirineach ar tosach, agus an lucht tosaigh ar deireadh. Óir tá mórán glaeite agus beagán tofa".

Deir aithreacha naofa na hEagailse, a phobal, gur labhair ár Slánaitheóir sa tSoiscéal san ar an dá chreideamh agus ar an dá

XVI. An Domhnach i Septuagesima

reacht, an creideamh agus an reacht a bhí ag na Giúdaígh ar dtúis, agus ansan an creideamh a chuir an Slánaitheóir ar bun. B'é Dia an fear tí. B'é an saol an fíonghort mar a raibh an obair le déanamh. An lucht oibre do glaodh go moch ar maidin, b'in iad Abel agus Noé agus Ábraham agus Maois agus Iácób, agus na daoine naofa eile do glaodh i dtosach aimsire chun gnó Dé do dhéanamh i measc daoine ar an saol, agus chun aithne ' chiméad ag daoine ar Dhia. Na daoine a glaodh isteach san obair ar an séú huair agus ar an naoú huair, b'in iad na fáidhe agus na ríthe agus na daoine naofa eile do glaodh agus do ceapadh chun gnó Dé ' dhéanamh i measc daoine sa tsean-reacht, ó aimsir Mhaoise go haimsir Chríost. Ansan, an mhuíntir a fuaradh 'na seasamh díomhaoin ag áit an mhargaidh tímpall an t-aon uair dhéag, b'in iad na haspail agus mór-shlua na nGínte do ghlaeigh an Slánaitheóir féin isteach san obair nuair a tháinig sé.

Ansan, i dtaobh an pháidh a bhí ag an lucht oibre le fáil, ba ró-dheocair a chur 'na luí ar aigne na nGiúdach ná beadh éagóir mhór déanta dá dtugtí do sna Gíntibh, nuair a thiocfadh an Slánaitheóir, an teideal céanna chun aoibhnis na bhflaitheas a tabharfí do shliocht Ábrahaim, don chine naofa a bhí tofa ag Dia ó thosach aimsire. Chun a thispeáint ná beadh aon éagóir in aon chor sa ní sin is ea do thug an Slánaitheóir an tsolaoid seo dá dheisceablaibh. Thispeáin sé dhóibh go soiléir nár deineadh éagóir ar an lucht oibre a tháinig isteach san obair i dtosach an lae, mar go bhfuair gach fear díobh an pá ar ar socraíodh leis, agus, in inead éagóra ' dhéanamh ar éinne, gurb amhlaidh a dhein an máistir gníomh fial nuair a thug sé iomláine an pháidh lae don mhuíntir nár dhein ach uair a' chluig oibre.

Is dócha gur ceart a rá anso ná raibh an pá lae chómh suarach in aon chor agus a mheasfadh duine ón bpingin. Is mó brí atá leis an bhfocal "pingin" in éaghmais an phíosa bhig airgid ruaigh is eól dúinn go léir anois. Is gnáth linn féin, dá n-airímís céad, nú trí nú ceathair de chéadaibh púnt a bheith ag duine, a rá go mbeadh "pingin mhaith airgid" ag an nduine sin. Dá mb'í an phingin rua féin í, ní mar a chéile an luach a bhíonn inti i gcónaí. An té go mbeadh tistiún 'na phóca

XVI. An Domhnach i Septuagesima

aige sa dúthaigh seo trí chéad blian ó shin is mó an t-airgead a bheadh aige ná mar a bheadh anois ag an té go mbeadh púnt 'na phóca aige. Do cheannódh duine caíora mhaith an uair sin ar thistiún. Níor ró-olc an pá lae d'fhear oibre pingin den tistiún san. I dtaobh na pingine ar ar labhair an Slánaitheóir sa tSoíscéal, tuigid lucht eólais gurbh fhiú dhá thistiún í. Pé rud ab fhiú í, b'í pá lae an fhir oibre í an uair sin, agus do ghlac an Slánaitheóir sa chéill sin í, agus do thuig na deisceabail sa chéill sin í.

Nuair a thug fear an fhíonghuirt an pá lae san iomláine don mhuíntir nár dhein ach aon uair a' chluig amháin d'obair an lae, níor dhein sé éagóir ar an muíntir a bhí ag obair ó thosach an lae. Ní lú ná mar a bhí éagóir ag an Slánaitheóir á dhéanamh ar chine na nGiúdach nuair a bhí an t-aoibhneas síoraí céanna, a bhí le fáil acu-san, aige á thabhairt do sna haspail agus do sna Críostaithe fén nDlí nua. Ach is iúntach an claonadh chun an uilc atá in aigne an duine. Chómh luath agus ' chonaic an mhuíntir a bhí ag obair ó mhaidin an mhuíntir eile ag fáil na pingine, mheasadar láithreach go bhfaighidís féin breis de réir breise na hoibre a bhí déanta acu. Ansan, ag breithniú óna dtaobh féin den scéal, thuigeadar 'na n-aigne gurbh é a gceart an bhreis sin a dh'fháil. Ní bhfuaradar an bhreis. Do tugadh dóibh an díolaíocht ar ar socraíodh leó. Tháinig fearg orthu, agus formad. Ní ghlacfaidís an phingin. Dúradar leis an máistir go raibh éagóir aige á dhéanamh orthu. Bhí fearg orthu chuige. Ní bheadh aon fheadh orthu, bheidís lán-tsásta, dá mba ná tabharfí don mhuíntir a dhein an uair a' chluig oibre ach cothrom na haimsire sin de phá. Ansan ní bheadh éad ná fearg ná formad orthu, ná ní bhfaighidís aon locht ar an máistir. Do dhein an máistir gníomh fial nuair a thug sé an pá lae don mhuíntir a tháinig déanach san obair. Moladh a bhí tuíllte aige mar gheall air sin. Ní moladh a fuair sé ó sna fir úd ach cáineadh. Chuireadar éagóir 'na leith agus an gníomh fial déanta aige. Chuireadar éagóir 'na leith, bíodh gur tharaig sé a cheart go macánta do gach fear díobh.

Is ró-mhaith atá fios brí an scéil sin againn go léir, a phobal. Ní haon scéal nua dhúinn é. Is maith atá ' fhios againn ná fuil aon athrú sa

XVI. An Domhnach i Septuagesima

scéal san ó aimsir an tSlánaitheóra, dá fhaid siar é. Is é an scéal céanna díreach anois é. Daoine ag éirí i gcoinnibh Dé agus a gcroí lán d'fheirg agus d'fhormad agus de mhioscais agus de mhailís agus de dhroch-aigne más dó' leó gur chuir Dia rath éigin nú séan éigin nú comaoine éigin ar a gcómharsain nár chuir sé orthu féin. Sin é an t-éad céanna a tháinig i gcroí Chéin agus do chuir ' fhiachaibh air a dhriotháir do mharú. Bhí íbirt ag gach duine acu dhá dhéanamh chun Dé. Bhí an croí go holc ag Céin, agus níor ghlac Dia an íbirt uaidh. Bhí croí Abel taithneamhach i láthair Dé, agus do glacadh an íbirt uaidh. Nuair a chonaic Céin an méid sin, d'éirigh éad agus formad 'na chroí, agus mhairbh sé a dhriotháir.

Rud is ea formad ná deineann daoine puínn suime dhe uaireanta, b'fhéidir. Ba cheart suím a dhéanamh de, áfach. Deineann an Eaglais suím de. Áiríonn sí é ar cheann de sna seacht cínn-pheacaí marbha. Ní miste é ' dh'áireamh orthu, mar is préamh é óna bhfásann mórán uilc. Díbreann sé amach as croí an duine an grá ba cheart a bheith aige dá chómharsain, agus cuireann sé fuath in inead an ghrá. Ní féidir grá do Dhia ' bheith sa chroí nuair a bhíonn fuath don chómharsain ann. Nuair a bhíonn grá Dé agus grá don chómharsain imithe as an gcroí, cad a bhíonn istigh ann 'na ndiaidh? Bíonn an uile shaghas uilc. As fuath don chómharsain is ró-fhuiriste díobháil don chómharsain a theacht. Tiocfaidh as an bhfuath, go tiubh, cúl-chainnt, agus tromaíocht agus gearrachán, agus éitheach i riocht na fírinne, agus beagáinín fírinne agus mórán éithigh meascaithe air, i dtreó go ndéanfadh an beagán fírinne an t-éitheach do chur i bhfeidhm níos daingne. Níl aon teóra le mallaitheacht na teangan nuair a bhíonn an croí folamh ó ghrá Dé agus na cómharsan, agus gan istigh ann 'na n-inead ach an formad. Ní mharaíonn duine den tsórd san an chómharsa, mar a mhairbh Céin a dhriotháir, ach deineann sé marú chómh holc leis, maraíonn sé clú a chómharsan. Agus ní haon mharú amháin a dheineann sé. Maraíonn sé clú an uile dhuine 'nar féidir lena theangain teacht suas leis. Ní hé sin féin, ach na daoine go mbíonn sé ag cogarnaigh leó, cuireann sé isteach 'na gcroí an nimh atá istigh 'na chroí féin. Bíonn sé dhá mealladh chun

XVI. An Domhnach i Septuagesima

an uilc chéanna agus ag múineadh an uilc chéanna dhóibh go dtí go mbíd siad, ar ball, chómh holc leis féin. Ní haon iúnadh in aon chor go ndeir an Eaglais gur ceann de sna cínn-pheacaí marbha an formad.

Agus féach mar a chuir sí an dá cheann-pheaca san ar leithligh, formad agus fearg. Ba dhó' le duine gur bheag ná gur aon ní amháin iad, agus féach nách ea. Dá mb'ea, ní thabharfadh an Eaglais inead fé leith do gach peaca dhíobh. Bheadh fearg ar dhuine, agus fearg mhór, agus ní dhéanfadh sé cúl-chainnt. Peaca is ea fearg, ach ní mar a chéile é agus formad. Má deintear olc ar dhuine, beidh fearg air, b'fhéidir, agus déanfaidh sé olc in aghaidh an uilc. Ach fear an fhormaid, déanfaidh sé olc maraitheach ar dhuine nár dhein aon olc riamh air. Is minic ná haithneófá ar fhear an fhormaid go mbeadh aon droch-ní in aon chor istigh aige. Gheárrfadh sé do scórnach agus é ag gáirí leat. Bíonn an ghnúis geal aige agus a chroí chómh dubh le gual.

Is minic, a Chríostaithe, go mbíonn a lán den fhormad san istigh i gcroí dhuine agus ná tugann an duine féin fé ndeara é. Rud is ea formad a dh'éalaíonn ar dhuine uaireanta. Nuair a chífir rud éigin fónta ag Dia á thabhairt do dhuine eile, an saol ag éirí leis an nduine sin níos feárr ná mar atá sé ag éirí leat féin, agus ansan nuair a thiocfaidh an spriocadh, "Is feárr atá tógáilt cínn den tsórd san tuíllte agam-sa ná aige-sin", seachain an formad. Nuair adéarfaidh duine eile leat, duine ná feadair conas a bhéal a dh'éisteacht, "Ba chirte an tógáilt cínn sin a thabhairt duit-se ná é ' thabhairt do-san! Ba mhór an éagóir é ' thabhairt do-san agus tusa ' dh'fhágáilt in éaghmais", seachain an formad. Nuair a thiocfaidh béal-gan-scoth chun cainnte leat, agus dithneas air i dtreó go mbeadh tosach an scéil aige, agus adéarfaidh sé, "Ó, airiú, féach! An rud úd a bhí geallta dhuit-se agus é tuíllte go cruaidh agat, do tugadh don duine eile úd é nár thuíll in aon chor é!", seachain an formad.

Is ró-dheocair é ' sheachaint, go minic, mar fhormad. Ach ní foláir é ' sheachaint. Ceann de sna cínn-pheacaí marbha is ea é. Ní foláir é ' sheachaint agus is fiú don Chríostaí é ' sheachaint. An Críostaí a sheachnóidh é, seachnóidh sé na huilc úd go léir a dh'fhásann as, agus 'na theannta san, beidh suaimhneas aigne air féin. Deineann fear an fhormaid mórán díobhála don uile dhuine a thagann crosta air, ach dá mhéid díobháil a dheineann sé do dhaoinibh eile, deineann sé díobháil is mó ná é dho féin. Dá mb'ar an saol so féin é, ní fhágann sé aige féin ó mhaidin go hoíche ná ó Luan go Satharn ach croí cráite, croí cráite, croí cráite! An Críostaí a sheachnóidh an formad, beidh síocháin Dé 'na chroí ar an saol so, beidh grá Dé agus grá a chómharsan 'na chroí ar an saol so; is dóichí-de san do go mbeidh grásta Dé go flúirseach aige chun gach dualgais eile do chómhlíonadh mar is cóir ar an saol so, agus chun aoibhnis na bhflaitheas a thuilleamh do féin ar an saol eile. Go dtugaidh Dia san dúinn go léir! Amen.

XVII. An Domhnach i Secsagesima

Léitear an Soiscéal. (Lúcás 8:4-15)

San am san, nuair a chruinnigh slua ana-mhór agus bhíodar ag rith amach as na cathracha ag triall ar Íosa, duairt sé i bhfuirm solaoide, "Chuaigh curadóir amach ag cur a chod' síl; agus ag crothadh an tsíl do, do thit cuid den tsíol in aice an bhóthair agus do gabhadh de chosaibh ann agus tháinig éanlaithe an aeir agus d'itheadar é. Agus do thit tuilleadh dhe ar an gcarraig agus d'fheóch sé sa bhfás, mar ní raibh úrmhaireacht aige. Agus thit tuilleadh dhe i measc na sceach agus d'fhás na sceacha in éineacht leis, agus mhúchadar é. Agus do thit tuilleadh dhe sa talamh fónta agus d'fhás sé agus thug sé toradh fó chéad". Ar rá an méid sin do, do labhair sé go hárd, "An té go bhfuil cluasa le héisteacht air, cloiseadh sé". Ach d'fhiafraigh a dheisceabail de cad é an brí a bhí leis an solaoid sin. Duairt seisean leó, "Do tugadh díbh-se mistéir ríochta na bhflaitheas d'aithint; don chuid eile, áfach, i bhfuirm solaoidí, i dtreó go bhfeicfidís agus ná feicfidís, agus go gcloisfidís agus ná tuigfidís. An chuid a thiteann in aice an bhóthair, sin iad na daoine a chloiseann, agus tagann an diabhal 'na dhiaidh san agus tógann sé an focal as a gcroí i dtreó ná creidfidís agus ná saorfí iad. Agus an chuid a thiteann ar an gcarraig,

XVII. An Domhnach i Secsagesima

sin iad an mhuíntir a ghlacann an focal le háthas nuair ' airíd siad é, ach ní bhíd na préamhacha acu-so, óir creidid siad ar feadh tamaill, agus in am an chatha téid siad ar gcúl. An chuid, ámh, a thit i measc na sceach, sin iad an mhuíntir d'airigh an focal, ach ag dul dóibh i ndiaidh cúram agus i ndiaidh saibhris agus i ndiaidh pléisiúir an tsaeil, múchtar iad agus ní thugaid siad aon toradh. Ach an chuid a thiteann ar an dtalamh fónta, sin iad an mhuíntir a ghlacann an focal leis an ndea-chroí is feárr nuair a chloisid siad é, agus cimeádaid siad é, agus tugaid siad toradh uathu le faid-fhulag".

I dtaobh an tSoiscéil sin, a phobal, deir an Pápa naofa Gregóir, agus is fíor do é, gur maith an rud dúinn-na mar a dhein an Slánaitheóir féin, moladh go deó leis, brí na solaoide do nochtadh dá dheisceablaibh. "Mura mbeadh gur dhein sé an nochtadh san", adeir Gregóir naofa, "cé ' chreidfeadh mo chainnt-se dá n-abrainn gurbh é saibhreas an tsaeil seo na sceacha? Tugann saibhreas an tsaeil seo pléisiúr agus cúmpórd do dhaoine. Níl aon chúmparáid sa ní sin le sceachaibh ná le deilgnibh".

Sin mar a labhrann an naomh san ar an saibhreas agus ar na sceachaibh. Agus bíodh ná feicfeadh duine ar an gcéad amharc fírinne na cosúlachta, ní gá dho puínn machnaimh a dhéanamh air nuair a chífidh sé glan go leór é.

"An chuid a thit i measc na sceach", arsan Slánaitheóir, "sin iad an mhuíntir a dh'airigh an focal, ach ag dul dóibh i ndiaidh cúraim agus i ndiaidh saibhris agus i ndiaidh pléisiúir an tsaeil, múchtar iad agus ní thugaid siad aon toradh".

Seo rud agus is dócha ná fuil duine óg ná aosta sa phobal so nár airigh é go minic. Ritheann scéal nua lá éigin ar fuid na dútha go bhfuair a leithéid seo nú a leithéid siúd na mílte púnt airgid agus gan aon choinne aige leis. Tar éis roinnt laethanta gheibhtear amach gur scéal fíor é. Cad 'deir gach éinne láithreach? "Ó", adeir gach éinne, "déanfaidh an t-airgead san an donas air! Cuirfidh an t-airgead san ar a aimhleas é. Ní fhágfaidh an t-airgead san rath ná séan air. B'fhearra

XVII. An Domhnach i Secsagesima

dho ná feicfeadh sé aon leathphinge riamh den airgead san". Sin mar a labhrann gach éinne chómh luath agus a chíd siad gur scéal fíor é. Níl ach aon duine amháin ná labhrann ar an gcuma san. Is é sin an té a gheibheann an t-airgead. Ní baol go measfaidh sé sin go ndéanfaidh an t-airgead díobháil do. Agus rud greannúr: an té is soiléire a chíonn go ndéanfaidh an t-airgead díobháil don té a fuair é, ní chuirfeadh an saol 'na luí air go ndéanfadh an t-airgead céanna blúire díobhála dho féin dá mb'é a gheóbhadh é! Is ait an rud aigne an duine agus is iúntach mar a dhallann saibhreas aigne an duine. "Múchann sé iad agus ní thugaid siad aon toradh".

Ba dheas an cheist í seo do dhuine le cur chuige féin. An dó' leat an raibh aon duine saibhir riamh ar an saol so do thuig in' aigne go raibh a dhóthain aige? Ní dó' liom-sa go raibh. Agus rud is greannúire ná san féin, is é an té is mó a gheibheann an té is sia, i gcónaí, óna dhóthain a bheith aige. An té gur ráinig do phúnt a bheith aige, bheadh an scéal go maith dá mbeadh an dá phúnt ann. An té go bhfuil céad púnt aige, siúd amu' é, moch déanach, agus ní airíonn sé fuacht ná fliuchra ná annró ná tuirse ach é ag obair go fonnmhar, féachaint an bhféadfadh sé an dá chéad a chur le chéile. An fear go bhfuil míle púnt aige, sin scuimh ar a bhéal agus faobhar ar a shúilibh, agus é ag gluaiseacht ó chathair go cathair agus ó bhannc go bannc féachaint an bhféadfadh sé bob a bhualadh ar dhuine éigin, nú cleas deighleála ' dh'imirt ar dhuine éigin, agus dá mhíle ' dhéanamh den mhíle púnt.

Cad é an tairbhe Soiscéal do lé' ná seanmóin a thabhairt do dhaoinibh den tsórd san! Níl ann, mar aduairt an Slánaitheóir, ach ag caitheamh an tsíl i measc na sceach. Sceacha dáiríribh is ea an saibhreas, agus sceacha is ea pé sólás nú pléisiúr saolta a gheibhtear as an saibhreas. Priocaid siad agus gearraid siad agus stracaid siad agus múchaid siad aigne an duine. Loitid siad aigne an duine i dtreó ná bíonn sí choíche ach go teinn agus go buartha agus go duairc. Agus fé mar a mhéadaíonn an saibhreas, méadaíonn an teinneas aigne agus an bhuairt agus an duairceas. Measann an té a bhíonn ag rith i ndiaidh an tsaibhris go mbeidh áthas air nuair a gheóbhaidh sé an rud atá

XVII. An Domhnach i Secsagesima

uaidh. Tá dearúd air. Gheóbhaidh sé áthas, ach is áthas é a chuirfidh teinneas croí air. Gheóbhaidh sé pléisiúr, b'fhéidir, ach ní fada go dtuigfidh sé gur pléisiúr bréagach an pléisiúr, gur pleisiúr é go bhfuil eireaball air, agus go bhfuil cealg nímhe san eireaball. Imeóidh an pléisiúr agus fanfaidh an nimh. Beidh aigne an duine bhoicht sin ar buile leis an dteinneas a thagann ón nimh sin, ach ní dhéanfaidh an bhuile theinnis ach é ' chomáint san anachainn ag lorg tuilleadh saibhris agus tuilleadh pléisiúir agus tuilleadh den nimh. Fé dheireadh, tiocfaidh an bás air. Conas ' fhéadfaidh an duine sin aghaidh a thabhairt ar Dhia na glóire! Ach caithfidh sé aghaidh a thabhairt air. Níl aon dul uaidh aige. Caithfidh sé freagairt. Cad 'tá le rá aige? Do múineadh fios aitheanta a chreidimh do go cruínn i dtosach a shaeil. Do cuireadh ar a shúilibh do go daingean nár cuireadh ar an saol so é chun aon tsaghas eile gnótha ' dhéanamh ach an gnó 'na mbeadh air freagairt ann nuair a ghlaofadh Dia as an saol é. Do thuig sé an méid sin go hálainn agus dhein sé beart de réir a thuisceana ar feadh tamaill. Ansan tháinig an dúil sa tsaibhreas, nú an dúil sa phléisiúr, agus d'iompaigh sé i leataoibh. Ní baol gur i ganfhios do féin a dh'iompaigh sé i leataoibh. Níor leog Dia riamh fós d'aon duine dul i leataoibh mar sin i ganfhios do. Le línn é ' thabhairt an chéad chiscéim i leataoibh, is cuímhin leis go maith conas mar a bhí greim diúid ag á choínsias air istigh 'na chroí, a d'iarraidh é ' chimeád gan dul i leataoibh, a d'iarraidh é ' chimeád ar an slí chóir, a d'iarraidh a chur ' fhéachaint air a leas a dhéanamh. Agus is cuímhin leis go hálainn conas mar a chuir sé lámh ar bhéal an choínsiasa chun a chur ' fhéachaint air éisteacht. Níorbh fhuiriste a chur ' fhéachaint air éisteacht. D'éisteadh sé ar feadh tamaill, b'fhéidir, an fhaid a bhíodh an fiach ar siúl i ndiaidh an tsaibhris agus i ndiaidh phléisiúir an tsaeil. Nuair a bhíodh an gleó imithe agus an ciúnas agus an t-uaigneas tagaithe in' inead, thosnaíodh an coínsias ar chogarnach a dhéanamh. B'in í an chogarnach ghéar, an chogarnach ghunta, an chogarnach dob aoirde ná tóirthneach. Níor fhéad an duine an chogarnach san a sheasamh. Níorbh fholáir do géilleadh don chogarnach agus a leas a dhéanamh, nú stop a chur leis an gcogarnaigh. Níor theastaigh uaidh a leas a dhéanamh. Duairt sé leis

XVII. An Domhnach i Secsagesima

an gcogarnaigh gan bheith dhá bhodhradh! Ní raibh aon mhaith dho ann. Do lean an chogarnach. Grásta ó Dhia ab ea an chogarnach. Dá mhéid a mheas sé cosc a chur léi is ea is mó do labhair sí. Fé dheireadh, chuir sé lámh ar a scórnaigh agus thacht sé í. Do thacht sé a choínsias. Ansan bhí cead a chínn agus a chos aige. Siúd ar aghaidh ansan é i ndiaidh an tsaibhris agus i ndiaidh gach pléisiúir a bhí i gcoinnibh dlí Dé. Siúd ar aghaidh ansan é, gan chosc gan stad gan staonadh, go dtí go dtáinig deireadh an chúrsa air i bhfad sara raibh aon choinne aige leis. Ó, is cuímhin leis an gnó go léir go hálainn. Caithfidh sé seasamh anois i láthair Dé na glóire agus freagairt. Cad é an fhreagairt atá aige le déanamh?

Is cruaidh an cheist í, a phobal, agus is cruaidh an cás 'na bhfuil an duine sin ann, tar éis a shaeil riamh, tar éis an ráis go léir i ndiaidh an tsaibhris bhréagaigh, i ndiaidh an phléisiúir bhréagaigh. B'fhéidir, trí mhór-thrócaire an tSlánaitheóra, go bhfaigheadh sé sagart agus ola agus aithrí sara nglaofí chun siúil é. Ach b'fhéidir eile ná faigheadh. Ní fheadair éinne. Sin rud nách féidir d'éinne aon bhreithiúntas do leagadh air. Ach pé deireadh ' bheidh ar an scéal do, ní baol ná go dtuigfidh sé an uair sin ná fuil i saibhreas agus i sólás agus in aeraíocht an tsaeil seo ach sceacha agus deilgne agus nimh. B'fheárr é ' thuiscint in am ná bheith dhá thuiscint in anntráth. An duine a dhiúltóidh d'é thuiscint in am, níl aon dul aige ó é ' thuiscint in anntráth. An té ' thuigfidh in am é, cimeádfaidh sé é féin, le grásta an tSlánaitheóra, amach as na sceachaibh agus as na deilgnibh i gcaitheamh an téarma bhig seo atá le caitheamh ag an té is sia a mhairfidh ar an saol so, agus beidh saibhreas nách bréagach, sólás gan buairt i bhfolach ann, pléisiúr gan dríodar nímhe ann, aige insna flaithis ar feadh na síoraíochta. An té ná tuigfidh in am é, tuigfidh sé go hálainn in anntráth é. Chífidh sé go soiléir ná fuil aige i gcómhair na síoraíochta, tar éis a shaeil riamh, ach luaithreach an tsaibhris, an bhuairt a bhí i bhfolach san áthas go léir, dríodar nímhe an phléisiúir agus na haeraíochta, agus rud is measa agus is géire ná iadsan go léir, an bhuairt mharaitheach a thiocfaidh air nuair a chífidh sé cad 'tá caillte aige.

XVII. An Domhnach i Secsagesima

Go saoraidh Rí na glóire sinn, a Chríostaithe, óna leithéid sin de chrích agus óna leithéid sin de bhuairt!

Seo rud, a phobal, a dheineann trócaire Dé do Críostaithibh uaireanta, chun iad a chimeád ón ndroch-chrích sin. Is eól dúinn go léir gur minic le feiscint Críostaithe fónta, daoine macánta, diaga, agus iad ag obair ó dhubh go dubh agus ó Luan go Satharn, agus pé cor a thabharfaidís dóibh féin, ná féadfaidís aon rud i bhfuirm saibhris do ' chnósach ná ' chur le chéile. Chómh luath in Éirinn agus a ráiníonn dóibh aon fháltas beag a bheith i dteannta ' chéile acu, siúd chúthu tionóisc éigin, nú iomárd éigin, nú glaoch éigin ná raibh coinne leis, agus a bhéarfaidh chun siúil é. Tosnóid siad arís agus déanfaid siad cruinniú beag eile. Déanfaid siad é go macánta agus go dleathach, le hallas a ngrua féin agus lena gcríochnúlacht féin, gan baint in aon chor le cuid aon chómharsan. Is é an scéal céanna é. Ní túisce ' bhíonn an cruinniú beag eile déanta ná mar a thagann rud éigin eile, le leónú Dé, chun é ' bhreith chun siúil. Agus féach. Is é saghas ruda a thagann go minic chun an fháltais bhig a bhreith chun siúil ná gnó éigin, nú diúité éigin, nách foláir a dhéanamh más maith leis an gCríostaí an ceart a dhéanamh i dtaobh Dé. Is cuma an scéal uaireanta agus dá n-abradh an Slánaitheóir leis an gCríostaí: "Tá an méid sin cruinnithe agat. Tabhair dómh-sa anois é. Tá gá agam leis". Is deocair scarúint leis. Ach tugann an Críostaí uaidh é, agus cromann sé a cheann arís chun na hoibre, agus chun fáltais bhig eile ' chruinniú le cúnamh Dé.

Sin mar a chaithid mórán de sna Críostaithe a saol ar an dtaobh so den bhás. Agus cad é an brí atá leis? Sid é an brí atá leis, a phobal. An Slánaitheóir féin atá ansúd ag faire orthu, de ló agus d'oíche, dhá gcimeád amach as na sceachaibh agus as na deilgnibh, as an saibhreas bréagach agus as na mílte mí-ádh agus mí-fhoirtiún agus aimhleas a leanann é ar an saol so, agus as an mí-ádh thar gach mí-ádh a thugann sé ar an anam i gcómhair na síoraíochta ar an saol eile. Tá Críostaithe, a phobal, atá ag caitheamh a dtréimhse ar an saol go Críostúil agus go diaga, gan puínn de shaibhreas an tsaeil acu, agus

XVII. An Domhnach i Secsagesima

go bhfeiceann Dia, ó is É a chíonn gach uile ní, ná féadfadh grásta Dé aon ghreim a chimeád orthu, gan míorúilt éigin ó Dhia, dá mbeadh tarrac acu ar shaibhreas. Ní dheineann an Slánaitheóir an mhíorúilt chun iad a chosaint ar olc an tsaibhris, ach cimeádann sé an saibhreas uathu. Sin abhar machnaimh do Chríostaithibh nuair a bheidh an saol ag gabháil 'na gcoinnibh. Cuímhnídís 'na n-aigne gurb é an Slánaitheóir féin, moladh go deó leis!, atá dhá gcosaint ar na sceachaibh agus ar na deilgnibh, ar an saibhreas bréagach agus ar gach aimhleas atá dhá leanúint, i dtreó ná beadh aon rud le teacht idir iad agus an fíor-shaibhreas, an saibhreas ná caillfidh ar éinne, saibhreas na bhflaitheas, an saibhreas gur fhuilig an Slánaitheóir bás ar chrann na cruise chun é ' cheannach agus do chur in áirithe dhúinn go léir. Go gcuiridh an Slánaitheóir gléigeal, trí ímpí na Maighdine Muire, an saibhreas uasal san in áirithe dhíbh-se agus dómh-sa. Amen.

XVIII. An Domhnach i gCuíncuagesima

Léitear an Soiscéal. (Lúcás 18:31-43)

San am san, do thóg Íosa i leataoibh an dáréag, agus duairt sé leó, "Féach, táimíd ag dul suas go Ierúsalem, agus cómhlíonfar gach ní atá scríofa ó sna fáidhibh ar Mhac an Duine. Óir tabharfar suas do Ghíntibh é, agus déanfar fionóid faoi, agus geófar de sciúirsibh air, agus caithfar seilí air, agus tar éis na sciúrsála, cuirfid siad chun báis é, agus éireóidh sé ón mbás an tríú lá". Agus níor thuigeadar-san aon ní de na nithibh sin, agus bhí an chainnt sin folaithe uathu agus níor thuigeadar na nithe adúradh. Ach nuair a bhíodar ag teacht i gcóngar do Ierichó, bhí dall in aice an bhóthair ag lorg déarca. Agus nuair ' airigh sé an tsluagh ag gabháil thairis, d'fhiafraigh sé cad é sin. Dúradar leis gurbh é Íosa Nasareit a bhí ag gabháil ann. Do liúigh seisean, "A Íosa, a Mhic Dáivid, dein trócaire orm", ar seisean. Bhagair na daoine air éisteacht, ach sin mar is mó do liúigh sé, "A Mhic Dáivid, dein trócaire orm". Do stad Íosa agus d'órdaigh sé é ' thabhairt chuige. Agus nuair a bhí sé ag teacht 'na chóngar, chuir sé an cheist chuige. "Cad ba mhaith leat me ' dhéanamh duit?", ar

XVIII. An Domhnach i gCuíncuagesima

seisean. Agus duairt sé, "Go bhfeicfinn, a Thiarna". Agus duairt Íosa leis, "Féach id thímpall. Do shlánaigh do chreideamh thu". Agus fuair sé radharc láithreach, agus do lean sé eisean ag moladh Dé. Agus nuair a chonaic na daoine go léir an ní sin, thugadar moladh do Dhia.

Tá aon ní amháin sa tSoíscéal san, a phobal, agus is dócha go ndéanfadh sibhse iúnadh dhe. Bhí an t-am ag teacht don tSlánaitheóir, moladh go deó leis, chun na hoibre ' dhéanamh a thug ar an saol so é, chun na cine daonna do shaoradh lena bhás ar chrann na cruise. Do thóg sé leis i leataoibh an dáréag agus d'inis sé dhóibh conas a bhí an obair sin le déanamh. D'inis sé dhóibh nárbh fholáir do féin an pháis a dh'fhulag; go dtabharfí suas do sna céastóiríbh é; go ngeóbhfí de sciúirsíbh air; go dtabharfí an uile shaghas masla agus tarcaisne dho; ansan go gcurfí chun báis é; agus ansan arís, go n-éireódh sé ón mbás an tríú lá. Bhí an dáréag ag éisteacht leis. Deir an Soíscéal, áfach, focal a chuireann iúnadh orainn-na. Deir an Soíscéal nár thuigeadar an chainnt. "Agus níor thuigeadar-san aon ní de sna nithibh sin, agus bhí an chainnt sin folaithe uathu, agus níor thuigeadar na nithe adúradh". Sin é an tuairisc a thugann an Soíscéal ar an dáréag nuair aduairt an Slánaitheóir an chainnt sin leó, nuair a dh'inis sé dhóibh roim ré, ar an gcuma san, conas mar a bhí sé chun na páise ' dh'fhulag agus chun báis a dh'fhulag; agus go n-éireódh sé arís ón mbás. Déarfadh duine gurbh uathásach an scéal a rá nár thuigeadar an méid sin, tar éis a raibh de theagasc tabhartha aige dhóibh i gcaitheamh na haimsire a bhí caite acu ag éisteacht leis.

Is dó' liom, áfach, má dheinimíd roinnt machnaimh ar an scéal, go n-imeóidh an iúnadh dhínn. Ní ab ea páis agus bás agus aiséirí ár Slánaitheóra ná feacathas a leithéid riamh roimis sin ar an saol, in aon pháirt den domhan. Ní ab ea é nár tháinig machnamh i gceart ar a leithéid isteach in aigne aon duine riamh roimis sin. Bhí, gan amhras, targaireachtaí insna fáidhíbh dhá ínsint go dtiocfadh an Slánaitheóir agus go bhfuiliceódh sé pianta uathásacha. Ach is ró-bheag den phobal Eabhra do dhein breithniú ceart ar thargaireachtaíbh na bhfáidh, ná ar an gcainnt a bhí iontu, ná ar bhrí

XVIII. An Domhnach i gCuíncuagesima

na cainnte. An saol so, aer an tsaeil seo, baois an tsaeil seo, uabhar an tsaeil seo, saibhreas an tsaeil seo, pléisiúr an tsaeil seo, sin iad na nithe a bhí ag déanamh buartha don chuid ba mhó den phobal Eabhra, i gcaitheamh a n-aimsire go léir nách mór; agus ní targaireacht, ná fáidh, ná Slánaitheóir le teacht, ná an chuma 'na ndéanfí an slánú. Má bhí na daoine go raibh tabhairt suas orthu agus go raibh eólas ar leabhraibh agus ar léann acu, má bhíodar chómh beag san tuiscint, chómh beag san suím i dteacht an tSlánaitheóra agus san obair a bhí le déanamh aige, agus i nádúr na hoibre sin, conas 'fhéadfadh aon tuiscint i dtaobh oibre an tSlánaitheóra a bheith in aigne na coitiantachta, in aigne na ndaoine ná raibh leabhar ná léann acu, ná aon tabhairt suas orthu? Ach pé daoine 'na mbeadh an tuiscint acu ná ná beadh, ní baol go bhféadfadh puínn de a bheith ag na hiascairíbh bochta ná raibh aithne ná eólas acu ar aon rud ach ar a ngnó beag féin. Dá bhrí sin, nuair a labhair an Slánaitheóir an chainnt úd leó, ní haon iúnadh gurbh amhlaidh a leath a meabhair orthu agus nár thuigeadar cad do go raibh sé ag tagairt. Míorúiltí is ea 'chonacadar uaidh go dtí san. Cómhacht Dé dá cur i ngníomh coitianta os cómhair a súl. Conas a dh'fhéadfadh san teacht isteach le sciúrsáil agus le tarcaisne agus le cur chun báis! Gan amhras, dá dtugtí solas ó Dhia dhóibh chun an ghnótha san a thuiscint, do thuigfidís é. Ach níor tugadh, an uair sin. "Bhí an chainnt sin folaithe uathu". Bhí a n-aigne dall, gan radharc, agus níorbh fholáir míorúilt a dhéanamh dóibh chun an radhairc aigne a bhí in easnamh orthu do thabhairt dóibh. Do tugadh dóibh an radharc san 'na dhiaidh san nuair a thúirlig an Sprid Naomh orthu.

Anois tabhair fé ndeara cad a thit amach láithreach i ndiaidh na cainnte sin aduairt ár Slánaitheóir agus nár thuig an dáréag.

"Bhíodar ag teacht i gcóngar don chathair sin Ierichó agus bhí dall in aice an bhóthair". D'airigh an dall na daoine go léir agus iad ag siúl. D'airigh sé an choisíocht. D'fhiafraigh sé cad fé ndeár an ghluaiseacht go léir. Do hínseadh do gurbh é Íosa Nasareit a bhí ag gabháil an treó san. Bhí 'fhios aige láithreach gurbh in é an duine a bhí ag tabhairt

XVIII. An Domhnach i gCuíncuagesima

radhairc do sna dallaibh go léir. Do liúigh sé amach láithreach, "A Íosa, a Mhic Dáivid, dein trócaire orm!" Níorbh fhéidir é ' chosc ar an liúireach go dtí gur tugadh i láthair an tSlánaitheóra é agus gur thug an Slánaitheóir cómhachtach, moladh go deó leis, a radharc do.

Measaim, a phobal, nách gan abhar a dhein an Slánaitheóir an mhíorúilt sin ar an ndall láithreach, nú go luath, i ndiaidh na cainnte a dhein sé leis an dáréag. Do dhein sé an chainnt leis an dáréag agus níor thuigeadar brí ná bunús na cainnte. Bhíodar ag éisteacht le fuaim na bhfocal. Thuigeadar na focail. Bhí ' fhios acu go maith cad é an brí a bhí le sciúrsáil agus le caitheamh seilí agus le fionóid agus le tarcaisne agus le tárnáil ar chruis. Ach níor thuigeadar, an uair sin, mar a thuigeadar 'na dhiaidh san é, cad é an toradh don chine daonna go léir a bheadh ar na nithibh sin nuair a dh'fhuiliceódh an Slánaitheóir iad, ná cad é an brí a bhí le hé dhá bhfulag in aon chor. Bhí a n-aigne dall air sin, díreach fé mar a bhí súile an daíll dall ar na nithibh a bhí 'na thímpall. Measaim gur dhein an Slánaitheóir an mhíorúilt sin ar an ndall chómh hachomair don chainnt a dhein sé leis an dáréag, an chainnt go raibh a n-aigne dall uirthi, chun a chur in úil don chine daonna go bhfuil aigne an duine, mura dtugtar solas na ngrást do, chómh dall ar chuid de sna nithibh a bhaineann le creideamh agus a bhí súile an daíll úd ar na nithe a bhí 'na thímpall, go dtí gur deineadh an mhíorúilt a thug a radharc do. D'airigh an dáréag an chainnt. Ní fheacaigh a n-aigne sa chainnt sin aon phioc den bhrí a chíonn gach aon Chríostaí inti ón lá a thúirlig an Sprid Naomh an chéad Domhnach Cíncíse. Tabharthas ó Dhia ab ea an Sprid Naomh, agus tabharthas ó Dhia is ea an creideamh. Fé mar a thug an mhíorúilt a dhein an Slánaitheóir air radharc a shúl don dall úd, do thug teacht an Sprid Naoimh solas aigne do sna haspail agus do sna deisceabail i dtreó go raibh cumas creidimh acu ná raibh acu roimis sin. Dhein an Slánaitheóir an mhíorúilt chun radhairc a shúl a thabhairt don dall. Níor dhein sé aon mhíorúilt chun radhairc na haigne, an radharc a bhaineann le creideamh, a thabhairt don dáréag. B'éigean dóibh fanúint le teacht an Sprid Naoimh. Tispeánann san gur mó go mór-le-rá radharc na haigne ná radharc na súl. Ní

XVIII. An Domhnach i gCuíncuagesima

bhaineann radharc na súl ach leis an saol so. Baineann radharc an chreidimh leis an saol eile. Is féidir do dhochtúir go minic radharc súl a thabhairt do dhuine. Ní féidir d'aon chómhacht shaolta creideamh a thabhairt do dhuine. Ar deineadh riamh de mhúineadh; ar tugadh riamh de theagasc; ar léadh riamh de leabhraibh; ar cruinníodh riamh d'eólas; ní thabharfaidís creideamh do dhuine gan solas ó ghrásta Dé, solas ón Sprid Naomh, do theacht laistigh den mhúineadh, laistigh den teagasc, laistigh den eólas. Sin é cúis 'na dtugtar súáilcí diaga ar na trí súáilcíbh sin, creideamh agus dóchas agus carthanacht.

Ach bíodh gur mó go mór-le-rá an radharc creidimh san aigne ná an radharc corpartha insna súilibh, tá cosúlacht mhór eatarthu ar aon chuma amháin pé'n Éirinn é. An dall úd gur thug an Slánaitheóir a radharc do le míorúilt, d'fhéadfadh sé an radharc san a chailliúint arís. D'fhéadfadh sé é ' chailliúint le galar. D'fhéadfadh sé é ' chailliúint le héagóir a dhéanamh ar a shúilibh. D'fhéadfadh sé é ' chailliúint ar fiche slí. Agus d'fhéadfadh duine an creideamh a dh'fháil le solas ón Sprid, agus é ' bheith aige go fírinneach ar feadh i bhfad, agus é ' chailliúint 'na dhiaidh san.

Nuair a dheineann duine peaca, deineann sé éagóir ar a chreideamh. Deineann sé gortú ar shúilibh a chreidimh. Tugann sé an t-éitheach dá chreideamh. Deir a bhéal, "Creidim i nDia", agus deir a ghníomh, "Ní chreidim". Má dheineann sé an peaca an tarna huair, tá an gortú níos truime agus níos géire. Má leanann sé den pheaca, in ainneóin a choínsiasa, ní fada go dtí ná beidh an "creidimh i nDia" ach 'na bhéal aige, agus ná beidh 'na chroí ar fad ach "ní chreidim". Beidh solas na ngrást ag lagú agus ag dorchú istigh 'na chroí go dtí, fé dheireadh, ná beidh aon léas radhairc in aon chor istigh, ach an doircheacht ar fad. Deirim, a phobal, gur féidir do dhuine an creideamh a chailliúint ar an gcuma san, agus gur crith-eaglach an obair d'aon Chríostaí leogaint do sholas a chreidimh sleamhnú uaidh mar sin. Tá sé ag imeacht i measc na gcómharsan, agus níl aon phioc dá fhios ag éinne ach ag Dia na glóire gur duine gan creideamh é. Téann sé go hAifreann an Domhnaigh, b'fhéidir, agus éisteann sé le seanmóin. Ní

XVIII. An Domhnach i gCuíncuagesima

bheireann an tseanmóin aon ghreim ar chroí ná ar aigne air, mar níl aon tsolas istigh. Tá brí na cainnte folaithe uaidh. Níl aon bhuairt aigne air, mar ní fheiceann sé aon rud a dhéanfadh aon bhuairt do. Ní fheiceann sé aon rud a chuirfeadh buairt ná eagal air ach chómh beag agus do chífeadh an dall an poll a bheadh ar a aghaidh amach, go dtí go dtitfeadh sé ar mhullach a chínn isteach ann.

Tá an poll ar aghaidh an duine sin amach, an poll agus é ar leathadh. Níl aon dul ón bpoll san aige. B'fhéidir go bhfuil sé tamaillín uaidh. B'fhéidir go bhfuil sé buailte leis. Bíodh sé fada nú gairid uaidh, níl aon teip ná go raghaidh sé isteach ann. Ansan is ea a dh'osclófar a shúile. Ansan is ea ' chífidh sé fírinne an chreidimh, ach ní creideamh ansan do é ach radharc a shúl féin. Ní creideamh d'éinne radharc a shúl féin a dh'admháil. Cad é an baochas is cóir a bheith ar éinne mar gheall ar radharc a shúl féin a dh'admháil? "Deimhne ar na nithe ná feictear", a thugann Naomh Pól ar chreideamh. Sin é an creideamh a gheóbhaidh tuarastal ó Dhia. Nuair a dh'imeóidh duine as an saol so agus sheasóidh sé i láthair Dé, níl ar a chumas a thuilleadh "ní chreidim" do rá. Déarfaidh sé "creidim i nDia" ansan agus ná ra' maith aige. Ní haon tairbhe dho ansan é. Chífidh sé ansan go soiléir go raibh sé ceart aige "creidim i nDia" do rá i gcaitheamh a shaeil anso, agus an focal a bheith istigh 'na chroí aige chómh maith agus ' bhí sé 'na bhéal aige, agus beart a dhéanamh de réir an fhocail i gcaitheamh a bheatha.

Chífidh sé ní eile go soiléir, leis. Chífidh sé go bhfuil aoibhneas síoraí caillte aige mar gheall ar a chreideamh a chailliúint, agus gurb é féin fé ndeár an dá chailliúint, mar gur lena thoil mhacánta féin a mhúch sé solas an chreidimh istigh 'na chroí féin. Dá n-abradh duine an uair sin leis, "Cad é an leigheas a bhí agat-sa ar na peacaíbh a dheinis nuair a bhí solas an chreidimh imithe uait?", is tapaidh a thabharfadh sé féin an freagra, "Is me féin a mhúch an solas. Nuair a bhíos dhá mhúchadh, bhí ' fhios agam cad a thiocfadh as. Ba chuma liom ceocu an uair sin. Ní féidir dom an milleán a chur ar éinne anois ach orm féin. Níl aon lá ó thosnaíos ar an solas a chur in éag ná raibh ar mo

XVIII. An Domhnach i gCuíncuagesima

chumas leogaint do lasadh suas dá mba mhaith liom é. Nuair a bhí sé in éag ar fad, do lasfí arís dom é dá leogainn é ' lasadh. Níor leogas. Ní raibh aon lorg ar sholas agam. B'é an doircheacht ab fheárr liom. B'é ba shuaimhneasaí an uair sin, dar liom. Me féin fé ndeár an t-olc go léir agus an chailliúint go léir. Aoibhneas na bhflaitheas caillte agam! Dia na glóire 'na namhaid agam! Tínte ifrinn le fáil agam! 'Pianta síoraí! Pianta síoraí! Pian is géire ná gach pian, me féin fé ndeár an t-olc go léir!"

Ní staraíocht cainnte í sin, a phobal. Fírinne is ea í. Chun sinn-na do shaoradh ó sna pianta síoraí sin is ea ' dh'fhuilig ár Slánaitheóir pianta na páise. Mura mbeadh na pianta síoraí a bheith chómh dian, chómh daor, chómh holc, cad ba ghá an ceannach mór ar fad? Nách uathásach an bhuile díth céille nách foláir a bheith ar an gCríostaí do dhúnfaidh a shúile, súile a chreidimh, agus do ghluaiseóidh ceann-ar-aghaidh sa tslí a sheólann chun ifrinn, tar éis ar dhein an Slánaitheóir chun é ' shaoradh ó ifreann!

Iompaigh, a Chríostaí, iompaigh in ainm Dé agus Mhuire. Oscail súile do chreidimh agus iarr ar Dhia solas a chur iontu, fé mar a dh'iarr an dall úd in aice Ierichó ar an Slánaitheóir solas a chur 'na shúilibh chorpartha. Cómhairleóidh an saol so dhuit éisteacht, gan bheith ag déanamh toirmisc, díreach mar a chómhairligh an tslua, an uair úd, don dall éisteacht agus gan bheith ag déanamh toirmisc. Ach ná cuir-se suím i nglór an tsaeil seo. Liúigh ar an Slánaitheóir agus iarr air solas an chreidimh do chur ar lasadh arís id chroí. Déanfaidh an Slánaitheóir duit-se é chómh maith agus a dhein sé don dall radharc a shúl a thabhairt do. Féachfair id thímpall ar gach aon rud, le radharc creidimh, agus tispeánfaidh grásta Dé dhuit cad is ceart duit a dhéanamh chun dul ó phiantaibh síoraí ifrinn agus chun aoibhnis shíoraí na bhflaitheas, an t-aoibhneas a cheannaigh an Slánaitheóir duit, do chur in áirithe dhuit féin.

Go dtugaidh Dia dhúinn go léir, trí ímpí na Maighdine Muire, an t-aoibhneas síoraí sin do chur in áirithe dhúinn féin. Amen.

SEANMÓIN IS TRÍ FICHID

XIX. Céadaoin an Luaithrigh

Léitear an Soiscéal. (Maitiú 6:16-21)

> San am san, duairt Íosa lena dheisceablaibh, "Nuair a dhéanfaidh sibhse troscadh, ná bídh gruama ar nós na mealltóirí a bhíonn dhá leogaint orthu. Óir deinid siad a gceannatha mílítheach i dtreó gur dhó' le daoine iad a bheith ag déanamh troscaidh. Deirim libh go deimhin go bhfuil a ndíolaíocht féin fálta acu. Ach tusa, nuair a dhéanfair troscadh, cuir íle ar do cheann agus nigh t'aghaidh, i dtreó ná haithneóid daoine thu ' bheith ag déanamh troscaidh, ach go n-aithneóidh t'Athair é, atá fé cheilt, agus go dtabharfaidh t'Athair, a chíonn fé cheilt, do dhíolaíocht duit. Ná cruinnídh stór díbh féin ar an dtalamh so, mar a n-itheann an leómhan agus an mheirg é, agus mar a ndeinid na bithiúnaigh é ' thóch agus do ghuid. Ach cruinnídh stór díbh féin insna flaithis, áit ná loiteann an leómhan ná an mheirg é agus ná deinid na bithiúnaigh é ' thóch ná é ' ghuid. Óir an áit 'na bhfuil do chuid stóir is ann atá do chroí".

Ní dócha, a phobal, go bhfuil aon ní le fáil fé bhun Dé ar an dtalamh so is mó gur ceart gráin a bheith air agus fuath a bheith dho ná naofacht bhréagach. Rud gránna d'aon duine is ea bheith dhá leogaint air go bhfuil tréithe maithe ann agus gan iad ann, agus ' fhios aige ná fuilid. Bréag 'na beathaidh is ea beatha an duine sin. Ach nuair a luíonn duine amach ar a chur in úil dúinn go léir gur duine ana-naofa é, agus ' fhios aige istigh 'na chroí ná fuil sé ach dhá leogaint air, is ró-dheocair ainm a dh'fháil a bheidh olc a dhóthain don ghníomh fíll atá ag an nduine sin á dhéanamh. Tá sé olc a dhóthain ag duine bheith 'na dhroch-pheacach i láthair Dé, ach bheith dhá leogaint air, san am gcéanna, i láthair daoine, gur naomh é! Is ró-dheocair do Dhia na glóire, moladh go deó leis, foighneamh leis an nduine sin.

Ar dhaoine den tsórd san is ea do labhair an Slánaitheóir an chainnt seo atá i Soiscéal an lae seo againn. "Deinid siad", ar seisean, "a gceannatha mílítheach i dtreó gur dhó' le daoine iad a bheith ag déanamh troscaidh". Ansan deir sé focal eile agus is cóir dúinn

XIX. Céadaoin an Luaithrigh

machnamh a dhéanamh air go dlúth. "Deirim libh, go deimhin", ar seisean, "go bhfuil a ndíolaíocht féin fálta acu".

Cad é an díolaíocht é sin a bhí fálta acu agus do ghearr amach iad ó aon díolaíocht eile ' dh'fháil? "A ndíolaíocht féin" a thugann an Slánaitheóir air. Cad é an díolaíocht é, a phobal? Sid é é.

Is é nádúr na ndaoine riamh go mbíonn urraim ana-mhór acu do naofacht beatha nuair a chíd siad é. Más naofacht fhírinneach é, is ceart an urraim sin a thabhairt do. Nuair a chíd na daoine cómharthaí so-fheicse naofachta, tuigid siad 'na n-aigne go bhfuil an naofacht san áit 'na bhfeicid siad na cómharthaí. Nuair a chíd siad an aghaidh bhán, mhílítheach agus an ghnúis ghruama, dhorcha, gan sult gan gáire ann, "Ó", adeirid siad leó féin, "is ana-naofa an duine é sin! Is uathásach a ndeineann sé de throscadh agus de thréanas agus de chloí ar a cholainn ar gach aon tsaghas cuma, nú ní bheadh an driuch san air". Ansan tagann árdurraim acu don duine sin. Tá daoine ann, a phobal, bhíodar ann an uair sin, pé'n Éirinn é, agus bhí ana-dhúil acu san urraim sin ón bpoiblíocht, ach ní raibh aon dúil in aon chor i dtroscadh ná i dtréanas acu, ná in aon ní eile do ghoíllfeadh ar an gcolainn ná do chuirfeadh aon tsrian le han-mhiantaibh na colla. Cheapadar an urraim a dh'fháil ón bpoiblíocht agus gan aon troscadh ' dhéanamh chun na hurrama ' thuilleamh. Ansan do thánadar ar a n-aghaidh agus dheineadar rud éigin leis a chuir an dath mílítheach air i dtreó gur dhó' leis na daoine go raibh an troscadh acu á dhéanamh. Bhuaileadar bob ar na daoine ar an gcuma san agus fuaradar an urraim a bhí uathu. B'in cuid dá ndíolaíocht féin.

Má dhein cuid acu troscadh dáiríribh, agus gur chun na hurrama san a dh'fháil ón bpoiblíocht a dheineadar é, agus go bhfuaradar an urraim sin a bhí uathu, bhí a ndíolaíocht fálta acu, an díolaíocht a bhí uathu, agus ní raibh aon teideal acu chun aon tsaghas eile díolaíochta. Ní raibh aon teideal acu chun aon díolaíochta ' dh'fháil ó Dhia na glóire mar gheall ar an dtroscadh a dheineadar má ba throscadh dáiríribh féin é. Bhí an scéal go hait acu. Urraim agus creidiúint acu ó

XIX. Céadaoin an Luaithrigh

dhaoine mar dhea go rabhadar ana-naofa, an-uasal i láthair Dé, agus gan blúire brí leis an gcreidiúint ná leis an naofacht ná leis an uaisleacht, i láthair Dé. Ainm naofachta orthu agus gan acu ach an ainm. An troscadh agus an tréanas déanta acu, b'fhéidir, agus gan pioc dá bhárr acu ach an rud san gan ghus gan tairbhe, moladh ó bhéalaibh daoine, moladh baoth, moladh bréagach, moladh ná creidid na daoine a thugann é, go minic. Is suarach an tuarastal é, ach is é an tuarastal a bhí uathu é, agus níl aon teideal acu chun aon tuarastail eile.

Bhí daoine den tsórd san ar an saol le línn ár Slánaitheóra. Tá daoine den tsórd san ar an saol fós. Is mairg a dhéanfadh aithris orthu. Do chómhairligh ár Slánaitheóir dá dheisceablaibh gan aithris a dhéanamh orthu. "Ach tusa", ar seisean, "nuair a dhéanfair troscadh, cuir íle ar do cheann agus nigh t'aghaidh, i dtreó ná haithneóid daoine tu ' bheith ag déanamh troscaidh, ach go n-aithneóidh t'Athair é atá fé cheilt, agus go dtabharfaidh t'Athair, a chíonn fé cheilt, do dhíolaíocht duit".

Tá Críostaithe ann, baochas le Dia, agus ní cuid bheag acu é, agus deinid siad an chómhairle sin de ghnáth. Pé gníomhartha maithe, diaga, a dheinid siad, i ganfhios don tsaol is ea ' dheinid siad iad. Cimeádaid siad an scéal go léir idir iad féin agus Dia na glóire. Chíonn Dia iad i ganfhios don tsaol, agus tabharfaidh Dia dhóibh, i ganfhios don tsaol, tuarastal agus díolaíocht ná féadfadh an saol a thabhairt dóibh. Is ar Chríostaithibh den tsórd san is ceart dúinn aithris a dhéanamh agus ní har dhaoinibh baoithe, ar dhaoinibh leanbaí, ná féadfadh an gníomh fónta is lú a dhéanamh mura molfí iad.

Tá an scéal olc go leór, a phobal, ag na daoine a dheineann na dea-oibreacha agus do loiteann iad leis an ndúil bhaoth a bhíonn acu go molfí iad. Ach cad 'tá againn le rá leis an nduine a bheidh 'na dhiabhal ó ifreann i ganfhios don tsaol, agus a bheidh dhá leogaint air os cómhair na poiblíochta gur naomh é! Níl aon dabht ar domhan air

XIX. Céadaoin an Luaithrigh

ná go raibh daoine den tsórd san i measc na nGiúdach in aimsir ár Slánaitheóra. Sin iad na daoine a chuir sé féin, moladh go deó leis, i gcúmparáid leis na tuamaíbh a bhí aolta, geal, glan, lasmu', agus gan istigh iontu ach an bréantas, gan istigh iontu ach na cuirp a bhí ag dreó agus ag lobhadh agus ag titim as a chéile, agus go maródh aon phuth amháin dá mbréantas an fear is treise ar an gcnuc! Ba chruaidh an chúmparáid í, a phobal, ach is é Béal na Fírinne do dhein an chúmparáid. Ní baol go ndeighidh sé thar an bhfírinne sa chúmparáid. Agus féach. Na daoine ar ar dhein sé an chúmparáid chruaidh sin, daoine galánta, creidiúnacha ab ea iad; daoine a bhí uasal i measc a gcómharsan; daoine go raibh ainm agus cáil agus clú naofachta orthu; daoine, ba dhó' leat, do shéidfeadh fuil-shrón dá mbeadh sé de scairt ag éinne peaca ' chur 'na leith! Agus do chuir an Slánaitheóir i gcúmparáid iad leis an dtuama a bhí aolta, geal, glan, lasmu', agus gan istigh ann ach an bréantas.

Duairt an Slánaitheóir, leis, an focal eile úd leó. "Tá", ar seisean, "a dtuarastal féin fálta acu". Bhí a dtuarastal fálta ag an muíntir a dhein na fíor-dhea-oibreacha, ach do dhein iad chun go molfí iad. Bhí a dtuarastal fálta acu-san. Fuaradar an moladh, ó bhéalaibh daoine. Ba neamh-ghusúil an tuarastal é. Ach is é a bhí uathu, agus do fuaradar é. Ach cad mar gheall ar an bhfear nár dhein na dea-oibreacha in aon chor? An fear nár dhein troscadh ná tréanas ná aon smachtú eile ar a cholainn, ach do shásaimh an uile dhroch-mhian dá raibh 'na chroí, agus ansan do chuir an dath ar a cheannathaibh i dtreó gur dhó' le cách go raibh sé dhá ' mharú féin le troscadh agus le dian-smacht ar a cholainn? Cad é an tuarastal a bhí fálta aige-sin? Bhí, an tuarastal a bhí uaidh, moladh ó bhéalaibh daoine agus sásamh a chroí féin ar na han-mhiantaibh, agus rud eile, saibhreas saolta. Chonaic na daoine an droch-dhriuch air agus mheasadar gur dhuine ana-naofa é, agus do bhronnadar a stór féin air go fial. Thugadh sé déirc uaidh do sna daoine bochta, agus nuair a bhíodh sé ag tabhairt na déarca uaidh, bhíodh fear cluig roimis amach agus é ag gabháil tríd an sráid agus an fear ag bualadh an chluig. Chíodh na daoine an fear naofa agus é ag tabhairt na déarca uaidh agus an clog dá bhualadh, agus bhíodh a

XIX. Céadaoin an Luaithrigh

mbasa in áirde acu agus iad ag déanamh iúnadh den duine naofa a bhí ag tabhairt a choda go léir do sna daoine bochta. Ansan, ní nárbh iúnadh, thugaidís, go fial, cuid dá saibhreas féin don duine naofa i dtreó go mbeadh flúirse aige le tabhairt do sna daoine bochta. Ba mhó go mór a gheibheadh sé ná mar a thugadh sé uaidh. Ní raibh sa déirc, tar éis na gclog agus uile, ach baoite beag chun bertha ar an iasc mór. Fuair sé an moladh, agus fuair sé an t-iasc mór ar an mbaoite mbeag. B'in é an tuarastal a bhí uaidh. Fuair sé an tuarastal san. Ní cóir é ' mhaíomh air. Ba shuarach-le-rá é ar ball. D'ith na leómhain é agus d'ith an mheirg é, agus tháinig na bithiúnaigh agus thóchadar é agus ghuideadar é. Mheas sé go mbeadh sólás agus pléisiúr aige as an saibhreas, ach ní raibh sa tsaibhreas ar ball aige ach luaithreach. Nuair a bhí a shaol imithe, ní raibh aon mhaith sa tsaibhreas. D'imigh tairbhe an tsaibhris le himeacht na haimsire, agus d'imigh sé i ganfhios do. Do ghuid an aimsir tairbhe an tsaibhris uaidh.

Deinimís machnamh ar an mbeirt sin, a phobal. An baothaire buile do dhein na dea-oibreacha go léir, an troscadh agus an tréanas agus an smachtú ar a cholainn agus an déirc, agus ansan do loit iad go léir air féin lena bhaothaireacht, leis an ndúil annspianta a bhí aige i moladh na ndaoine ' dh'fháil. Agus an feallaire éithigh, an cladhaire ná raibh 'na bheatha ar fad ach bréag, an scéiméir a bhí 'na naomh lasmu' agus 'na dhiabhal ó ifreann laistigh; an fear a leog air bheith ag déanamh na ndea-oibreacha go léir agus ná raibh dhá ndéanamh in aon chor; an fear a bhí dhá leogaint air go raibh sé ag déanamh an troscaidh, agus gurbh é rud a bhí aige á dhéanamh ná craos; an fear a bhí dhá leogaint air go raibh sé geanmnaí agus a chroí lofa le drúis i ganfhios don tsaol; an fear a bhí dhá leogaint air go raibh déirc aige á dhéanamh, agus gan aige á dhéanamh ach cleasaíocht chun daoine ' dhalladh agus saibhreas a mhealladh uathu agus an tsainnt a bhí 'na chroí do shásamh.

Deinimís machnamh ar an mbeirt. Cad a fuair éinne acu de bhárr a shaeil agus de bhárr a shaothair? An tuarastal a thuilleadar, sin é an tuarastal a fuaradar, tuarastal a rug na leómhain agus na bithiúnaigh

XIX. Céadaoin an Luaithrigh

uathu ar an saol so agus nár fhág acu, i gcómhair an tsaeil eile, ach ifreann agus pianta síoraí.

Bhí an dá shaghas daoine sin ar an saol, a phobal, le línn ár Slánaitheóra. Sin é cúis 'nar labhair sé lena dheisceablaibh 'na dtaobh. Tá an dá shaghas ar an saol fós. Sin é cúis go gcuireann an Eaglais, le hórdú an tSlánaitheóra, an Soiscéal san dá lé' amach a Leabhar an Aifrinn inniu do phoblaibh an domhain.

Tá an baothaire againn anois chómh maith agus a bhí an uair sin. Déanfaidh sé gníomhartha fónta, gníomhartha do chuirfeadh isteach go flaitheas Dé é, de chosaibh trioma, dá mb'áil leis gan iad do lot lena chuid baothaireachta, ach gníomhartha ná fuil aon rud dá mbárr aige ach an moladh a gheibheann sé, mar is chuige sin a dheineann sé iad.

Tá an fear eile úd againn, leis, an fear is measa go mór ná an baothaire dá olcas é, an fear atá 'na naomh lasmu' agus 'na dhiabhal laistigh, an tuama aolta. Tá a thuarastal geárrtha amach do-san leis, agus gheóbhaidh sé é. Is olc an tuarastal é, ach tá sé tuíllte go maith aige. Bréag ab ea a bheatha go léir ar an saol so. Cá bhféadfadh sé dul ar an saol eile ach síos go hifreann, ag triall ar athair na mbréag? Síos a raghaid siad araon. Is é athair na mbréag athair an uabhair. Is le hathair an uabhair an baothaire. Is ar an uabhar a mhair sé i gcaitheamh a shaeil. Éileóidh an mac mallachtain an bheirt agus gheóbhaidh sé an bheirt.

Éinne den dá shaghas daoine sin atá ar an saol so fós, tá aon dul as amháin acu. Má fhéachaid siad isteach 'na gcroí féin agus má iompaíd siad ar an Slánaitheóir agus má dheinid siad an aithrí, tá ar a gcumas fós an t-olc go léir do leigheas. Má thugaid siad a cheart féin do ghrásta Dé, a bhíonn coitianta ag labhairt leis an bpeacach, dhá iarraidh air iompáil ar Dhia, agus ansan má dheinid siad an ghlao sin d'fhreagairt, go dílis agus go dúthrachtach, tabharfaidh an Slánaitheóir grásta na haithrí dhóibh, agus déanfaid siad an aithrí.

XIX. Céadaoin an Luaithrigh

Ansan beid siad oiriúnach ar éisteacht leis an gcómhairle a thug an Slánaitheóir dá dheisceablaibh i ndeireadh an tSoiscéil sin a léas díbh: "Ná cruinnídh stór díbh féin ar an dtalamh so, mar a n-itheann an leómhan agus an mheirg é, agus mar a ndeinid na bithiúnaigh é ' thóch agus do ghuid. Ach cruinnídh stór díbh féin insna flaithis, áit ná loiteann an leómhan ná an mheirg é agus ná deinid na bithiúnaigh é ' thóch agus é ' ghuid. Óir an áit 'na bhfuil do chuid stóir is ann atá do chroí".

Go dtugaidh Dia dhúinn go léir, trí ímpí na Maighdine Muire, an chómhairle sin do ghlacadh agus beart a dhéanamh dá réir. Amen.

XX. An Chéad Domhnach den Charaíos

Léitear an Soiscéal. (Maitiú 4:1-11)

San am san, do sheól an Sprid Íosa isteach sa bhfásach go gcurfí cath air ón ndiabhal. Agus nuair a dhein sé troscadh ar feadh daichead lá agus daichead oíche, ansan do tháinig ocras air. Agus tháinig an tÁirseóir agus duairt sé leis, "Más tu Mac Dé, órdaigh arán a dhéanamh de sna clochaibh sin". Agus duairt seisean dhá fhreagradh, "Tá scríofa, 'Ní har arán amháin a mhaireann an duine ach ar an uile fhocal dá dtagann ó bhéal Dé'". Ansan do thóg an tÁirseóir leis é isteach sa chathair naofa agus chuir sé 'na sheasamh ar spuaic an teampaill é, agus duairt sé leis, "Más tu Mac Dé, caith thu féin le fánaidh. Óir tá scríofa, 'Mar go dtug sé órdú dá aingealaibh id thaobh, agus glacfaid siad 'na lámhaibh thu sula mbuailfá do chos i gcoinnibh cloiche'". Duairt Íosa leis, "Tá rud eile scríofa leis, 'Ná dein fromhadh ar do Thiarna Dia". Ansan do rug an tÁirseóir é go mullach cnuic a bhí an-árd, agus thispeáin sé dho ríochta an domhain go léir, agus a ngradam, agus duairt sé leis, "Tabharfad iadsan go léir duit ach sléachtadh dhom agus me ' dh'adhradh". Ansan duairt Íosa leis, "Imigh, a Shátain, óir tá scríofa: 'Adharfaidh tú do Thiarna Dia, agus beidh tú úmhal do-san amháin'". Ansan d'imigh an tÁirseóir uaidh, agus féach, tháinig na haingil agus dheineadar friothálamh air.

XX. An Chéad Domhnach den Charaíos

Tá deifríocht aigne, a phobal, idir na haithreachaibh naofa i dtaobh brí an chéad fhocail atá sa tSoiscéal san. Cuid acu dhá rá gurbh é an Sprid Naomh do sheól an Slánaitheóir amach sa bhfásach, agus cuid acu dhá rá gurbh é an Annsprid a sheól é. Ach ní cóir puínn suime ' chur sa deifríocht aigne sin. Má bheadh sé bun-os-cionn leogaint don Annsprid é ' sheóladh amach sa bhfásach, ba chóir go mbeadh sé bun-os-cionn leogaint don Annsprid cath a chur air nuair a bhí sé amu'. Ach do leogadh don Annsprid an cath do chur air. Ar aon chuma, ní gá puínn cainnte ' dhéanamh ar an scéal anois, mar tá, is dó' liom, lucht eólais, nú a bhformhór, ar aon aigne 'na thaobh. Dar leó, is é an Sprid Naomh do sheól amach sa bhfásach é chun go gcuirfeadh an Annsprid cath air.

Is ceart dúinn, a phobal, an uile fhocal den tSoiscéal so do bhreithniú ana-ghéar, ana-chruínn. Do seóladh an Slánaitheóir amach sa bhfásach. Cad é an brí atá leis an seóladh san? Ní raibh aon ghá le seóladh aige; d'fhéadfadh sé dul amach ann uaidh féin; ach chun a chur in úil dúinn-na gur ceart dúinn ár dtoil a chur le toil Dé, dhein sé troscadh, troscadh ana-dhian, ar feadh daichead lá. Ní raibh aon ghá leis an dtroscadh san aige. Ní raibh aon pheaca air. Ní fhéadfadh a bheith. D'fhuilig sé pian an troscaidh, fé mar a dh'fhuilig sé gach aon phian eile do bhain lena pháis agus le slánú an domhain. Nuair a bhí an troscadh déanta, tháinig an Annsprid ag triall air, chun an chatha do chur air. Cad chuige gur ceadaíodh don Annsprid a leithéid sin de bheart a dhéanamh? Níor deineadh aon ghníomh i dtaobh an tSlánaitheóra gan brí doimhinn, diamhar, leis an ngníomh, agus níor labhradh aon fhocal 'na thaobh gan brí doimhinn, diamhar, leis an bhfocal.

Do seóladh an Slánaitheóir amach sa bhfásach. Níor chuaigh sé amach as bíthinn a thoile féin. Tispeánann san dúinn-na nách fé stiúrú ár dtoile féin is ceart dúinn aon ghníomh a dhéanamh, bíodh gur gníomh fónta é, ach gur ceart dúinn é ' dhéanamh ag freagairt do thoil Dé.

XX. An Chéad Domhnach den Charaíos

Ansan do dhein an Slánaitheóir an troscadh, troscadh dian, ar feadh daichead lá agus daichead oíche. Troscadh míorúilteach ab ea an troscadh san, ach níor bhain an mhíorúilteacht an déine as. Chimeád cómhacht Dé an Duine ó bhás a dh'fháil trí dhéine an troscaidh, ach níor chimeád cómhacht Dé an Duine gan an pian a dh'fhulag a tháinig ó dhéine an troscaidh. Bhí an pian géar de réir fhaid na haimsire agus bhí an fulag géar de réir ghéire na péine. Do bheannaigh an Slánaitheóir troscadh an Charaís leis an dtroscadh san, agus do ghlac an Eaglais an troscadh agus dhein sí dlí 'na thaobh agus cheangail sí ar gach duine a bhaineann leis an Eaglais, agus atá san aois agus sa tsláinte chuige, an troscadh san an Charaís a dhéanamh, de réir mar is féidir dóibh. Dhein an Eaglais an ní sin ar an íntinn gcéanna díreach ar ar dhein an Slánaitheóir an troscadh, chun a thispeáint do Chríostaithibh go bhfuil orthu pionós a dh'fhulag mar gheall ar a bpeacaíbh.

Is ceart do gach aon Chríostaí, dá bhrí sin, dlí na hEagailse do ghlacadh ar an ní sin agus beart a dhéanamh dá réir, an troscadh ' dhéanamh fé mar a dh'órdaíonn an Eaglais é, lasmu' de dhíobháil sláinte ' dhéanamh do féin. Níl aon bhaol go n-iarrfaidh an Eaglais ar éinne díobháil sláinte ' dhéanamh do féin. Is minic, áfach, go measfadh duine go ndéanfadh troscadh díobháil sláinte dho agus go mb'fhéidir, in' inead san, gur tairbhe sláinte ' dhéanfadh sé dho. Is ró-mhinic gur mó go mór an díobháil sláinte a dheineann caitheamh bídh ná mar a dhéanfadh staonadh ó bhia. Tá a lán daoine a dh'itheann an iomad bídh agus is dó' leó féin ná hithid siad ach a ndóthain. Pé scéal é, níl aon dabht air ná gur feárr-de sláinte aon duine lá anois agus arís do chaitheamh gan puínn bídh a dh'ithe. Sin a n-iarrann an Eaglais ar Chríostaithibh a dhéanamh san aimsir seo, lá anois agus arís a chaitheamh gan puínn bídh a dh'ithe.

Ach iarrann an Eaglais i gcónaí ar gach aon Chríostaí staonadh ón bpeaca. Sin é an troscadh nách féidir d'éinne bheith saor uaidh. Tá an troscadh san ceangailte ar gach éinne. Cabhraíonn troscadh ón mbia leis an nduine chun staonadh ón bpeaca, chun an-mhianta na colla do

XX. An Chéad Domhnach den Charaíos

chloí agus do smachtú. Chuige sin is ea do chuir an Slánaitheóir a bheannacht ar an dtroscadh nuair a thug sé an daichead lá agus an daichead oíche gan bia ná deoch sa bhfásach.

An Críostaí atá tar éis an-mhianta a cholla do chloí go maith le troscadh agus le tréanas, nuair a thiocfaidh an Annsprid ag triall air, ag cur catha air, dhá spriocadh chun an pheaca, is dóichí-de dho, le cúnamh ó ghrásta Dé, an bua ' dh'fháil ar an Annsprid. Ní raibh aon ghá ag an Slánaitheóir, moladh go deó leis, le troscadh ná le tréanas chun bua ' dh'fháil ar an Annsprid. Ní mar sin dúinn-na. Agus na gníomhartha a dhein ár Slánaitheóir, tá teagasc dúinn-na iontu, chómh maith agus atá insna foclaibh a labhair sé. Tar éis an troscaidh is ea do ceadaíodh don Annsprid teacht chun an chatha do chur air. Ínseann san dúinn-na go soiléir gur ceart dúinn ár gclaonta agus ár n-an-mhianta ' bheith fé smacht againn i gcónaí, i dtreó, nuair a thiocfaidh an namhaid, ná tiocfaidh sé i ganfhios orainn agus ná beidh ár gclaonta féin ag cabhrú leis 'nár gcoinnibh. An fear ná smachtaíonn a cholann choíche, an fear ná fuil de chuímhneamh in' aigne, ó mhaidin go hoíche ná ó Luan go Satharn, ach conas is feárr a thiocfaidh sé ar é féin a chothú, conas is féidir do-san an cath do sheasamh nuair a thiocfaidh an namhaid? Tá ' fhios againn go léir go dian-mhaith cad a dhéanfaidh sé. Na han-mhianta nár smachtaigh sé riamh, ní baol go smachtóidh sé an uair sin iad. Táid siad láidir, cothaithe, annrianta aige. Tabharfaidh sé cead a gcínn dóibh. Scaoilfidh sé a srian féin leó. Tabharfaidh sé é féin suas ar fad dóibh. Imeóidh sé leó agus tabharfaidh sé druím lámha le Dia na glóire. Ná fuil san fíor, a phobal? An bhfuil aon tsárú ar an bhfírinne ann? Mura bhfuil, nách mór an t-amadán an té do chothaíonn an namhaid atá istigh i dtreó go mbeidh sé ollamh chun cabhraithe leis an namhaid amu'? Ach an té do smachtóidh an namhaid atá istigh agus chimeádfaidh fé chois é, ní baol do an namhaid atá amu', mar ní bheidh an namhaid istigh ábalta ar an ndoras a dh'oscailt do agus caithfidh sé fanúint amu'.

XX. An Chéad Domhnach den Charaíos

Fé mar atá teagasc dúinn, a phobal, sa troscadh a dhein ár Slánaitheóir, tá teagasc dúinn, leis, sa chuma 'nar cuireadh cath air, agus sa chuma 'nar fhreagair sé gach cath dár cuireadh air. Do cuireadh trí cathanna air. Ní raibh ' fhios ag an Annsprid cé ' bhí aige. Bhí ' fhios aige go raibh an Slánaitheóir geallta agus go raibh sé le teacht. Bhí ' fhios aige, leis, go raibh an duine seo dhá rá gurbh é féin an Slánaitheóir sin a bhí geallta don chine daonna ó thosach. Bhí ' fhios aige go raibh an duine tar éis an troscaidh mhóir a dhéanamh. Cheap sé tástáil a bhaint as. Ghreamaigh sé an tástáil ar dhá ní, ar uabhar agus ar dhúil i mbia. Bhí ' fhios aige an aigne dhaonna ' bheith claon chun an uabhair, agus bhí ' fhios aige an gá ' bheith leis an mbia tar éis an troscaidh mhóir. "Más tu Mac Dé", ar seisean, "órdaigh arán a dhéanamh de sna clochaibh sin". B'é sin le rá, más tu Mac Dé, anois an t-am agat chun é ' thispeáint. Dein arán de sna clochaibh sin. Tispeáin do chómhacht. Ní féidir d'éinne a rá ná go bhfuil gá leis an gcómhacht anois tar éis an troscaidh go léir. Mura dtispeánair an chómhacht anois, ní chreidfidh éinne go deó go bhfuil an chómhacht agat, ná gur tu Mac Dé. Cheap an Annsprid go gcuirfeadh an t-uabhar ' fhiachaibh air tabhairt fé an míorúilt a dhéanamh, agus mura raibh ann ach duine go dteipfeadh air an mhíorúilt a dhéanamh mar gheall ar é ' ghéilleadh don uabhar. Fuair sé, as an Scríbhinn Diaga féin, freagra ná raibh coinne aige leis, agus nár thug aon bhlúire eólais do ar cé ' bhí ag cainnt leis. Sid é an freagra: "Tá scríofa: 'Ní har arán amháin a mhaireann an duine, ach ar an uile fhocal dá dtagann ó bhéal Dé'".

B'é sin le rá: "Níl aon ghá le harán a dhéanamh de sna clochaibh seo chun me ' chimeád beó, agus dá mbeadh eólas ceart agat-sa ar an Scríbhinn Diaga, do thuigfá ná fuil. Do thuigfá gur féidir do Dhia duine ' chimeád beó gan aon chúnamh ó arán, más é a thoil naofa é ' dhéanamh".

Bhí fírinne ana-dhoimhinn sa bhfreagra san, agus fós ní bhfuair an namhaid ann ach freagra a dh'fhéadfadh aon duine tuisceanach a

XX. An Chéad Domhnach den Charaíos

thabhairt uaidh. Do fágadh an namhaid gan eólas. Bhí teipithe ar an dtástáil sa méid sin.

Dhein an namhaid tástáil eile. Do thóg sé an Slánaitheóir leis agus chuir sé 'na sheasamh ar spuaic an teampaill é, agus duairt sé leis: "Más tu Mac Dé, caith thu féin le fánaidh. Óir tá scríofa: 'mar go dtug sé órdú dá aingealaibh id thaobh, agus glacfaid siad 'na lámhaibh thu sara mbuailfá do chos i gcoinnibh cloiche'".

B'é sin le rá: "Tá súd scríofa i dtaobh Mhic Dé, nuair a thiocfaidh sé. Deir daoine gur tusa É. Más tu, anois an t-am agat chun a thispeáint gur tu. Más tu É, ní miste dhuit thu féin a chaitheamh le fánaidh, mar fíorfar an scríbhinn id thaobh agus ansan beidh ' fhios ag an uile dhuine gur tu Mac Dé. Mura gcaithir thu féin le fánaidh anois, déarfaidh gach éinne nách tu Mac Dé in aon chor, mar dá mba thu, ná beadh aon eagal ort thu féin a chaitheamh le fánaidh".

"Tá rud eile scríofa, leis", arsan Slánaitheóir: "Ná dein fromhadh ar do Thiarna Dia". B'é sin le rá: "Is peaca mór do dhuine é féin a chur isteach i gcúntúirt, gan ghá gan riachtanas, ach le hionchas go dtabharfadh Dia saor é. Peocu is me Mac Dé nú nách me, níl aon ghá agam le me féin a chaitheamh le fánaidh síos ansan. Agus an té ' dhéanfadh é gan ghátar, dhéanfadh sé peaca in aghaidh Dé, ag déanamh frofa ar Dhia".

D'fhág an freagra san an namhaid gan eólas díreach mar a dh'fhág an chéad fhreagra gan eólas é. Níorbh fhéidir leis a dhéanamh amach ceocu Dia nú duine a thug an freagra air.

Bhí an dá iarracht teipithe. Ansan do dhein an namhaid tástáil eile. Ní foláir dúinn a chimeád os cómhair ár n-aigne ná raibh ' fhios ag an namhaid cé ' bhí aige. Dá mbeadh ' fhios aige cé ' bhí ann, ní baol, ní nách iúnadh, go dtiocfadh sé in aon chor ag cur isteach ná amach air. Cheap sé gur duine a bhí ann. Ach do mheas sé, leis, go mb'fhéidir gurbh é Mac Dé é. Ansan do cheap sé an tríú triail a bhaint as, triail,

XX. An Chéad Domhnach den Charaíos

dar leis, ná teipfeadh má bhí aigne dhaonna in aon chor sa duine. Thóg sé leis é go barra cnuic a bhí an-árd agus thispeáin sé dho ríochta an domhain go léir.

Tá daoine agus, le neart uabhair, ní chuirfidís suím i saibhreas. Tá daoine agus, le neart uabhair, dhéanfaidís troscadh go bás ó bhia. Ach tá aon ní amháin agus ' thabharfadh éinne den dá aicme daoine sin an saol so agus an saol eile in éineacht air. Is é ní é sin ná cómhacht. Do thuig an Annsprid an méid sin go maith. Thispeáin sé ríochta an domhain go léir don tSlánaitheóir. "Tabharfad iadsan go léir duit", ar seisean, "ach go ndéanfair sléachtadh dhom agus me ' dh'adhradh".

"Imigh, a Shátain", arsan Slánaitheóir, "óir tá scríofa: 'Adharfaidh tú do Thiarna Dia, agus beidh tú úmhal do-san amháin'". Tispeánann an freagra san nár thuig an Annsprid fós cé ' bhí aige. Freagra ab ea é a thabharfadh aon duine, 'na mbeadh eólas aige ar an gcéad aithne d'aitheantaibh Dé, ar dhuine eile a dh'iarrfadh air an aithne sin do bhriseadh.

D'imigh an namhaid chómh luath agus ' fuair sé an freagra san. Ansan tháinig na haingil agus dheineadar friothálamh ar an Slánaitheóir.

Anois, a phobal, conas a bhaineann an gnó san go léir linn-na? Baineann sé linn ar an gcuma so. Chun teagaisc a thabhairt don chine daonna is ea ' dh'fhuilig an Slánaitheóir an troscadh ar dtúis, agus ansan na trí cathanna úd ón Áirseóir. Cuireann an troscadh naofa san in úil dúinn gur le troscadh agus le tréanas agus le smacht a chur ar ár n-an-mhiantaibh a gheóbhaimíd an neart a thabharfaidh bua dhúinn ar namhaid ár n-anama. Ansan tugann an Slánaitheóir, moladh go deó leis, an freagra dhúinn is ceart dúinn a thabhairt, i gcónaí, ar an namhaid nuair a chuirfidh sé an cath orainn. Má spriocann an namhaid sinn chun dúil' a chur insna nithibh fónta a bhaineann le cóir mhaith bídh agus dí, agus chun dlí Dé do bhriseadh chun teacht ar na nithibh sin, is ceart dúinn freagra an tSlánaitheóra

XX. An Chéad Domhnach den Charaíos

do chimeád de shíor 'nár gcroí agus 'nár mbéal: "Ní har arán amháin a mhaireann an duine ach ar an uile fhocal dá dtagann ó bhéal Dé".

Má spriocann an namhaid sinn chun dul isteach i gcúntúirt an pheaca, isteach sa droch-chómhluadar, isteach san áit 'na mbeidh nimh an pheaca tímpall orainn san aer, anál an pheaca ag dul fúinn go maraitheach, agus má deir an namhaid linn: "Níl baol ort. Tabharfaidh Dia aire dhuit. Tá sé scríofa gur órdaigh sé dá aingealaibh tu ' ghlacadh chúthu 'na lámhaibh sara mbuailfá do chos i gcoinnibh cloiche", abair leis an namhaid, fé mar aduairt an Slánaitheóir, gur peaca do dhuine é féin a chur sa chúntúirt, gan ghá gan riachtanas, le hionchas go dtabharfadh Dia as é. Sin é an brí atá le fromhadh ' dhéanamh ar Dhia.

Má spriocann an namhaid thu chun na honóra atá ag dul do Dhia féin uait a thabhairt d'aon ní eile ar bith, abair leis an namhaid glanadh as do radharc, mar aduairt an Slánaitheóir leis.

Chífar, má breithníthear air, gur ar shlí éigin de sna trí slitibh sin is mó a dheineann an namhaid cath a chur ar an nduine. D'fhuilig an Slánaitheóir an cath ar na trí slitibh sin i dtreó go dtabharfadh sé solaoid dúinn-na ar conas is ceart dúinn an cath do sheasamh agus do throid.

Go dtugaidh an Slánaitheóir gléigeal, trí ímpí na Maighdine Glórmhaire Muire, a ghrásta dhúinn go láidir agus go líonmhar, chun an chatha san do sheasamh agus do throid ar an saol so, agus chun a thoradh ' bheith againn go buan ar an saol eile. Amen.

XXI. An Tarna Domhnach den Charaíos

Léitear an Soiscéal. (Maitiú 17:1-9)

San am san, do thóg Íosa leis Peadar agus Séamas agus Eóin, a dhriotháir-sin, agus do rug sé leis suas iad go bárr cnuic aoird, agus

XXI. An Tarna Domhnach den Charaíos

tháinig athrú cló air os a gcómhair. Tháinig taithneamh 'na ghnúis ar nós na gréine, agus d'iompaigh a chuid éadaigh chómh geal le sneachta. Agus do chonacadar Maois agus Elias agus iad ag cainnt leis. Agus duairt Peadar le hÍosa, "A Thiarna, is maith an bhail orainn-na bheith anso. Más áil leat, deinimís anso trí pubaill, puball duit-se, agus puball do Mhaois, agus puball d'Elias". Le línn na cainnte sin do rá dho, tháinig scamall soílseach agus chlúdaigh sé iad. Agus féach, tháinig an guth as an scamall agus duairt, "Sid é mo Mhac dílis ar a bhfuil mo ghreann. Éistidh leis". Agus nuair ' airigh na deisceabail an guth, do thiteadar ar a mbéal agus eagla mór orthu. Agus tháinig Íosa agus chuir sé a lámh orthu, agus duairt sé leó, "Éirídh, agus ná bíodh eagal oraibh". Agus d'fhéachadar suas, agus ní fheacadar éinne ach Íosa féin. Agus ag teacht anuas ón gcnuc dóibh, duairt Íosa leó, "Ná hínsidh d'éinne an radharc go n-éirídh Mac an Duine ó sna mairbh".

Bhí an t-am ag teacht, a phobal, 'na raibh an Slánaitheóir chun na páise ' dh'fhulag chun an domhain do shaoradh. Bhí gach aon chúntúirt, nuair a chífeadh na deisceabail ag fulag na páise é go dteipfeadh ar an iúntaoibh a bhí acu as; go raghadh 'na luí ar a n-aigne ná raibh ann ach duine mar aon duine eile. Gan amhras, bhíodar tar éis na míorúiltí móra ' dh'fheiscint uaidh. Chonacadar conas mar a thug sé an bia sa bhfásach amu', dhá uair, do sna míltibh agus gan ach dóthain cúigir aige chuige. Chonacadar an radharc aige á thabhairt do sna dallaibh, coisíocht aige á thabhairt do sna bacaigh, leigheas aige á dhéanamh ar ghalaraibh a bhí do-leighiste ach le míorúilt, deamhain aige á dhíbirt amach a daoine 'na raibh seilbh acu. Chonacadar na daoine a bhí marbh tógtha ón mbás aige os cómhair a súl. Ní hé sin amháin, ach bhíodar féin tar éis míorúiltí móra ' dhéanamh in' ainm, mar do thug sé cómhacht dóibh chuige agus d'oibríodar an chómhacht. Déarfadh duine gur chóir, tar éis an méid sin go léir de dheimhne a bheith acu ar a dhiacht, nár bhaol dóibh aon lagspridí ' theacht orthu pé rud a chífidís ag imeacht ar a dhaonnacht. Ach, 'na dhiaidh san is uile, bhí an lagachar aigne iontu, agus do chonaic an Slánaitheóir ná fanfadh puínn cuímhne acu ar na míorúiltíbh móra nuair a chífidís i lámhaibh a namhad é agus gan ar a chumas, dar leó, é féin a chosaint orthu; nuair a chífidís gofa é agus

XXI. An Tarna Domhnach den Charaíos

gan ar a chumas, dar leó, na ceanglacha do bhriseadh; nuair a chífidís tárnálta ar an gcruis é agus an namhaid ag déanamh magaidh faoi agus dhá rá leis, má b'é Mac Dé é, teacht anuas den chruis, agus gan ar a chumas, dar leó, teacht anuas; nuair a chífidís marbh é, sínte san uaigh ar nós aon duine mhairbh eile. Chonaic an Slánaitheóir, moladh go deó leis, go mbeadh sé dian orthu pé creideamh a bhí acu do chimeád nuair a chífidís na nithe sin go léir. Dá bhrí sin, do rug sé leis suas ar an gcnuc, mar adeir an Soíscéal, an triúr, agus thug sé dhóibh an radharc, fé mar a léitear sa tSoíscéal. Níor tugadh dóibh radharc ar a dhiacht. Ní féidir an radharc san a thabhairt d'aon duine ar an saol so. Níorbh fhéidir do dhuine fanúint ar an saol so a thuilleadh dá dtugadh Dia na glóire aon léas amháin den radharc san do. Do bhéarfadh neart an aoibhnis atá sa radharc san anam an duine amach as a choluinn laithreach agus suas isteach insna flaithis. Níor tugadh radharc don triúr ar dhiacht an tSlánaitheóra, ach do tugadh dóibh radharc a thispeáin dóibh go raibh an diacht ann. Ní fheacadar an diacht, ach do chonacadar mar a bheadh scáil na diachta. Agus bhí oiread san aoibhnis sa scáil féin nár fhéad Peadar gan labhairt. "A Thiarna", ar seisean, "is maith an bhail orainn-na bheith anso!" Bhí gnúis an tSlánaitheóra ag taithneamh ar nós na gréine, agus bhí a chuid éadaigh chómh geal le sneachta.

Tuigimís an méid seo, áfach, a phobal. Ní hé an solas grianmhar ná an dath geal sneachtaidh a bhain an focal úd a Peadar. Chonaic sé solas na gréine go minic agus níor bhain an solas a leithéid siúd d'fhocal as. Chonaic sé dath an tsneachtaidh go minic roimis sin gan labhairt mar siúd. Ní hea, ach b'é toil an tSlánaitheóra, moladh go deó leis, fé mar a leog sé do scáil solais na diachta dul fé shúilibh an trír, gur cheadaigh sé, ar chuma éigin nách féidir dúinn-na a thuiscint, do mhothú éigin d'aoibhneas na diachta dul féna gcroí agus féna n-aigne. Nuair a mhothaigh Peadar an séideadh aoibhnis sin ag dul féna chroí is ea do liúigh sé amach, "A Thiarna, is maith an bhail orainn-na bheith anso!" Tispeánann an focal aduairt sé cad a mhothaigh sé istigh 'na chroí. Is ceart dúinn-na machnamh air agus breithniú ' dhéanamh air. Tá an Slánaitheóir céanna againn-na anso a

XXI. An Tarna Domhnach den Charaíos

bhí ar an gcnuc an lá úd i bhfochair an trír. Tá an diacht chéanna ann anois a bhí ann an lá úd. Tá an solas creidimh a thispeánann dúinn-na anso a dhiacht agus a dhaonnacht, a chuid fola agus feóla, a anam agus a dhiacht, fé ghné an aráin agus an fhíona, níos treise go mór ná an solas mar sholas gréine a chonaic an triúr 'na ghnúis an lá úd. Tá an séideadh aoibhnis a bhíonn ag dul fé chroí agus fé aigne an Chríostaí nuair a ghlacann sé Corp Naofa an Tiarna mar is cóir, le creideamh agus le dóchas agus le grá, níos treise go mór agus níos bríomhaire ná an séideadh aoibhnis a chuaigh fé chroí Pheadair an lá úd. Ní raibh ag Peadar an lá úd ach an scáil. Tá an ní féin againn-na. Dá bhrí sin, a phobal, má b'fhíor do Pheadar an focal úd, "A Thiarna, is maith an bhail orainn-na bheith anso!", is seacht mó ná san is fíor dúinn-na, má deirimíd é, "A Thiarna, is maith an bhail orainn bheith anso!"

Tá eagal orm go bhfuil a lán ná cuireann puinn suime sa scéal. Má tá, ní maith an bhail orthu é. Mura bhfuil daoine sa tír seo ná cuireann puinn suime ann, tá a lán acu le fáil i dtíorthaibh eile. Ar aon chuma, tá an méid seo fíor. An Críostaí is feárr a dheineann a ghnó, níl aon bhaol go bhfuil sé dhá dhéanamh ró-mhaith. Ba cheart do gach aon Chríostaí a dhícheall a dhéanamh ar Chorp Naofa an Tiarna do ghlacadh go minic, le creideamh, le dóchas agus le grá dho, agus ansan, bheith i gcónaí ag breith a bhaochais le Dia, agus an focal úd Pheadair a bheith 'na chroí agus 'na bhéal aige: "A Thiarna, is maith an bhail orainn bheith anso!"

Ach do chonaic an triúr tuilleadh. Chonacadar Maois agus Elias agus iad ag cainnt leis an Slánaitheóir. Cad é an brí a bhí leis sin, a phobal? Deir na haithreacha naofa gurb é seo brí a bhí leis. Is do Mhaois a tugadh an dlí, na deich n-aitheanta, ar chnuc Shináí, agus tháinig Maois ansúd an lá úd chun úmhlú d'Íosa Críost agus chun a dh'admháil gurbh é Mac Dé é, agus gurbh é máistir na dlí go léir é. Tháinig Elias ann chun a dh'admháil gurbh é Íosa Críost Mac Dé agus go raibh targaireachtaí na bhfáidh go léir cómhlíonta ó tháinig Íosa Críost. Bhí an dlí agus na fáidhí ag déanamh a ngnótha i gcaitheamh

XXI. An Tarna Domhnach den Charaíos

na haimsire go léir roimh theacht an tSlánaitheóra. Nuair a bhí an Slánaitheóir tagaithe, bhí deireadh le ré na dlí agus le ré na bhfáidh, agus tháinig Maois, uachtarán na dlí, agus Elias, uachtarán na bhfáidh, chun an ghnótha go léir a thabhairt suas d'Íosa Críost, do Rí na dlí agus na bhfáidh. Sin é an brí a bhí le Maois agus Elias do theacht ansúd ag cainnt leis an Slánaitheóir an uair úd. Agus bhí an triúr aspal ann chun a chur i dtuiscint go raibh an dlí nua agus an Eaglais le teacht i réim, trí órdú an tSlánaitheóra, in inead dlí Mhaoise agus na bhfáidh.

Deinidh machnamh air sin, a phobal. Is doimhinn an t-abhar machnaimh é. Ní gan fáth a chuir an Eaglais síos anso sa tSoiscéal dúinn é. Duairt an tAspal Peadar focal eile agus tabharfaidh sé cúnamh dúinn chun an mhachnaimh a dhéanamh de réir íntinne na hEagailse. "Más áil leat", arsa Peadar, "deinimís anso trí pubaill, puball duit-se agus puball do Mhaois agus puball d'Elias". Saghas tí is ea puball, both is ea é a deintear de chliathachaibh agus d'éadach, agus a dheineann díon do shaighdiúiríbh nuair a bhíd siad amu' i gcogadh. Amu' i gcogadh is ea atáimíd go léir an fhaid is toil le Dia sinn a dh'fhágáilt ar an saol so. Ní féidir cogadh ' dhéanamh gan neart sló, agus ní mór don tslua díon a bheith acu. Nuair aduairt Peadar an focal i dtaobh na dtrí mboth, tháinig scamall soílseach agus chlúdaigh sé iad, agus ansan tháinig guth as an scamall agus duairt an guth: "Sid é mo Mhac dílis ar a bhfuil mo ghreann. Éistidh leis".

Seo mar a thuigid na haithreacha naofa cainnt Pheadair agus an scamall soílseach agus an guth. Gur chuir an tAthair Síoraí in úil do Pheadar gurbh é an tAthair Síoraí féin an díon. Gur dheimhnigh an guth gurbh é Íosa Críost Mac Dé. Agus gur órdaigh an guth, guth an Athar Síoraí, don chine daonna go léir bheith úmhal d'Íosa Críost, do Mhac Dé.

Chómh luath agus d'airigh an triúr aspal an guth, tháinig scannradh orthu agus thiteadar ar an dtalamh ar a mbéal is ar a n-aghaidh. Ansan tháinig Íosa agus chuir sé a lámh orthu agus chuir sé misneach

XXI. An Tarna Domhnach den Charaíos

orthu, agus nuair ' fhéachadar suas, bhí sé in' aonar. Thánadar anuas ón gcnuc agus duairt Íosa leó: "Ná hínsidh d'éinne an radharc so a chonacúir go n-éirídh Mac an Duine ó sna mairbh".

Is dócha, a phobal, go ndéarfadh éinne gur chóir, pé duine do chaillfeadh ar an Slánaitheóir 'na dhiaidh san, in am a pháise agus a bháis, nár bhaol go gcaillfeadh éinne den triúr san air. Ach tá ' fhios againn cad a thit amach. Nuair a bhí sé i lámhaibh a namhad, gofa, agus é ag fulag na páise, chun na cine daonna do shaoradh, do chaill na deisceabail go léir air. Do theitheadar go léir lena n-anam. Do lean Peadar é chun go bhfeicfeadh sé cad é an deireadh ' bheadh ar an ngnó. B'fhearra dho go dteithfeadh sé mar a dhein an chuid eile. Nuair a tháinig an scéal dian air, do shéan sé an Slánaitheóir. Tar éis an radhairc sin a chonaic sé ar an gcnuc, agus tar éis na cainnte aduairt sé féin, agus tar éis an ghutha ón Athair Síoraí, do shéan sé an Slánaitheóir céanna 'na bhfeacaigh sé an t-athrú cló uathásach air. Is mór an iúnadh linn-na anois a rá go bhféadfadh Peadar agus na deisceabail eile a leithéid sin de thréigean a dhéanamh.

Ach féachaimís chun an taoibh eile den scéal. Féachaimís ar ár dtaobh féin den scéal. An ní míorúilteach san a thárla ar an gcnuc an lá úd, tá sé chómh fíor anois agus ' bhí sé an lá a thit sé amach. Tá sé chómh míorúilteach anois agus ' bhí sé an lá ' thit sé amach. Tá fios an scéil go léir againn-na anois chómh maith díreach agus a bhí ag an dtriúr a bhí ag féachaint air. Tá búntáiste againn-na ná raibh ag an dtriúr úd. Roimh aiséirí an tSlánaitheóra is ea do fuaradar-san an radharc uathásach. Tar éis aiséirí ár Slánaitheóra is ea atá an t-eólas uathásach againn-na. Is iúnadh linn-na a rá gur shéan Peadar an Slánaitheóir tar éis an radhairc, agus ní haon iúnadh linn sinn féin a bheith ag séanadh an tSlánaitheóra chéanna, gach aon ré sholais, agus an t-eólas go léir againn! Do shéan Peadar an Slánaitheóir nuair a cuireadh scannradh an bháis air. Gach aon uair a dheinimíd-na an peaca, séanaimíd an Slánaitheóir céanna agus ní bhíonn éinne ag cur scannradh báis orainn. Do shéan Peadar an Slánaitheóir nuair a chonaic sé, dar leis, lag, leóinte é, i lámhaibh a namhad. Gach aon uair

XXI. An Tarna Domhnach den Charaíos

a dheinimíd-na an peaca, séanaimíd an Slánaitheóir céanna agus ' fhios againn go bhfuil sé 'na shuí ar deas-láimh an Athar Síoraí insna flaithis. Nuair ' fhéach an Slánaitheóir ar Pheadar, agus nuair a chuímhnigh Peadar ar cad a bhí déanta aige, d'imigh sé amach, d'imigh sé as an ndroch-chómhluadar, d'fhág sé an cómhluadar a bhí 'na thrúig peaca dho, d'imigh sé amach agus tháinig a leithéid sin de bhuairt agus de bhrón air, mar gheall ar an bpeaca a bhí déanta aige, gur ghluais na deóra anuas óna shúilibh 'na sruth. Do lean an bhuairt sin agus an brón san ar a chroí an chuid eile dhá shaol, agus do shil sé oiread san deór gur chuireadar a rian go doimhinn 'na dhá leacain, agus go raibh an rian le feiscint ag daoine go dtí an lá a tárnáladh é ar chruis a chéasta. Sinn-na ag cainnt! Sinn-na ag déanamh iúnadh de sna deisceabail agus de Pheadar mar gheall ar an Slánaitheóir do thréigean agus do shéanadh! Agus sinn féin dhá thréigean agus dhá shéanadh gach aon lá a ' dh'éiríonn orainn nuair a dheinimíd an peaca! Dhein Peadar an aithrí. Tar éis na haithrí ' dhéanamh do, níor shéan sé an Slánaitheóir arís. Deinimíd-na aithrí, agus tar éis na haithrí ' dhéanamh dúinn inniu, deinimíd an peaca céanna arís amáireach! Sinn-na ag cainnt! Sinn-na ag déanamh iúnadh de Pheadar agus de sna deisceabail!

Cuirimís uainn an obair sin, a Chríostaithe. Más maith linn iúnadh ' dhéanamh d'éinne, deinimís iúnadh dhínn féin. Gheóbhaimíd ár ndóthain ionainn féin chun iúnadh ' dhéanamh de, agus má tá ciall againn, ní mór an t-áthas a chuirfidh an iúnadh orainn. Is mór an iúnadh fios aitheanta ár gcreidimh a bheith againn mar atá, agus san am gcéanna, sinn a bheith ag déanamh na bpeacaí coitianta mar atáimíd. Is mór an iúnadh sinn a bheith ag déanamh na bpeacaí coitianta mar atáimíd agus san am gcéanna, sinn a bheith ag brath air go dtabharfaidh Dia an bheatha shíoraí dhúinn gan na peacaí ' chur uainn. Is mór an iúnadh a rá go bhfuil ' fhios againn go dian-mhaith, an treó 'na bhfuil an crann ag claonadh, gur sa treó san a thitfidh sé, mura dtagaidh neart éigin a dh'iompóidh i dtreó eile é; agus má chaitheann an duine a bheatha ag déanamh na bpeacaí, gur insna peacaíbh a gheóbhaidh sé bás, mura ndeinidh Dia na glóire míorúilt éigin do nuair a bheidh an bás ag teacht air. Agus, a Chríostaithe, is mó d'iúnadh ná na hiúnaí eile go léir a rá go gcaithfeadh duine a shaol ag déanamh na bpeacaí, ag cur na feirge ar Dhia, agus ag méadú na feirge in aghaidh an lae, go gcaithfeadh duine a shaol go léir ag gabháil de chosaibh i ngrásta Dé, agus ansan, ag brath air go ndéanfaidh Dia míorúilt do le línn a bháis! Machnaímís ar na nithibh sin, a phobal, agus iompaímís in am ar Dhia. Dheineamair an peaca, an séanadh ar an Slánaitheóir, mar a dhein Peadar. Deinimís an aithrí mar a dhein Peadar. Cimeádaimís ón bpeaca ' dhéanamh arís mar a chimeád Peadar. Tá ' fhios againn go maith, ní féidir é ' shéanadh, go bhfuil ár n-aigne lag, guagach, neamh-sheasmhach; an peaca 'na mbeimís inniu lán-cheapaithe ar gan é ' dhéanamh arís, go mb'fhéidir, trí laige ár n-aigne, go ndéanfaimís arís é sara mbeadh mórán aimsire curtha dhínn againn. Ach tá ' fhios againn, leis, go bhfuil grásta Dé le fáil againn i gcónaí chun sinn a chimeád ó chúntúirt an pheaca, nú chun sinn a neartú 'na choinnibh.

Iarraimís ar an Slánaitheóir gléigeal, trí ímpí na Maighdine Muire agus trí ímpí Naomh Peadar, grásta na haithrí ' thabhairt dúinn ionas go maithfí dhúinn na peacaí atá déanta againn, agus grásta nirt a thabhairt dúinn ionas ná titfimís insna peacaíbh céanna arís, ná in aon pheaca eile. Amen.

XXII. An Tríú Domhnach den Charaíos

Seanmóin a hAon

Léitear an Soiscéal. (Lúcás 11:14-28)

San am san, bhí deamhan ag Íosa dá dhíbirt as duine, agus deamhan balbh dob ea é. Agus nuair a dhíbir sé amach an deamhan, do labhair an duine, agus bhí iúnadh ar an slua. Duairt, áfach, cuid dá raibh láithreach, "Is le cómhacht Bhílsebuib, rí na ndeamhan, a chuireann sé na deamhain amach". Agus d'iarr tuilleadh acu air, ag déanamh frofa air, cómhartha ó neamh do thispeáint dóibh. Ach do chonaic

XXII. An Tríú Domhnach den Charaíos

Íosa an rud a bhí 'na gcroí agus duairt sé leó, "Gach ríocht a bhíonn deighilte i gcoinnibh a chéile, téann sé ar neamhní, titfid na tithe ar a chéile ann. Má tá Sátan deighilte 'na choinnibh féin, conas a sheasóidh a ríocht? Agus go ndeirthí-se gur le cómhacht Bhílsebuib a chuirim-se na deamhain amach. Más le cómhacht Bhílsebuib a chuirim-se na deamhain amach, cad í an chómhacht lena gcuirid úr gclann féin amach iad? Fágaim fé bhreith úr gclainne féin sibh. Ach más le cómhacht Dé a chuirim amach na deamhain, dar ndó', sin é ríocht Dé tagaithe 'núr measc. Nuair a chimeádann fear láidir, armtha, a thigh, bíonn síocháin ar gach ní 'na sheilbh. Ach má thagann fear is treise ná é agus má bhuann sé air, tógann sé leis an t-arm go léir ar a raibh a sheasamh-san, agus roinnfidh sé a chuid. An té ná fuil liom, tá sé im choinnibh, agus an té ná deineann cnósach mar aon liom, deineann sé scaipeadh. Nuair a bhíonn an sprid truaillithe imithe as an nduine, gluaiseann sé trí áiteannaibh gan uisce a d'iarraidh suaimhnis, agus nuair a theipeann air, deir sé, 'Fillfead chun mo thí as a dtánag amach'. Agus nuair a thagann sé, gheibheann sé an tigh scuabtha, glan, órnáideach. Ansan imíonn sé agus tugann sé leis seacht spridí eile is measa ná é féin, agus téid siad isteach agus cónaíd siad ann. Agus is measa staid dheirineach an duine sin ná a chéad staid". Agus do thárla, nuair aduairt sé an méid sin, gur labhair bean sa tslua, de ghuth árd, agus duairt sí, "Is beannaithe an bhroínn d'iompair thu agus na cíocha do dheólais". Ach duairt seisean, "Ní hea, ach is beannaithe an mhuíntir a chloiseann briathar Dé agus do chimeádann é".

Tá a lán nithe sa tSoiscéal san, a phobal, agus cuireann cainnt an tSoiscéil os ár gcómhair iad go hana-shoiléir. Chímíd ann cómhacht an tSlánaitheóra ag díbirt an deamhain as an nduine, agus ansan a chainnt ag teacht don duine. Tá ' fhios againn go bhfuil ceangailte ar gach Críostaí úsáid a dhéanamh dá chainnt chun onóra ' thabhairt do Dhia; chun a chreidimh a chur in úil; chun cosc a chur le cainnteanna peacúla nuair a labharthar 'na láthair iad. Agus tá ' fhios againn, leis, gur mó Críostaí a chimeádann a bhéal dúnta, le scáth roim dhaoine, nuair ba cheart do labhairt. Is cuma daoine den tsórd san agus an fear úd go raibh an deamhan balbh istigh ann. Níor fhéad sé labhairt go dtí gur dhíbir an Slánaitheóir, moladh 's baochas leis, an deamhan amach as. Ansan do tháinig a chainnt do.

XXII. An Tríú Domhnach den Charaíos

Ach má tá ní is soiléire ná a chéile le feiscint sa tSoiscéal san, is é ní é ná an mhailís agus an droch-aigne thar na beartaibh a bhí insna Giúdaigh, agus a chneastacht a ghlac an Slánaitheóir iad. Bhí na míorúiltí chómh huathásach san, níorbh fhéidir dóibh gan a dh'admháil go raibh cómhacht éigin nár chómhacht shaolta ag an tÉ a bhí dhá ndéanamh. Ní leogfadh an mhailís agus an droch-aigne dhóibh a dh'admháil go raibh cómhacht Dé aige. Ansan ní raibh acu le rá ach gur le cómhacht ó ifreann a bhí sé ag déanamh na míorúiltí. B'uathásach an tarcaisne é sin le tabhairt don tSlánaitheóir. Ní chuirfeadh sé aon iúnadh orainn dá sloigeadh an talamh iad chómh luath agus adúradar an focal. Ach ba cheart dúinn a chuímhneamh gur chun trócaire ' dhéanamh a tháinig an Slánaitheóir agus nách chun díoltais a dhéanamh. Do dheónaigh sé freagra ' thabhairt orthu agus an cás do phlé leó.

Más le cómhacht Bhílsebuib, ar seisean, a chuirim-se na deamhain amach, nách in cómhacht deamhain i gcoinnibh deamhain? Nách in iad cómhachta ifrinn iompaithe i gcoinnibh a chéile? Agus conas is féidir do chómhachtaibh ifrinn gan dul ar neamhní má oibríd siad i gcoinnibh a chéile ar an gcuma san? Cainnt gan chiall is ea an chainnt adéarfadh gur le cómhacht deamhain a smachtaím-se deamhan. Ní féidir cómhacht do smachtú ach le cómhacht is treise ná í. Ní féidir cómhacht ifrinn do smachtú ach le cómhacht Dé. Níl dul ó fhírinne an scéil sin. Tá cuid dúr gclainn féin agus tá deamhain acu á chur amach leis an gcómhacht a thugas-sa dhóibh. An cómhacht ó Bhílsebuib an chómhacht san? Níl aon dul agaibh óna dh'admháil gur le cómhacht Dé a chuirim amach na deamhain. Ná tispeánann san go soiléir go bhfuil ríocht Dé tagaithe 'núr measc?

Ach níorbh aon mhaith bheith leó. Níor dheineadar ansan ach iompáil agus a rá, "Tabhair cómhartha éigin dúinn ó neamh go bhfuil cómhacht ó Dhia agat". Agus é tar éis an deamhain a dhíbirt amach as an nduine os cómhair a súl! Ba mhór an iúnadh an mhailís agus an droch-mhiotal a bhí istigh 'na gcroí. Ach ba mhó go mór d'iúnadh ná

XXII. An Tríú Domhnach den Charaíos

san féin an fhoighne a dhein an Slánaitheóir leó, moladh go deó lena ghrásta gan teóra!

Ansan duairt an Slánaitheóir focal agus is ceart dúinn-na machnamh a dhéanamh air. "An té ná fuil liom", ar seisean, "tá sé im choinnibh, agus an té ná deineann cnósach mar aon liom, deineann sé scaipeadh".

Is dócha go raibh daoine an uair sin ag éisteacht leis an Slánaitheóir agus go rabhadar, fé mar a bhíonn a leithéidí anois agus fé mar atá a leithéidí riamh ó shin, a d'iarraidh dhá thaobh an scéil a bhreith leó. Bhí ' fhios acu an fuath a bheith ag uachtaránaibh na nGiúdach don tSlánaitheóir agus bhíodar a d'iarraidh gan fearg a chur ar na huachtaránaibh sin. Bhí ' fhios acu, leis, an Slánaitheóir a bheith ag déanamh maitheasa agus tairbhe ins gach aon bhall agus níor mhaith leó gabháil 'na choinnibh. Bhíodar i gcrua-chás. Ach do shocraigh an Slánaitheóir an scéal dóibh go tapaidh. "An té ná fuil liom, tá sé im choinnibh, agus an té ná deineann cnósach mar aon liom, deineann sé scaipeadh".

Bhí an focal san fíor i dtaobh na ndaoine gur labhradh leó é. Oireann an focal dúinn-na chómh cruínn díreach agus d'oir sé dhóibh-siúd. Ní féidir do dhuine dhá shraíng a bheith ar a bhogha aige i ngnó Dé. Tá daoine agus ba mhaith leó Dia do shásamh, agus san am gcéanna ba mhaith leó an saol do shásamh leis. Is cuma iad nú an fear siopa úd a ghlaeigh ar a chléireach. "A Sheáinín!", ar seisean. "Teacht, a mháistir", arsa Seáinín.

"Ar chuiris an t-uisce ar an dtobac?", ar seisean.

"Do chuireas, a mháistir", arsa Seáinín.

"Ar chuiris an ghainimh sa tsiúicre?", ar seisean.

"Do chuireas, a mháistir", arsa Seáinín.

XXII. An Tríú Domhnach den Charaíos

"Ar chuiris an t-uisce sa bhainne a díolfar ar maidin?", ar seisean.

"Do chuireas, a mháistir", arsa Seáinín.

"Seo, más ea", ar seisean, "tar anso agus abair do phaidreacha go dtéir a chodladh".

Cúrsaí gáirí is ea Seáinín agus a mháistir. Ach cad 'déarfar leis an bhfear a bhéarfaidh chun an aonaigh an droch-bhó agus adéarfaidh gur bó mhaith í, agus do dhíolfaidh í, agus do thógfaidh airgead maith uirthi, agus ' fhios aige nách ceart í ' dhíol ach le búistéir éigin, agus ansan do thiocfaidh abhaile agus 'déarfaidh a phaidreacha go diaga sara dtéidh sé a chodladh?

Is mó cuma, a phobal, in éaghmais aon bheart mhí-mhacánta mar sin a dhéanamh, 'nar féidir don Chríostaí é féin do mhealladh agus do chur amú', ag casadh leis an dá shásamh a dhéanamh, ag casadh le Dia do shásamh, agus san am gcéanna a dhúil féin sa tsaol so do shásamh. Is dócha ná fuil aon dúil shaolta gur deocra locht ' fháil air ná an dúil a bhíonn ag an athair nú ag an máthair sa ghnó a chuirfeadh ar a gcumas rud éigin fónta ' dhéanamh dá gclainn. Ach measaim gur minic, nuair a tugtar an iomad sriain don dúil sin, gur beag má tá aon dúil is mó a thagann idir dhuine agus Dia ná é. Conas a bheidh an scéal ar ball ag an nduine atá ag briseadh a chroí ó mhaidin go hoíche agus ó Luan go Satharn, a d'iarraidh teacht ar roinnt éigin de shaibhreas an tsaeil seo chun a chlainne ' chur i gcrích i gcómhair a saol anso, agus ná tugann uain choíche dho féin ar aon rud a dhéanamh dóibh a chuirfeadh sólás síoraí na bhflaitheas in áirithe dhóibh? Féach ar an bhfocal aduairt an Slánaitheóir: "An té ná fuil liom", ar seisean, "tá sé im choinnibh". Cé hiad na daoine atá leis? Na daoine, d'réir dheallraimh, a bhíonn in aon obair leis. Na daoine atá ag déanamh na hoibre 'na theannta. An mhuíntir atá ag tabhairt cúnta dho chun daoine ' bhreith saor go flaitheas Dé. Tá a lán daoine gur fhág sé ar a gcumas an cúnamh san a thabhairt do. Tá, ar dtúis, an Eaglais. An Pápa agus na heaspaig agus na sagairt—an mhuíntir a

XXII. An Tríú Domhnach den Charaíos

cheap sé féin chun an chreidimh a mhúineadh don chine daonna agus iad a chimeád ar bhealach a leasa le teagasc agus le cómhairle agus le dlithibh tairbheacha. Tá, ansan, na Críostaithe fónta, ar fuid an domhain, a chaitheann a mbeatha go maith agus go cráifeach agus go diaga, agus a thugann, le feabhas a mbeatha féin, dea-shampla do gach éinne a bhíonn ag féachaint orthu. Deinid na Críostaithe fónta san tairbhe ná féadfadh sagart ná easpag a dhéanamh, go minic. Tá daoine sa tsaol agus níor bheo' dhuit dea-chómhairle ' thabhairt dóibh chun a chur ' fhiachaibh orthu gan an chómhairle do ghlacadh; níor bheo' dhuit a rá leó a leas a dhéanamh chun a chur ' fhiachaibh orthu a n-aimhleas a dhéanamh. Ní haon mhaith cainnt a dhéanamh lena leithéidí. Ach nuair a chíd siad an dea-shampla, nuair a chíd siad duine eile ag déanamh an ghnímh fhónta agus gan é ag cuímhneamh in aon chor orthu féin, dar leó, is minic go ndeinid siad aithris air. Deinid siad, tríd an ndea-shampla, an gníomh fónta ná déanfaidís choíche de bhárr cómhairle.

Ar an gcuma san, is mó sórd daoine atá ag cabhrú leis an Slánaitheóir san obair go dtáinig sé ar an saol so chun a dhéanta. Ach measaim féin ná fuil aon aicme daoine, agus an Eaglais féin do chur leis, is mó atá sáite isteach san obair, agus ag déanamh na hoibre i dteannta an tSlánaitheóra, moladh go deó leis, ná an t-athair agus an mháthair atá ag tógáilt a gclainne dho.

Glacann an Eaglais an chlann nuair a baistithear iad. Ní fheiceann an Eaglais arís iad go dtéid siad ag foghlaim Teagasc Críostaí. Ansan cuireann an Eaglais fé láimh easpaig iad. As san amach ní fheiceann an Eaglais iad ach nuair a thagaid siad chun faoistine ' dhéanamh agus chun Comaoine ' ghlacadh. I gcaitheamh na haimsire sin go léir, tá an chlann san fé shúil agus fé láimh a n-athar agus a máthar. Má théann an chlann san ar strae, má dheinid siad a n-aimhleas, má imíd siad ar fán ón Slánaitheóir a cheannaigh lena chuid fola ró-naofa iad, cé hé is mó a chaithfidh freagairt iontu? Cé air go dtiocfaidh an Slánaitheóir dhá n-éileamh níos déine ná mar a dh'éileóidh sé ar éinne eile iad? Gan amhras, éileóidh sé go dian iad ar an uile dhuine

XXII. An Tríú Domhnach den Charaíos

go raibh aon lámh aige iontu, chun a leasa ná chun a n-aimhleasa. Éileóidh sé ar an sagart iad, ach b'fhéidir go bhféadfadh an sagart a rá: "Dheineas mo dhícheall dóibh, a Thiarna, ach níor thug an t-athair ná an mháthair aon chúnamh dom". Is lú an cumas a bhí ag an easpag orthu ná mar a bhí ag an sagart féin. Éileóidh an Slánaitheóir iad, go dian, ar an uile dhuine a thug droch-radharc ná droch-chómhairle ná droch-shampla dhóibh, ar an uile dhuine do shéid droch-smaoineamh fúthu le focal mí-gheanmnaí nú le féachaint mhí-gheanmnaí nú le teangmháil mhí-gheanmnaí. Cad é an freagra ' bheidh ag an nduine sin le tabhairt an uair sin ar an Slánaitheóir? Ansan is ea ' thuigfidh an duine sin brí na cainnte aduairt an Slánaitheóir nuair aduairt sé, an té a thabharfadh droch-shampla do leanbh gurbh fhearra dho, sara dtug sé an droch-shampla san uaidh, go gcurfí cloch ar a mhineál agus é ' chaitheamh sa bhfarraige. Ba chruaidh an focal é, ach tuigfar an uair sin nár mhiste dho bheith ní ba chrua.

Ach ní fiú trácht ar aon éileamh, pé déine a bheidh ann, a dhéanfaidh an Slánaitheóir ar na daoine ba chiontach leis an gcailliúint, seochas an t-éileamh a dhéanfaidh sé ar an athair agus ar an máthair.

"Dheineas mo dhícheall dóibh", adéarfaidh an t-athair, b'fhéidir. "Níor thugas suaimhneas lae ná oíche dhom féin ach ag obair dóibh. Do shaothraíos saibhreas dóibh. Chuireas i gcrích iad go neamh-spleách". "Dheinis", adéarfaidh an Slánaitheóir, b'fhéidir, "ach ní hé sin a bhí agam-sa á iarraidh ort a dhéanamh dóibh. D'fhéadfainn féin an saibhreas san a thabhairt, dóibh agus duit-se, dá mb'é mo thoil é, nú dá mb'é 'b fheárr chun iad do chur ar leas a n-anama. Tá an saibhreas acu anois. B'fhearra dhóibh go mór gur dealbh ó shaibhreas saolta a dh'fhágfá iad ach saibhreas a gcreidimh a thabhairt dóibh agus d'fhágáilt acu. D'fhágais saibhreas saolta acu. Dheinis daoine uaisle dhíobh, dar leat, agus thugais faillí i ngnó t'anama féin chun daoine uaisle ' dhéanamh díobh. Féach cad 'tá dhá bhárr acu. Ní creideamh ná cráifeacht, Aifreann ná órd, paidir ná cré, ná aon ní eile a bhaineann lem ghnó-sa, atá ag déanamh buartha dhóibh, ach uabhar agus uaisleacht shaolta agus éirí-in-áirde. Níl aon aidhm ná aon

XXII. An Tríú Domhnach den Charaíos

chuímhneamh acu ar staonadh ó aon pheaca, agus tá an saibhreas acu, id dhiaidh-se, chun na ndroch-mhian do shásamh. Dá ndeintá-sa an gnó a cuireadh 'na chúram ort mar a bhí ceart agat é ' dhéanamh, bheadh a mhalairt de scéal anois acu, agus agat-sa, agus agam-sa. Dá gcurthá rómhat fios aitheanta a gcreidimh a mhúineadh dhóibh, fé mar a tháinig ciall agus tuiscint dóibh; dá gcurthá 'na luí ar a n-aigne, ó thosach, nách i gcómhair an tsaeil seo do cruthaíodh iad ach i gcómhair aoibhnis na bhflaitheas, go rabhas-sa tar éis an aoibhnis sin a cheannach dóibh go daor, nár cheart dóibh blúire suime ' chur sa tsaol so ach sa mhéid go ndéanfadh sé iad a dh'ollmhú i gcómhair an aoibhnis ar an saol eile; ansan, dá gcurthá cómhairle den tsórd san i bhfeidhm orthu le smacht, leis an smacht a cuireadh ar do chumas os a gcionn, agus é ' dhéanamh go breá, réidh, stuama, daingean, bheidís ar do thoil féin agus ar mo thoil-se agat sarar "chruaigh an tslat"; bheidís anois 'na gCríostaithe úmhla, cráifeacha, diaga againn, in inead bheith mar atáid siad, 'na maistíní ceann-dána gan beann ar Dhia ná ar dhuine acu. Tá an scéal go holc anois acu agus tusa fé ndeár é. Tá aimhleas déanta agat dóibh-sin agus duit féin, agus geárrfaidh an t-aimhleas san amach tusa agus iadsan ó aoibhneas na bhflaitheas ar feadh na síoraíochta".

Is maith an bhail, a phobal, ar an athair nú ar an máthair a bheidh sa chás san más féidir dóibh a rá an uair sin leis an Slánaitheóir, "A Thiarna, féach siar ar mo bheatha. Chíonn tú féin gur dheineas mo dhícheall, ón lá a chuir Dia chúm gach duine acu, chun iad a chur ar an slí gcóir chút-sa. Mhúineas an creideamh dóibh. Mhúineas a bpaidreacha dhóibh. Bhínn gach aon ré sholais ag guí chun Dé orthu dhá iarraidh ar Dhia iad a chur ar a leas. Níor airigh éinne acu riamh amach as mo bhéal focal a thabharfadh droch-shampla dhóibh. Ach in ainneóin mo dhíchill, chómh luath agus do neartaíodar, d'imíodar uaim ar aimhleas a n-anama. A Thiarna, ná bíodh milleán agat orm. Dheineas mo dhícheall!"

Is maith an bhail ar an té d'fhéadfaidh freagra den tsórd san a thabhairt nuair a thiocfaidh an tÉiltheóir. Anois an t-am ag aithreachaibh agus ag máithreachaibh chun machnaimh a dhéanamh ar an scéal.

Dein do dhícheall chun Críostaithe maithe ' dhéanamh ded chlaínn. Fág an chuid eile fé Dhia. Níl éinne ar bith chun Críostaithe maithe ' dhéanamh díobh ach tusa agus Dia. Is uathásach an phríléid a thug Dia na glóire dhuit nuair a thug sé daoine dhuit ar an gcuma san chun go ndéanfá Críostaithe maithe dhíobh! Déanfaidh sé féin an obair id theannta. Ná bíodh sé le rá ar ball aige go mbeadh an rath ar an obair mura mbeadh tusa dhá lot. Ná bíodh sé le casadh leat ag an Slánaitheóir Naofa go raibh sé féin ag cnósach agus go rabhais-se ag scaipeadh.

Go dtugaidh Dia a ghrásta do gach éinne go bhfuil cúram clainne air, chun na clainne ' thógaint mar is cóir i ngrá agus in eagla an Tiarna. Amen.

XXIIa. An Tríú Domhnach den Charaíos

Seanmóin a Dó

Léitear an Soiscéal. (Lúcás 11:14-28)

San am san, bhí deamhan ag Íosa dá dhíbirt as duine, agus deamhan balbh dob ea é. Agus nuair a dhíbir sé amach an deamhan, do labhair an duine, agus bhí iúnadh ar an slua. Duairt, áfach, cuid dá raibh láithreach, "Is le cómhacht Bhílsebuib, rí na ndeamhan, a chuireann sé na deamhain amach". Agus d'iarr tuilleadh acu air, ag déanamh frofa air, cómhartha ó neamh do thispeáint dóibh. Ach do chonaic Íosa an rud a bhí 'na gcroí agus duairt sé leó, "Gach ríocht a bhíonn deighilte i gcoinnibh a chéile, téann sé ar neamhní, titfid na tithe ar a chéile ann. Má tá Sátan deighilte 'na choinnibh féin, conas a sheasóidh a ríocht? Agus go ndeirthí-se gur le cómhacht Bhílsebuib a chuirim-se na deamhain amach. Más le cómhacht Bhílsebuib a chuirim-se na deamhain amach, cad í an chómhacht lena gcuirid úr gclann féin amach iad? Fágaim fé bhreith úr gclainne féin sibh. Ach

XXIIa. An Tríú Domhnach den Charaíos

más le cómhacht Dé a chuirim amach na deamhain, dar ndó', sin é ríocht Dé tagaithe 'núr measc. Nuair a chimeádann fear láidir, armtha, a thigh, bíonn síocháin ar gach ní 'na sheilbh. Ach má thagann fear is treise ná é agus má bhuann sé air, tógann sé leis an t-arm go léir ar a raibh a sheasamh-san, agus roinnfidh sé a chuid. An té ná fuil liom, tá sé im choinnibh, agus an té ná deineann cnósach mar aon liom, deineann sé scaipeadh. Nuair a bhíonn an sprid truaillithe imithe as an nduine, gluaiseann sé trí áiteannaibh gan uisce a d'iarraidh suaimhnis, agus nuair a theipeann air, deir sé, 'Fíllfead chun mo thí as a dtánag amach'. Agus nuair a thagann sé, gheibheann sé an tigh scuabtha, glan, órnáideach. Ansan imíonn sé agus tugann sé leis seacht spridí eile is measa ná é féin, agus téid siad isteach agus cónaíd siad ann. Agus is measa staid dheirineach an duine sin ná a chéad staid". Agus do thárla, nuair aduairt sé an méid sin, gur labhair bean sa tslua, de ghuth árd, agus duairt sí, "Is beannaithe an bhroínn d'iompair thu agus na cíocha do dheólais". Ach duairt seisean, "Ní hea, ach is beannaithe an mhuíntir a chloiseann briathar Dé agus do chimeádann é".

"Agus is measa staid dheirineach an duine sin ná a chéad staid".

Deir na haithreacha naofa, a phobal, gur ar náisiún na nGiúdach, ar chlaínn Israeil, a bhí ár Slánaitheóir ag trácht nuair a labhair sé an chainnt sin. Gurbh iad Clann Israeil an "duine" gur cuireadh an deamhan amach as ar dtúis, agus nár thug an aire cheart do féin, agus gur tháinig an deamhan san isteach arís ann, agus nách in' aonar a tháinig sé an tarna huair, ach gur thug sé leis isteach seacht ndeamhain eile ba mheasa ná é féin. Míníd na haithreacha brí na cainnte ar an gcuma so.

Nuair a bhí Clann Israeil san Éigipt, bhíodar fé smacht na nÉigipteach, agus bhí béasa agus nósa peacúla na nÉigipteach glacaithe acu agus iad ag maireachtaint dá réir. Ansan do chuir Dia Maois chúthu agus thug sé amach as an Éigipt iad, agus thug sé na deich n-aitheanta dhóibh agus an tsean-dlí go léir, agus b'éigean dóibh droch-nósa agus droch-bhéasa na nÉigipteach a chur uathu agus maireachtaint de réir na dlí a thug Dia dhóibh trí láimh Mhaoise.

XXIIa. An Tríú Domhnach den Charaíos

Bhí an annsprid truaillithe díbeartha amach astu ansan, agus bhí Dia ag faire orthu i gcónaí, agus nuair a dheinidís an peaca, chuireadh sé pionós orthu a chuireadh ' fhiachaibh orthu iompáil ar Dhia agus aithrí ' dhéanamh. Pionós díobh-san ab ea leogaint do rí Bhabulóin teacht lena shlóite agus buachtaint orthu agus a dtír do scrios, agus an méid nár cuireadh chun báis díobh, do bhreith leis, in aon tréad amháin, i mbraighdineas, soir go cathair Bhabulóin. Nuair a bhí an pionós san fuilicthe acu agus aithrí déanta acu sa bhraighdineas, b'é toil Dé gur leogadh siar abhaile arís iad, agus bhíodar diaga go leór ar feadh tamaill. Ach do chromadar ar dhul in olcas arís agus do cuireadh pionós arís orthu, go dtí, fé dheireadh, gur iompaíodar amach chómh holc san nár dhein aon tsaghas pionóis aon tairbhe dhóibh. Bhí an chéad deamhan a cuireadh amach, bhí sé tagaithe isteach arís agus na seacht ndeamhain eile ba mheasa ná é féin tabhartha leis isteach aige agus bhí seilbh istigh acu go daingean. Ansan is ea ' bhí an scéal go holc ag sliocht Israeil. Ansan do tháinig an Slánaitheóir ag triall orthu, fé mar a bhí geallta dhóibh ó thosach, agus ní leogfadh corp aimhleasa agus droch-aigne dhóibh iad féin d'úmhlú roimis agus é ' ghlacadh. Dhiúltaíodar do agus thugadar easonóir do agus chuireadar chun báis é. Tamall 'na dhiaidh san, tháinig na Rómhánaigh agus dheineadar ar shliocht Israeil agus ar chathair Ierúsaleim léirscrios fola agus tine agus gorta agus báis ná fuil cúntas ar a leithéid eile i leabhraibh an domhain.

Deir na haithreacha naofa céanna go bhfuil brí eile, leis, le cainnt an tSlánaitheóra san áit sin. Gurb é an Críostaí a théann agus a dheineann faoistin mhaith an duine go gcurtar an annsprid truaillithe amach as. Ansan bíonn anam an Chríostaí sin glan, mar a bheadh tigh a bheadh scuabtha, sciomartha, ceartaithe, curtha i dtreó. Ach ní thugann an Críostaí sin aireachas ceart dá thigh. Fágann sé na dóirse go léir ar leathadh. Tá a shúile ar dian-leathadh chun gach droch-radhairc a dh'fheiscint. Tá a chluasa ar leathadh chun gach droch-fhocail a dh'aireachtaint agus do ghlacadh. Tá a aigne ar oscailt chun an droch-smaoinimh a ghlacadh agus chun machnaimh a dhéanamh air, in inead é ' dhíbirt chun siúil láithreach. Tá a thoil ar

XXIIa. An Tríú Domhnach den Charaíos

bogadh agus ar guagadh, gan stuaim gan daingean, ollamh ar ghabháil le gach aon tsaghas pléisiúir a casfar 'na threó, gan a fhiafraí dhe féin an olc é nú an maith é, an dleathach é nú an an-dleathach é. Ansan fillean an annsprid. Chíonn sé an chuma 'na bhfuil an duine sin. Chíonn sé go bhfuil slí a ndóthain dá thuilleadh sa tigh sin 'na theannta féin. Imíonn sé agus tugann sé leis na seacht ndeamhain eile agus téid siad isteach.

Cé hé an Críostaí sin, a phobal? Go bhfóiridh Dia orainn, tá ' fhios againn go léir cé hé féin. Aon Chríostaí a théann agus a dheineann faoistin mhaith agus a gheibheann aspalóid agus go maitear na peacaí troma dho, agus ansan d'imíonn agus d'fhilleann ar na peacaíbh céanna arís, fé mar ' fhilleann an madra ar a aiseac, sin é an Críostaí ar ar labhair an Slánaitheóir an uair úd. Sin é an tigh gur cuireadh an annsprid amach as le cómhacht an Tiarna, an tigh a scuabadh agus do glanadh le grásta Dé, agus nár tugadh aireachas ceart do 'na dhiaidh san. Ní gá dhom iad a dh'áireamh, a phobal. Is díobh an fear a tháinig agus d'admhaigh go raibh sé ar meisce an oiread san uaireanta, agus do gheall, sara bhfuair sé an aspalóid, ná cuirfeadh sé é féin ar meisce arís, agus nárbh fhada 'na dhiaidh go bhfeacathas caoch ar meisce é. Is díobh an fear a tháinig agus d'admhaigh go mbíodh sé ag briseadh na saoire, ag fanúint ó Aifreann an Domhnaigh nú an lae shaoire, le corp leisce; agus do gheall go cruaidh, sara bhfuair sé an aspalóid, go mbeadh an tAifreann aige feasta, gach Domhnach agus lá saoire, an fhaid ba thoil le Dia a shláinte agus a choisíocht d'fhágáil aige; agus 'na dhiaidh san nár ró-fhada go bhfuaradh istigh sa bhaile arís é, lá breá Domhnaigh, dhá shearradh féin le díomhaointeas, agus an t-Aifreann ar siúl. Is díobh an fear a tháinig agus d'admhaigh gur bhéas aige bheith ag cúl-chainnt ar a chómharsain, agus do gheall go prínseabálta, sara bhfuair sé an aspalóid, go gcimeádfadh sé a bhéal dúnta feasta nuair a bheadh aon rud dhá spriocadh chun an droch-fhocail a rá i gcoinnibh a chómharsan; agus nár ró-fhada 'na dhiaidh san gur hairíodh an gearrachán céanna ar siúl aige ar gach aon chómharsain nár thaithn leis.

XXIIa. An Tríú Domhnach den Charaíos

Is díobh an fear a tháinig agus d'admhaigh i láthair Dé gur bhéas leis bheith ag labhairt go mí-bhanúil, ag labhairt cainnteanna barbaraithe, os cómhair óg agus aosta, agus do gheall ó chroí ná labharfadh sé arís iad, mar níorbh fhéidir aon aspalóid a thabhairt do mura ngealladh; agus nárbh fhada 'na dhiaidh san go bhfeacathas é agus a chlaibín shalach ar siúl aige agus é ag mion-gháirí, agus go gcuirfeadh sé náire ar dhiabhal ó ifreann féin bheith ag éisteacht lena chainnt!

Mar sin dóibh, a phobal. Sin iad na daoine go gcurtar deamhan amach astu le cómhacht an tSlánaitheóra nuair a dheinid siad faoistin mhaith agus go dtagann an deamhan céanna agus seacht ndeamhain eile is measa ná é isteach iontu arís, i dtreó gur seacht measa a bhíonn an scéal acu sa deireadh ná mar a bhí i dtosach bára.

Ach ní healaí dhúinn, a phobal, gan an scéal do thuiscint i gceart. Ná measadh éinne go bhfuilim dhá rá go bhfuil ar chumas aon Chríostaí, as a ghustal agus as a neart féin, a gheallúint ná titfeadh sé sa pheaca arís agus ansan an gheallúint sin do sheasamh. Duine gan chiall is ea an duine do cheapfadh in' aigne go bhféadfadh sé é féin a chimeád gan titim i bpeaca agus an cimeád san a dhéanamh a neart a thoile agus a thuisceana féin. An Críostaí 'na mbeadh sé de dhíth céille air beartú den tsórd san a dhéanamh in' aigne, ní fada a rithfeadh leis nuair a múinfí ciall do, agus is ciall cheannaigh a múinfí dho. Gheóbhadh sé é féin ar lár sa pheaca sara mbeadh ' fhios i gceart aige cad a bhí imithe air.

Más ea, adéarfaidh duine, b'fhéidir, conas is cóir milleán a bheith ar dhuine mar gheall ar rud ná fuil leigheas aige air?

Ní cóir milleán a bheith air más fíor ná fuil aon leigheas aige air, ach ní fíor. Tá leigheas aige air má tá neart lasmu' dá neart féin agus gan aon bhac air an neart eile sin do tharrac chuige. Tá neart grásta Dé aige, lasmu' dá neart féin, agus níl bac air an neart san do tharrac chuige coitianta. Tá cogar ón Sprid Naomh istigh 'na chroí dhá rá leis, nuair a chuireann an namhaid cath air, glaoch ar Dhia agus neart

XXIIa. An Tríú Domhnach den Charaíos

grásta Dé a dh'iarraidh i gcoinnibh an namhad. Má chuireann sé neamh-shuím sa chogar san, agus ansan má gheibheann an namhaid an lámh uachtair air, conas is féidir do a rá ná raibh leigheas aige air? Nách lena thoil mhacánta a chuir sé neamh-shuím sa chogar a bhí ag an Sprid Naomh á thabhairt do? Nách lena thoil mhacánta a dh'fhág sé gan tarrac chuige an neart a bhí le fáil aige dá mba mhaith leis é ' dh'iarraidh? Ansan do bhuaigh an namhaid air. Cé eile gur ceart an milleán a bheith air ach ar an nduine sin féin? Ní hea, ach is amhlaidh mar a bhí an scéal aige, agus má féachtar cruínn isteach sa ghnó, chífar é, níor dhein sé troid dáiríribh in aghaidh an namhad. Níorbh fheárr leis rud a dh'imeódh air ná an namhaid a dh'fháil an lámh uachtair air. Bhí an claonadh chun an pheaca istigh 'na chroí féin agus, bíodh go raibh sé dhá leogaint air troid a dhéanamh, níorbh fheárr leis rud a dh'imeódh air ná an namhaid dhá chomaint isteach sa pheaca. Rud ana-cham, ana-chlaon, ana-neamh-fhírinneach, is ea aigne an duine uaireanta. Is minic ná bíonn sa troid a deintear in aghaidh an pheaca ach "tóg uaim é agus gan uaim ach é!" Ní troid dáiríribh a deintear.

Is fearra dhúinn féachaint, lom díreach, idir an dá shúil, ar an scéal, le heagla ná beimís ach dhár mealladh féin, dhá leogaint orainn linn féin go bhfuil troid dáiríribh againn dá dhéanamh i gcoinnibh ár namhad agus go mb'fhéidir go bhfeiceann Dia ná fuil aon fhírinne 'nár dtroid. Sid é an cómhartha a thispeánfaidh ceocu troid dhílis atá againn á dhéanamh nú nách ea. An té atá coitianta dhá iarraidh ar Dhia neart a ghrásta ' thabhairt do chun cur in aghaidh a namhad, tá troid dhílis ag an nduine sin á dhéanamh, mar tá úsáid dhílis aige á dhéanamh den aon neart amháin a thabharfaidh bua dho ar a namhaid. An té atá ag troid in aghaidh an pheaca, dar leis, agus ná hiarrann aon chúnamh ó ghrásta Dé sa troid, níl aon troid ag an nduine sin á dhéanamh in aghaidh an pheaca ach troid mar dhea. Sin é an duine go gcurtar an deamhan amach as, agus ansan go dtagann an deamhan san isteach arís ann, agus seacht ndeamhain eile is measa ná é, mar níl aon rud chun iad a chimeád amach.

XXIIa. An Tríú Domhnach den Charaíos

Ach cad é an deireadh a bheidh ar an obair sin? Ínseann an Slánaitheóir féin cad é an deireadh ' bheidh ar an obair sin, agus is láidir an scairt nách foláir a bheith ag an gCríostaí ná cuirfidh an focal san ón Slánaitheóir crith-eagla air. "Tá staid dheirineach an duine sin níos measa ná a chéad staid". Cad é staid dheirineach an duine? Gan amhras, is é staid dheirineach an duine an staid 'na mbeidh sé le línn an tsaeil seo ' fhágaint do. 'Sé sin le rá, beidh seilbh ag na hocht ndeamhain sa duine sin ar feadh na síoraíochta!

Sin abhar machnaimh don Chríostaí atá ag caitheamh a shaeil ag rith chun faoistine inniu agus ansan ag rith thar n-ais chun an pheaca amáireach. Deineadh sé an machnamh an fhaid atá an uain aige ar é ' dhéanamh. Níl bac air an scéal go léir do leigheas aon lá in aon chor is maith leis é. Níl bac air na seacht ndeamhain, ní hea, ach seacht gcéad deamhan, do thomáint amach as an dtigh aon lá is maith leis é. Níl aige ach iompáil dáiríribh ar Dhia agus stad de bheith a d'iarraidh dhá thaobh an scéil a thabhairt leis. Níl aige ach breithniú go géar ar an bhfocal aduairt an Slánaitheóir nuair a bhí an chainnt ráite aige i dtaobh na seacht ndeamhan. Bhí bean sa tslua agus d'airigh sí an chainnt. Níor fhéad sí gan labhairt. Do labhair sí amach go hárd. "Is beannaithe an bhroínn a dh'iompair thu", ar sise, "agus is beannaithe iad na cíocha a dheólais". Féach ar an bhfreagra a thug an Slánaitheóir uirthi. Is ar a Mháthair Bheannaithe do labhair sí; ar an Maighdin Muire; ar an Maighdin a gabhadh, i mbroínn a máthar féin, saor ó pheaca an tsínsir; an Mhaighdean go nduairt an tÁrdaingeal léi, "Is beannaithe idir mhnáibh thu".

Ach féach cad 'duairt an Slánaitheóir leis an mnaoi do labhair sa tslua. "Bíodh gur fíor do chainnt, a bhean", ar seisean, "ní hí sin cainnt atá le rá anso anois, ach, is beannaithe an mhuíntir a chloiseann briathar Dé agus a chimeádann é".

Féach air sin! B'fheárr leis an Slánaitheóir trácht an uair sin ar an aoibhneas a bhí le fáil ag na daoine a ghlacfadh briathar Dé agus ' chimeádfadh é, ná trácht ar aon ní eile; ná trácht ar bheannaitheacht

XXIIa. An Tríú Domhnach den Charaíos

na Maighdine Muire, dá aoirde í. Agus cé hé an duine go raibh sé ag cainnt 'na thaobh an neómat roimis sin? An fear gur cuireadh an deamhan amach as agus ansan nár thug aire cheart do féin agus go dtáinig an deamhan san agus na seacht ndeamhain eile isteach ann thar n-ais. Dá bhrí sin, is ag tagairt don duine sin a bhí sé nuair aduairt sé, "Is beannaithe an té ' ghlacfaidh briathar Dé agus ' chimeádfaidh é". Ní dhéanfadh sé an gnó an briathar a ghlacadh. Caithfar an briathar a chimeád. Ní dhéanfaidh sé an gnó do dhuine dul chun faoistine agus faoistin mhaith a dhéanamh agus maithiúnachas ' fháil insna peacaíbh. Caithfidh sé grásta Dé ' chimeád. Caithfidh sé gan na peacaí sin, ná aon pheaca eile, ' dhéanamh arís. Ní féidir do an bheart san a dhéanamh gan cabhair agus cúnamh láidir, cómhachtach, a bheith aige coitianta ó ghrásta Dé. Tá an chabhair agus an cúnamh san aige le fáil coitianta más maith leis é. Leis an gcabhair sin agus leis an gcúnamh san, glacfaidh sé briathar Dé agus cimeádfaidh sé é. Caithfidh sé beatha naofa ar an saol so, agus nuair a bheidh a théarma ar an saol so caite, gheóbhaidh sé an t-aoibhneas a gheall an Slánaitheóir, an lá úd, don mhuíntir a ghlacfadh briathar Dé agus do chimeádfadh é.

Go dtugaidh Dia dhúinn, trí ímpí na Maighdine Muire, grásta an tSlánaitheóra d'fháil, chun go ndéanfaimís briathar Dé do ghlacadh agus do chimeád, agus aoibhneas na bhflaitheas a dh'fháil mar luacht saothair dá bhárr. Amen.

XXIII. An Ceathrú Domhnach den Charaíos

Léitear an Soiscéal. (Eóin 6:1-15)

San am san, d'imigh Íosa treasna mara Ghaililí, .i. Thibériais, agus do lean mór-shlua é, mar do chonacadar na míorúiltí a bhí aige á dhéanamh ar na daoine a bhí gan sláinte. D'imigh sé, dá bhrí sin, an cnuc suas agus do shuigh sé i bhfochair a dheisceabal. Agus do bhí an Cháisc, lá féile na nGiúdach, an-achomair. Nuair ' árdaigh Íosa a shúile, agus nuair a chonaic sé go raibh camtha mór daoine tagaithe

XXIII. An Ceathrú Domhnach den Charaíos

chuige, duairt sé le Pilib, "Cá gceannóimíd arán dóibh seo le n-ithe?" Duairt sé an méid sin, áfach, dhá bhrath, óir bhí ' fhios aige féin cad a bhí beartaithe aige a dhéanamh. D'fhreagair Pilib é, "Ní bheadh i lua dhá chéad pingin de bhollógaibh oiread agus ' thabharfadh blúire beag don duine acu". Duairt deisceabal leis, Aindrias, driotháir Shímoin Pheadair, "Tá buachaill anso agus tá chúig bhollóga eórnan aige agus dá iasc, ach cad é an fhaid le dul an méid sin ar oiread daoine?" Ansan duairt Íosa, "Cuiridh na daoine 'na suí". Bhí mórán féir san áit. Shuigh na daoine síos, tímpall chúig mhíle duine. Ansan do ghlac Íosa an t-arán agus, tar éis baochais a bhreith, do roinn sé é ar na daoine a bhí 'na suí, agus na héisc ar an gcuma gcéanna, go rabhadar go léir sásta. Nuair a bhíodar go léir lán-tsásta, duairt sé lena dheisceabail, "Bailídh an mion-arán atá fágtha sula raghadh sé amú". Do bhailíodar, agus do líonadar dhá chiseán déag den mhion-arán a bhí as na chúig bollógaibh eórnan i ndiaidh na ndaoine a chaith an bia. Ansan, nuair a chonaic na daoine sin gur dhein Íosa an mhíorúilt, dúradar, "Is fáidh gan amhras an fear so atá le teacht sa domhan". Bhí ' fhios ag Íosa, áfach, go rabhadar ar aigne teacht agus breith air agus rí a dhéanamh de, agus d'imigh sé uathu arís fén gcnuc in' aonar.

A phobal, sara dtáinig an Slánaitheóir treasna na farraige sin Ghaililí an uair sin, bhí sé tar éis míorúilt mhór a dhéanamh i gcathair Ierúsaleim. Bhí sé tar éis lúth a chos a thabhairt do dhuine. Ach dhein sé an mhíorúilt sin Lá na Sabóide. Chonaic na Giúdaígh an mhíorúilt déanta aige agus d'éiríodar ar buile chuige mar gheall ar é ' bheith ag briseadh na saoire. Ba mhó acu, mar dhea, an tsaoire ' chimeád gan briseadh ná lúth a chos a thabhairt don duine. Bhí ' fhios ag an Slánaitheóir, áfach, ná raibh sa bhfeirg i dtaobh briseadh na saoire ach éitheach, ná raibh ann ach púicín, an púicín is gnáth leis an bhfeallaire do chur ar shúilibh na poiblíochta nuair a leogann sé air bheith ana-dhiaga i dtaobh cuid de sna haitheanta, i dtreó gur chaothúla-de a dh'fhéadfadh sé an chuid eile acu ' bhriseadh i ganfhios don tsaol. Do nocht an Slánaitheóir cuid dá gcleasaíocht. Do thispeáin sé cuid dá raibh laistiar den phúicín. Ansan tháinig a leithéid de bhuile orthu chuige gur mheasadar é ' chur chun báis. Ach d'imigh sé uathu agus chuaigh sé treasna farraige Ghaililí.

XXIII. An Ceathrú Domhnach den Charaíos

Do lean slua mhór den phoiblíocht é. Ní raibh aon fhearg ag na daoine bochta chuige. Ar na huaislibh is ea ' bhí an fhearg. Ar na Fairisínigh, agus ar scoláirthibh na dlí, agus ar na scríbhneóiribh poiblí. Ar an muíntir a bhí dhá leogaint orthu an urraim go léir a bheith acu do dhlí Mhaoise agus gan blúire urrama acu don dlí sin ná d'aon dlí eile, ach iad ag déanamh úsáide dhi chun an phúicín do chur ar an bpoiblíocht agus a ndroch-bhearta féin do chimeád i bhfolach. Chonaic na daoine bochta na míorúiltí móra a bhí aige á dhéanamh ar na daoine a bhí gan sláinte, an tsláinte aige á thabhairt dóibh ar gach aon tsaghas cuma. Chonacadar an tairbhe aige á dhéanamh, agus do leanadar é. Ansan, fé mar adeir an Soíscéal, d'imigh sé uathu suas cnuc a bhí ann, é féin agus a dheisceabail agus d'fhanadar-san thíos ag bun an chnuic.

Ar ball, d'fhéach sé síos ar an mór-shlua daoine a bhí tar éis é ' leanúint. Bhí ' fhios aige ná raibh aon rud le n-ithe ag an slua daoine sin. Ansan b'é a thoil naofa míorúilt uathásach a dhéanamh, míorúilt a bhí uathásach go leór inti féin, ach míorúilt go raibh brí léi dob uathásaí go mór ná í féin. Bhí chúig bhollóga aráin aige agus dá iasc, fé mar a léadh díbh. Do mhéadaigh sé an méid sin bídh i dtreó gur tugadh, as na chúig bhollógaibh agus as an dá iasc, a ndóthain mór le n-ithe don tslua go léir, agus bhí tímpall chúig mhíle duine ann.

Dob uathásach an mhíorúilt í sin, a phobal, ach, mar aduart, bhí brí léi dob uathásaí go mór ná í féin. Solaoid, nú sampla, ab ea an mhíorúilt sin ar an obair mhór, dhoimhinn, ghlórmhar, dho-thuisceanta don aigne dhaonna, a dhein Slánaitheóir an domhain nuair a chuir sé Sácraimínt Chorp Críost ar bun. Do mhéadaigh sé na chúig bhollóga i dtreó go raibh dóthain chúig mhíle duine iontu. Ach tar éis iad a mhéadú, ní raibh iontu fós ach arán eórnan. Ní raibh sa mhéadú, dá uathásaí é, ach an rud a dheineann Dia dhúinn go léir gach aon uair a chuirimíd síol agus a bhainimíd fómhar. Méadaíthear an bia dhúinn nuair a curtar beagán síl sa talamh agus nuair a dh'fhásann an síol, agus nuair a gheibhtear ar ball, tar éis an fhómhair a bhaint, an toradh breá, flúirseach, saibhir, buacach, ar an mbeagán síl. Deineann

XXIII. An Ceathrú Domhnach den Charaíos

Dia an méadú san. Tá ' fhios againn go léir go bhféadfadh Dia na glóire an méadú san a dhéanamh in aon neómat amháin chómh maith díreach agus is féidir do é ' dhéanamh i leath-bhliain. Deineann Dia i gcónaí é i gcaitheamh na leath-bhliana. Dhein an Slánaitheóir an uair úd é in aon neómat amháin. D'fhás an t-arán an fhaid a bhíothas dhá roinnt.

Ach nuair a chuir an Slánaitheóir Sácraimínt Chorp Críost ar bun, thug sé do sna Críostaithibh bia ná baineann in aon chor leis an saol so, bia ná baineann le síol ná le fás, le hearrach ná le fómhar, bia a bhaineann leis an anam, bia a thugann neart don anam fé mar a thugann an t-arán corpartha neart don cholainn, ach go bhfuil an dá shaghas bídh chómh neamh-chosmhail lena chéile agus atá an t-anam agus an corp neamh-chosmhail lena chéile.

Le trua do sna daoine do lean é amach sa bhfásach, agus ná raibh aon ní le n-ithe acu, is ea ' dhein an Slánaitheóir an méadú míorúilteach san ar an arán an lá san. Solaoid ab ea an mhíorúilt sin ar an ní a dhein sé le trua don chine daonna nuair a chuir sé Sácraimínt Chorp Críost ar bun. Thug méadú an aráin agus an éisc bia an t-aon uair amháin sin don chúig mhíle duine. Thug Sácraimínt Chorp Críost bia spriodálta do sna mílte milliún Críostaithe do tháinig ar an saol, agus d'fhág an saol, riamh ó shin, agus ní haon uair amháin a tugadh an bia spriodálta san dóibh, ach gach aon uair ba mhaith leó iad féin d'ollmhú chuige agus teacht chun é ' ghlacadh. Thug méadú an aráin agus an éisc an lá úd cothú corpartha do shásaimh an uair sin iad don chúig mhíle duine sin. Bhí an bia folláin, dei-bhlasta, buacach. Chuir sé spionnadh agus neart insna daoine i gcómhair an bhóthair abhaile. Ach nuair a thánadar abhaile, bhí ocras arís orthu, agus b'éigean dóibh tuilleadh bídh d'ollmhú dhóibh féin agus é ' chaitheamh. Ní raibh an bia míorúilteach a fuaradar sa bhfásach le fáil arís sa bhaile acu. Nuair a chuir an Slánaitheóir Sácraimínt Chorp Críost ar bun, thug sé don chine daonna bia spriodálta a bhí le fáil i gcónaí acu, amu' agus i mbaile, gach aon tráth dhá saol, ó theacht dóibh i mbliantaibh na tuisceana go dtí an lá 'nar thoil le Dia glaoch orthu as

XXIII. An Ceathrú Domhnach den Charaíos

an saol. Agus bhí sé le fáil acu an lá san thar gach lá eile, i dtreó go dtabharfadh sé neart agus misneach anama dhóibh, in aghaidh an namhad chealgaigh a chuireann cath cruaidh ar anam an duine an lá san thar gach lá eile.

Nuair a chonaic na daoine cad a bhí déanta, bhí iúnadh agus uathás orthu. Bhí ' fhios acu go léir ná raibh aon bhlúire bídh san áit ach na chúig bhollóga a bhí ag an mbuachaill, agus an dá iasc. Gan amhras, bhíodar go léir ag faire, féachaint cad 'déanfí. Chonacadar an Slánaitheóir ag tógaint na mbollóg agus ag breith bhaochais. Dúradh leó suí síos. Shuíodar. Do ghluais an Slánaitheóir eatarthu, ag briseadh an aráin agus an éisc agus dhá roinnt orthu. Bhíodar ag faire go géar, féachaint cad é an fhaid a raghadh an t-arán. Gan amhras, bhí daoine ann a cheap gur ró-ghearr go mbeadh sé ídithe. Is dócha go raibh cuid acu do cheap nár bhaol ná go mbeadh "an fear deirineach díobhálach". Measaim, áfach, gurb é cuma 'na raibh a n-aigne ag á bhformhór ná ollamh d'aon tsaghas ruda a thitfeadh amach, pé míorúilt a bheadh ann, bhí oiread san míorúiltí feicithe cheana acu uaidh. Ach do ghluais an briseadh agus an roinnt agus níor hídíodh an bia. Bhí gach éinne ag ithe go dtí go raibh a dhóthain ite aige, agus ní raibh an bia ídithe. Ansan, nuair a bhí gach éinne sásta, do fuaradh gur fágadh breis agus dá uair dhéag níos mó fuíollaigh ná a raibh de bhia ar fad ann nuair a thosnaigh an roinnt. Chonaic na daoine go léir an obair go léir. Dheineadar iúnadh den mhíorúilt. Is minic a dheinid daoine iúnadh de mhíorúilt agus go stadaid siad ar an áit sin. Ba dhó' le duine orthu go measaid siad ná deineann Dia míorúiltí chun aon ghnótha eile ach chun go ndéanfí iúnadh dhíobh. Ní mar sin a dhein an chúig mhíle duine úd a fuair an bia míorúilteach úd ón Slánaitheóir. Bhíodar ag cainnt eatarthu féin i dtaobh na míorúilte. Sa chainnt dóibh dheineadar admháil. "Gan amhras", ar siad, "is fáidh atá ag teacht sa domhan an fear so". Bhí taithí ag sliocht Israeil ar na fáidhíbh a bheith ag teacht ó Dhia, ó am go ham, chun teagaisc éigin speisialta ' thabhairt do sna daoine, nú chun iad a dh'fhuascailt ó namhaid éigin, nú chun iad do spriocadh chun aithrí ' dhéanamh 'na ndroch-bheartaibh sara dtiocfadh díbheirg

XXIII. An Ceathrú Domhnach den Charaíos

Dé orthu. Cheap na daoine úd a fuair an bia míorúilteach gurbh fháidh éigin den tsórd san an Slánaitheóir, agus d'admhaíodar an ní sin. Ach níor stadadar ansan ach chómh beag. Cheapadar gur cheart dóibh an onóir ab aoirde a thabhairt do. Shocraíodar 'na n-aigne go ndéanfaidís rí dhe. Nuair a bhí socair ar an méid sin acu, d'imigh sé uathu arís suas an cnuc. Mheasadar rí ' dhéanamh de, ach ní raibh ' fhios acu nárbh fhéidir dóibh aon chómhacht ná aon onóir den tsord san a thabhairt do ná raibh aige cheana.

An rud ná raibh ' fhios acu-súd, áfach, tá ' fhios againn-na é. Tá ' fhios againn gurb é Mac Dé é, agus gur ghlac sé colann daonna chun na cine daonna d'fhuascailt agus do shábháil, agus gur dhein sé an fhuascailt sin lena bhás ar chrann na cruise. Tá ' fhios againn gur chuir sé ar bun, trí mhór-luacht a bháis, na Sácraimintí go léir: an Baisteadh, chun sinn a ghlanadh ó pheaca an tsínsir; Dul-fé-láimh-Easpaig chun sinn do neartú sa chreideamh; Sácraimínt na hAithrí chun ár bpeacaí féin a mhaitheamh dúinn, agus an tSácraimínt ghlórmhar ar fad, Sácraimínt Chorp Críost, chun bia na beatha síoraí a thabhairt dár n-anam.

Cheapadar-súd rí ' dhéanamh de. Chuadar chómh fada lena n-eólas. Cheapadar rí saolta ' dhéanamh de. Ní raibh a mhalairt d'eólas acu. Bhí brí mór leis an míorúilt a dhein an Slánaitheóir dóibh-siúd. Solaoid ab ea an mhíorúilt sin ar an rud atá déanta aige dhúinn-na. Tá brí mór, mar an gcéanna, leis an rud a cheapadar-súd a dhéanamh don tSlánaitheóir. Solaoid is ea é ar an rud is ceart dúinn-na ' dhéanamh do. Mheasadar-súd rí saolta ' dhéanamh de. Is ceart dúinn-na leis a shocrú 'nár n-aigne go ndéanfaimíd rí dhe. Ach ní rí saolta is ceart dúinn a dhéanamh de. An rud nár ghlac sé uathu-súd, ní ghlacfaidh sé uainn-na é. Níl aon ghá aige leis. Is é rí an tsaeil agus an domhain go léir é gan chúnamh uathu-súd ná uainn-na. Ach tá ríocht is féidir dúinn a thabhairt do nú a chimeád uaidh, ríocht ar ár gcroí agus ar ár n-aigne féin. Sin é an ríocht a ghlacfaidh sé uainn go fonnmhar má thugaimíd do é. Thug sé dhúinn an bia spriodálta, fé mar a thug sé an bia corpartha dhóibh-siúd. Dhéanfaidís-siúd rí saolta

XXIII. An Ceathrú Domhnach den Charaíos

dhe, ach d'imigh sé uathu an cnuc suas. Má thugaimíd-na an ríocht atá uaidh do, ní imeóidh sé uainn an cnuc suas. Glacfaidh sé an ríocht, agus fanfaidh sé againn, agus stiúróidh sé ár gcroí agus ár n-aigne agus ár mbeatha ar an saol so, agus ansan tabharfaidh sé ríocht na bhflaitheas dúinn ar an saol eile.

An ndéanfaimíd an ní sin, a phobal? Nách é ár leas é ' dhéanamh? Nách é is ceart dúinn a dhéanamh ar gach aon tsaghas cúise? D'fhág an Slánaitheóir ar ár gcumas an ríocht san, ríocht ár gcroí agus ár n-aigne, do thabhairt do nú do chimeád uaidh. D'fhág sé ar ár gcumas an ríocht san do bhronnadh air, más maith linn é, nú an t-eiteachas a thabhairt do 'na thaobh. Ceocu a dhéanfaimíd? Is dócha ná fuil aon Chríostaí ná déarfaidh láithreach gur ceart dúinn, ní nách iúnadh, an ríocht do bhronnadh ar an Slánaitheóir le lán-toil. An Slánaitheóir do ghlacadh chúinn 'na rí ar ár gcroí agus ar ár n-aigne, ar ár n-íntinn agus ar ár dtoil, orainn féin go léir idir chorp agus anam.

Tá go maith. Sin é an ceart. Ansan tagann ní eile isteach. Caithfar bheith dílis don Rí. Caithfar toil an Rí do dhéanamh i gcónaí. Caithfar onóir an Rí do chosnamh i gcónaí. Caithfar namhaid an Rí do throid i gcónaí, agus iad a throid go cróga, agus gan páirt a ghabháil leó choíche ar aon tsaghas cuma ná ar aon tsaghas cúise. Is iad na peacaí namhaid an Rí. Más maith linn bheith dílis don Rí, ní foláir dúinn bheith 'nár namhdaibh fíochmhara do sna peacaíbh, gan aon tsaghas síochána ' dhéanamh choíche leó; gan aon tsaghas caradais a dhéanamh leó. Pé mealladh ná bréagadh a dhéanfaid na peacaí orainn ná pé múintearthas a cheapaid siad a thispeáint dúinn, más maith linn bheith dílis don Rí, ní foláir dúinn cur 'na gcoinnibh láithreach agus gan a lamháil dóibh aon chimilt a bheith acu linn.

An fhaid a bheimíd dílis mar sin don Rí, ní gá dhúinn aon bhlúire eagla ' bheith againn roimis an namhaid. Tá an Rí láidir agus tá Máthair mhaith aige, agus is dian-mhaith atá ' fhios ag an namhaid go bhfuil san mar sin. Níl againn ach an troid a dhéanamh agus cuirfidh an Rí an bua in áirithe dhúinn in ainneóin ár namhad.

XXIII. An Ceathrú Domhnach den Charaíos

Go dtugaidh Rí na ngrást an bua san dúinn go léir trí ímpí na Maighdine Muire agus na naomh. Amen.

XXIV. Domhnach na Páise

Léitear an Soiscéal. (Eóin 8:46-59)

San am san, duairt Íosa le sluaitibh na nGiúdach, "Ceocu agaibh a chuirfidh peaca im leith? Má ínsim an fhírinne dhíbh, cad fá ná creideann sibh me? An té atá ó Dhia, éisteann sé le bréithribh Dé. Is é cúis ná héisteann sibhse leó mar ní hó Dhia sibh". Agus d'fhreagair na Giúdaígh é agus dúradar leis, "Nách maith adúramair-na é gur Samaritánach tu agus go bhfuil deamhan ionat?" D'fhreagair Íosa, "Níl deamhan ionam-sa, ach tugaim onóir do m'Athair, agus thugúir-se easonóir dómh-sa. Ach ní loirgim-se mo ghlóire féin. Tá an té a loirgeann san agus tabharfaidh sé breith. Go deimhin, go deimhin, adeirim libh, an té ' chómhlíonfaidh mo chainnt-se, ní fheicfidh sé bás go deó". Duairt na Giúdaígh, dá bhrí sin, "Tá ' fhios againn anois go bhfuil deamhan ionat. Tá Ábraham tar éis bháis, agus na fáidhe, agus deirir-se, 'Má chómhlíonann duine mo chainnt-se, ní bhfaighidh sé bás go deó'. An amhlaidh is mó de dhuine thusa ná ár n-athair Ábraham atá tar éis bháis? Agus táid na fáidhe tar éis bháis. Cé hé thusa, dar leat féin?" D'fhreagair Íosa, "Má thugaim-se glóire dhom féin, is neamhní mo ghlóire. Is é m'Athair a thugann glóire dhom, an té go ndeir sibhse gurb é úr nDia é, agus gan aithne agaibh air. Ach tá aithne agam-sa air. Agus má deirim ná fuil aithne agam air, beidh mé mar sibhse, ag rá an éithigh. Ach tá aithne agam air agus cómhlíonaim a bhriathar. Ba mhór ag Ábraham, úr n-athair-se, go bhfeicfeadh sé mo lá-sa. Do chonaic agus bhí áthas air". Duairt na Giúdaígh dá bhrí sin, "Níl caogad blian d'aois fós agat agus chonaicís Ábraham?" Duairt Íosa leó, "Go deimhin, go deimhin, adeirim libh, táim-se ann ó roimh Ábraham a bheith ann". De sin, do thógadar na clocha chun iad do chaitheamh leis, ach do cheil Íosa a chló orthu agus d'imigh sé amach as an dteampall.

A phobal, nuair a léitear aighneas den tsórd san idir an Slánaitheóir, moladh go deó leis, agus na Giúdaígh, cuireann an chainnt scárd ar

XXIV. Domhnach na Páise

dhuine. Bhíodar ag féachaint ar na míorúiltíbh a bhí aige á dhéanamh os cómhair a súl, agus fós ní raibh eagal orthu labhairt leis ar an gcuma san! D'fhéadfadh an Slánaitheóir, dá mba thoil leis é, a chur fhiachaibh ar an dtalamh iad do shlogadh, fé mar a shloig an talamh, na céadta blian roimis sin, na daoine a bhí ag éirí i gcoinnibh Mhaoise agus dhá rá go raibh sé chómh ceart acu féin bheith i gceannas Clainne Israeil agus a bhí sé aige sin. B'é toil Dé gur oscail an talamh féna gcosaibh, agus gur bhris lasair thine aníos tríd an oscailt, agus gur sloigeadh síos isteach sa tine na cuirpigh agus iad ag screadaigh. Do dhún an talamh os a gcionn, agus is fada ' dh'fhan scannradh an lae sin i gcroí na ndaoine a chonaic an radharc. Ní duairt an Slánaitheóir leis an dtalamh oscailt fé chosaibh na nGiúdach úd agus iad do shlogadh síos nuair a thugadar masla dho ba mheasa go mór ná pé masla a tugadh do Mhaois. An masla a tugadh do Mhaois, is do dhuine a tugadh é. An masla a tugadh don tSlánaitheóir, do tugadh do Dhia é. Ach níor dhein an Slánaitheóir ach a iarraidh orthu, má bhí aon choir acu le cur 'na leith, labhairt, i dtreó go ndéanfadh sé é féin do chosaint. Do dheónaigh sé a thriail do sheasamh 'na láthair! "Ceocu agaibh a chuirfidh peaca im leith?", ar seisean leó. Do labhair sé chómh réidh sin leó, féachaint an ndéanfadh aon rud in aon chor iad do bhogadh agus a chur ' fhiachaibh orthu a leas a dhéanamh. "Má tá an fhírinne agam dá ínsint", ar seisean, "cad 'na thaobh ná creideann sibh me?" Chuaigh an focal san i bhfeidhm orthu. Bhí ' fhios acu go maith go raibh an fhírinne aige dá ínsint. Bhí fearg orthu nuair a chonacadar go raibh fios a n-aigne aige, nuair a chonacadar gur thuig sé gur le corp droch-aigne ná hadmhóidís an fhírinne uaidh. Ansan duairt sé focal eile a thispeáin níos soiléire dhóibh go raibh sé ag féachaint ar na smaointe a bhí 'na gcroí. Bhí ' fhios acu féin go rabhadar ag cur i gcoinnibh na fírinne a bhí ag teacht uaidh 'na chainnt. Bhí seana-thaithí acu ar bheith ag cur i gcoinnibh na fírinne pé uair ná taithneadh an fhírinne leó, ach dheinidís an ní sin ar chuma ná tuigtí cad a bhíodh ar siúl acu. Chuiridís an púicín ar an bpoiblíocht. Ní nách iúnadh, bhí radharc ag an Slánaitheóir ar an aigne a bhí laistigh den phúicín acu.

XXIV. Domhnach na Páise

"An té atá ó Dhia", ar seisean, "éisteann sé le bréithribh Dé".

Nuair a dh'airíodar an focal san, bhí ' fhios acu go raibh sé ag féachaint ar an dtaobh istigh dá n-aigne agus go bhfeacaigh sé, chómh maith agus ' chonacadar féin é, gur mailís agus droch-aigne a bhí istigh acu, agus ná féadfadh mailís agus droch-aigne bheith ó Dhia. Ansan do tháinig an focal eile orthu uaidh. "Is é cúis ná héisteann sibhse le bréithribh Dé mar ní hó Dhia sibh".

Bhí an iomad den fhírinne sa bhfocal san. Níor fhéadadar an focal san do sheasamh. Duine dhá ínsint dóibh, suas lena mbéal, cad a bhí istigh 'na gcroí! Iad a d'iarraidh a leogaint orthu gur dúil in onóir do Dhia fé ndeara dhóibh bheith ag diúltú dá chainnt. Eisean ag féachaint isteach 'na gcroí ar an mailís agus ar an ndroch-aigne a bhí istigh acu, agus ansan dhá ínsint dóibh, suas lena mbéal, os cómhair an phobail a bhí láithreach, nách onóir do Dhia a bhí ag déanamh buartha dhóibh ach fuath dho-san agus dúil 'na bhás, mar gheall ar an scéith a bhí aige á dhéanamh ar an bhfeall a bhí iontu. Bhíodar i gcrua-chás. Níorbh aon mhaith dhóibh bheith ag argóint leis, dar leó. Dá mhéid adéarfaidís san argóint is ea ba mheasa ' thiocfaidís as. Shocraíodar ar an rud a dhéanamh a dheineann an fear i gcónaí 'na mbíonn an éagóir aige agus gur cuma leis ach an éagóir a chur i bhfeidhm le corp éithigh agus le droch-chainnt agus le bladhmann. Bhí ' fhios acu go raibh cómhacht éigin, nú solas éigin aige, nár sholas saolta, do chuir ar a chumas féachaint isteach 'na n-aigne agus na smaointe a bhí acu ' dh'fheiscint mar a dhein sé. Ní leogfadh a ndroch-aigne dhóibh a dh'admháil go mb'fhéidir gurbh é solas Dé agus cómhacht Dé a bhí ann. Ansan níor dheineadar ach srian a thabhairt don droch-aigne, agus an focal ba mheasa ' dh'fhéadfadh teacht chun a mbéil do scaoileadh amach. "Á!", ar siad, "nách maith a dúramair-na é, gur Samaritánach tu agus go bhfuil deamhan ionat!"

Dob uathásach an chainnt í. Dob uathásach an masla é á thabhairt do Mhac Dé, do Shlánaitheóir an domhain, don tSlánaitheóir a bhí geallta ag Dia na glóire dhóibh agus do tháinig ag triall orthu, thar

XXIV. Domhnach na Páise

náisiúnaibh an domhain, chun tosach a thabhairt dóibh ar an bhfuascailt a bhí aige le déanamh ar an gcine daonna go léir. Ba mhailíseach an chainnt í, agus ba dhiablaí agus ba pheacúil. Ach cad a dhein an Slánaitheóir trócaireach? Ar órdaigh sé an talamh á slogadh? Níor dhein sé aon ní dhá shórd. Níor dhein sé ach a rá leó, rud a bhí ' fhios acu féin, go raibh an éagóir acu.

"Níl deamhan ionam-sa", ar seisean, "ach táim ag tabhairt onóra do m'Athair: agus tá easonóir tabhartha agaibh-se dhómh-sa. Táim ag tabhairt onóra don Athair Síoraí nuair atáim ag tabhairt cómhairle úr leasa dhíbh-se agus ag cur suas le gach masla agus le gach tarcaisne uaibh, féachaint, luath nú mall, a n-iompódh sibh ar Dhia agus aithrí ' dhéanamh. Ní hé toil an Athar Síoraí sibh a chur go hifreann mar gheall ar úr bpeacaí, ach 'sé a thoil sibh a mhealladh chun na haithrí más féidir é, agus aoibhneas na bhflaitheas a thabhairt díbh. Tá onóir agam-sa á thabhairt don Athair Síoraí, mar táim a d'iarraidh a thoile ' chur chun cínn 'núr dtaobh-sa. Tá easonóir mhór, áfach, tabhartha agaibh-se dhómh-sa anois. Ach ní dhéanfad-sa aon díoltas oraibh mar gheall ar an easonóir sin. Is é cúis ná déanfad díoltas oraibh mar gheall ar an easonóir sin mar ní loirgim mo ghlóire féin. Dá mb'orm a bheadh mo ghlóire féin do chosaint, níorbh fholáir dom díoltas a dhéanamh oraibh mar gheall ar an easonóir sin a thugúir dom anois. Ach tá rómhaibh. Cosnóidh an tAthair Síoraí mo ghlóire-se agus tabharfaidh sé breith".

Nuair a bhí ínste dhóibh aige ná raghadh an easonóir saor leó, ach go dtabharfadh an tAthair Síoraí breith damanta orthu mar gheall uirthi, do chrom sé arís ar iad do mhealladh chun na haithrí agus ar a dh'ínsint dóibh conas mar a bhí an bheatha shíoraí le fáil acu dá nglacaidís a theagasc.

"Go deimhin, go deimhin, adeirim libh", ar seisean, "an té a chómhlíonfaidh mo chainnt-se, ní fheicfidh sé bás go deó".

XXIV. Domhnach na Páise

B'fhéidir go ndéarfadh duine éigin nár thuigeadar é nuair aduairt sé an chainnt sin; gur mheasadar gur ar bhás agus ar bheatha chorpartha a bhí sé ag trácht. Ní raibh aon phioc dá mhearathall orthu gur ar bhás shíoraí agus ar bheatha shíoraí a bhí sé ag cainnt. Do leogadar orthu gur mheasadar gur ar bhás chorpartha agus ar bheatha chorpartha ' bhí sé ag cainnt, féachaint an bhféadfaidís a chur 'na luí ar aigne na poiblíochta ná raibh aon éifeacht lena chainnt. Do labhradar féin láithreach ar bhás chorpartha. "Tá ' fhios againn anois", ar siad, "go bhfuil deamhan ionat. Tá Ábraham tar éis bháis, agus na fáidhe, agus deirir-se 'má chómhlíonann duine mo chainnt-se, ní bhfaighidh sé bás go deó!'"

Tugaidh fé ndeara, a phobal, mailís na cainnte sin. Bhí an phoiblíocht ag éisteacht leis an ndíospóireacht. Bhí urraim thar bárr ag an bpoiblíocht d'Ábraham agus do sna fáidhibh. Féach chómh gasta agus a mheas na Giúdaígh, na scríbhneóirí agus na Fairisínigh, a chur 'na luí ar an bpoiblíocht go raibh an fear so dhá chur féin os cionn Ábrahaim agus os cionn na bhfáid. Bhí ' fhios acu an phoiblíocht a bheith ag leanúint an tSlánaitheóra, agus cheapadar go raibh an-iarracht acu á dhéanamh ar an bpoiblíocht do mhealladh uaidh.

Níor thug an Slánaitheóir aon mhíniú ar an scéal. Ní duairt sé, "Ní har bhás chorpartha ná ar bheatha chorpartha atáim ag cainnt, ach ar bhás shíoraí agus ar bheatha shíoraí". Ní duairt, mar níor ghá dho é. Do thuig an mhuíntir a bhí ag cainnt gur ar bhás shíoraí agus ar bheatha shíoraí a bhí sé ag trácht. Agus do thuig an phoiblíocht leis é go hálainn. Agus do thuigeadar cleasaíocht na bhFairisíneach, chómh maith díreach agus do thuig na Fairisínigh féin é.

Níor dhein an Slánaitheóir ach leanúint ar a theagasc, leanúint ar a chur 'na luí ar na Fairisínigh agus ar na daoine ná raibh sé ag lorg a ghlóire féin, ná raibh sé ach ag cur toile an Athar Síoraí chun cínn agus ag fágaint a ghlóire féin fén Athair Síoraí. Ansan do labhair sé ar Ábraham.

XXIV. Domhnach na Páise

"Go deimhin, go deimhin adeirim libh", ar seisean, "táim-se ann, ó roimh Ábraham a bheith ann".

Ansan do thógadar na clocha chun iad do chaitheamh leis. Ach do cheil sé a chló orthu agus d'imigh sé amach as an dteampall.

Tugaidh fé ndeara go cruínn an focal deirineach san, a phobal. "Do cheil sé a chló orthu agus d'imigh sé amach as an dteampall".

Do lean sé orthu, ag cainnt leó, ag cur suas lena ndroch-chainnt agus lena ndroch-mhúineadh agus leis an dtarcaisne a bhí acu á thabhairt do, dhá gcómhairliú, dhá ínsint dóibh conas mar a bhí fearg an Athar Síoraí acu á thuilleamh dóibh féin leis an easonóir a bhí acu á thabhairt don Aon-Mhac. Do lean sé orthu an fhaid a leanadar ag cainnt, bíodh ná raibh 'na gcainnt ach easúmhlaíocht. Ní féidir dúinn-na a thuiscint cad iad na grásta a bhí aige á thabhairt dóibh an uair sin, ná cad é an solas a bhí ag Dia á thabhairt dá n-aigne i ganfhios don tsaol. Bhí gach aon fhocal a bhí ag an Slánaitheóir á rá leó ag cabhrú leis an solas a bhí ag Dia á thabhairt dóibh laistigh. Ach dá mhéid solas a tugadh dóibh is ea ba mhó a chuireadar i gcoinnibh an tsolais, agus dá fheabhas cómhairle a tugadh dóibh is ea ba mhó a chuireadar i gcoinnibh na cómhairle, go dtí, fé dheireadh, gur dhiúltaíodar d'éisteacht lena thuilleadh cainnte agus gur rugadar ar na clocha. Nuair a rugadar ar na clocha, ní raibh a thuilleadh tairbhe i gcainnt. Ansan do cheil an Slánaitheóir a chló orthu. Chromadar ag tógaint na gcloch, agus nuair ' éiríodar, ní fheacadar a thuilleadh é. D'imigh sé uathu amach as an dteampall.

D'iarras oraibh, a phobal, an ní sin go léir do thabhairt fé ndeara. Cad 'na thaobh gur cuireadh síos mar sin, i Leabhar an Aifrinn, dúinn-na agus do phoblaibh an domhain, an méid sin scéil?

Sid é cúis 'nar cuireadh síos dúinn go léir é, agus go léitear amach é do phoblaibh an domhain. An chaismirt chéanna san, an t-aighneas céanna san, an cómhrac céanna san idir an Slánaitheóir, moladh go

XXIV. Domhnach na Páise

deó leis, agus na Giúdaigh mhallaithe úd gan chiall, idir an solas agus an doircheacht, idir ghrásta Dé agus droch-aigne an duine, tá sé ar siúl ins gach aon pháirt den domhan riamh ó shin. Nuair a bhíonn an duine ag déanamh aimhleasa a anama, nuair a bhíonn an dúil sa pheaca aige, agus gur feárr leis leanúint ar an bpeaca ná iompáil ar Dhia agus ar aithrí ' dhéanamh, bíonn an chaismirt chéanna san ar siúl istigh 'na chroí, istigh 'na choínsias, idir é féin agus an Slánaitheóir, idir é féin agus grásta Dé. Grásta Dé ag ínsint na fírinne dho díreach fé mar a bhí an Slánaitheóir ag ínsint na fírinne dhóibhsiúd. An duine ag casadh agus ag camadh agus ag lúbarnaigh, a d'iarraidh cur in aghaidh na fírinne, díreach mar a bhíodar-súd. A choínsias dhá ínsint don duine, dhá ínsint do go soiléir, ná fuil aon dul aige ó bhreithiúntas Dé, ó bhreith damanta, mura gcuiridh sé uaidh an peaca. Cad a dheineann an Críostaí sa deireadh? Baochas leis an mór-chómhacht atá i ngrásta an tSlánaitheóra, iompaíonn a lán acu ar Dhia. Deinid siad an aithrí. Deinid siad an fhaoistin mhaith. Téann páis agus bás an tSlánaitheóra chun sochair dá n-anam san aspalóid. Glacaid siad an Slánaitheóir féin i Sácraimínt Chorp Críost. Ansan bíonn suaimhneas aigne acu. Bíonn deireadh leis an gcaismirt. Ach an fear go bhfuil an croí cruaidh aige, an croí calcaithe, agus an droch-mheón, cuireann sé a cheann go dána agus go daingean i gcoinnibh an tSlánaitheóra. Labhrann a choínsias leis, fé mar a labhrann sé le gach aon Chríostaí. Ní thugann sé aon toradh ar an gcoínsias. Ní chuireann san aon tsuaimhneas ar an gcoínsias. Leanann an coínsias ag labhairt, díreach fé mar a lean an Slánaitheóir ag labhairt leis na Giúdaigh go dtí gur thógadar na clocha. Leanann an coínsias ag labhairt leis an nduine go dtí go dtugann an duine cead a chínn don olc atá istigh ann agus go maraíonn sé an coínsias. Ansan, "Ceileann an Slánaitheoir a chló air agus imíonn sé amach as an dteampall".

Go sábhálaidh Dia na glóire sinn, a Chríostaithe, ar a leithéid sin de chrích dhár mbreith! Anois an t-am againn chun machnaimh a dhéanamh air. Tá an tsolaoid os cómhair ár súl againn sa tSoíscéal.

XXIV. Domhnach na Páise

Imeóidh an Slánaitheóir uainn-na, mar a dh'imigh sé uathu-súd, má chuirimíd chuige é. Go dtugaidh Dia dhúinn ná cuirfimíd. Amen.

XXV. Domhnach na Failme

An Pháis.

(Maitiú 26:1-75 agus 27:1-66)

San am san, duairt Íosa lena dheisceablaibh, "Is eól díbh go mbeidh an Cháisc ann tar éis dhá lá, agus tabharfar Mac an Duine suas chun a chéasta. Ansan do tháinig i bhfochair a chéile uachtaráin na sagart agus seanóirí an phobail i halla an árdshagairt, dárbh ainm Caiphas, agus do dheineadar cómhairle go ndéanfaidís Íosa do ghabháil le ceilg, agus é ' chur chun báis. Dúradar, áfach, "Ná deintear é lá na féile le heagla go mbeadh toirmeasc sa phobal". Ach nuair a bhí Íosa i mBetánia, i dtigh Shímoin, an lobhair, tháinig bean chuige agus árthach aici a bhí lán d'ola ana-dhaor, agus do dhoirt sí ar a cheann é agus é 'na luí. Chonaic na deisceabail san agus tháinig diomá orthu agus dúradar, "Cad chuige an vásta so? Do féadfí é sin a dhíol ar mhórán airgid agus é ' thabhairt do sna bochtaibh". Do thuig Íosa, áfach, agus duairt sé leó: "Cad chuige dhíbh bheith ag iomaidh leis an mnaoi seo? Is gníomh maith atá déanta aici orm-sa. Óir táid na boicht i gcónaí agaibh 'núr bhfochair, ach nílim-se i gcónaí agaibh. Óir nuair a chuir sí seo an ola so ar mo chorp-sa, is chun m'adhlactha a dhein sí é. Go deimhin adeirim libh, pé áit ar fuid an domhain go léir go gcraobhscaoilfar an Soiscéal so ann, neósfar, leis, mar chuímhne uirthi seo, an gníomh so atá déanta aici.

Ansan d'imigh duine den dáréag, dárbh ainm Iúdás Iscáriot, ag triall ar uachtaránaibh na sagart, agus duairt sé leó, "Cad is toil libh a thabhairt dómh-sa agus tabharfad suas díbh é?" Agus shocraíodar-san leis ar thríochad píosa airgid. Agus as san amach bhí sé ag faire ar chaoi chun é ' thabhairt suas. An chéad lá, áfach, de laethanta an aráin gan giost, tháinig na deisceabail chun Íosa, agus dúradar, "Cár mhaith leat go ndéanfaimís an Cháisc d'ollmhú dhuit le caitheamh?" Agus duairt Íosa, "Téidh sa chathair chun duine áirithe, agus abraidh leis: 'deir an Máistir: tá m'aimsir i ngaireacht dom; déanfad féin agus

XXV. Domhnach na Failme

mo dheisceabail an Cháisc agat-sa'". Agus dhein na deisceabail mar a dh'órdaigh Íosa dhóibh, agus d'ollmhaíodar an Cháisc.

Agus nuair a bhí an tráthnóna ann, do shuigh sé i bhfochair a dháréag deisceabal. Agus mar a bhíodar ag ithe, duairt sé, "Go deimhin adeirim libh go bhfuil duine agaibh-se a dhéanfaidh mise ' dhíol". Agus tháinig ana-bhuairt orthu, agus chromadar, gach duine acu, ar a rá, "An mise é, a Thiarna?" Agus duairt seisean dhá bhfreagradh, "Duine a chuireann a lámh sa mhéis im chuíbhreann, díolfaidh sé me. Tá Mac an Duine ag imeacht, fé mar atá scríofa 'na thaobh, ach is mairg don fhear san trína ndéanfar Mac an Duine do dhíol. Ba mhaith an rud don fhear san gan é ' theacht riamh ar an saol". Duairt Iúdás ansan, an fear a dhíol é, "An mise é, a Mháistir?" Duairt sé leis, "Dúraís é".

An fhaid a bhíodar ag ithe, do thóg Íosa arán, agus bheannaigh sé é, agus bhris sé é, agus thug dá dheisceablaibh é, agus duairt sé: "Glacaidh é agus ithidh é: is é seo mo chorp-sa". Ansan do thóg sé an chailís, agus ghoibh sé baochas, agus thug sé dhóibh, agus duairt sé, "Ólaidh go léir as so. Óir is é seo mo chuid fola-sa an tumna nua, a doirtfar ar son a lán chun peacaí do mhaitheamh. Deirim libh, áfach, 'Ní ólfad-sa arís den toradh so na fíniúna go dtí an lá san 'na n-ólfad é go nua mar aon libh-se i ríocht m'Athar'". Agus tar éis hiomanna do rá dhóibh, chuadar amach go cnuc Olivet.

Ansan duairt Íosa leó, "Glacfaidh sibh go léir scannal umam-sa anocht. Óir tá scríofa, 'Buailfead an t-aeire agus scaipfar caoire an tréada. Ach nuair ' éireód ón mbás, raghad rómhaibh i nGailílí'". Duairt Peadar, áfach, dhá fhreagradh, "Bíodh go nglacfaidh an uile dhuine scannal umat, ní ghlacfad-sa scannal umat choíche". Duairt Íosa leis, "Go deimhin adeirim leat, anocht féin, sula nglaofaidh an coileach, séanfair-se mise trí huaire". Duairt Peadar leis, "Bíodh go mbeadh orm bás d'fháil in éineacht leat, ní shéanfad thu". Duairt na deisceabail go léir an chainnt chéanna.

Ansan do tháinig Íosa agus iad féin chun an bhaile ar a dtugtar Getsemaní, agus duairt sé lena dheisceablaibh, "Suídh-se anso go dtéad-sa ansúd anonn chun úrnaithe". Agus thóg sé leis Peadar agus beirt mhac Sebedí agus thosnaigh sé ar bheith go buartha agus go brónach. Ansan duairt sé leó, "Tá brón an bháis ar m'anam. Fanaidh

XXV. Domhnach na Failme

anso agus deinidh faire liom". Ansan do dhrid sé tamall beag uathu, agus do thit sé ar a aghaidh, ag guí, agus duairt sé, "A Athair, más féidir é, gabhadh an chailís seo thorm; ach san am gcéanna ná deintear mar is toil liom-sa, ach deintear mar is toil leat-sa". Agus tháinig sé chun a dheisceabal, agus fuair sé iad 'na gcodladh, agus duairt sé le Peadar, "Féach, nár fhéadúir faire ' dhéanamh aon uair a' chluig amháin liom? Deinidh faire agus úrnaithe, ionas ná raghadh sibh i gcathaíbh. Tá an sprid tugtha, ach tá an fheóil lag". Do chuaigh sé i leataoibh arís ag guí, agus duairt sé, "A Athair, mura féidir an chailís seo do dhul thorm gan me dhá hól, do thoil-se go ndeintear". Agus tháinig sé arís agus fuair sé 'na gcodladh iad, óir do bhí mairbhití ar a súilibh. Agus d'fhág sé iad, agus d'imigh sé arís, agus dhein sé guí an tríú huair, ag rá na cainnte céanna. Ansan do tháinig sé chun na ndeisceabal agus duairt sé, "Deinidh codladh anois agus suaimhneas. Féach, tá an uair tagaithe agus tabharfar Mac an Duine i lámhaibh na bpeacach. Éirídh, gluaisimís. Féach, tá an fear a bhraithfidh me ag teacht".

Agus é ag rá na bhfocal san, féach, tháinig Iúdás, duine den dáréag, agus slua lena chois a chuir uachtaráin na sagart agus seanóirí an phobail leis, agus cluimhte acu agus bataí. An fear a bhraith é, áfach, thug sé cómhartha dhóibh. Duairt sé leó, "An té go dtabharfad-sa póg do, sin é é; gabhaidh greim air". Agus láithreach tháinig sé chun Íosa, agus duairt sé, "Go mbeannaíthear dhuit, a Mháistir". Agus thug sé póg do. Agus duairt Íosa leis, "A chara, cad chuige go dtánaís?" Ansan thánadar agus chuireadar a lámha ar Íosa agus chimeádadar greim air. Agus féach, duine den mhuíntir a bhí i bhfochair Íosa, do shín sé a lámh, agus tharraig sé a chlaíomh, agus bhuail sé seirbhíseach an árdshagairt, agus bhain sé an chluas de. Ansan duairt Íosa leis, "Cuir do chlaíomh thar n-ais in' inead féin. Óir gach duine a thógfaidh claíomh, is le claíomh a thitfidh sé. An dó' leat nách féidir dómh-sa a iarraidh ar m'Athair, agus cuirfidh sé chúm láithreach níos mó ná dhá bhuíon déag aingeal? Conas, dá bhrí sin, a cómhlíonfar an Scriptiúir, óir ní foláir a thitim amach mar seo?" An uair sin duairt Íosa leis an slua, "Thánúir amach chun bertha orm, agus cluimhte agus bataí agaibh, mar a thiocfadh sibh chun bertha ar bhithiúnach. Bhíos im shuí sa teampall gach lá ag teagasc 'núr measc, agus níor rugúir greim orm". Ach tá so go léir déanta chun go gcómhlíonfí Scriptiúirí na bhfáidh. Ansan d'fhág na deisceabail go léir é, agus do theitheadar.

XXV. Domhnach na Failme

Ach do chimeád an mhuíntir eile greim ar Íosa, agus do rugadar leó é i láthair an árdshagairt, Caiphas, mar a raibh na scríbhneóirí agus na seanóirí cruinnithe. Do lean Peadar é, áfach, i bhfad siar, go teaghlach an árdshagairt. Agus chuaigh sé isteach agus shuigh sé i measc na seirbhíseach, go bhfeicfeadh sé deireadh na hoibre.

Agus bhí uachtaráin na sagart agus an chómhairle go léir ag lorg fianaise bréige in aghaidh Íosa, chun go ndaorfaidís chun báis é, agus do theip orthu, bíodh go dtáinig a lán fínnithe bréige suas. Fé dheireadh, áfach, tháinig beirt fhínnithe bréige agus dúradar, "Duairt an fear so, 'Tá ar mo chumas-sa teampall Dé do leagadh, agus é ' chur suas arís i gceann trí lá'". Ansan d'éirigh an t-árdshagart 'na sheasamh, agus duairt sé, "Ná habrann tú focal leis na nithe atá acu so dá dhearbhú ort?" Ach níor labhair Íosa. Agus duairt an t-árdshagart leis, "Iarraim ort in ainm Dé atá beó go neósfá dhúinn an tu Críost Mac Dé". Duairt Íosa leis, "Dúraís é. Ach deirim libh 'na theannta san go bhfeicfidh sibh 'na dhiaidh so Mac an Duine 'na shuí ar deas-láimh nirt Dé, agus ag teacht i néalaibh neimhe". Ansan do strac an t-árdshagart a chuid éadaigh agus duairt sé, "Tá diamhasla déanta aige. Cad is gá dhúinn a thuilleadh fínnithe? Féach, anois do chloisiúir an diamhasla. Cad a chítear díbh?" Agus d'fhreagadar: "Tá bás tuíllte aige". Ansan do chaitheadar seilí san aghaidh air, agus bhuaileadar le dóirnibh é, agus bhuaileadar lena mbasaibh san aghaidh é, agus deiridís, "Targair dúinn, a Chríost, cé a bhuail tu?"

Bhí Peadar, ámh, 'na shuí sa rí-theaghlach, agus tháinig duine de sna cailíní chuige agus duairt sí, "Bhís-se, leis, i bhfochair Íosa, an Gailíliach". Agus do shéan seisean os a gcómhair go léir, agus duairt sé, "Ní fheadar cad adeirir". Agus bhí sé ag gabháil an doras amach, agus chonaic cailín eile é, agus duairt sí leis na daoine a bhí láithreach, "Bhí sé seo, leis, i bhfochair Íosa, an Nasarénach". Agus do shéan Peadar arís agus dhearbhaigh sé, "Óir níl aon aithne agam ar an nduine". Agus tar éis tamaill bhig tháinig na daoine a bhí láithreach agus dúradar le Peadar, "Go deimhin is díobh-súd tusa, óir tispeánann do chainnt gur díobh thu". Ansan do chrom sé ar dheimhniú agus ar dhearbhú ná raibh aon aithne aige ar an nduine. Agus lena línn sin, do ghlaeigh an coileach. Agus do chuímhnigh Peadar ar an bhfocal úd aduairt Íosa, "Sula nglaofaidh an coileach, séanfair-se me trí huaire". Agus d'imigh sé amach, agus do ghoil sé go dúbhach.

XXV. Domhnach na Failme

Nuair a tháinig an mhaidean, áfach, do chuaigh uachtaráin na sagart go léir agus seanóirí an phobail i gcómhairle in aghaidh Íosa chun go ndéanfaidís é ' chur chun báis. Agus thugadar leó é gofa, agus thugadar suas é do Phontius Pílát, an Rialtóir.

Ansan do chonaic Iúdás, an fear a dhein é ' bhrath, gur daoradh chun báis é, agus tháinig aithreachas air, agus thug sé an tríochad píosa airgid thar n-ais chun uachtarán na sagart agus chun na seanóirí, agus duairt sé, "Dheineas peaca, mar do bhraitheas fuil an fhíoraein". Dúradar-san, ámh, "Cad é sin dúinn-na sin? Bíodh ort féin". Ansan do chaith sé na píosaí airgid isteach sa teampall, agus d'fhág sé an áit, agus d'imigh sé agus do chroch sé é féin le téid. Agus do thóg uachtaráin na sagart na píosaí airgid agus dúradar, "Ní ceart iad do chur sa Chorbona, mar is fiacha fola iad". Ach dheineadar cómhairle, agus cheannaíodar leó páirc an photadóra chun daoine iasachta d'adhlacadh ann. Mar gheall air sin do tugadh ar an bpáirc sin Haceldama, 'sé sin, Páirc na fola, go dtí an lá so. Ansan do cómhlíonadh an ní aduairt Ieremias fáidh, mar a nduairt sé, "Agus do ghlacadar tríochad píosa airgid, luach an té ' luadh, an té do luadar a clannaibh Israeil, agus thugadar iad ar pháirc an photadóra, fé mar a cheap an Tiarna dhom".

Agus bhí Íosa 'na sheasamh os cómhair an Rialtóra agus do cheistigh an Rialtóir é, agus duairt sé, "An tusa rí na nGiúdach?" Agus duairt Íosa, "Dúraís é". Agus nuair a chuir uachtaráin na sagart agus na seanóirí coir 'na leith, níor thug sé aon fhreagra orthu. Ansan duairt Pílát, "Ná hairíonn tú na nithe a chuirid na finnithe id leith?" Agus níor fhreagair sé focal ar bith, i dtreó go raibh árdiúnadh ar an Rialtóir.

Ach ba ghnáth leis an Rialtóir, ar an lá solmanta, aon phríosúnach amháin, de réir mar a thoghfaidís, do thabhairt saor do sna daoine. Bhí aige an uair sin, áfach, príosúnach cuiripthe dárbh ainm Barabbas. Do chruinnigh Pílát na daoine agus duairt sé, "Ceocu is toil libh go leogfainn saor chúibh, Barabbas nú Íosa ar a nglaeitear Críost?" Óir bhí ' fhios aige gur le mioscais a dheineadar é ' thabhairt suas. Agus mar bhí Pílát 'na shuí sa chathaoir bhreithiúntais, do chuir a bhean teachtaireacht chuige dhá rá, "Ná bíodh aon bhaint agat leis an nduine fíoraonta san, óir tá a lán fuilicthe inniu agam mar gheall air, trí aisling". Ach do chuir uachtaráin na sagart agus na seanóirí na

XXV. Domhnach na Failme

daoine suas chun Barabbais do thoghadh agus Íosa do chur chun báis. Agus d'fhreagair an Rialtóir agus duairt sé leó, "Ceocu den bheirt is toil libh a leogaint saor chúibh?" Agus dúradar-san, "Barabbas". Duairt an Rialtóir leó, "Agus cad a dhéanfad i dtaobh Íosa, ar a nglaeitear Críost?" Dúradar go léir, "Céastar é". Duairt an Rialtóir leó, "Agus cad é an t-olc atá déanta aige?" Ach do liúdar níos aoirde, "Céastar é". Chonaic Pílát nárbh aon mhaith dho bheith leó, ach gur ag méadú a bhí an toirmeasc, fuair sé uisce, agus do nigh sé a lámha os cómhair na ndaoine, agus duairt sé, "Táim-se saor ar fhuil an fhíoraein seo; oraibh-se bíodh". Agus d'fhreagair na daoine go léir agus dúradar: "Bíodh a chuid fola orainn-na agus ar ár sliocht". Ansan do leog sé saor chúthu Barabbas, agus thug sé Íosa suas dóibh le céasadh, tar éis a sciúrsála.

Ansan do thóg saighdiúirí an Rialtóra Íosa leó amach sa halla, agus chruinníodar chuige an bhuíon go léir. Agus bhaineadar a chuid éadaigh de agus chuireadar clóca dearg air. Agus d'fhíodar coróinn dheilgneach, agus chuireadar ar a cheann í, agus chuireadar cleith 'na láimh dheis. Agus do leogaidís iad féin ar leath-ghlúin ar a aghaidh amach ag magadh fé, agus deiridís, "Go mbeannaíthear dhuit, a Rí na nGiúdach!" Agus chaithidís seile air, agus thógaidís an chleith agus bhuailidís buille dhi sa cheann air. Nuair a bhí a gcuid magaidh déanta acu, bhaineadar de an clóca, agus chuireadar a chuid éadaigh féin uime, agus do rugadar leó é chun é ' chéasadh.

Ag gabháil amach dóibh, áfach, do fuaradar duine ó Churenéa, dárbh ainm Símon, agus chuireadar ' fhéachaint ar an nduine sin dul leó agus cros Íosa d'iompar. Agus thánadar chun na háite ar a dtugtar Golgota, 'sé sin, áit Chalbharí. Agus thugadar do le n-ól fíon gur cuireadh domlas tríd, agus nuair a bhlais sé é, ní ólfadh sé é. Agus nuair a dheineadar é ' chéasadh, do roinneadar a chuid éadaigh eatarthu, dhá gcur ar chrannaibh; ionas go gcómhlíonfí an ní adeir an fáidh, "Do roinneadar eatarthu mo bhalla éadaigh, agus chuireadar ar chrannaibh mo chuid éadaigh". Ansan do shuíodar ag faire air. Agus chuireadar os cionn a chínn a chúis scríofa: Is é seo Íosa, Rí na nGiúdach. Ansan do céasadh, mar aon leis, beirt bhithiúnach, duine acu ar a láimh dheis, agus duine ar a láimh chlé. Agus an mhuíntir a ghabhadh thairis, thugaidís diamhasla dho, agus deiridís, ag crothadh a gceann, "*Váh*, do leagfá teampall Dé agus churfá suas arís é i gceann

XXV. Domhnach na Failme

trí lá: dein tu féin do shaoradh. Mas tu Mac Dé tar anuas ón gcruis". Agus ar an gcuma gcéanna, uachtaráin na sagart, ag déanamh magaidh, mar aon leis na scríbhneóiríbh agus leis na seanóiríbh, deiridís, "Do shábháil sé daoine eile; níl ar a chumas é féin do shábháil. Más é Rí Israeil é, tagadh sé anuas anois ón gcruis agus creidfimíd ann. Bhí a mhuinín a Dia: saoradh sé anois é, más ionúin leis é, óir duairt sé, 'Is mise Mac Dé'". Agus na bithiúnaigh a bhí céasta in aice leis, do thugadar an mhasla chéanna dho.

Agus ón séú huair tháinig doircheacht ar an ndomhan go léir, go dtí an naoú huair. Agus tímpall an naoú huair, do labhair Íosa de ghuth an-árd agus duairt sé, "*Eli, Eli, lamma sabactáni?*" 'Sé sin, "A Dhia, a Dhia, cad uime gur thréigis me?" Agus bhí daoine 'na seasamh ann agus d'airíodar é, agus dúradar, "Tá sé sin ag glaoch ar Elias". Agus do rith duine acu láithreach, agus d'aimsigh sé spúinse, agus thúm sé i vinéigir é, agus chuir sé ar bharra bata é, agus thug sé le n-ól do. Agus duairt an chuid eile, "Fan go bhfeiceam an dtiocfaidh Elias dhá shaoradh". Agus d'éimh Íosa arís de ghuth árd agus thug sé a anam uaidh.

(Anso tagaid na daoine ar a nglúinibh ar feadh tamaill bhig.)

Agus féach, do stracadh 'na dhá chuid, ó bhárr go bun brat an teampaill, agus do luaisc an talamh, agus do scoilt na carraigreacha, agus do hoscladh na huaghanna, agus d'éirigh a lán de chorpaibh na naomh a bhí marbh, agus tar éis aiséirithe dho, thánadar amach as na huaghannaibh, agus thánadar isteach sa chathair naofa, agus chonaic a lán iad.

Agus an captaein agus an bhuíon a bhí leis ag faire Íosa, nuair a chonacadar an luascadh talún agus na nithe do thit amach, tháinig eagla mór orthu agus dúradar, "Go deimhin dob é sin Mac Dé".

Agus bhí a lán ban ann, a tháinig i bhfad, ag leanúint Íosa, ag friothálamh air, ar a raibh Máire Mhagdalén, agus Máire Iácóib, agus máthair Ióseiph[6], agus máthair clainne Sebedí.

---

6 *Máire Iácóib, agus máthair Ióseiph*: b'fhéidir go bhfuil sciorradh pínn anso. "And Mary the mother of James and Joseph" a léimíd anso san aistriúchán Douay, 'sé sin, *Máire, máthair Iácóib agus Ióseiph*.

XXV. Domhnach na Failme

Agus nuair a bhí sé déanach, tháinig duine saibhir, ó Arimataéa, dárbh ainm Ióseph, agus duine de dheisceablaibh Íosa dob ea é. Chuaigh an duine sin ag triall ar Phílát, agus d'iarr sé corp Íosa air. Ansan d'órdaigh Pílát an corp a thabhairt do. Agus do thóg Ióseph an corp, agus chuir sé línéadach glan 'na thímpall, agus chuir sé 'na thuama féin é, (tuama) a bhí geárrtha aige i gcarraig cloiche, agus d'iompaigh sé carraig mhór chun béil na huagha, agus d'imigh sé. Bhí ann, áfach, Máire Mhagdalén agus an Mháire eile, agus iad 'na suí ar aghaidh na huagha amach.

Agus an lá 'na dhiaidh san, an lá i ndiaidh lae an ollmaithe, chruinnigh uachtaráin na sagart agus na Fairisínigh ag triall ar Phílát, agus dúradar, "A Thiarna, is cuímhin linn go nduairt an feallaire úd nuair a bhí sé beó, 'I gceann trí lá éireód arís'. Órdaigh-se, dá bhrí sin, gárda ' chur ar an uaigh go dtí an tríú lá, le heagla go dtiocfadh a dheisceabail agus go nguidfidís é, agus go ndéarfaidís leis na daoine, 'D'éirigh sé ó na mairbh', agus beidh an feall deirineach níos measa ná an chéad fheall". Duairt Pílát leó: "Tá an gárda agaibh. Imídh, agus deinidh an ghárdáil mar is eól díbh". D'imíodar, áfach, agus chuireadar gárda ag faire na huagha, agus chuireadar séala ar an gcloich.

Is cuímhin linn go léir, a phobal, an cheist úd a curtí chúinn fadó nuair a bhíomair ag foghlaim an Teagasc Críostaí:

"Cé hé Íosa Críost?"

"Mac Dé, an tarna Pearsa den Tríonóid ró-Naofa, do ghlac colann daonna".

Ansan do tháinig an cheist eile seo agus a freagra:

"Cad chuige gur ghlac Mac Dé colann daonna?"

"Chun sinn a dh'fhuascailt agus do shábháil".

XXV. Domhnach na Failme

Ní ceisteanna crua iad. Ní deocair cuímhne ' chimeád orthu. Is dó' liom gur beag éinne a dh'fhoghlaim an Teagasc Críostaí i nGaelainn nár chimeád an dá cheist sin agus an dá fhreagra san go cruínn in' aigne i gcaitheamh a shaeil. Ba dhó' le duine ar an gcéad amharc ná féadfadh aon chainnt bheith níos ré, níos glaine brí, níos soiléire ciall, ná an chainnt atá sa dá cheist sin agus sa dá fhreagra san, ach má deintear beagáinín machnaimh ar an gcainnt, chífar gur ró-dheocair cainnt a dh'fháil is doimhne ná í, is diamhaire brí ná í.

Féachaimís ar dtúis ar bhrí gach focail fé leith d'fhoclaibh na cainnte sin. Tá againn sa chéad cheist an focal "Íosa". Ínstear dúinn, nuair a tháinig aingeal an Tiarna le scéala chun Muire, dhá ínsint di go mbeadh Mac aici agus í 'na maighdin, duairt sé léi gurbh é órdú Dé dhi Íosa ' thabhairt mar ainm ar an Mac. Agus is é cúis gur tugadh an t-órdú san di i dtaobh an Mhic mar go gciallaíonn an focal "Íosa" Slánaitheóir, agus gurb é an Mac san a bhí chun na cine daonna do shlánú. Ba ghnáth riamh, nuair a deintí rí de dhuine, nuair a tugtí cómhacht rí dho os cionn daoine eile, go gcurtí íle bheannaithe ar a cheann. Is é ár Slánaitheóir, moladh 's baochas leis, rí na cine daonna go léir, ní nách iúnadh, agus is í íle do cuireadh air ná an diacht. Do ghlac Mac Dé colann daonna. Sin é brí atá leis an bhfocal "Críost". Ansan, ciallaíd an dá fhocal in éineacht, an Slánaitheóir, an Rí atá 'na Dhia agus 'na Dhuine; Mac Dé, an tarna Pearsa den Tríonóid ró-Naofa, do ghlac colann daonna chun na cine daonna ' dh'fhuascailt agus do shábháil.

Anois, cad uaidh go raibh an chine daonna le fuascailt? Tá seanaithne againn ar an bhfreagra. Bhí an chine daonna le fuascailt ó ifreann agus ó chómhachtaibh an diabhail. Agus cad a chuir an chine daonna fé chómhachtaibh an diabhail? Do chuir an peaca a dhein ár gcéad athair agus ár gcéad mháthair, peaca an tsínsir.

Do chruthaigh Dia ár gcéad athair agus ár gcéad mháthair saor ó pheaca. Do chruthaigh sé ar staid na ngrást iad. Thug sé ciall agus meabhair agus tuiscint dóibh, saor ó sna claontaibh, agus ó sna

XXV. Domhnach na Failme

droch-mhiantaibh, agus ón ndoircheacht aigne, agus ón lagachar íntinne, agus ón easpa meanmna, a chomáineann sinn-na go minic chun aimhleasa anama agus chun an pheaca. Thug sé saorthoil dóibh, toil a bhí go hiomlán ar chumas a dtuisceana, gan spleáchas ar bith d'aon ní ach do sholas na tuisceana. Ansan, mar is eól dúinn go léir, thug sé dhóibh aon aithne amháin le cimeád. Do thuigeadar 'na n-aigne, dá gcimeádaidís an t-aon aithne amháin sin go mbeidís féin agus a sliocht in aoibhneas go deó, agus dá mbrisidís an aithne sin go gcuirfidís iad féin agus a sliocht as an aoibhneas san a bhí an uair sin acu féin agus a bhí geallta ag Dia na glóire dhóibh féin agus dá sliocht.

Do bhriseadar an aithne. Dheineadar an peaca, peaca an tsínsir. Do dhíbir an peaca san iad amach as an áit aoibhinn, amach a Gáirdín Parathais. Do bhain an peaca san díobh an fhíoraontacht a bhí acu ar dtúis ó Dhia; do dhoirchigh sé a n-aigne; do lagaigh sé a dtoil; do neartaigh sé an-mhianta acu; do chlaonaigh sé chun uilc iad; agus do dhún sé dóirse na bhflaitheas 'na gcoinnibh, agus i gcoinnibh a sleachta, go deó.

Bhí ar chumas ár gcéad athar agus ár gcéad mháthar an t-olc san a dhéanamh dóibh féin agus dá sliocht, ach ní raibh ar a gcumas an t-olc do leigheas dóibh féin ná dá sliocht. Ansan is ea do dhein mór-thrócaire, agus mór-eagna, agus mór-mhaitheas Dé an obair iúntach. Do chuir Dia ar chumas Duine an ní ná raibh ar chumas duine. Do chuir Dia ar chumas Duine leórghníomh a dhéanamh chun Dé as an olc a bhí déanta ag an nduine in aghaidh Dé. Le línn ár gcéad athar agus ár gcéad mháthar do dhíbirt, mar gheall ar an bpeaca, amach a háit an aoibhnis, do thug Dia geallúint dóibh. Do gheall sé dhóibh go dtiocfadh Gin ar shliocht na mná agus go mbrúfadh an Ghin sin ceann na péiste.

Nuair a tháinig an aimsir, do tháinig an Ghin. Do ghlac Mac Dé colann daonna agus do chómhnaigh sé 'nár measc.

XXV. Domhnach na Failme

Nuair a deintear coir in aghaidh rí, dá aoirde é an rí is ea is measa an choir. Mórgacht gan teóra is ea mórgacht Dé. Dá bhrí sin, olc gan teóra is ea an t-olc atá sa pheaca a deintear in aghaidh Dé. Ansan, más trácht ar leórghníomh é, dá aoirde agus dá uaisleacht é an té go ndeintear coir 'na choinnibh is ea is aoirde agus is uaisle nách foláir an leórghníomh a bheith, nú ní leórghníomh in aon chor é. Ní foláir an leórghníomh a bheith i gcomórtas le huaisleacht an té go bhfuil an leórghníomh le déanamh leis. Ach is mar a chéile an uaisleacht atá sa leórghníomh agus an uaisleacht atá sa té a dheineann an leórghníomh. Dá bhrí sin, ní foláir an té a dheineann an leórghníomh do bheith ar aon dul in uaisleacht leis an té go ndeintear an leórghníomh leis. Ní féidir ach do dhuine uasal leórghníomh a dhéanamh le duine uasal. Ní féidir do dhuine, mura rí é féin, leórghníomh a dhéanamh le rí. Ar an gcuma san díreach, ní féidir do dhuine leórghníomh a dhéanamh le Dia mura Dia é féin. Ach is Dia ár Slánaitheóir, agus dá bhrí sin tá an leórghníomh a dhein sé, thar cheann an duine, uasal a dhóthain chun cirt Dé do shásamh as an gcoir a dhein an duine.

Ansan, ar an dtaobh eile den scéal, ní féidir sásamh a thabhairt a coir ach le fulag péine. Breith bháis ab ea an pian a thug ár gcéad athair agus ár gcéad mháthair orthu féin agus ar a sliocht nuair a dheineadar peaca an tsínsir. Dá bhrí sin, an té a thabharfadh sásamh do cheart Dé as an bpeaca san, níorbh fholáir do an bhreith bháis a dh'fhulag. Ach cá raibh le fáil an té a dh'fhéadfadh leórghníomh a dhéanamh nárbh fhéidir d'éinne ' dhéanamh ach do Dhia, agus a dh'fhéadfadh, san am gcéanna, bás a dh'fhulag 'na dhuine? Do fuaradh an tÉ sin nuair a ghlac Mac Dé colann daonna. Bhí sé 'na Dhia, agus do dhein Dia leórghníomh le Dia mar gheall ar an bpeaca a deineadh in aghaidh Dé. Bhí sé 'na Dhuine, agus d'fhuilig an Duine sin an bhreith bháis a thug an chéad duine ar an gcine daonna le peaca an tsínsir. 'Na Dhia agus 'na Dhuine dho, b'é an tarna Pearsa den Tríonóid ró-Naofa é. Chuir san 'na bhás mór-luacht a bhí ábalta ar cheart Dé do shásamh go hiomlán a peacaíbh an domhain míle uair

XXV. Domhnach na Failme

dá mba ghá é. Mór-luacht gan teóra is ea mór-luacht bháis ár Slánaitheóra Íosa Críost.

Ach féach, a phobal. Fé mar a bhí ar chumas ár gcéad athar agus ár gcéad mháthar mór-mhaitheas Dé do chur ar neamhní, go tiubaisteach, dóibh féin agus dúinn-na, tá anois ar chumas gach duine againn-na mór-luacht bháis an tSlánaitheóra do chur ar neamhní dho féin. Tá saorthoil againn-na mar a bhí acu-súd, bíodh ná fuil an toil chómh láidir againn agus ' bhí sí acu-súd. Tá aitheanta Dé againn le cimeád. Tá ar ár gcumas iad do bhriseadh. Tá ar ár gcumas iompáil i gcoinnibh Dé agus ár dtoil féin do leanúint. Tá a lán againn a dheineann é. Ní haon mhaith bheith siar ná aniar air. Ní foláir é ' dh'admháil. An Críostaí atá ag caitheamh a shaeil ar an gcuma san, ag briseadh aitheanta Dé agus gan suím aige á chur san olc atá aige á dheanamh, cad é an tairbhe dho-san mór-luacht bháis an tSlánaitheóra? Cad é an tairbhe dho-san an obair iúntach a deineadh nuair a ghlac Mac Dé colann daonna agus nuair a chónaigh sé 'nár measc?

Easpa machnaimh fé ndeár é. Dá ndeineadh an Críostaí machnamh i gceart ar bhrí agus ar bhunús a chreidimh, do scarfadh sé leis an saol go léir níos túisce ná mar a scarfadh sé le haon phioc den tsaibhreas spriodálta do cheannaigh an Slánaitheóir do lena bhás. Thuigfeadh sé in' aigne gur dhein an Slánaitheóir an ceannach san ar son gach Críostaí fé leith. Go bhfuil le fáil ag gach Críostaí fé leith, chómh maith díreach agus dá mba ná beadh ann ach é féin, toradh na hoibre do dhein an Slánaitheóir, toradh na bpianta go léir a dh'fhuilig sé, toradh a bheatha naofa agus a pháise, toradh an bháis a dh'fhuilig sé ar chrann na cruise. Agus cad 'na thaobh gur dhein an Slánaitheóir an fulag san go léir ar son gach Críostaí fé leith? Do dhein sé é le grá don Chríostaí. Déarfadh duine gurb olc is fiú a lán againn a leithéid sin d'obair a dhéanamh ar ár son. Más olc is fiú sinn é, nách in mar is mó is iúntach an grá do chuir ' fhiachaibh ar an Slánaitheóir ró-ghrámhar a leithéid sin d'obair a dhéanamh ar ár son? Más olc is fiú sinn é, nár chóir go múinfeadh san féin dúinn conas bheith

XXV. Domhnach na Failme

úmhal? Níl aon rud is mó a dheineann an duine mí-thaithneamhach i láthair Dé ná uabhar. Agus más olc is fiú éinne go ndéanfadh an Slánaitheóir páis agus bás a dh'fhulag ar a shon, níl éinne is lú is fiú é ná fear an uabhair. Is bocht an scéal é, a Chríostaí! Uabhar agus mór-is-fiú agus éirí-in-áirde ar pheacach bhocht mhí-fhoirtiúnach ná fuil blúire maitheasa le fáil ann i láthair Dé ach pé maitheas a fuair sé trí ghrásta an tSlánaitheóra! Is é céad rud, dá bhrí sin, is ceart don Chríostaí a dhéanamh, ag machnamh do ar Pháis an tSlánaitheóra, ná é féin d'úmhlú. A thuiscint in' aigne go fírinneach pé rud a dhein ár Slánaitheóir dúinn gurbh olc ab fhiú sinn é, agus gurb olc is fiú a lán againn fós féin é.

Nuair a dh'úmhlóimíd sinn féin ar an gcuma san i láthair Dé, beidh ar ár gcumas, b'fhéidir, le cúnamh ó ghrásta Dé, machnamh tairbheach a dhéanamh ar pháis agus ar bhás an tSlánaitheóra. Dallann uabhar aigne an duine. Tugann an úmhlaíocht, más fíor-úmhlaíocht í, solas d'aigne an duine. An té a dhéanfaidh, le fíor-úmhlaíocht, dlúth-mhachnamh ar pháis agus ar bhás an tSlánaitheóra, tabharfaidh grásta Dé solas dá aigne agus dá chroí chun mór-luacht páise agus báis an tSlánaitheóra do bhreithniú agus do thuiscint, chómh fada agus is féidir don duine a leithéid do dhéanamh.

Cuímhneóidh an duine sin ar an rúndiamhar uathásach, conas mar a ghlac Mac Dé colann daonna chun sinn-na ' dh'fhuascailt agus do shábháil. Déarfaidh sé in' aigne: "Le grá dhómh-sa a deineadh an ní sin. Níorbh fiú me é! Mo ghrá mo Thiarna Íosa Críost!"

Breithneóidh an duine sin teacht an tSlánaitheóra ar an saol: 'na Mhac ag an Maighdin Muire; oíche Nollag; i lár an gheímhridh; sa stábla fhuar; i ndealús agus in annró; agus déarfaidh sé in' aigne: "Le grá dhómh-sa a deineadh san. Níorbh fhiú me é! Mo ghrá mo Thiarna Íosa Críost!"

Breithneóidh an duine sin beatha an tSlánaitheóra; ísleacht agus cruatan agus dealús na beatha san i gcaitheamh na ndeich mblian

XXV. Domhnach na Failme

bhfichead. Déarfaidh sé in' aigne: "Le grá dhómh-sa is ea d'fhuilig an Slánaitheóir an bheatha san. Níorbh fhiú me é! Mo ghrá mo Thiarna Íosa Críost!"

Breithneóidh an duine sin na trí bliana do chaith an Slánaitheóir ag teagasc na ndaoine, ag teagasc a dheisceabal, ag cur suas leis an easonóir a bhí aige dá fháil ar gach aon tsaghas cuma ó sna Giúdaígh. Déarfaidh sé in' aigne: "Le grá dhómh-sa is ea d'fhuilig an Slánaitheóir na nithe sin. Níorbh fhiú me é! Mo ghrá mo Thiarna Íosa Críost!"

Breithneóidh an duine sin an feall uathásach a deineadh nuair a dhíol duine dhá dheisceablaibh féin an Slánaitheóir, nuair a thug Iúdás suas don namhaid é. Déarfaidh sé in' aigne féin: "Le grá dhómh-sa is ea d'fhuilig an Slánaitheóir an feall san. Níorbh fhiú me é! Do dheineas féin feall mar é gach aon uair a dheineas peaca. Go ndeinidh an Slánaitheóir é ' mhaitheamh dom! Mo ghrá mo Thiarna Íosa Críost!"

Breithneóidh an duine sin an brón uathásach a tháinig ar an Slánaitheóir nuair a bhí sé sa gháirdín ag cur a ghuí suas chun an Athar Síoraí, agus nuair a chomáin déine agus neart an dóláis a bhí ar a Chroí an t-allas fola amach trína bhallaibh beatha i dtreó go raibh an fhuil ag titim 'na sruthaibh anuas ar an dtalamh. Déarfaidh sé in' aigne: "Peacaí an domhain, agus mo pheacaí-se, fé ndeár an dólás a chomáin an fhuil sin amach ar an gcuma san. Le grá dhómh-sa do fuiligeadh an dólás éagsamhlach san! Níorbh fhiú me é. Mo ghrá mo Thiarna Íosa Críost!"

Breithneóidh an duine sin an chuma 'nar tugadh na fínnithe bréige i gcoinnibh an tSlánaitheóra chun éithigh do dhearbhú air agus é ' dhaoradh chun báis. Breithneóidh sé conas mar a dh'éist an Slánaitheóir leis an éagóir agus leis an éitheach go léir gan oiread agus focal do labhairt. Tuigfidh sé in' aigne gurbh é toil an tSlánaitheóra, moladh go deó leis, an éagóir sin a dh'fhulag ar son na cine daonna go léir agus ar son gach duine fé leith den chine daonna,

XXV. Domhnach na Failme

agus déarfaidh sé leis féin: "Le grá dhómh-sa do fuiligeadh an éagóir sin agus an bhreith bháis sin. Níorbh fhiú me é! Sin í an bhreith bháis do shaor mise ó bhreith damanta! Mo grá mo Thiarna Íosa Críost!"

Breithneóidh an duine sin conas mar a tugadh an Slánaitheóir Naofa os cómhair phobail na nGiúdach; agus é go brúite, bascaithe, geárrtha, teinn; agus conas mar a fiafraíodh díobh ceocu Íosa, an Slánaitheóir, nú Barabbas, an bithiúnach, a tabharfí saor dóibh, agus conas mar a dh'iarradar an bithiúnach a thabhairt saor dóibh agus an Slánaitheóir Íosa Críost do chéasadh. Ba mheasa iad ná an Págánach, dá olcas é. Do nigh an Págánach a dhá láimh os a gcómhair agus duairt sé, "Táim-se saor", ar seisean, "ar fhuil an fhíoraein seo. Bíodh a chuid fola oraibh-se". Agus do liúdar-san, "Bíodh a chuid fola orainn-na agus ar ár sliocht".

Ní miste dhúinn-na a rá, ach is ar a mhalairt de chuma é: "Bíodh a chuid fola orainn-na! Bíodh a chuid fola ró-naofa orainn chun sinn a ghlanadh ó gach smól peaca agus chun sinn a bhreith saor go flaitheas na ngrást! Bíodh a chuid fola orainn go léir agus ar gach duine againn fé leith!" Agus abradh gach duine againn fé leith: "A Thiarna, ní fiú me é! Mo ghrá mo Thiarna Íosa Críost!"

Breithneóidh an duine sin na pianta géara d'fhuilig an Slánaitheóir nuair a tugadh suas é do sna saighdiúiribh Rómhánacha agus nuair a sciúrsáladar é. Bhíodar dhá sciúrsáil go dtí go rabhadar cortha. Ansan do chuireadar brat corcra uime, mar dhea gur rí é, agus chuireadar an chóróinn ar a cheann naofa, ach ba chóróinn dheilgneach í, agus chuireadar cleith 'na láimh, a shlat rí, mar dhea, agus do leogaidís iad féin ar leath-ghlúin agus deiridís, "Go mbeannaíthear dhuit, a rí na nGiúdach!" Ansan do thógaidís an chleith as a láimh agus bhuailidís buille dhi sa cheann air. Breithneóidh an duine na nithe sin go léir agus déarfaidh sé go húmhal: "Peacaí an domhain agus mo pheacaí-se is ea a dhein an droch-obair sin go léir! Le grá dhómh-sa is ea ' dh'fhuilig an Slánaitheóir na pianta san agus an easonóir sin. Níorbh

XXV. Domhnach na Failme

fhiú me é! Ach conas a bheadh an scéal agam mura mbeadh é! Mo ghrá mo Thiarna Íosa Críost!"

Leanfaidh an duine sin, in' aigne, cos ar chois, siúl an tSlánaitheóra ón gcathair suas amach go cnuc Chalvarí. Breithneóidh sé an chros adhmaid, agus na taraingí móra ramhra, agus an casúr chun na dtaraingí ' chomáint, agus na céastóirí, na fir gan trua gan taise gan daonnacht. Chífidh sé, le súilibh a aigne, an Slánaitheóir dá shíneadh ar an adhmad; an lámh a leighis na mílte dá síneadh amach chun na háite 'na bhfuil an poll san adhmad. Chífidh sé an tarainge á chur ar chroí na deárnan. Chífidh sé an casúr á thógaint. Aireóidh sé an buille. Chífidh sé an fhuil, fuil an tSlánaitheóra, ag sceinnt amach as an láimh. Breithneóidh sé an pian. Déarfaidh sé in' aigne, "Do cheannaigh an pian san an chine daonna! Mo ghrá mo Thiarna Íosa Críost!"

Fanfaidh an Críostaí sin 'na sheasamh, in aice na Maighdine, ag bun na cruise, i gcaitheamh na dtrí huaire ' chluig, agus é ag féachaint suas i ngnúis an tSlánaitheóra, agus é ag machnamh, agus déarfaidh sé ó am go ham, as a mhachnamh: "Mo ghrá mo Thiarna Íosa Críost!" Chífidh sé, ar ball, an spéir ag athrú, an solas ag imeacht as an ngréin, an talamh féna chosaibh ag crith agus ag luascadh. Ansan aireóidh sé an guth árd ó bhéal an tSlánaitheóra díreach sarar thug sé a anam uaidh. Ansan dearfaidh an Críostaí sin, in' aigne: "Tá an obair déanta! Táid na fiacha móra díolta. Tá an chine daonna ceannaithe. Tá dóirse na bhflaitheas oscailte. Tá ceann na péiste brúite. Tá san go léir déanta don chine daonna go léir agus do gach duine fé leith, agus dómh-sa féin chómh maith le duine. Mo ghrá mo Thiarna Íosa Críost!" Go dtugaidh Dia dá ghrástaibh dúinn go léir, a phobal, gan aon rud a dhéanamh a chuirfeadh an ceannach san ar neamhní uainn. Amen, a Thiarna Íosa Críost!

SEANMÓIN IS TRÍ FICHID

XXVI. Domhnach Cásca

Léitear an Soiscéal. (Marcus 16:1-7)

San am san, cheannaigh Máire Mhagdalén agus Máire, (máthair) Shéamais, agus Salómé, spíosra, chun go dtiocfaidis agus go n-úngfaidís Íosa. Agus go hana-mhoch ar maidin an chéad lae den tseachtain, thánadar chun na huagha, agus bhí an ghrian tar éis éirithe. Agus bhíodar dhá rá lena chéile, "Cé ' iompóidh an chloch siar dúinn ó bhéal na huagha?" Agus nuair ' fhéachadar, do chonacadar an chloch iompaithe siar. Agus bhí an chloch ana-mhór. Agus chuadar isteach san uaigh agus chonacadar fear óg 'na shuí i leith na lámha deise, agus éadach geal air, agus tháinig scannradh orthu. Agus duairt sé leó, "Ná bíodh eagal oraibh. Íosa atá uaibh, an Nasarénach a céasadh, d'éirigh sé. Níl sé anso. Féach an áit 'nar chuireadar é. Ach imídh, agus ínsidh dá dheisceablaibh agus do Pheadar, go bhfuil sé imithe rómhaibh go Gaililí. Chífidh sibh san áit sin é, mar aduairt sé libh".

Fadó, nuair a thosnaíomair ar an dTeagasc Críostaí ' dh'fhoghlaim, a phobal, is cuímhin linn go léir gur múineadh dúinn ar dtúis na chúig Cínn-rúndiamhra, Aondacht Dé, Tríonóid Dé, Incholladh an tSlánaitheóra, Bás an tSlánaitheóra, agus Aiséirí an tSlánaitheóra. Do múineadh dúinn, leis, an uair sin, aon Chríostaí atá tagaithe i mbliantaibh tuisceana, nách folair do eólas a bheith aige ar na chúig mistéiribh sin agus iad a chreidiúint go hoscailte. Dá bhrí sin, ní gá dul chun aon trioblóide chun a chur 'na luí ar aigne éinne againn gur éirigh ár Slánaitheóir ó sna mairbh. Is fírinne d'fhírinnibh ár gcreidimh é, agus an té ná creidfeadh é, ní Críostaí ceart in aon chor é.

Ach tá a lán daoine lasmu' den chreideamh, lasmu' de chreideamh Chríost, agus do chonaic an Slánaitheóir ó thosach go séanfaidís an Aiséirí mura gcurtí gach aon rud os a gcómhair chómh soiléir le solas na gréine. Chonaic sé go séanfadh na Giúdaígh láithreach an Aiséirí, agus gan amhras go ndéanfadh na págánaigh magadh dhe. Dá bhrí

XXVI. Domhnach Cásca

sin, b'é a thoil naofa nithe do shocrú i dtreó nárbh fhéidir d'éinne an fhírinne sin do shéanadh gan a chiall féin agus a réasún féin do shéanadh.

B'é céad ní a dhein an Slánaitheóir chuige sin ná a dh'ínsint roim ré dá dheisceablaibh, arís agus arís eile, go n-éireódh sé ó sna mairbh. D'inis sé an méid sin roim ré, chómh soiléir sin agus chómh minic sin, go raibh an scéal ag na Giúdaígh chómh maith agus ' bhí sé ag na deisceabail. Bhí fios an scéil chómh maith san acu go dtánadar ag triall ar an Gobharnóir agus go ndúradar leis, um thráthnóna Aoine an Chéasta, "Duairt sé siúd", ar siad leis an nGobharnóir, "go n-éiréodh sé ón mbás. B'fhéidir go dtiocfadh a dheisceabail agus go nguidfidís an corp, agus go ndéarfaidís leis an bpoiblíocht gur éirigh sé ón mbás, fé mar a gheall sé. Iarraimíd ort-sa, dá bhrí sin, lucht faire do chur ar an dtuama i dtreó ná féadfar an corp a ghuid". "Tá go maith", arsan Gobharnóir, "beiridh libh saighdiúirí agus cuiridh ag déanamh na faire iad".

Dheineadar. Do cuireadh na saighdiúirí ag déanamh na faire. Bhí an scéal go maith ag na saighdiúiribh go dtáinig deireadh na hoíche orthu, agus an lá ag teacht, ar maidin Domhnaigh Chásca. Ansan do chonacadar an Aiséirí. Agus tháinig a leithéid sin de scannradh orthu gur ritheadar as an áit agus gur thánadar ag triall ar an muíntir a chuir ann iad. D'ínseadar cad a chonacadar.

"Eistidh! Eistidh!", arsan mhuíntir eile. "Seo breab mhaith dhíbh agus abraidh gur thit úr gcodladh oraibh, agus gur tháinig na deisceabail agus gur ghuideadar an corp".

Do ghlac na saighdiúirí an t-airgead. Ghlacadar é mar thuarastal. Ní baol go ndúradar lena n-uachtaránaibh féin gur thit aon chodladh orthu. Coir bháis ab ea an uair úd do shaighdiúir Rómhánach codladh ' thitim air agus é ag déanamh faire. Thógadar an t-airgead agus d'imíodar a mbóthar. Grásta mór ón Slánaitheóir, do sna Giúdaígh, ab ea an ní sin. Dá mb'fhéidir d'aon rud a súile ' dh'oscailt, ba chóir go

XXVI. Domhnach Cásca

n-osclódh an méid sin iad. Ach ba ghrásta in aistear é. Is uathásach an cuirpeach a dheineann an duine dhe féin nuair a shocraíonn sé a aigne ar ghabháil i gcoinnibh ghrásta Dé. Grásta mór don chine daonna go léir ab ea é, leis. Chuir an ní sin ' fhiachaibh ar na saighdiúiribh sin, agus ar na Giúdaigh féin, bheith 'na bhfínnithibh go deó, don domhan go léir, ar fhírinne na hAiséirí.

Ní raibh na saighdiúirí ach imithe as an áit nuair a tháinig na mná, mar adeir an Soiscéal. Tispeánann cainnt na mban, agus iad ag teacht chun na huagha, ná raibh aon choinne acu go raibh na saighdiúirí ann in aon chor. Dhein na Giúdaigh a ngnó go discréideach. Níor leogadar orthu le héinne, ach leis an lucht faire féin, go raibh an faire dá dhéanamh. Is é rud a bhí uathu ná, dá ráineódh go dtiocfadh éinne de sna deisceabail chun na huagha, go mbéarfí air, agus go ndéarfaidís gur chun an chuirp a ghuid a bhí sé. Ní raibh aon choinne ag na mnáibh go raibh an lucht faire san áit, ná gur cuireadh aon scannradh orthu. Is é rud a bhí ag déanamh buartha dhóibh, agus iad ag teacht chun an tuama, ná conas a dh'iompóidís siar an leac mhór throm a bhí ar dhoras an tuama, i dtreó go bhféadfaidís dul isteach agus an íle dhaor a thugadar leó do chur ar an gCorp, chun onóra don tSlánaitheóir. Bean uasal ana-shaibhir ab ea Máire Mhagdelén agus ba mhaith léi úsáid a dhéanamh de chuid dá saibhreas chun onóra ' thabhairt do Chorp an Tiarna. Nós ab ea san áit sin íle dhaor den tsórd san do chur ar chorpaibh na marbh, dá mbeadh sé de ghustal ag á ndaoine muínteartha é ' dhéanamh, agus onóir mhór do sna mairbh ab ea é.

Nuair a tháinig na mná chun na huagha, fuaradar an leac iompaithe siar agus an uaigh ar oscailt. Bhí iúnadh ana-mhór orthu. Níor chuímhníodar in aon chor ar ghuid ná ar fhuadach ná ar aiséirí. Dheallródh an scéal gur mhó a bhí na Giúdaigh ag cuímhneamh ar an ngeallúint a thug an Slánaitheóir uaidh i dtaobh na hAiséirí ná mar a bhí a mhuíntir féin ag cuímhneamh ar an ngeallúint. Gan amhras, do chuímhnigh na mná gur dhócha go raibh daoine éigin eile tagaithe

XXVI. Domhnach Cásca

rómpu chun an ghnótha chéanna do dhéanamh. Ach, dar leó, ba mhór an iúnadh nár dhúnadar an uaigh 'na ndiaidh.

Chuaigh na mná isteach san uaigh. Ansan is ea do cuireadh scannradh orthu. Chonacadar an fear 'na shuí istigh, i leith na lámha deise. Fear óg. Thuigeadar láithreach nár dhuine saolta é. Sin é ' chuir an scannradh orthu. Do labhair sé leó. D'inis sé dhóibh cé ' bhí uathu. "Níl sé anso", ar seisean. "Féach an áit 'nar chuireadar é. Ach imídh agus ínsidh dá dheisceablaibh agus do Pheadar go bhfuil sé imithe rómhaibh go Gaililí. Chífidh sibh san áit sin é, mar aduairt sé libh".

Níl aon tsaghas fianaise is feárr chun na fírinne ' chur i bhfeidhm uaireanta ná an fhianaise a thugann an fínné uaidh i ganfhios do féin. Tá anso againn, le leónú Dé, trí haicmeacha fínnithe den tsórd san. Tá againn, ar dtúis, na Giúdaigh féin. Bhí ' fhios acu gur gheall an Slánaitheóir go n-éireódh sé ón mbás. Chimeádadar an gheallúint sin 'na gcuímhne, níos cruinne ná mar a chimeád na mná, dá mhéid a ngrá don tSlánaitheóir. Ansan do chuireadar an lucht faire ar an uaigh. Cheapadar go raibh rud acu á dheanamh a chuirfeadh a cumas éinne, go deó, a rá gur éirigh sé ón mbás. Cad a bhí déanta acu ar ball, áfach, ach a chur a cumas éinne, go deó, a shéanadh gur éirigh sé ón mbás! Dheineadar, i ganfhios dóibh féin, an fhianaise ba threise 'b fhéidir a dhéanamh ar fhírinne na hAiséirí.

Tá againn, ansan, an lucht faire féin, saighdiúirí iasachta, págánaigh aniar ó chathair na Rómha, daoine ná déanfadh ach stealla-mhagadh dá dtráchtadh éinne leó ar aiséirí ó bhás. Do cuireadh ag faire na huagha iad. Ní raibh aon chuímhneamh in aon chor acu ar aon ní ach go mb'fhéidir go dtiocfadh daoine éigin chun an chuirp a ghuid. Fir ab ea iad nárbh fhuiriste scáth ná eagla ' chur orthu. Fir ná raibh blúire binne acu ar charaid ná ar namhaid, ná puínn urrama acu don mhuíntir a chuir ag déanamh na faire iad. Ach pé'r domhan é, dob olc an dó' iad d'aon bhithiúnach a thiocfadh ag guid an chuirp uathu. Ach do chonacadar an radharc uathásach. Chonacadar an Aiséirí. Do ritheadar, agus iad i ndeireadh an anama le scannradh, ag triall ar an

XXVI. Domhnach Cásca

muíntir a chuir ann iad. Fir ab ea iad nár chuir bás ná beatha riamh aon scannradh orthu. D'ínseadar go raibh an duine marbh éirithe ón mbás! Mura mbeadh gur ínseadar é sin, cad ba ghá don mhuíntir eile an bhreab a thabhairt dóibh ach a rá gur guideadh an corp uathu? Mura mbeadh go raibh sé éirithe ón mbás, agus go raibh ' fhios ag an dá thaobh, ag an lucht faire agus ag na Giúdaígh, go raibh sé éirithe, ar ndó', bheadh an corp ann le tispeáint. Ní raibh an corp ann le tispeáint. Bhí ' fhios acu nár guideadh é. Cá raibh sé? Má cheapadar gur guideadh é, cad chuige an bhreab? Má cheapadar go raibh an corp guidithe, cad 'na thaobh nár cuireadh cuardach ar bun? Cad 'na thaobh nár rith na Giúdaígh láithreach ag triall ar an nGobharnóir chun gearáin a chur isteach ar an lucht faire? Is maith a bhí ar a gcumas a rá, "D'iarramair ort lucht faire do chur ar uaigh an fhir úd le heagla go nguidfí an corp agus go ndéarfadh a dheisceabail gur éirigh sé ón mbás. Níor dhein an lucht faire an gnó mar ba cheart. Thiteadar 'na gcodladh. Tá an díobháil go léir déanta. Tá an corp imithe. Déarfaidh a dheisceabail anois gur éirigh sé ón mbás fé mar a gheall sé, agus ní fios cad é an deireadh ' bheidh ar an scéal. Creidfidh an saol mór gur éirigh sé ón mbás. Tá do chómhacht-sa féin i gcúntúirt mura bhféadfar an corp a dh'fháil agus é ' thispeáint don phoiblíocht agus leogaint dóibh an fhírinne ' dh'fheiscint lena súilibh féin. Ar mhaithe led chómhacht féin sa tír seo, cuir lucht cuardaigh amach láithreach agus faightear an corp, pé áit 'nar cuireadh i bhfolach é".

Dá gcreididís gur guidithe a bhí an corp, sin é ' dhéanfaidís láithreach. Níor dheineadar aon ní dhá shórd. Níor dheineadar aon bhlúire cuardaigh. Níor dheineadar, mar bhí ' fhios acu go maith gur inis na saighdiúirí an fhírinne dhóibh. Bhí ' fhios acu go maith go raibh sé éirithe ón mbás. Sin mar a dhein na saighdiúirí bochta págánacha úd fianaise láidir, sholasmhar, ar fhírinne na hAiséirí, agus gan aon léas 'na n-aigne féin, an uair sin, de sholas na fírinne sin.

Is iad na mná a tháinig chun na huagha ar maidin, nuair a bhí an lucht faire imithe, an tríú haicme fínnithe a thugann fianaise, i

XXVI. Domhnach Cásca

ganfhios dóibh féin, ar fhirinne na hAiséirí. Ní raibh aon choinne acu ná go raibh an leac mhór ar bhéal na huagha. Ní raibh aon choinne acu ná go raibh an Corp sínte istigh san uaigh, san áit 'na bhfeacadar dá chur é um thráthnóna Dé hAoine roimis sin. Chonacadar an leac mhór iompaithe siar ó bhéal na huagha, agus bhí iúnadh orthu. Sin cuid den fhianaise. Chuadar isteach. Chonacadar an t-aingeal 'na shuí istigh. D'inis sé dhóibh cé ' bhí uathu. D'inis sé dhóibh ná raibh sé le fáil acu san áit sin mar go raibh sé éirithe ón mbás. Chuir sé i gcuímhne dhóibh, rud a bhí dearúdta acu féin an uair sin mar gheall ar mhéid a mbuartha, conas mar a bhí geallta ag an Slánaitheóir go n-éireódh sé ón mbás. "Chífidh sibh sa Ghaililí é", ar seisean, "mar aduairt sé".

Ní fhéadfadh fianaise ' bheith níos treise ná an fhianaise atá againn ar Aiséirí ár Slánaitheóra. Ní féidir d'éinne diúltú don fhianaise sin, ach do dhuine ná creidfeadh radharc a shúl féin.

Ach, a phobal, mar aduart ar dtúis, níl aon ghá againn-na le fianaise ná le fínnithe chun a chur 'na luí orainn gur éirigh ár Slánaitheóir ó sna mairbh. Sin é ár gcreideamh. Tá an creideamh san chómh daingean istigh 'nár n-aigne agus atá go bhfuilimíd féin beó, baochas mór le Dia a thug an creideamh san dúinn! Tá ' fhios againn gur ghlac Mac Dé colann daonna chun sinn d'fhuascailt agus do shábháil; gur fhuilig sé bás ar chrann na cruise ar ár son; gur éirigh sé an treas lá ó mharaíbh; go ndeighidh sé suas ar neamh; go bhfuil sé 'na shuí ar deas-láimh Dé. Tá ' fhios againn go dtiocfaidh sé chun breithiúntais a thabhairt ar bheóibh agus ar mharaíbh. Tá ' fhios againn go n-éireóimíd féin, leis, ón mbás agus go gcaithfimíd aghaidh a thabhairt ar an mbreithiúntas san. An bhfuilimíd ag caitheamh ár mbeatha ar an saol so anois ar an gcuma is feárr a dh'ollmhóidh sinn i gcómhair an bhreithiúntais sin? Sin é an scéal go léir. Má táimíd á dhéanamh san, le cúnamh ó ghrásta Dé, is cuma dhúinn cad a dhéanfaid lucht aighnis, agus argóinte, agus díospóireachta i dtaobh creidimh. Má táimíd dhá dhéanamh san, le cúnamh ó ghrásta Dé, beimíd ar dheis an tSlánaitheóra an lá san, agus tá ' fhios againn go

XXVI. Domhnach Cásca

dtabharfaidh an Slánaitheóir, an lá san, an bheatha shíoraí mar luach saothair do sna dea-dhaoine agus pianta síoraí i dtine ifrinn do sna droch-dhaoine. Go dtugaidh Dia dhúinn, trí ímpí na Maighdine Muire, Máthair an tSlánaitheóra, bheith ar dheis an tSlánaitheóra an lá san. Amen.

XXVII. Mion-Cháisc

Léitear an Soíscéal. (Eóin 20:19-31)

San am san, um thráthnóna an lae chéanna, an chéad lae den tseachtain, nuair a bhí na dóirse dúnta, mar a raibh na deisceabail cruinnithe le heagla na nGiúdaíoch, tháinig Íosa agus sheasaimh sé 'na láthair, agus duairt sé leó: "Síocháin díbh". Agus nuair aduairt sé an focal san, do thispeáin sé dhóibh a dheárnacha agus a thaobh. Bhí áthas ar na deisceabail dá bhrí sin, mar go bhfeacadar an Tiarna. Ansan duairt sé leó arís: "Síocháin díbh. Fé mar a sheól an tAthair mise, seólaim-se sibhse". Nuair aduairt sé an méid sin, do chuir sé a anál fúthu, agus duairt sé leó, "Glacaidh an Sprid Naomh. Na daoine go maithfidh sibh a bpeacaí dhóibh, táid siad maite dhóibh; agus na daoine go gcimeádfaidh sibh a bpeacaí gan maitheamh dóibh, táid siad gan maitheamh dóibh". Ach Tomás, duine den dáréag, go dtugtí Didimus air, ní raibh sé 'na bhfochair nuair a tháinig Íosa. Duairt na deisceabail eile leis, "Chonacamair an Tiarna". Duairt seisean, áfach, leó, "Mura bhfeicead 'na dheárnachaibh rian na dtaraingí, agus mura gcuiread mo mhéar isteach in inead na dtaraingí, agus mura gcuiread mo lámh isteach 'na thaobh, ní chreidfead". Agus tar éis ocht lá, bhí na deisceabail istigh arís, agus Tomás 'na bhfochair. Tháinig Íosa, agus na dóirse dúnta, agus sheasaimh sé 'na láthair, agus duairt sé, "Síocháin díbh". Ansan duairt sé le Tomás, "Cuir do mhéar anso isteach agus féach ar mo dheárnachaibh, agus cuir do lámh anso isteach im thaobh, agus ná bí do-chreideamhach, ach bí so-chreideamhach". Ansan d'fhreagair Tomás agus duairt sé, "Is tu mo Thiarna agus mo Dhia". Duairt Íosa leis, "Do chreidis, a Thomáis, mar do chonaicís. Is beannaithe an mhuíntir a chreid agus ná feacaigh". Do dhein Íosa, i láthair a dheisceabal, mórán eile míorúiltí ná fuil scríofa sa leabhar so. Ach do scríodh an méid seo ionas go

XXVII. Mion-Cháisc

gcreidfeadh sibhse gurb é Íosa is Críost agus is Mac Dé ann, agus dhá chreidiúint sin díbh go mbeadh an bheatha agaibh in' ainm.

Chímíd ansan, a phobal, an rud ba dhó' le héinne a thitfeadh amach nuair a bhí na Giúdaígh tar éis an tSlánaitheóra ' chur chun báis, 'sé sin, na deisceabail cruinnithe agus iad i bhfolach istigh i seómra agus na dóirse dúnta, agus scannradh orthu le heagla go dtiocfadh na Giúdaígh agus go gcuirfidís iad féin chun báis fé mar a chuireadar an Tiarna chun báis. Ní raibh eagla an bháis imithe de sna deisceabail an uair sin. Bhí an scannradh orthu fós. Nuair a tháinig Domhnach Cíncíse agus nuair a thúirlig an Sprid Naomh orthu, sin é uair a dh'imigh an scannradh dhíobh i gceart.

Bhí na mná a tháinig chun na huagha ar maidin Domhnaigh Chásca tar éis a dh'ínsint do sna deisceabail, fé mar a dh'órdaigh an t-aingeal dóibh, go raibh an Slánaitheóir éirithe ón mbás. Ach ba ró-dheocair a chur 'na luí ar na deisceabail go raibh aon éifeacht leis an gcainnt. Ní chreidfidís ná gurbh amhlaidh a tháinig scannradh éigin gan chúis, nú speabhraídí éigin, ar na mnáibh. Ní ghéillfidís go raibh aon bhrí sa scéal. Ba chuímhin leó, nuair a tugadh chun a gcuímhne é, gur gheall an Slánaitheóir féin dóibh, go minic, go n-éireódh sé ón mbás. Ach níor chuir san ' fhiachaibh orthu cainnt na mban a chreidiúint ná suím a chur sa scéal a dh'ínseadar. Dúradar leó féin, gan amhras, dá mbeadh sé beó, éirithe ón mbás, go dtiocfadh sé ag triall orthu agus go bhfeicfidís go léir é, lena súilibh féin, gan bheith ag brath ar scéaltaibh ná ar speabhraídíbh ban.

Lena línn sin, bhí sé ansúd 'na sheasamh 'na measc! Chonacadar go léir é, an méid a bhí ann díobh. Chonacadar é lena súilibh féin. Bhí sé 'na sheasamh 'na measc agus na dóirse dúnta. Ní deirtear gur oscail sé aon doras chun teacht isteach sa tseómra. Ní deirtear ach: "Tháinig Íosa agus sheasaimh sé 'na láthair". Do labhair sé leó. "Síocháin díbh", ar seisean.

XXVII. Mion-Cháisc

Bhí brí ana-mhór, ana-dhoimhinn, leis an bhfocal san an uair sin. Bhí bás an tSlánaitheóra ar chrann na cruise tar éis na síochána ' dhéanamh idir Dhia agus an chine daonna, an tsíocháin a milleadh nuair a dhein ár gcéad athair agus ár gcéad mháthair an peaca. Do cheannaigh an Slánaitheóir an tsíocháin sin lena bhás. Tháinig sé ag triall ar a dheisceablaibh nuair a bhí an ceannach déanta. Thispeáin sé dhóibh a dhá láimh agus a thaobh. Thispeáin sé dhóibh fiacha na síochána. Bhí an admháil ansúd go doimhinn agus go daingean, 'na dhá dheárnain agus 'na thaobh, mar ar cuireadh an tsleagh treasna trína chroí naofa, agus mar ar cuireadh na spící ramhra trína dhá láimh. Thispeáin sé dhóibh cad a chosain an tsíocháin a bhí ceannaithe aige dhóibh, agus ansan thug sé dhóibh an tsíocháin. "Síocháin díbh", ar seisean.

Ansan deir an Soíscéal focal eile, agus is focal é gur ceart go gcuirfeadh sé iúnadh orainn. Scáth agus eagla is ea a bhí ag cimeád na ndeisceabal cruinnithe ansúd sa tseómra úd. Ní leogfadh eagla d'éinne acu a cheann a chur lasmu' den doras go dtí go dtiocfadh doircheacht na hoíche. Bhíodar i gcás 'na gcuirfeadh aon ní neamh-choitianta ag crith le tuilleadh eagla iad. Agus ansan, an duine a dh'fhágadar sínte marbh san uaigh roinnt laethanta roimis sin, b'in é ansúd é 'na sheasamh os a gcómhair ag cainnt leó! Cuirimís sinn féin 'na gcás agus féach conas a bheadh an scéal againn. Dá bhfágadh duine againn a dhuine muínteartha sa reilig inniu, agus an duine muínteartha san do theacht agus é féin a thispeáint amáireach do, conas a bheadh an scéal aige? Tá gach aon deallramh go gcuirfeadh an scannradh a thiocfadh air luíochán trom air. Ach féach cad 'deir an Soíscéal i dtaobh na ndeisceabal. "Bhí áthas ar na deisceabail dá bhrí sin, mar go bhfeacadar an Slánaitheóir". In inead scannradh ' theacht orthu nuair a chonacadar duine a bhí tar éis bháis, is amhlaidh a bhí áthas orthu. Deirim-se gur mhíorúilt ón Slánaitheóir féin an t-áthas san. Nuair aduairt sé, "Síocháin díbh", thug sé dhóibh an tsíocháin, agus cuid den tsíocháin sin ab ea gan aon scannradh ' theacht orthu roimis, ach an t-áthas a theacht orthu.

XXVII. Mion-Cháisc

Ansan do labhair sé an focal céanna leó an tarna huair. "Síocháin díbh", ar seisean. "Fé mar a chuir an tAthair mise uaidh, cuirim-se sibhse uaim". Chuir an tAthair Síoraí an Slánaitheóir uaidh chun na cine daonna do shaoradh. Do dhein an Slánaitheóir an saoradh san lena bhás ar chrann na cruise. Ansan do chuir an Slánaitheóir na haspail agus na deisceabail uaidh chun go ndéanfaidís obair áirithe, agus chun go raghadh, de bhárr na hoibre sin, toradh a pháise féin agus a bháis chun sochair d'anamnachaibh na ndaoine. Níorbh fhéidir, áfach, do thoradh na páise dul chun sochair d'anamnachaibh na ndaoine gan na peacaí ' mhaitheamh do sna daoine. B'in é an chéad chuid den toradh a bhí ag na daoine le fáil, agus níorbh fholáir do sna haspail agus do sna deisceabail an chuid sin den obair a dhéanamh ar dtúis. Níorbh fholáir dóibh cómhacht a bheith acu chun peacaí do mhaitheamh. Duairt sé go raibh sé dhá gcur uaidh chun na hoibre ' dhéanamh díreach fé mar a chuir an tAthair Síoraí é féin uaidh chun na hoibre ' dhéanamh. Bhí orthu obair an tSlánaitheóra ' dhéanamh. Dá bhrí sin, níorbh fholáir dóibh cómhacht a dh'fháil ón Slánaitheóir chun na hoibre ' dhéanamh. Níor fhág an Slánaitheóir, moladh go deó leis, aon lúb ar lár sa scéal. Thug sé dhóibh an chómhacht. Chuir sé a anál fúthu. "Glacaidh an Sprid Naomh", ar seisean leó. "Na daoine go maithfidh sibh a bpeacaí dhóibh, táid siad maite dhóibh; agus na daoine go gcimeádfaidh sibh a bpeacaí gan maitheamh dóibh, táid siad gan maitheamh dóibh".

Ní fhéadfadh cainnt bheith níos soiléire ná an chainnt sin. Níl aon dul laistiar di. Níl aon dul uaithi. Do ghlac na haspail agus na deisceabail a bhí ag éisteacht léi í díreach mar a labhair an Slánaitheóir í. Tá sí dá glacadh ag an Eaglais riamh ó shin, agus dá cur i ngníomh, díreach mar a labhradh í.

Is dócha go bhfuil cuid againn a dhéanfadh argóint mhór fhada ag cosaint fírinne na cainnte sin. Ní gá dhúinn é. Níor fhág an Slánaitheóir aon ghá le hargóint ná le haighneas ná le díospóireacht sa scéal. D'fhág sé rud againn le déanamh, áfach, is tairbhí ná argóint agus ná aighneas agus ná díospóireacht. D'fhág sé go daingean

XXVII. Mion-Cháisc

orainn, in' oibleagáid, ár slí féin chun Dé do riaradh agus do shocrú de réir fírinne na cainnte sin. Ní dó' liom go bhfuil fé bhun Dé ar an dtalamh so radharc is leimhe le feiscint ná fear agus cochall air agus faobhar ar a chainnt, agus é ag aighneas agus ag díospóireacht agus ag argóint, dhá dheimhniú gur thug an Slánaitheóir cómhacht do sna haspail agus do sna deisceabail chun peacaí ' mhaitheamh, agus ná hiarrann an fear san choíche ar aon tsagart a pheacaí féin a mhaitheamh do. Is cómhartha maith é sin ná creideann sé féin an ní atá aige á dheimhniú. Má chreideann, is é rud is ceart do ' dhéanamh ná a bhéal a dh'éisteacht agus imeacht chun faoistine agus toradh na fírinne ' chur in áirithe dho féin, pé rud a dhéanfaidh éinne eile. An té go bhfuil grá do Dhia agus dá chómharsain 'na chroí, is é a ghnó féin agus a shlí féin chun Dé a bhíonn ag déanamh buartha dho, agus ní haighneas ná argóint.

Nuair a thispeáin an Slánaitheóir é féin ar an gcuma san do sna haspail agus do sna deisceabail, do thárla go raibh duine den dáréag ná raibh ann. Tomás ab ainm do agus do tugtí Didimus air. Nuair a tháinig sé, d'inis an chuid eile dho gur thispeáin an Tiarna é féin dóibh agus go bhfeacadar é. Ní chreidfeadh sé focal de uathu. Bhíodar dhá áiteamh air. Ní raibh aon mhaith dhóibh ann. "Ní chreidfead é", ar seisean, "go dtí go bhfeicfead na puíll a dhein na spící 'na dhá dheárnain agus go gcuirfead mo lámh isteach 'na thaobh!"

D'fhan an scéal mar sin ar feadh ocht lá. Tar éis na n-ocht lá, bhíodar istigh sa tseómra arís, agus bhí Tomás 'na dteannta ann. Tháinig an Slánaitheóir, agus na dóirse dúnta, agus sheasaimh sé 'na láthair, agus duairt sé, mar aduairt sé an chéad uair, "Síocháin díbh". Ansan chuir sé ' fhiachaibh ar Thomás a mhéar do chur isteach insna pollaibh a bhí 'na dheárnachaibh i ndiaidh na dtaraingí, agus a lámh a chur isteach 'na thaobh mar ar cuireadh an tsleagh. Ansan do dhein Tomás a ghníomh creidimh. "Is tu mo Thiarna agus mo Dhia", ar seisean. Is ceart dúinn machnamh ar an bhfreagra a thug an Slánaitheóir air. "Do chreidis, a Thomáis", ar seisean, "mar do chonaicís. Is beannaithe an mhuíntir a chreid agus ná feacaigh". Sin

XXVII. Mion-Cháisc

abhar machnaimh againn. Tá freagra ansan ar a lán de sna ceisteannaibh a phreabann suas uaireanta in aigne an duine nuair nách féidir leis, dar leis féin, a thuiscint conas ' fhéadfadh an púinte creidimh seo a bheith mar seo nú an púinte creidimh eile úd a bheith mar siúd. Sin mar a bhí an scéal ag Tomás. Ní chreidfeadh sé. Ansan do tugadh le feiscint do, lena shúilibh féin, gurbh fhírinne an ní nár chreid sé. Ansan do chreid sé. Do tugadh le tuiscint do láithreach, áfach, nár chóir aon bhaochas a bheith air mar gheall air sin, mar gurbh é radharc a shúl a chreid sé.

Sin é atá ag cur an tsaeil ar aimhleas riamh. Dia dhá rá leis an nduine nách foláir don duine a thuiscint d'úmhlú i láthair Dé, agus an rud ná tuigeann sé do chreidiúint nuair adeir Dia gur fíor é. An duine dhá rá le Dia na glóire, "Conas is féidir dom rud a chreidiúint nuair ná tuigim é!" Níl ach an t-aon fhreagra amháin le tabhairt ar an saghas san cainnte. "Is beannaithe an mhuíntir a chreid agus ná feacaigh".

Deir na haithreacha naofa gur le leónú Dé ná raibh Tomás láithreach nuair a tháinig an Slánaitheóir an chéad uair, mar gurbh é féin díreach an fear ná creidfeadh focal den scéal nuair a neósfí dho é. Ansan, nuair a tháinig an Slánaitheóir an tarna huair, agus nuair ab éigean do Thomás féin géilleadh, nuair a chuir sé a mhéar isteach insna puíll a dh'fhág na taraingí agus a lámh isteach san áit 'nar chuaigh an tsleagh, fé mar a dh'iarr sé, ná fágfadh san aon mhearathall choíche ar aon Chríostaí i dtaobh fírinne an scéil.

Ach cad is cóir dúinn féin a dhéanamh, a phobal, i láthair na nithe míorúilteacha san go léir? Do cheannaigh ár Slánaitheóir aoibhneas síoraí na bhflaitheas dúinn-na fé mar a cheannaigh sé do gach éinne eile den chine daonna é. D'fhuilig sé na spící 'na dheárnachaibh agus an tsleagh 'na thaobh dúinn-na fé mar a dh'fhuilig sé don chine daonna go léir iad. Do cheap sé aspail agus easpaig agus sagairt agus Sácraimintí dhúinn-na fé mar a cheap sé don chine daonna go léir iad. Cad 'tá againn-na le déanamh? An ndéanfaidh sé an gnó dhúinn suí síos díomhaoin an fhaid is toil le Dia sinn ' fhágáilt ar an saol so? Nú

XXVII. Mion-Cháisc

an ndéanfaidh sé an gnó dhúinn an obair atá orainn i dtaobh an tsaeil seo do dhéanamh go dian agus gnó ár n-anama do chur ar ath-lá, faillí a thabhairt i ngnó ár n-anama go dtí go gcurfar fios ar an sagart dúinn chun ola bháis a chur orainn? Imbriathar ná déanfaidh. Do cheannaigh ár Slánaitheóir aoibhneas na beatha síoraí dhúinn. Do cheannaigh sé go daor dúinn é. Is le mór-luacht a bháis do dhul chun sochair dár n-anam atá an t-aoibhneas síoraí sin le fáil againn. Ní raghaidh an mór-luacht san chun sochair dár n-anam mura ndeinimíd na nithe atá órdaithe chuige. Tá órdaithe dhúinn an creideamh a chimeád beó 'nár gcroí, le cúnamh ó ghrásta Dé. "Is beannaithe an mhuíntir a chreid agus ná feacaigh". Tá órdaithe dhúinn úsáid a dhéanamh den chómhacht a thug an Slánaitheóir do sna haspail agus do sna deisceabail nuair a chuir sé a anál fúthu agus nuair aduairt sé leó, "Glacaidh an Sprid Naomh. An mhuíntir go maithfidh sibh a bpeacaí dhóibh, táid siad maite dhóibh". Tá 'fhios againn go maith ná féadfadh Dia féin, moladh go deó leis, peacaí 'mhaitheamh do dhuine ná hiompódh ón bpeaca agus ná beadh dólás croí air mar gheall ar an bpeaca. Tá órdaithe dhúinn, dá bhrí sin, iompáil ón bpeaca ar Dhia agus an aithrí ' dhéanamh, i dtreó go bhféadfadh an Eaglais an aspalóid a thabhairt dúinn. Tá órdaithe dhúinn gach aon rud a dhéanamh, chómh maith agus is féidir linn é, i gcaitheamh ár dtréimhse ar an saol so, chun sinn féin do chur ar an slí is feárr chun Dé, agus chun sinn féin do chimeád ar an slí sin. Chuige sin, ba mhaith an rud dúinn déanamh mar a dhein na haspail agus na deisceabail nuair a bhí an t-eagla roimis na Giúdaígh orthu, dóirse ár n-aigne ' dhúnadh agus do dhaingniú, agus sinn féin a chimeád i bhfolach ó uabhar an tsaeil, agus ó bhaois an tsaeil, agus ó dhroch-shampla an tsaeil, agus ó dhroch-fhuadar an tsaeil, agus ó anál mharaitheach an tsaeil, an anál a dheineann grásta Dé do mhilleadh agus do mhúchadh agus do mharú in anam an duine nuair a leogtar isteach í. Má dhúnaimíd ár n-aigne agus ár gcroí ar an gcuma san, mar a dhein na deisceabail, tiocfaidh an Slánaitheóir ag triall orainn agus tispeánfaidh sé é féin do shúilibh ár n-aigne, do shúilibh ár gcreidimh, i ganfhios don tsaol, agus déarfaidh sé linn an focal úd aduairt sé leó-san, "Síocháin díbh". Cuirfidh an focal san

XXVII. Mion-Cháisc

áthas 'nár gcroí agus 'nár n-aigne. Díbreóidh an t-áthas san amach as ár gcroí buairt agus crá agus loscadh agus briseadh croí an tsaeil seo. An té go mbeidh an t-áthas san istigh 'na chroí, ní bhéarfaidh trioblóidí an tsaeil aon ghreim ar chroí air. Fuiliceóidh sé na trioblóidí go breá, cneasta, réidh, fé mar is toil le Dia iad a thabhairt do le fulag. Béarfaidh an tsíocháin agus an t-áthas, a gheóbhaidh sé ón Slánaitheóir, saor sábhálta é, trí chrosaibh agus trí chruatan na beatha so, isteach in aoibhneas na bhflaitheas, an t-aoibhneas ná feacaigh súil duine a leithéid, agus nár airigh cluas duine a leithéid, agus nár fhéad aigne aon duine riamh fós cuímhneamh i gceart air.

Go gcuiridh Dia na glóire, trí ímpí na Maighdine Muire, an t-aoibhneas san in áirithe dhúinn go léir. Amen.

XXVIII. An Tarna Domhnach tar éis na Cásca

Léitear an Soiscéal. (Eóin 10:11-16)

> San am san, duairt Íosa leis na Fairisínigh, "Is mise an t-aeire fónta. Tugann an t-aeire fónta a anam ar son a chaorach féin. An fear tuarastail, áfach, óir ní hé an t-aeire é agus ní leis féin na caoire, chíonn sé an machtíre ag teacht, agus fágann sé na caoire agus teitheann sé, agus deineann an machtíre foghail ar na caoire agus scaipeann sé iad. Agus teitheann an fear tuarastail mar is fear tuarastail é, agus níl speóis aige insna caoire. Mise an t-aeire fónta agus aithním mo chuid féin, agus aithníd siadsan mise. Mar ' aithníonn an tAthair mise, sin mar ' aithním-se an tAthair, agus tugaim m'anam ar son mo chaorach. Agus tá caoire eile agam ná baineann leis an gcró so, agus ní foláir dom iadsan do thabhairt liom, agus éistfid siad lem ghlór, agus beidh aon chró amháin ann agus aon aeire amháin.

Ag lé' an tSoiscéil sin dúinn, a phobal, ní féidir dúinn gan a thabhairt fé ndeara conas mar a dheineann an Slánaitheóir leanúint siar ar an gcúmparáid idir an dá aeire, an t-aeire fónta agus an fear tuarastail. Leis na Fairisínigh a bhí sé ag cainnt. Aicme daoine ab ea na

XXVIII. An Tarna Domhnach tar éis na Cásca

Fairisínigh a bhí ana-dhian, dar leó féin, ana-dhícheallach, chun an uile fhocail de dhlí Mhaoise do chimeád. Do chimeádaidís focal na dlí ach ní chuiridís puínn spéise i sprid na dlí. Ní shuífidís chun bídh gan a lámha do ní, toisc é ' bheith órdaithe sa dlí, peocu ' bheadh na lámha salach nú glan. Ansan ní bhíodh aon cheist orthu peacaí troma ' dhéanamh i ganfhios don tsaol. Ba chuma iad nú "seirbhíseach na súl". Bhídís ana-mhaith chómh fada agus a dh'fhéadadh súile na poiblíochta ' bheith orthu, ach ní dheinidís aon tsuím de shúil Dé ' bheith orthu. Mheas an phoiblíocht go rabhadar ana-naofa, ana-dhiaga, ana-mhaith ar gach aon tsaghas cuma. Dá bhrí sin, do fágtí ar a lámhaibh na gnóthaí poiblí a bhain le saibhreas an náisiúin, i dtreó go raibh láimhseáil airgid acu agus titim airgid isteach chúthu, agus creidiúint ana-mhór acu agus iúntaoibh ana-mhór ag an bpoiblíocht astu. D'fhág san an phoiblíocht a bheith ag féachaint suas chúthu ins gach aon rud a bhain le dlí Dé agus le creideamh agus le macántacht beatha. B'iad stiúrthóirí na ndaoine iad agus do thuig na daoine gurbh iad. Ach do chonaic an Slánaitheóir, moladh go deó leis, ná raibh an mhacántacht ach lasmu' acu; ná raibh sa mhacántacht ach púicín acu chun onóra agus urrama agus creidiúna ' dh'fháil, agus ansan chun an tsaibhris a tharrac 'na dtreó agus do chimeád dóibh féin. Chonaic sé, má bhí aon stiúrú acu á dhéanamh ar na daoine, gur ar mhaithe leó féin a bhíodar á dhéanamh agus nách ar mhaithe leis na daoine. Gur chuma iad nú lucht tuarastail a thuilleamh. Má bhíodar ag aeireacht na gcaorach nách ar son na gcaorach a bhíodar á dhéanamh ach ar son an tuarastail. Gur chuma leó cad a dhein an tréad an fhaid a gheóbhaidís féin an tuarastal, an chreidiúint, an onóir, an saibhreas. Do labhair sé leó 'na thaobh agus, ní nár ghnáth leis nuair a labhradh sé le daoine peacúla, níor dhein sé aon bhogadh ar an bhfírinne dhóibh. Nuair a labhradh sé le daoinibh eile peacúla, ba ghnáth leis focal réidh, cneasta, trócaireach a thabhairt dóibh, ach nuair a labhradh sé leis an aicme úd na bhFairisíneach, do thugadh sé le tuiscint dóibh go soiléir i gcónaí ná raibh a maith ach lasmu', agus ná raibh istigh acu ach an t-olc. Bhí ' fhios acu féin go raibh an fhírinne aige. Bhí ' fhios acu, leis, go raibh an uile fhocal den fhírinne sin a bhí aige dhá ínsint orthu ar an gcuma san ag baint ón

XXVIII. An Tarna Domhnach tar éis na Cásca

gcreidiúint a bhí acu. Sin é ' chuir ' fhiachaibh orthu an fuath go léir a bheith acu dho.

Is ró-mhaith a thuigeadar cad do go raibh sé ag tagairt nuair aduairt sé: "Tugann an t-aeire fónta a anam ar son a chaorach. Ach teitheann an fear tuarastail nuair a chíonn sé an machtíre ag teacht. Fágann sé na caoire ag an machtíre, agus deineann an machtíre foghail ar na caoire agus scaipeann sé iad".

Chun anamnacha na ndaoine ' chimeád ón bpeaca is ea do cuireadh dlí Mhaoise, na deich n-aitheanta, ar bun. Ag cabhrú leis an gcimeád san is ea do cuireadh ar bun na mion-dlithe agus na mion-rialta go léir a bhí ag gabháil leis na deich n-aitheanta. Bhí brí leis na mion-dlithibh agus leis na mion-rialta a chimeádfadh os cómhair aigne na ndaoine, dá múintí dhóibh an brí mar ba cheart é ' mhúineadh dhóibh, conas mar a bhí ceangailte orthu iad féin a chimeád ó pheaca i nithibh beaga. Chuirfeadh, cuir i gcás, ní na lámh roim bhia ' chaitheamh i gcuímhne dhóibh gur ceart an t-anam a chimeád glan ó pheaca i láthair Dé a thug dóibh an bia le caitheamh. Mar sin do gach mion-dlí eile dá raibh acu le cimeád. Solaoid ab ea é ar chimeád éigin a bhí ceangailte orthu ' dhéanamh orthu féin ó pheaca éigin, nú ar onóir éigin a bhí ceangailte orthu ' thabhairt do Dhia. Ar na Fairisínigh a bhí ceangailte an brí sin a mhúineadh do sna daoine. Níor dheineadar é. Dá bhrí sin, bíodh gur chimeád na daoine na mion-dlithe agus na mion-rialta, níor dhein an cimeád san aon chosaint ar na daoine ón bpeaca. Do dhein sé a mhalairt. Chuir sé 'na luí ar aigne na ndaoine go raibh a ngnó chun Dé déanta acu nuair a bhí na mion-dlithe agus na mion-rialta cómhlíonta acu, agus nár mhiste dhóibh a dtoil féin a dhéanamh, fé mar a thaithnfeadh leó, as san amach. Ar an gcuma san do tugadh srian do dhroch-mhianaibh, agus cead cínn do dhroch-bhéasaibh, agus saorchead do dhroch-bheartaibh ar gach aon tsaghas cuma. Na mion-dlithe agus na mion-rialta a ceapadh chun peacaí na ndaoine do chosc, is amhlaidh a dheineadar cabhrú le gach aon droch-íntinn a bhí ag mealladh na ndaoine ó eagla Dé agus isteach insna peacaíbh. Na Fairisínigh fé

XXVIII. An Tarna Domhnach tar éis na Cásca

ndeár an t-aimhréidh agus an dul amú go léir. B'é an Fairisíneach an t-aeire, ach níorbh aeire ceart é. Fear tuarastail ab ea é. Ar mhaithe leis féin a dhein sé an aeireacht. Tháinig an namhaid, an peaca, an mac mallachtain, an diabhal. Chuaigh an t-aeire i leith a chuid saibhris. Do theith sé ón ngnó a bhí ceangailte air a dhéanamh chun an machtíre ' chimeád uaidh féin agus ón dtréad. B'é gnó é sin ná leas anama na ndaoine do chur os cionn gach tairbhe saolta. Dhein sé a mhalairt sin. Chuir sé a thairbhe shaolta féin os cionn leasa anama na ndaoine agus os cionn leasa a anama féin. Ansan do tháinig an namhaid agus do loit sé leis an bpeaca idir thréad agus aeire.

Do thuig na Fairisínigh, agus iad ag éisteacht leis an Slánaitheóir, an uile fhocal dá nduairt sé, chómh fada agus d'oir an chainnt dóibh féin. Ach ní foláir dúinn-na a thuiscint agus a chimeád 'nár n-aigne, go bhfuil faid agus leithead, aoirde agus doimhneas, i gcainnt an tSlánaitheóra, sa tSoiscéal san, a théann níos sia go mór, ins gach aon treó baíll, ná mar a théann gnó na bhFairisíneach ná gnó na ndaoine a bhí ag brath orthu chun eólais a dh'fháil ar leas a n-anama.

"Is mise an t-aeire fónta", adeir an Slánaitheóir, "agus táim ag tabhairt mh'anama uaim ar son mo thréada".

Ba mhór an dearúd, a phobal, a mheas go raibh deireadh leis an bhFairisíneach nuair a fuair Fairisíneach na nGiúdach bás. Tá an Fairisíneach sa tsaol fós, chómh beó, chómh bríomhar agus ' bhí sé le línn ár Slánaitheóra, agus tá an cheárd chéanna díreach ar siúl aige a bhí ar siúl aige an uair sin, agus oireann cainnt an tSlánaitheóra dho anois chómh cruínn díreach agus d'oir sí dho an uair sin. Tá sé sa tsaol anois agus tá sé sa tsaol riamh ó shin. Is cuma é nú an duine úd ar a dtugtar an Giúdach Fáin, ach go bhfuil sé le feiscint i gcónaí. Deirtear ná feictear an Giúdach Fáin ach uair ins gach aon chéad blian. Chómh luath agus ' thosnaigh an Eaglais ar an obair a dhéanamh a thug an Slánaitheóir le déanamh di, do thosnaigh an Fairisíneach ar a cheárd féin d'oibriú i gcoinnibh na hEagailse. Chaith sé uaidh mion-dlithe agus mion-rialta na sean-dlí. Ní raibh aon

XXVIII. An Tarna Domhnach tar éis na Cásca

chreidiúint aige le fáil astu san feasta. Ach, in aghaidh an uile phuínte creidimh dár mhúin an Eaglais do sna daoine chun iad do chimeád ar a leas, do tharraig an Fairisíneach, an t-eiriceadaí, puínte éigin éithigh chuige, agus mhúin sé an t-éitheach do sna daoine, i gcoinnibh na fírinne, i gcoinnibh an chreidimh a bhí ag an Eaglais á mhúineadh. Chuir sé, go minic, an dubh 'na gheal ar dhaoine. Níor ró-dheocair do san a dhéanamh. Thug sé togha an aireachais gur chuir sé, i gcónaí, 'na gheal ar dhaoine dubh éigin a thaithnfeadh leó. D'éirigh leis go minic. Do glacadh an dubh 'na gheal. Fuair an Fairisíneach an rud a bhí uaidh, creidiúint agus cómhacht agus saibhreas saolta. Fuair an machtíre, leis, an rud a bhí uaidh, aimhleas anama na ndaoine.

Tá an cleas ar siúl ó thosach. Tá sé ar siúl fós. Beidh sé ar siúl, is dócha, go deireadh an domhain. Do chonaic an Slánaitheóir ó thosach go mbeadh an cleas ar siúl mar atá, agus thug sé an foláramh uaidh, don chine daonna go léir, i bhfoclaibh an tSoíscéil sin a léas díbh, a phobal. "Is mise an tAeire Fónta", ar seisean. Agus ansan thug sé na cómharthaí uaidh. Gan amhras, is é an tAeire Fónta an tAeire do thug a anam ar son a thréada. Sin é an cómhartha cruínn. Nuair a tómhaistear na haeirí eile leis an gcómhartha san, gheibhtear láithreach, in inead a n-anama do thabhairt ar son an tréada, gurb amhlaidh a scaoileadar an tréad leis an namhaid i dtreó go bhfaighidís féin creidiúint shaolta agus saibhreas saolta.

Ach féach, a phobal, tá Fairisíneach eile le fáil sa tsaol in éaghmais an eiriceadaí, a bhíonn ag cur an duibh 'na gheal ar dhaoinibh. 'Sé sin an Fairisíneach mí-fhoirtiúnach a bhíonn coitianta a d'iarraidh an duibh a chur 'na gheal air féin. Is ceart dúinn machnamh go cruínn ar an méid sin, mar, is dócha, Dia linn!, ná fuil éinne againn gan iarracht éigin den Fhairisíneach san istigh ann. Ní féidir dúinn é ' shéanadh. Tá rud éigin istigh 'nár gcroí, agus ní rud fónta é, a bhíonn i gcónaí dhár spriocadh, nuair a mheasaimíd go mbíonn gníomh éigin fónta déanta againn, chun bheith ag lorg creidiúna ó dhaoinibh eile mar gheall ar an ngníomh san. Má ghéillimíd don spriocadh san, ní fada go dtiocfaidh spriocadh eile dhár gcur suas chun an ghnímh fhónta

XXVIII. An Tarna Domhnach tar éis na Cásca

do dhéanamh le hionchas go bhfaighimís an chreidiúint. Ansan, b'fhéidir, in aice na creidiúna, gur maith linn cuid de shaibhreas an tsaeil seo ' dh'fháil toisc sinn a bheith 'nár gCríostaithibh maithe, dar linn. Ar ball, mura bhféachaimíd rómhainn, is amhlaidh mar a bheidh an scéal againn, ní har mhaithe lenár n-anam, ná ar son creidimh, ná in onóir do Dhia, a bheidh aon tsaghas dea-ghnímh againn á dhéanamh, ach trí uabhar nú trí bhaois nú le sainnt chun saibhris, nú ar íntinn éigin a bhaineann ar fad leis an saol so agus ná baineann in aon chor le Dia, ná leis an saol eile, ná le leas ár n-anama. B'fhéidir nár chuir Dia de thréad 'na chúram orainn ach an t-aon anam amháin, ár n-anam féin. B'fhéidir gurb é aeireacht an fhir tuarastail atá déanta againn, tar éis ár saeil agus tar éis ár saothair, ar an anam san. B'fhéidir gur dhó' le daoine eile go bhfuil mórán dea-oibreacha déanta againn i gcaitheamh ár saeil agus go bhfeiceann Dia gur dea-oibreacha gan ghus iad, mar gur le baois nú le huabhar nú le sainnt a dheineamair iad. Tá an chúntúirt ann. Is feárr féachaint chuige. Tá an cómhartha againn arís i gcainnt an tSlánaitheóra leis na Fairisínigh. "Tugann an tAeire Fónta a anam ar son a chaorach". Tugann. Agus fuiliceóidh an Críostaí fónta bás níos túisce ná mar a leogfaidh sé don pheaca, don mhachtíre, greim a dh'fháil ar a anam, bás a thabhairt i láthair Dé don anam a chuir Dia 'na chúram air. "Ach teitheann an fear tuarastail". Teitheann. Agus teitheann an droch-Chríostaí óna dhiúité nuair is ceart do a anam, an t-anam a chuir Dia 'na chúram air, do chosaint ar an bpeaca. Tagann an droch-smaoineamh agus fágann sé an droch-smaoineamh gan díbirt. Tagann an droch-mhian agus fágann sé an droch-mhian gan smachtú. Tagann an droch-chómhluadar air agus ní imíonn sé ón ndroch-chómhluadar. Tagann an machtíre, ar gach aon tsaghas cuma, ar tí an anama a chuir Dia 'na chúram air, agus níl sé de mhisneach aige an t-anam san do chosaint ar an machtíre. Agus cad é an chúis ná deineann sé an chosaint? Tá an freagra againn go gléineach i gcainnt an tSlánaitheóra leó-súd. "Mar is fear tuarastail é, agus níl speóis aige insna caoire". Creidiúint os cómhair an tsaeil seo is ea atá uaidh mar thuarastal as a dhea-oibreachaibh. An fhaid a gheóbhaidh sé an chreidiúint sin, níl aon speóis aige in aon rud eile. B'fhéidir gur dó'

XXVIII. An Tarna Domhnach tar éis na Cásca

leis gur feárr-de a gheóbhaidh sé an chreidiúint sin le gan bheith ró-dhian ar an machtíre.

Ach tiocfaidh an bás air. Ansan caithfidh sé seasamh i láthair an tSlánaitheóra agus cúntas a thabhairt don tSlánaitheóir sa chuma 'nar chómhlíon sé an cúram a cuireadh air, i gcaitheamh a thréimhse ar an saol so. Is beag an tairbhe dho, an uair sin, an chreidiúint a fuair sé ar an saol so mura mbeidh aon tsaghas eile creidiúna le tispeáint aige.

Anois an t-am againn, a Chríostaithe, chun cuímhneamh ar an lá san. Ní lá fada anonn é. Táid na cómharsain go léir ag imeacht coitianta, os cómhair ár súl, gura maith an mhaise dhóibh é!, ag tabhairt aghaidh ar an lá san. Ní fheadramair cad é an neómat a thiocfadh an ghlao chúinn féin agus go gcaithfimís gluaiseacht. Is feárr iompáil láithreach agus aghaidh a thabhairt ar ghnó an lae sin, agus an gnó do dhéanamh; aghaidh a thabhairt ar an Aeire Fónta agus a iarraidh air gan sinn do leogaint uaidh; a iarraidh air, má imíomair uaidh, sinn a thabhairt thar n-ais chuige féin agus gan sinn do leogaint uaidh arís go deó. Amen.

XXIX. An Tríú Domhnach tar éis na Cásca

Léitear an Soiscéal. (Eóin 16:16-22)

San am san, duairt Íosa lena dheisceablaibh, "Tamall beag agus ní fheicfidh sibh me, agus tamall beag arís agus chífidh sibh me, mar táim ag dul ag triall ar an Athair". Ansan duairt a dheisceabail lena chéile, "Cad é seo adeir sé linn? 'Tamall beag agus ní fheicfidh sibh me, agus tamall beag arís agus chífidh sibh me', agus, 'mar táim ag dul ag triall ar an Athair?'" Agus dúradar, "Cad é an tamall beag so adeir sé? Ní fheadramair cad 'deir sé". Bhí ' fhios ag Íosa, áfach, gur mhian leó é ' cheistiú; agus duairt sé leó, "Táthaoi ag fiafraí eadraibh 'na thaobh so, mar go nduart, 'Tamall beag agus ní fheicfidh sibh me, agus, tamall beag arís agus chífidh sibh me'. Go deimhin, deimhin, adeirim libh, go ndéanfaidh sibh caí agus gol, agus go mbeidh áthas ar an saol agus sibhse buartha, ach iompófar úr mbrón chun áthais.

XXIX. An Tríú Domhnach tar éis na Cásca

Nuair a bhíonn an bhean i mbreóiteacht clainne, bíonn teinneas uirthi, mar do tháinig a ham, ach nuair a bheireann sí an mac, ní bhíonn cuímhne aici ar an dteinneas, mar gheall ar an áthas, toisc duine ' bheith tagaithe ar an saol. Sin mar atá buairt oraibh-se anois, ach chífead-sa arís sibh, agus beidh áthas ar úr gcroí, agus ní bhainfidh éinne úr n-áthas díbh".

I dtaobh na bhfocal san, a phobal, aduairt an Slánaitheóir lena dheisceablaibh an uair sin, ní mar a chéile a dheinid na haithreacha naofa a mbrí do nochtadh dhúinn. Deir cuid de sna haithreachaibh gur ar a bhás a bhí an Slánaitheóir ag labhairt an uair sin. Gur chiallaigh an chéad tamall beag an aimsir ghairid a bhí an uair sin idir é agus a bhás ar chrann na cruise. Agus gur chiallaigh an tarna tamall beag an aimsir a chaithfeadh sé san uaigh, ó thráthnóna Dé hAoine go maidin Domhnaigh Chásca.

Deir tuilleadh de sna haithreachaibh gur chiallaigh an chéad tamall beag an aimsir a bhí ón uair sin a bhí sé ag cainnt leó go dtí lá a dheasgabhála, nuair a dh'imeódh sé uathu suas ar neamh, ag triall ar an Athair Síoraí; agus gur chiallaigh an tarna tamall beag an méid aimsire do chaithfeadh na haspail agus na deisceabail féin ar an saol so i ndiaidh an tSlánaitheóra, ag craobhscaoileadh an chreidimh agus ag fulag péine agus tarcaisne ó dhaoinibh, go dtí, fé dheireadh, go gcurfí chun báis iad ar son an chreidimh. Ansan go bhfeicfidís an Slánaitheóir arís ar neamh, agus mar sin go n-iompófí a mbuairt agus a mbrón chun áthais agus chun aoibhnis na bhflaitheas. Deir tuilleadh, arís, de sna haithreachaibh gur chiallaigh an chéad tamall beag, mar adúradh, an aimsir a bhí ón uair sin go dtí lá a dheasgabhála, agus gur chiallaigh an tarna tamall beag an aimsir ó lá na deasgabhála go dtí lá an bhreithiúntais. De réir an bhrí sin, ní har na deisceablaibh amháin, ach ar na Críostaithibh go léir, go deireadh an domhain, do labhair sé nuair a duairt sé, "Go deimhin, deimhin adeirim libh, beidh áthas ar an saol agus sibhse buartha; ach iompófar úr mbrón chun áthais".

XXIX. An Tríú Domhnach tar éis na Cásca

Ní nách annamh is ea é, i dtaobh cainnte an tSlánaitheóra, go mbíonn níos mó ná aon bhrí amháin lena chainnt, agus uaireanta níos mó ná dhá bhrí, agus gach aon bhrí acu iomlán, fíor, críochnaithe ann féin, chómh maith díreach agus dá mba ná beadh aon bhrí eile ag an gcainnt le tabhairt léi ach an t-aon bhrí sin. Is féidir dúinn a rá anso gurbh é toil an tSlánaitheóra a thabhairt le tuiscint dá dheisceablaibh an uair sin go raibh an t-am nách mór tagaithe 'na gcaithfeadh sé féin imeacht as a radharc, le bás a dh'fháil, ach go bhfeicfidís arís é nuair a dh'éireódh sé ón mbás. Níor mhiste a rá ná go mbeadh, agus ná go raibh, buairt agus brón orthu, chómh trom agus a dh'fhéadfadh a bheith, nuair a chonacadar marbh é, sínte san uaigh. Níor mhiste a rá, leis, ná gur hiompaíodh a mbrón chun áthais, má iompaíodh brón chun áthais riamh, nuair a chonacadar éirithe ón mbás é. Tugann cainnt an tSlánaitheóra an chiall san léi go hiomlán agus go cruínn agus go beacht.

Is féidir dúinn a rá, leis, gurbh é toil an tSlánaitheóra, leis an gcainnt chéanna san, a thabhairt le tuiscint do sna haspail agus do sna deisceabail nárbh fhada go dtiocfadh lá a dheasgabhála, agus ón lá san amach ná feicfidís arís ar an saol so é. Go mbeadh orthu buairt agus trioblóid a dh'fhulag, agus an saol 'na dtímpall fé áthas. Ach go n-iompófí a mbrón chun áthais nuair a bheadh a ngnó ar an saol so déanta acu agus nuair a ghlaofadh Dia chuige féin orthu chun a dtuarastail a thabhairt dóibh, i radharc an tSlánaitheóra, ar feadh na síoraíochta.

Is féidir dúinn a rá, sa tríú háit, gurbh é toil an tSlánaitheóra, leis an gcainnt sin, a chur i dtuiscint do sna deisceabail, agus do sna fíoraonaibh go léir chómh maith, ón uair sin go deireadh an domhain, nárbh fholáir do gach fíoraon acu a thamall beag saeil do chaitheamh anso, ag fulag péine agus trioblóide agus annróidh, agus nuair a bheadh an tamall beag san caite aige go n-iompófí a bhrón go léir chun áthais, agus ansan, nuair a bheadh aoibhneas síoraí na bhflaitheas aige, ná beadh de chuímhne aige ar thrioblóidibh an tsaeil seo ach mar a bhíonn ag an mnaoi ar na pianta a dh'fhuilig sí, nuair a

XXIX. An Tríú Domhnach tar éis na Cásca

bhíd na pianta imithe agus a mac 'na hucht aici, nuair a bhíonn duine tabhartha ar an saol aici.

Is féidir dúinn na trí bríthe sin a dh'fháil sa chainnt, gach brí acu go hiomlán agus go fíor agus go beacht, agus ansan, nuair a mhachnaímíd ar an scéal, is féidir dúinn a thuiscint go bhfuil, insna trí bríthibh, aon bhun-bhrí amháin, 'sé sin, nách foláir don Chríostaí buairt agus brón agus trioblóidí agus pianta d'fhulag ar an saol so chun go bhfaigheadh sé aoibhneas agus áthas agus sólás na bhflaitheas ar an saol eile. Níl an fulag le déanamh ach tamall beag. Mairfidh an t-aoibhneas go deó. Níl i saol an duine, dá maireadh sé céad, ach tamall beag. Níl i saol an domhain, pé faid a leanfaidh sé, ach tamall beag, i gcúmparáid leis an síoraíocht. Má chaithimíd ár dtamall beag saeil anso mar is cóir do Chríostaithibh a saol do chaitheamh, ag fulag le foighne, le pé trioblóidí is toil le Dia do chur orainn, ag cimeád ár súl ar dhlí Dé agus ar an aoibhneas atá le teacht, cómhlíonfaidh an Slánaitheóir dúinn an focal: "Tá buairt oraibh-se anois; ach chífead-sa arís sibh, agus beidh áthas ar úr gcroí, agus ní bhainfidh éinne úr n-áthas díbh".

Is léir go raibh na bríthe úd go léir ag an Slánaitheóir leis na foclaibh beaga san: "Tamall beag agus ní fheicfidh sibh me: agus tamall beag arís agus chífidh sibh me; mar táim ag dul ag triall ar an Athair", agus go raibh na bríthe ana-dhoimhinn aige leó. Mura mbeadh go raibh na bríthe, nú an bun-bhrí, ana-dhoimhinn, cad é an meascán mearaí a bheadh ar na haspail agus ar na deisceabail chun a rá ná tuigfidís an chainnt? D'admhaíodar nár thuigeadar an chainnt. "Cad é an tamall beag so adeir sé?", ar siad. B'é toil an tSlánaitheóra iad do chur na ceiste sin chuige i dtreó go dtabharfadh sé ar an gceist an freagra a thug sé uirthi, agus go neósfadh an freagra san dúinn-na, agus do sna Críostaithibh go deó, an bun-bhrí a bhí aige leis an "tamall beag". Sid é an freagra: "Beidh áthas ar an saol agus beidh sibhse buartha; ach iompófar úr mbrón chun áthais".

XXIX. An Tríú Domhnach tar éis na Cásca

Sin é, dá bhrí sin, a phobal, an púinte sa tSoiscéal ar ar ceart dúinn-na ár n-aigne do dhaingniú ar fad. Sin é an púinte do chuirfidh ar ár gcumas breithniú de réir fírinne ' dhéanamh ar a lán nithe sa tsaol so ná breithnítear, de ghnáth, ach ar tuathal. Chítear sa tsaol an dealbh agus an saibhir, an lag agus an láidir, an duine gan sláinte agus an duine dea-shláinteach, an duine go mbíonn a dhá dhóthain 'en tsaol i gcónaí aige agus an duine ná bíonn aige choíche ach an dealús. Nú, dhá chur in aon fhocal amháin, an t-ádh agus, dar leis an saol, an mí-ádh. Ansan, moltar an t-ádh agus cáintear an mí-ádh. Bíonn urraim don ádh agus bíonn droch-mheas ar an mí-ádh. Bíonn gach éinne geal-gháiriteach leis an ádh. Ní bhíonn le fáil ag an mí-ádh ach an do-thíos. Bíonn gach éinne a d'iarraidh cimilt leis an ádh. Bíonn gach éinne a d'iarraidh dridim amach ón mí-ádh. Ach féachaimís siar. Tá urraim ana-mhór, le naoi gcéad déag blian, do Pheadar agus do Phól agus do sna haspail eile. Ceocu fé ádh nú fé mhí-ádh a chaitheadar a n-aimsir ar an saol so? Ón lá a ghlaeigh an Slánaitheóir orthu, níor bhlaiseadar sólás an tsaeil seo. An fhaid a bhíodar ag craobhscaoileadh an chreidimh, ní bhfuaradar, ar an saol so, ach tarcaisne agus trioblóid agus droch-úsáid, agus níor fhágadar an saol ach le hana-bhás. Do tárnáladh Peadar ar chruis. Do baineadh an ceann de Phól. Do cuireadh Aindrias ar chruis, agus do mhair sé dhá lá agus dhá oíche ar an gcruis sin agus é ag teagasc na ndaoine go dtí gur tharraig sé an anál. Mar sin dóibh go léir. Níorbh fhéidir saol puínn ní ba mheasa ' thabhairt do dhuine ná an saghas saeil a tugadh dóibh an fhaid a fágadh beó iad. Agus ansan, níorbh fhéidir bás puínn ní ba mheasa ' thabhairt don chuirpeach ba mhallaithe ná an bás a tugadh dóibh nuair a cuireadh as an saol iad. Tráchtadh an saol ar mhí-ádh; ach an raibh aon mhí-ádh riamh leath chómh mí-fhoirtiúnach leis an mí-ádh d'fhuilig na haspail agus na deisceabail? Agus ag dul in olcas a bhí sé orthu go dtí gur críochnaíodh é leis an ana-bhás. Agus féach. B'iadsan cáirde an tSlánaitheóra, ríthe na hEagailse, priúnsaí na cine daonna. Is lán béil ar fuid an domhain ainm gach fir acu riamh ó shin. Agus féach arís. Na daoine go raibh an t-ádh go léir orthu an uair sin, na daoine go raibh cómhacht agus saibhreas saolta acu, agus go raibh urraim agus

XXIX. An Tríú Domhnach tar éis na Cásca

onóir dóibh ó uasal agus ó íseal, ca bhfuil aon tuairisc anois orthu? Má tá aon tuairisc anois orthu is droch-thuairisc é. Níor hínseadh a ndroch-bhearta an fhaid a mhaireadar. Nuair a bhíodar imithe do hínseadh na droch-bhearta orthu tapaidh go leór. Más lán béil ainm éinne acu anois is lán béil de dhomlas é.

Is é bun agus bárr an scéil go léir, a phobal, gurb iad na Críostaithe is feárr na daoine is mó a gheibheann de phionós le fulag ar an saol so. Is iúntach an scéal é sin gan amhras. Ní hé a bhíonn 'nár n-aigne, go minic, nuair a chímíd daoine agus an saol ag éirí leó ar gach aon chuma, agus daoine eile agus an saol ag gabháil 'na gcoinnibh ar gach aon tsaghas cuma. Nuair a chímíd rud den tsórd san is é céad rud ar a gcuímhnímíd ná gurb amhlaidh a bhíonn Dia baoch den mhuíntir go dtugann sé an saol chun a dtoile dhóibh, agus gurb amhlaidh a bhíonn rud éigin déanta as an slí ag an muíntir go mbíonn an saol ag gabháil 'na gcoinnibh. Ach nuair a chuímhnímíd air sin, cuímhnímíd ar an rud nách fíor. Dá mbeadh an cuímhneamh san fíor is ag na haspail agus ag na deisceabail a bheadh saibhreas agus sólás an domhain. Bhí Dia baoch díobh agus bhí an Slánaitheóir baoch díobh. Bhí grá ag an Slánaitheóir dóibh agus duairt sé leó go raibh grá ag an Athair Síoraí dhóibh. Agus fós, duairt sé leó go mbeadh áthas ar an saol agus go mbeadh dólás orthu-san.

Níl aon dul ó fhírinne an scéil. Is iad na Críostaithe is feárr na daoine is mó a gheibheann de phionós le fulag ar an saol so. Tá an taobh eile den scéal chómh fíor leis an dtaobh san. An tÉ aduairt, "Beidh áthas ar an saol agus sibhse buartha", duairt sé láithreach 'na dhiaidh san:

"Iompófar úr mbrón chun áthais".

Sin dá fhocal agus ba cheart do gach aon Chríostaí cuímhneamh orthu nuair a bheid trioblóidí na beatha so ag teacht go trom agus go tiubh air agus dhá bhrú. Ba cheart do a rá leis féin nách feárr de Chríostaí é féin ná na haspail agus na deisceabail, agus gur gheall an Slánaitheóir gol agus caí agus buairt dóibh ar an saol so. Má gheall sé

XXIX. An Tríú Domhnach tar éis na Cásca

gol agus caí agus buairt dóibh-siúd, conas is féidir duit-se bheith ag gearán? Ansan, féach ar an bhfocal eile aduairt sé leó. "Iompófar", ar seisean, "úr mbrón chun áthais". Cuímhníodh an Críostaí air sin. Agus cuímhníodh an Críostaí ar an bhfocal atá i ndeireadh an tSoiscéil sin a léas díbh. "Chífead-sa arís sibh, agus beidh áthas ar úr gcroí, agus ní bhainfidh éinne úr n-áthas díbh".

Pé áthas a bhíonn ar an saol so ag an nduine, bíonn aon ní amháin ag baint uaidh i gcónaí. Ní fheadair sé cad é an neómat a bainfí dhe é. Baineann san an mhaith as gach áthas saolta. Is áthas sláinte mhaith. Ach do loitfeadh taom breóiteachta in aon lá amháin í. Dar lena lán is áthas saibhreas. Ach is uiriste saibhreas do scaipeadh. Is áthas creidiúint. Ach nuair a dh'imíonn an saibhreas, imíonn an chreidiúint. Is áthas do dhuine a chlann a dh'fheiscint ag éirí suas 'na thímpall. Ach iompaíd siad amach go holc, uaireanta, agus gabhaid siad 'na choinnibh; nú b'fhéidir go scuabann an bás chun siúil iad díreach nuair a bhíd siad tógtha aige agus nuair a bheidis 'na gcúnamh aige. Tá an saol lán de bhrón agus de bhuairt agus de thrioblóid, agus cuid mhór den bhrón agus den bhuairt agus den trioblóid is ea áthas saolta ' bheith ag imeacht ó dhaoine chómh tiubh agus ' gheibhid siad é. Ach an t-áthas a gheall an Slánaitheóir do sna deisceabail, agus do Chríostaithibh fónta riamh ó shin agus go deireadh an domhain, do gheall sé ná bainfeadh éinne dhíobh é go deó. Is maith an chiall, dá bhrí sin, do sna Críostaithibh gan dúil do chur san áthas bréagach, san áthas a chaillfidh orthu an uair is mó ' bheidh a seasamh air; ach dúil a chur san áthas fírinneach, san áthas a gheall an Slánaitheóir do tabharfí dhóibh agus ná bainfí dhíobh.

Anois, a phobal, i dtaobh na dtrioblóidí saolta agus i dtaobh an áthais shíoraí, tá aon ní amháin agus ní foláir dúinn é ' chimeád 'nár n-aigne. Mar gheall ar an Slánaitheóir a bheith ag imeacht uathu is ea ' bhí an bhuairt ar na deisceabail. B'in í an bhuairt aduairt an Slánaitheóir féin do haistreófí chun áthais dóibh. Ar an gcuma gcéanna san, ní foláir an Slánaitheóir do theacht isteach insna trioblóidibh a dh'fhuiliceóidh an Críostaí ar an saol so, nú ní féidir geallúint an tSlánaitheóra do theacht chuige. D'fhéadfadh, cuir i gcás, duine gan creideamh trioblóidí an tsaeil seo d'fhulag go foighneach, agus gan blúire tairbhe a bheith aige dá mbárr i láthair Dé. Cad é an tairbhe ' fhéadfadh sé a bheith aige dá mbárr i láthair Dé nuair nách ar son Dé ná ar son an tSlánaitheóra d'fhuilig sé iad? Agus d'fhéadfadh duine trioblóidí an tsaeil seo d'fhulag go neamh-fhoighneach agus gan blúire tairbhe ' bheith aige dá mbárr i láthair Dé, pé creideamh a bheadh aige. Cad é an tairbhe ' fhéadfadh sé ' bheith aige i láthair Dé mar gheall ar rud a dhein sé dá ainneóin agus i gcoinnibh a thoile, gan a thoil féin do chur choíche le toil Dé, ach é coitianta ag cur a thoile féin, go mallaithe, i gcoinnibh toile Dé?

I dtreó go mbeadh luacht saothair le fáil againn as na trioblóidíbh saolta a chuirfidh Dia chúinn a dh'fhulag, ní foláir dúinn iad a dh'fhulag ar son an tSlánaitheóra, le grá don tSlánaitheóir, mar aon leis na pianta d'fhuilig an Slánaitheóir ar ár son-na. Sin é an rud a chuirfidh an tairbhe anama dhúinn insna trioblóidíbh. Is chuige sin a chuireann Dia chúinn iad. Sin é an rud a dh'iompóidh chun áthais dúinn iad, chun an áthais ná bainfar dínn go deó. Go dtugaidh Dia, trí ímpí na Maighdine Muire, an t-áthas san dúinn go léir. Amen.

XXX. An Ceathrú Domhnach tar éis na Cásca

Léitear an Soiscéal. (Eóin 16:5-14)

San am san, duairt Íosa lena dheisceablaibh, "Táim ag dul ag triall ar an té ' chuir uaidh me, agus ní fhiafraíonn éinne agaibh díom, 'Ca bhfuilir ag dul?' Ach mar do labhras na nithe seo libh, do líon úr gcroí de dhólás. Ach táim ag ínsint na fírinne dhíbh. Is é úr leas me ' dh'imeacht; óir mura n-imíod, ní thiocfaidh an Sólásaí chúibh. Ach má imím, cuirfead chúibh é. Agus nuair a thiocfaidh sé sin, déanfaidh sé an domhan do dhaoradh i dtaobh peaca agus i dtaobh cirt agus i dtaobh breithiúntais. I dtaobh peaca, óir níor chreideadar ionam-sa; i dtaobh cirt, ámh, óir táim ag dul chun an Athar, agus ní fheicfidh sibh me feasta; agus i dtaobh breithiúntais, óir tá breithiúntas tabhartha

XXX. An Ceathrú Domhnach tar éis na Cásca

cheana féin ar phriúnsa an domhain seo. Tá mórán eile agam le rá libh, ach ní féidir díbh iad do bhreith libh anois. Ach nuair a thiocfaidh an Sprid úd na fírinne, múinfidh sé dhíbh gach fírinne. Óir ní huaidh féin a labharfaidh sé, ach labharfaidh sé gach ní a chloisfidh sé, agus neósfaidh sé dhíbh na nithe atá le teacht. Méadóidh sé siúd mo ghlóire-se, óir is dem chuid-se a ghlacfaidh sé agus ' neósfaidh sé dhíbh-se.

Tá sa tSoíscéal san againn, a phobal, fé mhar a bhí i Soíscéal an Domhnaigh seo a ghoibh thorainn againn, cuid den chainnt do labhair an Slánaitheóir lena dheisceablaibh an oíche dheirineach a bhí sé 'na bhfochair, nuair a bhí a shuipéar déanach aige á chaitheamh 'na dteannta. Bhí sé dhá chur 'na luí ar a n-aigne, chómh maith agus dob fhéidir san do dhéanamh an uair sin le cainnt, nárbh fholáir do imeacht uathu, agus gurbh é a leas é ' dh'imeacht uathu, mar nárbh fhéidir an tairbhe a bhí aige le déanamh, dóibh-sin agus don chine daonna go léir, do dhéanamh gan é ' dh'imeacht uathu. Bhí a n-aigne ana-dhúr, ana-dhall, an uair sin. Ní raibh grásta agus solas an Sprid Naoimh tagaithe isteach 'na n-aigne fós. Do thuigeadar cainnt an tSlánaitheóra, ar shlí. Do thuigeadar na focail sa tslí 'nar ghnáth leó féin úsáid a dhéanamh de sna focail. Nuair aduairt sé go raibh sé ag imeacht uathu, níor chuímhníodar ar aon bhrí ' bheith leis an gcainnt ach go raibh sé ag scarúint leó agus ná feicfidís go deó arís é. Ní raibh aon phioc machnaimh 'na n-aigne ar cad a dhéanfadh an scarúint, gurbh amhlaidh a dhéanfadh an scarúint sin an Slánaitheóir agus iad féin do thabhairt dá chéile níos achomaire go mór ná mar a bhíodar an fhaid a bhí sé beó ar an saol so acu. Theastaigh ón Slánaitheóir an machnamh san do thabhairt chun a n-aigne lena chainnt. D'fhéadfadh sé láithreach an machnamh san a thabhairt chun a n-aigne le míorúilt, ach níorbh é sin a thoil naofa an uair sin. Do déanfí é sin nuair a thiocfadh an t-am chuige, nuair a thiocfadh Domhnach Cíncíse, nuair a thúirliceódh an Sprid Naomh orthu. Go dtí san, níorbh fholáir úsáid a dhéanamh dá gcainnt nádúrtha féin, agus dá n-aigne agus dá réasún féin, chun an eólais a thabhairt dóibh a theastaigh ón Slánaitheóir a thabhairt dóibh. Is minic gurb usa-de eólas a thabhairt do dhuine nuair a loirgeann sé an t-eólas, nuair a

XXX. An Ceathrú Domhnach tar éis na Cásca

chuireann sé ceist éigin i dtaobh an eólais. Ba mhaith leis an Slánaitheóir go gceisteóidís é i dtreó go bhféadfadh sé an t-eólas a thabhairt dóibh sa bhfreagairt, agus go nglacfaidís sa bhfreagairt é ní ba chruinne ná mar a ghlacfaidís é dá dtugtí dhóibh gan fiafraí é. Do sprioc sé chun na ceiste iad. "Táim", ar seisean, "ag dul ag triall ar an tÉ a chuir uaidh me, agus níl éinne agaibh dhá fhiafraí dhíom ca bhfuilim ag dul". Bhí Peadar tar éis na ceiste sin do chur chuige tamall beag roimis sin, ach ní hé an brí a theastaigh ón Slánaitheóir a bheith leis an gceist a bhí ag Peadar léi nuair a chuir sé í. Níor bhain ceist Pheadair leis an eólas a theastaigh ón Slánaitheóir a thabhairt uaidh. Do bhain ceist Pheadair leis an ndólás a bhí air féin agus ar an gcuid eile acu nuair a mheasadar go raibh an Slánaitheóir ag imeacht uathu ar fad. Theastaigh ón Slánaitheóir a chur 'na luí ar a n-aigne nár chúrsaí dóláis dóibh é ' bheith ag imeacht ag triall ar an Athair Síoraí, ach cúrsaí áthais agus cúrsaí sóláis, mar go gcuirfeadh sé an Sprid Naomh ag triall orthu. "Is é úr leas", ar seisean, "me ' dh'imeacht; óir, mura n-imíod, ní thiocfaidh an Sprid Naomh chúibh".

Sin abhar machnaimh do Chríostaithibh. "An rud ba mheasa le duine ná a bhás, ní fheadair sé ná gurb é lár a leasa é". Is seanfhocal é. Is fíor é ins gach aon tsaghas gnótha. Ach, thar gach saghas eile gnótha, is fíor é i ngnó ár n-anama. Is minic ná tugann Dia dhúinn ar an saol so an ní a bhíonn uainn, mar go bhfeiceann Dia, ó is É a chíonn gach uile ní, go ndéanfadh an ní sin aimhleas anama dhúinn. Nuair a chíonn an leanbh an solas breá sa choinneal, is maith leis an solas a dh'fháil isteach 'na láimh. Ach ca bhfuil an mháthair a thabharfadh an lasair isteach 'na láimh don leanbh? Ar an gcuma san, is cuma Dia na glóire nú máthair mhaith. Cimeádann sé ón nduine an rud a dhéanfadh aimhleas anama don duine. Dá bhrí sin, nuair a bhíonn, dar linn féin, gá go cruaidh againn le rud éigin, agus nuair a bhímíd dhá iarraidh go cruaidh ar Dhia na glóire an rud san a thabhairt dúinn, ba cheart dúinn i gcónaí an coinníoll do chur isteach, "Más é toil Dé é agus leas ár n-anama". Ar ndo', dá mbeadh an chiall cheart againn, pé dúil a bheadh againn i rud, d'iarrfaimís ar Dhia gan an rud san a thabhairt dúinn in aon chor dá mbeadh aon bhaol go ndéanfadh

XXX. An Ceathrú Domhnach tar éis na Cásca

sé aimhleas anama dhúinn. Agus tuig an méid seo. Ní gá rud a bheith 'na dhroch-rud chun aimhleasa anama ' dhéanamh do dhuine. Dhéanfadh rud fónta díobháil anama do dhuine, uaireanta, chómh maith le droch-rud, níos feárr, b'fhéidir. Chíonn Dia, i gcónaí, cad is maith dhúinn agus cad is olc dúinn, agus ba cheart dúinn, i gcónaí, bheith sásta lena thoil naofa, a rá, coitianta, fé mar aduairt an Slánaitheóir linn a rá, "Go ndeintear do thoil ar an dtalamh mar a deintear ar neamh". Is é toil Dé, gan amhras, sinn a dhul saor sábhálta go haoibhneas na bhflaitheas. Dá bhrí sin, má leogaimíd do a thoil féin do dhéanamh 'nár dtaobh, béarfaidh sé saor sinn go haoibhneas na bhflaitheas. Tá ' fhios againn go dian-mhaith ná fuil aon ní is deimhnithí ná an méid sin. Ba chóir go ndéanfaimís beart dá réir. "Táim ag ínsint na fírinne dhíbh", arsan Slánaitheóir leis na deisceablaibh, "Is é úr leas me ' dh'imeacht". Ca bhfuil an rud a dh'fhéadfadh Dia a thógaint ó dhuine againn-na ar an saol so ba mhó de chailliúint ná an Slánaitheóir a dh'imeacht ó sna deisceablaibh an uair sin? Agus fós duairt an Slánaitheóir féin leó gurbh é a leas é ' dh'imeacht. Má b'é leas na ndeisceabal an Slánaitheóir a dh'imeacht uathu, cad 'tá ag éinne eile le rá go deó i dtaobh aon ní is toil le Dia a thógaint uaidh? Mura mbeadh gurbh é leas na ndeisceabal an Slánaitheóir a dh'imeacht uathu an uair sin, ní déarfadh an Slánaitheóir féin gurbh é a leas é, agus ní neartódh sé an rá leis an bhfocal a chuir sé roimis an rá. "Táim ag ínsint na fírinne dhíbh", ar seisean; "is é úr leas me ' dh'imeacht".

Cuímhnigh air sin, a Chríostaí 'na bhfuil an creideamh agat. Cuímhnigh air nuair a bheidh rud éigin ag Dia na glóire á thógaint uait agus gur ró-mhaith leat féin an rud san a chimeád. Más maith leat é, iarr ar Dhia gan an rud san a thógaint uait, ach cuir coinníoll san iarraidh. Iarr ar Dhia, más é a thoil naofa é, agus más é leas t'anama é, gan é ' thógaint uait. Ansan más é toil Dé é ' thógaint uait, bí-se deimhnitheach gurb é do leas é ' dh'imeacht.

Más máthair linbh tu, nú más athair linbh tu, agus go dtuigeann tú i t'aigne go bhfuil Dia na glóire chun an linbh sin a thógaint uait, iarr

XXX. An Ceathrú Domhnach tar éis na Cásca

ar Dhia, iarr chómh cruaidh agus is maith leat air, gan an leanbh san do thógaint uait, ach cuir an coinníoll isteach san iarraidh, más é toil Dé é agus leas t'anama, agus leas anama an linbh. Más maith leat é, iarr ar dhaoinibh eile, ar do chómh-Chríostaithe go bhfuil an creideamh acu, an iarraidh chéanna, an guí céanna, do chur suas chun Dé mar aon leat, dhá iarraidh ar Dhia gan an leanbh san do bhreith uait; ach abair leó an coinníoll céanna do cur isteach san iarraidh, más é toil Dé é agus leas t'anama féin agus anama an linbh. Más maith leat dul níos géire fós ar an scéal, labhair le sagart éigin agus iarr air Naomh-Íbirt an Aifrinn a dhéanamh chun Dé ar do shon dhá iarraidh ar Dhia gan an leanbh san a bhreith uait, ach cuir isteach an coinníoll céanna, más é toil Dé é agus leas t'anama féin agus anama an linbh. Nuair a bheidh an méid sin go léir déanta agat, tabharfaidh Dia do ghuí dhuit. Níl aon mhearathall ná go dtabharfaidh Dia do ghuí dhuit ansan, mura rud é go bhfeiceann Dia féin, ós É a chíonn gach uile ní, go dtiocfaidh an lá, agus má fhágann sé an leanbh san agat anois, go ndéarfair-se féin, ó chroí, "Ó! Nách trua chráite nár rug Dia uaim an uair úd é!" Ansan is ea ' thuigfir roinnt éigin de bhrí an fhocail úd aduairt an Slánaitheóir leis na deisceabail nuair a bhí an bhuairt go léir orthu mar gheall ar é ' bheith ag imeacht uathu.

"Táim ag ínsint na fírinne dhíbh", ar seisean, "is é úr leas me ' dh'imeacht".

Mar sin do gach aon ní atá againn ar an saol so agus nách maith linn scarúint leis. Tagann rud éigin, b'fhéidir, a thispeánann dúinn go bhfuil Dia na glóire chun é ' bhreith uainn, nú gur baol go bhfuil. B'fhéidir gur bó é, nú capall. B'fhéidir gurb é ár sláinte é, nú radharc ár súl. Pé rud é, níl aon bhac orainn ár ndicheall a dhéanamh ar gach aon tsaghas cuma, dhá iarraidh ar Dhia gan é ' bhreith uainn, ach an coinníoll úd do chur isteach, más é toil Dé agus leas ár n-anama é ' dh'fhanúint againn. An fhaid a chimeádfaimíd an coinníoll san, ní miste dhúinn dul chómh dian agus is maith linn dul ar Dhia na glóire, dhá iarraidh air gan an ní sin a bhreith uainn; ní miste dhúinn guí ár gcarad a dh'iarraidh chuige, agus Naomh-Íbirt an Aifrinn do chur á

XXX. An Ceathrú Domhnach tar éis na Cásca

dhéanamh chuige, agus déirc a dhéanamh chuige, agus aon ní eile a dhéanamh chuige, aon rud is dó' linn a dhéanfadh toil Dé do tharrac i bhfabhar dúinn. Dá dhéine a bheidh ár nguí is ea is feárr é, an fhaid a bheidh an coinníoll úd ann, an fhaid a bheidh an fabhar againn á iarraidh más é toil Dé agus leas ár n-anama é ' dh'fháil.

Ach i dtaobh ár nguí chun Dé, tá ní eile nách ceart dúinn a dhearúd. Ní ceart dúinn a dhearúd gur mó-le-rá na tairbhí agus na maitheasaí agus na búntáistí a bhaineann leis an mbeatha síoraí ná aon mhaitheasaí a bhaineann leis an saol so. Duart, agus is fíor é, nách miste don Chríostaí dul chómh dian agus a dh'fhéadfaidh sé dul, ar Dhia na glóire, chun maitheasaí saolta ' dh'fháil nú do chimeád, an fhaid a chuirfidh sé isteach an coinníoll, más é toil Dé é agus leas a anama féin. Ach pé déine a bheidh 'na ghuí nuair a bheidh sé ag lorg maitheasaí saolta ar Dhia, is ceart do a ghuí a bheith níos déine go mór nuair a bheid na maitheasaí a bhaineann leis an saol eile aige á lorg ar Dhia. Loirgeadh sé sláinte an chuirp ar Dhia chómh dian agus is maith leis é, más é toil Dé é agus leas a anama féin. Ach loirgeadh sé sláinte an anama níos déine, 'sé sin, grásta Dé. Iarradh sé ar Dhia, chómh dian agus is maith leis é, más é a thoil naofa é, agus leas a anama féin, a cholann a chimeád ó bhreóiteacht. Ach iarradh sé níos déine go mór ar Dhia a anam do chimeád ón bpeaca. Cuireadh sé, más maith leis é, Naomh-Íbirt an Aifrinn dá dhéanamh, dhá iarraidh ar Dhia, más é a thoil naofa é agus leas a anama féin, an rath do chur ar a chuid, i dtreó go bhféadfadh sé a ghlaeite d'fhreagairt. Ach téadh sé ansan agus cuireadh sé Naomh-Íbirt an Aifrinn dá dhéanamh, dhá iarraidh ar Dhia saibhreas na ngrást a thabhairt do, i dtreó go bhféadfadh sé dlí Dé do chómhlíonadh ar an saol so agus saibhreas na beatha síoraí do bheith aige ar an saol eile. Ná cuireadh sé an saol so roimis an saol eile. Níl aige le caitheamh ar an saol so ach tamall beag. Tá an tsíoraíocht go léir aige le caitheamh ar an saol eile. Má ghabhann an saol so 'na choinnibh, ní fhéadfaidh sé, agus a dhícheall a dhéanamh, bheith ag gabháil 'na choinnibh ach tamall beag. Má bhíonn an t-ádh leis i gcómhair an tsaeil eile, beidh an t-ádh leis ar feadh na síoraíochta go léir. Má bhíonn sé de mhí-fhoirtiún air an saol eile do ghabháil 'na choinnibh, cad é an tairbhe dho an saol so? "Cad é an tairbhe do dhuine an saol go léir do bhuachtaint má chailleann sé a anam féin?" Agus ar an dtaobh eile den scéal, cad é an díobháil do dhuine an saol so go léir do chailliúint, má bhíonn aoibhneas na bhflaitheas ar feadh na síoraíochta aige ar an saol eile? Anois an t-am againn, a Chríostaithe, chun machnaimh a dhéanamh ar an dá cheist sin. Go gcuiridh Dia ar ár leas sinn sa mhachnamh. Amen.

XXXI. An Cúigiú Domhnach tar éis na Cásca

Léitear an Soiscéal. (Eóin 16:23-30)

> San am san, duairt Íosa lena dheisceablaibh, "Go deimhin, deimhin, adeirim libh, má iarrann sibh aon ní ar an Athair i m'ainm-se, tabharfaidh sé díbh é. Go dtí so, níor iarrúir aon ní i m'ainm. Iarraidh, agus gheóbhaidh sibh, ionas go mbeadh úr n-áthas iomlán. Do labhras na nithe seo libh i bhfuirm solaoidí. Tá an t-am ag teacht agus ní labharfad libh feasta i solaoidíbh, ach neósfad díbh go soiléir i dtaobh an Athar. Sa lá san iarrfaidh sibh i m'ainm-se agus ní deirim libh go nguífead an tAthair ar úr son, óir tá grá ag an Athair féin díbh, toisc grá ' bheith agaibh dómh-sa agus gur chreidiúir gur ó Dhia do ghluaiseas. Do ghluaiseas amach ón Athair agus do thánag ar an saol. Táim ag fágáilt an tsaeil arís agus ag dul ag triall ar an Athair". Duairt a dheisceabail leis, "Féach, anois labhrann tú soiléir, agus ní haon tsolaoid atá agat dá labhairt. Tá ' fhios againn anois go bhfuil fios gach uile ní agat, agus nách gá dhuit éinne ' bheith 'od cheistiú. As so creidimíd gur ó Dhia a ghluaisís".

Is dó' liom, a phobal, gur beag má tá aon fhocal dár labhair an Slánaitheóir lena dheisceablaibh is mó a bheireann de shólás leis ná an chéad fhocal den tSoíscéal san. "Má iarrann sibh", ar seisean, "aon ní ar an Athair i m'ainm-se, tabharfar díbh é". Agus le heagla go mbeadh aon mhearathall ar a n-aigne 'na thaobh, do dheimhnigh sé dhóibh é. "Go deimhin, deimhin adeirim libh". "Iarraidh", ar seisean, "agus gheóbhaidh sibh". Agus féach ar an gcúis a thug sé leis. Níor

XXXI. An Cúigiú Domhnach tar éis na Cásca

thug sé aon chúis ar domhan leis ach i dtreó go mbeadh a n-áthas iomlán.

Tugann an chainnt sin os cómhair ár n-aigne ní ná machnaímíd go ró-mhinic air. Is é ní é sin ná mór-mhaitheas Dé. Cuímhnímíd go minic ar mhór-chómhacht Dé, mar gur chruthaigh sé an domhan. Is cuímhin linn an cheist sa Teagasc Críostaí:

"An féidir le Dia gach uile ní ' dhéanamh?"

"Is féidir".

Cuímhnímíd ar eagna Dé:

"An bhfuil fios gach uile ní ag Dia?"

"Tá".

"An bhfeiceann Dia gach uile ní?"

"Chíonn".

Cuímhnímíd, leis, ar mhór-mhaitheas Dé, ar shlí. Tá ' fhios againn go bhfuil a mhór-mhaitheas gan teóra, fé mar atá a chómhacht gan teóra, agus a eagna gan teóra. Ach ní minic a chuímhnímíd ar a mhaitheas sa chuma 'nar labhair an Slánaitheóir air leis na deisceabail an uair úd. Do labhair sé ar an Athair díreach mar a labharfadh sé ar dhuine mhuínteartha a bheadh acu, agus do bheadh ollamh ar gach aon tsaghas maitheasa agus tairbhe do bhronnadh orthu ach go n-iarrfí air é. Bheadh duine muínteartha ann a bheadh ollamh ar gach aon tsaghas tairbhe do bhronnadh ort chómh fada agus do raghadh a chumas agus a chómhacht; agus go deimhin ní baol ná go ndéarfadh gach éinne gur mhaith an duine muínteartha é. Ach do labhair an Slánaitheóir an uair sin leis na deisceabail ar Dhuine Mhuínteartha a bhí ollamh ar gach aon tsaghas tairbhe do bhronnadh orthu, chómh

XXXI. An Cúigiú Domhnach tar éis na Cásca

fada agus do raghadh a chumas agus a chómhacht, agus go raibh a chumas agus a chómhacht gan teóra.

Dá mbronnadh duine muínteartha rud ort, gan aon chúis eile ach chun áthais do chur ort, déarfadh duine gur mhaith a bheadh grá agus cion tuíllte ag an nduine muínteartha san uait. Ach ní fhéadfadh an duine muínteartha san a dhéanamh ach a dhícheall chun an áthais a chur ort. B'fhéidir, tar éis a dhíchill, go mbeadh easnamh ar an áthas agus ná beadh leigheas aige air. Ach féach cad 'deir an Slánaitheóir i dtaobh an Athar Síoraí. "Iarraidh agus gheóbhaidh sibh, ionas go mbeadh úr n-áthas iomlán".

Ní féidir áthas iomlán a dh'fháil ó éinne ach ón Athair Síoraí. Agus ní féidir an t-áthas iomlán san a dh'fháil ar an saol so, ach sa mhéid go seólann sé an duine chun an áthais atá le fáil ar an saol eile, chun an áthais atá síoraí. Bíonn áthas ar dhuine nuair a mhothaíonn sé neart agus fuinneamh na sláinte 'na bhallaibh beatha. Ní háthas iomlán an t-áthas san. D'fhéadfadh droch-ghaoth, nú ciscéim anacair, nú lán béil de bhia ná beadh folláin, an t-áthas san do lot ar iompáil na baise. Is fada ó áthas iomlán an t-áthas is féidir a chur chun siúil chómh huiriste sin.

Bíonn áthas ar dhuine, b'fhéidir, nuair a bhíonn saibhreas saolta aige, agus creidiúint i measc a chómharsan. Bíonn fiche rud ag baint ón áthas san. Ní hiad lucht an tsaibhris mhóir is sáimhe ' chodlann an oíche. Leanann cúram agus buairt aigne an saibhreas. Ní bhíonn an fear saibhir choíche gan lán a chroí d'eagla air go mb'fhéidir go dtiocfadh sóinseáil éigin sa tsaol, agus go scaipfí an saibhreas, agus go mbeadh sé beó bocht. Ní háthas iomlán, ní hea, ach ní háthas in aon chor, rud a chuireann, agus do chimeádann, buairt agus céimaighrá aigne den tsórd san ar dhuine.

Is áthas iomlán, áfach, ar an saol so féin, an t-áthas a bhíonn ar chroí agus ar aigne an duine nuair a bhíonn, cuir i gcás, faoistin mhaith déanta aige agus síocháin ar a choínsias, agus nuair is féidir do

XXXI. An Cúigiú Domhnach tar éis na Cásca

féachaint suas agus a rá, i láthair Dé, "Más é toil Dé glaoch orm, tá súil le Dia agam go bhfuilim ollamh". Tá an t-áthas san iomlán, chómh fada agus is féidir d'aon áthas bheith iomlán ar an saol so, mar is áthas é atá ag seóladh an duine sin chun an áthais agus chun an aoibhnis atá síoraí.

"Go dtí so", arsan Slánaitheóir, "níor iarrúir aon ní i m'ainm".

Tá brí ana-dhoimhinn leis an bhfocal san. Tá daoine sa tsaol agus nuair a thagann buairt nú trioblóid mhór orthu, is amhlaidh a léimeann a gcroí agus a n-aigne suas láithreach chun Dé. Screadann a gcroí láithreach ar Dhia, dhá iarraidh air an trioblóid sin do thógaint díobh más é a thoil naofa é agus leas a n-anama, nú, murab é a thoil naofa é ' thógaint díobh, dhá iarraidh air é ' bhogadh dhóibh, agus a ghrásta ' thabhairt dóibh chun é ' dh'fhulag mar is cóir do Chríostaí buairt agus trioblóid a dh'fhulag. Freagrann Dia Críostaí den tsórd san. Tugann sé a ghrásta don duine sin. Baineann grásta Dé an nimh as an dteinneas, nú cuireann sé neart i gcroí an duine i dtreó ná géilleann sé don trioblóid, go bhfuiligeann sé gach aon rud de réir thoile Dé. Cuirid Críostaithe den tsórd san buairt agus trioblóid díobh, agus nuair a bhíonn an bhuairt nú an trioblóid imithe, ní fhanann blúire cuímhne acu air. Ansan tagann trioblóid eile, trioblóid, b'fhéidir, is truime ná an chéad trioblóid. Ach is lú a ghoilleann sé orthu ná an chéad trioblóid, mar bíonn breis nirt fálta acu as an gcéad fhulag, agus bíonn breis grásta acu dá fháil ó Dhia. Ansan tagann dhá thrioblóid, trí trioblóidí; tagaid siad ag brú ar a chéile, ag baint tosach slí dhá chéile, ag satailt ar shálaibh a chéile, go dtí gur dhó' le héinne gur cheart don duine sin bheith as a mheabhair glan acu. Ach ní bhíonn sé as a mheabhair ná as a chéill. Bíonn a shúil agus a íntinn agus a aigne socair go daingean ar thoil Dé. Is amhlaidh a dhaingníd na trioblóidí go léir a chroí ar Dhia, i dtreó gur ag dul i ndaingneacht a bhíonn sé le gach trioblóid dá gcuireann sé dhe, agus in aghaidh gach catha dá gcuireann sé dhe. I lár na buartha agus na dtrioblóidí agus na gcathanna, tagann an t-am, fé mar a tháinig an t-am do Pheadar go dtárnálfí ar an gcruis é, nú fé mar a

XXXI. An Cúigiú Domhnach tar éis na Cásca

tháinig an t-am do Phól go gcuirfeadh sé a cheann ar an mbloc, tagann an t-am don Chríostaí go nglaonn Dia as an saol é, suas chuige féin. Tagann am a bháis. Ní bhíonn, trí ghrásta Dé, scáth ná eagla aige roimis an mbás. Tugann Dia an neart san do le línn a bháis fé mar a thug sé gach neart eile dho i gcaitheamh a shaeil. Téann sé suas i láthair Dé, agus tugann Dia na glóire a thuarastal do. Thug an duine sin a shaol go léir dhá iarraidh ar Dhia, i gcónaí, in ainm an tSlánaitheóra, gach aon ghrásta ba mhó a bhí in easnamh air do thabhairt do. Do tugadh do iad. Tá a thoradh-san anois aige. Tá áthas air, agus tá an t-áthas iomlán. Is é an t-áthas é a thugann aoibhneas síoraí na bhflaitheas do dhuine.

Tá daoine eile sa tsaol agus nuair a thagann buairt mhór, nú trioblóid mhór, nú iomárd mór orthu, is amhlaidh a thagann dúire, nú doircheacht aigne, orthu, i dtreó ná cuímhníd siad in aon chor ar Dhia. Tagann mairbhití ar a gcroí, lagspridí éigin, agus is amhlaidh a luíd siad ar an dtalamh fén ualach. Bíonn a gcroí briste brúite, agus ní fhanann preab ná spionnadh iontu. Cromaid siad a gceann agus scaoilid siad a srian féin leis an mbuairt. Ní chuímhníd siad in aon chor ar Dhia ná ar ghuí chun Dé ná ar aon rud a dh'iarraidh ar Dhia. Bíd siad díreach sa chás 'na raibh na deisceabail nuair a chas an Slánaitheóir leó ná raibh aon ní acu á iarraidh ar an Athair Síoraí in' ainm féin. Mura ndeinid Críostaithe den tsórd san cuímhneamh ar Dhia is baolach go ndeinid siad rud nách é. Is baolach go gcuímhníd siad ar shlí eile chun an teinnis aigne do mhaolú. Cuímhníd siad ar an mbraon dí. Luíd siad ar ól. Cuirid siad iad féin ar meisce. An fhaid a leanann an mheisce orthu, ní chuímhníd siad ar an mbuairt. Nuair a bhíonn an mheisce sin imithe, bíonn an scéal dhá uair níos measa acu. Músclann nimh na buartha níos géire ná riamh, agus cuireann dólás an mheisce atá curtha dhíobh acu tuilleadh faoir ar a mbuairt, tuilleadh meáchaint' sa bhrón atá ar a gcroí. Má ba dheocair an bhuairt a dh'fhulag ar dtúis, is dá dheocra an bhuairt agus an brón a dh'fhulag anois. Siúd chun an óil arís iad. Siúd chun an óil iad arís agus arís eile. I ndiaidh ar ndiaidh, beireann béas an óil greim orthu, greim ar chroí agus ar aigne agus ar íntinn orthu. As san amach is

XXXI. An Cúigiú Domhnach tar éis na Cásca

cuma leó cad a dheineann buairt ná trioblóid, gnó ná cúram, Dia ná duine, an saol so ná an saol eile, aoibhneas na bhflaitheas ná tínte ifrinn. Ní mhothaíd siad aon rud. Cuirid siad an chuid eile dá saol díobh idir bheith 'na gcodladh agus 'na ndúiseacht. Ní ró-fhada a théann leó. Loisceann an t-ól préamh na beatha agus na sláinte istigh iontu. Tagann an bás orthu i bhfad sara mbíonn a saol nádúrtha caite acu. Ní féidir dóibh fanúint a thuilleadh ar an saol so. Caithfid siad, pé olc maith leó é, aghaidh a thabhairt ar an síoraíocht. An suas a raghaid siad? Conas is féidir dóibh dul suas? Ó, a Chríostaithe, is cruaidh an cás é! Ní féidir dóibh dul suas. Do dhúnadar féin an uile dhoras orthu féin. Ní hé Dia do dhún na dóirse ná na bóithre suas orthu. Iad féin a dhún iad. Ní hé Dia do chuir a saol i ngiorracht. Thabharfadh Dia a saol nádúrtha dhóibh dá leogaidís do é. Ca bhfios dúinn-na ná d'éinne eile cad iad na grásta a thug Dia dhóibh i gcaitheamh a saol, a d'iarraidh iad a dh'iompáil ar a leas, agus ná déanfaidís rud air! Tá ' fhios againn go maith nár leog Dia uaidh iad gan a ghrásta ' thabhairt dóibh go flúirseach chun iad a chimeád. D'imíodar uaidh, ach is in ainneóin na ngrást a dh'imíodar uaidh. Ní raibh éinne chun iad do bhreith suas go haoibhneas na bhflaitheas ach Dia. Bhéarfadh Dia leis suas iad dá mba mhaith leó dul leis. Ní raghaidís leis. Conas is féidir dóibh dul suas anois? Ní féidir dóibh dul suas anois. Síos a chaithfid siad dul. Síos, i gcómhair na síoraíochta!

Cuímhnigh air, a Chríostaí. Cuímhnigh in am air.

"Go dtí so, níor iarrúir aon ní ar an Athair i m'ainm-se. Iarraidh agus gheóbhaidh sibh, ionas go mbeadh úr n-áthas iomlán".

Ansan duairt sé focal eile atá níos doimhne ná an focal san féin. "Nílim dhá rá", ar seisean, "go nguífead an tAthair ar úr son; mar tá grá ag an Athair díbh-se toisc grá ' bheith agaibh-se dhómh-sa, agus gur chreidiúir gur ó Dhia do ghluaiseas".

Thug an Slánaitheóir le tuiscint dóibh, sa chainnt sin, go raibh an grá a bhí ag Dia dhóibh chómh mór san nár ghá dho féin bheith ag guí

XXXI. An Cúigiú Domhnach tar éis na Cásca

chun Dé orthu. Ní féidir don duine an grá atá ag Dia na glóire dhúinn do thómhas le tuiscint daonna. Tá an grá atá ag Dia dhúinn os cionn ár dtuisceana. Ach, bíodh nách féidir dúinn é ' thómhas lenár dtuiscint, ná aon ghrá eile do chur i gcúmparáid leis ná do thabhairt mar sholaoid air, tugann focal an tSlánaitheóra machnamh éigin dúinn ar mhéid an ghrá san. Deir an Slánaitheóir linn, an grá atá ag an Athair Síoraí dhúinn, go bhfuil sé chómh mór san nách gá don tSlánaitheóir féin a ghuí do chur chun an Athar ar ár son. Ní féidir dúinn dul a thuilleadh ar an scéal. Tispeánann an méid sin méid na fírinne atá sa bhfocal aduart ó chianaibh nách baol go leogfaidh Dia na glóire uaidh sinn mura gcuirimíd féin ' fhiachaibh air scarúint linn. Thug sé saorthoil dúinn. Chuir sé ar ár gcumas teacht chuige nú imeacht uaidh. Tá a ghrásta aige á thabhairt dúinn coitianta chun sinn a mhealladh chuige. Géillimís do sna grásta san agus níl baol orainn.

Thug an Slánaitheóir cúis leis an bhfocal aduairt sé. "Tá an grá san ag an Athair Síoraí dhíbh-se", ar seisean, "toisc grá ' bheith agaibh-se dhómh-sa agus go gcreideann sibh gur ó Dhia do ghluaiseas amach".

Sin dá chúis atá le grá an Athar Síoraí dhúinn, grá ' bheith againn-na don tSlánaitheóir, agus sinn dhá chreidiúint gurb é Mac Dé é.

'Sea, a phobal, sin cuid de sna nithibh a chuireann an Soíscéal san ar ár súilibh dúinn. Is ceart dúinn bheith coitianta ag cur ár nguí suas chun Dé. Is ceart dúinn ár dtoil do chur le toil Dé, agus trioblóidí na beatha so d'fhulag le grá do Dhia, in inead bheith ag cur 'na gcoinnibh agus ag stalcaíol i gcoinnibh toile Dé mar gheall orthu. Ansan, ó tá an grá mór go léir sin ag an Athair Síoraí dhúinn-na, ba cheart dúinn bheith coitianta dhá iarraidh air ár gcroí do spriocadh lena ghrásta, i dtreó go dtabharfaimís grá dho ag freagairt dá ghrá dhúinn, agus i dtreó go mbeadh an creideamh beó bríomhar istigh 'nár gcroí de shíor; i dtreó go mbeadh grá mar is cóir againn don Aon-Mhac, ár Slánaitheóir Íosa Críost, agus grá againn dár gcómharsain mar sinn féin; agus ansan, go dtabharfadh Dia bás naofa dhúinn agus saor-bhreithiúntas, agus go mbeadh ár n-áthas iomlán.

Go dtugaidh an tAthair Síoraí, trí ímpí na Maighdine Muire, máthair Dé, an t-áthas iomlán san dúinn. Amen.

XXXII. Dardaoin Deasgabhála

Léitear an Soíscéal. (Marcus 16:14-20)

San am san, mar a bhí an t-éinne déag deisceabal 'na suí, thispeáin Íosa é féin dóibh, agus do chas sé leó a ndíchreideamh agus a ndúrchroí, toisc nár chreideadar an mhuíntir a chonaic gur aiséirigh sé. Agus duairt sé leó, "Gluaisídh tríd an ndomhan go léir agus deinidh an Soíscéal do chraobhscaoileadh don uile chréatúir. An té ' chreidfidh agus a baistfar, saorfar é. An té, ámh, ná creidfidh, daorfar é. Agus leanfaid na cómharthaí seo an mhuíntir a chreidfidh. I m'ainm-se cuirfid siad deamhain a seilbh. Labharfaid siad teangthacha nua. Tógfaid siad aithreacha nímhe, agus má ólaid siad deoch maraitheach, ní ghortóidh sé iad. Cuirfid siad a lámha ar dhaoine breóite agus beid siad go maith. Agus an Tiarna Íosa Críost, tar éis labhartha leó dho, do tógadh suas ar neamh é, agus tá sé 'na shuí ar deas-láimh Dé. Agus do ghluaiseadar-san agus do chraobhscaoileadar ins gach áit, agus do chabhraigh an Tiarna leó, agus do neartaigh a gcainnt le míorúiltíbh dhá leanúint.

Chímíd ón Soíscéal san, a phobal, gur dhein an Slánaitheóir roinnt nithe áirithe i dtaobh a dheisceabal an uair dhéanach a thispeáin sé é féin dóibh, díreach sarar imigh sé uathu suas ar neamh, díreach sarar gabhadh é ar deas-láimh an Athar Síoraí.

Is é céad rud a dhein sé ná a n-easpa creidimh do chasadh in asachán leis an gcuid acu ná creidfeadh go raibh sé éirithe ón mbás go dtí go bhfeacadar féin é. Tispeánann an t-asachán san dúinn go raibh sé ana-dheocair a chur ' fhiachaibh ar a lán acu an scéal do ghlacadh gan radharc a súl féin a bheith mar urrús leis an bhfírinne. Tispeánann sé

XXXII. Dardaoin Deasgabhála

dhúinn, leis, ná fuil brí ná éifeacht le cainnt lucht díchreidimh, i ndúthaíbh eile. Déarfaidís leat ná creidfidís an ní seo nú an ní úd, sa chreideamh, mura bhfeicfidís lena súilibh cínn féin é. Agus ansan do chreidfidís fiche rud a bheadh níos iúntaí go mór ná aon ní sa chreideamh, agus gan éinne dhá iarraidh orthu, agus gan radharc a súl ná éisteacht a gcluas acu mar urrús ar fhírinne ná ar éitheach ann. Ní hin Éirinn atá puínn den tsórd san daoine le fáil. Nú má táid siad le fáil in Éirinn anois, is le déanaí atáid siad le fáil ann. Chonaic na Giúdaígh agus na deisceabail, in éineacht, na míorúiltí a bhí ag an Slánaitheóir á dhéanamh. Chonacadar go soiléir nárbh fhéidir d'aon duine na míorúiltí sin a dhéanamh mura mbeadh cómhacht Dé aige. D'airíodar é féin, arís agus arís eile, dhá rá go raibh cómhacht Dé aige, agus ag tabhairt na míorúiltí dhóibh mar chómartha air go raibh. Nuair aduairt sé leis an bhfear a bhí gan lúth, "Táid do pheacaí maite dhuit", do léimeadar na Giúdaígh agus dúradar, "Cad í seo mar chainnt! Cé ' fhéadfadh peacaí ' mhaitheamh ach Dia!" D'fhreagair sé iad, "Ceocu is usa a rá, 'Táid do pheacaí ' maite dhuit', nú a rá leis an bhfear san éirí as san agus siúl? Anois, chun a thispeáint díbh go bhfuil cómhacht agam chun peacaí ' mhaitheamh: 'Éirigh-se as san', (ar seisean leis an bhfear) 'agus siúlaigh'". Agus d'éirigh an duine láithreach agus shiúlaigh sé. Chonacadar na míorúiltí móra a bhí aige á dhéanamh coitianta ar an gcuma san i gcaitheamh na dtrí mblian ó thosnaigh sé ar a obair phoiblí. Bhí ' fhios acu go maith go raibh cómhacht Dé aige. B'olc uathu, dá bhrí sin, gan a chreidiúint láithreach go raibh sé éirithe ón mbás, chómh luath agus do hínseadh dóibh é. Ba mhó go mór d'iúnadh é ' dh'fháil bháis in aon chor, agus cómhacht Dé aige mar a bhí, ná é ' dh'éirí ón mbás. Mura mbeadh corp agus anam a bheith aige, mar atá againn-na, níorbh fhéidir do bás a dh'fháil in aon chor. Do thóg sé an corp agus an t-anam, mar atá againn-na, i dtreó go bhféadfadh sé bás a dh'fhulag agus an chine daonna do shaoradh lena bhás ó pheaca an tsínsir. Nuair a bhí sé ag dul chun báis ar chrann na cruise, do leog sé dá chorp agus dá anam scarúint lena chéile, fé mar a scarann corp agus anam aon duine lena chéile nuair a gheibheann an duine bás. Cad é an bac a bhí ar Mhac Dé a chorp féin agus a anam féin a thabhairt dá chéile arís aon tráth

XXXII. Dardaoin Deasgabhála

'nar mhaith leis é? Thug sé chun a chéile arís iad ar maidin Domhnaigh Chásca agus d'éirigh sé as an uaigh. Ansan, nuair a tháinig lá na Deasgabhála, do rug sé a Chorp agus a Anam leis suas ar neamh agus do shuigh sé ar deas-láimh an Athar Síoraí, agus tá a chuid fola agus feóla, a anam agus a dhiacht, aige á thabhairt do sna Críostaithibh riamh ó shin, i Naomh-Shácraimínt na hAltórach. Scéal réidh, rianta, soiléir, is ea an scéal ó thúis go deireadh. Ní haon iúnadh in aon chor gur chas an Slánaitheóir in asachán é leis an muíntir nár chreid, chómh luath agus do hinseadh dóibh é, go raibh sé éirithe ón mbás. Tá an t-asachán céanna le casadh, riamh ó shin, leis an gcuid den chine daonna ná creidfeadh in Aiséirí ár Slánaitheóra, tar éis ar deineadh de chraobhscaoileadh air le naoi gcéad déag blian, le teagasc, agus le míorúiltíbh, agus le bás na bhfíoraon a dh'fhuilig bás ní ba thúisce ná mar a shéanfaidís é. Casfar an t-asachán san leó go dian nuair a sheasóid siad i láthair an tSlánaitheóra, i láthair an Bhreithimh, a thiocfaidh chun breithiúntais a thabhairt ar bheóibh agus ar mharaíbh. "An té a chreidfidh agus a bheidh baistithe, saorfar é. An té ná creidfidh, daorfar é". Sin é an focal aduairt an Slánaitheóir leis na deisceasbail nuair a chas sé an t-asachán leó. Fíorfar an focal san i dtaobh na cine daonna go léir, agus casfar an t-asachán céanna leis an muíntir ná creidfidh.

D'fhéadfadh breitheamh daonna duine ' dhaoradh san éagóir, agus duine ' chrochadh gan an duine ' bheith ciontach. Ní féidir don tSlánaitheóir, moladh go deó leis, éagóir den tsórd san a dhéanamh. Dá bhrí sin, sara nduairt sé an focal i dtaobh daoradh agus saoradh agus i dtaobh an chreidimh, duairt sé leis na deisceabail imeacht ar fuid an domhain agus fírinní an chreidimh do chraobhscaoileadh don uile shaghas daoine. Ansan, i dtreó ná beadh aon leathscéal ag éinne, do gheall sé buatha móra don mhuíntir a chreidfeadh; go láimhseálfaidís aithreacha nímhe gan dochar dóibh féin; go n-ólfaidís nimh agus ná déanfadh sé aon díobháil dóibh; go gcuirfidís a lámha ar dhaoine breóite agus go gcasfadh a sláinte orthu. Ansan do tógadh suas as a radharc é agus tá sé 'na shuí ar deas-láimh Dé.

XXXII. Dardaoin Deasgabhála

Anois, a phobal, cad 'tá againn-na le rá, 'nár dtaobh féin, chómh fada agus a théann bunús agus brí na cainnte atá sa tSoiscéal san? "An té a chreidfidh agus a baistfar, saorfar é. An té, áfach, ná creidfidh, daorfar é".

Ní gá dhúinn trácht ar an mbaisteadh. Do dhein an Eaglais an méid sin dúinn chómh luath agus ' thánamair ar an saol. Dhein an Eaglais, leis, dúinn an craobhscaoileadh a dh'órdaigh an Slánaitheóir a dhéanamh. Do chuir sí ' fhiachaibh orainn teacht anso chun tí Dé chun an Teagasc Críostaí a dh'fhoghlaim, agus do múineadh dúinn é. Do tugadh fios aitheanta ár gcreidimh dúinn go cruínn agus go hiomlán agus go fórlíonta. Níor fágadh aon easnamh ar ár n-eólas. Ní raibh aon ghá ag aon duine againn le Soiscéal an lae seo d'aireachtaint anois chun ' fhios a bheith aige gur éirigh ár Slánaitheóir an treas lá ó mharaíbh, agus gur chuaigh sé suas ar neamh, agus go bhfuil sé 'na shuí ar deas-láimh Dé, agus go dtiocfaidh sé as san chun breithiúntais a thabhairt ar bheóibh agus ar mharaíbh. Tá an t-eólas san go léir againn de ghlanmheabhair ó thosach ár n-óige. B'fhéidir gurb amhlaidh atá an t-eólas ró-ghlan againn agus an iomad taithí againn air, i dtreó ná cuirimíd oiread suime ann agus ba cheart dúinn a chur ann. Ansan, cad mar gheall ar an bhfocailín eile úd, "An té ná creidfidh, daorfar é"?

"Ó", adéarfaidh duine, b'fhéidir, "tá an puínte sin socair go leór. Creidim gach aon rud a mhúineann an Eaglais. Pé rud a bheidh agam le freagairt, ní bheidh aon ní agam le freagairt sa méid sin".

Seachain! B'fhéidir go mb'fhearra dhuit gan codladh ar an gcluais sin. An té a chreideann rud, deineann sé beart de réir mar a chreideann sé. An fear a chreideann go bhfuil namhaid ag faire air chun a mharaithe, beidh sé coitianta ag faire ar an namhaid sin a d'iarraidh é ' sheachaint. Má chím an fear san, agus gan aon arm cosanta aige, ag dul san áit 'na bhfuil an namhaid sin, cad 'tá le rá agam? Tá ' fhios ag an saol go bhfuil an fear as a mheabhair, nú, murab é sin é, ná creideann sé go bhfuil an namhaid in aon chor ann. Is é an namhaid

XXXII. Dardaoin Deasgabhála

an peaca. Do múineadh dúinn fadó cad é an ní peaca: "Aon smaoineamh toilthiúil, briathar, nú gníomh, a deintear in aghaidh dlí Dé". Chreideamair é sin an uair sin. Creidimíd anois é. Conas is féidir dúinn a rá go gcreidimíd anois é má chomáinimíd linn ag déanamh an pheaca gan blúire suime ' chur i ndlí Dé? Ar ndó', tá ' fhios ag an saol gurb é cúis go gcomáinimíd linn ar an gcuma san ag déanamh an pheaca mar ná creidimíd i gceart i ndlí Dé. Agus sin é focal an tSlánaitheóra againn leis: "An té ná creidfidh, daorfar é". An gcreidimíd an focal san? "Ó", adéarfaidh duine, b'fhéidir, "creidimíd, ar ndóin! Cad 'na thaobh ná creidfimís é? An focal aduairt an Slánaitheóir féin! An té ná creidfeadh an focal san, ní chreidfeadh sé aon rud". Go díreach! An té ná creidfeadh an focal san, ní chreidfeadh sé aon rud. Ní dó' liom-sa, áfach, go gcreidimíd-na an focal san. Agus cad é an chúis gur dó' liom ná creidimíd é? Mar ba dhó' liom, dá gcreidimís é, go gcuirfeadh sé eagal orainn. Comáineann duine leis i gcaitheamh a shaeil ag déanamh na bpeacaí, dhá ndéanamh le smaoineamh, le briathar, le gníomh agus le faillí. Agus níl aon bhlúire eagla air! Conas is féidir a rá go gcreideann an fear san go bhfuil Dia ag féachaint air? Go gcaithfidh sé cúntas a thabhairt ins gach smaoineamh; ins gach briathar; ins gach gníomh; ins gach faillí? Go dtabharfaidh an Slánaitheóir breithiúntas air? Agus go nduairt an Slánaitheóir an focal, "An té ná creidfidh, daorfar é"?

B'fhéidir go bhfuil, a phobal, an creideamh istigh 'nár gcroí, ar chuma éigin, ach is baolach gur 'na chodladh a bhíonn sé go minic. Ní foláir a dh'admháil, áfach, go bhfuil Críostaithe 'nár measc agus ná bíonn codladh ná suan ná míogarnach ar a gcreideamh choíche. Dá chómhartha san féin, ní feictear choíche iad ach ag faire orthu féin, i láthair Dé, le heagla go ndéanfaidís aon ní do chuirfeadh fearg ar Dhia. Má chuireann an namhaid droch-smaoineamh 'na n-aigne, is tapaidh a thógfaid siad a gcroí suas chun Dé agus a dh'iarrfaid siad ar Dhia, trí ímpí na Maighdine Muire, an smaoineamh san a dhíbirt. Má airíd siad an droch-fhocal ar siúl, beidh focal láithreach idir iad féin agus Dia, cogar acu dá dhéanamh le Dia i ganfhios don tsaol. Sin é an cogar a thaithneann le Dia, agus ní baol ná go bhfreagróidh sé an

XXXII. Dardaoin Deasgabhála

cogar, go ceannsa agus go cneasta agus go grámhar. Má spriocann an namhaid iad chun aon droch-ghnímh a dhéanamh, nú má ráiníonn, trí nádúr chlaon an duine, go sleamhnóidís beagán ón mbóthar ndíreach, is tapaidh a bheid siad ag cathaoir na faoistine, go húmhal agus go haithríoch, dhá iarraidh ar Dhia, tríd an gcómhacht a thug an Slánaitheóir dá Eaglais, toradh páise an tSlánaitheóra do dhul chun sochair dóibh san aspalóid. Tá neart an chreidimh ar lasadh ins gach aon chor dá gcuireann Críostaithe den tsórd san díobh ó mhaidin go hoíche, ó Luan go Satharn, ó thosach saeil dóibh go dtí go dtagann an bás orthu. Ní miste dhóibh-sin aghaidh a thabhairt ar an mBreitheamh, atá 'na shuí ar deas-láimh Dé, agus do thiocfaidh chun breithiúntais a thabhairt ar bheóibh agus ar mharaíbh. Ní gá dhóibh-sin aon eagla ' bheith acu roimis an mBreitheamh, bíodh gur mó an t-eagla a bhíonn orthu, uaireanta, ná mar a bhíonn ar an muíntir gur ceart dóibh eagla ' bheith orthu.

Tá, baochas mór le Dia, a lán den tsórd san 'nár measc. Agus is minic a chuireann Dia na glóire an rath ar an bpobal 'na mbíonn Críostaithe maithe den tsórd san ann. Bíonn daoine sa phobal ná cuímhníonn in aon chor ar Dhia, b'fhéidir, nú ná cuímhníonn ach go hannamh air, agus is beag dá fhios a bhíonn acu cad iad na tionóiscí a chuireann Dia i leataoibh uathu, nú cad iad na taomanna breóiteachta a chimeádann sé uathu, nú cad é an rathúnachas saolta a bhronnann sé orthu go minic, gan aon chúis ach mar gheall ar iad a bheith in aon phobal le Críostaithibh fónta, mar aduart. Nuair a bhí cathair Shoduim le loscadh mar gheall ar na droch-pheacaí a bhíodh ag na daoine á dhéanamh ann, do chrom Ábraham ar an gcás do phlé i láthair Dé ar son na cathrach. Duairt sé gur mhór an trua an chathair do loscadh agus na daoine fónta do mharú i dteannta na ndroch-dhaoine. Duairt Dia leis ná loiscfí an chathair dá mbeadh daoine fónta le fáil inti. Ansan d'úmhlaigh Ábraham é féin agus d'iarr sé ar Dhia gan an chathair do loscadh dá mbeadh aon chaogad amháin de dhaoinibh fónta le fáil inti. Duairt Dia leis ná loiscfí an chathair dá mbeadh an caogad inti. Ansan d'iarr Ábraham gan an chathair do loscadh dá mbeadh cúigear agus daichead de dhaoinibh fónta le fáil

XXXII. Dardaoin Deasgabhála

inti. Dúradh leis ná loiscfí. Do lean sé ag guí ar son na cathrach go dtí go nduairt Dia leis ná loiscfí an chathair dá mbeadh aon deichniúr amháin de dhaoinibh fónta le fáil inti. Ní raibh an deichniúr le fáil, agus do loisceadh an chathair.

Is beag dá chuímhneamh a bhí ag muíntir na cathrach san an lá san go raibh Ábraham ag guí chómh cruaidh sin chun Dé ar a son. Ba chuma leó ceocu. Ach peocu ba chuma leó é nú nár chuma, do raghaidís saor dá mbeadh an deichniúr fónta le fáil sa chathair. Má bhí san fíor i dtaobh na cathrach úd a bhí chómh damanta le droch-ghníomhartha, nách léir d'éinne go bhfuil sé fíor i dtaobh pobail ná bíonn puínn daoine ann a bhíonn ró-ólc ar fad, agus go mbíonn a lán daoine ann a bhíonn go hana-mhaith agus go hana-Chríostúil?

Ní dó' liom gur gá d'éinne aon phioc dá mhearathall a bheith air ná go dtagann mórán maitheasa chúinn go léir, i dtaobh anama agus chuirp, ó cheann ceann den bhliain, mar gheall ar Chríostaithe fónta ' bheith in aon phobal linn. Bronnann Dia mórán tabharthaistí ar dhaoine, 'na lán slite, ach dhéanfainn dánaíocht ar an méid seo do rá. Nár bhronn Dia riamh ar Chríostaí tabharthas ab fheárr ná é ' chur i gcómhluadar le Críostaithibh fónta, le Críostaithibh go bhfuil creideamh agus dóchas agus grá do Dhia istigh 'na gcroí, agus do thugann le feiscint coitianta 'na mbeatha agus 'na mbéasaibh go bhfuil.

Níl aon phobal in Éirinn ná go bhfuil Críostaithe den tsórd san le fáil ann. Is ceart don phobal 'na bhfuil a leithéidí le feiscint baochas a ghabháil le Dia do chuir ann iad, urraim a thispeáint dóibh i gcónaí, agus an dea-shampla a thugaid siad uathu do ghlacadh go fonnmhar. Deineann an mac mallachtain úsáid de dhroch-dhaoinibh chun na gCríostaithe ' chur ar aimhleas a n-anama le droch-shampla. Deineann Dia úsáid de dhaoinibh fónta chun na gCríostaithe do chur ar leas a n-anama. Chuige sin is ea ' chuireann sé daoine fónta, anso agus ansúd, i measc gach pobail. Is ceart dúinn an droch-shampla do sheachaint agus an dea-shampla do leanúint. Neart an chreidimh,

XXXII. Dardaoin Deasgabhála

istigh 'na gcroí, is ea ' chuireann ' fhiachaibh ar na daoine fónta, diaga, an dea-shampla san a thabhairt dúinn. Má ghlacaimíd an dea-shampla, agus má dheinimíd aithris air agus beart dá réir, dúiseóidh sé an creideamh atá 'na chodladh, b'fhéidir, istigh 'nár gcroí féin. Ansan, ní hé ainm an chreidimh amháin a bheidh orainn, ach beidh oibreacha an chreidimh, leis, le tispeáint againn, agus, le cúnamh Dé, ní baol dúinn an focal scannrúil úd, "An té ná creidfidh, daorfar é".

Go saoraidh Dia agus Muire Mháthair sinn ar an bhfocal scannrúil sin. Amen.

XXXIII. An Domhnach Laistigh d'Ocht-Lá na Deasgabhála

Léitear an Soiscéal. (Eóin 15:26-27 agus 16:1-4)

> San am san, duairt Íosa lena dheisceablaibh, "Nuair a thiocfaidh an Sólásaí seo a chuirfead-sa chúibh ón Athair, Sprid na fírinne a ghluaiseann ón Athair, déanfaidh sé sin fianaise orm-sa, agus déanfaidh sibhse fianaise orm, óir táthaoi i m'fhochair ó thosach. D'ínseas na nithe seo dhíbh ionas ná glacfadh sibh oilbhéim. Cuirfid siad amach as na sionagógaibh sibh. 'Sea, agus tá an t-am ag teacht nuair a mheasfaidh an té ' mharóidh sibh go mbeidh onóir aige dá thabhairt do Dhia. Agus déanfaid siad na nithe sin libh-se toisc gan aithne ' bheith acu ar an Athair ná orm-sa. Ach táim ag ínsint na nithe seo dhíbh ionas, nuair a thiocfaidh an t-am dóibh, go gcuímhneóidh sibh ar me dhá n-ínsint díbh.

Ar an gcéad amharc, a phobal, nách ait an gheallúint í sin a thug an Slánaitheóir, moladh 's baochas leis, do sna deisceabail nuair a bhí sé ag ceapadh na hoibre dhóibh a bhí le déanamh acu? "Cuirfid siad amach as na sionagógaibh sibh: agus tá an t-am ag teacht nuair a mheasfaidh an té a chuirfidh chun báis sibh go mbeidh onóir aige á thabhairt do Dhia".

XXXIII. An Domhnach Laistigh d'Ocht-Lá na Deasgabhála

Ní mar sin is gnáth le rí labhairt lena shaighdiúiribh nuair a bhíonn sé dhá iarraidh orthu dul sa chath agus troid ar a shon in aghaidh a namhad. Ní hea, ach geallann sé uaisleacht agus saibhreas agus onóir dóibh má bhuaid siad ar an namhaid. Easonóir ó dhaoine, agus droch-úsáid agus bochtaineacht agus bás, is ea do gheall an Slánaitheóir do sna saighdiúiribh a bhí aige á chur amach chun an chatha do throid in aghaidh a namhad. "Cuirfid siad amach as na sionagógaibh sibh". Ba mhar a chéile é sin an uair sin agus dá n-abradh duine anois go gcurfí amach as an Eaglais duine. Easonóir ana-mhór ab ea duine ' chur amach as an sionagóg[7]. Agus b'in é tuarastal a bhí le fáil ar an saol so ag na deisceabail nuair a dhéanfaidís a ndícheall ar obair an tSlánaitheóra ' chur chun cínn. Beid siad ag úr marú ins gach áit 'na bhféadfaid siad teacht oraibh, agus an té a mharóidh duine agaibh, measfaidh sé gur gníomh fónta a bheidh déanta aige; gurb amhlaidh a bheidh Dia baoch de. Sin í an gheallúint a thug an Slánaitheóir dóibh. Sin a raibh acu le fáil ar an saol so de bhárr na hoibre a bhí acu le déanamh ar son an tSlánaitheóra. Níor thug rí riamh roimis sin ná riamh ó shin a leithéid sin d'áirithe dá shaighdiúiribh agus é dhá gcur amach chun cogaidh agus chun crua-chómhraic a dhéanamh in aghaidh a namhad.

Measaim go n-airím duine tuisceanach ag tabhairt freagra orm. "Ó", adeir an duine tuisceanach liom, "níl aon ní iúntach sa scéal. Níor gheall an Slánaitheóir tuarastal ar an saol so, onóir ná saibhreas ná creidiúint shaolta, dá shaighdiúiribh, ach do gheall sé tuarastal is feárr go mór ná é dhóibh, agus tabharfaidh sé dhóibh é. Tabharfaidh sé aoibhneas na bhflaitheas dóibh ar feadh na síoraíochta. Ní féidir aon tuarastal a thug rí saolta riamh dá shaighdiúiribh do chur i gcúmparáid leis an dtuarastal síoraí sin. Dá laíghead a gheóbhaid siad de mhaitheasaibh an tsaeil seo, de bhárr a dtroda, is ea is mó a bheidh éileamh acu ar an dtuarastal síoraí".

Is maith, is ana-mhaith, agus is bunúsach í do chainnt, a dhuine thuisceanaigh. Tá an fhírinne agat agus is fírinne ghlan í. Fírinne

---
7 Mar sin sa láimhscríbhinn, gan an tuiseal tabharthach anso.

XXXIII. An Domhnach Laistigh d'Ocht-Lá na Deasgabhála

ghlan ab ea í an lá do labhair an Slánaitheóir mar siúd lena dheisceablaibh, agus fírinne ghlan is ea í riamh ó shin. Thug an Slánaitheóir cath do sna deisceabail le troid an lá san. Níl Críostaí dár tháinig ar an saol, agus i mbliantaibh na tuisceana, riamh ó shin, nár thug an Slánaitheóir an cath céanna dho le troid, ar na coinníollachaibh céanna—trioblóidí, agus annró, agus droch-mheas ó dhaoine, agus dealús, agus cruatan, agus díbirt chun fáin, agus bás, ar an saol so, agus ansan, má deintear an troid go dílis agus go seasmhach agus go cróga, aoibhneas síoraí ar an saol eile. Agus, mar adúraís, dá laíghead a gheóbhaid siad de mhaitheasaibh an tsaeil seo, de bhárr a dtroda, is ea is treise an t-éileamh a bheidh acu ar an dtuarastal síoraí.

Ní fhéadfadh cainnt a bheith níos fírinní ná an chainnt sin.

Ach inis an méid seo dhom, a dhuine atá chómh tuisceanach. Nuair a chíonn tusa an duine bocht go mbíonn an saol ag gabháil 'na choinnibh, cad 'na thaobh go measann tú i t'aigne, láithreach, go bhfuil rud éigin ag Dia 'na choinnibh, agus mura mbeadh go bhfuil, go gcuirfeadh Dia níos mó den rath air ná mar a chuireann sé air? Tá an saol, b'fhéidir, ag éirí leat féin maith go leór. Ansan nuair a chíonn tú an saol ag gabháil i gcoinnibh dhuine eile, ní bhíonn agat le rá ach, "Dá mb'áil leis déanamh mar a dheinim-se". An fhaid is ar na deisceablaibh a bhíonn an chainnt, fé mar atá sa tSoiscéal, tuigeann tú go hálainn nách aon mhí-chreidiúint dóibh an saol so, agus na daoine go bhfuil a gcroí sáite sa tsaol so, do bheith coitianta ag gabháil 'na gcoinnibh, ag tabhairt easonóra dhóibh agus ag tabhairt tarcaisne dhóibh agus dhá ndíbirt ó áit go háit. Tuigeann tú nách aon iúnadh iad a bheith dealbh ó shaibhreas an tsaeil seo, mar go raibh an Slánaitheóir féin, moladh go deó leis, fíor-dhealbh ó shaibhreas saolta, agus gurbh é rud ba lú ba ghann dá dheisceablaibh a dhéanamh, an druím lámha céanna do thabhairt le gach saibhreas saolta. Ach nuair a thagann an scéal anuas anso chun ár n-aimsire féin, agus nuair a chíonn tú an saol ag éirí leat féin agus ag gabháil i gcoinnibh dhuine

XXXIII. An Domhnach Laistigh d'Ocht-Lá na Deasgabhála

eile, ní féidir leat gan an machnamh a bheith id chroí agat gur feárr de dhuine tusa ná an duine sin.

Bhí duine ana-naofa ann fadó. Duine ana-shaibhir ab ea é. Do thárla go raibh clann Dé cruinnithe agus go raibh an annsprid ann. Do labhair Dia leis an annsprid. "Cá dtáinís?", ar seisean. D'fhreagair an annsprid. "Do thánag mórthímpall an domhain", ar seisean. Chuir sé in úil leis an bhfreagra san go raibh a chómhacht féin an uair sin mórthímpall ar an ndomhan go léir. Duairt Dia leis: "Ar thugais fé ndeara mo sheirbhíseach Iób, conas mar a dheineann sé mo thoil ins gach ní?"

"Ní miste dho san", arsan annsprid. "Tá gach ní ar a thoil aige uait. Bain de an saibhreas, agus ansan chífar cad a dhéanfaidh sé".

Duairt Dia leis an annsprid: "Tá cead agat-sa anois a bhfuil de shaibhreas aige do bhaint de, ach ná bain lena phearsain".

D'imigh an annsprid láithreach agus do dhein sé léirscrios, le gaoith agus le tine agus le tóirthnigh, ar a raibh os cionn tailimh ag Iób. Nuair a thagadh tuairisc isteach ag triall ar Iób ar gach scrios fé mar a deintí é, ní deireadh Iób ach: "Is é Dia a thug dúinn é. Is é Dia do rug uainn é. Toil Dé go ndeintear!"

Ínstear ansan go raibh clann Dé cruinnithe arís agus go raibh an annsprid ann, agus go nduairt Dia arís: "Cá dtáinís?", agus go nduairt an annsprid: "Thánag mórthímpall an domhain agus treasna thríd".

Duairt Dia: "Ar thugais fé ndeara mo sheirbhíseach Iób, conas mar a dheineann sé gach ní chun mo thoile?" Ansan duairt an annsprid: "Do scarfadh duine le saibhreas, ach bain lena cholainn agus chífar go n-iompóidh sé id choinnibh".

Duairt Dia leis: "Dein-se do thoil ar a cholainn, ach ná bain len' anam".

XXXIII. An Domhnach Laistigh d'Ocht-Lá na Deasgabhála

Ansan d'imigh an annsprid agus chuir sé lobhra ar Iób i dtreó gur deineadh sampla saolta dhe.

Féach cad a thit amach ansan, agus is chuige seo atáim. Tháinig triúr uaisle, triúr daoine muínteartha a bhí aige, ag triall ar Iób, agus chromadar ar a chur 'na luí air, go dian, gurbh amhlaidh a bhí sé 'na dhroch-dhuine riamh, i ganfhios don tsaol, agus gur mar gheall ar na droch-ghníomhartha a bhíodh aige á dhéanamh, i ganfhios don tsaol, do dhein Dia an léirscrios air. Agus, nuair ná cuirfeadh an léirscrios ' fhiachaibh air an aithrí ' dhéanamh agus a dhroch-ghníomhartha ' dh'admháil, gur deineadh lobhar de agus go raibh sé 'na shampla os cómhair an tsaeil; go dtánadar féin ag triall air, ar mhaithe leis, a d'iarraidh cómhairle a leasa ' thabhairt do agus a chur ' fhiachaibh air a pheacaí ' dh'admháil agus aithrí ' dhéanamh iontu.

Thugadar mórán aimsire dhá chómhairliú ar an gcuma san. Ach, ní nárbh iúnadh, ní fhéadfaidís a chur ' fhiachaibh air peacaí a dh'admháil nár dhein sé riamh. Fé dheireadh, d'fhágadar ansan é agus d'imíodar.

Ansan do thit rud amach dóibh a chuir iúnadh orthu agus do thug roinnt dá meabhair dóibh. Do cuireadh aingeal ag triall orthu dhá rá leó go raibh peaca déanta acu sa chuma 'nar labhradar le Iób. Go gcaithfidís dul agus iad féin d'úmhlú 'na láthair agus a iarraidh air a ghuí ' chur chun Dé ar a son. Dá ndeineadh Iób an méid sin dóibh go maithfí dhóibh an peaca a bhí déanta acu leis an mbreithiúntas obann a thugadar ar Iób.

Ní deirtear gur tháinig an annsprid a thuilleadh chun aon chur isteach a dhéanamh ar Iób. Ach ínstear gur glanadh Iób ón lobhra, agus gur cuireadh an rath arís air, agus sarar fhág sé an saol so go raibh sé níos saibhre agus níos neamh-spleáichí agus níos creidiúnaí ná mar a bhí sé riamh.

XXXIII. An Domhnach Laistigh d'Ocht-Lá na Deasgabhála

Rud ana-pheacúil is ea do dhuine breithiúntas obann a thabhairt ar éinne, agus rud is ea é a chuireann an annsprid 'nár gcroí go minic. Bhíos ag cainnt le fear tá mórán aimsire ó shin ann. Do thárla gur thit tionóisc uathásach amach do shagart san áit, roinnt laethanta roimis sin. Bhí sé ag teacht ó ghlaoch ola. D'éirigh gaoth ana-láidir. Bhí crainn ar gach taobh den bhóthar. Le neart na gaoithe do leagadh crann acu. Do thit an crann anuas sa cheann ar an sagart agus do maraíodh ar an láthair sin é, slán beó mar a n-ínstear é! Bhí an fear ag trácht ar an dtionóisc.

"Is amhlaidh a bhí cuid againn dhá rá eadrainn féin, a Athair", ar seisean, "gur dhócha gur dhroch-shagart é, agus ná féadfadh Dia na glóire, moladh go deó leis, cur suas leis ní ba shia".

"Ní mar sin a dheineann Dia é go minic", arsa mise, "ach is amhlaidh a thugann sé bás obann don té a chíonn sé a bhíonn ollamh agus oiriúnach ar dhul 'na láthair, i dtreó go dtiocfadh scannradh agus crith-eagla ar an muíntir ná bíonn ollamh, agus go n-imeóidís agus go ndéanfaidís an aithrí. Tá cuid de sna naoimh is mó agus fuaradar bás chómh hobann le splannc tóirthní".

Do bhuail an fear buille dá bhais ar a leath-ghlúin. "Ó", ar seisean, "féach air sin! Nách olc na daoine sinn!", ar seisean. "Féach nách air sin a chuímhneóimís! Féach mar is é an droch-thaobh den scéal a thagann chun ár n-aigne ar dtúis i gcónaí. Ar ndó', tá ' fhios ag an saol gurb é sin díreach a dhéanfadh Dia na glóire, trína mhór-thrócaire, an té a bheadh ollamh do scuabadh chun siúil go hobann i dtreó go gcurfí eagla ar an té ná beadh ollamh".

I dteannta bheith 'na dhroch-Chríostaí, amadán críochnaithe is ea an té adéarfadh gurb é fearg Dé ' bheith tuíllte acu fé ndeara do dhaoine, uaireanta, tionóiscí do theacht orthu, nú an saol a bheith ag gabháil 'na gcoinnibh. Ca bhfios don té a labharfadh ar an gcuma san ná go mb'fhéidir nárbh fhada go bhfaigheadh sé féin blaiseadh beag den mhí-ádh, mura mbeadh aon chúis eile leis ach chun iarracht bheag dá

XXXIII. An Domhnach Laistigh d'Ocht-Lá na Deasgabhála

mheabhair a thabhairt do agus a mhúineadh dho conas a bhéal a dh'éisteacht, agus gan bheith ag teacht idir dhuine eile agus Dia, a mhúineadh dho gur "mairg a labhrann go teann".

Do gheall an Slánaitheóir do sna haspail agus do sna deisceabail, nuair a bhí sé dhá gcur amach chun an tSoiscéil a chraobhscaoileadh, ná raibh acu le fáil ar an saol, de bhárr a saothar, ach cruatan agus angar agus pionós agus droch-úsáid agus ana-bhás. Do shrois an gheallúint chéanna san na Críostaithe go léir. Do fuaradar na trioblóidí sin go léir i gcaitheamh na dtrí gcéad blian, i dtosach, nuair a bhí cómhachta págánacha an domhain ag déanamh an uile shaghas díchill ar chreideamh an tSlánaitheóra do mhúchadh. Fuaradar 'na dhiaidh san, i gcaitheamh na gcéadta blian a tháinig, na trioblóidí céanna go léir, nuair a dh'éiríodh creideamh éigin fallsa agus nuair a cheapadh muíntir an chreidimh fhallsa an creideamh fírinneach do dhísciú. Sroiseann an gheallúint sin na Críostaithe go léir, gach duine acu fé leith, nuair is toil le Dia na glóire na trioblóidí úd go léir a thabhairt dóibh le fulag ar an saol so i dtreó go mbeadh aoibhneas na bhflaitheas le fáil acu ar an saol eile.

Ach do thug an Slánaitheóir do sna haspail agus do sna deisceabail, in aice na geallúna san, geallúint eile. Do gheall sé dhóibh go gcuirfeadh sé an Sprid Naomh ag triall orthu, Sprid an tsóláis, Sprid na fírinne a ghluaiseann ón Athair. "Agus", ar seisean, "déanfaidh sé sin fianaise orm-sa". Is é an Sprid Naomh a bhain an nimh as na trioblóidibh go léir do sna haspail agus do sna deisceabail, agus nár fhág blúire eagla acu roim phian ná roimh ana-bhás.

Do shrois an gheallúint sin, leis, na Críostaithe go léir. Sroiseann an gheallúint sin fós iad. Tugtar grásta an Sprid Naoimh, sólás agus neart agus foighne, don Chríostaí i dtreó ná bíonn aon chradhscal air roim thrioblóidibh na beatha so. Tugann grásta an Sprid Naoimh deimhne dho ar an aoibhneas atá 'na chómhair ar an saol eile. "Déanfaidh sé fianaise orm-sa", arsan Slánaitheóir. "Agus", ar seisean, "déanfaidh sibhse fianaise orm". Tispeánfaidh úr bhfulag agus úr

XXXIII. An Domhnach Laistigh d'Ocht-Lá na Deasgabhála

bhfoighne agus úr mbás gur fírinne an Soiscéal so atá tabhartha agam díbh le craobhscaoileadh.

Ar an gcuma gcéanna, nuair a dh'fhuiligeann an Críostaí atá dílis pianta agus trioblóidí agus dólás ar an saol so le foighne, ag cur a thoile le toil Dé, deineann an Críostaí sin fianaise ar an Slánaitheóir, mar déarfaidh gach éinne a chíonn é, "Mura mbeadh gur fírinne an creideamh atá i gcroí an duine sin, ní fhéadfadh sé go deó na nithe sin a dh'fhulag chómh foighneach".

Go dtugaidh an Sprid Naomh a ghrásta go líonmhar dúinn go léir chun na fianaise sin do dhéanamh ar an Slánaitheóir, agus go dtugaidh an Slánaitheóir a thoradh dhúinn. Amen.

XXXIV. Domhnach Cíncíse

Léitear an Soiscéal. (Eóin 14:23-31)

San am san, duairt Íosa lena dheisceablaibh, "Má tá grá ag duine dhómh-sa, cimeádfaidh sé mo bhréithre, agus beidh grá ageam Athair do, agus tiocfaimíd chuige agus déanfaimíd cónaí in' fhochair. An té ná fuil grá aige dhom, ní chimeádann sé mo bhréithre. Agus an chainnt d'airiúir, ní hí mo chainnt-se í, ach cainnt an Athar a chuir me uaidh. Do labhras an méid seo libh agus me 'núr bhfochair. Ach an Sólásaí, an Sprid Naomh, an té a chuirfidh an tAthair uaidh i m'ainm-se, múinfidh sé sin díbh gach ní, agus cuirfidh sé 'núr gcuímhne gach ní dá ndéarfad libh. Fágaim mo shíocháin agaibh; tugaim mo shíocháin díbh. Ní mar a thugann an saol a thugaim-se dhíbh. Ná bíodh buaireamh ar úr gcroí ná eagla. D'airiúir conas mar aduart libh, 'Táim ag imeacht, agus ag teacht chúibh'. Dá mbeadh grá agaibh dom, bheadh áthas oraibh me ' bheith ag dul ag triall ar an Athair, óir is mó an tAthair ná mise. Agus anois d'ínseas díbh é roim ré, i dtreó nuair a thiocfaidh sé go gcreidfidh sibh. Ní déarfad puínn 'núr bhfochair anois. Óir tá priúnsa an domhain seo ag teacht, agus níl ní ar bith aige ionam-sa. Ach go n-aithneódh an domhan go bhfuil grá agam don Athair agus de réir mar a thug sé órdú dhom gur mar

XXXIV. Domhnach Cíncíse

sin atáim ag déanamh".

Sin cuid den chainnt, a phobal, do labhair an Slánaitheóir lena dheisceabail an oíche dheirineach a bhí sé 'na bhfochair, ag an Suipéar Déanach. Agus mar ba ghnáth i dtaobh cainnte an tSlánaitheóra, ní leis na deisceabail amháin do labhrann an chainnt, ach leis na Críostaithibh go léir, le Críostaithibh na hEagailse go léir, an uair sin agus riamh ó shin. "Má bhíonn grá ag duine dhómh-sa, cimeádfaidh sé mo bhréithre". Tá an focal san chómh fíor anois agus ' bhí sé an uair sin. Sin é an cómhartha. Má deir duine go bhfuil grá aige don tSlánaitheóir, cimeádfaidh sé bréithre an tSlánaitheóra. Agus tugann an Slánaitheóir féin an taobh eile den chómhartha dhúinn. "An té ná fuil grá aige dhom, ní chimeádann sé mo bhréithre".

Is ceart dúinn féachaint go cruínn ar an gcómhartha san ón dá thaobh. Is an-fhuiriste do dhuine cainnt a dhéanamh. Is an-fhuiriste do dhuine a rá: "Ó, a Thiarna, gráim tu os cionn gach uile ní". Agus is ró-fhuiriste dho cúis an ghrá do chur isteach go cruínn agus de réir creidimh: "De bhrí go bhfuilir ró-ghrámhar, ró-thaithneamhach agus ró-mhaith, ionat féin". Ansan is uiriste dho an coinníoll eile do chur isteach: "Tá grá agam dom chómharsain, agus beidh de ghnáth, mar me féin ar do shon-sa". Ansan, is an-fhuiriste, le cainnt, an cómhartha cruínn ar fad do chur ar an ngrá: "Tá grá chómh mór san agam duit gur túisce do scarfainn leis an saol go léir ná mar a scarfainn leat".

Tá taithí againn ar an gcainnt sin go léir. Cainnt ana-bhreá, ana-mhaith, is ea í. Ach ba dhó' liom nár mhiste dhúinn, anois agus arís, nuair a bhímíd ag rá na cainnte sin, a dh'fhiafraí dhínn féin, i láthair Dé, an fíor dúinn an rud adeirimíd. Má chíonn Dia gur fíor dúinn an chainnt, tá an scéal go maith againn. Ach deir an Slánaitheóir: "Má tá grá ag duine dhómh-sa, cimeádfaidh sé mo bhréithre". Briathar díobh-san is ea gur ceart don Chríostaí é féin d'úmhlú agus a thoil féin do shéanadh. Más béas leis an gCríostaí sin, coitianta, le corp dúil' 'na thoil agus 'na mheón féin, a thoil féin do chur i bhfeidhm, agus a chur ' fhiachaibh ar dhaoine eile géilleadh dá thoil, conas is

XXXIV. Domhnach Cíncíse

féidir do a rá go bhfuil briathar an tSlánaitheóra aige á chimeád? Agus mura bhfuil briathar an tSlánaitheóra aige á chimeád, conas is féidir do a rá go bhfuil grá aige don tSlánaitheóir? Agus mura bhfuil grá aige don tSlánaitheóir, nách neamhnár an gnó dho a bhéal a dh'oscailt agus a rá leis an Slánaitheóir naofa: "A Thiarna, gráim tu os cionn gach uile ní!" Bréag do rá, go tur, suas leis an Slánaitheóir féin! Mar aduart, má tá an fhírinne aige, tá an scéal go maith. Gan amhras, ní foláir a dh'admháil go bhfuil aigne an duine lag, agus go bhféadfadh duine a rá anois, agus a rá le fírinne, "A Thiarna, gráim tu os cionn gach uile ní", agus fé cheann beagán aimsire rud éigin do rá nú do dhéanamh a bheadh fiche míle ón gcaint sin. Ach cad 'tá le rá ag an nduine a bheidh ag rá na cainnte coitianta agus go mbeidh a ghníomh bun-os-cionn, i gcónaí, leis an gcainnt? Deirim gur ró-dheocair a rá go bhfeiceann Dia go bhfuil fírinne 'na chainnt nuair adeir sé: "A Thiarna, gráim tu os cionn gach uile ní".

Is rud é nách féidir d'aon duine breithiúntas do leagadh air. Is rud é atá ar fad idir an gCríostaí féin agus Dia na glóire. Ach is rud é gur ceart do gach aon Chríostaí féachaint chuige go géar, le heagla nách fírinne, ach gur bréag, a bheadh aige á rá le Dia na glóire nuair a bheadh sé ag rá na bhfocal naofa san, "A Thiarna, gráim tu os cionn gach uile ní".

Ansan tagann cúis an ghrá isteach. "De bhrí go bhfuilir ró-ghrámhar, ró-thaithneamhach, ró-mhaith, ionat féin".

Fiafraigh díot féin, a Chríostaí, le línn na bhfocal san do rá dhuit, an fíor dhuit go bhfuil grá agat do Dhia agus go bhfuil cúis do ghrá dho agat dá chur síos go fírinneach insna foclaibh sin. Nú an mbeadh an fhírinne ag duine dá n-abradh sé ná fuil insna foclaibh agat ach fuaim. Mar aduart leis an gceist eile, is ceist í atá ar fad idir thu féin agus Dia. Ní féidir d'aon duine eile baint in aon chor léi. Más fíor dhuit go bhfuil grá agat do Dhia, agus gur trí mhór-mhaitheas Dé féin atá an grá san agat do, tá an scéal go maith idir thu agus Dia. Ach má labhrann tú na focail sin i láthair Dé, ag trácht ar a mhór-mhaitheas,

XXXIV. Domhnach Cíncíse

ann féin, agus ar a ghrámhaire agus ar a thaithneamhacht, agus gan agat sa chainnt ach fuaim, is baol go bhfuil an scéal go holc agat; 'sé sin, mura le neamh-thuiscint a dhéanfá é. Pé'r domhan é, is rud cúntúrthach é, agus ba cheart do gach Críostaí féachaint 'na dhiaidh agus féachaint go cruínn agus go géar 'na dhiaidh.

Ansan tagann an focal eile seo: "Tá grá agam dom chómharsain, agus beidh de ghnáth, mar me féin, ar do shon-sa". Fiafraíodh an Críostaí dhe féin, le línn na cainnte sin a theacht as a bhéal, an fíor do an chainnt atá aige á labhairt. Is le Dia atá sé ag labhairt na cainnte. An fíor, anois, ar an neómat so, go bhfuil fuath agus droch-aigne ag an gCríostaí sin do chómharsain áirithe a dhein droch-bheart éigin air? Más fíor, nách dána an t-éadan nách foláir a bheith ar an bhfear san agus a rá go bhféadann sé an bhréag san do labhairt chómh tur san suas i láthair Dé?

"Ó", adéarfaidh duine, b'fhéidir, "níl leigheas agam air. Dhein an fear san beart ró-olc ar fad orm. Ní dhéanfadh sé é mura mbeadh é ' bheith go holc. Conas ' fhéadfainn gan droch-aigne ' bheith agam do nuair a dhein sé an gníomh chómh holc orm?"

Is dócha, mura mbeadh gur dhein sé an droch-bheart san ort ná beadh aon droch-aigne agat do.

"Ní bheadh, ná blúire, a Athair. Ní raibh aon droch-aigne agam riamh roimis sin d'éinne, ná ní bheadh do-súd mura mbeadh an bheart chaillte a dhein sé orm".

Airiú, nách iúntach an duine thu le feabhas! Nách uathásach an chreidiúint atá ag dul duit toisc gan droch-aigne ' bheith agat do dhuine nár dhein aon droch-ghníomh ort! "Ní bheadh aon droch-aigne agam do", arsa tusa, "mura mbeadh gur dhein sé an droch-ghníomh orm". Gan amhras, is cóir bheith baoch díot! Ar ndó', níl ach an mac mallachtain, thíos in ifreann, go mbíonn fuath aige do dhuine nár dhein aon olc air!

XXXIV. Domhnach Cíncíse

Deirim-se an méid seo leat, áfach, agus beir-se leat go cruínn é. Níl aon bhreith agat ar mhaithiúnachas ' fháil ó Dhia na glóire, id pheacaibh féin, mura dtugair-se maithiúnachas, ód chroí amach, don chómharsain a dhein droch-bheart ort, dá mb'í an bheart ba mheasa í dár dhein duine riamh ar dhuine eile. Ní haon mhaith bheith siar ná aniar ar an scéal. Sin aon ní amháin a dhein an Slánaitheóir soiléir go leór dúinn. Ní mhaithfidh Dia na glóire a pheacaí d'aon duine ná maithfidh dá chómharsain pé olc a dhein an chómharsa san air. Chun an méid sin do chur in úil dúinn agus do chur 'na luí ar ár n-aigne go daingean is ea ' chuir an Slánaitheóir isteach sa Phaidir an focal úd, "Maith dhúinn ár gcionta mar a mhaithimíd-na do chách a chionntaíos 'nár n-aghaidh". An maithiúnachas a thabharfaimíd-na do chách, sin é an maithiúnachas a thabharfaidh Dia dhúinn-na.

Ach déarfaidh duine: "Ní fhéadfainn é ' mhaitheamh do! Cad é an tairbhe dhom a rá go maithim do é nuair atá ' fhios agam ná fuilim á mhaitheamh do, agus ná féadfainn é?"

Deirim-se leat, áfach, suas led bhéal, gur bréag dhuit an chainnt sin! D'fhéadfá é ' mhaitheamh do dá mba mhaith leat é. Dá mbeadh aon ní saolta agat le buachtaint as é ' mhaitheamh do is tapaidh a gheófá amach conas é ' mhaitheamh do. Ní fhéadfá é ' mhaitheamh do? Agus conas a dh'iarrfair ar Dhia na glóire do pheacaí a mhaitheamh duit féin? Conas a bheidh an scéal agat má deir Dia leat ná féadfadh sé iad a mhaitheamh duit? Rud adéarfaidh, go deimhnitheach, mura dtugair-se maithiúnachas, ó chroí, dod chómharsain.

Ach seachain. Tuigimís an scéal i gceart. Ní mar a chéile mí-shásamh aigne agus droch-aigne. Rud is ea mí-shásamh aigne go mb'fhéidir ná beadh leigheas ag duine air. Má dheineann duine éagóir orm, ní féidir dom, b'fhéidir, gan mí-shásamh aigne ' bheith orm. Ach cad é an bac atá orm, pé mí-shásamh aigne ' bheidh orm, an éagóir a mhaitheamh do? Cad é an bac atá orm a iarraidh ar Dhia an éagóir sin a mhaitheamh do? Cad é an bac atá orm, pé diomá atá orm chuige mar gheall ar an olc a dhein sé orm, m'aigne do shocrú ar gan olc eile do

XXXIV. Domhnach Cíncíse

dhéanamh air mar dhíoltas as an olc a dhein sé orm? Má dheinim an méid sin, nách in é an maithiúnachas tabhartha agam do? Agus nuair atá an maithiúnachas tabhartha agam do, cad é an díobháil a dhéanfaidh an mí-shásamh aigne ná an diomá? Imeóid siadsan leis an aimsir. Níl aon leigheas ag duine ar mhí-shásamh aigne, ach an t-aon leigheas amháin. "Grásta na foighne in aghaidh na héagóra". Bhí taithí mhaith ag ár sínsear ar an leigheas san. Dheineadar an seanfhocal air. Is breá, uasal, Críostúil an aigne a bhí ag an té a dh'iarr ar dtúis ar Dhia "grásta na foighne in aghaidh na héagóra". Tá daoine ann anois, leis, a bhíonn dhá iarraidh-sin coitianta. Ach tá daoine le fáil go bhfuil aigne bheag, chúng, mhallaithe, mhioscaiseach, acu, agus dá mba ná déanfadh cómharsa ach focal éigin do rá, i ganfhios do féin, agus ná taithnfeadh an focal leó, chimeádfaidís an focal san istigh sa chroí bheag acu féin, agus iad ag machnamh air agus ag breithniú air agus ag gor air, go dtí go mbeadh sé chómh mór, chómh dubh le cnuc acu; agus "Ó hó hó! Ní mhaithfidh me choíche, choíche, choíche dho é!" Daoine bochta gan chiall gan mheabhair gan tuiscint is ea a leithéidí sin. B'fhéidir go dtabharfadh Dia grásta na foighne dhóibh uair éigin sara dtógfadh sé as an saol iad.

Dá n-órdaíodh an Slánaitheóir dúinn a bhréithre ' chimeád agus gan aon díolaíocht a gheallúint dúinn as, bheadh ceangailte orainn an t-órdú do chómhlíonadh. Ná beadh? Ach ní hin aisce a dh'órdaíonn sé dhúinn é ' dhéanamh. "Má tá grá ag duine dhómh-sa", adeir sé, "cimeádfaidh sé mo bhréithre". Agus ansan, láithreach i ndiaidh an méid sin, deir sé, "agus beidh grá ag m'Athair do". Ba chóir nár bheag de dhíolaíocht é sin, grá an Athar Síoraí a bheith le fáil ag duine mar gheall ar ghrá a bheith ag an nduine sin don tSlánaitheóir, d'Aon-Mhac an Athar Síoraí. Cad é an saghas Críostaí an duine ná tabharfadh maithiúnachas dá chómharsain agus grá an Athar Síoraí geallta ag an Slánaitheóir do mar dhíolaíocht ann! Ach tá níos mó ná san geallta, dá mhéid é. Deir an Slánaitheóir, "Beidh grá ag m'Athair do", ach ní stadann sé ansan. Deir se, i dteannta an méid sin, "Agus tiocfaimíd ag triall air agus déanfaimíd cónaí in' fhochair". Sin

XXXIV. Domhnach Cíncíse

díolaíocht ag an nduine le fáil ach grá ' thabhairt don tSlánaitheóir agus bréithre an tSlánaitheóra do chimeád! Tiocfaidh an Slánaitheóir féin agus an tAthair Síoraí ag triall ar an nduine sin, le neart grá dho, agus déanfaid siad cónaí in' fhochair. Is é focal an tSlánaitheóra féin atá againn leis. Cad é an beann a bheidh ag an nduine sin, feasta, ar an saol so, ná ar thrioblóidibh an tsaeil seo, ná ar anacra an tsaeil seo? Cad é an beann a bheidh ag an nduine sin, feasta, ar shaibhreas ná ar dhealús, ar shláinte ná ar bhreóiteacht, ar shólás ná ar dhólás? Is neamhní leis an nduine sin, feasta, ceocu leis nú 'na choinnibh a gheóbhaidh an saol, ceocu ' mholfaid daoine é nú ná molfaid; ceocu saol fada is toil le Dia ' thabhairt do nú saol gairid; ceocu sláinte mhaith is toil le Dia a thabhairt do, ar an saol so, nú droch-shláinte. Ní gá puínn de dhua an duine sin a dh'fháil chun a chur ' fhiachaibh air droch-bheart a mhaitheamh dá chómharsain. Ní túisce a bhíonn an éagóir déanta air ná mar a bhíonn an éagóir maite don té a dhein í.

"Ach!", adéarfaidh duine, b'fhéidir, "ní dócha go bhfuil Críostaithe den tsórd san le fáil in aon chor sa tsaol anois!"

Tá dearúd ort. Táid siad le fáil sa tsaol anois, agus le fáil go tiubh ann. Agus táid siad le fáil go tiubh insna háiteannaibh, b'fhéidir, is lú 'na mbeadh coinne agat-sa leó. Agus b'fhéidir go gcuirfeadh sé iúnadh ort dá n-abrainn leat go mb'fhéidir gur duine de sna Críostaithibh sin an chómharsa san go measann tusa gur dhein sé olc éigin ort, agus go ndeireann tú ná maithfidh tú choíche dho é. Titeann nithe den tsórd san amach uaireanta. Táid Críostaithe den tsórd san, sa tsaol go tiubh; ach más ea is i ganfhios don tsaol é. Ní fheiceann an saol iad, mar ní har a leithéidí a bhíonn an saol ag cuímhneamh. Ní 'na ndiaidh a bhíonn an saol ag féachaint, ach i ndiaidh a malairt. Ach táid siad ann, agus tá grá acu don tSlánaitheóir, agus cimeádaid siad a bhréithre, agus tá an Slánaitheóir agus an tAthair Síoraí 'na bhfochair i gcónaí. Agus is maith an bhail ar an bpobal 'na bhfuil a leithéidí ann. Is mó droch-ní a curtar i leataoibh ón bpobal san mar gheall ar iad a bheith ann.

XXXIV. Domhnach Cíncíse

Ní foláir an méid seo do thuiscint, áfach. Ní hiad na Críostaithe sin féin a dh'admhódh choíche na maitheasaí sin a bheith iontu. Tá an úmhlaíocht iontu, agus rud is ea an úmhlaíocht a thugann radharc ana-ghlan don duine ar a lochtaibh féin. Chíonn sé go soiléir gur leis féin na lochta, agus pé maitheas atá ann gur ó Dhia a tháinig sé. Cuireann san ó aon bhaol baoise é, ná uabhair, ná mór-is-fiú.

Tá, a phobal, mórán Críostaithe den tsórd san sa tsaol. Ach cad é sin agam á rá? Ná fuil ceangailte ar an uile Chríostaí dá bhfuil ar an saol grá ' bheith aige don tSlánaitheóir agus bréithre an tSlánaitheóra do chimeád? Dá bhrí sin, tá ceangailte orainn go léir an díolaíocht úd do thuilleamh. Tá ceangailte orainn go léir maireachtaint ar staid na ngrást. An té atá ar staid na ngrást, tá an Slánaitheóir agus an tAthair Síoraí i gcónaí in' fhochair. Tá ceangailte orainn go léir bheith coitianta dhá iarraidh ar Dhia sinn a chimeád 'nár gCríostaithibh maithe. Is ar Dhia amháin atá ár seasamh chuige sin. Grásta ó Dhia a thabharfaidh dúinn grá a bheith againn don tSlánaitheóir. Grásta ó Dhia a thabharfaidh dúinn bréithre an tSlánaitheóra do chimeád. Grásta ó Dhia a thabharfaidh dúinn an Slánaitheóir agus an tAthair Síoraí do theacht ag triall orainn agus cónaí ' dhéanamh 'nár bhfochair.

Go dtugaidh Dia dhúinn, trí ímpí na Maighdine Muire agus na naomh go léir, bheith coitianta dhá iarraidh ar Dhia a ghrásta ' thabhairt dúinn, ionas go mbeadh an grá ceart againn don tSlánaitheóir naofa, agus go gcimeádfaimís a bhréithre, agus go mbeadh grá ag an Athair Síoraí dhúinn, agus go dtiocfadh an tAthair Síoraí agus an tAon-Mhac chun cónaithe istigh 'nár gcroí, agus chun fanúint againn ar feadh na síoraíochta. Amen.

SEANMÓIN IS TRÍ FICHID

XXXV. Féile na Tríonóide

Léitear an Soiscéal. (Maitiú 28:18-20)

> San am san, duairt Íosa lena dheisceablaibh, "Do tugadh dómh-sa gach cómhacht ar neamh agus ar talamh. Imídh-se, dá bhrí sin, agus múinidh na Gínte go léir, agus baistidh iad in ainm an Athar agus an Mhic agus an Sprid Naoimh. Agus teagaiscidh iad chun gach ar órdaíos díbh do chimeád. Agus féach, táim 'núr bhfochair tríd na laethanta go léir go dtí críochnú an tsaeil".

Nuair a bhí sé ag dul uathu suas ar neamh, a phobal, is ea do labhair an Slánaitheóir an chainnt sin lena dheisceablaibh. Ní mór an chainnt atá sa tSoiscéal san ach tá mórán brí leis an méid cainnte atá ann. Tá againn sa chainnt sin, ar dtúis, dearbhú ar chómhacht an tSlánaitheóra. "Do tugadh dómh-sa gach cómhacht ar neamh agus ar talamh". "Dá bhrí sin, tá ar mo chumas an ní a dh'órdaím do chur i bhfeidhm in ainneóin aon chómhachta eile dá bhfuil ar neamh ná ar talamh. Má éiríd ríthe agus cómhachta an domhain im choinnibh, teipfidh orthu aon bhua ' dh'fháil ar mo chómhacht-sa. Imídh-se, dá bhrí sin, agus múinidh na Gínte go léir, agus baistidh iad in ainm an Athar agus an Mhic agus an Sprid Naoimh". Sin mar a dh'órdaigh sé do sna haspail agus do sna deisceabail an Eaglais do chur ar bun agus na Críostaithe do thabhairt isteach san Eaglais. "Agus féach", ar seisean, "táim 'núr bhfochair tríd na laethanta go léir go dtí críochnú an tsaeil".

Do tógadh an Slánaitheóir uathu suas chun na bhflaitheas, agus chómh luath agus do thúirlig an Sprid Naomh orthu, do ghluaiseadar láithreach chun na hoibre. Chromadar ar na daoine do mhúineadh agus do theagasc agus ar iad do bhaisteadh, fé mar a dh'órdaigh an Slánaitheóir dóibh. Bhí an saol mór 'na gcoinnibh. Ní raibh slóite ná arm acu chun iad do chosaint ar a namhaid, ach bhí cómhacht an tSlánaitheóra leó, fé mar a gheall sé dhóibh a bheadh. Ach tabhair an méid seo fé ndeara. Do dheineadar an obair, agus do rugadar bua ar a

XXXV. Féile na Tríonóide

namhaid, ach ní le neart lámh é. Is le foighne agus le fulag a rugadar an bua. Go dtí san, is é brí a bhí leis an bhfocal "bua", i mbéalaibh daoine, ná namhaid do chloí le neart lámh, le claíomh, le cath, le mórshlua, le heólas ar chogadh. Tháinig brí eile leis an bhfocal nuair a thosnaigh na haspail agus na deisceabail ar Shoíscéal an tSlánaitheóra do chraobhscaoileadh. Do tispeánadh go bhféadfí troid a dhéanamh a bheadh ní ba chróga ná troid le harm faoir, agus go bhféadfí bua a bhreith a bheadh ní b'uaisle ná bua le bualadh agus le briseadh catha. 'Sé sin an bua a dheineann neamhní de phionós agus d'éagóir agus den bhás féin. An rí saolta ba mhó cómhacht agus gradam dár mhair riamh, ní raibh aige chun a chómhachta do chur i bhfeidhm ar dhaoine ach pionós agus bás. Dá dteipeadh an dá ní sin air, ní bheadh 'na chómhacht ach neamhní. Ní fhéadfadh sé, agus a dhícheall a dhéanamh, ach pionós do chur ar dhuine nú an duine do chur chun báis. Eagla roim phionós nú roimis an gcroich is ea ' chuireann ' fhiachaibh ar dhaoine bheith úmhal do ríthibh saolta, 'sé sin mura rud é gur Críostaí maith an rí, agus go gcuirfeadh eagla Dé ' fhiachaibh ar a dhaoine bheith úmhal do. Ach ní gnáth gur ar aon ní den tsórd san a bhíd ríthe saolta ag brath chun a ndaoine do dhéanamh úmhal dóibh. Is ar an gcumas a bhíonn acu ar phionós do chur orthu a bhíonn a seasamh, nú ar iad do chrochadh, má dheinid siad easúmhlaíocht 'na n-aghaidh. Níl aon tslí eile acu chun a chur ' fhiachaibh ar éinne bheith úmhal dóibh. Dá bhrí sin, chómh luath agus do shocróidh duine a aigne ar gan suím ar bith do chur in aon tsaghas pionóis ná in aon tsaghas báis ab fhéidir a dh'imirt air, níl a thuilleadh cumais ná a thuilleadh greama ag aon rí ná ag aon phriúnsa saolta ar an nduine sin. Dá mbuadh an rí sin ar bhuaigh ríthe agus slóite agus armálacha de chogaíbh agus de chathannaibh riamh, ní thabharfaidís blúire cumais do ar an nduine sin. Déarfadh sé leis an nduine, "Úmhlaigh dom!" Déarfadh an duine, "Ní úmhlód! Ní gá liom é!" Déarfadh an rí, "Bainfead an ceann díot!" Déarfadh an duine leis, "Dein do dhícheall! Sin a bhfuil ar do chumas a dhéanamh. Bíodh mo cheann agat, ach ní bheidh úmhlaíocht agat uaim!" Dá n-abradh gach éinne é sin, cá mbeadh cómhacht an rí ar ball?

XXXV. Féile na Tríonóide

Sin é an rud a thug an bua go léir do sna haspail agus do sna deisceabail. Chómh luath agus do thúirlig an Spid Naomh orthu, níor fhan aon bhlúire eagla acu roim phionós ná roim aon tsaghas báis. Thuigeadar 'na n-aigne ná raibh i bpionós dóibh ach onóir, mar gur dhein sé cosmhail leis an Slánaitheóir féin iad, agus i dtaobh báis, nár dhein sé ach iad do chur suas láithreach go haoibhneas na bhflaitheas. Bhí cómhachta saolta gan bhrí gan neart gan chumas 'na láthair as san amach.

Ach ba ró-dheocair leis na cómhachtaibh saolta an ní sin a dh'admháil. Ní raibh aon lorg in aon chor ag na cómhachtaibh saolta ar Shoíscéal an tSlánaitheóra. B'fheárr leó go mór an creideamh págánach a bheith acu, creideamh ná cuirfeadh aon oibleagáidí orthu ach mar ba mhaith leó féin. Ní raibh aon lorg acu ar chreideamh do neósfadh an fhírinne dhóibh, agus adéarfadh gur ó Dhia a fuaradar an chómhacht a bhí acu, agus go gcaithfidís freagairt i láthair Dé san úsáid a bhí acu á dhéanamh den chómhacht san. Dá bhrí sin, do dheineadar a ndícheall ar chreideamh an tSlánaitheóra do mhúchadh agus do shladadh agus do chur ar neamhní. Ní raibh acu chuige sin ach an dá ní, an pionós agus an bás. Dheineadar úsáid den dá ní sin. Dá bhféadadh pionós agus bás an creideamh a mhúchadh, ní fada ' bheadh sé gan múchadh. Ach bhí dearúd ar na ríthibh agus ar na cómhachtaibh saolta. Ní raibh ' fhios acu an gheallúint úd a bheith tabhartha ag an Slánaitheóir do sna haspail agus do sna deisceabail: "Táim-se 'núr bhfochair go dtí críochnú an tsaeil". Dá bhrí sin, bhí iúnadh agus alltacht orthu nuair a fuaradar nár fhéad pionós ná bás a smacht do chur i bhfeidhm ar Eaglais Chríost. An dá shlait sin a bhí acu chun a smachta do chur i bhfeidhm riamh ar dhaoine, b'in iad gan mhaith gan tairbhe iad 'na lámhaibh nuair a theastaíodh uathu smacht do chur ar an Eaglais. Dá mhéid úsáid a dheinidís den dá shlait sin i gcoinnibh na gCríostaithe, in inead aon lagú a dhéanamh ar an gCreideamh is amhlaidh a neartaídís é. Dá mhéid pionós a chuiridís ar na Críostaithibh is ea is daingne a bhíodh na Críostaithe sa chreideamh. Dá mhéid a curtí chun báis díobh is ea is mó ' bhíodh beó dhíobh.

XXXV. Féile na Tríonóide

Do lean an chaismirt ar feadh trí chéad blian. Ansan dob éigean do sna cómhachtaibh saolta stríocadh. Do ghéilleadar fé dheireadh. Do leagadh na teampaill phágánacha, agus do cuireadh suas teampaill an Chreidimh ins gach aon áit. Le cómhachtaibh an tSlánaitheóra do bhuaigh neart aigne ar neart cuirp; do bhuaigh neart fírinne ar neart éithigh; do bhuaigh ceart ar an-cheart; do bhuaigh lámha loma ar fhaobhar claímh; do bhuaigh úmhlaíocht ar uabhar; do bhuaigh foighne agus fulag ar phionós agus ar an mbás; do bhuaigh Eaglais Chríost ar gheataibh ifrinn.

Nuair a fuair cómhachta ifrinn nárbh aon mhaith dhóibh bheith a d'iarraidh a thuilleadh toirmisc a dhéanamh don Eaglais ná don chreideamh le bheith ag séideadh fé mhioscais na bpágánach chun na gCríostaithe do ruagadh agus do chur chun báis, do tharraigeadar chúthu cleas eile. Do spriocadar daoine a bhí lán d'uabhar agus de mhallaitheacht, agus san am gcéanna de ghéire íntleachta, chun creideamhacha éithigh do chur ar bun agus na daoine do mhealladh ón gcreideamh fírinneach. Dheineadh na daoine mallaithe sin a ngnó chómh gasta, chómh géarchúiseach san go meallaidís go minic a lán daoine, agus go gcuiridís an dubh 'na gheal orthu. Ansan do chuireadh muíntir an chreidimh fhallsa cath agus troid agus cómhrac ar na Críostaithibh a bhíodh dílis. Do thógadh ríthe agus cómhachta an tsaeil seo páirt leis an gcreideamh fallsa, mar is é an creideamh fallsa do scaoileadh a srian féin leó chun a ndroch-mhian do shásamh agus chun éagóra ' dhéanamh ar na daoine. Dheineadh lucht an chreidimh fhallsa agus cómhachta an tsaeil socrú eatarthu féin chun gach aon tsaghas cos-ar-bolg a dhéanamh ar an gcreideamh fírinneach agus ar an Eaglais, i dtreó, ar ball, gur mheasa iad go mór chun gach droch-íde ' dh'imirt ar na Críostaithibh dílse ná na págánaigh féin an fhaid a mhair a gcómhacht sa tsaol. Ach d'éirigh gach creideamh fallsa acu agus do fuair sé a lá féin, agus do dhein sé a dhícheall chun na hEagailse do chloí agus do chur as an saol, agus ansan do chuaigh sé féin ar neamhní. D'éiríodar i ndiaidh ' chéile agus do chuadar ar neamhní i ndiaidh ' chéile, agus do mhair an Eaglais 'na ndiaidh go léir. Níorbh aon iúnadh é sin. Do gheall an

XXXV. Féile na Tríonóide

Slánaitheóir do sna haspail agus do sna deisceabail go mbeadh sé féin 'na bhfochair i gcaitheamh na haimsire go léir go dtí deireadh an tsaeil.

Do fíoradh an gheallúint sin an fhaid a bhí cómhacht phágánach Ímpireachta na Rómha ag marú na gCríostaithe ins gach aon pháirt den domhan bhraonach, dhá gcrochadh agus dhá gcéasadh, dhá mbá agus dhá loscadh, agus dhá dtabhairt 'na mbeathaidh le n-ithe do sna beithíochaibh fiaine, mar radharc spóirt do sna míltibh sló a bhíodh cruinnithe chun bheith ag féachaint ar an radharc. Do fíoradh an gheallúint chéanna nuair a dh'éiríodh gach creideamh fallsa agus nuair a tugtí a rogha do sna Críostaithibh dílse an creideamh fírinneach do shéanadh, agus an t-éitheach do ghlacadh in' fhírinne, nú scarúint lena gcuid 'en tsaol, agus gorta agus pionós agus bás a dh'fhulag.

Do fíoradh an gheallúint sin anso san oileán so na hÉireann, i measc ár sínsear féin, nuair a tháinig muíntir an chreidimh Ghallda chúinn, agus nuair a mheasadar an creideamh fírinneach do bhaint dínn, agus Sasanaigh a dhéanamh dínn in ainneóin Dé agus daoine. Do thosnaigh an droch-obair sin nuair a dh'iarr an t-ochtú Hannraoi, rí Sacsan, ar an bPápa cead a thabhairt do a bhean phósta do chur uaidh agus bean eile do ghlacadh 'na hinead. Ní fhéadfadh an Pápa, ní nách iúnadh, an éagóir sin a dhéanamh. Tá ' fhios againn go léir dá mbeadh an Pápa olc a dhóthain, agus go dtabharfadh sé an cead san uaidh, ná beadh aon mhaith sa chead. Níl aon chómhacht fé bhun Dé ar an dtalamh a dh'fhéadfadh a leithéid sin de chead a thabhairt d'aon fhear. Ansan do shocraigh Hannraoi air go mbeadh sé féin 'na cheann ar an Eaglais, 'na ríocht féin. Dhein sé dlí chuige sin. De réir na dlí sin, bhí ' fhiachaibh ar gach aon Chaitlicí sa ríocht diúltú don Phápa agus Hannraoi do ghlacadh 'na cheann so-fheicse ar an Eaglais. Do cuireadh an dlí sin i bhfeidhm le faobhar agus le fuil agus le tine. Bhí an dlí sin dá chur i bhfeidhm ar an gcuma san an fhaid a mhair Hannraoi. Nuair a tháinig Eilís, do cuireadh an dlí chéanna i bhfeidhm ar an gcuma gcéanna, ach ní ba dhéine. Ach nuair a tháinig

XXXV. Féile na Tríonóide

Cromeil is ea do hoscladh ifreann ar fad chúinn. Ní ghéillfeadh muíntir na hÉireann don dlí. Ní dhiúltóidís don Phápa pé rud a bheadh le himeacht orthu. Do fuair muíntir Chromeil ná raibh maith 'na ngnó. Pé méid de sna daoine a chuirfidís chun báis, ná déanfadh san aon bhogadh ar an gcuid eile, ná aon eagla ' chur orthu. Ní hea, ach gurbh amhlaidh a dheineadh bás a gcómharsan breis nirt aigne ' chur iontu in inead aon lagspridí do chur orthu. Ansan do shocraigh saighdiúirí Chromeil ar rud a dhéanamh nár deineadh a leithéid riamh in aon pháirt den domhan. Shocraíodar ar theacht i dtaobh den oileán agus gabháil tríd go dtí an taobh eile, agus an uile dhuine, óg agus aosta, do chur chun báis! Ansan is ea ' thosnaigh an t-éirleach. Bhí an t-arm tine agus an faobhar ag na saighdiúiribh. Ní raibh blúire i bhfuirm aon tsaghas airm ag na daoine. Do maraíodh roinnt bheag de sna daoine i bhfolach i gcoílltibh agus insna cnucaibh. Bhí arbhar ag fás ar an dtalamh i ndiaidh na ndaoine. Tháinig na saighdiúirí agus ghearradar an geamhar, i dtreó ná beadh aon rud le n-ithe ar ball ag an méid daoine a chuaigh i bhfolach, agus go gcaithfidís bás d'fháil den ghorta.

Do lean an obair sin go dtí go raibh Éire nách mór folamh ar fad ó dhaoine. Duairt muíntir Shasana, "Ó, tá oiread san dúil' sa bhás acu, bíodh sé acu. Nuair ná glacfaidís ár gcreideamh, imídís as an saol. Gheóbhaimíd-na daoine do dhéanfaidh cónaí in Éirinn agus go mbeidh ár gcreideamh féin acu. Ansan ní bheidh aon bheann againn ar Phápa na Rómha".

Dheineadar an ní sin. Nuair a bhí Éire folamh ó dhaoine acu, ach na sléibhte agus na bogaithe, do cuireadh fógra amach dhá iarraidh ar éinne gur theastaigh talamh saor uaidh, ach nár Chaitlicí Rómhánach é, teacht go hÉirinn agus go bhfaigheadh sé a dhóthain den talamh ab fheárr sa domhan ar fhíor-bheagán cíosa. Thánadar, go tiubh, anall ó Shasana agus ó Albain agus aniar ó Chanada, agus do chuireadar fúthu ar mhachairibh breátha míne na hÉireann, ó Bhaile Atha Cliath go Gaillimh agus ó Dhoncha Dí go Tigh Mháire. Ansan is ea ' bhí áthas ar mhuíntir an chreidimh Ghallda. D'fhásfadh sliocht na

XXXV. Féile na Tríonóide

ndaoine sin agus do leathfaidís, agus bheadh deireadh le réim an Phápa in Éirinn!

Ach do thit rud amach ná raibh aon choinne ag éinne leis. Is ar éigin an tsloigisc iasachta socair chun cónaithe sa tír nuair a tháinig galar uathásach orthu, galar mí-nádúrtha. An té go dtagadh an galar air is amhlaidh a líonadh a chroiceann de phiastaibh agus d'ithidís 'na bheathaidh é. Do leath an galar ar fuid na dútha agus bhí na daoine iasachta ag fáil bháis leis chómh tiubh san ná bíodh slí insna reiligibh dóibh, agus go gcaití puill a dhéanamh insna páirceannaibh chun iad do chur fé thalamh ar chuma éigin. Fé dheireadh, do rith ar fhan beó dhíobh lena n-anam, amach as an dtír; agus bhí Éire folamh arís ó dhaoine. Ansan dob éigean dul agus an roinnt bheag a bhí beó de sna hÉireannaigh do mhealladh as na sléibhtibh agus as na bogaithibh, agus an talamh, a gcuid tailimh féin, do chur chúthu ar chíos, agus leogaint dóibh é ' shaothrú. Do chuir Dia an rath orthu féin agus ar an dtalamh, i dtreó, tar éis ar mhairbh saighdiúirí Chromeil díobh, nárbh fhada go raibh Éire lán díobh arís.

Sin mar a chimeád ár sínsear an creideamh, anso in Éirinn, a phobal, trí chómhachtaibh Dé agus trí gheallúint an tSlánaitheóra, agus tá an creideamh san againn-na anois. Chimeád ár sínsear dúinn an creideamh san. D'fhuiligeadar an uile shaghas cruatain, an uile shaghas pionóis, an uile shaghas droch-úsáide, ní ba thúisce ná mar a scarfaidís leis. Ansan d'fhuiligeadar an uile shaghas báis ní ba thúisce ná mar a scarfaidís leis, bás le córda, le tine, le piléar, le claíomh, le hocras. Do loisceadh insna tithibh iad. Do fiachadh trí sna cnucaibh iad mar a fiachfí droch-bheithíocha fiaine. Do múchadh istigh insna pluaisibh iad féin agus na sagairt a bhíodh ag rá na nAifrinní dhóibh i ganfhios. Do deineadh sceanthairt díobh istigh insna séipéalaibh gach aon uair a féadadh teacht orthu. Do lean an t-éirleach san dá dhéanamh ar mhuíntir na hÉireann ar feadh breis mhór agus céad blian. I gcaitheamh na haimsire sin go léir, ní raibh acu le déanamh, aon lá ba mhaith leó é, chun stop a chur leis an éirleach agus a saol a bheith ar a suaimhneas acu, ní raibh acu le déanamh ach iompáil. Do chasadh an namhaid leó go minic gur mhór na hamadáin iad ná hiompódh; go raibh an t-éirleach á dhéanamh orthu agus gurbh iad féin fé ndear é ná hiompódh agus síocháin a bheith acu láithreach. Níor iompaíodar. Do sheasaíodar an cath. D'fhuiligeadar an cruatan go léir. D'fhuiligeadar an bás. Thug an Slánaitheóir ríocht na bhflaitheas dóibh chómh luath agus do mhairbh an namhaid iad. Tá aoibhneas na bhflaitheas acu ó shin agus beidh ar feadh na síoraíochta. Do chosnadar an creideamh, agus d'fhágadar ag á sliocht é, againn-na. Is sinn-na a sliocht. D'fhágadar againn-na an creideamh chun sinn a bhreith suas, nuair ' fhágfaimíd an saol so, chun an aoibhnis chéanna, chun bheith san aoibhneas san, 'na gcómhluadar féin agus i gcómhluadar na n-aspal agus na ndeisceabal, i radharc an tSlánaitheóra, agus i radharc na Maighdine Muire, agus i radharc an Athar Síoraí, i gcaitheamh na síoraíochta gan chrích gan foircheann.

Go dtugaidh Dia dhúinn go raghaimíd ann. Amen.

XXXVI. An Chéad Domhnach tar éis Cíncíse

Léitear an Soiscéal. (Lúcás 6:36-42)

San am san, duairt Íosa lena dheisceablaibh, "Bídh atruach fé mar atá úr nAthair atruach. Ná tugaidh breith agus ní tabharfar breith oraibh. Ná daoraidh agus ní daorfar sibh. Maithidh agus maithfar díbh. Tugaidh agus tabharfar díbh: tómhas maith, dingithe, croite, cruachta, is ea ' chuirfid siad 'núr n-ucht chúibh. Mar a thómhaisfidh sibh uaibh, féach, is ea a tómhasfar chúibh". Agus ansan do labhair sé solaoid leó, "An féidir do dhall dall a ghiollacht? Ná titfid siad araon sa díg? Níl an deisceabal os cionn a mháistir. Tá duine go sár-mhaith má tá sé chómh maith lena mháistir. Cad uime, áfach, go bhfeiceann tú an dúradán i súil do bhráthar agus ná tugann tú fé ndeara an tsail id shúil féin? Nú conas is féidir duit a rá led bhráthair, 'A bhráthair, leog dom an dúradán a bhaint as do shúil', agus ná feiceann tú an tsail id shúil féin? A chluanaí, bain an tsail ar dtúis as do shúil féin, agus ansan chífir conas an dúradán a bhaint a súil do bhráthar".

XXXVI. An Chéad Domhnach tar éis Cíncíse

Nuair a labhair an Slánaitheóir na focail sin, a phobal, bhí sé díreach tar éis an dáréag aspal do thoghadh, agus teagasc aige á thabhairt do sna haspail agus do sna deisceabail. B'é bunús a theagaisc an lá san, conas mar ba cheart dá dheisceablaibh féin, ní hamháin staonadh ó olc a dhéanamh in aghaidh an uilc, ach iompáil agus maith a dhéanamh in aghaidh an uilc.

Tá taithí againn-na ar an bhfocal san, "Maith in aghaidh an uilc", ach ní raibh aon taithí sa tsaol air sarar chuir an Slánaitheóir mar oibleagáid ar a dheisceablaibh é ' dhéanamh. I gcaitheamh na haimsire go dtí san, do measadh gur mhaith an rud d'aon duine maith a dhéanamh in aghaidh an mhaith, agus gurbh an-olc an rud do dhuine olc a dhéanamh ar éinne nár dhein olc air. B'é meas na poiblíochta, áfach, gur dheocair milleán a bheith ar an té go ndéanfí olc air dá ndeineadh sé díoltas mar gheall ar an olc san. Do tuigeadh gur ghníomh uasal thar na beartaibh an t-olc do mhaitheamh don té a dhein é. Níor tuigeadh gurbh fhéidir d'aigne an duine dul thairis sin in uaisleacht gnímh. Ach do thug an Slánaitheóir le tuiscint dá aspalaibh agus dá dheisceablaibh go gcaithfidís dul thairis, go gcaithfidís, ní hamháin an t-olc a déanfí orthu do mhaitheamh, ach fós maith a dhéanamh, in aghaidh an uilc sin, don té a dhein an t-olc orthu. Thug sé an ní sin le tuiscint do sna haspail agus do sna deisceabail, agus, tríothu-san, do sna Críostaithibh go léir, ó shin anuas agus go deireadh an tsaeil.

Do ghlac na haspail an teagasc agus do ghlac na deisceabail é, agus dheineadar beart dá réir an fhaid ab é toil an tSlánaitheóra iad d'fhágáilt ar an saol. Do dhein namhaid an chreidimh an uile shaghas uilc orthu, agus níor dheineadar riamh ach maith in aghaidh gach uilc dár deineadh orthu, agus nuair a bhíodh an namhaid dhá gcur chun báis, in inead a iarraidh ar Dhia an éagóir a bhí á dhéanamh orthu d'agairt ar na cuirpigh a bhíodh ag cur an phionóis orthu is amhlaidh a bhídís dhá iarraidh ó chroí ar Dhia é ' mhaitheamh dóibh. Nuair a mhachnaímíd air is deocair linn a chreidiúint go bhféadfadh aon duine é ' dhéanamh. Is é rud a thagann 'nár n-aigne ná gur mór an

XXXVI. An Chéad Domhnach tar éis Cíncíse

trua na gníomhartha a dheinidís, ar dhaoine macánta, gan chúis gan abhar, do mhaitheamh dóibh in aon chor. Ach nuair a thagann smaointe den tsórd san 'nár n-aigne, is amhlaidh ná tuigimíd dá thaobh an scéil i gceart. Agus tá dhá thaobh ar an scéal san, díreach fé mar atá ar gach aon scéal eile. Is dócha ná fuil aon ghníomh dár dhein droch-thíoránach riamh is mó ' chuireann ár gcuid fola ar lasadh le feirg ná an gníomh a dhein Heród nuair a mhairbh sé na mílte leanbh a d'iarraidh teacht suas leis an aon LEANBH amháin. Do loiscfimís 'na bheathaidh an rí sin dá bhféadaimís é. Bhí éinne amháin, áfach, a dh'fhéadfadh an díoltas san a dhéanamh ar an rí sin agus cosc do chur leis an marú, agus níor dhein sé é. Do scaoileadh leis an ndroch-obair. Do scaoileadh leis an marú. Ba chruaidh an cás é! Ach féach ar an dtaobh eile den scéal. Ní raibh aon leanbh dár maraíodh san éirleach san nár rug na haingil leó suas láithreach é go haoibhneas na bhflaitheas. Ar son an tSlánaitheóra is ea do cuireadh chun báis iad. Fuaradar toradh báis an tSlánaitheóra láithreach. Sin é taobh na fírinne den scéal. Ag féachaint ar an scéal ón dtaobh san, chítear nár dhein Heród, dá olcas é a ghníomh, aon díobháil in aon chor dóibh. A mhalairt is ea ' dhein sé. Comaoine is ea ' chuir sé orthu. Tairbhe mór is ea a dhein sé dhóibh. Thuig gach duine acu féin an méid sin an túisce 'na raibh anam scartha le colainn aige, agus é thuas insna flaithis. Gan amhras, níor fhág san gan an rí a bheith ciontach i ndortadh na fola. Níor fhág. Ach measaim nách iad na hanamnacha go raibh aoibhneas na bhflaitheas fálta acu, agus iad saor sábhálta thuas istigh, de bhárr an ghnímh a dhein sé orthu, do bheadh ró-dhian dhá iarraidh ar Dhia díoltas a dhéanamh air. Ba dhó' liom gur thúisce leó go mór a dh'iarraidh ar Dhia an gníomh a mhaitheamh do. Gan amhras, labhrann gníomh dá shórd i gcónaí le Dia, ag glaoch ar dhíoltas. Ach is mairg a thiocfadh idir cheart Dé féin agus an díoltas san. Is feárr go mór fanúint uaidh amach. Rud ana-chúntúrthach is ea d'aon duine a dh'iarraidh ar Dhia díoltas a dhéanamh ar dhuine eile, pé cuma 'na mbeadh an díoltas tuíllte ag an nduine eile sin.

XXXVI. An Chéad Domhnach tar éis Cíncíse

"An duine agaibh-se atá gan pheaca, caitheadh sé an chéad chloch". Sin mar aduairt an Slánaitheóir é leis na Giúdaígh nuair a dh'fhiafraíodar de cad a déanfí i dtaobh na mná a bhí ciontach agus nárbh fholáir í ' chur chun báis le clochaibh, de réir na dlí. "An duine agaibh-se atá gan pheaca", arsan Slánaitheóir leó, "caitheadh sé an chéad chloch léi". Do chrom sé a cheann nuair a bhí an méid sin ráite aige. Nuair a thóg sé a cheann arís, bhíodar go léir imithe. Do thuig gach éinne acu ná raibh sé féin gan pheaca, agus dá bhrí sin nár cheart do cloch do chaitheamh le duine eile mar gheall ar pheaca.

Níor Chríostaithe iad súd. Giúdaígh ab ea iad. Is Críostaithe sinn-na, ach is minic a dh'fhéadfaimís rud a dh'fhoghlaim uathu-súd, rud a dhéanfadh tairbhe dhúinn. Má bhíonn aon droch-ní 'od spriocadh chun a dh'iarraidh ar Dhia díoltas a dhéanamh ar dhuine éigin a dhein olc ort, cuímhnigh ar an dtaobh eile den scéal. Ca bhfios duit-se ná gur feárr a sheasaíonn an duine sin i láthair Dé an neómat san ná mar a sheasaíonn tú féin? Ca bhfios duit, dá mbeadh díoltas le déanamh in aon chor, ná gur ort féin ba cheart é ' dhéanamh? Pé scéal é, is é rud is sábhálta dhuit a dhéanamh, gan an díoltas do bhac. Más maith leat do leas a dhéanamh, ná bíodh aon bhaint agat leis. Nú má labhrann tú in aon chor, iarr ar Dhia gan an díoltas a dhéanamh. Bíodh go bhfuil an díoltas tuíllte, agus tuíllte go maith, beidh Dia baoch díot-sa mar gheall ar a iarraidh air gan an díoltas a dhéanamh. Féach ar na focail sa tSoiscéal:

"Ná tugaidh breith agus ní tabharfar breith oraibh".

"Ná daoraidh agus ní daorfar sibh".

"Maithidh agus maithfar díbh".

Sin é focal an tSlánaitheóra féin againn leis, má mhaithimíd-na don té a dheineann beart 'nár n-aghaidh, go dtabharfaidh Dia maithiúnachas 'nár bpeacaibh dúinn féin. Cad eile ' bheadh uainn?

XXXVI. An Chéad Domhnach tar éis Cíncíse

An bhfuil aon amadán ar an dtalamh so is mó ná an Críostaí go bhfuil an gheallúint sin aige agus 'na dhiaidh san a bheidh ag déanamh cosaint an bhruic air féin a d'iarraidh gan maithiúnachas a thabhairt ó chroí dá chómharsain! Déarfaidh amadán den tsórd san uaireanta, "Níl aon olc agam chuige. Ní dhéanfad aon díobháil do. Ach fágfad fé Dhia é!"

An bhfuil ' fhios agat cad é an brí atá agat, istigh id chroí, leis an bhfocal san? Tá droch-bhrí agat leis. Tá brí mallaithe mioscaiseach agat leis. "Fágfad fé Dhia é". 'Sé sin le rá, "Ní dhéanfad féin aon rud leis, ach tá súil agam go ndéanfaidh Dia díoltas air". Bíodh fios an méid seo agat. Nuair adéarfair an focal san i dtaobh do chómharsan, "Fágaim fé Dhia é", agus gurb é brí atá agat leis an bhfocal go bhfuil súil agat go ndéanfaidh Dia díoltas air, bheadh sé chómh maith agat díreach tu féin a chaitheamh ar ghealacán do dhá ghlún agus cromadh ar eascainí air. Ní hea, ach d'fhéadfadh an focal san, "Fágaim fé Dhia é!" ' bheith níosa mheasa i láthair Dé dhuit, agus níos droch-aigeanta, ná aon eascaine a dh'fhéadfá ' dhéanamh ar an nduine. Ná féadfá, mar a dhéanfadh Críostaí fónta, dea-chroíoch, carthanach, do chroí a dh'oscailt suas chun Dé agus a dh'iarraidh ar Dhia an rud san a mhaitheamh don duine sin? Ná féadfá a rá go breá fial, "A Thiarna, maith dho é! Maith dho é! Ná bí 'na dhiaidh air! Ní fiú biorán is é! Maith-se dho é, agus maithim-se óm chroí dho é!"

"Ó", adéarfair, "ní fhéadfainn é. Ní bhfaighinn óm chroí maitheamh do ar an gcuma san. Dhein sé an bheart ró-olc ar fad orm. Ní bhfaighinn óm chroí maitheamh do ar an gcuma san. Geallfad ná déanfad aon díobháil do, ach fágfad fé Dhia é!"

Fágfair. Agus an bhfuil ' fhios agat cad d'imeóidh ar ball ort? Tabharfaidh Dia a ghrásta don duine sin agus déanfaidh an duine aithrí. Ansan maithfidh Dia dho an rud san a dhein sé ort-sa agus pé peacaí eile atá déanta aige. Ansan ní bheidh agat-sa i láthair Dé ach do chuid droch-aigne agus do chuid mioscaise agus do chuid mailíse agus feirge. Ní bhfaighfá ód chroídhe é ' mhaitheamh do. Nách deas a

XXXVI. An Chéad Domhnach tar éis Cíncíse

bheidh an scéal agat ansan, nuair a bheidh an gnó go léir maite ag Dia dho agus ná ra' maith agat-sa! Féach ar an bhfocal eile seo aduairt an Slánaitheóir: "Mar a thómhaisfidh sibh uaibh is ea a tómhasfar chúibh". Tómhais uait an maithiúnachas go fial agus tómhasfar chút é go fial.

An té do labhrann mar aduart agus adeir, "Ní bhfaighinn óm chroí é ' mhaitheamh do", is amhlaidh ná tugann sé uain do féin chun féachaint ar an dtaobh eile den scéal; fé mar aduart cheana i dtaobh an droch-rí agus marú na leanbh. Nuair a deintear droch-ghníomh éigin ar dhuine, ní fhéachann sé, ní thugann sé uain do féin ar fhéachaint, ach ar thaobh an tsaeil seo den scéal. Dá bhféachadh sé chun taoibh an tsaeil eile den scéal, ní fhéachfadh taobh an tsaeil seo dhe chómh mór in aon chor 'na shúilibh agus a dh'fhéachann sé. Ansan ní chuirfeadh duine oiread suime ann agus ' chuireann sé. Nuair a chimeádann duine a shúil ar an saol so ar fad, bíonn ana-mhéid ins gach aon rud a bhaineann leis an saol so. Rud ana-mhór 'na shúilibh is ea aon bhlúire beag tairbhe saolta a dhéanfadh duine dho. Feirm thailimh, cuir i gcás, do thabhairt saor do, nú saibhreas mór éigin do chur 'na threó. Dá mbeadh súil an duine sin ar an saol eile ar fad, mar ba cheart do shúil an Chríostaí a bheith, ní fheicfeadh sé in aon tsaghas tairbhe saolta ach rud suarach. Do thuigfeadh sé, chómh maith díreach agus do thuigeann éinne eile é, gur maith an rud talamh saor anso. Ach do chífeadh sé go soiléir gur ró-shuarach-le-rá é seochas seilbh na bhflaitheas. Agus dá mbaineadh duine dhe an fheirm sin, ní ghoíllfeadh an scéal puínn ar a chroí, mar do thuigfeadh sé in' aigne nár baineadh de ach maitheas suarach. Ní baol go ndéarfadh sé "ná faigheadh sé óna chroí" maitheamh don té a bhain de é. An fhaid ná bainfí neamh de, ní mór gur chuma leis cad a bainfí dhe ná cad a fágfí aige.

"Amadán adeirim leis!", adéarfaidh duine, b'fhéidir. "Ní ceart do dhuine a chuid féin do leogaint le héinne!"

XXXVI. An Chéad Domhnach tar éis Cíncíse

Amadán adeireann tusa leis. Tispeánann san gur duine ciallmhar tusa, dar leat féin. Tá go maith. Cimeád do chuid. Ná leog le héinne é. Cimeád do ghreim air go daingean. Ná bíodh éinne ag magadh fút-sa, dhá mhaíomh gur rug sé aon phioc ded chuid uait, de t'ainneóin ná i ganfhios duit. Dein aireachas maith ar do chuid. Tiocfaidh an bás ort i lár an aireachais. Ná leog leis do chuid, a dhuine! Níl aon mhaith dhuit ann. Béarfaidh sé an chuid go léir uait. Ní leogfaidh an bás duit oiread agus leathphinge rua do bhreith leat ar an saol eile. Fanfaidh an tigh agus an talamh agus an stoc agus an t-airgead id dhiaidh anso, agus caithfir-se imeacht. Fanfaid siad go léir ag duine eile. B'fhéidir gur duine ded chlaínn é. B'fhéidir nách ea. Duine eile is ea é ar aon chuma. Do leogais do chuid le duine eile agus níor fhéadais aon phioc de a chimeád agat féin, tar éis a bhfuarais dá dhua i gcaitheamh do shaeil riamh a d'iarraidh gan aon phioc de a leogaint leis an bhfear thall. Má ráinig gur rugadh uait aon chuid de le héagóir agus ná raibh leigheas agat air, is dian a chuiris Dia 'na dhiaidh, b'fhéidir, ar an té a rug uait é. D'fhágais fé Dhia é.

Tá duine eile a gheóbhaidh bás an lá céanna, b'fhéidir, a gheóbhair-se bás. Ní raibh de shaibhreas riamh ar an saol so aige ach pé dea-ghníomhartha a dhein sé. Béarfaidh sé leis ar an saol eile an saibhreas san. Ní féidir don bhás an saibhreas san a bhaint de.

Beidh sibh araon i láthair an Bhreithimh; eisean agus a dhá láimh lán de sna dea-oibreacha a dhein sé i gcaitheamh a shaeil. Tusa agus do dhá láimh folamh. Cé hé an t-amadán an uair sin? "Mar a thómhaisis uait a tómhasfar chút". Cé hé an t-amadán? Cad a thómhaisis uait riamh?

Anois an t-am chun cuímhneamh air sin. Anois an t-am chun gan iomad suime ' chur insna nithibh a chaithfimíd d'fhágáilt 'nár ndiaidh ar an saol so, agus chun na suime go léir do chur sa tsaibhreas a dh'fhéadfaimíd a bhreith linn ar an saol eile. Go gcuiridh an Slánaitheóir, trí ímpí na Maighdine Muire, 'nár gcroí an ní sin a dhéanamh. Amen.

SEANMÓIN IS TRÍ FICHID

XXXVII. Féile Chuirp Críost

Léitear an Soiscéal. (Eóin 6:56-59)

> San am san, duairt Íosa le slua na nGiúdaíoch, "Is bia go fíor mo chuid feóla-sa, agus is deoch go fíor mo chuid fola. An té d'itheann mo chuid feóla agus d'ólann mo chuid fola, cónaíonn sé ionam-sa agus cónaím-se ann. Fé mar a chuir an tAthair atá beó mise uaidh agus go bhfuilim-se beó ón Athair, mar an gcéanna an té d'íosfaidh mise, beidh sé beó dem bárr-sa. Sid é an t-arán a tháinig anuas ó neamh. Ní hionann agus mar ' dh'ith úr n-aithreacha *manna*, agus go bhfuilid siad marbh. An té ' íosfaidh an t-arán so, mairfidh sé go síoraí".

Is cuímhin linn go léir, a phobal, an cheist úd a dh'fhoghlamaíomair fadó sa Teagasc Críostaí:

"Cad é an ní Corp Críost?"

"Fuil agus feóil, anam agus diacht ár Slánaitheóra, Íosa Críost, fé ghné aráin agus fíona".

Sin é ár gcreideamh. Sin é an creideamh a mhúin Naomh Pádraig dár sínsear in Éirinn míle go leith blian ó shin. Sin é an creideamh a mhúin muíntir na hÉireann arís do náisiúnaibh na hIúróipe[8], nuair a bhí na slóite fiaine a tháinig as na tíorthaibh thuaidh tar éis gabháil de chosaibh i gcómhacht na Rómha agus tar éis an chreidimh a mhúchadh ins gach aon bhall, ón Almáinn go dtí an Spáinn agus ó chríochaibh Lochlann soir go dtí an áit 'na raibh Cathair na Trae lá éigin. Sin é an creideamh a chimeád ár sínsear, anso in Éirinn, níl ach beagán aimsire ó shin ann, nuair a bhí saighdiúirí Chromeil ag gluaiseacht tríd an oileán so, ag fiach na ndaoine agus dhá marú, de ló agus d'oíche, a d'iarraidh a chur ' fhiachaibh orthu Corp Naofa an Tiarna do shéanadh, agus Ceann So-fheicse an Teampaill, Fear Inid an tSlánaitheóra, do shéanadh. Sin é an creideamh atá againn-na anso

---

8 *Na hEuróipe* a sheasaíonn san áit sin sa láimhscríbhinn, ach do ceartaíodh é go *na hEórpa*—ní fios cé ' dhein an ceartúchán san.

XXXVII. Féile Chuirp Críost

in Éirinn inniu, a phobal. Bhí ár sínsear dílis don chreideamh san, chómh dílis sin do nár fhéad saibhreas ná bochtaineacht, plámás ná fearg, pionós ná pianta, claíomh ná croch ná aon tsaghas eile droch-íde, a chur ' fhiachaibh orthu an greim a bhí acu air do bhogadh. Is olc agus is dian-olc uainn-na anois, agus gur sinn sliocht an tsínsir uasail sin, má bhogaimíd ár ngreim ar an gcreideamh san agus gan éinne dhá iarraidh orainn.

B'fhéidir go ndéarfadh duine: "Ach, ní baol go mbogfaimíd. Tá an creideamh ró-dhaingean 'nár gcroíthibh. Ní féidir ár ngreim air do bhogadh".

Seachain! Ná codail ar an gcluais sin. Ní is ea é a thiteann amach uaireanta, an rud ná scarfadh duine in aon chor leis nuair a bheifí dhá bhaint de le lámh láidir, go mb'fhéidir go scarfadh sé bog go leór leis nuair ná beadh éinne dhá bhaint de. Tá ' fhios againn go maith an té a ghlacann Comaoine, go nglacann sé fuil agus feóil, anam agus diacht an tSlánaitheóra. Ach tá daoine le fáil a dhéanfadh aighneas agus díospóireacht go hoíche dhuit dhá thispeáint gur fírinne an creideamh san agus go bhfuil an t-éitheach ag an té a shéanfadh é, agus b'fhéidir gur bheag ag cuid de sna daoine céanna san, tar éis na díospóireachta go léir, bheith aimsir fhada gan dul i ngaire aon tsagairt chun iad féin d'ollmhú chun Comaoine do ghlacadh. Dá mbeadh dlí na ríochta dhá gcosc air, is dócha gur fada ó bhaile do haireófí iad ag cáineadh agus ag spídiúchán ar an ndlí. Bheadh an ceart acu sa cháineadh agus sa spídiúchán dá mbeadh a leithéid de dhlí ann. Ach cad 'tá le rá i dtaobh daoine do thabharfaidh faillí i ngnó a gcreidimh agus gan dlí ná reacht dhá iarraidh orthu faillí a thabhairt ann? An fear do scaoilfidh thairis faoistin na Nollag, agus ansan faoistin na Cásca, ná fuil an creideamh aige dá shéanadh, i láthair Dé agus daoine, chómh maith díreach agus dá mba mar gheall ar dhroch-dhlí éigin do scaoilfeadh sé thairis an dá fhaoistin sin? Dá ndeintí an droch-dhlí, dhá chosc ar dhuine faoistin na Cásca ' dhéanamh, agus ansan dá bhfanadh duine ó fhaoistin na Cásca, ag géilleadh don dlí sin, is tapaidh a casfí in' asachán leis é gur shéan sé

XXXVII. Féile Chuirp Críost

a chreideamh. An amhlaidh nách cóir an t-asachán céanna do chasadh leis an nduine sin nuair a scaoilfidh sé thairis aimsir na Cásca gan dul chun faoistine agus chun Comaoine, agus gan aon dlí ná aon ní eile dhá iarraidh air an aimsir do leogaint thairis ach an neamh-shuím agus an leisce atá istigh 'na chroí féin? Bheadh leathscéal éigin aige, b'fhéidir, dá mbeadh dlí chruaidh dhá chosc, agus pionós mór le cur air mar gheall ar an ndlí sin do bhriseadh. Ach cad é an leathscéal a bheidh aige le tabhairt uaidh i láthair Dé, nuair a chíonn Dia ná fuil aon ní dhá chosc ach corp leisce? Tá an creideamh aige á shéanadh i láthair Dé agus daoine, agus mura bhfuil dlí dhá chur suas chun an chreidimh a shéanadh, tá dlí láidir dhaingean dhian, dhá cheangal air dualgas an chreidimh do chómhlíonadh. Aon Chríostaí atá i mbliantaibh na tuisceana agus atá bliain iomlán gan dul chun faoistine, tá peaca maraitheach déanta aige i láthair Dé. Agus aon Chríostaí atá i mbliantaibh na tuisceana agus go bhfuil aimsir na Cásca scaoilte thairis aige, le faillí, gan Corp Naofa an Tiarna do ghlacadh, tá peaca maraitheach déanta aige i láthair Dé, leis an bhfaillí sin, agus gan aon ní eile do bhac. Cad é an tairbhe do dhuine den tsórd san bheith dhá mhaíomh, dá mbeadh sé beó in Éirinn cúpla céad blian ó shin, go bhfuiliceódh sé an uile shaghas pionóis ní ba thúisce ná mar a shéanfadh sé an creideamh! Sin é ag séanadh an chreidimh anois é, agus gan éinne ag cur aon phionóis air chun a chur ' fhiachaibh air é ' shéanadh. Níl aon rud ag cur air, chun a chur ' fhiachaibh air an creideamh a shéanadh anois, ach corp leisce. Tá an creideamh aige dá shéanadh le corp leisce. Ceann de sna cínn-pheacaí marbha is ea leisce. Tá sé cínn eile acu ann, agus tá gach aon cheann acu ábalta ar a chur ' fhiachaibh ar dhuine an creideamh a shéanadh chómh maith agus atá leisce ábalta air.

"Is bia go fíor mo chuid feóla-sa", adeir an Slánaitheóir, "agus is deoch go fíor mo chuid fola". Bia agus deoch an anama. Ní féidir don cholainn fanúint beó mura dtugtar do an bia agus an deoch atá riachtanach do de réir nádúra. Ach is mó rud a thabharfaidh bás don cholainn in éaghmais easpa bídh agus dí. Má curtar nimh isteach sa cholainn, nú má curtar claíomh tríd, nú piléar, ní fhéadfaidh bia ná

XXXVII. Féile Chuirp Críost

deoch é ' chimeád beó. Ar an gcuma gcéanna, má curtar nimh an pheaca mhairbh isteach san anam, ní féidir do bhia an anama, do Chorp Naofa an Tiarna, an t-anam a chimeád beó. Cad é an tairbhe do dhuine bheith ag maíomh as a chreideamh, dhá mhaíomh ná séanfadh sé a chreideamh dá mbeifí chun é ' stracadh idir chapaillibh, má tá nimh an pheaca istigh in' anam agus an t-anam marbh i láthair Dé?

Nuair a bhíonn duine ag maíomh as aon rud, is gnáth gurb uabhar a chuireann ag maíomh é. Ceann de sna cínn-pheacaí marbha is ea uabhar. Is é an chéad cheann acu é. Le huabhar is ea ' thit na haingil as na flaithis. Ní le huabhar a chimeád ár sínsear an creideamh ach le húmhlaíocht. Ba cheart dúinn-na féachaint rómhainn le heagla gur le huabhar a dhéanfaimís féin maíomh as an rud a dhein ár sínsear le húmhlaíocht. Dá mba le huabhar a bheadh ár sínsear a d'iarraidh an chreidimh a chimeád, ní baol go gcimeádfaidís é. Thug Dia grásta na húmhlaíochta dhóibh. D'úmhlaíodar iad féin i láthair Dé. Ansan do thug Dia foighne dhóibh, agus fulag, agus seasmhacht, agus solas, agus radharc dá n-aigne ar an dtuarastal a bhí acu le fáil. Mura mbeadh an úmhlaíocht, ní bhfaighidís grásta na foighne, ná an fulag, ná an tseasmhacht, ná an solas, ná an radharc ar an dtuarastal. Ní bheadh acu ach an t-uabhar. Díobháil a dhéanfadh sé sin dóibh. Do thitfidís mar a thit na haingil, aingil an uabhair. Nuair a chuímhnímíd ar an seasamh a dhein ár sínsear ar son an chreidimh, is amhlaidh ba cheart dúinn baochas a ghabháil le Dia mar gheall ar na grásta a thug sé dhóibh, agus a dh'iarraidh air, go húmhal, a ghrásta ' thabhairt dúinn féin, leis, i dtreó go ndéanfaimís an creideamh céanna san do chimeád beó 'nár gcroíthibh, agus go ndéanfaimís gach dualgas a bhaineann leis do chómhlíonadh. Thug Dia dár sínsear gnó ana-chruaidh le déanamh ar son an chreidimh nuair a dh'iarr sé orthu scarúint lena gcuid 'en tsaol ar a shon, agus ansan bás a dh'fhulag ar a shon. Níl aige á iarraidh orainn-na ' dhéanamh ar son an chreidimh ach gnóthaí an chreidimh do chómhlíonadh, dul go minic chun faoistine agus chun Comaoine, ár bpaidreacha do rá go diaga ar maidin agus istoíche, agus sinn féin a thabhairt suas do Dhia go minic i gcaitheamh an lae; sinn féin a chimeád ó dhroch-bhéasaibh agus ó

XXXVII. Féile Chuirp Críost

dhroch-chómhrá agus ó dhroch-chómhluadar; a thabhairt le feiscint do Dhia agus do dhaoine go bhfuil an creideamh againn, agus go bhfuilimíd, le cúnamh Dé, ag déanamh ár ndíchill ar é ' chimeád. Á! Is baoch a bheadh ár sínsear, nuair a bhíodar dá gcur chun báis ins gach ball ar fuid na hÉireann ar son an chreidimh, dá mba ná beadh acu le déanamh ach an méid atá againn-na le déanamh. Is é is lú is gann dúinn-na, ó is é toil Dé gan a chur orainn ach an obair shaoráideach so atá orainn, an obair shaoráideach a dhéanamh go dílis agus go dúthrachtach.

Tá obair shaoráideach orainn-na, gan amhras, i gcúmparáid leis an obair a chuir Dia orthu-súd. Ach tá a cruadas féin san obair atá orainn-na le déanamh. Agus tá a cúntúirt féin ag baint léi.

Is minic a chonaic duine úll a bheadh ag féachaint go breá luisniúil folláin, ar an dtaobh amu', agus nuair a hosclófí é ná faighfí istigh ann ach smúsach dreóite. Thosnaigh an dreó i bpoillín éigin, b'fhéidir, a bhí sa chroiceann, agus do leath sé mórthímpall laistigh den chroiceann. D'fhan an croiceann slán agus d'fhan an dath folláin air go dtí go raibh an croí go léir dreóite lofa, agus ná raibh aon mhaith san úll.

Sin mar a thiteann amach uaireanta do Chríostaithibh nuair a bhíonn gach aon rud ar a dtoil acu, an creideamh acu, agus gan éinne ag cur isteach orthu ná ag déanamh aon toirmisc dóibh mar gheall air. Comáinid siad leó, ar feadh tamaill, go breá réidh, ag déanamh gnótha an chreidimh fé mar a dheinid na cómharsain go léir é. Ar ball, fé mar a thagann an poll beag san úll, tagann roidín éigin nách ceart istigh i gcroí an Chríostaí, droch-smaoineamh, b'fhéidir. Ní curtar cosc leis mar ba cheart. Ní curtar puínn suime ann, b'fhéidir. Téann sé in achrann sa chroí. Neartaíonn sé. Leathann an nimh uaidh. Leathann an dreó i ganfhios don tsaol. Comáineann an duine leis, ag déanamh gach gnótha creidimh ar nós na gcómharsan go léir. Ar ball, ní bhíonn sa chroí ar fad ach an droch-ní, agus ní fheiceann éinne an droch-ní sin ach Dia féin, moladh go deó leis. Féachann gach aon rud

XXXVII. Féile Chuirp Críost

'na cheart i láthair daoine ná feiceann ach an taobh amu'. Ach chíonn Dia an taobh istigh den chroí sin, agus níl aige le feiscint ann, laistigh den chroiceann, ach an smúsach dreóite.

B'fhéidir gurb é an t-uabhar a dhein an chéad phoillín. Gurb amhlaidh a thosnaigh an duine sin ar an iomad meas' a bheith aige air féin agus gan a bheith aige ar aon duine eile ach droch-mheas. B'fhéidir gur sainnt a dhein é. Gurb amhlaidh a bhí dúil a chroí aige á chur i saibhreas agus i maitheasaibh an tsaeil seo go dtí nár fhan suím ar bith aige i maitheasaibh an tsaeil eile, agus nuair a dheineann sé gnóthaí an chreidimh, nách orthu a bhíonn sé ag cuímhneamh, ach ar pé cnósach beag saibhris atá aige.

B'fhéidir gur smaoineamh drúisiúil a thosnaigh an dreó sa chroí. Gur cimeádadh an smaoineamh nuair ba cheart é ' dhíbirt. Ansan gur neartaigh sé i dtreó gur dheocair é ' dhíbirt gan cabhair agus cúnamh láidir ó ghrásta Dé. Nár hiarradh an chabhair ná an cúnamh. Ní hea, ach gur cuireadh i gcoinnibh ghrásta Dé nuair a tugadh gan iarraidh é. Gur mhó an dúil a bhí ag an nduine sa pheaca ná mar a bhí aige sa chúnamh; go dtí ná raibh 'na chroí ar fad, i ganfhios don tsaol go léir, ach smúsach lofa.

B'fhéidir gur craos a thosnaigh an droch-obair. Do bhlais an duine deoch meisciúil. Bhí fuath aige don digh agus gráin aige air. Do bhlais sé arís é. Ba lú an fuath a bhí aige don digh an tarna huair ná an chéad uair. Bhí sé ag blaiseadh an dí go dtáinig dúil aige ann. Bhí sé dhá bhlaiseadh go dtáinig dúil mhallaithe aige ann. Ansan níor fhan meabhair ná ciall aige. Níor fhan cuímhneamh ar Dhia ná ar dhuine aige. Is dócha gur dheocair a rá gur i ganfhios don tsaol atá an craos tar éis smúsach lofa ' dhéanamh de chroí an duine sin; ach is ea. Ní chuireann an saol aon tsuím sa pheaca san. Ní fhaigheann an saol aon locht ar dhuine mar gheall ar bheith ar meisce. Tá aigne an tsaeil féin amú ar an bpuínte sin, nú do bhí go dtí a bhfuil le fíor-dhéanaí.

XXXVII. Féile Chuirp Críost

Mar sin do sna cínn-pheacaibh marbha go léir. Téann ceann éigin acu isteach sa chroí. Ansan tosnaíonn an croí ar dhreó, agus bíonn sé ag dreó, agus an peaca ag neartú istigh ann, go dtí ná bíonn ann, i láthair Dé, ach an smúsach lofa ar fad. Tá an chúntúirt sin os ár gcionn go léir i gcónaí, a phobal, pé síocháin creidimh a bhíonn againn. Ní hea, ach dá mhéid an tsíocháin is ea is mó an chúntúirt sin. Ach tá cosaint againn dúinn féin ar an gcúntúirt sin.

"Is bia go fíor mo chuid feóla-sa agus is deoch go fíor mo chuid fola".

"An té a dh'íosfaidh an tArán so, mairfidh sé go síoraí".

An Críostaí do raghaidh go minic chun faoistine agus do dhéanfaidh faoistin ghlan, gan neamh-shuím do chur i nithibh a dh'fhéachann suarach, cimeádfaidh sé na nithe sin, a dh'fhéachann chómh suarach san, gan dul isteach 'na chroí agus greamú ann agus an dreó do chur ar siúl ann. Ansan glacfaidh sé go minic an Bia uasal, Bia an anama, Corp Naofa an tSlánaitheóra. Neartóidh an Bia sin a chroí agus a aigne agus a anam i dtreó go gcuirfidh sé dhe, gan dochar dá anam, gach anál ón mac mallachtain, díreach mar a chuireann duine cothaithe dea-shláinteach gach droch-ghaoth dhe, gan dochar dá shláinte.

Baochas mór le Dia, tá a lán daoine dhá thabhairt mar bhéas dóibh féin le déanaí dul chun faoistine agus chun Comaoine go minic. Is maith agus is tairbheach agus is Críostúil an béas é. Go dtugaidh Dia a ghrásta dhóibh chun na hoibre sin a dhéanamh go maith, agus dúinn go léir chun aithris a dhéanamh orthu, trí Íosa Críost ár dTiarna. Amen.

SEANMÓIN IS TRÍ FICHID

XXXVIII. An Domhnach Laistigh d'Ocht-Lá Féile Chuirp Críost

Léitear an Soiscéal. (Lúcás 14:16-24)

San am san, duairt Íosa an tsolaoid seo leis na Fairisínigh: "Do dhein fear féasta mór, agus thug sé cuireadh dá lán daoine. Agus chuir sé a sheirbhíseach amach nuair a tháinig am an fhéasta chun a rá leis an muíntir a fuair cuireadh gur mhithid dóibh teacht mar go raibh gach ní ollamh. Agus chromadar go léir in éineacht ar leathscéal do ghabháil. Duairt an chéad duine, 'Tá tigh ceannaithe agam, agus ní mór dhom dul amach dhá fheiscint. Iarraim ort mo leathscéal a ghabháil'. Agus duairt duine eile, 'Cheannaíos chúig sheisreach damh agus táim ag dul dhá dtriail. Iarraim ort mo leathscéal a ghabháil'. Agus duairt duine eile, 'Phósas bean agus, dá bhrí sin, ní féidir dom teacht'. Agus d'fhíll an seirbhíseach agus d'inis sé na nithe sin dá mháistir. Ansan tháinig fearg ar fhear an tí, agus duairt sé lena sheirbhíseach, 'Imigh amach d'urchar i sráidibh agus i bpóirsíbh na cathrach, agus tabhair leat anso isteach na daoine bochta agus na daoine laga agus na daíll agus na bacaigh'. Agus duairt an seirbhíseach, 'A thiarna, do deineadh mar ' órdaís, agus tá slí fós'. Agus duairt an tiarna leis an seirbhíseach, 'Imigh amach fan na mbóithre agus fan na gclathach, agus comáin isteach iad, i dtreó go líonfar mo thigh. Deirim libh, áfach, an mhuíntir úd a fuair cuireadh, ní bhlaisfidh aon fhear acu mo bhia'".

Tá ' fhios againn go léir, a phobal, cé hé an fear a dhein an féasta mór, gurb é an Slánaitheóir féin é, moladh 's baochas leis. Agus tá ' fhios againn cad é an féasta mór a dhein sé, gurb é Sácraimínt na hAltórach an féasta mór.

Ag triall ar na Giúdaígh, ag triall ar Chlaínn Israeil, is ea ' tháinig an Slánaitheóir. Sin iad na daoine a fuair an cuireadh chun an fhéasta. Ach nuair a tháinig an t-am agus bhí gach aon rud ollamh, ní rabhadar ag teacht. Do hiarradh orthu, arís agus arís eile, teacht. In inead teacht is amhlaidh a chromadar ar a rá ná féadfaidís teacht, agus thug gach éinne acu a leathscéal féin uaidh. I dtigh Fairisínigh is

XXXVIII. An Domhnach Laistigh d'Ocht-Lá Féile Chuirp Críost

ea ' bhí an Slánaitheóir, agus bhí a lán de sna Fairisínigh ann ag éisteacht leis, nuair a labhair sé an tsolaoid sin leó. Do thrácht sé sa tsolaoid ar thrí shaghas leathscéil a thug an mhuíntir uathu nár tháinig chun an fhéasta, agus trí saghas gnótha saolta ab ea iad.

"Goibh mo leathscéal", arsan chéad duine, "tá tigh ceannaithe agam agus ní mór dhom dul dhá fhéachaint".

"Goibh mo leathscéal", arsan tarna duine, "tá chúig sheisreach damh ceannaithe agam agus ní mór dhom dul dhá dtriail".

"Phósas bean", arsan tríú duine, "agus dá bhrí sin ní féidir dom teacht".

Breithnigh na trí leathscéalacha san. Meáigh i t'aigne iad. Cad 'tá agat iontu? Cad 'tá iontu ach trí namhaid an duine, an diabhal, an saol agus an cholann? Nú, má ainmnítear ar chuma eile iad, uabhar agus sainnt agus drúis; an t-uabhar ag ceannach an tí nua; an tsainnt ag féachaint na seisreach; agus an cholann ag féachaint chun a han-mhianta féin do shásamh.

Nuair a labhair an Slánaitheóir an tsolaoid sin do sna Fairisínigh, bhí sé díreach tar éis míorúilte ' dhéanamh 'na láthair. Do tugadh chuige duine go raibh líonadh ann. B'é Lá na Sabóide é. Bhíodh na Fairisínigh dhá chasadh leis an Slánaitheóir go mbíodh sé ag briseadh na saoire mar go mbíodh sé ag leigheas na ndaoine sa tSabóid. Nuair a tugadh an duine breóite isteach agus an líonadh ann, d'iompaigh an Slánaitheóir chun na bhFairisíneach. "An bhfuil sé dleathach duine do leigheas Lá Sabóide?", ar seisean. Ní leogfadh náire d'éinne acu labhairt. Ansan do leighis an Slánaitheóir an duine.

Sampla 'b ea an leigheas san ar an leigheas a theastaigh ón Slánaitheóir a dhéanamh orthu-san, dá leogaidís do é. Theastaigh uaidh iad do leigheas ón uabhar. Ba chosmhail an líonadh le huabhar. Líonadh mí-nádúrtha in aigne an duine is ea uabhar. Dhein an Slánaitheóir an

XXXVIII. An Domhnach Laistigh d'Ocht-Lá Féile Chuirp Críost

mhíorúilt ar dtúis. Do leighis sé an duine ón líonadh. Ansan d'inis sé an scéal dóibh i dtaobh na ndaoine ná tiocfadh chun an fhéasta. Agus d'inis sé dhóibh cad iad na trí nithe fé ndeara dhóibh gan teacht. D'inis sé dhóibh conas mar a glaodh isteach ar na daoine bochta chun an bhídh a dh'ithe nuair ná tiocfadh na daoine a fuair cuireadh. Ansan d'inis sé dhóibh cad 'duairt an rí sa deireadh. "Deirim libh, áfach", arsan rí, "an mhuíntir úd a fuair an cuireadh, ní bhlaisfidh aon fhear acu mo bhia".

Ach níor leighis an mhíorúilt na Fairisínigh ón uabhar. Agus níor leighis an tsolaoid iad. Agus níor leighis an focal atá i ndeireadh na solaoide iad, an focal a gheárr amach iad, go deó, ó aon pháirt a bheith acu i dtoradh na hoibre a bhí ag an Slánaitheóir á dhéanamh don chine daonna, agus ó aon chuid a bheith acu den Bhia spriodálta a bhí aige le tabhairt don chine daonna chun iad do chothú agus do neartú in aghaidh a namhad ar an saol so agus chun iad do bhreith saor go flaitheas na ngrást ar an saol eile. Níor leighis aon rud iad. Do deineadh gach aon rud dóibh agus ní raibh aon mhaith ann. Do deineadh na míorúiltí os a gcómhair. Do tugadh an uile shaghas solaoidí dhóibh, dhá chur i dtuiscint dóibh nárbh é a leas a bhí acu á dhéanamh. Ní raibh aon mhaith ann. Do leanadar a dtoil féin. Do leanadar ar a n-aimhleas go dtí gur chríochnaíodar é.

Bíonn iúnadh agus alltacht orainn-na uaireanta nuair a bhreithnímíd an scéal san. B'fhéidir dá mbreithnímís i gceart é ná fanfadh oiread iúnadh orainn. Scéal is ea é go bhfuil dhá thaobh air. Oireann taobh de dhúinn féin, agus ní hé an taobh is lú é.

Do labhair an Slánaitheóir focail an tSoiscéil sin leis na Fairisínigh mar d'oir na focail dóibh. Ach do thug an Slánaitheóir céanna mar ghnó don Eaglais na focail chéanna do chur ansan isteach i Leabhar an Aifrinn i dtreó go léifí dhúinn-na iad inniu, mar is fíor go n-oirid siad dúinn-na chómh maith díreach agus a dh'oireadar do sna Fairisínigh an lá do labhradh leó iad.

XXXVIII. An Domhnach Laistigh d'Ocht-Lá Féile Chuirp Críost

"Conas san?", adéarfaidh duine, b'fhéidir.

Mar seo. Oirid na focail sin do gach aon Chríostaí a leogfaidh do ghnó an tsaeil seo teacht idir é agus gnó a anama. Ní hinniu ná inné do thosnaigh Críostaithe ar leogaint do ghnóthaibh an tsaeil seo teacht idir iad agus gnó a n-anama. Tá cuid acu is mó a dheineann é ná a chéile, ach deineann a lán acu é minic go leór. Agus pé duine is annamha a dheineann é, deineann sé ró-mhinic é. Tagann Satharn áirithe. Táid na sagairt sa tséipéal chun na ndaoine ' dh'éisteacht. Deir a choínsias le fear éigin: "Is mithid duit dul chun faoistine. Ní rabhais ann le fada. Ní ceart duit bheith ag leogaint na haimsire thort". Deir an fear: "Is fíor san; ach conas ' fhéadfainn dul ann inniu? Tá an pháirc sin thíos gan treabhadh. Ba cheart í ' bheith treatha tá seachtain ó shin ann. Ní mór dhom an pháirc sin do threabhadh inniu. Ní bheidh aon chaoi ar í ' threabhadh Dé Luain ná Dé Máirt, agus ansan bheadh an treabhadh ró-dheirineach. Déanfaidh an Satharn so chúinn an gnó chun dul go dtí an sagart".

Cad é an deifríocht atá idir an gcainnt sin agus an chainnt úd aduairt an duine sa tSoiscéal? Ní dó' liom-sa go bhfuil puínn deifríochta eatarthu. Is é an "goibh mo leathscéal" céanna é ins gach cainnt acu.

Tagann aimsir na Cásca. Deir a choínsias le duine éigin, "Tá aimsir na Cásca agat. Imigh agus dein diúité na Cásca in am agus ná bí ag rith leis an lá déanach".

Deir an duine: "Eist anois agus bíodh foighne agat! Ná fuil aimsir mo dhóthain agam? Nuair a bheidh gnó an earraigh as mo lámhaibh, féadfad diúité na Cásca ' dhéanamh ar mo shuaimhneas. Dá ndeininn anois é, is amhlaidh a bheadh gach aon rud 'om chur amú air. Ní fhéadfainn m'aigne ' shocrú air in aon chor".

Imíonn an aimsir níos tiúbha ná mar a mheas sé. Ní túisce a bhíonn gnó an earraigh as a lámhaibh aige ná mar a thagann gnó éigin eile air. Fé dheireadh, tagann an Satharn deirineach d'aimsir na Cásca.

XXXVIII. An Domhnach Laistigh d'Ocht-Lá Féile Chuirp Críost

Agus féach. Is mó an bhruid ghnótha atá an lá san air ná mar a bhí air aon lá eile ó thosnaigh aimsir na Cásca! Ní raibh ach "goibh mo leathscéal" aige gach aon lá ó thosnaigh an aimsir, agus níl anois aige ach an focal a bhí ag an bhfear deirineach den triúr úd: "Ach! Ní féidir dom teacht in aon chor!"

Imíonn an Cháisc sin. Ansan, b'fhéidir, tagann rud eile i gcroí an duine sin: "Faire go deó! Conas ' fhéadfair a dh'ínsint don tsagart gur leogais diúité na Cásca thort gan déanamh?" Raghaidh an smaoineamh san in achrann in' aigne. Gluaiseóidh an aimsir. Cad fé ndeár an smaoineamh san? Uabhar fé ndeár é. Ní leogfaidh an t-uabhar do é féin d'úmhlú agus a pheacaí ' dh'admháil. Agus dá fhaid a dh'fhanfaidh sé gan é féin d'úmhlú is ea is deocra dho an t-úmhlú do dhéanamh. Imeóidh Cáisc eile, b'fhéidir, agus gan an diúité déanta, agus Cáisc eile. B'fhéidir go ndéanfadh an Slánaitheóir an fhoighne. Tá an Slánaitheóir trócaireach. Ach tá focal i ndeireadh an tSoíscéil agus is é an Slánaitheóir féin do labhair an focal. Is focal ana-dhian é. "An mhuíntir úd a fuair an cuireadh, ní bhlaisfidh aon fhear acu mo bhia".

D'oir an focal do sna Fairisínigh a bhí ag éisteacht leis. Oireann an focal do gach aon Chríostaí a chuirfidh neamh-shuím sa Bhia. Is é Corp Naofa an tSlánaitheóra an Bia. Ba dhó' liom gur mó an milleán ba cheart a bheith anois ar an gCríostaí a chuirfeadh neamh-shuím sa Bhia sin ná mar ba cheart a bheith ar na Giúdaígh an uair sin. Pé olcas a bhí iontu, tá an méid seo le rá 'na dtaobh. Níor thuigeadar an scéal mar a thuigimíd-na é. An mbeidh an Slánaitheóir níos déine orainn-na ná mar a bhí sé orthu-súd? An chúinn-na is mó a bhí sé nuair aduairt sé an chainnt úd: "An mhuíntir úd a fuair cuireadh, ní bhlaisfidh aon fhear acu mo bhia"? An mar a chéile an chainnt sin agus a rá: "Na daoine seo go bhfuil an Eaglais cortha ó bheith ag glaoch orthu chun Comaoine ' ghlacadh agus ná cuireann aon tsuím sa ghlao, geárrfar amach iad ó Bhia na bhflaitheas ar feadh na síoraíochta"?

XXXVIII. An Domhnach Laistigh d'Ocht-Lá Féile Chuirp Críost

Nuair a bronntar tabharthas ar dhuine, dá mhéid é an tabharthas is ea is measa ón nduine neamh-shuím do chur sa tabharthas. Sin é an tabharthas is mó dár bhronn Dia riamh ar dhaoine, Corp Naofa an Tiarna ' thabhairt dóibh mar Bhia dá n-anam. Nuair a chuireann an duine neamh-shuím sa tabharthas san, conas is féidir d'éinne leathscéal an duine sin do ghabháil! An bhfuil neamh-shuím againn dá chur sa tabharthas san?

Ó, a Chríostaí, má chíonn Dia go bhfuil aon neamh-shuím agat dá chur sa tabharthas san, féach chút féin láithreach. Má tá aimsir fhada ó bhís ag faoistin go déanach, in ainm Dé ná leog a thuilleadh aimsire thort gan dul agus do shíocháin a dhéanamh le Dia. Má tá cuid mhaith aimsire imithe ó ghlacais Corp Naofa an Tiarna go deirineach, ná leog a thuilleadh den aimsir thort gan dul agus an Bia spriodálta san do ghlacadh. Ná bí ag lorg leathscéil chun fanúint inniu uaidh agus ag lorg leathscéil eile chun fanúint uaidh amáireach. Imeóidh an lá inniu uait agus ansan imeóidh an lá amáireach uait. Tá an lá inniu ag imeacht go tiubh. Níl aon deimhne agat go dtabharfaidh Dia an lá amáireach in aon chor duit. Mura dtugaidh Dia an lá amáireach ar an saol so dhuit, beidh an lá amáireach ar an síoraíocht agat. Pé gnó atá 'ot chimeád anois gan dul agus tu féin d'ollmhú chun Comaoine ' ghlacadh, is ró-bheag an suím a bheidh agat sa ghnó san amáireach más ar an síoraíocht atá ceapaithe ag Dia dhuit an lá amáireach do chaitheamh. Ach más 'ot ollmhú féin chun Comaoine, agus dhá ghlacadh, ar dea-staid, a thabharfair an lá inniu, agus ansan má ghlaonn Dia chun siúil tu nuair a bheidh an lá inniu caite agat agus an gnó san déanta agat, mairfidh an lá inniu agat, agus gnó an lae inniu, agus toradh gnótha an lae inniu, i gcaitheamh na síoraíochta go léir.

Ar an gcuma gcéanna, má chuímhnionn tú ar leathscéal éigin chun an lae inniu do leogaint uait, i ndiaidh na laethanta eile go léir atá leogaithe uait agat, imeóidh sé 'na ndiaidh, go tapaidh, gan toradh gan tairbhe dhuit-se. Ansan, má tá ceapaithe ag Dia gan a thabhairt duit ar an saol so ach an lá so inniu againn, caithfir imeacht sara

XXXVIII. An Domhnach Laistigh d'Ocht-Lá Féile Chuirp Críost

n-éireóidh an ghrian amáireach, agus mairfidh neamh-thairbhe an lae inniu, agus neamh-thairbhe an lae inné, agus neamh-thairbhe do shaeil go léir agat i gcaitheamh na síoraíochta.

"Beidh tú i rúimín uaigneach

Agus bairlín bhán anuas ort.

Ba mhaith í an aithrí an uair sin

Dá mbeadh sí le fáil!"

Ach ní bheidh sí le fáil an uair sin. Níor cuireadh aon tsuím inti an fhaid a bhí sí le fáil. Do ceapadh an leathscéal so agus an leathscéal úd agus an leathscéal eile úd, chun na haithrí do chur ar ath-lá. D'imigh na laethanta go léir agus na leathscéalacha go léir, agus do fágadh an aithrí gan déanamh. Do cuireadh an t-anam bocht don ghorta le heaspa an Bhídh uasail a cheap an Slánaitheóir do. Thug an Slánaitheóir an cuireadh chun an Bhídh. Ní raibh sé sásta le cuireadh ' thabhairt. Chuir sé teachtaire uaidh, arís agus arís eile, dhá ínsint go raibh an Bia ollamh agus dhá rá leis na daoine a fuair cuireadh gur mhaith leis go dtiocfaidís. Chuireadar neamh-shuím sa chuireadh. Chuireadar neamh-shuím sa teachtaire. Chuireadar neamh-shuím sa Bhia. Chuireadar neamh-shuím sa Rí ghlórmhar a dh'ollmhaigh an Bia dhóibh. D'fhágadar ansan fé tharcaisne É féin agus an Bia, agus d'imíodar i bhfeighil a ngnótha féin. Níorbh fhiú leó air teacht chun an Bhídh. Dá mhéid tathant a dhein sé orthu teacht is ea ba lú a chuireadar suím sa tathant. D'imigh an lá san agus do tháinig an lá atá anois acu. D'imigh an gnó saolta go raibh an suím go léir acu ann. D'fhágadar 'na ndiaidh é. B'éigean dóibh. Tháinig an tsíoraíocht agus gan an aithrí déanta ná an Bia fálta.

Is cuímhin leó anois aon fhocal amháin, agus beidh cuímhne acu ar an bhfocal san i gcaitheamh na síoraíochta. Is é focal é ná an focal deirineach úd a léas díbh as an Soíscéal, an focal aduairt an Rí nuair a tugadh an tarcaisne go léir do féin agus don Bhia a bhí ollamh aige. "An mhuíntir úd a fuair an cuireadh", ar seisean, "ní bhlaisfidh aon fhear acu mo bhia".

XXXVIII. An Domhnach Laistigh d'Ocht-Lá Féile Chuirp Críost

Na Críostaithe atá anois ag cur na haithrí ar ath-lá; ag fanúint siar ó Shácraimínt na hAithrí; ag scaoileadh na haimsire thórsu gan faoistin gan Comaoine, mar dhea ná bíonn an uain acu; má leanaid siad den neamh-shuím sin, glaofar as an saol iad nuair ná beidh coinne acu leis. Ansan is ea ' bheidh uain a ndóthain acu ar mhachnamh, agus ní bheidh d'abhar machnaimh acu ach an t-aon fhocal amháin úd: "Ní bhlaisfidh aon fhear acu mo bhia!" Beidh an focal san, go síoraí, ag rith anonn agus anall trína n-aigne agus trína gcroí, dhá loscadh agus dhá ngearradh gan sos gan suaimhneas. Ní féidir dóibh suaimhneas d'fháil ón loscadh ná ón ngearradh, mar ní féidir easpa fírinne ná easpa cirt a dh'fháil sa chainnt: "Ní bhlaisfidh aon fhear acu mo bhia". Leanfaidh fírinne na cainnte agus ceart na cainnte ar feadh na síoraíochta. Dá bhrí sin, leanfaidh an loscadh agus an gearradh ar feadh na síoraíochta.

"An mhuíntir úd a fuair cuireadh, ní bhlaisfidh aon fhear acu mo Bhia".

Blaisimís an Bia anois, a Chríostaithe. Deinimís an aithrí an fhaid atá lá na haithrí againn. Deinimís gnó an anama pé rud a dhéanfaidh gnó an tsaeil seo. Imeóidh an saol so; agus a ghnó; agus a bhruid; agus a bhuairt; agus a phráinn; mar a dh'imíonn an ceó nuair ' árdaíonn an ghrian. Scaoilimís uainn é mar shaol! Ní fiú é bheith a d'iarraidh aon ghreama ' chimeád air féin ná ar a bhia ná ar a dheoch ná ar a shaibhreas. Glacaimís cuireadh an Rí, cuireadh an tSlánaitheóra. Blaisimís anois an Bia atá ollamh aige dhúinn. Blaisimís anois é, agus beidh an blas san, agus an t-aoibhneas a bhaineann leis, istigh 'nár gcroí agus 'nár n-aigne againn i gcaitheamh na síoraíochta. Go dtugaidh Dia dhúinn san do dhéanamh, agus é ' dhéanamh gan ríghneas. Amen.

SEANMÓIN IS TRÍ FICHID

XXXIX. An Tríú Domhnach tar éis Cíncíse

Léitear an Soiscéal. (Lúcás 15:1-10)

> San am san, bhí na poibleacánaigh agus na peacaigh ag teacht ag triall ar Íosa chun éisteacht leis. Agus bhí na Fairisínigh agus na scríbhneóirí ag ceisneamh, agus deiridís, "Féach, glacann an fear so na peacaigh agus itheann sé bia 'na bhfochair". Agus do labhair seisean leó an tsolaoid seo, "Ceocu agaibh-se go mbeadh céad caíora aige, agus go raghadh caíora acu amú uaidh, ná fágfadh na naoi gcínn déag agus cheithre fichid sa bhfásach agus ná raghadh ar lorg an chínn a cailleadh go dtí go bhfaigheadh sé í? Agus nuair a gheibheann sé í, cuireann sé ar a ghuaillibh chuige í, le háthas, agus tagann sé abhaile agus glaonn sé chuige ar a cháirdibh agus a chómharsain agus deir sé leó: 'deinidh gáirdeachas liom mar do fuaras mo chaíora do cailleadh'. Deirim-se libh gurb in mar a bheidh gáirdeachas ar neamh mar gheall ar aon pheacach amháin a dhéanfaidh aithrí seochas naonúr déag agus cheithre fichid de dhaoinibh córa ná fuil gá le haithrí acu. Nú cé hí an bhean 'na mbeadh deich *ndrachma* aici agus go gcaillfeadh sí *drachma* dhíobh, ná déanfadh coinneal do lasadh agus an tigh do scuabadh, agus an *drachma* do lorg go géar go dtí go bhfaigheadh sí é? Agus nuair a gheibheann sí é, glaonn sí chúithi ar a cáirdibh agus ar a cómharsain agus deir sí leó, 'Deinidh gáirdeachas liom, mar do fuaras an *drachma* a chailleas'. Deirim-se libh-se gurb in mar a bheidh gáirdeachas i láthair aingeal Dé mar gheall ar aon pheacach amháin a dhéanfaidh aithrí".

Tá aon ní amháin sa tSoiscéal san, a phobal, agus is cóir dúinn é ' bhreithniú go maith agus machnamh go maith air sara dtéimís thairis. Bhí na Fairisínigh agus na scríbhneóirí, 'sé sin, uaisle na nGiúdach, ag gearán agus ag gluaireán agus ag ceisneamh mar gheall ar rud áirithe a bhí ag an Slánaitheóir á dhéanamh. Nuair a dh'airímíd-na an rud a chuir ag gearán agus ag ceisneamh iad, bíonn iúnadh orainn. Measaimíd-na gurb amhlaidh ba cheart dóibh bheith dhá mholadh mar gheall ar an rud a chuir ag ceisneamh iad, in inead bheith dhá cháineadh mar gheall air. "Ó", ar siad, "ní thuigeann an fear so é féin. Leogann sé do sna droch-dhaoine teacht 'na ghaire. Deineann sé

XXXIX. An Tríú Domhnach tar éis Cíncíse

cómhluadar leó. Itheann sé bia 'na bhfochair. Dá mbeadh aon mheas aige air féin, ní dhéanfadh sé a leithéid sin de bheart. Chimeádfadh sé na droch-dhaoine uaidh amach agus d'fhanfadh sé amach uathu. Poibleacánaigh agus peacaigh! Cad é mar chuideachta dho a leithéidí sin? Conas is féidir dúinn-na cur suas le fear do chaitheann bia 'na bhfochair-sin? Sinn-na, nár dhein aon chómhluadar riamh le daoine den tsórd san!"

Ní mar sin a dh'fhéachaimíd-na in aon chor ar an mbeart a dhein an Slánaitheóir nuair a leog sé do sna peacaigh agus do sna poibleacánaigh cruinniú 'na thímpall. Is amhlaidh a thagann áthas mór orainn, agus molaimíd trócaire agus ceannsacht an tSlánaitheóra. Tuigimíd-na an bheart a dhein sé. Níor thuig na Giúdaígh é. Dá bhféachaimís isteach sa scéal, b'fhéidir go bhfeicfimís nách ceart dúinn oiread milleáin a chur ar na Giúdaígh agus ' chuirimíd.

An bheart san a dhein an Slánaitheóir an uair sin, beart ab ea í nár dhein éinne eile riamh roimis sin. Do deineadh an bheart, nú beart dá réir, go minic ó shin, mar do dhein naoimh na hEagailse í, ó theagasc an tSlánaitheóra. Ach go dtí gur tháinig an Slánaitheóir agus gur thug sé an teagasc san uaidh, níor bheartaigh éinne riamh in' aigne go mbeadh dea-ghníomh aige á dhéanamh dá ndeineadh sé an rud a bhí ag an Slánaitheóir á dhéanamh an uair sin, nuair a bhí an scorn go léir ar na Giúdaígh mar gheall ar é ' bheith ag déanamh cómhluadair le peacachaibh. Roimis sin, aon duine go raibh meas aige air féin agus gur theastaigh uaidh meas a bheith ag an bpoiblíocht air, d'fhanfadh sé amach ó dhroch-dhaoine. Do thuig gach éinne go raibh na droch-dhaoine go holc. Níor tháinig lá dá chuímhne chun éinne gur mhaith an rud iarracht éigin a dhéanamh ar iad a dh'iompáil agus ar dhaoine fónta ' dhéanamh díobh. Ní fheacaigh éinne iontu ach an t-olc. Do thuig gach éinne gur ceart iad do sheachaint mar a seachnófí an t-olc. Níor chuímhnigh éinne go mbeadh aon mhaith in aon iarracht a déanfí ar charthanacht a dhéanamh orthu. Ní hea, ach, dar le gach éinne, ba charthanacht ar an saol iad do chur as ar fad. Bheadh na smaointe céanna san 'nár n-aigne againn-na go léir inniu mura

XXXIX. An Tríú Domhnach tar éis Cíncíse

mbeadh an t-athrú a dhein teagasc an tSlánaitheóra ar aigne na gCríostaithe. Agus go deimhin féin, ní foláir a dh'admháil gurbh fheárr-de an t-athrú dá dtéadh sé níos sia ná mar atá sé tar éis dul. Tá a lán den tsean-aigne Ghiúdach úd sa tsaol fós. Ach pé'r domhan é, níor thuig na Fairisínigh in aon chor cad é an meón a bhí ag ár Slánaitheóir le bheith ag bailiú na ndroch-dhaoine 'na thímpall. Níor thuigeadar gur carthanacht a bhí aige á dhéanamh ar na droch-dhaoine sin. Bhí an charthanacht aige á dhéanamh ar na droch-dhaoine. Bhí scorn ar na Fairisínigh mar gheall ar é ' dhéanamh aon chómhluadair leis na droch-dhaoine sin. Cad a dhein an Slánaitheóir glórmhar trócaireach ansan? D'iompaigh sé agus do dhein sé carthanacht álainn ar na Fairisíneachaibh féin! D'inis sé dhóibh i dtaobh na caorach a bhí imithe amú agus conas mar a dh'fhág an t-aeire an chuid eile go léir de sna caoire 'na dhiaidh chun dul ar lorg na haon chaorach amháin a bhí imithe. Do lean sé siar ar an scéal dóibh. D'inis sé dhóibh conas mar a fuair an t-aeire an chaíora a bhí imithe amú, agus conas mar a chuir sé chuige ar a mhuin í, agus conas mar a thug sé leis abhaile í, agus conas mar a bhí an gáirdeachas agus an t-áthas go léir air féin agus ar a chómharsanaibh agus ar a cháirdibh mar gheall ar an aon chaíora amháin, agus gan aon phioc gáirdeachais ná áthais dá thispeáint mar gheall ar na naoi gcínn déag agus cheithre fichid nár chuaigh amú in aon chor. Do thuigeadar an scéal go hálainn, mar d'inis sé dhóibh díreach an rud a dheinidís féin nuair a théadh caíora amú ó dhuine acu. "Ceocu agaibh-se", ar seisean, "go raghadh caíora amú uaidh ná déanfadh mar siúd?"

Do thuigeadar go hálainn, leis, cad do go raibh sé ag tagairt an scéil sin. Nú murar thuigeadar ar dtúis é, do chuir sé ' fhéachaint orthu é ' thuiscint nuair aduairt sé: "Sin mar a bheidh gáirdeachas ar neamh mar gheall ar aon pheacach amháin a dhéanfaidh aithrí, seochas naonúr déag agus cheithre fichid ná fuil gá le haithrí acu".

Bhí an focal deirineach san pas cruaidh orthu féin, má thuigeadar é, agus is dócha gur thuigeadar. Daoine géarchúiseacha 'b ea iad. Thug

XXXIX. An Tríú Domhnach tar éis Cíncíse

sé breith a mbéil féin orthu. B'ionann é agus a rá, "Daoine fónta is ea sibhse, dar libh. Ní peacaigh sibh. Dá bhrí sin, ní héinne agaibh-se an chaíora do chuaigh amú. Níl gá le haithrí agaibh-se, dar libh. Ó atá san amhlaidh, ní 'núr measc-sa is ceart dómh-sa bheith. I measc na bpeacach is ceart me ' bheith; na daoine go bhfuil gá acu le haithrí".

Ansan d'inis sé dhóibh i dtaobh na mná do chaillfeadh an t-airgead agus ' bheadh ag scuabadh an tí dhá chuardach go dtí go bhfaigheadh sí é agus do dhéanfadh an gáirdeachas go léir nuair a gheóbhadh sí é. Agus d'inis sé arís dóibh conas mar a bheadh an t-áthas go léir ar na haingealaibh insna flaithis mar gheall ar aon pheacach amháin a dhéanfadh aithrí. Dhá uair a chuir sé an ní sin os a gcómhair. Ba mhór an trócaire é dá dhéanamh orthu. Nuair a bhí sé ag ínsint gach scéil díobh-san dóibh, bhí sé ag tabhairt a ghrásta dhóibh, leis, i ganfhios d'éinne, ag tabhairt solais dóibh chun an scéil a thuiscint i gceart, agus ag tabhairt grá Dé dhóibh chun a gcroí do bhogadh. Gan amhras, do ghlac cuid acu an solas, agus do bogadh an croí i gcuid acu, agus dheineadar an aithrí, agus chuireadar ar aingealaibh na bhflaitheas an t-áthas aduairt sé. Ach do dhún an chuid ba mhó acu a súilibh i gcoinnibh an tsolais agus do chruadar a gcroí i gcoinnibh ghrá Dé.

Agus anois, a phobal, sin é an Soíscéal fé mar a labhair an Slánaitheóir leis na Giúdaígh é, agus fé mar a ghlac na Giúdaígh é, agus sin é an Soíscéal céanna fé mar a chuir an Eaglais ansan isteach i Leabhar an Aifrinn é i dtreó go léifí dhíbh-se é. Is maith an rud dúinn-na, b'fhéidir, machnamh ar an gcuma 'nar ghlac na Giúdaígh é, agus ar an dtrocaire do dhein an Slánaitheóir orthu nuair a labhair sé leó é. Ach is fearra dhúinn go mór, agus is tairbhí dhúinn, machnamh a dhéanamh ar an mór-thrócaire do dhein an Slánaitheóir céanna orainn féin nuair a dh'órdaigh sé don Eaglais an Soíscéal céanna san do chur dá lé' dhúinn; agus machnamh a dhéanamh ar an gcuma 'na n-oireann an chainnt dúinn féin, ar an gcuma 'nar ceart dúinn brí na cainnte do ghlacadh chúinn féin, agus ar an gcuma 'nar ceart dúinn, anso anois 'nár mbeatha agus 'nár n-aimsir féin, teagasc agus

XXXIX. An Tríú Domhnach tar éis Cíncíse

cómhairle na cainnte do ghlacadh agus do chur i ngníomh orainn féin.

Oireann cainnt an tSoiscéil seo dhúinn féin, a phobal, ar shlí a chuirfidh iúnadh agus uathás ar an gCríostaí a mhachnóidh i gceart air. An bhfuil an Críostaí sin beó adéarfaidh nách peacach é féin? An bhfuil an Críostaí sin beó adéarfaidh ná fuil aon ghá le haithrí aige? Má tá aon Chríostaí beó adéarfaidh aon taobh acu, is Fairisíneach é 'na steille-bheathaidh, nú is duine é atá as a mheabhair. Dá bhrí sin, níl éinne againn ná fuil, nú ná raibh uair éigin, díreach sa chás úd 'na raibh an chaíora do chuaigh amú. Is é an Slánaitheóir an tAeire do chuaigh ag lorg na caorach. Lena ghrásta is ea ' dhein sé an cuardach. Nuair a sheól grásta an tSlánaitheóra an peacach isteach go cathaoir na faoistine, sin é an uair a thóg an tAeire an chaíora agus chuir sé chuige ar a mhuin í agus thug sé leis abhaile í. Thug sé leis ar a mhuin í mar is É féin a dh'fhuilig an Pháis, agus is é mór-luacht na Páise a dh'fhuilig an Slánaitheóir ar chrann na cruise do chuir an brí san aspalóid chun na bpeacaí do mhaitheamh don pheacach. Níorbh fhéidir don chaíora teacht abhaile go deó mura mbeadh gur chuaigh an tAeire ar a lorg. Agus ansan ní raibh aon bhreith ag an gcaíora ar theacht abhaile go deó mura mbeadh gur thóg an tAeire suas í agus gur thug sé leis ar a mhuin í. Nú, i bhfoclaibh eile, níorbh fhéidir don pheacach iompáil ar Dhia in aon chor mura mbeadh gur sprioc grásta Dé chuige é. Agus ansan, pé aithrí ' dhéanfadh sé, ní bheadh aon tairbhe ann mura mbeadh mór-luacht bháis Chríost do dhul chun sochair dá anam. B'fhéidir go ndéarfadh duine, as san, duine a bheadh, dar leis féin, ana-ghéarchúiseach: "Más mar sin atá an scéal, ní hag an bpeacach atá an aithrí ' dhéanamh in aon chor, ach ag Dia. Ní féidir don pheacach aon rud a dhéanamh go dtí go spriocfadh grásta Dé é. Níl aige ach fanúint mar atá aige go dtagaidh an spriocadh".

Tá aon rud amháin is féidir don pheacach a dhéanamh. Is féidir do chur i gcoinnibh an spriocadh, agus is rud é sin a dheineann an peacach go minic. Ní fhéadfadh an chaíora teacht abhaile mura

XXXIX. An Tríú Domhnach tar éis Cíncíse

gcuirfeadh an tAeire ar a mhuin chuige í. Ach d'fhéadfadh an chaíora bheith ag spriúchadh, agus bheith ag únthairt, agus bheith a d'iarraidh gan leogaint don Aeire í ' chur ar a mhuin chuige.

Nách ag an bpeacach atá an cogar a gheibheann sé ó ghrásta Dé d'fhreagairt nú gan a fhreagairt? Má fhreagrann sé an cogar nách in é ag déanamh na haithrí é, bíodh nárbh fhéidir do in aon chor an aithrí sin a dhéanamh mura mbeadh go dtáinig an cogar chuige? Níl ar chumas an duine gníomh os cionn nádúra do dhéanamh gan cúnamh ó ghrásta Dé. Gníomh os cionn nádúra is ea an aithrí as a maitear peaca. Dá bhrí sin, níl ar chumas an duine, as a ghustal nádúrtha féin, gníomh aithrí a dhéanamh as a bhfaigheadh sé maithiúnachas i bpeaca. Níl aon rud iúntach ansan. D'fhéadfadh duine, cuir i gcás, an t-anam a bhaint a duine eile. Ansan do thiocfadh cathú air, b'fhéidir. B'fhéidir go dtiocfadh a leithéid sin de chathú agus de bhuairt agus d'aithreachas air go dtabharfadh sé a chuid 'en tsaol ar an duine sin a dh'fheiscint beó arís. Ach pé aithreachas a bheadh air, ní fhéadfadh sé an t-anam a chur arís sa chorp san. Ar an gcuma gcéanna, bhí sé ar chumas an chéad duine peaca an tsínsir a dhéanamh, ach dá maireadh sé ó shin agus bheith ag déanamh an uile shaghas aithrí ó shin, agus gan an Slánaitheóir a bheith le teacht, ní bheadh blúire tairbhe 'na chuid aithrí chun aon mhaithiúnachais a dh'fháil sa pheaca dho. Bás an tSlánaitheóra is é ' bhain peaca an tsínsir den chine daonna. Agus nuair a dheinimíd aithrí 'nár bpeacaibh féin, is é bás an tSlánaitheóra do chuireann ar chumas na haithrí sin maithiúnachas a dh'fháil dúinn ó Dhia na glóire. Gan bás an tSlánaitheóra, ní bheadh blúire tairbhe 'nár n-aithrí. Dá bhrí sin, in inead bheith ag argóint agus ag díospóireacht i dtaobh an scéil, is é rud is ceart dúinn a dhéanamh ná sinn féin d'úmhlú i láthair Dé agus ár mbaochas a ghabháil le Dia, ó chroí, mar gheall ar an dtabharthas thar na beartaibh a bhronn sé orainn nuair a thug sé dhúinn an Slánaitheóir.

Ansan, ba cheart dúinn cuímhneamh ar an méid seo. 'Nár ngnóthaibh saolta, tuigimíd go maith gur neamhní baochas i gcainnt gan baochas gnímh do dhul leis an gcainnt. Tá an ní sin chómh fíor i ngnóthaibh

XXXIX. An Tríú Domhnach tar éis Cíncíse

Dé agus atá sé i ngnóthaibh an tsaeil. Má tá baochas againn ar Dhia mar gheall ar na tabharthaistí atá bronnta aige orainn, tispeánfaimíd an baochas ar chuma éigin. Má deirimíd go bhfuil baochas againn ar Dhia agus ansan mura bhfeictear an baochas in aon ghníomh dá ndeinimíd, is ró-mhaith an cómhartha é ná fuil an baochas ann in aon chor agus ná bíonn fírinne 'nár gcainnt nuair adeirimíd go bhfuil baochas againn ar Dhia.

Cad é an gníomh is feárr a thispeánfaidh ár mbaochas ar Dhia mar gheall ar a thabharthaistibh? Measaim ná fuil aon ghníomh is feárr a thispeánfaidh é ná úsáid mhaith a dhéanamh de sna tabharthaistibh. Thug Dia dhúinn an Slánaitheóir, moladh go deó leis. Thug an Slánaitheóir dúinn na Sácraimíntí. Thug sé Sácraimínt na hAithrí dhúinn chun go maithfí ár bpeacaí dhúinn. Thug sé a chuid Fola agus Feóla féin dúinn i Sácraimínt Chorp Críost, mar bhia spriodálta dár n-anam. Is mór na tabharthaistí iad, agus is tairbheach. Má tá baochas againn ar Dhia mar gheall ar na tabharthaistibh sin, ba cheart dúinn an ní is feárr a thaithneann le Dia do dhéanamh 'na dtaobh, 'sé sin, teacht go minic agus úsáid a dhéanamh díobh, teacht go minic agus an dá Shácraimínt sin do ghlacadh, Sácraimínt na hAithrí do ghlacadh go minic chun sláinte ár n-anama do chiméad i dtreó mhaith, agus Sácraimínt Chorp Críost do ghlacadh go minic chun ár n-anam do chiméad cothaithe láidir in aghaidh a namhad.

An focal úd aduairt an Slánaitheóir i dtaobh an aeire, ba cheart dúinn cuímhneamh air go minic agus é ' bhreithniú go maith. Is é an Slánaitheóir féin an tAeire, moladh 's baochas leis. Chuir sé é féin i gcúmparáid leis an aeire do chuaigh amach ag lorg na caorach agus do thug leis abhaile í, ar a mhuin. Ach ní dheineann an chúmparáid in aon ghaor d'iomláine an chirt don tSlánaitheóir féin. Níor dhein aeire riamh dá chaoire oiread agus a dhein ár Slánaitheóir don chine daonna. Do thuíll an Slánaitheóir moladh uainn-na, agus baochas, agus grá, nár thuíll aon duine eile riamh a leithéid ó dhaoine. Pé moladh ná baochas ná grá a thabharfaimíd do, ní thiocfaidh linn na fiacha ' dhíol. Ach níl machnamh déanta againn ach ar thaobh an

XXXIX. An Tríú Domhnach tar éis Cíncíse

Aeire den scéal. Cad mar gheall ar thaobh na caorach den scéal? Cé hí an chaíora? Féach, a phobal. Níl aon Chríostaí anois sa domhan nách féidir do a rá le fírinne, i láthair Dé na glóire: "Is mise an chaíora ar a raibh an Slánaitheóir gléigeal ag cuímhneamh nuair a bhí sé ag rá na cainnte úd leis na Fairisínigh. Is mise a bhí imithe amú. Ar mo lorg-sa is ea ' chuaigh sé amach nuair ' fhág sé an chuid eile 'na dhiaidh. Is mise a thug sé leis abhaile ar a mhuin. Ní haon uair amháin ná, b'fhéidir, céad uair, a thug sé leis abhaile ar an gcuma san me. Dá mairinn míle blian, níorbh fhéidir dom a bhfuil déanta aige dhom do chúiteamh leis. Is é is lú is gann dom, pé fada gairid a dh'fhágfaidh Dia ar an saol so me, mo dhícheall a dhéanamh ar thoil mo Shlánaitheóra do chómhlíonadh feasta ins gach ní, agus gan imeacht amú uaidh arís, pé cor a bhéarfaidh me!" Go dtugaidh Dia dhúinn go léir san do dhéanamh. Amen.

XL. An Ceathrú Domhnach tar éis Cíncíse

Léitear an Soíscéal. (Lúcás 5:1-11)

San am san, nuair a bhí slua mhór ag brú ar Íosa chun go n-aireóidís briathar Dé, bhí sé féin 'na sheasamh ar bruach locha Genésareit. Agus do chonaic sé dhá luíng 'na stad ag imeall an locha, mar bhí na hiascairí tagaithe i dtír agus iad ag ní a líonta. Agus chuaigh sé ar bórd luinge acu, long Shímoin, agus d'iarr sé air dridim tamaillín amach ón dtír. Agus do shuigh sé agus theagaisc sé na daoine ón luíng. Nuair a stad sé den chainnt, duairt sé le Símon, "Gluais amach fén bpoll agus cuiridh amach úr líonta chun éisc a thógaint". Agus d'fhreagair Símon agus duairt sé, "A Mháistir, tá an oíche caite againn ag obair, agus níor thógamair aon ní, ach ó deirir-se é, scaoilfead amach an líon". Dheineadar-san, agus do ghabhadar ana-chruinniú mór iasc, i dtreó go raibh an líon dá bhriseadh orthu. Agus do bhagradar ar a gcáirdibh, a bhí i luíng eile, teacht agus cúnamh a thabhairt dóibh. Nuair a chonaic Símon Peadar an ní sin, do chaith sé é féin ag glúinibh Íosa agus duairt sé, "Imigh uaim, a Thiarna, mar is duine peacúil me", óir tháinig uathás air féin agus ar a raibh in' fhochair mar gheall ar an ngabháil iasc a bhí tógtha acu. Agus mar an

XL. An Ceathrú Domhnach tar éis Cíncíse

gcéanna ar Shéamas agus ar Eóin, beirt mhac Sebedí, a bhí i bpáirt le Símon. Agus duairt Íosa le Símon, "Ná bíodh eagal ort. Is ag gabháil daoine a bheidh tú feasta". Agus chuireadar a luingeas ar tír, agus d'fhágadar gach ní 'na ndiaidh, agus do leanadar Eisean.

Deir aithreacha na hEagailse, a phobal, gur chiallaigh an long san Shímoin, an uair sin, an Eaglais a bhí ag an Slánaitheóir le cur ar bun. Gur chuaigh sé isteach i luíng Shímoin mar gurbh é Símon a bhí ceapaithe aige chun bheith 'na cheann ar an Eaglais. Agus gur shuigh sé sa luíng sin, ag teagasc na ndaoine, dhá chur in úil gur san Eaglais sin a bhí le cur ar bun aige, fé cheannas Shímoin, a bheadh teagasc na fírinne le fáil ag na daoine go léir, ag an gcine daonna. Bhí na daoine ag brú air chun go n-aireóidís briathar Dé uaidh. Do shuigh sé sa luíng sin Pheadair agus do labhair sé briathar Dé leó, dhá chur in úil gur ó chathaoir na hEagailse a chaithfeadh an chine daonna briathar Dé ' dh'fháil i gcónaí. Bhí dhá luíng ann, ach is isteach i luíng Pheadair a chuaigh sé agus is inti do shuigh sé, agus is ón suíochán san i luíng Pheadair do labhair sé leis an slua daoine a bhí ar bruach an locha.

Nuair a bhí an teagasc tabhartha aige do sna daoine, do labhair sé le Peadar. "Gluais amach", ar seisean, "mar a bhfuil an t-uisce doimhinn agus cuiridh amach na líonta chun éisc a thógaint". Bhí an oíche caite acu ag iascaireacht agus gan aon iasc tógtha acu. Dá mb'aon duine eile d'iarrfadh ar Pheadar na líonta ' chur amach arís, déarfadh Peadar leis ná raibh aon mhaith ann. Nár fhéadadar aon iasc a thógaint i gcaitheamh na hoíche, nuair ba dhóichí dhóibh iasc a dh'fháil. Nuair ná fuaradar an t-iasc i gcaitheamh na hoíche, ná raibh aon bhreith acu ar iasc ' fháil i lár an lae. Ní duairt Peadar aon ní dhá shórd san. Bhí ' fhios aige, dá mb'é toil an tSlánaitheóra é, go mbeadh an t-iasc le fáil.

"Tá an oíche caite againn ag obair", ar seisean, "ach ó deirir-se an focal, a Thiarna, cuirfead amach an líon".

XL. An Ceathrú Domhnach tar éis Cíncíse

Sin teagasc dúinn-na, a phobal. Ínseann an chainnt sin dúinn gur ceart dúinn ár muinín a bheith againn as an Slánaitheóir i gcónaí, agus nách ceart dúinn an mhuinín sin do chailliúnt choíche, pé rud a thiocfaidh crosta orainn, pé deallramh a bheidh go n-éireóidh rud linn nú go raghaidh an rud san 'nár gcoinnibh. Má tá órdú an tSlánaitheóra againn chun an ruda san a dhéanamh, níl againn ach é ' dhéanamh, de réir fhocail an tSlánaitheóra, agus toradh an ghnímh ' fhágáilt fén Slánaitheóir féin. D'órdaigh an Slánaitheóir dúinn bheith i gcónaí ag cur ár nguí suas chun Dé. B'fhéidir go bhfuil Críostaí éigin le fáil agus gur mhaith leis fabhar éigin a dh'iarraidh ar Dhia. Cromfaidh sé ar ghuí chun Dé dhá iarraidh ar Dhia an fabhar san do thabhairt do. Ní gheibheann sé a ghuí. Leanann sé ar feadh mórán aimsire, b'fhéidir, ag cur a ghuí suas chun Dé. Ní thuigeann sé go dtagann aon fhreagairt ar an nguí. Fé dheireadh, téann sé in éadóchas. Deir sé leis féin nách aon mhaith dho bheith ag guí chun Dé. Stadann sé den ghuí. Tagann dúire agus mairbhití 'na chroí. Scaoileann sé thairis lá, agus seachtain, agus bliain, agus mórán, b'fhéidir, dá shaol, gan cuímhneamh in aon chor ar Dhia. Imíonn an aimsir sin uaidh gan toradh ná tairbhe dá anam i láthair Dé; agus ná fuil aon uair a' chluig den aimsir sin nách chun tairbhe ' dhéanamh dá anam i gcómhair na síoraíochta a thug Dia dho í ar an saol so.

Dá gcuireadh Símon stailc suas nuair aduairt an Slánaitheóir leis na líonta ' chur amach chun éisc a thógaint, dá n-abradh sé, "A Thiarna, tá ' fhios agam-sa cad a bhaineann le hiascaireacht. Chuirfinn amach iad dá mbeadh aon mhaith ann, ach níl", conas a bheadh an scéal aige? Ní mar sin aduairt sé. "Ó deirir-se é, a Thiarna", ar seisean, "scaoilfead amach an líon".

Sin mar ba cheart don Chríostaí a dhéanamh. Deir an Slánaitheóir linn bheith ag guí chun Dé i gcónaí. Ba cheart dúinn an ní sin a dhéanamh gan aon chúis eile ach ó 'deir an Slánaitheóir é. Dá mbeadh creideamh ceart againn, agus muinín as Dia againn mar ba cheart, thuigfimís go maith gur feárr ' fhios ag Dia cad is maith dhúinn ná againn féin, agus mura dtugaidh sé dhúinn an ní atá

XL. An Ceathrú Domhnach tar éis Cíncíse

againn á iarraidh air gur ar mhaithe linn féin ná tugann sé dhúinn é. Ar mhaithe leis na leanaíbh féin is ea do leog sé do Heród iad do chur chun báis. Do glanadh iad ó pheaca an tsínsir agus do tugadh aoibhneas na bhflaitheas dóibh láithreach. Ar mhaithe leis na martraibh is ea do leog sé do namhaid an chreidimh bheith dhá gcur chun báis leis an uile shaghas éirligh ar feadh trí chéad blian de thosach aimsire an chreidimh. Thug sé neart agus misneach dóibh chun gach éirligh a dh'fhulag. Níor lean na pianta i bhfad, agus ansan bhí aoibhneas na bhflaitheas acu agus tá ó shin. Pianta crua ar feadh uair a' chluig, b'fhéidir, nú ar feadh roinnt laethanta, agus aoibhneas na bhflaitheas i gcaitheamh na haimsire go léir ó shin. Ar mhaithe lenár sínsear féin anso in Éirinn is ea do leog Dia do mhuíntir Chromeil bheith dhá bhfiach agus dhá marú, de ló agus d'oíche, go dtí gur measadh ná raibh a thuilleadh acu beó, nuair ná séanfaidís Naomh-Íbirt an Aifrinn, agus nuair ná séanfaidís an Pápa, Fear Inid an tSlánaitheóra ar an dtalamh so. Do cuireadh chun báis na céadta mílte dhíobh, agus chuadar go léir suas láithreach go flaitheas Dé 'na gcéadtaibh mílte naomh. Do tugadh "Oileán na Naomh" ar an oileán so na hÉireann go luath tar éis aimsire Phádraig agus Bhríde agus Choluim Cille. Do tuilleadh an ainm go maith an uair sin. Do tuilleadh an ainm go maith go minic ó shin. Má chuaigh slóite líonmhara naomh suas riamh go flaitheas Dé ó aon áit, chuadar suas ann a hÉirinn in aimsir Hannraoi agus in aimsir Eilís agus in aimsir Chromeil. Ní gá dhúinn dul chómh fada san féin siar. Laistigh dár gcuímhne féin, aon chuid againn atá puínn aimsire sa tsaol, do chuaigh, in aon chúpla bliain amháin nú trí, suas go flaitheas Dé a hÉirinn, breis agus cheithre milliúin de sna Críostaithibh ba naofa beatha, ba threise creideamh, ba dhílse grá do Dhia agus d'Eaglais Chríost, dár luigh cos riamh ar thalamh an domhain, is cuma liom canad é. Is maith atá ' fhios acu féin anois, agus ó shin, gur ar mhaithe leó do cheadaigh Dia na glóire an droch-shaol do theacht an uair sin.

Ca bhfuil ár gcreideamh? Ná fuil ' fhios againn gur feárr a thuigeann Dia cad is maith dhúinn agus cad is olc dúinn ná mar a thuigimíd féin

XL. An Ceathrú Domhnach tar éis Cíncíse

é? Nár chóir, dá bhrí sin, nuair a dh'iarraimíd rud ar Dhia agus ná tugann Dia dhúinn é, gurb amhlaidh a bheimís baoch de Dhia? Níl aon duine a dh'fhéachfaidh siar ar a bheatha ná cuímhneóidh go maith ar ní éigin áirithe a bhí aige á iarraidh go cruaidh ar Dhia agus nár thug Dia dho é, agus go bhfuair sé amach 'na dhiaidh san ná féadfadh aon mhí-ádh teacht air ba thiubaistí dho ná an rud san a thabhairt do nuair a bhí sé dhá iarraidh. Is dócha ná fuil éinne beó ná fuil an scéal san le hínsint aige 'na thaobh féin, tráth éigin dá raibh sé. Ba cheart dúinn cuímhneamh air sin, agus nuair a bheadh rud éigin againn á iarraidh ar Dhia, pé dúil a bheadh againn an rud san a dh'fháil, a iarraidh ar Dhia gan é ' thabhairt dúinn murab é leas ár n-anama é ' dh'fháil.

Ach ba cheart dúinn dul níos sia ná san 'nár ndeighleáil le Dia na glóire. Má tá rud againn á iarraidh air agus gur ró-mhaith linn an rud san a dh'fháil, ba cheart dúinn a iarraidh ar Dhia gan an rud san a thabhairt dúinn, ach é ' chimeád uainn, murab é ár leas é ' dh'fháil. Níl ach ciall daonna dhúinn sa méid sin. Amadán is ea duine ná hiarrfadh ar Dhia rud a chimeád uaidh a dhéanfadh díobháil do. Ba cheart do Chríostaí go bhfuil creideamh aige dul níos sia ná san. Ba cheart do a thoil do chur le toil Dé, agus a iarraidh ar Dhia, bíodh ná déanfadh an rud san aon díobháil do, gan é ' thabhairt do murab é toil Dé é ' thabhairt do. Ba cheart don Chríostaí tosach a thabhairt do thoil Dé ar a thoil féin. Sin é an focal a thug an Slánaitheóir dúinn sa Phaidir: "Go ndeintear do thoil ar an dtalamh mar a deintear ar neamh". Níl ach an dá thoil go bhfuil orainn féachaint chúthu, toil Dé agus ár dtoil féin. Aon ní ar bith a thagann orainn nú a thiteann amach dúinn i gcoinnibh ár dtoile féin, is é toil Dé é.

"Ó", adéarfaidh duine, "b'fhéidir gurb é toil duine eile é. Má dheineann duine eile éagóir orm, ar ndeóin, ní hé sin toil Dé!"

An amhlaidh ná féadfadh Dia cosc a chur le Heród nuair a bhí sé ag marú na leanbh? An amhlaidh ná féadfadh an tAthair Síoraí, moladh 's baochas leis, cosc do chur leis na Giúdaígh nuair a bhíodar ag cur

XL. An Ceathrú Domhnach tar éis Cíncíse

an tSlánaitheóra chun báis? An amhlaidh ná féadfadh Dia cosc a chur le págánaigh na Rómha nuair a bhíodar ag cur na martar chun báis, i gcaitheamh trí chéad blian? An amhlaidh ná féadfadh Dia cosc a chur le Cromeil nuair a bhí muíntir na hÉireann aige á dhísciú? An amhlaidh ná féadfadh Dia bia ' thabhairt do mhuíntir na hÉireann sa droch-shaol fé mar a thug sé an bia do Chlaínn Israeil sa bhfásach? Nách leamh a dheineann daoine cainnt uaireanta! Cad é ' bhrí, i láthair Dé, bás duine ar an saol so seochas beatha an duine sin insna flaithis ar feadh na síoraíochta? Agus ba dhó' le duine ar an gcuma 'na labhraimíd uaireanta gur dó' linn gurb é beatha an duine ar an saol so an scéal go léir. Ní hé, go deimhin. Níl i mbeatha an duine ar an saol so ach beagáinín aimsire a thugann Dia don duine chun é féin d'ollmhú i gcómhair an tsaeil eile. Is é an saol eile an scéal go léir. Má dheineann duine éagóir orm agus ná coisceann Dia é ar an éagóir sin a dhéanamh, nách é toil Dé gan é ' chosc? Tá a chúis féin ag Dia chun na héagóra san do leogaint ar aghaidh. Ní hé toil Dé an duine sin do dhéanamh na héagóra san. Is peaca don duine sin an éagóir sin a dhéanamh. Ach is é toil Dé dhómh-sa an éagóir a dh'fhulag. Agus is é toil Dé gan an duine sin do chosc anois ar an éagóir sin do dhéanamh. Má fhuiligim-se an éagóir sin le foighne, agus má iarraim ar Dhia an éagóir do mhaitheamh don té a dhein í, beidh mo thaobh féin den scéal déanta sa cheart agam. Ní bheidh agam le freagairt i láthair Dé ach im thaobh féin den scéal. Má iarraim ar Dhia an éagóir do mhaitheamh, b'fhéidir go dtabharfadh Dia breis de ghrásta na haithrí don té a dhein an éagóir. B'fhéidir go bhfreagródh an duine na grásta san agus go ndéanfadh sé an aithrí. Má dheineann, maithfidh Dia dho an éagóir a dhein sé orm-sa. Ar ball, agus ní fada go dtí é, caithfimíd araon seasamh i láthair Dé. Chífidh an duine sin, b'fhéidir, go bhfuil an éagóir maite dho, agus ná beadh mura mbeadh mise dhá iarraidh ar Dhia í ' mhaitheamh do. Chífead-sa, b'fhéidir, mura mbeadh go bhfuaras an méid sin éagóra le fulag ar an gcuma san, mar chloí agus mar smachtú ar mo thoil féin, go mbeadh an scéal go holc agam ar shlithibh eile.

XL. An Ceathrú Domhnach tar éis Cíncíse

Ní fheadair an duine cad is maith dho ná cad is olc do ar an saol so. Thall, ar an saol eile, is ea do socrófar gach aon rud. Is ag Dia amháin atá fios gach uile ní. Tá ' fhios aige cad is maith dhúinn agus cad is olc dúinn. Is é Dia do chruthaigh sinn agus do chuir ar an saol so sinn. Thug sé ciall agus tuiscint dúinn i dtreó go bhféadfaimís aithne ' chur air agus grá ' thabhairt do. Tá grá aige dhúinn, grá gan teóra, grá nách féidir dúinn a mhéid ná a neart do thuiscint an fhaid a bheimíd ar an saol so. Le méid agus le neart a ghrá dhúinn is ea ' chuir sé an tAon-Mhac uaidh chun sinn do shaoradh ón bpeaca agus chun geataí na bhflaitheas a dh'oscailt dúinn. Le méid agus le neart a ghrá dhúinn is ea atá a ghrásta aige á thabhairt dúinn coitianta, chun sinn a thabhairt ón bpeaca agus chun sinn a chimeád ón bpeaca. Ní féidir d'aon ribe amháin dár ngruaig titim dár gceann ach lena thoil. Níl ach aon ní amháin a dh'fhéadfaidh choíche díobháil a dhéanamh dúinn i gcoinnibh a thoile. Cad é an ní é sin, a phobal? Cad é an ní a dh'fhéadfaidh díobháil a dhéanamh dúinn agus nách féidir do thoil Dé sinn a chosaint ar an ndíobháil sin? Ár dtoil féin. Is féidir do Dhia me ' chosaint ar thoil duine eile más maith leis é. Níl cómhacht ar thalamh ná in ifreann nách féidir do me ' chosaint air más maith leis é. Ní féidir do me ' chosaint ar mo thoil féin más maith liom mo thoil do chur i gcoinnibh toile Dé. D'fhéadfadh sé, ní nách iúnadh, saorthoil a bhaint díom. D'fhéadfadh sé an mheabhair shaolta a thug sé dhom do bhaint díom. Ach ní hí sin an cheist in aon chor. Ní fhéadfadh sé saorthoil ' fhágáilt agam agus ansan me ' chosaint ar an saorthoil sin dá mba mhaith liom féin díobháil a dhéanamh dom féin léi in ainneóin a ghrásta. Dá bhrí sin, an Críostaí gur maith leis leas a anama ' dhéanamh, níl ach aon úsáid amháin aige le déanamh dá thoil, 'sé sin, í ' chur i gcónaí le toil Dé. Cuir do thoil le toil Dé i gcónaí agus níl baol ort. Ní féidir d'aon rud eile díobháil a dhéanamh duit ach dod thoil féin. Cuir an toil sin le toil Dé i gcónaí agus ansan ní fhéadfaidh sí gabháil bun-os-cionn le toil Dé. An fhaid ná raghadh do thoil bun-os-cionn le toil Dé, ní féidir duit peaca ' dhéanamh.

Ach is ana-dheocair an toil seo againn do chur le toil Dé ar an gcuma san. Ní féidir é ' dhéanamh ach le cúnamh ó ghrásta Dé féin. Tá an cúnamh san ag Dia féin á thabhairt dúinn coitianta. Ba cheart dúinn bheith dhá iarraidh coitianta. Dá mhéid a dh'iarrfaimíd é is ea is mó a gheóbhaimíd de. Sin é an gnó ba cheart don Chríostaí a cheapadh dho féin mar aon ghnó amháin le déanamh ar an saol so, bheith coitianta dhá iarraidh ar Dhia na glóire a ghrásta ' thabhairt do chun go gcuirfeadh sé a thoil le toil Dé; pé trioblóid a bheadh ag teacht air, pé cruatan a bheadh aige le gabháil tríd, pé éagóir a bheadh dhá dhéanamh air, an t-aon fhocal amháin a bheith 'na chroí agus 'na bhéal aige i gcónaí: "Dé bheatha grásta Dé! Toil Dé go ndeintear!"

Go dtugaidh an Slánaitheóir, trí ímpí na Maighdine Muire agus na n-aspal, a ghrásta dhúinn go léir chun ár dtoile do chur le toil Dé, pé fada gairid is toil le Dia na glóire sinn ' fhágáil ar an saol so. Amen, a Thiarna.

XLI. An Cúigiú Domhnach tar éis Cíncíse

Léitear an Soiscéal. (Maitiú 5:20-24)

> San am san, duairt Íosa lena dheisceablaibh, "Mura mbeidh úr bhfíoraontacht níos líonmhaire ná fíoraontacht na scríbhneóirí agus na bhFairisíneach, ní raghaidh sibh isteach i ríocht na bhflaitheas. Chualúir conas mar adúradh leis na daoine a bhí ann fadó, 'Ná dein marú, agus an té ' dhéanfaidh marú, beidh sé ciontach don bhreithiúntas'. Ach deirim-se libh, gach duine atá i bhfeirg lena bhráthair, beidh sé ciontach don bhreithiúntas. An té, áfach, adéarfaidh lena bhráthair, '*raca*', beidh sé ciontach don chómhairle. Agus an té adéarfaidh, 'a amadáin', beidh sé ciontach do thine ifrinn. Dá bhrí sin, má bhíonn tabharthas agat dá thabhairt uait os cómhair na haltóra, agus go gcuímhneóir go bhfuil rud éigin id choinnibh ageat bhráthair, fág ansan do thabharthas os cómhair na haltóra, agus imigh agus dein síocháin led bhráthair, agus ansan tar agus bronn do thabharthas".

Focal ana-dhoimhinn, a phobal, is ea an chéad fhocal san, ón Slánaitheóir, sa tSoiscéal san a léas díbh. "Mura mbeidh úr

XLI. An Cúigiú Domhnach tar éis Cíncíse

bhfíoraontacht níos líonmhaire ná fíoraontacht na scríbhneóirí agus na bhFairisíneach, ní raghaidh sibh isteach i ríocht na bhflaitheas".

Chun na cainnte sin do thuiscint i gceart, ní foláir dúinn fíoraontacht na scríbhneóirí agus na bhFairisíneach do bhreithniú, agus féachaint isteach ann, agus a dhéanamh amach cad é an saghas fíoraontachta é, agus cá raibh an locht ann. Ar dtúis, tispeánann cainnt an tSlánaitheóra gur dhaoine creidiúnacha, os cómhair na poiblíochta, an uair sin, na scríbhneóirí agus na Fairisínigh. Do labhair an Slánaitheóir fé mar adéarfadh sé: "Is dó' libh-se gur daoine ana-dhiaga, ana-naofa, an-fhíoraonta, na scríbhneóirí seo, agus na Fairisínigh seo. Is dó' libh dá mbeadh duine chómh maith leó go mbeadh sé ar láimh shábhála i láthair Dé. Deirim-se libh, áfach, mura mbeidh agaibh ach an saghas fíoraontachta atá acu-san, ná fuil aon bhreith agaibh ar dhul go flaitheas Dé". Tispeánann an brí sin a bhí ag ár Slánaitheóir leis an gcainnt aduairt sé go raibh rud éigin bun-os-cionn i bhfíoraontacht na scríbhneóirí agus na bhFairisíneach, agus gur loit an bun-os-cionn san an fhíoraontacht i dtreó ná raibh maith ná tairbhe dhóibh inti i láthair Dé, pé creidiúint a fuaradar i láthair daoine mar gheall uirthi. Tispeánann an chainnt, leis, mura gcurtí ar a súilibh do sna deisceabail an locht san a bheith i bhfíoraontacht na scríbhneóirí agus na bhFairisíneach, gur bhaol go ndéanfadh na deisceabail í ' ghlacadh mar thuise dá bhfíoraontacht féin, agus a bhfíoraontacht féin do chórú agus do chumadh de réir na tuise sin. Do cuireadh ón mbaol san iad nuair aduairt an Slánaitheóir leó ná beadh aon bhreith acu ar dhul go flaitheas Dé dá mb'é sin saghas fíoraontachta ' bheadh acu.

Anois, a phobal, is í ceist atá againn-na le cur chúinn féin i dtaobh na fíoraontachta san na scríbhneóirí agus na bhFairisíneach ná cá raibh an bun-os-cionn? Cá raibh an locht inti? Cad a bhain an tairbhe aisti agus d'fhág gan mhaith í i láthair Dé?

Bhí na scríbhneóirí agus na Fairisínigh ana-dhílis i dtaobh na dlí. Níor mhaith leó oiread agus an smiog ba lú de dhlí Mhaoise d'fhágaint gan

XLI. An Cúigiú Domhnach tar éis Cíncíse

cómhlíonadh. Níor dhroch-ní é sin. Ní raibh aon rud bun-os-cionn sa méid sin. Bhí an dlí ana-dhian ar bhriseadh na saoire. Bhí na scríbhneóirí agus na Fairisínigh ana-chruaidh ar éinne do bhrisfeadh an tsaoire. Níor dhroch-ní é sin, mar bhí an dlí féin ana-chruaidh. Ní raibh uathu ach an dlí do chur i bhfeidhm fé mar a thug Maois dóibh í. Mar sin do gach aithne eile de sna deich n-aitheanta, agus do gach riail de sna rialtaibh a thug Maois dóibh i dtaobh gnóthaí creidimh. Ba mhaith leó an uile smiog de sna haitheantaibh agus de sna rialtaibh do chómhlíonadh. Ba chóir gur mhaith an rud é sin. Cá raibh an bun-os-cionn, más ea?

Duairt an Slánaitheóir focal eile i ndiaidh an fhocail úd, agus tispeánann an focal eile sin cá raibh an bun-os-cionn. "Do chualúir", ar seisean, "conas mar adúradh leis na daoine a bhí ann fadó: 'Ná dein marú; agus an té a dhéanfaidh marú, beidh sé ciontach don bhreithiúntas'. Ach deirim-se libh", ar seisean, "gach duine atá i bhfeirg lena bhráthair, beidh sé ciontach don bhreithiúntas".

Sin é ball 'na bhfuil an bun-os-cionn. D'fhéadfadh duine an aithne, "Ná dein marú", do chimeád go cruínn, chómh fada agus a théid na focail, agus í ' bhriseadh ar gach aon tsaghas cuma chómh fada agus a théann brí agus bunús na bhfocal. D'fhéadfadh duine dul ar a chosaint féin agus a rá "nár dhein sé marú", dá mba rud é ná déanfadh sé ach fear do leath-mharú. Cad é an tairbhe ' dhéanfadh sé don duine sin bheith ag maíomh as a chuid fíoraontachta mar gheall ar an aithne sin do chimeád? "Níor dheineas marú. Níor bhriseas an aithne. Níor dheineas ach an duine do leath-mharú". Duine gan mheabhair a dh'éileódh creidiúint do féin as an saghas san fíoraontachta. Ach do chuaigh an Slánaitheóir níos sia go mór ná san. Duairt sé go raibh an aithne briste ag an té a bheadh i bhfeirg lena chómharsain; nú ag an té a thabharfadh tarcaisne mhailíseach dá chómharsain.

Chítear as an méid sin conas mar a dh'fhéadfadh duine bheith ag déanamh an uile shaghas peaca i gcoinnibh na haithne sin, gach aon

XLI. An Cúigiú Domhnach tar éis Cíncíse

lá a dh'éireódh air, agus, san am gcéanna, gan aon mharú ' dhéanamh. Tá an scéal ar an gcuma gcéanna díreach i dtaobh na naoi n-aitheanta eile. D'fhéadfadh duine bheith ag déanamh an uile shaghas peaca i gcoinnibh gach aithne dhíobh agus, san am gcéanna, gan focal na haithne do bhriseadh. Agus ansan, an fhaid ná tuigfeadh an phoiblíocht an ní sin i gceart, d'fhéadfadh an duine sin creidiúint mhór a dh'fháil ón bpoiblíocht mar gheall ar mhéid a fhíoraontachta. Ach tá ' fhios againn go léir, agus duairt an Slánaitheóir é, gur fíoraontacht gan tairbhe an fhíoraontacht san i láthair Dé. Fíoraontacht bhréagach is ea í.

Duairt an Slánaitheóir lena dheisceablaibh ná déanfadh an fhíoraontacht bhréagach san an gnó dhóibh-sin. "Mura mbeidh úr bhfíoraontacht", ar seisean, "níos líonmhaire ná fíoraontacht na scríbhneóirí agus na bhFairisíneach, ní raghaidh sibh isteach i ríocht na bhflaitheas".

Duairt an Slánaitheóir an chainnt sin leis na deisceabail, ach do cheap sé an chainnt do Chríostaithibh an domhain go léir, i gcaitheamh na haimsire go léir, go dtí deireadh an tsaeil. Ansan do thóg an Eaglais an chainnt agus chuir sí isteach i Leabhar an Aifrinn í, i dtreó go léifí amach í do phoblaibh an domhain go léir, agus go dtuigfeadh na Críostaithe, i ngach uile áit agus i ngach uile aimsir, ná beadh aon bhreith acu ar dhul isteach i ríocht na bhflaitheas dá mba ná beadh d'fhíoraontacht acu ach an fhíoraontacht bhréagach a bhí ag na scríbhneóiribh agus ag na Fairisínigh.

"Ach", adéarfaidh duine, b'fhéidir, "táid na Fairisínigh agus na scríbhneóirí úd imithe as an saol le fada riamh. Níl tuairisc orthu féin ná ar an bhfíoraontacht bhréagach úd a bhí acu. Cad é an tairbhe bheith ag trácht orthu-san ná ar a ngnóthaibh um an dtaca so dh'aimsir?"

Táid, a phobal, na scríbhneóirí agus na Fairisínigh imithe as an saol le fada riamh. Ach ba mhór an dearúd a mheas go bhfuil an

XLI. An Cúigiú Domhnach tar éis Cíncíse

fhíoraontacht bhréagach imithe as an saol. Níl sí imithe as an saol. Tá sí sa tsaol anois, chómh láidir, chómh borb, chómh dána, chómh bréagach díreach agus ' bhí sí in aimsir na bhFairisíneach agus na scríbhneóirí. Do mheall na scríbhneóirí agus na Fairisínigh iad féin nuair a mheasadar go bhféadfaidís bheith fíoraonta ar fhocal na dlí do chimeád gan bac do bhrí agus do bhunús an fhocail; an fhaid a chimeádfaidís focal na dlí ná raibh bac orthu a rogha rud a dhéanamh lasmu' den bhfocal[9]. Is é rud a tháinig as san dóibh ná go rabhadar ag briseadh na dlí ar gach aon tsaghas cuma agus iad dhá áiteamh orthu féin, nú a d'iarraidh bheith dhá áiteamh orthu féin, go rabhadar ag cimeád na dlí, ins gach aon phuínte, go hana-chruínn agus go hana-dhílis. Bhí creidiúint acu, agus an phoiblíocht ag féachaint suas chúthu, toisc iad a bheith chómh fíoraonta, chómh cruínn, chómh ceart, ag cimeád na dlí ins gach púnc agus ins gach puínte dá laíghead. Nuair a bhí an chreidiúint acu, bhí titim saibhris isteach chúthu. Nuair a bhí an saibhreas acu, bhí pléisiúr an tsaeil seo acu ins gach aon chuma 'nar mhaith leó é ' bheith acu. Níor chuir an dlí aon chosc leó sa phléisiúr san mar níor chimeádadar ach focal na dlí agus chuireadar pé brí a thaithn leó ar an bhfocal. Dar leó féin:

"Go flaitheas ag triall bhí Dia leó agus rachmas an tsaeil".

Mheasadar go raibh dhá thaobh an scéil acu, agus is é rud d'imigh orthu ar ball ná raibh sé mar seo ná mar siúd acu. Ní raibh an saol so acu mar b'éigean dóibh é ' fhágáilt 'na ndiaidh nuair a tháinig an bás. Ní raibh an saol eile acu mar duairt an Slánaitheóir ná féadfadh an fhíoraontacht bhréagach a bhí acu éinne ' bhreith isteach i ríocht na bhflaitheas.

Táid na Fairisínigh imithe, ach níl an fhíoraontacht bhréagach imithe. Tá Críostaithe sa tsaol agus meallaid siad iad féin, coitianta, díreach ar an gcuma gcéanna 'nar mheall na Fairisínigh iad féin. Ba mhaith leó bheith fíoraonta, agus san am gcéanna ba mhaith leó an ceann is feárr a bheith acu chómh fada agus a théann an saol so. Ba mhaith leó bheith ag Aifreann an Domhnaigh. Is rud creidiúnach é. Agus ba

---

9 Mar sin sa láimhscríbhinn, in inead *den fhocal*.

XLI. An Cúigiú Domhnach tar éis Cíncíse

mhaith leó cóir agus gléas éadaigh agus iompair a bheith acu, thar a ngustal, b'fhéidir, chun a thispeáint gurb uaisle iad ná na cómharsain. Uabhar é sin. Ba mhaith leó an seachtú aithne do chimeád go hana-chruínn agus go hana-léir, chómh fada agus a théann rudaí beaga, mion-fhiacha a bheadh le díol gach aon lá. Chuirfeadh sé ainm na macántachta orthu. Ach nuair a bheadh gnó mór éigin le déanamh, bó nú capall, cuir i gcás, le díol ar aonach, b'fhéidir gur bheag ag cuid acu airgead mór a dh'iarraidh ar dhroch-bhuin nú ar dhroch-chapall. "A seacht, ná dein guid". Ba dhó' liom gur Fairisíneach an duine ná déarfadh gur ghuid an saghas san deighleála ar aonach. Do labhair an Slánaitheóir ar mharú duine. Tá Críostaithe ann agus do chrithfidís 'na gcroiceann roim ghníomh den tsórd san. Ach do chimeádfaidís droch-aigne do chómharsain istigh 'na gcroí ar feadh, b'fhéidir, mórán blianta. "Ciontach don bhreithiúntas" is ea, de réir na sean-dlí, a bheadh an té a dhéanfadh duine ' mharú. Sin é díreach an focal céanna do labhair an Slánaitheóir i dtaobh ciontachais an duine a thabharfadh fuath dá chómharsain. "Ach deirim-se libh gach duine atá i bhfeirg lena bhráthair, beidh sé ciontach don bhreithiúntas"; an focal céanna adeir an dlí i dtaobh an té ' dhéanfadh marú.

Measaim gur mhaith agus gur thairbheach an rud dá lán againn machnamh go dlúth ar an méid sin. Is mó duine ná déanfadh éagóir ar a chómharsain, ná déanfadh díobháil do 'na phearsain ná 'na chuid ná 'na chlú, agus go mb'fhéidir dá ndeineadh an chómharsa droch-bheart air ná féadfadh sé, nú go n-áiteódh sé air féin ná féadfadh sé, an droch-bheart san do mhaitheamh don chómharsain sin. Sin é díreach an Fairisíneach amu' 's amach.

"Ní fhéadfainn go deó é ' mhaitheamh do. Dhein sé an bheart ró-ghránna ar fad orm. Ní raibh aon choinne agam go ndéanfadh sé a leithéid orm".

Féach isteach i t'aigne agus fiafraigh díot féin cad é an chúis ná féadfá é ' mhaitheamh do. Ach tabhair aire don méid seo. Nuair a chuirfir an cheist sin chun t'aigne, cuir ' fhiachaibh ar t'aigne an fhírinne '

XLI. An Cúigiú Domhnach tar éis Cíncíse

dh'ínsint duit. Beidh sí ag casadh agus ag iompáil agus ag lúbarnaigh a d'iarraidh gan an fhírinne ' dh'ínsint duit. Ach cuir-se ' fhiachaibh uirthi í féin do dhíriú agus an fhírinne ' thabhairt duit gan cham gan chor. Féach cad 'déarfaidh sí leat ansan? Déarfaidh sí leat, go breá díreach, gur le hiomarca an uabhair agus le heaspa na húmhlaíochta ná féadfá an droch-bheart san do mhaitheamh don chómharsain sin. Sin é díreach an Fairisíneach 'na steille-bheathaidh, iomarca uabhair agus easpa úmhlaíochta. Ní feárr bheith ag cainnt go hoíche ar an scéal, ach sin í an fhírinne.

Féach, áfach, cad 'tá le rá ag an Slánaitheóir féin i dtaobh an scéil sin, agus deir sé an chainnt le gach Críostaí atá beó.

"Má bhíonn tabharthas agat dá thabhairt uait os cómhair na haltórach agus go gcuímhneóir go bhfuil rud éigin id choinnibh ageat bhráthair, fág ansan do thabharthas, os cómhair na haltórach, agus imigh agus dein síocháin led bhráthair agus ansan tar agus bronn do thabharthas".

Deir na haithreacha gurb é brí atá leis an bhfocal san, "Dein síocháin led bhráthair", ná "cuir as do chroí aon droch-aigne atá agat dod chómharsain". Ní chiallaíonn an chainnt go gcaithfir dul agus labhairt leis an gcómharsain. Do thitfeadh amach go mb'fhéidir gurb amhlaidh a dhéanfadh cainnt leis an gcómharsain tuilleadh toirmisc idir an mbeirt. Is ró-mhinic gur feárr go mór, d'fhonn na síochána, gan labhairt in aon chor. Ar aon chuma, b'fheárr gan labhairt dá mbeadh aon bhaol gur díobháil a dhéanfadh an chainnt. Beidh "síocháin déanta agat led bhráthair" chómh luath agus ' bheidh socair i t'aigne agat gan aon droch-chroí a bheith agat do, agus má dhein sé díobháil duit, an díobháil a mhaitheamh do ód chroí go hiomlán. Nuair a dhéanfair é sin, go fírinneach i láthair Dé, tá focal an tSlánaitheóra cómhlíonta agat. Tá síocháin déanta agat led bhráthair.

XLI. An Cúigiú Domhnach tar éis Cíncíse

Ansan tar agus bronn do thabharthas. B'fhéidir go ndéarfadh duine: "Is éagsamhlach an chainnt í sin! Cad é an tabharthas a dh'fhéadfadh duine do bhronnadh ar Dhia?"

Níl aon rud sa chainnt ach an fhírinne, ní nách iúnadh. Is mó cuma 'nar chuir Dia na glóire, moladh go deó leis, ar chumas an duine tabharthas do bhronnadh ar Dhia féin. Tabharthas mór ón nduine, dá bhronnadh ar Dhia, is ea duine ' thabhairt grá do Dhia. Gach aon uair a thugann an duine a chroí agus a aigne suas do Dhia, bronnann sé tabharthas ar Dhia. Tugann sé do Dhia rud is maith le Dia a dh'fháil agus a dh'fhéadfadh an duine do chimeád uaidh. Gach aon uair a chuireann an duine droch-smaoineamh as a aigne, le grá do Dhia, bronnann sé tabharthas ar Dhia, tabharthas go bhfuil ana-bheann ag Dia air. Gach aon uair a staonann duine ó dhroch-ghníomh, le grá do Dhia, bronnann sé tabharthas mór ar Dhia. Dá mbeadh duine ag cainnt go hoíche, ní fhéadfadh sé a dh'áireamh cad iad na tabharthaistí atá ar chumas an duine do bhronnadh ar Dhia. Gach aon Chríostaí a bhronnfaidh aon tabharthas acu-san ar Dhia, beidh Dia na glóire fé chomaoine aige. Féach air sin! Ó, a Chríostaithe, nách trua ná cuímhnímíd níos minicí ar nithibh den tsórd san in inead bheith ag briseadh ár gcroí de ló agus d'oíche le gnóthaibh an tsaeil seo! Bheadh Dia na glóire féin fé chomaoine againn, agus ní baol ná go ndíolfadh sé an chomaoine linn. Go dtugaidh Dia dhúinn cuímhneamh níos feárr feasta ar nithibh den tsórd san, trí Íosa Críost ár dTiarna. Amen.

XLII. An Séú Domhnach tar éis Cíncíse

Léitear an Soiscéal. (Marcus 8:1-9)

San am san, nuair a bhí slua mhór daoine i bhfochair Íosa agus gan aon rud acu le n-ithe acu, do ghlaeigh sé chuige ar a dheisceablaibh agus duairt sé leó, "Tá trua agam don phobal so, óir, féach, táid siad trí lá i m'fhochair agus níl aon rud le n-ithe acu. Agus má chuirim abhaile 'na dtroscadh iad, titfid siad ar an slí, óir do tháinig cuid acu i

XLII. An Séú Domhnach tar éis Cíncíse

bhfad". Agus d'fhreagair a dheisceabail é, "Conas is féidir d'éinne a ndóthain aráin a thabhairt dóibh anso san uaigneas?" Agus d'fhiafraigh sé dhíobh, "An mó bollóg aráin agaibh?" Agus dúradar-san, "Seacht mbollóga". Agus d'órdaigh sé don tslua suí síos ar an dtalamh, agus thóg sé na seacht mbollóga, agus ghoibh sé baochas, agus bhris sé an t-arán, agus thug sé dá dheisceablaibh é le cur os cómhair na ndaoine, agus chuireadar. Agus bhí iasca beaga acu, agus bheannaigh sé iad, agus d'órdaigh sé iad do chur os cómhair na ndaoine. Agus d'itheadar, agus bhí a ndóthain mór acu. Agus do thógadar an t-arán briste do fágadh, seacht gciseáin de. Agus is é méid daoine a bhí tar éis an bhídh d'ithe, tímpall cheithre mhíle duine, agus do leog sé chun siúil iad.

Soiscéal eile againn, a phobal, agus tá tuairisc ann ar mhíorúilt eile den tsaghas chéanna so a dhein ár Slánaitheóir do shlua mhór daoine a bhí in' fhochair. Leis an gceathrú Domhnach den Charaíos a bhaineann an Soiscéal eile sin. Chúig bhollóga aráin agus dá iasc a bhí ag an Slánaitheóir an uair sin, agus do dhein sé an mhíorúilt ar na chúig bhollógaibh agus ar an dá iasc agus thug sé a ndóthain le n-ithe, agus fuíollach, d'os cionn chúig mhíle duine. Seacht mbollóga a bhí an uair seo aige agus cheithre mhíle duine is ea ' bhí le sásamh aige, agus do shásaimh sé iad.

Tá mórán cosúlachta idir an dá mhíorúilt. Bhí, ar gach ócáid, slua mhór daoine tar éis an tSlánaitheóra do leanúint. Bhí na daoine, ar gach ócáid, tar éis dearúid a dhéanamh d'aon bhia ' thabhairt leó ón mbaile ná ó aon áit ar an slí 'na raibh bia le fáil. Bhí a n-aigne chómh lán san den tSlánaitheóir agus dá theagasc agus dá mhíorúiltibh nár chuímhníodar in aon chor ar aon tsaghas eile gnótha. Do chuir an Slánaitheóir an cheist chéanna chun na ndeisceabal, ar gach ócáid den dá ócáid. "Cá bhfaighfar bia do sna daoine seo?" Agus tháinig, ar gach ócáid, an freagra céanna, i mbunús, nárbh fhéidir an bia ' dh'fháil. Ar gach ócáid díobh, d'fhiafraigh an Slánaitheóir an mó bollóg a bhí acu. Do freagradh an chéad uair, "Chúig bhollóga agus dá iasc". Do freagradh an tarna huair, "Seacht mbollóga". Ghoibh sé baochas an tarna huair, fé mar a dhein sé an chéad uair, agus do bhris sé an

XLII. An Séú Domhnach tar éis Cíncíse

t-arán, agus do roinneadh é ar na daoine, nuair a bhíothas tar éis iad do chur 'na suí ar an dtalamh. Áirítear an dá iasc ar an gcéad ócáid, agus deirtear go raibh, ar an tarna hócáid, iasca beaga ann agus gur bheannaigh an Slánaitheóir iad, agus gur briseadh agus gur roinneadh iad. Ansan, ar gach ócáid díobh, nuair a bhí a ndóthain ite ag na daoine, d'órdaigh an Slánaitheóir an bia briste do fágadh a bhailiú i dtreó ná raghadh sé amú.

Tá aon fhocal amháin i Soíscéal an lae inniu ná fuil sa tSoíscéal eile. Deir an Slánaitheóir i Soíscéal an lae inniu: "Tá trua agam don phobal so. Táid siad trí lá i m'fhochair agus níl aon rud le n-ithe acu. Má chuirim abhaile 'na dtroscadh iad, titfid siad ar an slí, mar do tháinig cuid acu i bhfad". Níl an focal san sa tSoíscéal eile, ach mura bhfuil féin is léir go raibh an trua chéanna ag an Slánaitheóir don chéad phobal a bhí aige don tarna pobal.

Ínstear, leis, gur theastaigh ón gcéad phobal rí ' dhéanamh de nuair a chonacadar conas a dhein sé an mhíorúilt mhór ar an mbia. Níor chóir puínn baochais a bheith orthu mar gheall air sin. B'an-adhsáideach an rud dóibh rí ' bheith acu d'fhéadfadh bia ' thabhairt dóibh gan saothar ar an gcuma san. Níl aon trácht ar rí ' dhéanamh de i Soíscéal an lae inniu. Ní deirtear ach, nuair a bhí a ndóthain ite acu, gur leog sé chun siúil iad.

Ní miste do Chríostaí a fhiafraí cad 'na thaobh gur dhein an Slánaitheóir an dá mhíorúilt mhóra san, agus iad chómh cosmhail lena chéile, agus, gan amhras, an bun-bhrí céanna leó araon. Solaoid ab ea gach míorúilt díobh ar an Sácraimínt mór, Sácraimínt Chorp Críost, a bhí ag an Slánaitheóir le cur ar bun beagán aimsire 'na dhiaidh san. Cad 'na thaobh gur dhein sé an dá mhíorúilt? Gur thug sé an dá sholaoid ar an aon ní amháin? Níor dhein an Slánaitheóir aon ní gan cúis a bheith aige le hé ' dhéanamh. Ní féidir don duine, ní nách iúnadh, aigne an tSlánaitheóra do thómhas ná do bhreithniú. Ach is chun ár ndícheall a dhéanamh ar iad do thuiscint agus ar theagasc a bhaint astu do thug an Slánaitheóir dúinn na solaoidí. Dá

XLII. An Séú Domhnach tar éis Cíncíse

bhrí sin, is é toil an tSlánaitheóra dhúinn go ndéanfaimís iad do bhreithniú agus a mbrí do thuiscint chómh fada agus is féidir dúinn é.

Ní raibh aon mhór-chuid aimsire idir an dá mhíorúilt seo. Bhí an Slánaitheóir tar éis cómhacht a thabhairt do sna deisceabail ar dheamhnaibh agus ar ghalaraibh agus chun míorúiltí ' dhéanamh, agus bhí sé tar éis iad do chur amach ar fuid na tíre mórthímpall chun na gcómhacht san do chur i ngníomh. Nuair a bhí mórán den tsaghas san oibre déanta acu, deamhain curtha amach a daoine acu, sláinte tabhartha do dhaoine breóite acu, an uile shaghas míorúiltí déanta acu, thánadar thar n-ais agus bhíodar dhá ínsint don Tiarna cad iad na nithe iúntacha a bhí acu á dhéanamh in' ainm, mar is in ainm Íosa do dheinidís na míorúiltí go léir. Bhíodar buailte amach ón obair. Is ar éigin a bhíodh uain acu ar aon bhlúire bídh a chaitheamh.

"Téanam", arsan Slánaitheóir leó. "Tagaidh i leataoibh, isteach san uaigneas, agus glacaidh suaimhneas tamall beag".

D'imíodar san uaigneas. Do lean na daoine go léir iad nuair a chonacadar an Slánaitheóir agus iad féin ag imeacht. Bhíodar ag dridim isteach sa bhfásach go dtí go rabhadar an-fhada ó bhaile. Chonaic an Slánaitheóir na daoine go léir agus gan éinne 'na cheann-urraid orthu, ach iad ag imeacht mar a bheadh caoire gan aeire, agus tháinig ana-thrua aige dhóibh. An uair sin is ea ' dhein sé an mhíorúilt ar na chúig bhollógaibh agus ar an dá iasc, agus do thug sé a ndóthain bídh don chúig mhíle duine.

Tamall 'na dhiaidh san, bhí sé féin agus na deisceabail san uaigneas arís agus do lean na daoine é arís go dtí go rabhadar i bhfad ó bhaile, agus gan aon bhlúire bídh acu. Ansan is ea ' dhein sé an mhíorúilt a hínstear i Soiscéal an lae inniu.

Is dócha go ndéarfadh duine gur dhein sé an tarna míorúilt mar go raibh an gá go cruaidh leis an mbia an tarna huair chómh maith agus a bhí an chéad uair. Gur le trua do sna daoine a dhein sé an mhíorúilt

XLII. An Séú Domhnach tar éis Cíncíse

gach uair acu. Gan amhras, do bheadh an ceart ag an té adéarfadh é sin. Do bhí an trua aige do sna daoine gach uair acu agus is le trua dhóibh a dhein sé an mhíorúilt gach uair acu.

Ach féach, a phobal. Solaoid, mar aduart, ab ea gach míorúilt acu, ar an Sácraimínt mór a bhí ag an Slánaitheóir le cur ar bun. Solaoid ab ea an slua daoine a bhí sa bhfásach, gach uair acu, ar an gcine daonna. Agus an trua a bhí ag an Slánaitheóir do sna daoine a bhí sa bhfásach, i bhfad ó bhaile, gan aon bhlúire bídh acu, solaoid ab ea an trua san ar an dtrua a bhí an uair sin ag an Slánaitheóir don chine daonna go léir, a bhí scaipithe ar fuid an domhain, ag imeacht ar fán i bhfásach an domhain, i bhfad ó bhaile, i bhfad ó ríocht na bhflaitheas, gan éinne chun féachaint 'na ndiaidh ná chun iad do stiúrú, ná chun aon bhídh spriodálta do sholáthar dóibh a chimeádfadh iad gan "titim ar an slí".

Bhí brí chómh mór, chómh doimhinn sin leis an obair sin a dhein ár Slánaitheóir an uair sin gur dhó' liom nárbh aon iúnadh in aon chor gur dhein sé an mhíorúilt sin an dá uair. I dteannta pé cúiseanna eile a bhí aige leis, agus ná tuigimíd, is dócha, dhein sé an mhíorúilt an dá uair chun a dheimhniú dhúinn go raibh brí éigin uathásach leis an rud a bhí aige á dhéanamh; chun a chur 'na luí ar ár n-aigne, pé uathás a bhí sa ghníomh féin, lenar chothaigh sé chúig mhíle duine, ar dtúis, le chúig bhollógaibh agus dhá iasc, agus ansan, cheithre mhíle duine le seacht mbollógaibh agus roinnt bheag éisc, go raibh, i dtuiscint fén ngníomh san, an gníomh ab uathásaí go mór ná é, an gníomh lena raibh beartaithe aige na Críostaithe go léir do chothú lena chuid fola agus feóla féin, i gcaitheamh a dtréimhse ar an saol so, agus ón uair sin go dtí deireadh an domhain. Dhein sé an mhíorúilt an dá uair chun a chur ' fhiachaibh orainn machnamh ar Shácraimínt Chorp Críost. Chun a chur ' fhiachaibh orainn iarracht éigin a dhéanamh ar a thuiscint cad é an mór-mhaitheas a thispeáin an Slánaitheóir dúinn nuair a chuir sé an Sácraimínt glórmhar san ar bun dúinn. Chun caoi ' thabhairt dúinn ar a thuiscint 'nár n-aigne, nuair a mhachnóimís ar an míorúilt, ar an gcuma 'nar tugadh a

XLII. An Séú Domhnach tar éis Cíncíse

ndóthain bídh do sna míltibh as an suarachas bídh, ná raibh sa mhíorúilt sin, tar éis an tsaeil, ach míorúilt ana-shuarach seochas Sácraimínt Chorp Críost do chur ar bun.

Bia corpartha ab ea an t-arán agus an t-iasc, pé méadú a deineadh orthu. Bia spriodálta is ea Sácraimínt Chorp Críost. Do hídíodh an bia a tugadh do sna daoine sa bhfásach. D'ith na daoine a ndóthain an uair sin, ach nuair a thánadar abhaile, bhí ocras arís orthu. Nuair a ghlacann an Críostaí Corp Naofa an Tiarna, ar dea-staid, tugtar an bia spriodálta d'anam an Chríostaí sin agus ní curtar an bia i laíghead. Tugtar an bia do sna míltibh anam. Gheibheann gach duine fé leith iomláine an bhídh, agus ní laígheadaíthear an bia. Caitear an bia agus ní hídíthear an bia. Tá iomláine an bhídh anois ann, do sna Críostaithibh, chómh maith díreach agus a bhí suas le dhá mhíle blian ó shin nuair a chuir an Slánaitheóir Sácraimínt Chorp Críost ar bun. Níl aon Chríostaí a ghlac comaoine i gcaitheamh na haimsire sin go léir nár ghlac fuil agus feóil, anam agus diacht an tSlánaitheóra, go hiomlán. San am gcéanna, is é an t-aon tSlánaitheóir amháin a ghlacadar go léir. Is rúndiamhar é. Ní féidir dúinn é ' thuiscint. Ach is fíor é. Tá focal agus deimhniú an tSlánaitheóra againn leis an bhfírinne atá ann, agus is é an Slánaitheóir céanna do chothaigh an chúig mhíle duine leis na chúig bhollógaibh agus an cheithre mhíle leis na seacht mbollógaibh. Chun a chur 'na luí orainn gur fíor é do dhein an Slánaitheóir an mhíorúilt ar an arán dhá uair. Dhein sé an mhíorúilt dhá uair chun a chur ' fhiachaibh orainn-na, dá mb'fhéidir in aon chor é, machnamh ar an dtabharthas mór a bhronn sé orainn nuair a thug sé Sácraimínt Chorp Críost dúinn, ar an dtairbhe gan teóra a bhí sa tSácraimínt sin againn, ar an gcuma 'na mbeadh ár n-anam ag dul 'on ghorta i gcónaí mura mbeadh gur thug sé an bia sin dúinn. "Má chuirim chun siúil 'na dtroscadh iad", ar seisean, "titfid siad ar an slí".

Do thug an Slánaitheóir dúinn an bia, a Chríostaithe. Dhein sé an dá mhíorúilt mhóra úd chun tairbhe an bhídh do thispeáint dúinn agus do chur 'na luí ar ár n-aigne. Cad is lú is gann dúinn-na a dhéanamh?

XLII. An Séú Domhnach tar éis Cíncíse

Nách é is lú is gann dúinn a dhéanamh sinn féin d'ollmhú mar is cóir agus an bia do chaitheamh, ó thug an Slánaitheóir dúinn é? Cad 'déarfadh éinne againn le duine den chúig mhíle úd, nú le duine den cheithre mhíle, do dhiúltódh don bhia mhíorúilteach úd a thug an Slánaitheóir dóibh? Níor dhiúltaigh éinne acu don bhia. Bhí a mhalairt de chiall acu. Is feárr agus is uaisle agus is tairbhí gan chomórtas an bia atá tabhartha ag an Slánaitheóir don chine daonna i Sácraimínt Chorp Críost ná an bia a thug sé dhóibh-siúd sa bhfásach. Ach tá Críostaithe, agus ní beagán é, a dhiúltaíonn go minic don bhia spriodálta. Agus rud is iúntaí ná san féin, is iad na Críostaithe is mó gá leis an mbia is mó a dhiúltaíonn don bhia.

Do cheap an Slánaitheóir an Eaglais chun an bhídh do roinnt ar na Críostaithibh. D'órdaigh sé don Eaglais iad a thabhairt isteach dá n-ainneóin chun an bhídh do chaitheamh mura dtagaidís uathu féin. Ach in ainneóin trócaire an tSlánaitheóra, in ainneóin tairbhe an bhídh, in ainneóin díchill na hEagailse, tá Críostaithe ná tagann isteach agus ná blaiseann an bia. Is mór an trua é, ach tá a leithéidí ann. Tá an gnó acu á dhéanamh go holc ar an Slánaitheóir tar éis ar fhuilig sé ar ár son. Táid siad dhá dhéanamh go holc ar an Eaglais tar éis a bhfaigheann sí dá ndua, ar mhaithe leó, a d'iarraidh iad do chur ar a leas, gan aon chúis ar domhan aici leis ach i dtreó go mbeadh grásta Dé ar an saol so acu agus aoibhneas na bhflaitheas ar an saol eile. Ach táid siad dhá dhéanamh níos measa orthu féin ná ar éinne. Táid siad dhá ngearradh féin amach, glan, ó thoradh gach oibre dár dhein an Slánaitheóir chun na cine daonna ' dh'fhuascailt ón eascaine do thit orthu nuair a bhris ár gcéad athair agus ár gcéad mháthair an aithne a thug Dia dhóibh le cimeád. Nuair a ghearrann an Críostaí é féin amach ar an gcuma san ó thoradh na hoibre do dhein an Slánaitheóir, is neamhní dho an Slánaitheóir do theacht in aon chor. Is neamhní dho Baisteadh, ná Dul-fé-láimh-Easpaig, ná Ola dhéanach, creideamh ná dóchas ná carthanacht. Is cuma dho cad a dhéanfaidh bás naofa ná ana-bhás. Fuiliceóidh sé trioblóidí na beatha so, mar níl dul uathu ag aon duine. Ansan, nuair a thabharfaidh sé aghaidh ar an saol eile, níl 'na chómhair ach trioblóid shíoraí.

XLII. An Séú Domhnach tar éis Cíncíse

Cuímhnigh air sin, a Chríostaí atá fuar faillítheach i ngnó t'anama. Cuímhnigh ar ar dhein an Slánaitheóir gléigeal duit agus dein rud éigin duit féin. Croith suas tu féin. Caith dhíot an mhairbhití. Ná bíodh aon eagla agat roimis an obair atá le déanamh agat. Níl puínn le déanamh agat. Iarr ar Dhia grásta na haithrí ' thabhairt duit. Tabharfaidh sé dhuit é ar son an tSlánaitheóra. Dein an fhaoistin chómh maith agus d'fhéadfair é. Déanfaidh Dia an chuid eile. Tar chun búird. Tá an bia ollamh ag an Slánaitheóir duit. Tá an Eaglais ollamh chun friothálaimh a dhéanamh ort. Tar agus caith an Bia uasal so, agus bíodh aoibhneas beatha agat ar an saol so, agus aoibhneas síoraí ar an saol eile.

XLIII. An Seachtú Domhnach tar éis Cíncíse

Léitear an Soiscéal. (Maitiú 7:15-21)

San am san, duairt Íosa lena dheisceablaibh, "Seachnaidh na fáidhe fallsa a thagann chúibh fé chlúid na gcaorach agus gur faolchuin chraosacha laistigh iad. Óna dtorthaíbh is ea d'aithneóidh sibh iad. An mbaintear caortha fíniúna de dhriseach nú figí d'fheóchadánaibh? Mar sin tugann gach crann fónta toradh fónta, agus tugann an droch-chrann droch-thoradh uaidh. Ní féidir don chrann fhónta droch-thoradh ' thabhairt ná don droch-chrann toradh fónta ' thabhairt. Gach crann ná tugann toradh fónta, geárrfar é agus curfar sa tine é. Dá bhrí sin, as a dtorthaíbh is ea d'aithneóidh sibh iad. Ní hé gach éinne adeir liom-sa, 'a Thiarna, a Thiarna', do raghaidh isteach i ríocht na bhflaitheas, ach an té a dheineann toil m'Athar atá insna flaithis, sin é a raghaidh isteach i ríocht na bhflaitheas".

A phobal, nuair a bhí an Slánaitheóir tar éis an troscaidh a dhéanamh sa bhfásach, ar feadh daichead lá agus daichead oíche, do shiúlaigh sé mórthímpall ar fuid na tíre, ag déanamh míorúiltí, ag cur deamhan amach a daoine agus ag leigheas daoine ar ghalaraibh, agus ba gheárr go raibh a ainm i mbéalaibh na ndaoine go léir agus go raibh na daoine ag teacht as gach áird chun é ' dh'fheiscint, nú chun leighis

XLIII. An Seachtú Domhnach tar éis Cíncíse

éigin a dh'fháil uaidh, nú chun éisteacht lena chainnt. Ansan do thoibh sé a dheisceabail agus do leanadar é.

Do thárla, lá den aimsir sin, go raibh sé féin agus a dheisceabail i bhfochair a chéile agus go raibh slua mhór daoine ann, leis. Ag bun cnuic is ea ' bhíodar. Do ghlaeigh an Slánaitheóir na deisceabail chuige agus do rug sé leis suas an cnuc iad, agus d'fhág sé an tslua 'na dhiaidh ag bun an chnuic. Ansan, nuair a bhí sé féin agus na deisceabail thuas ar bharra an chnuic, do shuigh sé agus thug sé teagasc do sna deisceabail. "An tSeanmóin ar an gCnuc" a tugtar mar ainm ar an dteagasc san riamh ó shin. Cuid den tseanmóin sin a thug an Slánaitheóir an uair sin dá dheisceablaibh, ar an gcnuc, is ea an chainnt seo atá againn i Soíscéal an lae inniu. Do labhair an Slánaitheóir an chainnt leis na deisceabail, ach oireann an chainnt don uile Chríostaí dár tháinig ar an saol ó shin agus dár shrois blianta na tuisceana. Dá bhrí sin, do thóg an Eaglais an méid sin den chainnt agus chuir sí isteach i Leabhar an Aifrinn í, i dtreó go léifí amach í do sna Críostaithibh, ar fuid an domhain, agus go ndéanfadh na Críostaithe an chainnt do bhreithniú agus teagasc an tSlánaitheóra do thógaint chúthu féin as an gcainnt, agus an chómhairle atá sa chainnt do ghlacadh agus a mbeatha féin do riaradh agus do léiriú de réir na cómhairle sin.

Féach ar an gcéad fhocal so atá sa tSoíscéal againn. "Seachnaidh na fáidhe fallsa". Cad é an saghas iad? Ínseann an Slánaitheóir dúinn cad é an saghas iad. Faolchuin chraosacha is ea iad, ach tá croiceann na caorach orthu lasmu', i dtreó ná haithneófí iad, agus go bhféadfaidís dul i measc na gcaorach agus na caoire do mharú agus d'ithe.

Ach conas is féidir iad do sheachnadh mura n-aithneófar iad; agus conas a dh'aithneófar iad ó sna caoire an fhaid atá croiceann na caorach orthu? Ínseann an Slánaitheóir féin conas a dh'aithneófar iad. Aithneófar iad fé mar a dh'aithnítear an crann as a thoradh. Ní thugann an droch-chrann uaidh ach droch-thoradh. Má ghlacann tú duine ar theistiméireacht a bhéil féin, b'fhéidir go mbeadh dearúd ort.

XLIII. An Seachtú Domhnach tar éis Cíncíse

Ach nuair a chífir gníomh an duine sin, tuigfir láithreach ceocu de réir teistiméireachta a bhéil atá an gníomh, nú bun-os-cionn leis an dteistiméireacht san. Is é an gníomh toradh an chrainn. Má tá an gníomh go holc, tá an crann go holc. Más maith é an gníomh, is maith é an crann. "Óna dtorthaibh is ea ' dh'aithneóidh sibh iad". An té go bhfuil an focal fónta aige agus an gníomh fónta, sin é an crann fónta. Tá a lán daoine den tsórd san le fáil, baochas le Dia. An té go bhfuil an focal fónta aige os cómhair an tsaeil, agus ansan, an gníomh fíll i ganfhios don tsaol, sin é an droch-chrann. Sin é an machtíre i gcroiceann na caorach. Tá roinnt acu-san, leis, le fáil, foraíor! Deir an Slánaitheóir linn iad do sheachaint. Ach ní foláir dúinn aire mhaith a thabhairt dúinn féin agus cainnt an tSlánaitheóra do thuiscint sa cheart. "Seachnaidh na fáidhe fallsa", adeir an Slánaitheóir. Fáidh is ea duine do thabharfadh teagasc do dhaoinibh eile, agus fáidh fallsa is ea duine do chuirfeadh daoine eile amú le teagasc fallsa. Dá bhrí sin, níor órdaigh an Slánaitheóir dúinn bheith ag faire ar dhaoinibh eile agus ag leagadh breithiúntaisí orthu, féachaint an daoine fónta iad, nú droch-dhaoine. D'órdaigh sé a mhalairt sin dúinn nuair aduairt sé: "Ná tabhair breith agus ní tabharfar breith ort". Ní fáidh fallsa duine dhúinn go dtí go mbeidh rud éigin aige dá rá nú dá dhéanamh chun sinn a mhealladh ó fhírinne ár gcreidimh nú ó mhacántacht beatha. Ansan is ea atá againn cómhairle an tSlánaitheóra do ghlacadh, agus cúl a thabhairt láithreach le duine den tsórd san.

Ní túisce ' thosnaigh an Slánaitheóir ar an gCreideamh do chur ar bun ná mar a thosnaigh na Giúdaígh ar chur 'na choinnibh. Fáidhí fallsa ab ea na Giúdaígh sin. Agus bhí na cómharthaí orthu. Bhí a gcainnt ana-mhaith, ana-naofa, ach bhí a ngníomhartha ag bréagnú a gcainnte. Naofacht cainnte do thabharfadh chúthu saibhreas saolta agus creidiúint agus uaisleacht agus pléisiúr is ea a bhí uathu. Ba ró-bhaol, an uair sin, go meallfaidís na deisceabail agus go gcuirfidís 'na luí ar a n-aigne, fé mar a bhí tar éis dul 'na luí go daingean ar a n-aigne féin, go bhféadfadh duine bheith ana-naofa, 'na chainnt, agus a dhóthain mór de shaibhreas agus de thairbhe agus de phléisiúr an tsaeil seo ' bheith aige laistigh den chainnt, agus gurbh amadán an té

XLIII. An Seachtú Domhnach tar éis Cíncíse

adéarfadh ná a dhéanfadh a mhalairt sin. Chúthu-san, ar dtúis, is ea ' bhí an Slánaitheóir nuair aduairt sé leis na deisceabail na fáidhí fallsa do sheachnadh.

Ní túisce a bhí an Slánaitheóir tar éis dul suas ar deas-láimh Dé, agus tar éis an Sprid Naoimh do chur uaidh ar na haspail agus ar na deisceabail, fé mar a gheall sé, ná mar a thosnaíodar-san ar an Soiscéal do chraobhscaoileadh, de réir mar a bhí órdaithe aige dhóibh. Ach an túisce amháin gur thosnaíodar ar an obair sin, do thosnaigh an uile shaghas eiriceadaí ar chur 'na gcoinnibh, a d'iarraidh éithigh éigin do chur isteach in aigne na ndaoine in aghaidh gach fírinne creidimh dá raibh ag na haspail agus ag na deisceabail á mhúineadh dhóibh. Chúthu-san, sa tarna háit, is ea ' bhí an Slánaitheóir nuair aduairt sé leis na deisceabail na fáidhí fallsa do sheachnadh; gan suím a chur 'na gcainnt go dtí go bhfeicfidís a ngníomhartha; go mbeidís dhá leogaint orthu bheith ag aeireacht na gcaorach, ach nách dhá n-aeireacht a bheidís, dá leogfí leó, ach dhá n-ithe; nárbh fholáir bheith ag faire orthu coitianta, agus ag tarrac an chroicin chaorach díobh, agus dhá thispeáint do sna caoire bochta cad é an saghas iad.

Gach aon lá ó shin anuas tá an cleas céanna ar siúl. An Eaglais ag tabhairt teagaisc na fírinne do sna daoine, díreach fé mar a dh'órdaigh an Slánaitheóir di a dhéanamh, agus na "fáidhí fallsa", na heiriceadaithe, ag teacht i ndiaidh ' chéile, a d'iarraidh an éithigh do thabhairt do sna daoine in áit na fírinne, a d'iarraidh na ndaoine do mhealladh ón bhfírinne agus a chur ' fhiachaibh orthu an t-éitheach do ghlacadh 'na hinead. Chúthu-san go léir is ea ' bhí an Slánaitheóir nuair aduairt sé an lá úd leis na deisceabail, ar an gcnuc, agus le cléir na hEagailse, ón lá san anuas, na fáidhí fallsa do sheachnadh.

Ach b'fhéidir go ndéarfadh duine éigin, ní duine againn féin, ach duine éigin ná baineann linn: "Is ait a dheineann tú cainnt! Conas ' fhéadfadh na daoine sin go léir, na heiriceadaithe, mar adeirir, conas ' fhéadfaidís go léir, ó shliocht go sliocht, ar feadh suas le dhá mhíle

XLIII. An Seachtú Domhnach tar éis Cíncíse

blian, bheith ar aon aigne agus ar aon íntinn a d'iarraidh na fírinne do chur i leataoibh agus an éithigh do chur i bhfeidhm 'na hinead?"

Neósfad-sa san duit go cruínn. Tá dhá chúis leis. An chéad chúis díobh, go bhfuil an chine daonna go léir, ó shliocht go sliocht, ní hamháin i gcaitheamh an dá mhíle blian san ach i gcaitheamh an sé mhíle blian atá ó Adam anuas, ar aon aigne agus ar aon íntinn sa méid seo, gur maith leó pléisiúr a dh'fháil agus pian do sheachnadh. Do mhúin an Slánaitheóir, agus tá an Eaglais dhá mhúineadh riamh ó shin, gurb é aimhleas an duine, ar an saol so, pléisiúr do ghlacadh agus pian do sheachnadh; agus gurb é leas an duine, ar an saol so, pléisiúr do sheachnadh agus pianta ' dh'fhulag. Is fíor an ní a mhúin an Slánaitheóir. Dá bhrí sin, is éitheach a mhalairt. Is éitheach a rá gurb é leas an duine ar an saol so dul i ndiaidh pléisiúir agus gach aon tsaghas péine do sheachnadh. Má fhéachann tú siar tríd an aimsir go léir, agus má chimeádann tú do shúile ar oscailt, chífir go soiléir gur ag rith i ndiaidh pléisiúir éigin saolta a bhí an uile dhuine riamh de sna heiriceadaithibh a dh'éirigh i gcoinnibh na hEagailse. Sin é an rud a chuir iad go léir ar aon aigne agus ar aon íntinn sa ghnó. Rud eile do chimeád ar aon aigne agus ar aon íntinn iad. Is é an saghas céanna pléisiúir a bhí uathu go léir, nú dá n-abrainn an trí shaghas céanna, uabhar agus sainnt agus drúis. Agus rud eile fós a bhí dhá gcimeád ar aon aigne agus ar aon íntinn. Bhí an fuath céanna díreach acu go léir don úmhlaíocht agus don bhochtaineacht agus don gheanmnaíocht. Féach siar, agus mura bhfeicir an méid sin, níl súile id cheann. Níorbh fhéidir dóibh gan bheith ar aon aigne agus ar aon íntinn, pé céadta ná mílte blian a bheadh eatarthu. Agus "fáidhí fallsa" ab ea iad go léir, mar is é an t-éitheach a bhí acu go léir.

Bhí cúis eile, agus tá, ag na fáidhibh fallsa le bheith ar aon aigne agus ar aon íntinn ins gach aon tsaghas catha, agus cogaidh, agus uisce-féthalamh, dá bhfuil, agus dá raibh riamh, acu á dhéanamh i gcoinnibh na hEagailse agus i gcoinnibh an tSlánaitheóra. Is é an tÁirseóir príomh-namhaid an tSlánaitheóra agus príomh-namhaid na hEagailse. Dá bhrí sin, is é an tÁirseóir is ceann-urraid ar na fáidhibh

XLIII. An Seachtú Domhnach tar éis Cíncíse

fallsa go léir, ón gcéad lá riamh 'nar thosnaigh sé ar bheith 'na cheann-urraid ar an éitheach. Conas ' fhéadfadh na fáidhí fallsa gan bheith ar aon aigne agus ar aon íntinn lena chéile agus iad go léir ar aon aigne agus ar aon íntinn leis an gceann-urraid atá orthu riamh?

Ach féachaimís, a phobal, chun ár dtaoibh féin den scéal. Do labhair an Slánaitheóir an focal úd leis na deisceabail, agus, trí sna deisceabail, leis an Eaglais; agus tríd an Eaglais leis an gcine daonna go léir. Ach do labhair sé an chainnt, mar an gcéanna, le gach deisceabal fé leith, agus le gach duine fé leith san Eaglais, agus le gach duine fé leith den chine daonna. Dá bhrí sin, do labhair an Slánaitheóir an chainnt le gach duine fé leith againn-na. Ar an abhar san, is ceart dúinn dícheall a dhéanamh ar bhrí agus ar éifeacht na cainnte do thabhairt linn sa mhéid 'nar oir sí do sna deisceabail, ag tabhairt foláraimh dóibh i gcoinnibh na nGiúdach; sa mhéid 'nar oir sí don Eaglais, dhá cur ar a cosaint féin in aghaidh na bpágánach agus in aghaidh na n-eiriceadach; sa mhéid 'na n-oireann sí don chine daonna go léir, dhá chur ar a súilibh dóibh nách ceart dóibh cluas a thabhairt d'fhear na cainnte mísle, binne, ceólmhaire, go dtí go mbeidh ' fhios acu cad é an saghas an fear, nú an nimh éithigh atá i mísleacht a chainnte. Ach thar gach dícheall eile is ceart dúinn dícheall a dhéanamh ar a thabhairt linn go cruínn conas a dh'oireann brí agus éifeacht na cainnte do gach duine fé leith againn féin.

"Seachnaidh na fáidhí fallsa". Cé hiad na fáidhí fallsa atá ag gach duine againn-na le seachaint? Ní baol dúinn an Giúdach anois. Ní mheallfaidh sé sin éinne againn ó chreideamh ná ó mhacántacht beatha. Ní baol dúinn an t-eiriceadach anois, puínn. Tá a phort-san seinnte, nách mór. Ní baol dúinn plaoisc bheárrtha Chromeil. Tá, gan amhras, roinnt den aigne sin beó fós agus croiceann na caorach uirthi, agus an croiceann ana-thanaí. Thabharfadh dealg spiúnáin amach an droch-bhraon atá istigh. Ach tá a ré caite. Cé hiad na fáidhí fallsa atá ag gach duine againn le seachaint? Níl agam ach an cheist do chur ar chuma eile. Cé hiad na daoine, nú cad iad na nithe, atá ábalta ar sinn a mhealladh ó chreideamh, nú ó mhacántacht beatha,

XLIII. An Seachtú Domhnach tar éis Cíncíse

nú ó gach taobh acu? Níl aon duine againn a dh'fhéachfaidh isteach 'na chroí féin ná feicfidh láithreach, go soiléir, cad é an freagra is ceart do a thabhairt ar an gceist sin. Chífidh sé go bhfuil cómhluadar áirithe atá ábalta, i gcónaí, pé uair a dheineann sé teangmháil leis, ar é ' mhealladh ó mhacántacht beatha. Is é an cómhluadar san an fáidh fallsa don duine sin. Chífidh duine eile gur machnamh áirithe a dheineann é ' mhealladh ó mhacántacht beatha. B'fhéidir gurb uabhar an machnamh. B'fhéidir gur sainnt é. B'fhéidir gur drúis é. B'fhéidir gur dúil in ól é. B'fhéidir gur droch-aigne do chómharsain é. Pé saghas machnaimh é, má mheallann sé an duine ó mhacántacht beatha, is é an fáidh fallsa ar ar labhair an Slánaitheóir é, agus tá ceangailte ar an nduine é ' sheachaint, é ' dhíbirt amach as a chroí gach aon uair a chuirfidh an tÁirseóir isteach ann é, é ' dhíbirt go hobann; gan aon uain a thabhairt do ar ghreamú istigh, ach an taobh amu' a thabhairt láithreach do.

Chífidh duine eile, b'fhéidir, gur droch-bhéas éigin atá coitianta dhá mhealladh ó mhacántacht beatha. Is é an droch-bhéas an fáidh fallsa don duine sin. Tá an scéal go holc ag an nduine más droch-bhéas maraitheach é, agus má tá sé tar éis neartú le haimsir fhada. Ach pé olcas atá ann agus pé neart atá ann, is féidir an lámh uachtair a dh'fháil air agus é ' bhriseadh agus do dhíbirt. Nuair a bhíonn tairainge báite in adhmad agus nách féidir leis an siúinéir greim a dh'fháil ar cheann air, chun é ' tharrac amach le teanachair, tomáineann sé tairainge eile isteach 'na dhiaidh, agus cuireann an tairainge eile amach é. Sin díreach mar is ceart a dhéanamh le droch-bhéas.

Má tá an droch-bhéas in achrann sa chroí chómh doimhinn sin nách féidir greim ' fháil air chun é ' tharrac amach, comáin béas maith láidir fónta éigin isteach 'na dhiaidh. Cuirfidh an béas fónta an droch-bhéas amach. Beidh grásta an tSlánaitheóra ag cabhrú leis an mbéas fónta. Ní bheidh ag cabhrú leis an ndroch-bhéas ach mailís an Áirseóra. An fhaid ná cabhróidh an duine féin leis an ndroch-bhéas, ní féidir do seasamh i gcoinnibh ghrásta an tSlánaitheóra.

XLIII. An Seachtú Domhnach tar éis Cíncíse

Mar sin dóibh, a phobal. Gach aon tsaghas ruda, agus gach aon tsaghas duine, atá ábalta ar sinn a mhealladh ó mhacántacht beatha, is fáidh fallsa dhúinn é. D'órdaigh an Slánaitheóir dúinn iad go léir do sheachaint, gan aon teangmháil a bheith againn leó, gur machtírí craosacha iad. Go bhféachaid siad ana-mhacánta, i gcroiceann na caorach, ach go bhfuil na fiacla acu, agus mura gcimeádaimíd uathu amach go gcuirfid siad na fiacla go daingean ionainn lá éigin. Go saoraidh Dia sinn orthu. Amen.

XLIV. An tOchtú Domhnach tar éis Cíncíse

Léitear an Soiscéal. (Lúcás 16:1-9)

San am san, duairt sé lena dheisceablaibh an tsolaoid seo: "Bhí duine saibhir ann, agus bhí stíobhard aige, agus do hínseadh do, i dtaobh an stíobhaird go raibh sé ag scaipeadh a choda. Agus do ghlaeigh sé chuige é, agus duairt sé leis, 'Cad é seo a chloisim id thaobh-sa? Tabhair cúntas id stíobhardaíocht, mar ní fhéadfair bheith id stíobhard feasta'. Ansan duairt an stíobhard in' aigne féin, 'Cad a dhéanfad, ó tá mo mháistir ag baint na stíobhardaíochta dhíom? Nílim ábalta ar rómhar a dhéanamh. Is nár liom déirc do lorg. Tá ' fhios agam cad a dhéanfad, i dtreó, nuair a curfar as an stíobhardaíocht me, go nglacfaid siad 'na dtithibh me'. Do ghlaeigh sé chuige ansan, 'na nduine is 'na nduine, ar an muíntir go raibh fiacha ag á mháistir orthu, agus duairt sé leis an gcéad duine, 'An mór atá ageam mháistir ort?' Duairt seisean, 'Céad bairille íle'. Duairt sé leis, 'Tóg do bhille láithreach, agus suigh ansan, agus scríbh caogad bairille'. Ansan duairt sé le duine eile acu, 'Agus tusa, an mór atá ort?' Agus duairt seisean, 'Céad ceathrú cruithneachtan'. Duairt sé leis, 'Seo, glac do bhille agus scríbh cheithre fichid ceathrú'. Agus do mhol an máistir an rógaire stíobhaird, mar gur dhein sé beart ghasta, óir tá clann an tsaeil seo níos gasta ná clann an tsolais de réir a gcinéil féin. Agus deirim-se libh-se daoine muínteartha ' dhéanamh díbh féin leis an saibhreas claon so, i dtreó, nuair a bheidh sibh cloíte, go nglacfaid siad sibh isteach insna tithibh síoraí".

XLIV. An tOchtú Domhnach tar éis Cíncíse

Lena dheisceablaibh is ea do labhair an Slánaitheóir an tsolaoid sin, a phobal. Ach solaoid is ea í gur féidir d'aon Chríostaí abhar machnaimh a dh'fháil inti, agus ní beagán é.

Tá aon ní amháin inti a thagann pas obann orainn. Dhein an stíobhard beart rógaireachta. Bhí rógaireacht déanta cheana aige agus bhí a mháistir chun é ' dhíbirt mar gheall air. Ansan do dhein sé pas eile rógaireachta chun daoine múinteartha ' dhéanamh do féin, i dtreó, nuair a bheadh sé ar fán, go bhfaigheadh sé bheith istigh uathu uaireanta. Dhein sé éagóir ar a mháistir leis an dá phas rógaireachta. Agus cad a dhein an máistir nuair ' airigh sé an scéal? Do mhol sé an stíobhard mar gheall ar a ghastacht, mar gheall ar an gcuma 'nar fhéach sé roimis i dtreó ná beadh sé gan duine múinteartha nuair a bheadh gá aige leis.

Ní foláir dúinn a chimeád os cómhair ár n-aigne na scéalta beaga so d'inis an Slánaitheóir, agus gur bhain sé na solaoidí astu, gur nithe iad do thit amach sa tsaol tráth éigin. Bhíodar os cómhair aigne an tSlánaitheóra mar bhí fios gach uile ní aige. Níor dhein sé ach iad a dh'insint mar a thiteadar amach, nuair a theastaigh uaidh na solaoidí ' bhaint astu. Dob fhíor, dá bhrí sin, go raibh an duine saibhir úd ann uair éigin agus go raibh an stíobhard úd aige, agus gur dhein an stíobhard an éagóir air agus go raibh sé dhá dhíbirt. Dob fhíor, ansan, gur dhein an stíobhard an rógaireacht eile chun na ndaoine múinteartha ' dhéanamh do féin, ar chostas an mháistir. Ansan dob fhíor gur dhein an máistir sin rud nách gnáth le máistir a dhéanamh 'na leithéid de chás, gur mhol sé an bheart ghasta a dhein an stíobhard san ar mhaithe leis féin. Níor mhol an Slánaitheóir an bheart a dhein an stíobhard. Ní raibh aon bhac ar mháistir an stíobhaird an bheart san do mholadh, mar ní raibh aon bhac air an bheart do mhaitheamh. Níor dhein ár Slánaitheóir ach a dh'insint dá dheisceabail, agus dúinn-na, gur mhol an máistir sin an ghastacht san, bíodh nár ghastacht mhacánta í agus nár dhuine mhacánta a dhein í. Ansan do nocht an Slánaitheóir an tsolaoid. Thispeáin sé conas mar is feárr an chiall atá ag claínn an tsaeil seo, de réir a gcinéil

XLIV. An tOchtú Domhnach tar éis Cíncíse

féin, ná ag claínn an tsolais. Saibhreas saolta is ea ' bhí ar láimh an stíobhaird úd. Dhein sé úsáid den tsaibhreas shaolta san chun daoine muínteartha ' dhéanamh do féin i dtreó go mbeidís aige nuair a bheadh gá aige leó. Bhí ' fhios aige ná fágfí an saibhreas i bhfad aige agus nuair a bainfí dhe é ná beadh aon rud aige, agus go gcaithfeadh sé bás d'fháil le fuacht agus le hocras muna mbeadh daoine muínteartha éigin aige do thabharfadh bheith istigh do agus blúire bídh le n-ithe. Ba mhaith an chiall do, dá bhrí sin, pé macántacht a bhí sa chiall ná ná raibh, úsáid a dhéanamh den tsaibhreas chun na ndaoine muínteartha do chur in áirithe dho féin.

Do chuir an Slánaitheóir an chiall san i gcúmparáid leis an gcéill ba cheart a bheith ag an gCríostaí. Is é Dia máistir an Chríostaí. Is é Dia a thug don Chríostaí pé saibhreas saolta atá aige. Tá ' fhios ag an gCríostaí sin, níl aon phioc dá mhearathall air, go gcaithfidh sé an saibhreas san d'fhágáilt 'na dhiaidh; ná fuil ann ach stíobhard; nuair a bheidh a thréimhse caite sa stíobhardaíocht go gcaithfidh sé imeacht, go gcaithfidh sé cúntas a thabhairt san úsáid a dhein sé de pé saibhreas a thug Dia dho ar an saol so, agus ansan go dtabharfar an saibhreas san do dhuine eile chun téarma eile aimsire ' chaitheamh ag tabhairt aire dho. Ach de réir aigne an tSlánaitheóra, ní thispeánann an Críostaí go bhfuil sé chómh gasta 'na ghairm féin, chómh gasta mar Chríostaí, agus ' bhí an stíobhard úd 'na ghairm féin. Dhein an stíobhard daoine muínteartha dho féin leis an saibhreas. Ní dheineann an Críostaí aon iarracht ar dhaoine muínteartha ' dhéanamh do féin leis an saibhreas. Agus tá so, leis, de dheifríocht sa scéal. Dhein an stíobhard beart mhí-mhacánta chun na ndaoine muínteartha ' dhéanamh. Níor ghá don Chríostaí aon mhí-mhacántacht a dhéanamh chun na ndaoine muínteartha ' dhéanamh do féin. Dhein an stíobhard éagóir ar a mháistir sa ghnó. Ní gá don Chríostaí aon éagóir a dhéanamh sa ghnó, mar tá lán-chead aige ó Dhia chun na húsáide sin a dhéanamh de pé saibhreas saolta a thug Dia dho. Ar dhéirc is ea ' bhí an Slánaitheóir ag trácht. B'iad na daoine bochta na daoine muínteartha a dhéanfadh an Críostaí dho féin dá dtugadh sé an déirc dóibh, agus is iad na daoine bochta san a

XLIV. An tOchtú Domhnach tar éis Cíncíse

ghlacfadh é isteach insna tithibh síoraí nuair a bheadh sé cloíte, nuair a bheadh a théarma ar an saol so caite, a neart imithe, a shláinte buailte amach, a cholann feóchta le haois nú cloíte le breóiteacht. Má curtar in aice ' chéile an stíobhard úd a dhein an bheart ghasta agus an Críostaí go raibh saibhreas saolta aige agus nár dhein an déirc, chífar láithreach gurb é an Críostaí an t-amadán. Go raibh a chiall féin ag an stíobhard agus ná raibh aon phioc ag an gCríostaí den chiall ba cheart do a bheith aige. Nú, i gcainnt an tSlánaitheóra, go bhfuil clann an tsaeil seo níos gasta ná clann an tsolais, de réir a gcinéil féin.

Ach bíodh go bhfuil an deifríocht mhór san idir an stíobhard úd agus an Críostaí, tá an chosúlacht ana-dhlúth eatarthu ar shlí eile. Do hínseadh don mháistir go raibh an stíobhard ag scaipeadh a choda. Tabhair fé ndeara an chainnt sin. Déarfaidh an Críostaí go minic le pé fáltas coda atá aige, "Is é mo chuid féin é. Níl bac ar dhuine a rogha cor a thabhairt dá chuid féin".

Tá dearúd mór ort, a Chríostaí. Ní hé do chuid féin é. Is le Dia é. Is é Dia a thug duit é, agus níor thug sé dhuit ach stíobhardaíocht air. Cad 'tá agat á dhéanamh leis? An bhfeiceann an Máistir gur ag scaipeadh a choda ataoi? Dhá ól, b'fhéidir, 'od chur féin ar meisce leis? Ag déanamh peacaí ná déanfá mura mbeadh gur thug Dia dhuit an fáltas saibhris sin? Ag déanamh uabhair agus mór-is-fiú agus éirí-in-áirde, b'fhéidir, mar gheall ar é ' bheith agat agus daoine eile in' éaghmais? Más é sin úsáid atá agat á dhéanamh de, féach chút féin. Níl ionat ach stíobhard, agus droch-stíobhard is ea thu. Ní fada go dtiocfaidh an ghlao. "Tabhair cúntas id stíobhardaíocht. Ní féidir duit bheith id stíobhard a thuilleadh". Cad é an freagra ' bheidh agat le tabhairt ar an nglao sin? Cad é an cúntas a bheidh agat le tabhairt san úsáid a dheinis de pé fáltas saibhris a thug an Máistir duit? An dó' leat an ndéanfaidh sé an gnó dhuit a rá, "Níor ólas ach mo chuid féin. Má chaitheas go holc é, b'é mo chuid féin é". Ansan is ea do curfar in úil duit nárbh é do chuid féin é, agus má chaithis go holc é, go gcaithfir freagairt in an uile leathphinge dhe. Má bhailíd anamnacha na

XLIV. An tOchtú Domhnach tar éis Cíncíse

mbocht id thímpall an uair sin; má deirid siad, "Thug sé an oiread so dhómh-sa"; "Thug sé an oiread so dhómh-sa"; "Thug sé bia dhómh-sa nuair a bhíos ag fáil bháis leis an ocras"; "Thug sé casóg dómh-sa nuair a bhí an fuacht ag gabháil tríom", agus mar sin, b'fhéidir go mbeadh an scéal go maith agat. B'fhéidir go nglacfaidís isteach tu insna tithibh síoraí. Ba dhó' le duine ar chainnt an tSlánaitheóra gurb amhlaidh ná beadh fonn ar Dhia na glóire na nithe a bheadh déanta as an slí ag duine do thabhairt puínn fé ndeara in aon chor dá mbeadh cuid mhaith den déirc déanta aige. B'fhéidir, nuair a bheadh cuid mhaith den déirc le feiscint déanta ag duine gurb amhlaidh a thabharfadh Dia grásta na haithrí chómh láidir sin do ná beadh na peacaí ann aige le tabhairt fé ndeara. Pé cuma 'na dtitfidh sé amach, tá aon ní amháin deimhnitheach ó chainnt an tSlánaitheóra. 'Sé sin, an té go mbeidh an déirc déanta aige, ná beidh Dia daor air. Ní hea, ach go leogfaidh sé do sna daoine bochta féin ar ar dhein sé an déirc é ' bhreith leó isteach i ríocht na bhflaitheas. Chómh maith agus dá n-abradh sé: "Thugais-se cuid de shaibhreas an tsaeil dóibh-seo nuair a bhíodar 'na ghátar. Díolaidís féin an cómhar leat anois. Beiridís leó isteach tu insna 'tithibh síoraí'".

Ach más duine thu nár thug aon déirc uait; nár dhein aon úsáid den tsaibhreas a thug Dia dhuit, ach bheith ag ithe agus ag ól, agus ag cur órnáidí éadaigh ort féin; ag gluaiseacht i measc na ndaoine agus do cheann in áirde agus do shrón san aer agus do shúil ar an spéir, i dtreó gur dhó' leis an té a chífeadh tu nár dhuine mar aon duine eile thu in aon chor, ach gur dhuine os a gcionn go léir tu, dar leat—má b'é sin saghas duine thu i gcaitheamh do shaeil anso, cad é an freagra ' thabharfair nuair a héileófar an cúntas ort? Féachfair id thímpall, féachaint an bhfeicfá éinne do labharfadh focal ar do shon. Ní fheicfir éinne do labharfaidh ar do shon. Ní bheid siad ann chuige. Níor dheinis an bheart ghasta dhuit féin. Níor dheinis aon duine muínteartha dhuit féin i gcómhair an tsaeil eile leis an saibhreas claon a bhí ar an saol so agat. Níl éinne anois chun tu ' bhreith isteach insna 'tithibh síoraí', mar níor thugais féin riamh bheith istigh do dhuine bhocht, ná do mhnaoi bhocht, ná do dhílleachtaí bhocht, sa

XLIV. An tOchtú Domhnach tar éis Cíncíse

tigh bhreá, mhór, uasal, órnáideach a bhí agat ar an saol so. Ní díolfar cómhar anois leat, mar níl an cómhar amu' agat.

"Thugais bia uait". Thugais, gan amhras, go fial: dínnéaracha costasúla; bia buacach saibhir, ar bhórdaibh leathana, ar mhiasaibh óir agus airgid, agus fíonta daora, do dhaoine ná raibh tart ná ocras orthu, do dhaoine go raibh bia chómh maith leis acu féin sa bhaile. Cad a bhí agat á dhéanamh nuair a bhís ag tabhairt na bhféastaí sin uait? Bhís ag cur saibhris an Mháistir ar neamhní. Níor dheinis aon daoine muínteartha dhuit féin leis na féastaibh sin. Do dhíolais go daor astu agus níl aon ní dá mbárr agat. Dá dtugthá do bhochtaibh Dé, i ganfhios don tsaol, leath oiread agus do chaillis leis na féastaibh sin, bheadh daoine muínteartha do dhóthain agat anois chun focail do labhairt ar do shon, agus chun seasaimh idir thu agus fearg Dé, agus chun tu ' bhreith leó isteach insna 'tithibh síoraí'.

Cuímhnigh air, a Chríostaí. Dein do mhachnamh air. An saibhreas a thug an Tiarna dhuit, taíonn tú dhá scaipeadh. Tá an gearán ag dul isteach ort coitianta ag triall ar an Máistir go bhfuileann tú "ag scaipeadh a choda". Ní féidir dul leat i bhfad eile. Glaofar ort sara mbeidh puínn eile aimsire curtha dhíot agat, agus déarfar leat do chúntaisí do chur isteach, ná fágfar an stíobhardaíocht agat níos sia. Tosnaigh anois féin ar na daoine muínteartha ' dhéanamh duit féin. Ós scaipeadh atá agat á dhéanamh riamh, tosnaigh anois féin ar an scaipeadh ' dhéanamh sa chuma 'na mbeidh rud éigin dá bhárr agat. Cuir uait cuid den chostas atá agat á dhéanamh ar bhaois an tsaeil, agus scaip roinnt de shaibhreas an Mháistir ar na daoine bochta. Sin é an scaipeadh ná cuirfidh fearg ar an Máistir. Ná bí fial, fairseag, flaithiúil, le daoine ná fuil tart ná ocras orthu, agus gann, cruaidh, léir, do-thíosach, leis an muíntir go ndéanfadh do bhia agus do dheoch tairbhe dhóibh. Beidh an Máistir dian ort mar gheall ar a mbeidh caite agat ar an uaisleacht. Is amhlaidh a bheidh sé baoch díot má scaipeann tú ar thug sé riamh duit ar na daoine bochta. Go dtí so, ba bheag agat, b'fhéidir, leath-chróinn i dtigh an tábhairne agus ba mhór agat an phingin rua ' thabhairt don mhnaoi bhocht. Athraigh

XLIV. An tOchtú Domhnach tar éis Cíncíse

an scéal san as so amach. Bíodh eascaine tí an tábhairne agat agus bíodh beannacht na mná boichte agat. Ní dhéanfaidh eascaine tí an tábhairne aon díobháil duit. Beannacht i riocht eascaine is ea í. Déanfaidh beannacht na mná boichte tairbhe dhuit ar an saol so agus ar an saol eile. Seasóidh beannacht na mná boichte idir shúil Dé agus do pheacaí i dtreó ná feicfidh Dia iad. Nú má fheiceann féin, ná tabharfaidh sé fé ndeara iad. Tabharfaidh sé grásta na haithrí dhuit sara bhfágair an saol, agus ansan ní gá dho iad ' fheiscint, mar beid siad maite dhuit.

Más duine thu go bhfuil saibhreas mór agat, tabhair an déirc uait de réir mar a thug Dia an saibhreas duit. Más duine thu ná fuil agat ach an beagán, tabhair an déirc uait de réir do ghustail. Más duine thu ná fuil agat ach an déirc a tugadh duit féin, roinn an déirc sin leis an nduine nár tugadh aon rud do agus atá níos mó 'na ghátar, b'fhéidir, ná mar ataoi-se.

Ach tabhair an méid seo fé ndeara go cruínn. Peocu duine bocht nú duine saibhir tu, peocu déirc bheag nú déirc mhór a bheidh agat á thabhairt uait, ná tabhair uait choíche í ach ar aon íntinn amháin. Tabhair uait í ar son an tSlánaitheóra. Tabhair uait í díreach fé mar a bheifá dhá tabhairt don tSlánaitheóir féin agus é i ngá léi. Ansan ní baol duit ná go n-admhóidh an Slánaitheóir í nuair a thiocfaidh an t-am chun í ' dh'admháil. Cuirfidh sé ar a láimh dheis féin tu, agus tabharfaidh sé an bheatha shíoraí dhuit, agus neósfaidh sé dhuit cad é an chúis. "Bhí ocras orm agus thugais bia dhom. Bhí tart orm agus thugais rud le n-ól dom. Bhíos gan éadach agus chlúdaís me. Bhíos ar fán agus thugais leat isteach me. Bhíos sa phríosún agus thánaís 'om fhéachaint".

Go dtugaidh Dia na glóire dhúinn go léir a thuilleamh ón Slánaitheóir gléigeal go ndéarfaidh sé an chainnt sin linn nuair a thiocfaidh an t-am. Amen.

SEANMÓIN IS TRÍ FICHID

XLV. An Naoú Domhnach tar éis Cíncíse

Léitear an Soiscéal. (Lúcás 19:41-47)

> San am san, nuair a bhí Íosa ag teacht i gcóngar do Ierúsalem agus nuair a chonaic sé an chathair, do ghoil sé ar a son, agus duairt sé, "Ach dá mbeadh ' fhios agat-sa, sa lá so féin atá agat, na nithe atá chun síochána dhuit; táid siad, áfach, i bhfolach ód shúilibh. Óir tiocfaid na laethanta ionat agus cuirfid do namhaid claí mórthímpall ort, agus dúnfaid siad isteach thu agus déanfaid siad cúngrach ort ón uile thaobh. Agus déanfaid siad tu ' threascairt ar an dtalamh, tu féin agus do chlann atá ionat, agus ní fhágfaid siad cloch os cionn cloiche ionat, toisc nár aithnís an t-am 'na dtáinig Dia chút". Agus chuaigh sé isteach sa teampall agus chrom sé ar an muíntir a bhí ag díol agus ag ceannach ann do dhíbirt amach as, dhá rá leó, "Tá scríofa: tigh chun úrnaithe is ea mo thigh-se, ach tá cuinigéar bithiúnach déanta agaibh-se dhe". Agus bhí sé ag teagasc sa teampall gach lá.

Ní fonn cainnte is mó a chuireann an chéad fhocal den tSoiscéal san ar dhuine, a phobal. Tocht is ea ' chuireann sé ar dhuine. Gan amhras, is tocht agus uathás a tháinig ar na deisceabail féin nuair a chonacadar an sruth deór ag teacht ó shúilibh an tSlánaitheóra nuair a chonaic sé an chathair. Níor thuigeadar cúis na ndeór san. Bhí ' fhios acu nárbh fholáir nú bhí cúis éigin uathásach leó. Ansan do labhair sé. Do labhair sé leis an gcathair. "Ach dá mbeadh ' fhios agat-sa, sa lá so féin atá agat, na nithe atá chun síochána dhuit". Dá mbeadh ' fhios agat cad iad na grásta atá ag Dia á thabhairt duit inniu chun do shíochána ' dhéanamh le Dia, agus dá mbeadh ' fhios agat cad é an gá atá agat leis an síocháin sin, do dhéanfá láithreach í. Tá gá go cruaidh agat leis an síocháin sin, mar tá do pheacaí móra, líonmhara, dúbha, éirithe suas id choinnibh i láthair Dé, agus in inead aon laígheadú ' dhéanamh orthu is amhlaidh ataíonn tú dhá gcur i méid. In inead baint uathu is amhlaidh ataíonn tú ag cur leó, agus is ag dul in olcas atá na peacaí agat. Is measa gach peaca nua agat ná an peaca a dheinis roimis. Tá caoi ag Dia á thabhairt duit inniu ar aithrí ' dhéanamh, ach is caoi in aistear an chaoi. Is trócaire mhór ó Dhia an chaoi agus, foraíor, ní dhéanfaidh an chaoi sin duit-se ach tuilleadh

XLV. An Naoú Domhnach tar éis Cíncíse

díoltais a thabhairt anuas ort, tuilleadh díbheirge. An chaoi ar aithrí atá ag Dia á thabhairt duit inniu, ní féidir leat é ' thuiscint, mar tá do thuiscint agus do chiall agus do bhreithiúntas iompaithe agat i gcoinnibh Dé, agus i gcoinnibh a ghrásta, agus i gcoinnibh a sholais, le méid agus le mallaitheacht na bpeacaí atá déanta agat agus atá dá síor-dhéanamh agat, led thoil mhacánta féin. Tá scamall idir thu agus an solas, agus is tu féin a chuir suas an scamall. Ní leogann an scamall san duit a dh'fheiscint anois cad é an tabharthas mór a bhronnfadh Dia ort inniu dá mba mhaith leat an tabharthas do ghlacadh. Tá an tabharthas "i bhfolach ód shúilibh". Dá bhrí sin, tá rómhat. Tá lá rómhat, lá cruaidh, lá léanmhar. Tiocfaid do namhaid agus "cuirfid siad claí mórthímpall ort, agus dúnfaid siad isteach thu, agus déanfaid siad cúngrach ort ón uile thaobh, agus déanfaid siad tu ' threascairt ar an dtalamh, tu féin agus do chlann atá ionat, agus ní fhágfaid siad cloch ar muin cloiche ionat, toisc nár aithnís an t-am 'na dtáinig Dia chút".

Níor thuig na deisceabail, an uair sin, a phobal, iomláine an bhrí a bhí i gcainnt an tSlánaitheóra, ná iomláine na cúise a bhí leis na deóraibh a bhí ag teacht óna shúilibh naofa, ach do thuigeadar gach taobh acu 'na dhiaidh san. Do thuigeadar an chainnt agus do thuigeadar cúis na ndeór, an méid a mhair díobh, roinnt blianta 'na dhiaidh san.

An té ná déanfaidh a leas, ní foláir do a aimhleas a dhéanamh. Bhí beatha agus teagasc agus cómhairle agus míorúiltí an tSlánaitheóra ag muíntir na cathrach san chun a thispeáint dóibh cad ba mhaith dhóibh a dhéanamh agus cad ba cheart dóibh a dhéanamh. Níor leog an t-uabhar, agus an stailc, agus an mhí-chómhairle agus an droch-aigne, dhóibh a dh'fheiscint agus a dh'admháil nárbh fhéidir d'éinne na míorúiltí sin a dhéanamh agus an teagasc san do thabhairt uaidh ach don tSlánaitheóir a bhí geallta dhóibh féin ó thosach aimsire. Níor admhaíodor é. Do shéanadar é. Do chuireadar chun báis é. Ansan do chuir an t-uabhar céanna, agus an stailc chéanna, agus an mhí-chómhairle chéanna ' fhiachaibh orthu aimhleas eile ' dhéanamh dóibh féin. Bhíodar fé smacht na Rómhánach. Págánaigh ab ea

XLV. An Naoú Domhnach tar éis Cíncíse

muíntir na Rómha an uair sin. Chrom na Giúdaigh ar a thuiscint 'na n-aigne nár cheart dóibh féin, ó b'iad Clann Israeil iad agus go mba le Dia iad thar gach náisiún eile, bheith fé smacht ag págánachaibh. D'éiríodar i gcoinnibh na Rómhánach. Chuir Ímpire na Rómhánach mór-shlua amach chun iad do chur fé chois. Do bhuaigh na Rómhánaigh orthu ar gach aon tsaghas cuma. Nuair a bhí buaite glan orthu, cheap an Rómhánach go n-úmhlóidís agus go bhféadfí socrú éigin a thabhairt dóibh. Ní leogfadh an t-uabhar agus an stailc agus an t-aimhleas dóibh úmhlú. Do fíoradh focal an tSlánaitheóra. Do cloíodh agus do dúnadh an chathair isteach go dtí go raibh na daoine ag marú a chéile agus ag ithe a chéile; na Rómhánaigh ag brú orthu ón dtaobh amu' agus iad féin, 'na mbuínibh deighilte, ag troid le chéile agus ag marú a chéile istigh. Fé dheireadh, do tógadh an chathair, agus do deineadh ar an gcathair sin agus ar na daoine a bhí inti a leithéid sin d'éirleach gur beag má tá tuairisc ar a leithéid eile le fáil i seanchas an domhain.

Ach féach, a phobal. An dó' le heinne go gcurfí síos dúinn-na, i Soiscéal an lae seo, an tuairisc sin ar conas mar a shil ár Slánaitheóir a dheóra ar son na cathrach san mura mbeadh brí éigin a bhaineann go mór agus go dlúth linn féin a bheith sa scéal? Tá an brí ann ar aon chuma. An chuma 'na raibh an chathair sin an uair sin, an t-uabhar a bhí inti, agus an stailc, agus an mhí-chómhairle, agus an t-aimhleas, is sampla é ar an gcuma 'na mbíonn an Críostaí a bhíonn ag gabháil i gcoinnibh grásta Dé. Cuirimís i gcás, ar dtúis, gur Críostaí óg é. Do cheap Dia athair agus máthair don Chríostaí sin agus thug sé dhóibh é. Cuirimís i gcás gur dheineadar a ndícheall ar é ' thógaint go maith; gur mhúineadar a phaidreacha in am do; gur thugadar fios aitheanta a chreidimh do; gur chuireadar ag foghlaim Teagasc Críostaí é; go bhfuair sé faoistin agus a Chéad Chomaoine agus Dul-fé-láimh-Easpaig. Bhí an scéal go maith go dtí gur dhrid sé amach insna déagaibh. Ansan do thosnaigh an mac mallachtain ar shéideadh fé laistigh 'na chroí agus in' aigne, agus thosnaigh an droch-chómhluadar ar theangmháil leis lasmu' agus ar é ' mhealladh i leataoibh agus ar é ' sheóladh ar a aimhleas.

XLV. An Naoú Domhnach tar éis Cíncíse

Tá rud éigin, rud nách fónta, istigh in aigne an duine, rud a chuireann ' fhiachaibh air báidh a bheith aige leis an ndroch-chómhairle agus seirithean a bheith aige ar dhea-chómhairle. Rud is ea é nách fuiriste ainm a chur air, ach tá sé ann. Tá sé i ndaoine seochas a chéile. Tabhair fé ndeara an Críostaí óg san adúramair. Is fada leis deich neómataí a thabhairt i dteannta an lín tí ar a ghlúinibh ag rá na Coróinneach Muire, agus ní fada leis uair a' chluig, dhá uair a' chluig, leath na hoíche, b'fhéidir, a thabhairt sáite i mbothán éigin ag imirt chártaí. Is cruatan mór agus is aistear mór agus is obair mhór leis dul Satharn anois agus arís go dtí an séipéal chun faoistine ' dhéanamh, agus ní haistear ná trioblóid leis dul, in éineacht leis an ndroch-chómhluadar, go tigh an tábhairne, agus leath an lae, agus b'fhéidir leath na hoíche, ' chaitheamh ann, gan puínn cúmpúird, ag ól uisce shailigh, ag ól ruda a bhainfidh a ghoile agus a shláinte dhe sara mbeidh puínn dá shaol caite aige. Agus, iúnadh an scéil ar fad, tá fios an méid sin aige féin níos feárr ná mar ' fhéadfadh éinne é ' dh'ínsint do.

Agus tabhair fé ndeara an méid seo. Tá an Críostaí óg san chómh mór i mbliantaibh na tuisceana gur lag leis rud a dhéanamh ar a athair nú ar a mháthair. Má deir an t-athair leis so nú súd a dhéanamh, is snap droch-mhúinte a thabharfaidh sé ar an athair. Má deir a mháthair leis an droch-chómhluadar a sheachaint agus teacht abhaile in am, ní beag san chun a chur ' fhiachaibh air fanúint amu' níos déanaí an oíche sin ná mar a dh'fhan sé an oíche roim ré. Duine óg is ea é, más é do thoil é, a dhéanfaidh mar is ceart a dhéanamh, ach ní chuirfidh sé suas níos mó le smachtúchán! Is ait an rud aigne an duine uaireanta. Is lag leis an mbuachaill sin rud a dhéanamh ar a mháthair, agus má iarrann duine den droch-chómhluadar air rud a dhéanamh, preabfaidh sé láithreach, go fonnmhar, agus déanfaidh sé é. Tá sé ró-spridiúil chun rud a dhéanamh ar a mháthair. Nuair a dh'iarrann duine den droch-chómhluadar air rud a dhéanamh, ca bhfuil an spridiúlacht? Dá éaghmais sin, rud éigin is ceart do a dhéanamh is ea atá ag á mhathair á iarraidh air a dhéanamh. Rud éigin nách ceart do a dhéanamh atá ag an ndroch-chomrádaí á iarraidh air a dhéanamh.

XLV. An Naoú Domhnach tar éis Cíncíse

Is lag leis an ceart a dhéanamh. Tá sé ró-spridiúil. Ní chuireann sé aon stailc suas nuair ' iarrann an droch-chomrádaí air rud éigin peacúil a dhéanamh. Ca bhfuil an spridiúlacht? Ba dhó' le duine dá mbeadh an spridiúlacht cheart ann go gcuirfeadh sé a chos i dtalamh agus ná leogfadh sé don droch-chomrádaí maidrín lathaí ' dhéanamh de. Agus ba dhó' le duine, dá mbeadh an creideamh i gceart ann, go mbeadh sé úmhal, séimh, cneasta, ciúin, síbhialta, leis an mnaoi a thug na blianta fada, de ló agus d'oíche, ag titim leis agus ag banaltranas air. Ba dhó' liom gur spridiúla dho bheith úmhal di-sin agus bheith ag déanamh ruda uirthi ná bheith ag déanamh ruda ar a dhroch-chomrádaí, a thabharfaidh chun na croiche é sa deireadh mura scaraidh sé in am leis.

Leanann an Críostaí óg san a shrian féin. Cruann an tslat. Ní féidir í ' shníomh. Fé mar a neartaíonn an fear óg san in aois, neartaíonn sé insna peacaibh. Neartaíonn sé san olc. Fé mar a neartaíonn sé san olc, cruann a chroí agus imíonn eagla Dé dhe. Tugann sé a srian féin dá dhroch-mhianaibh. Tá seilbh istigh in' aigne ag na seacht cínn-pheacaí marbha. Tá seacht tíolaicí an Sprid Naoimh imithe uaidh fadó. Níl aon chómhluadar is feárr a thaithneann leis ná cómhluadar a mhacshamhal féin. Tá an saol go léir, mórthímpall air, lán de shagartaibh agus de shéipéalaibh agus de shácraimíntibh, lán de sna nithibh míorúilteacha a chuir an Slánaitheóir ar bun chun na gCríostaithe ' thabhairt chun aithrí, agus chun leasa a n-anama, agus chun Dé. Chómh fada agus ' théann sé siúd agus a dhroch-chuallacht, bheadh sé chómh maith ag na nithe míorúilteacha san gan bheith ann in aon chor. Chómh fada agus ' théann sé siúd agus a dhroch-chuallacht, bheadh sé chómh maith ag an Slánaitheóir, moladh go deó leis, gan bheith tar éis iad a chur ar bun riamh. Chómh fada agus a théann sé siúd agus a dhroch-chuallacht, do tháinig an Slánaitheóir ar an saol so in aistear, d'fhuilig sé bás ar chrann na cruise in aistear, d'oscail sé geataí na bhflaitheas in aistear. Tá an fear úd agus a dhroch-chuallacht díreach sa chás 'na raibh an chathair úd Ierúsaleim an lá úd a shil an Slánaitheóir na deóra mar gheall uirthi nuair aduairt sé léi, "Ach dá mbeadh ' fhios agat-sa, sa lá so féin atá agat, na nithe

XLV. An Naoú Domhnach tar éis Cíncíse

atá chun síochána dhuit". Ní hí cathair Ierúsaleim amháin a tharraig an caise deór úd ó shúilibh an tSlánaitheóra an lá úd. Chonaic sé an chathair agus chonaic sé conas mar a bhí fearg Dé le titim uirthi féin agus ar a raibh de dhaoine inti mar gheall ar an stailc a bhí curtha suas acu i gcoinnibh ghrásta Dé. Chonaic sé, leis, an uile dhuine de sna droch-Chríostaithibh do thiocfadh ar an saol so ón lá san go dtí deireadh an domhain, agus conas mar a dhéanfadh go minic droch-Chríostaí dhíobh aimhleas anama dho féin díreach mar a bhí ag muíntir na cathrach san á dhéanamh an uair sin, agus conas mar a thabharfadh an t-aimhleas san ar an ndroch-Chríostaí díbheirg ba mheasa ná an díbheirg a bhí le teacht ar an gcathair sin, díbheirg shíoraí. Chonaic an Slánaitheóir trócaireach go dtiocfadh Críostaithe do raghadh síos go hifreann, trína gcoir féin, in ainneóin na Páise a bhí aige le fulag chun iad do shaoradh ó ifreann. Sin é an rud a tharraig an caise deór úd óna shúilibh naofa. Tá so le rá againn, a Chríostaithe. Níl aon duine againn-na a dhein peaca riamh nár dhein a chion féin chun na ndeór úd do tharrac ó shúilibh an tSlánaitheóra. Machnaímís air sin.

Chonaic an tAthair Síoraí na deóra úd. Chonaic an tAthair Síoraí na daoine gur sileadh an caise deór úd ar a son. Gan amhras, do thug an tAthair Síoraí a ghrásta go líonmhar do sna daoine sin, ar son na ndeór san a bhí ag teacht ó shúilibh an Aon-Mhic agus ar son an osna a bhí ag teacht óna Chroí Naofa. Dá bhféadadh aon rud na daoine sin a dh'iompáil chun Dé, d'iompódh na grásta san iad. Níor iompaigh na grásta san iad. Do leanadar ar an aimhleas in ainneóin ghrásta Dé féin.

Do sileadh an caise céanna deór san ar ár son-na, ar son na gCríostaithe go léir. Do tháinig an osna chéanna san ó Chroí Naofa ár Slánaitheóra ar ár son-na, ar son na gCríostaithe go léir. Tá an tAthair Síoraí ag tabhairt a ghrásta go líonmhar dúinn go léir, olc agus maith mar atáimíd, ar son na ndeór san, ar son an osna san. Cad is ceart dúinn a dhéanamh? An ceart dúinn déanamh mar a dhein na

XLV. An Naoú Domhnach tar éis Cíncíse

Giúdaigh an uair úd? Má dheinimíd mar a dheineadar-súd, tá ' fhios againn cad 'tá rómhainn.

Iompaímís, a Chríostaithe! Deinimís grásta an Athar Síoraí do fhreagairt go fial agus go fonnmhar. Má thugamair cúnamh, lenár bpeacaibh mallaithe, chun na ndeór úd a thabhairt ó shúilibh trócaireacha ár Slánaitheóra, agus chun an osna úd a thabhairt óna Chroí Naofa, deinimís anois an rud a thabharfaidh sólás dá Chroí Naofa, deinimís an rud úd a chuirfidh an t-áthas mór ar bhuínibh na bhflaitheas go léir, deinimís an aithrí!

Go dtugaidh Dia dhúinn go léir, trí ímpí na Maighdine Muire, trí ímpí Naomh Pádraig[10] agus Bhríde agus Choluim Cille, an aithrí do dhéanamh agus í ' dhéanamh go fírinneach agus go dílis. Amen.

XLVI. An Deichiú Domhnach tar éis Cíncíse

Léitear an Soíscéal. (Lúcás 18:9-14)

> San am san, duairt Íosa an tsolaoid seo le roinnt daoine a bhí muiníneach astu féin, mar dhea go rabhadar fíoraonta, agus droch-mheas acu ar dhaoinibh eile: "Chuaigh beirt suas sa teampall chun úrnaithe ' dhéanamh. Fairisíneach dob ea duine acu agus poibleacánach an duine eile. Sheasaimh an Fairisíneach agus dhein sé a ghuí mar seo in' aigne féin, 'A Dhia, bheirim a bhaochas leat ná fuilim-se mar an chuid eile de sna daoine, bithiúnaigh, lucht éagóra, lucht adhaltranais, ar nós an phoibleacánaigh seo féin. Deinim-se troscadh dhá uair sa tseachtain. Tugaim deachú as a bhfuil agam'. Do sheasaimh an poibleacánach i bhfad amach agus níorbh áil leis a shúile amháin d'iompáil suas chun na bhflaitheas, ach é ag bualadh a uchta agus a' rá, 'A Dhia, dein trócaire orm, óir is peacach me'.

---

10 *Naoimh Pádraig* a sheasaíonn san eagrán a foílsíodh in 1909. Is léir ón lámhscríbhinn go raibh *N. Pádraig* anso ar dtúis, agus gur ceartaíodh é 'na dhiaidh sin go *Naoimh Pádraig*—ach duairt an tAthair Peadar féin nár cheart *Naomh Pádraig* agus ainmneacha eile mar é do dhíochlaonadh mar go nglactí 'na bhfrásaíbh fé leith iad.

XLVI. An Deichiú Domhnach tar éis Cíncíse

Deirim libh, do chuaigh sé sin abhaile ar staid na ngrást, murarbh ionann is an fear eile, óir gach duine d'árdóidh é féin, úmhlófar é, agus gach duine d'úmhlóidh é féin, árdófar é".

Is ceart dúinn, a phobal, ár machnamh a dhéanamh go hana-dhlúth agus go hana-chruínn ar bhrí agus ar bhunús an tSoíscéil sin. Ínstear dúinn ar dtúis cad é an chúis gur inis an Slánaitheóir, in aon chor, an scéal san i dtaobh na beirte sin a chuaigh suas isteach sa teampall chun úrnaithe ' dhéanamh. D'inis sé an scéal mar chonaic sé gur oir an scéal do chuid de sna daoine a bhí láithreach. Agus conas a dh'oir an scéal dóibh-sin? D'oir an scéal dóibh mar daoine ab ea iad a mheas gurbh fheárr iad féin ná aon daoine eile. "Bhíodar muiníneach astu féin, mar dhea go rabhadar fíoraonta, agus bhí droch-mheas acu ar dhaoinibh eile".

Ach féach. D'airíomair riamh gur maith an rud do dhuine meas a bheith aige air féin. Agus níor airíomair riamh aon cháineadh dhá dhéanamh ar dhuine níos géire agus níos tarcaisniúla ná a rá gur dhuine gan mheas air féin é. An té ná beidh meas aige air féin, ní bheidh meas ag éinne air. Agus cad 'na thaobh go mbíonn meas ag duine air féin? Bíonn meas ag duine air féin más féidir do a rá, cuir i gcás, os cómhair Dé agus daoine, ná fuil cuid a chómharsan aige go han-dleathach; ná déanfadh sé éagóir ar dhuine eile 'na chuid ná 'na chlú ná 'na phearsain; ná brisfeadh sé an tsaoire; ná feacathas riamh ar meisce é ná ag imeacht le droch-chómhluadar; go dtugann sé aire dá ghnó go macánta agus go himníoch; go ndeineann sé a dhícheall ar dhlí Dé agus na hEagailse do chómhlíonadh, ar gach aon tsaghas cuma, chómh fada agus a théann a thuiscint agus a bhreithiúntas agus a choínsias. Nár chóir gur cheart a rá go bhfuil creidiúint mhór ag dul don duine sin? Agus nár chóir a dh'admháil gur ró-mhaith an rud do dhuine meas maith a bheith aige air féin nuair a chuireann an meas atá aige air féin ' fhiachaibh air a dhualgaisí chun Dé agus chun daoine do chimeád os cómhair a aigne agus iad do chómhlíonadh chómh cruínn, chómh hiomlán san? Mura mbeadh an meas san a bheith aige air féin agus ar na dualgaisibh sin, ní fhéadfadh sé go deó

XLVI. An Deichiú Domhnach tar éis Cíncíse

iad do chómhlíonadh chómh maith. Dá bhrí sin, cad 'na thaobh go bhfaighfí locht air mar gheall ar an meas san a bheith aige air féin?

Féachaimís rómhainn sa scéal. Ní bhfuair an Slánaitheóir an locht ar na daoinibh úd mar gheall ar mheas a bheith acu orthu féin. Bhí dhá chúis aige leis an locht a fuair sé orthu, 'sé sin iomad meas' a bheith acu orthu féin agus droch-mheas a bheith acu ar dhaoinibh eile.

Tá dhá chuma 'nar féidir don duine meas a bheith aige air féin. D'fhéadfadh duine meas mór a bheith aige air féin agus ar pé maitheas atá ann, agus san am gcéanna, a thuiscint agus a dh'admháil in' aigne ná fuil aon mhaith ann ach maith a fuair sé ó Dhia. Fíor-úmhlaíocht is ea an meas san ar dhuine féin. Agus d'fhéadfadh duine meas mór a bheith aige air féin mar gheall ar mhaitheas éigin a chíonn sé ann féin, agus gan cuímhneamh in aon chor ar Dhia a chruthaigh é, ach a chroí ' bheith lán de mhór-is-fiú aige mar gheall ar an méid sin maitheasa, chómh maith agus gurbh air féin ba chóir a bhaochas a bheith an mhaith san a bheith ann. Uabhar ar fad is ea an saghas san meas' ag duine air féin. Tá aon ní amháin a thispeánann go hálainn ceocu uabhar nú úmhlaíocht atá sa mheas atá ag duine air féin. Má tá an úmhlaíocht sa mheas atá ag duine air féin, ní baol choíche, pé meas atá aige air féin, go mbeidh aon droch-mheas aige ar aon duine eile. Más uabhar atá sa mheas atá aige air féin, beidh sé coitianta ag déanamh cúmparáide idir é féin agus daoine eile agus dhá dhéanamh amach i gcónaí go bhfuil maith éigin ann féin ná fuil i ndaoinibh eile. Na daoine úd go bhfuair an Slánaitheóir an locht orthu, uabhar is ea a bhí sa mheas a bhí acu orthu féin, agus dá chómhartha san féin, bhí an droch-mheas acu ar dhaoinibh eile.

Rud is ea uabhar gurb ana-dheocair é ' leigheas. Dallann sé aigne an duine i dtreó nách aon mhaith bheith ag cainnt leis ná a d'iarraidh chómhairle ' thabhairt do. An fear ná fuil 'na chroí ach uabhar ar fad, déarfaidh sé leat, suas led bhéal, "Ní duine gan locht me. Tá ' fhios agam go maith nách ea. Tá mo lochtaí féin orm. Níl éinne gan locht

XLVI. An Deichiú Domhnach tar éis Cíncíse

éigin ann. Ach pé lochtaí atá ionam ná ná fuil, sin locht ná fuil ionam. Níl aon uabhar ionam, agus ní raibh riamh".

Sin é cúis 'nar thug an Slánaitheóir an tsolaoid chómh soiléir do sna daoine úd. Thispeáin sé dhóibh an Fairisíneach agus é 'na sheasamh ansúd, ag déanamh úrnaithe, dar leis. Ní raibh aon úrnaithe aige á dhéanamh. Ag maíomh agus ag déanamh uabhair is ea ' bhí sé. Ag áireamh a mhaitheasaí féin a bhí sé, agus ag áireamh peacaí daoine eile. "A Dhia", ar seisean, "bheirim a bhaochas leat ná fuilim mar an chuid eile de sna daoine; bithiúnaigh; lucht éagóra; lucht adhaltranais". Agus ní fhéadfadh sé an poibleacánach do leogaint thairis; "ar nós an phoibleacánaigh seo", ar seisean.

Breithnigh an Fairisíneach san, a Chríostaí. Tabhair fé ndeara go maith é. Meáigh i t'aigne an uile fhocal dá nduairt sé. Chuais-se féin chun faoistine go minic. Ní héidir gur dheinis an fhaoistin ar an gcuma so, féach: "Baochas mór le Dia, a Athair, ní bhím ag déanamh aon rud' as an slí. Ní bhím ag eascainí ná ag badhbóireacht ná ag cúl-chainnt. Ní dhéanfainn aon pheaca choíche dá leogtí dhom féin. Ach tá droch-chlann agam agus cuirid siad fearg orm. Agus an bhean so atá agam, bíonn sí coitianta 'om ithe 's 'om ghearradh".

Nách fíor-dheallraitheach leis an gcainnt aduairt an Fairisíneach an chainnt sin? 'Od mholadh féin agus ag ínsint peacaí daoine eile! Nách in é díreach a bhí ag an bhFairisíneach á dhéanamh? Dhá mholadh féin agus ag ínsint peacaí na ndaoine eile! Agus an bhfuil ' fhios agat cad 'duairt an Slánaitheóir i dtaobh an Fhairisínigh? Duairt sé go raibh a pheacaí air ag dul abhaile dho. Is baol, más é faoistin an Fhairisínigh a dheineann tusa, 'od mholadh féin agus ag ínsint peacaí daoine eile, gurb amhlaidh a bheidh tuilleadh peacaí ort, ag dul abhaile dhuit, ná raibh ort nuair a bhís ag teacht. Nuair a bheidh tú 'ot ollmhú féin chun faoistine, seachain an Fairisíneach. Nuair a bheidh an fhaoistin agat á dhéanamh, seachain an Fairisíneach. Nuair a bheidh tú ag ínsint do pheacaí, seachain an Fairisíneach. Cuir síos do pheacaí féin agus ná trácht in aon chor ar aon duine eile ná ar

XLVI. An Deichiú Domhnach tar éis Cíncíse

pheacaibh aon duine eile. Ní bheidh ort freagairt i láthair Dé ach id pheacaibh féin, agus ní beo' dhuit é. Ar an gcuma gcéanna, pé saghas eile gnótha a bheidh ar siúl idir thu féin agus Dia, seachain an Fairisíneach. Bíodh an meas is mó ' fhéadfair agat ort féin i láthair Dé, ach tuig an fhírinne i gcónaí. Tuig i t'aigne go cruínn má tá aon mhaitheasaí ionat gurb é Dia a thug duit iad. Tuig, leis, go cruínn, agus b'fhéidir go mbainfeadh san an mhóráil díot, go gcaithfir freagairt i láthair Dé ins gach aon tabharthas dár bhronn sé ort. Má chítear an uair sin go mbeidh úsáid mhaith déanta agat de sna tabharthaistibh a bhronn sé ort, beidh an scéal go maith agat. Má chítear an uair sin gur ag maíomh as na tabharthaistibh a chaithis do shaol agus ag déanamh baoise mar gheall orthu, in inead iad do chur chun glóire do Dhia a thug duit iad, geallaim dhuit, agus tá ' fhios agat féin é, go mbeidh an scéal dian ort. Seachain an Fairisíneach, adeirim leat.

Sa tsolaoid sin a thug an Slánaitheóir do sna daoine úd a bhí chómh muiníneach astu féin agus as a bhfíoraontacht, tugann sé radharc dúinn ar dhuine eile. Tugann sé radharc dúinn ar an bpoibleacánach. Daoine uaisle, galánta, creidiúnacha, diaga, dar leis an bpoiblíocht, ab ea na Fairisínigh. Agus, dar leis an bpoiblíocht gcéanna, droch-aicme ar fad ab ea na poibleacánaigh. Sin mar a bhí an scéal ag an dá aicme os cómhair na poiblíochta. Ach bhí an scéal ar a mhalairt sin de chuma acu i láthair Dé. Bhí na poibleacánaigh olc go leór i láthair Dé, ach dá olcas iad, ba mheasa na Fairisínigh ná iad.

Do thispeáin an Slánaitheóir, leis an solaoid, cad é an dearúd a bhí ar an bpoiblíocht i dtaobh na bhFairisíneach. Thispeáin sé, mar an gcéanna, dá olcas iad na poibleacánaigh, go raibh éinne amháin orthu, pé'r domhan é, a bhí taithneamhach i láthair Dé. Agus thispeáin sé do sna daoine a bhí ag éisteacht leis, agus do sna Críostaithibh go léir, riamh ó shin, gurbh í an úmhlaíocht a bhí ann a dhein taithneamhach é i láthair Dé. Uabhar 'na steille-bheathaidh ab ea an Fairisíneach. Ní raibh aon rud sa phoibleacánach bhocht ach úmhlaíocht ar fad. Thug an Slánaitheóir an Fairisíneach dúinn mar

XLVI. An Deichiú Domhnach tar éis Cíncíse

shampla ar an uabhar, chun go seachnóimís é. Thug sé an poibleacánach dúinn mar shampla ar an úmhlaíocht, chun go ndéanfaimís beart dá réir. Do thráchtas ar an té a dhéanfadh faoistin an Fhairisínigh, dhá mholadh féin agus ag ínsint peacaí duine eile. Tá sampla álainn againn sa phoibleacánach ar an gcuma 'nar ceart don Chríostaí an fhaoistin a dhéanamh i dtreó go mbeidh sí taithneamhach i láthair Dé. D'fhan sé i bhfad síos. Do chrom sé a cheann. Bhí sé ag bualadh a uchta le neart dóláis mar gheall ar a pheacaibh féin. Ní raibh sé ag cuímhneamh in aon chor ar aon duine eile. Ní dheallródh an scéal go bhfeacaigh sé an Fairisíneach in aon chor, ná go raibh ' fhios aige é ' bheith ann. Ní raibh uaidh ach go ndéanfadh Dia trócaire air féin agus go maithfeadh sé a pheacaí dho. Sin mar ba cheart don Chríostaí dul chun faoistine, agus sin mar ba cheart do an fhaoistin a dhéanamh. An Críostaí a ghlacfaidh sampla an phoibleacánaigh agus do chuirfidh in' fhaoistin úmhlaíocht an phoibleacánaigh, dólás croí an phoibleacánaigh, macántacht admhála an phoibleacánaigh, déanfaidh grásta an tSlánaitheóra, i Sácraimínt na haithrí, an chuid eile dho, agus raghaidh sé abhaile glan óna pheacaibh. Tá focal an tSlánaitheóra féin againn leis sin. An té a dhéanfaidh faoistin an Fhairisínigh, ag dul ar a chosaint féin in inead a pheacaí ' dh'admháil, dhá mholadh féin in inead é fein a dhaoradh, raghaidh sé abhaile agus tuilleadh ualaigh air. Ní gá an méid sin a dh'ínsint d'aon Chríostaí go bhfuil an Teagasc Críostaí aige. Tuigeann sé féin an scéal chómh maith agus d'fhéadfadh éinne é ' dh'ínsint do. Ach is é donas an scéil go dtuigimíd a lán nithe go maith agus 'na dhiaidh san ná deinimíd de réir ár dtuisceana. Tispeánann ár dtuiscint dúinn an bóthar ceart agus ansan ní foláir lenár dtoil a bóthar féin do ghabháil.

Ach déarfaidh duine, b'fhéidir: "Má bhíonn duine macánta ansan, duine ná déanfadh an éagóir pé cor a bheadh le tabhairt do, má chíonn an duine sin fear ag déanamh an chaím, conas is féidir do gan droch-mheas a bheith aige ar an bhfear san?"

XLVI. An Deichiú Domhnach tar éis Cíncíse

Go díreach! Duine macánta den tsórd san ab ea an Fairisíneach úd. Chonaic sé uaidh síos an poibleacánach. Duine den aicme a bhíodh i gcónaí ag déanamh an chaím ab ea an poibleacánach san. Conas ' fhéadfadh an Fairisíneach gan droch-mheas a bheith aige air? Ach do chonaic Dia, i láthair na huaire céanna san, gurbh é an poibleacánach an fíoraon agus gurbh é an Fairisíneach an neamh-fhíoraon. Seachain tu féin, a dhuine mhacánta, le heagla gur mar sin díreach a bheadh an scéal agat-sa nuair ba dhó' leat ná féadfá gan droch-mheas a bheith agat ar an bhfear a dheineann an cam, dar leat. Pé cam a dhein sé riamh, ná nár dhein sé, ca bhfios duit-se conas a sheasaíonn an scéal idir é agus Dia ar an neómat so? Nuair ' fhéach an Fairisíneach síos agus nuair a chonaic sé an duine bocht thíos agus a cheann-fé aige agus é ag bualadh a uchta, dá mbeadh aon chiall in aon chor aige, d'éistfeadh sé. Do thuigfeadh sé in' aigne go mb'fhéidir go raibh an tsíocháin déanta ag an nduine sin le Dia agus ná beadh sé ceart in aon chor aige féin teacht idir é agus Dia. Ach cad é sin agam á rá! Ar ndó', dá mbeadh an chiall san agus an tuiscint sin aige, ní bheadh sé 'na chladhaire Fairisínigh mar a bhí sé.

Breithnigh an bheirt go maith, agus ansan tabhair fé ndeara an focal deirineach atá sa tSoiscéal: "Gach duine d'árdóidh é féin, ísleófar é, agus gach duine d'úmhlóidh é féin, árdófar é".

Cainnt ana-dhoimhinn, a phobal, is ea an méid sin cainnte. Ciallaíonn sí, ar dtúis, go bhfuil croí agus aigne an duine ana-chlaon chun uabhair, agus nuair a bhíonn an duine ag géilleadh don uabhar, nách foláir do thrócaire Dé, ar mhaithe leis an nduine sin féin agus chun é ' chimeád ó dhíobháil anama ' dhéanamh do féin, trioblóidí do chur air, trioblóidí a bhrisfidh agus a bhrúfaidh an t-uabhar istigh 'na chroí agus a thispeánfaidh do go soiléir ná fuil aon chúis aige chun uabhair a bheith air, agus go bhfuil gach aon chúis aige chun bheith úmhal. An té a thuigfidh an ní sin in am agus d'úmhlóidh é féin, uaidh féin, in am, raghaidh sé saor óna lán trioblóidí.

XLVI. An Deichiú Domhnach tar éis Cíncíse

Tá ciall eile leis an gcainnt sin. Nuair a chímíd duine agus é úmhal, ciallmhar, ciúin 'na chainnt, urramúil do chainnt duine eile, gan aon fhocal choíche ag teacht as a bhéal i bhfuirm aon mhaímh as a dhea-thréithibh féin; agus gur dáiríribh atá sé mar sin, nách dhá leogaint air bheith úmhal atá sé i dtreó go molfadh duine éigin eile a dhea-thréithe; nuair a chímíd duine den tsórd san, tugaimíd inead an-árd do 'nár meas. Is é nádúr na húmhlaíochta, nuair is úmhlaíocht dhílis í, duine ' dh'árdú 'nár meas. Ar an gcuma gcéanna, nuair a chímíd duine agus nách féidir leis dhá fhocal do labhairt gan bheith ag maíomh as a dhea-thréithibh, nách féidir leis éisteacht le hoiread agus aon fhocal amháin i bhfabhar dhuine eile gan a chroí ' bheith lán d'éad, tugaimíd inead íseal do 'nár meas. Is é nádúr an uabhair an duine ' dh'ísliú. Mar sin, an té a bhíonn dhá ísliú féin le fíor-úmhlaíocht, is dhá árdú féin a bhíonn sé; agus an té a bhíonn ag briseadh a chroí agus ag bodhradh na ndaoine, a d'iarraidh é fein a dh'árdú, is dhá ísliú féin a bhíonn sé, ar a dhícheall. Níl aon tréith sa duine is ísle ná uabhar. Agus níl aon tréith sa duine is uaisle ná fíor-úmhlaíocht.

Go gcuiridh an Tiarna an fhíor-úmhlaíocht san 'nár gcroíthibh go léir. Amen.

XLVII. An tAonú Domhnach Déag tar éis Cíncíse

Léitear an Soiscéal. (Marcus 7:31-37)

San am san, do chuaigh Íosa amach as críochaibh Thíre agus tháinig sé trí Shídón go muir Ghailílí, trí lár críche Dhecapolis. Agus do thugadar ag triall air duine a bhí bodhar balbh, agus bhíodar ag tathant air go gcuirfeadh sé a lámh air. Agus thóg sé leis i leataoibh é ón slua, agus chuir sé a mhéireanna isteach 'na chluasaibh, agus chuir sé seile amach agus chuir sé an seile ar theangain an duine, agus d'fhéach sé suas chun na bhflaitheas agus dhein sé osna, agus duairt sé "*Ephphéta*", 'sé sin, "Oscail". Agus láithreach do hoscladh a dhá chluais don duine, agus do bogadh an ceangal dá theangain, agus do

XLVII. An tAonú Domhnach Déag tar éis Cíncíse

labhair sé go cruínn. Agus d'órdaigh sé (Íosa) dhóibh gan a ínsint d'éinne. Ach dá mhéid a choisc sé iad is ea is mó d'ínseadar é, agus is ea is mó a dheineadar iúnadh dhe, agus deiridís, "Deineann sé gach ní go maith. Tugann sé éisteacht don bhodhar agus cainnt don bhalbh".

Tá roinnt nithe sa tSoiscéal san, a phobal, atá ábalta ar iúnadh ' chur ar an té a dhéanfadh machnamh orthu. Níor ghá dár Slánaitheóir an duine ' thógaint i leataoibh agus a mhéireanna ' chur 'na chluasaibh agus an seile ' chur ar a theangain, chun an leighis a dhéanamh air. D'fhéadfadh sé an leigheas a dhéanamh le haon ghníomh amháin óna thoil naofa. Cad chuige gur dhein sé na nithe eile, más ea? Ní raibh aon chruadas sa ghníomh san do seochas aon ghníomh eile. Cad fé ndeara dho, más ea, an osna ' dhéanamh? Nuair a bhí an mhíorúilt déanta agus an duine leighiste, duairt an Slánaitheóir leis an muíntir a bhí láithreach agus do chonaic an mhíorúilt, gan bheith dhá ínsint; ach sin mar ba mhó a dh'ínseadar é. Ansan, ínstear dúinn gur dheineadar iúnadh den mhíorúilt sin, agus go ndeiridís: "Deineann sé gach ní go maith: agus tugann sé éisteacht don bhodhar agus cainnt don bhalbh". Cad 'na thaobh gur dheineadar iúnadh den mhíorúilt sin seochas na míorúiltí eile a dhein sé? Bhí cuid de sna míorúiltibh eile agus, dar leat, ba mhó go mór de mhíorúiltibh iad ná an mhíorúilt sin.

B'fhéidir, a phobal, gur feárr-de a thuigfimíd na nithe sin má chimeádaimíd roinnt eile nithe go cruínn os cómhair ár n-aigne. Do dhein ár Slánaitheóir na míorúiltí go léir, ar dtúis chun a thispeáint do sna Giúdaígh agus don tsaol go léir go raibh cómhacht Dé aige; ansan chun tairbhe ' dhéanamh do sna daoinibh a bhí 'na ghátar, chun trócaire agus mór-mhaitheasa a Chroí ró-Naofa ' dh'imirt orthu. Sin dá bhun a bhí aige le hiad a dhéanamh, ag tispeáint a chómhachta agus ag déanamh maitheasa. Ach tuigimís an méid seo. Solaoid ab ea, ar chuma éigin, gach míorúilt dár dhein sé, ar chuid éigin den obair a bhí aige le déanamh don chine daonna. Do leighis sé daoine fé leith ó ghalaraibh corpartha. Bhí an leigheas míorúilteach. Dhein an mhíorúilt tairbhe d'aon duine amháin éigin, anso agus ansúd. Ach solaoid ab ea an mhíorúilt sin ar leigheas eile a bhí le déanamh ag an

XLVII. An tAonú Domhnach Déag tar éis Cíncíse

Slánaitheóir, ar leigheas spriodálta, ar leigheas ón bpeaca, leigheas a bhí le déanamh, ní har aon duine amháin éigin anso agus ansúd, ach ar an gcine daonna go léir.

Ansan, níorbh aon trioblóid don tSlánaitheóir an leigheas corpartha ' dhéanamh. Ní raibh aige le déanamh, sa leigheas, ach gníomh a thoile. Ní túisce a thoiligh sé go ndéanfí an leigheas ná mar a bhí an leigheas déanta. Ní mar sin don leigheas spriodálta. Is ana-dheocair an leigheas spriodálta do dhéanamh ar an nduine, uaireanta, mar bhíonn toil an duine i gcoinnibh an leighis. Leigheas ón bpeaca is ea an leigheas spriodálta, agus ní féidir an duine do leigheas ón bpeaca, ní nách iúnadh, an fhaid a bheidh toil an duine ag gabháil leis an bpeaca. Nuair a bhíonn an duine múchta insna peacaibh, múchta i ndroch-bhéasaibh maraitheacha, bíonn an t-anam gan éisteacht gan úrlabhra, chómh fada agus a théann aon tsaghas gutha spriodálta. Ní haon tairbhe bheith ag cainnt leis an nduine sin i dtaobh grásta Dé ná i dtaobh tairbhe a anama. Ní airíonn sé focal. Tá sé bodhar, chómh bodhar le duine a bheadh marbh sínte ar chlár. Bhí an bhodhaire sin ar an gcine daonna go léir go dtí go dtáinig an Slánaitheóir chun na bodhaire do leigheas. Solaoid ar an leigheas san a bhí aige le déanamh ar an gcine daonna go léir ab ea an leigheas a dhein sé ar bhodhaire chorpartha an duine sin adeirtear sa tSoíscéal. Chun deacrachta an leighis a bhí le déanamh ar an mbodhaire spriodálta do chur in úil is ea ' thóg sé an duine i leataoibh agus do chuir sé a mhéireanna isteach 'na chluasaibh, agus duairt sé an focal "*Ephphéta*", "Oscail". Agus chun na deacrachta san do chur in úil is ea ' dhein sé an osna.

Sin abhar machnaimh dúinn-na, a phobal. An bhfuil aon bhaol go mbeadh an bhodhaire spriodálta san orainn? Bodhaire is ea í is deocair a leigheas. Droch-bhéas peacúil éigin is ea ' chuireann an bhodhaire sin ar an gCríostaí. Cruann an droch-bhéas an croí. Baineann an droch-bhéas an mothú as an gcoínsias. Is é an coínsias cluas an anama. Nuair a bhíonn an mothú imithe as an gcoínsias, bíonn an t-anam bodhar. Ní mhothaíonn an t-anam san aon chogar ó ghrásta Dé. Leanann an duine sin ar a dhroch-bhéas, ar a dhroch-

XLVII. An tAonú Domhnach Déag tar éis Cíncíse

pheacaibh maraitheacha, agus ní chuireann sé aon tsuím iontu. Dá mbeadh an éisteacht aige, éisteacht an anama, níl aon pheaca dhíobhsan a dhéanfadh sé ná cuirfeadh fearg Dé ag labhairt i gcluasaibh a anama, ag labhairt mar a labharfadh tóirthneach. Ach tá an t-anam bodhar. Tá an coínsias gan mothú. Ní haon tairbhe don tóirthnigh bheith ag labhairt. Tá ' fhios aige go maith go bhfuil na peacaí aige á dhéanamh. Tá ' fhios aige go maith gur peacaí maraitheacha iad. Tá ' fhios aige go dian-mhaith go gcuirfid na peacaí sin síos go tíntibh ifrinn é. Ach ní chuireann sé suím ar bith sa scéal. Sin é an neamhshuím a bhain an osna úd ó Chroí Naofa ár Slánaitheóra. Níorbh aon mhoíll ar an Slánaitheóir an bhodhaire chorpartha do leigheas, ach an bhodhaire spriodálta san; an neamh-shuím sin sa pheaca; duine, agus a dhá shúil ar dian-leathadh agus é ag dul ceann-ar-aghaidh isteach i lasair ifrinn; agus gan blúire suime aige sa scéal! A ghoile aige dá chuid bídh i gcaitheamh an lae. An oíche aige á chodladh chómh sámh agus do chodlódh an leanbh í, agus ' fhios aige go mb'fhéidir go dtiocfadh an bás air aon neómat, agus dá dtagadh, ná fuil dul ar bith aige ó thíntibh ifrinn! Sin é an neamh-shuím, sin í an bhodhaire anama a bhí ag an Slánaitheóir le leigheas don chine daonna nuair a tháinig an osna úd óna Chroí Naofa. Sin é an doras dúnta a bhí aige le hoscailt nuair aduairt sé an focal úd, "*Ephphéta*".

Bíonn duine bodhar ar fad, agus bíonn duine leath-bhodhar, agus bíonn duine agus gan air ach allaíre bheag. B'fhéidir ná fuil puínn daoine go bhfuil an scéal chómh tiubaisteach san ar fad acu agus go bhféadfaidís bheith coitianta ag déanamh droch-pheacaí maraitheacha gan aon bhlúire suime sa phionós atá 'na gcómhair. Ach is baol go bhfuil roinnt mhaith daoine ná cuireann leath oiread suime sa phionós san agus ba cheart a chur ann. Agus is baol gur beag má tá aon Chríostaí ar an saol gan roinnt éigin den bhodhaire sin air. Is baol gur beag má tá aon Chríostaí a mhachnaíonn mar ba cheart ar léanmhaire an pheaca, ar an ndíobháil a dheineann sé, ar an saol so féin, don duine a thiteann ann, agus ar an bpionós uathásach atá 'na chómhair ar an saol eile. Dá bhrí sin, a Chríostaithe, is ceart dúinn féachaint chúinn féin. Is ceart dúinn machnamh go dlúth ar an

XLVII. An tAonú Domhnach Déag tar éis Cíncíse

scéal. Is ceart dúinn bheith coitianta dhá iarraidh ar an Slánaitheóir gléigeal a mhéireanna do chur isteach i gcluasaibh ár n-anama, an doras dúnta ' dh'oscailt, ár gcoínsias do ghlanadh ó gach dúire agus ó gach neamh-shuím, i dtreó go n-éistfimís go haireach le gach cogar ó ghrásta Dé agus go mothóimís láithreach brí agus bunús an chogair sin, agus go leogfaimís don chogar san eagla Dé ' chur orainn. An té go mbeidh eagla Dé air, déanfaidh sé leas a anama.

Ach féach. Do dhein an Slánaitheóir dhá leigheas ar an nduine úd. Thug sé úrlabhra dho chómh maith le héisteacht. D'fhéadfadh sé an t-úrlabhra ' thabhairt do, leis, le gníomh toile. Ach do dhein sé níos mó ná gníomh toile. Chuir sé seile amach agus chuir sé an seile ar theangain an duine, agus do bogadh an ceangal a bhí ar an dteangain, agus tháinig cainnt, cainnt chruínn, don duine láithreach. Cad é an brí a bhí leis an seile? Bhí brí ana-dhoimhinn leis an seile sin, a phobal.

Do chruthaigh Dia neamh agus talamh, reanna agus réaltanna. Chruthaigh sé na héisc sa bhfarraige agus na hainmhithe ar an dtalamh tirim. Chruthaigh sé gach ní beó agus neambeó. Agus féach: níor chuir sé ar chumas aon ruda eile dár chruthaigh sé aithne ' chur air agus labhairt leis, ach amháin ar chumas an duine. Dá mhéid solas sa ghréin, ní féidir di aithne ' chur ar Dhia ná labhairt leis. Dá aoirde í an spéir agus dá fhairsinge é an talamh; dá mhéid agus dá raímhre iad na cnuic, ní féidir dóibh labhairt le Dia ná aithne ' chur air. Ar ar chruthaigh Dia sa tsaol so, níl ach an duine gur féidir do aithne ' chur ar Dhia agus labhairt leis. Agus féach cad 'duairt an Teagasc Críostaí linn fadó:

"Cad chuige gur chruthaigh Dia sinn?"

"Chun aithne ' chur air agus chun é ' ghráú ar an dtalamh so agus chun séan síoraí do shealbhú 'na dhiaidh so ar neamh".

XLVII. An tAonú Domhnach Déag tar éis Cíncíse

Tá ar chumas an duine labhairt le Dia. Dá bhrí sin, ba cheart don duine bheith i gcónaí ag labhairt le Dia. I dtosach aimsire, do lean an duine ar feadh tamaill dhá dhéanamh san. I ndiaidh ar ndiaidh, do dhein an duine dearúd de. Fé dheireadh, do stad sé dhe. Ansan do chuaigh sé as aithne ' bheith aige ar Dhia. Ansan do ghlac sé déithe fallsa. Ansan d'imigh sé amú ar fad i dtreó ná feidir sé an raibh Dia ann in aon chor nú ná raibh. Nuair a bhí sé sa chás san, ní raibh ar a chumas, a thuilleadh, labhairt le Dia. Bhí an t-úrlabhra san caillte aige. Bhí sé balbh. Bhí gá aige le Dia, agus ní raibh ar a chumas glaoch ar Dhia. Bíonn gá ag an mbeithíoch allta le Dia. Is é Dia a thugann bia dho. Is é Dia a chuireann neart ann. Is é Dia ' thugann sláinte dho. Nuair a bhíd na nithe sin in easnamh air, ní féidir do glaoch ar Dhia agus na nithe sin a dh'iarraidh air. Ní foláir do fanúint go dtugaidh Dia dho iad uaidh féin. Nuair a chaill an duine a chumas ar labhairt le Dia, bhí sé ar nós an bheithígh allta. Má bhí sé i ngá le nithibh, ní raibh ar a chumas labhairt le Dia agus na nithe sin a dh'iarraidh air. Chaith sé fanúint, ar nós an bheithígh allta, go dtí gur thug Dia dho iad uaidh féin. Ansan ní raibh ar a chumas baochas a ghabháil le Dia mar gheall orthu ach chómh beag agus ' bhí ar chumas an bheithígh allta. Bhí sé chómh balbh ó chainnt le Dia agus ' bhí an beithíoch allta.

Bhí an bhailbhe sin ar an gcine daonna go léir nuair a tháinig an Slánaitheóir. Cuid d'obair an tSlánaitheóra ar an saol so ab ea an chine daonna do leigheas ón mbailbhe sin agus a mhúineadh dhóibh arís conas labhairt le Dia. Solaoid ar an leigheas san a bhí le déanamh ar an gcine daonna ón mbailbhe spriodálta ab ea an mhíorúilt lenar leighis an Slánaitheóir an duine úd ón mbailbhe chorpartha a bhí air. Ach ba dheocra go mór do chómhacht Dé féin an chine daonna do leigheas ón mbailbhe spriodálta ná an duine úd do leigheas ón mbailbhe chorpartha. Níorbh fholáir don tSlánaitheóir cainnt amach as a bhéal naofa féin do chur isteach i mbéal na cine daonna sara scaoilfí an ceangal a bhí ar a dteangain i dtreó go bhféadfaidís labhairt leis an Athair Síoraí. Chuir sé an chainnt sin amach as a bhéal féin, isteach i mbéalaibh na cine daonna, nuair aduairt sé lena

XLVII. An tAonú Domhnach Déag tar éis Cíncíse

dheisceabail: "Seo mar a dhéanfaidh sibh guí chun Dé: Ár nAthair atá ar neamh, go naofar t'ainm; go dtagaidh do ríocht; go ndeintear do thoil ar an dtalamh mar a deintear ar neamh. Ár n-arán laethúil tabhair dúinn inniu; maith dhúinn ár gcionta mar ' mhaithimíd-na do chách a chionntaíonn 'nár n-aghaidh; agus ná léig sinn i gcathaibh, ach saor sinn ó olc".

Dhá chur in úil gur amach as a bhéal féin, ar an gcuma san, do chaithfeadh leigheas na bailbhe teacht don chine daonna is ea ' chuir sé an seile as a bhéal ar theangain an duine ar a raibh an bhailbhe chorpartha. Do bogadh an ceangal de theangain an duine, agus tháinig cainnt chruínn do. Trí pháis agus trí bhás an tSlánaitheóra do bogadh, leis, an ceangal de theangain na cine daonna, agus do cuireadh arís ar chumas an duine féachaint suas os cionn gach uile ní dár chruthaigh Dia ar an saol so, féachaint suas isteach insna flaithis, agus labhairt, aghaidh ar aghaidh, leis an Athair Síoraí. Thug an Slánaitheóir, moladh 's baochas leis, an chainnt sin don chine daonna, agus do chimeád an chine daonna, nú formhór na cine daonna, an chainnt sin riamh ó shin.

Ach do chimeád cuid de sna Críostaithibh an chainnt níos feárr ná mar a chimeád tuilleadh acu í. Ó aimsir an tSlánaitheóra anuas, agus anois féin, tá daoine naofa san Eaglais agus do chimeádadar an t-úrlabhra san go cruínn. Chimeádadar é agus dheineadar úsáid de coitianta. An fhaid a bhíodar ar an saol so, an chuid atá imithe dhíobh, is suas insna flaithis, ar an Athair Síoraí, a bhí a súile agus a n-íntinn. Is leis an Athair Síoraí a bhíodh a gcainnt agus a gcómhrá coitianta, go dtí gur chríochnaíodar a dtréimhse anso agus gur thóg an tAthair Síoraí chuige féin ar fad iad. An chuid acu atá ar an saol so fós, is é an scéal céanna acu é. Iad ar an saol so agus a n-aigne ar an saol eile. Iad ag cur an tsaeil seo dhíobh, i láthair Dé, agus a gcómhrá go léir agus a gcainnt go léir ar an saol eile, ag feitheamh go foighneach leis an lá 'na nglaofaidh Dia suas chuige féin iad.

XLVII. An tAonú Domhnach Déag tar éis Cíncíse

Gan amhras, sin mar ba cheart do gach aon Chríostaí bheith, an fhaid is toil le Dia é ' fhágaint ar an saol so. Ach, foraíor, ní mar sin atá ag á lán againn. Do tugadh dúinn an t-úrlabhra. Do bogadh an ceangal den teangain againn. Do chuir an Slánaitheóir ar ár gcumas labhairt leis an Athair Síoraí. Ach is baol go bhfuil a lán againn nár dhein aon taithí den chainnt. An té ná déanfaidh taithí den chainnt, caillfidh sé an chainnt. Is baol go bhfuil an chainnt caillte ag á lán againn le heaspa taithí. B'fhéidir go bhfuil a lán againn agus go mbíonn an chainnt 'nár mbéalaibh againn agus go mbímíd dhá labhairt, ach nách suas ar an Athair Síoraí a bhíonn ár n-aigne ag féachaint nuair a bhímíd ag labhairt na cainnte, ach mórthímpall orainn anso, ar thrioblóidibh agus ar ghnóthaibh an tsaeil seo. Más mar sin atá an scéal againn, tá sé suarach go leór againn, agus is ceart dúinn féachaint chúinn féin láithreach. Is ceart dúinn ár n-aigne do chrothadh suas agus mairbhití an tsaeil seo do chaitheamh dínn. Leogaint dár n-aigne éirí os cionn an tsaeil seo fé mar a dh'éiríonn an t-éan. Leogaint dár n-aigne aithne ' chur ar an Athair Síoraí, agus labhairt leis an Athair Síoraí, agus bheith ag féachaint suas chun an Athar Síoraí; mar is chuige sin a chruthaigh an tAthair Síoraí aigne an duine agus ní chun bheith cromtha ar an saol so.

Nuair a thuigimíd ar an gcuma san, a phobal, an mhíorúilt sin a dhein an Slánaitheóir glórmhar ar an nduine a bhí bodhar balbh, agus nuair a bhreithnímíd an brí uathásach a bhí fén míorúilt sin, is ró-fhuiriste dhúinn a rá, fé mar aduairt na daoine a chonaic an mhíorúilt, "Deineann sé gach ní go maith. Tugann sé éisteacht don bhodhar agus cainnt don bhalbh".

Go leighsidh an Slánaitheóir sinn go léir ar gach bodhaire agus ar gach bailbhe spriodálta. Amen.

SEANMÓIN IS TRÍ FICHID

XLVIII. An Tarna Domhnach Déag tar éis Cíncíse

Léitear an Soiscéal. (Lúcás 10:23-37)

San am san, duairt Íosa lena dheisceablaibh, "Is beannaithe na súile a chíonn na nithe a chíonn sibhse. Óir deirim libh gur mhian le mórán fáidhe agus ríthe na nithe d'fheiscint a chíonn sibhse, agus ní fheacadar iad; agus na nithe do chlos a chloiseann sibhse, agus níor chloiseadar iad". Agus féach, d'éirigh fear dlí chun triail a bhaint as, agus duairt sé, "A Mháistir, cad 'tá le déanamh agam chun na beatha síoraí do shealbhú?" Agus duairt seisean leis, "Cad 'tá scríofa sa dlí? Conas a léann tú an dlí?" Agus d'fhreagair séisean agus duairt, "Gráóidh tú do Thiarna Dia ód chroí go hiomlán, agus ó t'anam go hiomlán, agus led neart go léir, agus le t'aigne go léir, agus do chómharsa mar thu féin". Duairt sé leis, "Thugais freagra cruínn. Dein an méid sin agus mairfir". Ach duairt seisean le hÍosa, a d'iarraidh é féin do cheartú, "Agus cé hé mo chómharsa?" Duairt Íosa dhá fhreagradh, "Bhí duine ag gabháil síos ó Ierúsalem go Ierichó, agus do seóladh i measc bithiúnach é, agus do robáladar é, agus do ghabhadar air, agus d'fhágadar 'na ndiaidh é leath-mharbh. Agus do thárla go raibh sagart ag gabháil síos an bóthar céanna, agus chonaic sé é, agus do bhuail sé thairis. Mar an gcéanna, do thárla go raibh Levíteach in aice na háite, agus go bhfeacaigh sé é, agus do bhuail sé thairis. Ach bhí Samaritánach ag gabháil an bóthar agus tháinig sé in' aice, agus nuair a chonaic sé é, tháinig trua aige dho. Chuaigh sé anonn chuige agus cheangail sé suas a chneathacha tar éis íle agus fíona do chur iontu. Agus chuir sé ar muin a bheithígh féin é, agus thug sé leis é go dtí an tigh ósta, agus thug sé aire dho. Agus amáireach a bhí chuige, thóg sé amach dhá phingin agus thug sé don fhear ósta iad, agus duairt sé, 'Tabhair aire dho-san, agus pé méid a bheidh tú caillte leis, tabharfad-sa thar n-ais duit é'. Ceocu den triúr san is dó' leat-sa ba chómharsa don duine a seóladh i measc na mbithiúnach?" Agus duairt seisean, "An té ' dhein an charthanacht air". Agus duairt Íosa leis, "Imigh-se agus dein mar an gcéanna".

Féach, a phobal, ní mór gur gá do shagart aon fhocal do rá le pobal mar gheall ar bhrí na cainnte atá sa tSoiscéal san. Is beag ná gurbh fheárr an chainnt d'fhágáilt mar atá sí, tá sí chómh breá, chómh

XLVIII. An Tarna Domhnach Déag tar éis Cíncíse

solasmhar, chómh soiléir sin. Bhí na Giúdaígh ag féachaint ar an Slánaitheóir agus ag éisteacht lena chainnt, agus in inead aon tairbhe ' bhaint dóibh féin as an gcainnt, is amhlaidh a bhíodar, mar ba ghnáth leó a bheith, ag faireachán air agus ag ceistiúchán air, féachaint an bhféadfaidís, dar leó féin, aon bhúntáiste ' bhreith air sa chainnt. Nuair a chonaic sé an aigne sin iontu, níor dhein sé ach a rá, go breá réidh, lena dheisceablaibh, agus cuid de sna Giúdaígh ag éisteacht leis, gur mhór an t-áthas a bheadh ar na fáidhibh agus ar na ríthibh a bhí sa tsaol i bhfad roimis sin dá bhfeicfidís an Slánaitheóir, nách ag faireachán ná ag ceistiúchán a bheidís, ach a d'iarraidh gach tairbhe anama ' dh'fhéadfaidís d'fháil ón Slánaitheóir. Ansan is ea d'éirigh fear na dlí agus chuir sé an cheist. Do chuir sé an cheist, ach níor cheist mhacánta í. Ní heólas a bhí uaidh. Ní raibh uaidh ach aighneas do chur ar an Slánaitheóir, féachaint an ndéarfadh sé aon fhocal go bhféadfí cor nú casadh ' chur ann agus a rá go raibh sé i gcoinnibh dlí Mhaoise. "Cad 'tá le déanamh agam", ar seisean, "chun na beatha síoraí a dh'fháil?"

Níor dhein an Slánaitheóir, moladh 's baochas leis, ach an cheist do chasadh air. "Tá san scríofa sa dlí", ar seisean. "Conas a léann tú an dlí?" Níorbh fholáir don duine an cheist sin d'fhreagairt nú a thispeáint dá raibh láithreach ná raibh an t-eólas aige ba cheart do a bheith aige. D'fhreagair sé í, go breá réidh. "Thugais freagra cruínn", arsan Slánaitheóir leis. "Dein an méid sin agus beidh an bheatha shíoraí agat". Nuair a dh'airigh an fear dlí an chainnt sin, chonaic sé go raibh amadán déanta aige dhe féin os cómhair na ndaoine; ceist curtha aige chun eólais a dh'fháil, agus an t-eólas cheana aige féin! Theastaigh uaidh a thispeáint nách gan chúis a chuir sé an cheist.

"Agus cé hé mo chómharsa?", ar seisean.

Pé rud a dhein an chéad cheist a chuir sé, bhí brí agus bunús a dóthain leis an gceist sin. Bhí aigne na nGiúdach an uair sin imithe amú ar fad i dtaobh na ceiste sin, agus do ghlac an Slánaitheóir an ócáid sin chun an dearúid a bhí orthu do cheartú agus chun na fírinne

XLVIII. An Tarna Domhnach Déag tar éis Cíncíse

do chur 'na luí ar a n-aigne go daingean, agus í ' chur 'na luí orthu amach a béal a bhfear dlí féin. Do thuig na Giúdaigh an uair sin go raibh ceangailte ar Ghiúdach Giúdach do ghráú mar é féin. Níor thuigeadar, áfach, gur cheart do Ghiúdach aon ghrá ' thabhairt do Ghínteach. Dá n-abradh an Slánaitheóir, lom díreach, gur chómharsa an Gínteach chómh maith leis an nGiúdach, bheadh a phuínte bertha leis ag an bhfear dlí. D'fhéadfadh sé iompáil agus a rá, "Tá an fear so ag cur dlí Mhaoise ar neamhní! Tá órdaithe dhúinn i ndlí Mhaoise, arís agus arís eile, gan teangmháil ná cómhluadar a dhéanamh le Gínteachaibh. Deir an fear so nách féidir do Ghiúdach an bheatha shíoraí ' dh'fháil mura dtugaidh sé don Ghínteach an grá céanna a thugann sé don Ghiúdach!" D'iompódh san na daoine go léir, an uair sin, i gcoinnibh teagaisc an tSlánaitheóra. Ansan is ea d'inis an Slánaitheóir an scéal i dtaobh an fhir a bhí ag dul ó Ierúsalem síos go Ierichó, agus conas mar a bhuail na bithiúnaigh uime agus cad é an cor a thugadar air.

Ní foláir dúinn a chimeád os cómhair ár n-aigne gur thit an ní sin amach díreach mar a dh'inis an Slánaitheóir é. Ní scéal é do ceapadh mar sholaoid. Rud ab ea é do thit amach le fírinne. Do chonaic an Slánaitheóir é ag titim amach, mar chíonn Dia gach uile ní. Níorbh iúnadh liom in aon chor dá mbeadh an bheirt láithreach ag éisteacht le cainnt an tSlánaitheóra, an bheirt a chonaic an duine leath-mharbh ar an mbóthar agus d'fhág ansan é. Má bhíodar láithreach, níor scéigh sé orthu. Níor dhein sé ach a dh'ínsint cad a deineadh, agus ansan a dh'ínsint cad a dhein an Samaritánach, an duine iasachta, an duine go raibh an droch-mheas go léir ag an nGiúdach air. Bhí an scéal cruaidh ar an nGiúdach, a rá gur dhein an Samaritánach an dea-chómharsanacht agus gur dhiúltaigh gach duine den bheirt eile d'é ' dhéanamh. Má bhí aon duine den bheirt eile ann ag éisteacht leis an scéal, is dócha go raibh sé ag crith le heagla go neósfí air é. Níor hínseadh. Níor dhein an Slánaitheóir ach iompáil ar an bhfear a thosnaigh an ceistiúchán agus a fhiafraí dhe, lom díreach: "Ceocu den triúr san ba dhó' leat-sa ba chómharsa don duine a seóladh i measc na mbithiúnach?"

XLVIII. An Tarna Domhnach Déag tar éis Cíncíse

Bhí an fear dlí bocht i gcrua-chás. Conas ' fhéadfadh sé trácht ar dhlí Mhaoise agus páirt a ghabháil le héinne den bheirt? B'fhéidir go raibh ' fhios aige cérbh iad. Má bhí ' fhios aige é, níor leog sé air é. Do scaoil sé amach an freagra fírinneach. "Is dó' liom", ar seisean, "gurbh é an té a dhein an charthanacht air ba chómharsa dho".

Agus is dó' liom-sa gurbh fheárr leis féin, um an dtaca san, gurbh é rud a bheadh déanta ó thosach aige ná a bhéal a chimeád dúnta. Ní dó' liom, pé eólas ná pé tuiscint a bhí aige i ndlí Mhaoise, go raibh sé chómh hollamh chun ceistiúcháin as san amach.

Ag machnamh ar an scéal dúinn féin, 'nár gCríostaithibh, is ceart dúinn mór-thrócaire ár Slánaitheóra do thuiscint agus do mholadh agus d'adhradh go hárd. Chonaic sé an mhailís agus an droch-aigne a bhí istigh i gcroí an duine sin nuair a thosnaigh sé ar an gceistiúchán. Chonaic sé go raibh an duine sin lán-cheapaithe ar dhíobháil a dhéanamh do—an díobháil ba mhó ' fhéadfadh sé ' dhéanamh. Agus fós do ghlac sé go réidh agus go cneasta é. Thug sé dea-chómharsanacht do, bíodh gur togha droch-chómharsanachta a bhí aige dá fháil uaidh. Sin teagasc dúinn-na, a Chríostaithe, dhá chur 'na luí orainn, go soiléir agus go daingean, más fíor-Chríostaithe sinn, gur ceart dúinn, pé droch-chómharsanacht a tabharfar dúinn, gan droch-chómharsanacht do thabhairt uainn mar gheall air, ach an dea-chómharsanacht a thabhairt i gcónaí pé olc maith an chómharsanacht a tugtar dúinn.

B'fhéidir go ndéarfadh duine, "Ó, tá san ana-chruaidh".

Níl, go deimhin, ná cruaidh in aon chor. Agus rud eile atá agam le rá 'na thaobh. Tá a lán daoine a dheineann é, agus a dheineann é coitianta. Tá Críostaithe ann, agus ní beagán acu é, agus pé olc a bheadh déanta agat orthu, dar leó, dá mbeadh do bhó nú do chapall ar lár amáireach, bheidís dhá dtógaint duit chómh tapaidh díreach agus ' bheidís don té nár dhein aon olc riamh orthu. Ní hé mo thuairim go

XLVIII. An Tarna Domhnach Déag tar éis Cíncíse

bhfuil aon pháirt d'Éirinn ná fuil san fíor ann. Tá sé fíor, ar aon chuma, ins gach aon áit 'na bhfuil an fhíor-fhuil Ghaelach le fáil.

Déanfaidh daoine, ar an gcuma san, tapaidh go leór, dea-chómharsanacht le gníomh. Tá dea-chómharsanacht eile, áfach, agus tá sé deocair go leór uaireanta a chur ' fhiachaibh orthu é ' dhéanamh; 'sé sin dea-chómharsanacht le cainnt. Sin é díreach an saghas dea-chómharsanachta a dhein an Slánaitheóir, moladh go deó leis, ar an bhfear úd a tháinig ag cur air leis an gceistiúchán. Droch-chómharsanacht mhioscaiseach, mhailíseach, crochaireacht, is ea a bhí ag an bhfear san á dhéanamh air leis an gcainnt a bhí aige á dhéanamh. Carthanacht is ea ' dhein an Slánaitheóir ar an bhfear san leis an gcainnt a dhein sé leis an uair sin. |

Féach, a phobal, an fear úd a seóladh i measc na mbithiúnach agus do fágadh ar an mbóthar leath-mharbh, tar éis a raibh 'en tsaol aige do robáil uaidh, cé leis go samhlaím é? Samhlaím-se é leis an bhfear go ndíreóidh beirt nú triúr dá chómharsanaibh ar a chlú do chíoradh le cúl-chainnt. Do seóladh an duine bocht i measc bithiúnach. Tá a bhfuil 'en tsaol aige acu á bhaint de. Níl aon tsaibhreas ag duine ar an saol so is luachmhaire dho ná a chlú. Stracaid bithiúnaigh na cúl-chainnte uaidh an saibhreas san. Ar an gcéad dul síos, níl aon droch-chómharsanacht is measa ná an chúl-chainnt. Tá cómharsa ag éisteacht leis an gcúl-chainnt sin. Níl focal as a bhéal, bíodh go bhfuil ' fhios aige go maith gur éitheach an chúl-chainnt. Sin droch-chómharsanacht. Sin é díreach an saghas droch-chómharsanachta a dhein an bheirt úd a bhuail an bóthar dóibh féin agus d'fhág an duine ansúd leath-mharbh agus nár chuir blúire suime ann. Droch-chómharsanacht is ea an chúl-chainnt. Droch-chómharsanacht is ea éisteacht leis an gcúl-chainnt agus gan focal do labhairt chun an duine do chosaint ar na bithiúnaigh. Ní miste bithiúnaigh a thabhairt orthu. Níl bithiúnaigh is measa ná iad. Má thagann bithiúnach chun mo choda ' bhreith leis, tá seans éigin agam ar mo chuid do chosaint air agus do chimeád uaidh. Má fhéadaim teacht suas leis, b'fhéidir go bhféadfainn mo chuid a bhaint de. Ach nuair a thiocfaid beirt nú triúr

XLVIII. An Tarna Domhnach Déag tar éis Cíncíse

i gcuideachtain a chéile agus ' thosnóid siad ar mo chlú do ghuid uaim le cúl-chainnt, le cogarnach agus le fáscadh béil agus le crothadh cínn, níl aon tseans in aon chor agam ar me féin a chosaint orthu. Imeóidh an chogarnach agus an fáscadh béil agus an crothadh cínn ó dhuine go duine. Ar ball beidh déanta dhom an droch-chómharsanacht is measa a dh'fhéadfí a dhéanamh do dhuine, díobháil a dhéanamh 'na chlú dho. Éisteann cómharsa dhom leis an ndíobháil dá dhéanamh dom. Ní deir sé focal ar mo shon. Éisteann duine muínteartha leis an ndíobháil. Ní deir sé focal ar mo shon. Ansan, b'fhéidir, ráiníonn do dhuine iasachta éigin bheith ag éisteacht leis an gcogarnach agus leis na cómharthaí sóird. Preabann sé láithreach agus buaileann sé buille ' chois sa talamh agus cuireann sé cosc leis an gcúl-chainnt. Gach áit 'nar chuir an chogarnach gearradh im chlú, cuireann seisean focal fónta isteach sa chneadh. Cuireann sé íle agus fíon im chneathachaibh. Fiafróidh sé go géar de lucht na cogarnaí: "Ca bhfios duit an fíor é? Cad é an deimhne atá agat air? Ar fhiafraís den duine féin an fíor é? Más bréag é, cad é an leathscéal a bheidh agat le tabhairt i láthair Dé uait? Do leathais an bhréag led chogarnach agus led chrothadh cínn agus led chómharthaibh. Peocu fíor nú bréag é, beidh cúntas dian id choinnibh-se mar gheall air. Bhí do chogarnach agus do chur-thrí-chéile agus do chómharthaí sóird agat ar ghnó nár bhain in aon chor leat. Ní fheadraís anois cá stadfaidh an droch-obair atá déanta agat, ach beidh tú freagarthach sa droch-obair go léir, pé fada gairid a raghaidh sé".

Sin é an Samaritánach. Sin é an fear a dheineann an charthanacht agus an dea-chómharsanacht. Sin mar ba cheart do gach aon Chríostaí a dhéanamh nuair a bheidh cúl-chainnt ar siúl 'na láthair. Tá ceangailte ar gach aon Chríostaí é ' dhéanamh.

Ar chómharsanacht is ea do chríochnaigh an chainnt an lá úd idir ár Slánaitheóir agus fear na dlí. Do thispeáin an scéal beag ón Slánaitheóir an dá shaghas cómharsanachta, an droch-chómharsanacht agus an dea-chómharsanacht. Do chuir an scéal beag

XLVIII. An Tarna Domhnach Déag tar éis Cíncíse

an dá shaghas cómharsanachta in aice ' chéile go deas i dtreó nárbh fhéidir d'éinne an uair sin, agus nách féidir d'éinne riamh ó shin, ná anois, aon dearúd a dhéanamh 'na dtaobh, ná gan iad a dh'aithint ó chéile go hana-mhaith. Bhíodar curtha in aice ' chéile chómh deas san, agus a chómharthaí so-fheicse féin ar gach taobh acu, go mb'éigean don fhear dlí féin iad a dh'admháil gan a thuilleadh aighnis.

"Ceocu den triúr úd is dó' leat-sa", arsan Slánaitheóir, "ba chómharsa don fhear a seóladh i measc na mbithiúnach?"

"An té a dhein an charthanacht air", arsan fear dlí.

Tabhair fé ndeara an freagra san. "An té a dhein an charthanacht air".

Is é, dá bhrí sin, tosach agus deireadh, bun agus bárr, lár agus leath-imeall an scéil go léir, gurb í an charthanacht cómhartha so-fheicse na dea-chómharsanachta. An té go bhfuil grá ceart aige dá chómharsain, ní dhéanfaidh sé díobháil dá chómharsain. Ní dhéanfaidh sé díobháil do 'na phearsain. Ní dhéanfaidh sé díobháil do 'na chuid. Ach thar gach ní eile, ní dhéanfaidh sé díobháil do 'na chlú. Ní dhéanfaidh sé cúl-chainnt ar a chómharsain. Níl aon droch-chómharsanacht is measa ná an chúl-chainnt. Níl aon rud is mó atá i gcoinnibh carthanachta ná cúl-chainnt. Do gheall an Slánaitheóir an bheatha shíoraí an uair úd don té a dhéanfadh an charthanacht ar an gcómharsain.

"Imigh-se agus dein mar an gcéanna".

Go dtugaidh an Slánaitheóir gléigeal dá ghrástaibh dúinn san do dhéanamh. Amen.

SEANMÓIN IS TRÍ FICHID

XLIX. An Tríú Domhnach Déag tar éis Cíncíse

Léitear an Soiscéal. (Lúcás 17:11-19)

> San am san, mar a bhí Íosa ag dul go Ierúsalem, bhí sé ag gabháil trí lár Shamaria agus Ghaililí. Agus ag dul isteach do i ndún áirithe, do bhuail deichniúr lobhar uime, agus do sheasaíodar i bhfad amach uaidh, agus d'árdaíodar a nglór agus dúradar, "A Íosa, a Mháistir, dein trócaire orainn-na". Agus nuair a chonaic sé iad, duairt sé leó, "Imídh agus tispeánaidh sibh féin do sna sagartaibh". Agus do thárla, ar an slí dhóibh, gur glanadh iad. Ach bhí duine acu agus nuair a chonaic sé go raibh sé glan, d'fhíll sé thar n-ais, agus é ag moladh Dé go hárd. Agus chaith sé é féin ar a bhéal is ar a aghaidh ag cosaibh Íosa ag gabháil a bhaochais leis, agus Samaritánach dob ea é sin. Agus d'fhreagair Íosa é agus duairt, "Nár glanadh deichniúr? Agus an naonúr eile, ca bhfuil siad?" Níor fuaradh éinne chun teacht agus glóire ' thabhairt do Dhia ach an duine iasachta so. Agus duairt sé leis an bhfear, "Éirigh agus imigh leat, óir do shlánaigh do chreideamh thu".

Breithnigh an focal san, a Chríostaí: "Ca bhfuil an naonúr eile?"

Bhí deichniúr acu ann. Bhí an galar orthu ba ghráinniúla ' dh'fhéadfadh a bheith ar dhuine. Galar ana-shalach, an-fhuafar, ana-thógálach. An duine 'na mbíodh an galar san air, ní leogtí dho teacht in aon chor i measc daoine le heagla go dtógfadh na daoine an galar uaidh. Níor bhreóiteacht an galar, i dtosach bára ar aon chuma. Do mhairfeadh duine mórán aimsire agus an galar san air, agus bheadh siúl agus rian aige, agus neart agus goile, ach an salachar a bheith ar a chroiceann agus 'na chuid fola. Bheadh an salachar croicin agus an bréantas fola ag neartú go dtí, fé dheireadh, go mbeadh an fheóil ag lobhadh agus ag leaghadh, agus ag titim de bhallaibh beatha an duine, agus ná féadfí teacht in aon ghaor do le neart an droch-bhalaithe a bheadh uaidh. Do leanadh an galar ag dul in olcas ar an gcuma san go dtí go dtagadh an bás ar an nduine. I dteannta gach droch-ní eile dár bhain leis an ngalar san, ní raibh aon eólas ag dochtúiribh ar aon rud

XLIX. An Tríú Domhnach Déag tar éis Cíncíse

a leighisfeadh é. Na daoine go dtagadh an galar san orthu, ba mhór an trua iad. Chaithidís imeacht amach insna coílltibh agus maireachtaint mar ' bheadh daoine fiaine, agus fanúint mar sin amu' insna coílltibh go dtí go dtiocfadh an bás orthu.

Bhí deichniúr acu i gcóngar na slí sin 'na raibh an Slánaitheóir le gabháil. D'airíodar go raibh sé le gabháil an treó san. Bhíodar ag éisteacht i gcaitheamh na haimsire roimis sin leis na tuairiscibh uathásacha a bhí i mbéalaibh na ndaoine ar na míorúiltibh a bhí aige á dhéanamh, agus go mór mór, ar na leighseannaibh míorúilteacha a bhí aige á dhéanamh. Bhí fios aitheanta a gcreidimh acu. Bhí ' fhios acu go raibh an Slánaitheóir geallta don chine daonna. Bhí ' fhios acu go raibh an aimsir tagaithe 'nar cheart súil a bheith lena theacht. Nuair ' airíodar na míorúiltí uathásacha bheith dá ndéanamh, d'inis a gcreideamh dóibh gurbh é an Slánaitheóir a bhí tagaithe agus gurbh É a bhí ag déanamh na míorúiltí sin. Ansan do shocraíodar ar theacht ar an slí roimis agus ar a dh'iarraidh air iad do leigheas. Ní raibh ceadaithe dhóibh teacht ach i ngiorracht glao don bhóthar a gheóbhadh sé. Thánadar i ngiorracht glao don bhóthar, agus chómh luath agus ' chonacadar é, do chuireadar suas an ghlao, "A Íosa, a Mháistir, dein trócaire orainn-na!" Chítear ansan an neart a bhí sa chreideamh a bhí acu. Níor chuaigh sé ag triall orthu. Níor chuir sé a lámh orthu. Níor bhain sé in aon chor leó. Ní duairt sé leó, "Táthaoi glan". "Imídh", ar seisean, "agus tispeánaidh sibh féin do sna sagairt". 'Sé sin i dtreó go dtabharfí teistiméireacht dóibh dhá rá go rabhadar glan ón lobhra. Ach ní rabhadar glan an uair sin. Ní raibh aon leigheas déanta an uair sin orthu. Ba dhó' le duine gurbh é rud adéarfaidís eatarthu féin ná "cad é an gnó atá againn ag dul ár dtispeáint féin mar sin agus gan aon leigheas déanta orainn?" Sin é díreach an rud adéarfaidís mura mbeadh an creideamh a bheith chómh láidir iontu. Níor dheineadar ach gluaiseacht láithreach fé dhéin na sagart, fé mar adúradh leó. Ansan do tugadh luacht saothair a gcreidimh dóibh. D'imigh an aicíd díobh agus iad ar an slí.

XLIX. An Tríú Domhnach Déag tar éis Cíncíse

'Sea. Tabhair fé ndeara go cruínn anois, a Chríostaí, roinnt nithe atá le feiscint sa méid sin scéil. Bhí an creideamh go láidir, go hana-láidir, ag an ndeichniúr. Do deineadh don uile dhuine den deichniúr an tairbhe corpartha ba mhó a dh'fhéadfí ' dhéanamh d'aon duine. Dá mba le haon duine den deichniúr san, an uair sin, saibhreas an domhain uile go léir, thabharfadh sé an saibhreas go léir ar leigheas a dh'fháil do féin ón aicíd ghránna san, dá mb'fhéidir an leigheas a dh'fháil ach an saibhreas san do dhíol as, agus ní baol gur dhó' leis go mbeadh an leigheas ró-dhaor. Do tugadh an leigheas do gach duine den deichniúr agus níor hiarradh orthu aon rud a dhíol as. Do tugadh an leigheas dóibh in aisce. Ansan do thit rud amach agus, an té ' mhachnódh air, is iúntach an rud é. Dá mhéid creideamh a bhí acu go léir, níor tháinig thar n-ais chun a bhaochais do ghabháil le Dia na glóire ach an t-éinne amháin! Bhí an creideamh acu go léir. Chuir an creideamh ' fhiachaibh orthu go léir focal an tSlánaitheóra do ghlacadh agus rud a dhéanamh air sarar deineadh aon leigheas ar éinne acu. Agus fós níor chuir an creideamh céanna san ' fhiachaibh orthu teacht thar n-ais agus, mar aduairt an Slánaitheóir, "Glóire ' thabhairt do Dhia". "Ca bhfuil an naonúr eile?", arsan Slánaitheóir.

Ní gan fáth a chuir an Eaglais an ní sin os ár gcómhair-na i Soíscéal an lae 'nniu, a phobal. Tá Dia, coitianta, ag bronnadh a thabharthaistí orainn-na. Tabharthaistí móra is ea iad go léir. Is minic ná machnaímíd in aon chor ar a méid agus ar a dtairbhe go dtí go mbaintear dínn tabharthas éigin acu. Tagann, cuir i gcás, rud éigin ar shúil dhuine. Lagaíonn an radharc sa tsúil. Tagann eagla ar an nduine go gcaillfidh sé an tsúil. Siúd gach aon ghnó eile caite soir siar láithreach ag an nduine sin, agus siúd ag imeacht ar fuid na dútha é, fé thrioblóid agus fé chostas, ó dhochtúir go dochtúir, féachaint an bhféadfí an radharc a chimeád sa tsúil sin. Más Críostaí fónta é, agus go bhfuil an creideamh go láidir istigh 'na chroí, is minic i gcaitheamh an lae a bhíonn a chroí agus a aigne ag glaoch go hárd ar Dhia, i ganfhios don tsaol, dhá iarraidh ar Dhia na glóire an tsúil sin do leigheas agus an radharc ' fhágáilt inti. Ach tá súil eile aige agus radharc maith inti. An mó uair a chuímhníonn sé ar bhaochas a

XLIX. An Tríú Domhnach Déag tar éis Cíncíse

ghabháil le Dia mar gheall ar an súil eile ' bheith go maith aige? An tsúil sin atá i gcúntúirt anois, bhí sí go hálainn aige ar feadh fiche blian, ar feadh daichead blian, b'fhéidir, sara dtáinig an méid sin iomáird uirthi. An mó uair i gcaitheamh na mblianta san go léir a chuímhnigh sé in' aigne gur thabharthas mór ó Dhia na glóire an tsúil sin? Agus an mó uair a thug sé baochas do Dhia na glóire mar gheall ar an dtabharthas san? Ar chuímhnigh sé in aon chor, riamh, ar rud den tsórd san a dhéanamh i gcaitheamh na haimsire sin go léir? Is ceist í, a phobal. B'fhéidir nár chuímhnigh. Bhí fiche rud ag teacht idir é agus cuímhneamh air. Bhí an tsúil féin go maith agus go láidir agus go glan. Níor tháinig lá dá chuímhne dho gur thabharthas ó Dhia í go dtí go dtáinig an t-iomárd uirthi.

Nách trua an scéal é, a phobal, a rá go gcaithfidh Dia na glóire, go minic, cuid dá thabharthaistibh a bhaint dínn chun a chur ' fhiachaibh orainn a dh'admháil gurbh É féin a thug dúinn ar dtúis iad! Ní deirtear sa tSoíscéal gur cuireadh an galar arís ar an naonúr úd nár tháinig thar n-ais chun baochais a ghabháil. Bhí an Slánaitheóir ró-thrócaireach chun rud den tsórd san a dhéanamh. Ar ár nós féin, tháinig fiche rud do chuir an baochas as a n-aigne. Bhí an t-áthas go léir orthu nuair a fuaradar go bhféadfaidís dul abhaile ag triall ar a ndaoine féin. Bhí, agus dhearúdadar an té ' chuir ar a gcumas dul abhaile ag triall orthu. Bhí an Slánaitheóir, moladh 's baochas leis, ró-fhial chun an dearúid sin d'agairt orthu. Ach do dhein sé an gearán orthu go cruaidh. "Ca bhfuil an naonúr eile?", ar seisean.

Níl aon dabht in aon chor air, a phobal, ná go gcaitheann Dia na glóire, go minic, cuid dá thabharthaistibh a bhaint dínn, ar mhaithe linn, chun a chur ' fhiachaibh orainn glóire ' thabhairt do Dhia mar is ceart dúinn. Cé ' bhí bertha ná caillte leis an rud a dhein an t-einne amháin úd agus nár dhein an naonúr? Ní raibh éinne beó bertha ná caillte leis ach an t-éinne amháin agus an naonúr. Níl aon ghá ag Dia le moladh ná le glóire uainn-na! Má thugaimíd glóire agus moladh do Dhia, is sinn féin atá bertha leis. Má dheinimíd faillí dhe, is sinn féin a bheidh caillte leis an bhfaillí sin. Níl aon ghá ag Dia linn-na. Ach tá

XLIX. An Tríú Domhnach Déag tar éis Cíncíse

gach aon ghá againn-na le Dia. Is maith le Dia go ndéanfaimís leas ár n-anama. Chuige sin is ea ' chruthaigh sé sinn. Is é leas ár n-anama bheith ag cuímhneamh i gcónaí ar Dhia, ag tabhairt grá dho, ag cur ár dtoile lena thoil naofa. Má dheinimíd faillí dhe sin, ní foláir do thrócaire Dé rud éigin a dhéanamh a chuirfidh ' fhiachaibh orainn an fhaillí do chur uainn. Is é rud a dheineann Dia go minic chuige sin ná tabharthas éigin dá thabharthaistibh féin a thógaint uainn ar feadh tamaill. Nuair a tógtar uainn an tabharthas, pé saghas tabharthais é, peocu radharc súl é, nú lúth géige, nú roinnt éigin dár gcuid, iompaímíd láithreach agus iarraimíd ar Dhia, más é a thoil naofa é, an ní sin a thabhairt thar n-ais dúinn. Ansan, nuair a bhíonn an tairbhe anama déanta dhúinn, nuair a bhíonn úmhlú déanta againn orainn féin i láthair Dé agus ár gcreideamh neartaithe ón úmhlú san, b'fhéidir go dtugann Dia dhúinn thar n-ais an tabharthas a thóg sé uainn. B'fhéidir, leis, ná tugann, mar go bhfeiceann sé nách é leas ár n-anama é ' dh'fháil arís in aon chor.

Tugann san chun ár gcuímhne rud a chímíd go minic, agus a chuireann iúnadh orainn. Chímíd uaireanta daoine ná fuil aon chreideamh acu agus ná raibh riamh, agus tugann Dia an saol ar a dtoil féin ar fad dóibh. Sláinte mhaith acu. An saol ag éirí leó ar gach aon tsaghas cuma. Saibhreas agus olla-mhaitheas ag titim chúthu isteach gan puínn dá dhua ' fháil. Ach na daoine bochta go bhfuil an creideamh 'na gcroí acu, gan rí ná rath, sa tsaol so, orthu féin ná ar aon rud is leó! Nuair ná bíonn iomárd ar a sláinte, bíonn sé ar a gcuid. Uaireanta bíonn an t-iomárd orthu féin agus ar a gcuid. Agus ní túisce ' bhíonn iomárd curtha dhíobh acu ná mar siúd iomárd éigin eile orthu, agus gur truime, b'fhéidir, an tarna hiomárd ná an chéad iomárd. Chímíd rud den tsórd san uaireanta, agus ní bhíonn againn le rá ach, "Is greannúr an scéal é!"

Ní greannúr in aon chor. Níl aon rud greannúr ann. Is é an scéal céanna díreach é ó thosach. Ní do sna haspail a thug Dia cómhacht agus saibhreas agus olla-mhaitheas an tsaeil seo. Is do sna págánaigh a thug sé iad. Níor thug Dia do sna haspail ar an saol ach dealús agus

XLIX. An Tríú Domhnach Déag tar éis Cíncíse

uireaspa agus trioblóidí, agus ruagadh agus díbirt ó áit go háit, agus bualadh agus batráil agus an uile shaghas droch-úsáide. Ní túisce ' bhíodh trioblóid curtha dhíobh acu ná mar a thagadh trioblóid éigin ba thruime ná é in' inead orthu. Agus thug Dia saibhreas agus áthas agus suairceas an tsaeil seo, go rafar agus go séanmhar, do sna págánaigh a bhí sa tsaol le línn na n-aspal. Tuigimíd go léir an méid sin, agus ní deirimíd choíche, "Ba ghreannúr an scéal é!" Ní deirimíd, mar tá ' fhios againn go dian-mhaith go raibh a dtuarastal le fáil ag na haspail chómh luath agus d'fhágfaidís an saol so, tuarastal nárbh fhéidir d'íntleacht an duine a shaibhreas do mheas.

Tá an scéal ar an gcuma gcéanna díreach fós. An Críostaí gurb é toil Dé trioblóidí an tsaeil seo ' thabhairt le fulag do, agus d'fhuiliceóidh iad de réir thoile Dé, tá an tuarastal céanna 'na chómhair ar an saol eile a bhí i gcómhair na n-aspal, agus gheóbhaidh sé an tuarastal san, i gcómhluadar na n-aspal, ar feadh na síoraíochta. Dá bhrí sin, níl aon rud greannúr sa scéal. Ní har an saol so atá a thuarastal le tabhairt do Chríostaí atá fíoraonta. Is ar an saol so atá a fhíoraontacht le tispeáint, agus is iad na trioblóidí saolta a dheineann an tispeáint sin. Níl an tispeáint sin le déanamh in aon chor ar na daoine atá gan creideamh. Ní féidir rud a thispeáint agus gan an rud ann. Níl aon fhíoraontacht acu le tispeáint. Níl aon tairbhe anama ag trioblóidibh saolta le déanamh dóibh. Dá bhrí sin, ní curtar chúthu iad mar a curtar chun na bhfíoraon iad. Scaoiltear leó ar an saol so fé mar a scaoiltear leis an mbeithíoch allta. Tiocfaidh an saol eile orthu. Ní beo' dhóibh a luathacht.

Is é crích an scéil é, a phobal, gur ceart dúinn go léir an rud a dhein an naonúr úd, agus an rud a dhein an t-éinne amháin úd, do bhreithniú go hana-chruínn, agus an dá ní do chimeád i gcónaí 'nár n-aigne. Níl aon bhaol ná go ndéanfaimíd an rud a dhein an deichniúr in éineacht. Níl aon bhaol ná go nglaofaimíd ar Dhia nuair a bheidh rud againn le hiarraidh air. Beithíoch allta amu' 's amach is ea an té ná déanfaidh é sin. Tá gach aon bhaol, áfach, nuair a thabharfaidh Dia dhúinn an rud a bheidh againn á iarraidh go cruaidh air, go

XLIX. An Tríú Domhnach Déag tar éis Cíncíse

ndéanfaimíd mar a dhein an naonúr, go mbeimíd chómh tógtha san leis an dtabharthas ná cuímhneóimíd ar theacht agus ar bhaochas a ghabháil le Dia mar gheall ar é ' thabhairt dúinn. Ansan, má chíonn Dia go bhfuil an tabharthas san ag déanamh díobhála anama dhúinn, gur measa linn an tabharthas ná an tÉ a thug dúinn é, ar ndeóin, tá ' fhios ag an saol go gcaithfidh Dia na glóire, moladh go deó leis, ar mhaithe lenár n-anam féin i gcómhair na síoraíochta, an tabharthas san a thógaint uainn arís. Pé scéal é, pé rud is toil le Dia a dhéanamh, peocu ' fhágfaidh sé a thabharthas againn nú a thógfaidh sé uainn é, is ceart dúinn féin ár n-aigne ' shocrú go daingean ar an méid seo, gan an dearúd a dhein an naonúr úd do dhéanamh choíche. Dearúd gránna 'b ea é. Ach deinimíd é, agus is baol nách go hannamh a dheinimíd é. Ba cheart dúinn féachaint chúinn féin agus gan an dearúd san a dhéanamh a thuilleadh. Ba cheart dúinn bheith i gcónaí ag áireamh na dtabharthaistí atá fálta againn ó Dhia agus ag gabháil ár mbaochais leis mar gheall orthu.

Agus rud eile. Ní ceart dúinn bheith sásta le baochas a ghabháil i bhfoclaibh cainnte. Is ceart gníomh éigin baochais a dhéanamh. Gníomh maith baochais is ea, má thug Dia saibhreas do dhuine, cuid den tsaibhreas san a thabhairt do sna daoine bochta nár thug Dia aon tsaibhreas dóibh. Gníomh maith baochais is ea troscadh ' dhéanamh in onóir do Dhia agus mar shásamh 'nár bpeacaibh. Gníomh maith baochais is ea an tAifreann a dh'éisteacht go diaga. Agus gníomh maith baochais, an gníomh baochais is feárr a dh'fhéadfadh Críostaí a dhéanamh, is ea Naomh-Íbirt an Aifrinn do chur á dhéanamh in onóir do Dhia. Tá sé ar chumas aon duine gur maith leis é ' dhéanamh dul agus labhairt le sagart agus a iarraidh air Aifreann do rá dho. Tá a lán Críostaí a dheineann é sin go minic, peocu ag lorg tabharthais éigin ar Dhia a bhíd siad nú ag tabhairt baochais do Dhia mar gheall ar thabharthas éigin a fuaradar uaidh. Ach tá a lán eile ná cuímhníonn choíche ar a leithéid.

Pé rud a dhéanfaimíd, a Chríostaithe, ná bíodh sé le casadh linn ag an Slánaitheóir gléigeal, gur thug sé a thabharthaistí dhúinn agus ná

XLIX. An Tríú Domhnach Déag tar éis Cíncíse

raibh sé de mhaith ionainn oiread agus baochas a ghabháil leis mar gheall orthu. Go gcuiridh Dia 'nár gcroí déanamh mar a dhein an t-éinne amháin úd a tháinig thar n-ais chun glóire ' thabhairt do Dhia. Amen.

L. An Ceathrú Domhnach Déag tar éis Cíncíse

Léitear an Soiscéal. (Maitiú 6:24-33)

San am san, duairt Íosa lena dheisceablaibh, "Ní féidir d'éinne rud a dhéanamh ar dhá mháistir, óir beidh fuath aige do mháistir acu agus grá don mháistir eile, nú cuirfidh sé suas le duine acu agus beidh droch-mheas aige ar an nduine eile. Ní féidir díbh Dia agus Mammon d'fhriothálamh. Dá bhrí sin, deirim libh, ná bíodh buairt oraibh i dtaobh úr mbeatha, féachaint cad d'íosfaidh sibh, ná i dtaobh úr gcuirp, féachaint cad a chuirfidh sibh umaibh. Nách mó-le-rá an t-anam ná an bia, agus an corp ná an t-éadach? Féachaídh éanlaithe an aeir; ní chuirid siad síol ná ní bhainid siad fómhar, ná ní dheinid siad cnósach i scioból. Agus deineann úr nAthair insna flaithis iad do chothú. Nách mó go mór-le-rá sibhse ná iadsan? Ceocu agaibh, ag machnamh air, d'fhéadfadh aon bhannlá amháin do chur len' aoirde? Agus cad chuige go mbíonn buaireamh i dtaobh éadaigh oraibh? Breithnídh bláthanna an bháin, conas mar ' fhásaid siad: ní dheinid siad saothar ná sníomh. Deirim libh, áfach, ná raibh Salomon, 'na ghradam go léir, clúdaithe mar cheann acu-san. Má chuireann Dia maise den tsórd san ar fhéar an tailimh, atá ann inniu, agus a caithfar sa tine amáireach, nách mó go mór a dhéanfaidh sé dhíbh-se, a lucht an chreidimh shuaraigh? Ná bídh ag déanamh buartha, dá bhrí sin, dhá rá, 'Cad d'íosfaimíd?', ná 'Cad d'ólfaimíd?', ná, 'Cad a chlúdóidh sinn?' Óir, sin iad na nithe go mbíd na Gínte dhá lorg. Óir tá ' fhios ag úr nAthair go bhfuil gá agaibh leis na nithibh sin go léir. Loirgidh ar dtúis, dá bhrí sin, ríocht Dé agus a fhíoraontacht, agus tabharfar díbh, leis, na nithe sin go léir".

Féach, a phobal. Is iúntach an brí atá i bhfoclaibh an tSlánaitheóra. "Ní féidir do dhuine rud a dhéanamh ar dhá mháistir". An bhféadfadh aon rud bheith níos fírinní? Ba chóir nár ghá a thuilleadh do rá 'na

L. An Ceathrú Domhnach Déag tar éis Cíncíse

thaobh. Ach féach go ndeir an Slánaitheóir tuilleadh 'na thaobh. Tabhair fé ndeara an focal adeir sé 'na thaobh. Is ar dhá mháistir áirithe do labhair sé, agus d'inis sé cad a thitfeadh amach i dtaobh an dá mháistir sin. Dia agus Mammon an dá mháistir. Tá an dá mháistir sin bun-os-cionn lena chéile. Táid siad i gcoinnibh a chéile ins gach aon phuínte. Ciallaíonn Mammon saibhreas saolta. An té go bhfuil grá ceart aige do Dhia, ní féidir do grá ' bheith aige san am gcéanna do shaibhreas an tsaeil seo. Caithfidh Dia an croí go léir a dh'fháil nú níl grá ceart do Dhia sa chroí sin in aon chor. Ar an dtaobh eile den scéal, má chuireann duine a dhúil i saibhreas saolta, ní foláir do a chúl a thabhairt le Dia agus le grá Dé.

Tá taithí mhaith againn-na anois ar an méid sin fírinne. Táimíd ag éisteacht leis an fhaid atá ionainn éisteacht le cainnt agus an chainnt do thuiscint. Ní raibh an taithí sin ar an bhfírinne sin ag éinne san am san 'nar labhair an Slánaitheóir í. Bhí ana-dhúil ag na Giúdaigh i saibhreas saolta. Tá an dúil chéanna fós acu sa tsaibhreas san, ach an dúil a bheith níos géire. Do labhair an Slánaitheóir leis na deisceabail chun a chur 'na luí orthu nárbh fholáir dóibh an dúil sin do chur as a gcroí ar fad; nárbh fhéidir dóibh Dia ' bheith 'na mháistir ar a gcroí agus dúil i saibhreas saolta a bheith 'na mháistir ar a gcroí, leis. Bhí gá leis an dteagasc san ag na deisceabail. Bhí an fhuil Ghiúdach iontu agus an mianach Giúdach. Dá bhrí sin, bhí an baol ann go ngéillfidís, luath nú mall, don droch-dhúil. In ainneóin gach teagaisc, do ghéill duine acu don droch-dhúil. Do dhíol sé a Thiarna ar airgead.

Do thug an Slánaitheóir an teagasc dá dheisceablaibh. Ansan do thóg an Eaglais an teagasc agus chuir sí ansan isteach é i Leabhar an Aifrinn, i dtreó go léifí amach é do sna Críostaithibh go léir, agus go dtuigfeadh na Críostaithe go léir ná beadh aon bhreith acu ar dhá thaobh an scéil sin a thabhairt leó, ar ghrá ' thabhairt do Dhia, mar atá ceangailte ar Chríostaí a thabhairt do, agus san am gcéanna, ar dhúil a gcroí do chur i saibhreas an tsaeil seo.

L. An Ceathrú Domhnach Déag tar éis Cíncíse

Ag féachaint isteach sa chainnt atá sa tSoíscéal san ón Slánaitheóir, b'fhéidir go ndéarfadh daoine nách don choitiantacht a ceapadh an chainnt sin riamh; nách don choitiantacht a dh'oireann sí; nách féidir don choitiantacht beart a dhéanamh dá réir. "Féachaidh éanlaithe an aeir", adéarfar. "Ní chuirid siad síol ná ní bhainid siad fómhar". Agus déarfar ansan, b'fhéidir: "An daighe, is geárr go mbeadh an saol go deas againn dá luímís amach ar dhéanamh mar a dheinid éanlaithe an aeir, agus gan síol do chur ná gan fómhar do bhaint".

Níl le rá leis an té a labharfadh ar an gcuma san ach, "A dhuine mhacánta, ní thuigeann tú cainnt an tSoíscéil in aon chor".

Ní duairt an Slánaitheóir leis na daoine gan síol do chur ná gan fómhar do bhaint. Duairt sé ná deinid na héanlaithe é agus go dtugann Dia a ndóthain dóibh. Ach cad 'deir sé leis an nduine? Deir sé leis an nduine gan buairt a bheith air i dtaobh a bheatha, féachaint cad a dh'íosfaidh sé nú cad a chuirfidh sé uime, mar gur mó-le-rá an t-anam ná an bia. Cad é an tairbhe an bia do dhuine ná beadh an tsláinte aige? Agus cé ' thugann sláinte do dhuine ach Dia? Cad é an tairbhe don duine bheith ag briseadh a chroí a d'iarraidh bídh agus éadaigh a sholáthar do féin agus dá chlaínn murab é toil Dé sláinte ' thabhairt do féin agus dá chlaínn? "Nách mó-le-rá an t-anam ná an bia agus an cholann ná an t-éadach?" Agus beidh duine ag briseadh a chroí a d'iarraidh an bhídh agus an éadaigh a sholáthar, agus ní chuímhneóidh sé in aon chor ar an obair atá ag Dia le déanamh sa scéal! Dá mbreithníodh duine dhá thaobh an scéil sa cheart, is ar thaobh Dé den scéal a chuímhneódh sé ar dtúis. Ní bhreithníonn; agus sin é ' chuireann an dá mháistir ar an nduine. Ansan cimeádann sé an dá mháistir ar leithligh agus bíonn sé coitianta a d'iarraidh an dá mháistir do shásamh, dar leis. Bíonn sé a d'iarraidh an dá ghnó ' dhéanamh, agus iad deighilte óna chéile aige. Is é rud a thagann as san do ná go mbíonn an dá ghnó ag meascadh ar a chéile air dá ainneóin. Nuair is maith leis a phaidreacha do rá, bíonn gnó an tsaeil ag teacht idir é agus na paidreacha. Ní fhéadann sé na paidreacha do rá sa cheart. Nuair a bhíonn sé ag éisteacht an Aifrinn, ní fhéadann sé

L. An Ceathrú Domhnach Déag tar éis Cíncíse

gnóthaí an tsaeil do chimeád amach as a aigne agus cuímhneamh ar an Aifreann. Mar sin do gach aon tsaghas gnótha a bhaineann le Dia, ní féidir leis aon ghnó acu do dhéanamh sa cheart, mar bíonn an máistir eile, an gnó saolta, ag brú isteach air agus dhá tharrac i leataoibh ó ghnó Dé.

Cad í an chómhairle is ceart a thabhairt don duine sin? An amhlaidh adéarfar leis aire ' thabhairt do ghnó Dé an fhaid a bheidh gnó Dé idir lámhaibh aige, agus ansan aire ' thabhairt do ghnó an tsaeil an fhaid a bheidh gnó an tsaeil idir lámhaibh aige? Is dó' liom go bhfuil a lán daoine agus go ndéarfaidís gurb in é díreach an rud ba cheart do a dhéanamh. Tá dearúd orthu. Sin é díreach an rud nách féidir a dhéanamh. Is féidir do dhuine, go hálainn, gnó an tsaeil a dhéanamh an fhaid a bheidh gnó an tsaeil idir lámhaibh aige, ach ní féidir do an gnó san do chur as a aigne nuair is maith leis é ' chur uaidh agus iompáil ar ghnó Dé. An rud a bheidh ag déanamh buartha dho, fanfaidh sé in' aigne dá ainneóin. Deineadh sé an rud san a dhíbirt as a aigne seacht n-uaire, agus beidh sé thar n-ais chuige ar leagadh na súl, agus greim aige ar chroí agus ar aigne agus ar íntinn air, i dtreó ná beidh slí d'aon mhachnamh eile in aon chor in' aigne. Díbreóidh sé arís é agus socróidh sé a mhachnamh ar a phaidreacha. Ní túisce déanta an socrú ná siúd isteach arís púnc cruaidh éigin de ghnó an tsaeil, glaoch éigin nách féidir a fhreagairt, bó nú capall atá ag gabháil 'na choinnibh, duine clainne ná glacann cómhairle leasa, aon rud, fiche rud, agus siúd na paidreacha dá rá agus gan iontu ach béal ar siúl agus cogarnach focal agus gan aon bhrí leis na focail. Is an-fhuiriste a rá, "Tabhair aire do ghnó an tsaeil an fhaid a bheidh gnó an tsaeil idir lámhaibh agat, agus ansan tabhair aire do sna paidreacha an fhaid a bheid na paidreacha ar siúl agat", ach ca bhfuil an té ' fhéadfaidh é ' dhéanamh? Dá bhféadadh duine é sin a dhéanamh, d'fhéadfadh sé cainnt an tSlánaitheóra, moladh 's baochas leis, do bhréagnú, agus sin rud nách féidir a dhéanamh.

Cad 'tá le déanamh mar sin? Ínseann an Slánaitheóir féin, moladh go deó leis, cad 'tá le déanamh. Níl aon bhreith ag an nduine ar an dá

L. An Ceathrú Domhnach Déag tar éis Cíncíse

mháistir do shásamh. Caithfidh sé máistir acu do thoghadh dho féin, agus é féin do chur ar fad fé láimh an mháistir sin.

"Agus cad a dhéanfaidh gnó an tsaeil? Cad a dhíolfaidh an cíos? Cad a fhreagróidh na glaeite? Cad a chothóidh an chlann agus ' chuirfidh éadach orthu? Cad a chuirfidh i gcrích iad?"

Bíodh foighne agat. Cad a chothóidh an chlann? Cad a chuirfidh éadach orthu? Cad a chuirfidh i gcrích iad? A dhuine an chroí 'stigh, ní gnó saolta an gnó san. Gnó Dé é sin. Sin é ball díreach 'na ndeineann tusa an dearúd. Deineann tú gnó saolta de ghnó Dé. Iompaigh an scéal go léir taobh síos suas, agus dein gnó Dé de gach gnó saolta, agus ansan beidh an gnó go léir agat dá dhéanamh ar áilleacht agus gan ort ach an t-aon Mháistir amháin. Pé cúram saolta atá ort, is é Dia do chuir an cúram san ort. Bíodh ciall agat agus fág ar Dhia féin ualach an chúraim sin. Dein an gnó go léir i bpáirtíocht le Dia. Saothraigh an talamh i bpáirtíocht le Dia. Dein an síol do chur sa talamh, ach dein é i bpáirtíocht le Dia. Bain an fómhar, ach bain é i bpáirtíocht le Dia. Cothaigh agus clúdaigh agus tóg an chlann, ach dein é i bpáirtíocht le Dia. Is le Dia iad. Is é Dia do chruthaigh iad agus do chuir anso ar an saol so chút-sa iad. Is do Dhia ataíonn tú dhá gcothú agus ag cur éadaigh orthu agus dhá dtógaint. Má dheineann tú an gnó san go maith, tá comaoine mhór agat dá chur ar Dhia. An dó' leat ná go ndíolfaidh sé an cómhar leat? Díolfaidh go fial ach ná cuirfir-se as an bpáirtíocht é. Dhá chur in úil duit-se nách baol ná go ndéanfaidh Dia a thaobh féin den pháirtíocht is ea aduairt an Slánaitheóir an focal úd a léas sa tSoiscéal: "Má chuireann Dia maise den tsórd san ar bhláthanna an bháin ... nách mó go mór a dhéanfaidh sé dhíbh-se?"

Is ar son an duine do dhein Dia an domhan go léir. Ar son an duine is ea ' chruthaigh sé gach áilleacht agus gach órnáid dá bhfuil le feiscint, ar an spéir agus ar an dtalamh, ar éanlaithibh agus ar ainmhithibh agus ar bhláthannaibh an bháin. Dá bhrí sin, is mó-le-rá, i láthair Dé, an duine ná iad go léir. Tá greann aige ar an nduine ná fuil aige ar

L. An Ceathrú Domhnach Déag tar éis Cíncíse

aon ní eile dár chruthaigh sé ar an saol so. Sin é díreach an rud a theastaigh ón Slánaitheóir a chur 'na luí ar aigne na ndeisceabal nuair a labhair sé leó an chainnt atá i Soíscéal an lae seo. Agus sin é an rud a theastaíonn ón Eaglais a chur 'na luí ar na Críostaithibh go léir nuair a léitear dóibh an Soíscéal san, amach as Leabhar an Aifrinn, ins gach aon pháirt den domhan. Is le Dia sinn go léir. Is é Dia do chruthaigh sinn. Is é Dia ' chuir orainn pé cúram saolta atá orainn. Pé gnó ná obair atá orainn a dhéanamh mar gheall ar an gcúram san, tá ar Dhia na glóire é ' dhéanamh i bpáirt linn. Rud ana-dhíth céille dhúinn is ea dhá chuid a dhéanamh den ghnó san, agus gan a chur ar Dhia ach cuid de. Ár ngnóthaí creidimh a thabhairt do Dhia, agus ansan bheith ag cimeád an ualaigh go léir atá insna gnóthaibh eile orainn féin.

"A lucht an chreidimh shuaraigh!", arsan Slánaitheóir. Is amhlaidh is ceart dúinn gnó creidimh a dhéanamh den uile shaghas gnótha dár chuir Dia orainn anso. Má dheinimíd gnó creidimh de shaothrú an tailimh, nách dóichí-de é go gcuirfidh Dia an rath ar ár saothar? Má dheinimíd gnó creidimh de thógaint na clainne, nách dóichí-de é go gcuirfidh Dia ar a leas iad? "An té ná múineann Dia, ní mhúineann daoine é". Más gnó creidimh ag an athair agus ag an máthair tógaint na clainne sin, tá Dia na glóire i bpáirtíocht leó sa ghnó, agus is dóichí-de é go dtabharfaidh sé don chlaínn sin an múineadh ná fuil ar chumas aon duine a thabhairt dóibh. Féach ansan cad é an sólás agus an suaimhneas agus an cúmpórd aigne ' bheidh ag an athair agus ag an máthair sin nuair a bheidh an chlann san ag éirí suas agus ag neartú.

Mar sin do gach aon tsaghas eile gnótha dá bhfuil curtha ag Dia ar an nduine sa tsaol so. Níl bac ar an nduine, más maith leis é, Dia ' bheith coitianta i bpáirtíocht leis sa ghnó. Ansan beidh an gnó go léir 'na ghnó creidimh ag an nduine sin. Ansan, in inead an chúraim a bheith ag déanamh buartha aigne dho agus ag teacht idir é agus Dia nuair a bheidh sé ag rá na bpaidreacha nú ag éisteacht an Aifrinn, is amhlaidh a dhéanfaidh an cúram aigne an duine sin do ghreamú níos

L. An Ceathrú Domhnach Déag tar éis Cíncíse

daingne ar Dhia. Tuigfidh an duine sin, coitianta, go bhfuil sé féin agus Dia na glóire in éineacht sa ghnó; má tá obair chruaidh air, go bhfuil cúnamh maith aige; má tá an obair ag gabháil 'na choinnibh, go bhfeiceann Dia san, agus má cheadaíonn Dia an obair a ghabháil 'na choinnibh, go bhfuil san go maith, mar gurb é toil Dé é. Ní féidir don duine sin choíche dul amú ar a phaidreacha, mar guí chun Dé is ea an uile ghnó dá ndeineann sé ó mhaidin go hoíche. Má tá gnóthaí saolta ag déanamh buartha dho, tá Dia páirteach aige sa bhuairt agus insna gnóthaibh. Má tá Dia páirteach insna gnóthaibh, ní gnóthaí saolta feasta iad ach gnóthaí creidimh. Tá an duine sin ag déanamh an ruda a dh'órdaigh an Slánaitheóir. "Loirgidh ar dtúis ríocht Dé agus a fhíoraontacht".

Tabhair fé ndeara an focal a chuir an Slánaitheóir leis an méid sin. Thug sé geallúint uaidh. "Loirgidh ar dtúis ríocht Dé agus a fhíoraontacht, agus tabharfar díbh, leis, na nithe sin go léir".

Ríocht Dé: "Ár nAthair atá ar neamh; go dtagaidh do ríocht". Agus a fhíoraontacht: "Go ndeintear do thoil ar an dtalamh mar a deintear ar neamh".

Deinimís mar sin agus tá focal an tSlánaitheóra againn leis go dtabharfar dúinn na nithe eile úd go léir.

Níl aon dabht air, a phobal, dabht ar domhan, ná go bhfuil a lán Críostaithe beó eadrainn, go bhfuil a gcroí agus a n-aigne chómh dlúite sin ar Dhia go mbíonn Dia i bpáirt leó, de ló agus d'oíche, coitianta, ins gach aon tsaghas gnótha dá ndeinid siad agus ins gach aon tsaghas buartha agus trioblóide dá mbíonn le fulag acu.

Go dtugaidh Dia dhúinn go léir bheith mar iad. Amen.

SEANMÓIN IS TRÍ FICHID

LI. An Cúigiú Domhnach Déag tar éis Cíncíse

Léitear an Soiscéal. (Lúcás 7:11-16)

> San am san, bhí Íosa ag dul go dtí an chathair ar a dtugtar Naim, agus bhí a dheisceabail agus slua mhór in éineacht leis. Agus nuair a bhí sé ag teacht chun geata na cathrach, féach, bhí corp dá bhreith amach, aon-mhac a bhí ag á mháthair, agus bainntreach ab ea an mháthair, agus bhí sochraid mhór de mhuíntir na cathrach léi. Nuair a chonaic an Tiarna í, tháinig trua aige dhi, agus duairt sé léi, "Ná bí ag gol". Agus tháinig sé agus chuir sé a lámh ar an gcómhrainn. (Agus do stad na fir a bhí ag iompar na cómhrann.) Agus duairt sé, "A óig-fhir, deirim leat, éirigh". Agus d'éirigh an duine marbh 'na shuí agus dhírigh sé ar chainnt. Agus thug sé dá mháthair é. Agus do tháinig eagla ar a raibh ann, agus bhíodar ag moladh Dé go hárd, agus dúradar, "Tá fáidh mór éirithe 'nár measc, agus do tháinig Dia ag féachaint a dhaoine".

A phobal, díreach sarar dhein ár Slánaitheóir an mhíorúilt mhór san, bhí sé tar éis duine breóite do leigheas. Bhí an duine breóite ag dul chun báis. Seirbhíseach ab ea é a bhí ag duine uasal, agus bhí ana-chion ag an nduine uasal air. D'airigh an duine uasal an Slánaitheóir a bheith ag gabháil an treó, agus d'iarr sé ar chuid de sheanóiribh na nGiúdach labhairt leis agus a iarraidh air an seirbhíseach do leigheas. Do labhradar leis an Slánaitheóir agus dúradar leis gur dhuine fónta an duine uasal agus gur mhaith an rud an ní sin a dhéanamh do. Bhí an Slánaitheóir ag teacht chun an leighis a dhéanamh, ach nuair a fuair an duine uasal go raibh sé ag teacht, tháinig uathás air, agus chuir sé teachtairí 'na choinnibh dhá iarraidh air gan teacht, "Mar", ar seisean, "ní fiú mise go dtiocfá ag triall orm. Sin é cúis nár chuas féin féd dhéin ach gur iarras ar na seanóiribh labhairt leat ar mo shon. Ní gá dhuit teacht. Níl agat ach an focal do rá, agus beidh mo sheirbhíseach leighiste".

Do mhol an Slánaitheóir creideamh an duine uasail sin, agus nuair a tháinig na teachtairí thar n-ais, bhí an duine leighiste rómpu.

LI. An Cúigiú Domhnach Déag tar éis Cíncíse

Láithreach i ndiaidh na míorúilte sin is ea ' bhí sé ag dul isteach sa chathair, agus gur bhuail an tsochraid uime ag geata na cathrach. Fear óg ab ea an té a bhí marbh, agus mac bainntrí ab ea é, agus ní raibh aici ach é, agus tháinig trua ag an Slánaitheóir di. "Ná bí ag gol", ar seisean léi. Ansan do bhain sé an chúis ghuil di. Chuir sé a lámh ar an gcómhrainn. Do labhair sé leis an nduine marbh agus duairt sé leis éirí. D'éirigh an duine ón mbás, agus chrom sé ar chainnt. Ansan do thug an Slánaitheóir thar n-ais dá mháthair é.

Tabhair fé ndeara an uile fhocal den méid sin cainnte, agus tabhair fé ndeara go cruínn brí gach focail.

Do leighis an Slánaitheóir ar dtúis an fear a bhí ag dul chun báis. Do leighis sé é gan dul 'na ghaire in aon chor. Do leighis sé é le gníomh toile, fé mar a dh'iarr an duine uasal air a dhéanamh. Do mhol sé creideamh an duine uasail mar do chreid an duine uasal 'na chómhacht. Dhein sé úsáid de chreideamh an duine uasail sin chun creidimh na ndeisceabal, agus creideamh na ndaoine a bhí 'na thímpall, do spriocadh, mar bhí cómhacht aige le tispeáint dóibh ba mhó ná an chómhacht a thispeáin sé dhóibh nuair a leighis sé seirbhíseach an duine uasail. Pé giorracht don bhás 'na raibh an seirbhíseach, d'fhéadfadh duine gan creideamh, dá mba duine gan tuiscint é, leis, a rá ná raibh míorúilt sa leigheas, go dtáinig an duine chuige féin de réir nádúra, go dtiocfadh sé chuige féin dá mba ná cuirfeadh an duine uasal suím ar bith ann, ach leogaint do teacht nú imeacht. Gan amhras, bhí daoine sa chuallacht a bhí in éineacht leis an Slánaitheóir an uair sin, agus nuair a chonacadar an leigheas déanta, bhíodar ag cainnt mar sin. Sin mar a labhrann daoine gan tuiscint i gcónaí. Do thuig an duine uasal gur mhíorúilt an leigheas. Bhí ' fhios aige go dian-mhaith ná raibh aon bhreith ag an seirbhíseach ar theacht chuige féin ach le míorúilt. Thuig sé go raibh cómhacht Dé sa mhíorúilt sin chómh maith díreach agus ' bhí cómhacht Dé i gcruthú an domhain. Ach bhí daoine eile agus ní mar sin a thuigeadar an scéal. Daoine díchreidimh. Daoine nách maith leó choíche cómhacht Dé ' dh'admháil in aon rud. Daoine nách foláir leó

LI. An Cúigiú Domhnach Déag tar éis Cíncíse

brabús éigin a dh'fháil ins gach aon rud i bhfuirm míorúilte, agus a dhéanamh amach nách míorúilt é in aon chor. Bíonn a leithéidí ag cogaint agus ag cogarnaigh eatarthu féin. "Ó", adeirid siad, "ní haon mhíorúilt an leigheas san. Thiocfadh an duine chuige féin gan aon chúnamh ó éinne dá leogtí dho féin. Tógtar duine marbh ón mbás agus ansan admhód go bhfuil míorúilt déanta".

Tá an saghas san daoine sa tsaol riamh. Táid siad ann anois agus bhíodar ann in aimsir an tSlánaitheóra. Gan amhras, bhí cuid acu ag éisteacht leis an dteachtaireacht a tháinig ón nduine uasal úd, dhá iarraidh ar an Slánaitheóir an seirbhíseach do leigheas. D'airíodar an focal aduairt an Slánaitheóir i dtaobh creidimh an duine uasail. Ansan d'airíodar an leigheas a bheith déanta, agus dúradar, mar ba ghnáth leó a rá: "Tá go breá! Míorúilt! 'Sea go díreach! Nách minic a tháinig duine chuige féin agus gach éinne lán-deimhnitheach go raibh an bás aige? Cá raibh an mhíorúilt ann? Tugtar duine thar n-ais ón mbás agus déarfad gur míorúilt é".

Lena línn sin, do thánadar chun geata na cathrach, an Slánaitheóir agus na deisceabail agus mór-shlua daoine, idir lucht an bhrabúis agus eile. Bhí sochraid mhór 'na gcoinnibh amach. Chonacadar gur duine éigin ana-chreidiúnach a bhí tar éis bháis, mar bhí uaisle na cathrach go léir sa tsochraid. Fear óg ab ea an té a bhí tar éis bháis, agus mac bainntrí ab ea é, agus ní raibh aici ach é. Bhí an bhainntreach in aice na cómhrann agus í ag gol, agus a chúis aici. Tháinig trua ag an Slánaitheóir di. Do labhair sé léi. "Ná bí ag gol", ar seisean léi. Is minic adúradh an focal san le duine a bheadh ag gol agus gur ró-bheag an chabhair an focal. Ach ba mhaith an bhail ar an mbainntrigh úd gurbh é an Slánaitheóir, moladh go deó leis, aduairt léi gan bheith ag gol, mar go raibh ar a chumas cúis an ghuil a thógaint uaithi. Le línn an fhocail a rá dho, tháinig sé in aice na cómhrann, agus chuir sé a lámh ar an gcómhrainn. Do labhair sé leis an nduine marbh. Duairt sé leis éirí. D'éirigh an duine. Do dhírigh sé ar chainnt. Ansan do thug an Slánaitheóir a mac thar n-ais don bhainntrigh.

LI. An Cúigiú Domhnach Déag tar éis Cíncíse

Tabhair fé ndeara na nithe sin go léir. Greim an bháis dá bhogadh den duine le cómhacht aon fhocail amháin. Greim ná féadfadh a raibh de chómhacht riamh ag ríthibh saolta an bogadh ba lú a dhéanamh air. An greim sin dá bhogadh leis an gcómhacht uathásach san, agus gan de chúis curtha síos sa tSoiscéal do bhogadh an ghreama san ach trua don bhainntrigh. Is iúntach í an chómhacht a bhog an greim sin, greim an bháis ar an nduine; ach cad 'déarfar le trócaire an tSlánaitheóra, an trócaire do chuir ' fhiachaibh air an mhór-chómhacht san do chur i ngníomh? Do dhein sé an mhíorúilt chun a thispeáint do sna daoine díchreidimh úd go raibh cómhacht Dé aige, ach do dhein sé an mhíorúilt ar chuma a thispeáin go soiléir, do sna daoine a bhí 'na thímpall an uair sin agus do Chríostaithibh an domhain riamh ó shin, gur chun a thrócaire ' thabhairt dúinn ba mhaith leis úsáid a dhéanamh dá chómhacht. Ba mhaith an bhail ar an mbainntrigh, nuair aduairt sé léi gan bheith ag gol, go raibh ar a chumas cúis an ghuil a thógaint uaithi, a chur ' fhiachaibh ar an mbás a ghreim do bhogadh dá leanbh agus an leanbh a thabhairt thar n-ais di beó. Is maith an bhail orainn-na cómhacht an Athar Síoraí a bheith ag ár Slánaitheóir Íosa Críost, agus ' fhios a bheith againn ná fuil aon úsáid is feárr leis a dhéanamh den chómhacht san ná toradh a thrócaire ' thabhairt dúinn. Mo ghrá mo Thiarna Íosa Críost! Lena mhór-chómhacht do bhog sé greim diúid an bháis den duine i dtreó ná beadh an bhainntreach ag gol. Sin mór-chómhacht chun eagla ' chur ar an nduine is dúire croí, agus sin mór-thrócaire chun sóláis agus misnigh a chur ar an gCríostaí is mó atá i ngá le sólás agus le misneach. Mo ghrá mo Thiarna Íosa Críost!

Níl aon ní ar bith, a phobal, chun droch-dhuine stuacach, ceann-dána, díchreidimh, a bhaint dá bhonnaibh i gceart ach míorúilt den tsórd san. D'fhéadfadh an droch-dhuine cos do chur i dtalamh i gcoinnibh cainnte. D'fhéadfadh sé an chainnt d'fhreagairt. D'fhéadfadh sé a rá, "Ní chreidim an chainnt". Ach nuair a chíonn sé duine tabhartha thar n-ais ón mbás, ní fhanann drud ann. Tagann scannradh air. Sin mar a bhí ag an muíntir a chonaic an mhíorúilt úd. Mar adeir an Soiscéal: "Tháinig eagla ar a raibh ann". Ní hiúnadh go dtáinig. Chonacadar os

LI. An Cúigiú Domhnach Déag tar éis Cíncíse

a gcómhair duine go raibh cumas aige ar bhás agus ar bheatha. Chuir sé, os cómhair a súl, an t-anam thar n-ais sa duine a bhí marbh, agus gan a dhéanamh ach an focal do labhairt. Thispeáin san go raibh ar a chumas an t-anam do bhaint as aon duine acu féin, ar an neómat san, agus ná raibh cómhacht sa domhan a dh'fhéadfadh iad a chosaint air dá mba thoil leis é ' dhéanamh. Ba scannrúil an rud dóibh bheith ansúd 'na seasamh i láthair duine go raibh a leithéid sin de chómhacht aige. Ní hiúnadh go dtáinig an t-eagla go dian orthu go léir. Bhí aon ní amháin, áfach, chun a thispeáint dóibh nár bhaol dóibh. Le neart a thrócaire, le trua don bhainntrigh, is ea ' dhein sé an mhíorúilt, is ea ' thispeáin sé a chómhacht. Thug san le tuiscint dóibh nár bhaol dóibh cómhacht a bhí chómh trócaireach, chómh tugtha chun maitheasa do dhéanamh. Ansan bhíodar ag moladh Dé go hárd. Agus deiridís, "Tháinig Dia ag féachaint a dhaoine". Do chiallaigh an chainnt sin gur thuigeadar go raibh cómhacht Dé ag an Slánaitheóir, ach nách díbheirg a bhí ag an gcómhacht le déanamh ar na daoine, ach trócaire.

Nuair a dheinimíd-na, a phobal, machnamh ar na míorúiltibh móra úd a dhein an Slánaitheóir os cómhair na nGiúdach, is iúnadh linn a rá go rabhadar chómh ceann-dána, chómh stuacach, agus nár iompaíodar láithreach agus géilleadh dho. Gan amhras, is ceart iúnadh ' dhéanamh den scéal. Do chas an Slánaitheóir féin leó é go diomách. "Mura maith libh m'fhocal do chreidiúint", ar seisean, "creididh na hoibreacha do dheinim". Chonacadar na míorúiltí. Bhí ' fhios acu go maith go raibh cómhacht Dé insna míorúiltibh sin, agus ní ghéillfidís do. Ba mhór an iúnadh é sin gan amhras. Ach féachaimís chun ár dtaoibh féin den scéal. Tá sé chómh fíor anois agus a bhí sé an lá san gur dhein ár Slánaitheóir an mhíorúilt sin, gur bhog sé greim an bháis den fhear óg san, gur thug sé an fear óg san thar n-ais ón mbás agus gur thug sé dá mháthair é. Tá ' fhios againn-na gur fíor é sin chómh maith díreach agus dá mbeimís ansúd ag féachaint air. Is iúnadh linn nár chuir an mhíorúilt ' fhiachaibh ar na Giúdaígh géilleadh don tSlánaitheóir. An gcuireann an mhíorúilt sin, agus na míorúiltí eile atá ' fhios againn a dhein sé, an gcuirid siad ' fhiachaibh

LI. An Cúigiú Domhnach Déag tar éis Cíncíse

orainn géilleadh dho? Is daingne go mór an deimhne atá againn-na ar fhírinne na míorúilte sin, agus ar fhírinne na míorúiltí eile a dhein ár Slánaitheóir, ná mar a bhí ag na Giúdaígh ar a bhfírinne. Tháinig na míorúiltí go hobann ar na Giúdaígh. Ní huiriste géilleadh do rud a thagann obann ar dhuine. Níor thánadar obann orainn-na. Tá deimhne seanchais dá mhíle blian againn orthu. Tá deimhne teagaisc na hEagailse againn orthu. Táimíd ag éisteacht, ó tháinig ciall dúinn, le hínsint agus le trácht agus le tuairiscibh orthu. Ní fhéadfadh deimhne ' bheith níos daingne ná an deimhne atá againn orthu. An gcuirid siad ' fhiachaibh orainn géilleadh don tSlánaitheóir?

"Ó", adéarfaidh duine, b'fhéidir, "ar ndóin, géillimíd don tSlánaitheóir. Creidimíd ann".

Má ghéillimíd do agus má chreidimíd ann, ca bhfuil toradh ár ngéillthe agus ár gcreidimh? Tá ceangailte ar an gCríostaí an t-olc do sheachaint. An bhfuil an droch-bhéas úd curtha uainn fós againn? An droch-bhéas úd atá ansúd 'na sheasamh idir sinn agus Dia, agus go bhfuil trócaire Dé cortha nách mór ó bheith ag feitheamh, féachaint an gcuirfimís uainn é, an bhfuil aon chuímhneamh againn ar é ' chur uainn? Sinn-na ag déanamh iúnadh de sna Giúdaígh! Is iad na Giúdaígh ba cheart bheith ag déanamh iúnadh dhínn-na. Agus déanfaid siad iúnadh dhínn. Agus má leanaimíd den droch-bhéas, béarfaidh an droch-bhéas síos isteach go hifreann sinn agus déanfaid na deamhain damanta, thíos in ifreann, iúnadh dhínn. Déarfaid siad: "Féach! Sin é an fear a ghéill don tSlánaitheóir agus do chreid na míorúiltí móra a dhein an Slánaitheóir, agus féach, tá sé tagaithe anso chúinn-na mar gheall ar an ndroch-bhéas úd ná cuirfeadh sé uaidh. Cad é an díobháil dom é ach gur dhroch-bhéas gan tairbhe é, agus go raibh ' fhios aige go dtabharfadh sé anso é mura gcuireadh sé uaidh é".

Tá ceangailte ar an gCríostaí an mhaith do dhéanamh. Ca bhfuil an mhaith atá againn-na á dhéanamh? An dó' linn go bhfuil an gnó go léir déanta againn má chreidimíd? Níl, go deimhin. Ní foláir dúinn na

LI. An Cúigiú Domhnach Déag tar éis Cíncíse

dea-oibreacha do dhéanamh. Creideamh marbh is ea creideamh gan dea-oibreacha. Ní dócha go bhfuil radharc fé bhun Dé ar an dtalamh so is leimhe ná duine ag scrúdú agus ag deimhniú creidimh, agus gan aon tsaghas dea-oibre aige á dhéanamh. "Fé mar is rud marbh an corp gan an t-anam, is rud marbh creideamh gan dea-oibreacha".

Is ceart dúinn, a phobal, machnamh a dhéanamh go dlúth ar an míorúilt sin a dhein ár Slánaitheóir nuair a thóg sé an fear óg úd ón mbás, agus is ceart dúinn an machnamh a bheith ar mhaithe linn féin. Mar a thóg sé an fear úd ó bhás na colla is ea ' thóg sé sinn-na go minic, b'fhéidir, ó bhás an pheaca. Agus ba mhó an mhíorúilt a dhein sé orainn-na ná an mhíorúilt a dhein sé ar an bhfear úd, dá mhéid í. Ní raibh aige ach glaoch ar an bhfear úd aon uair amháin. D'fhreagair an fear an chéad ghlao. B'fhéidir gur minic a ghlaeigh an Slánaitheóir orainn-na, chun sinn a dhúiseacht ó bhás an pheaca, agus nár ghéilleamair don chéad ghlao, ná, b'fhéidir, don tarna glao. B'fhéidir go bhfuil an Slánaitheóir ag glaoch anois ar dhuine éigin — "A óig-fhir, deirim leat, éirigh!" Éirigh ó bhás an pheaca. Éirigh ón ndroch-bhéas. Éirigh ón ndroch-chómhluadar. Freagair glao an tSlánaitheóra. Glao thrócaireach is ea í. Freagair í! Mura ndeinir í ' fhreagairt anois, bíodh ' fhios agat go labharfaidh sí uair eile leat agus nách trócaire a bheidh inti ach daor-bhreith, daor-bhreith go tíntibh ifrinn ar feadh na síoraíochta. Freagair anois í. Éirigh ó bhás an pheaca. Tá lámh an tSlánaitheóra sínte amach chút chun tu ' thógaint ó bhás an pheaca. Freagair guth an tSlánaitheóra anois. Má fhreagrann tú anois í, labharfaidh sí uair eile leat, agus ní breith damanta ' thabharfaidh sí ort an uair sin, ach cuireadh cómhachtach chun aoibhnis na bhflaitheas ar feadh na síoraíochta.

Go dtugaidh an Slánaitheóir gléigeal dúinn go léir, trí ímpí na Maighdine Muire, an cuireadh cómhachtach san do thuilleamh agus d'fháil. Amen.

SEANMÓIN IS TRÍ FICHID

LII. An Séú Domhnach Déag tar éis Cíncíse

Léitear an Soiscéal. (Lúcás 14:1-11)

San am san, do thárla go ndeighidh Íosa isteach i dtigh phriúnsa de sna Fairisínigh ar an Sabóid chun bídh a chaitheamh, agus bhíodar-san ag faire air. Agus féach, bhí 'na láthair duine go raibh líonadh ann. Agus d'fhreagair Íosa, agus duairt sé le lucht na dlí agus leis na Fairisínigh, "An ceart leigheas a dhéanamh ar an Sabóid?" Agus níor labhair éinne acu. Ansan do thóg sé an duine agus do leighis sé é, agus chuir sé chun siúil é. Agus d'fhreagair sé iadsan agus duairt sé, "Ceocu agaibh-se, go dtitfeadh asal nú bó leis i bpoll, ná tarraiceódh amach é ar an Sabóid?" Agus níor fhéadadar freagra ' thabhairt air sin. Duairt sé ansan leis an muíntir a fuair cuireadh, nuair a chonaic sé iad ag dul insna suíochánaibh uachtaracha: "Nuair a gheóbhair cuireadh chun bainise, ná suigh sa tsuíochán uachtarach, le heagla go mbeadh duine is onóraí ná thu tar éis cuireadh ' dh'fháil uaidh, agus nuair a thiocfadh sé sin go ndéarfadh an té a thug cuireadh dhuit-se agus do-san leat, 'Tabhair an áit sin do-so', agus ansan go gcaithfá dul agus fanúint san áit is ísle agus náire ort. Ach nuair a gheóbhair an cuireadh, suigh san áit is ísle, i dtreó, nuair a thiocfaidh an té a thug cuireadh dhuit, go ndéarfaidh sé leat, 'A chara, éirigh níos sia suas'. Ansan beidh onóir ag dul duit ón gcuideachtain, óir an té d'árdóidh é féin, ísleófar é, agus an té d'ísleóidh é féin, árdófar é".

Is dócha, a phobal, ná fuil éinne agaibh nár airigh go minic an seanfhocal úd "troscadh an chait cheannainn: 'ithim feóil ach ní ólaim bainne'". B'é troscadh an chait cheannainn é ag na Giúdaígh i dtaobh na Sabóide, nú, mar adeirimíd-na, i dtaobh na saoire. Bhíodar ana-dhian ar fad ar aon rud a dhéanfadh, dar leó, an tsaoire do bhriseadh, agus 'na dhiaidh san is eile, dheinidís brúscar de dhlí Dé ar shlitibh ba dhíobhálaí go mór ná briseadh saoire. Díreach ar nós an chait cheannainn. Bhí an cat ceannann ana-choínsiasach i dtaobh bainne ' dh'ól le heagla go mbrisfeadh sé an troscadh. Ach i dtaobh na feóla, scéal eile ar fad ab ea an fheóil. Ní chuireadh ithe na feóla aon chlóic ar a choínsias. Bhí cait cheannanna ar na Giúdaígh go tiubh an uair

LII. An Séú Domhnach Déag tar éis Cíncíse

sin. Táid cait cheannanna le fáil fós, leis, sa tsaol. Tá an bhean, cuir i gcás, ná leogfadh a coínsias di snáithín do chur i snáthaid agus poll cnaipe do dheisiú maidean Domhnaigh, agus ná cuirfeadh sé aon bhuairt ar a coínsias bheith ag cúl-chainnt ar chómharsain éigin, fan bhóthair, agus í ag dul go dtí an tAifreann. Gan amhras, is ana-mhaith an rud do Chríostaí bheith aireach ar chimeád na saoire. Ach tá ' fhios ag an saol ná brisfeadh sé an tsaoire cúpla greim snáthaide do chur, nú fiche greim nuair a bheadh gá leis. Ní mar sin do chúl-chainnt. Ní fhéadfadh aon ghátar cúl-chainnt a dhéanamh dleathach.

Tá ní eile sa scéal. Tá daoine sa tsaol; bhíodar ann le línn ár Slánaitheóra agus táid siad ann fós, daoine gur maith leó iad féin do thispeáint ana-choínsiasach ar fad i nithibh áirithe, i dtreó go mbeadh ainm fíoraontachta orthu agus ansan go bhféadfaidís cead cínn a thabhairt dá n-an-mhiantaibh ar shlitibh eile, i ganfhios don tsaol. Tagann rud greannúr as san dóibh uaireanta. Bíd siad chómh dian, chómh dícheallach san, dhá chur 'na luí ar chách gur daoine fíoraonta iad, cad 'deirir leó ná cuireann 'na luí ar a n-aigne féin é sa deireadh! Deinid siad a leithéid sin de dhícheall chun bob a bhualadh ar chách i dtaobh a bhfíoraontachta féin go dtéann sé 'na luí orthu féin fé dheireadh gur daoine macánta iad.

Sin mar a bhí an scéal ag na Giúdaígh nuair a tháinig an Slánaitheóir. Bhíodar lán-deimhnitheach go rabhadar macánta, dleathach, coínsiasach, fíoraonta, ar gach aon tsaghas cuma. Do chonaic an Slánaitheóir, áfach, ná raibh 'na bhfíoraontacht ach scáil fíoraontachta, agus ná raibh laistigh den scáil ach mallaitheacht ar fad, uabhar, agus sainnt, agus drúis, agus craos, agus droch-mheas ar an gcómharsain, agus gach aon tsaghas eile droch-íntinne a bhaineann le holcas aigne sa duine. Cuid den scáil fíoraontachta san a bhí curtha lasmu' orthu féin ag na Giúdaígh an uair sin ab ea an choínsiasacht thar bárr a bhí iontu, dar leó, i dtaobh na saoire ' chimeád. Chuir an choínsiasacht san ' fhéachaint orthu rud a dhéanamh a bhí thar na beartaibh le hamadántacht agus le mailís

LII. An Séú Domhnach Déag tar éis Cíncíse

aigne in éineacht. Chuireadar i leith an tSlánaitheóra, moladh go deó leis, go raibh peaca aige á dhéanamh mar go raibh sé ag briseadh na saoire. Agus conas is dó' leat a bhí sé ag briseadh na saoire, dar leó? Bhí obair aige dá dhéanamh ar an Sabóid. Agus cad í an obair a bhí aige á dhéanamh chun na saoire ' bhriseadh? Bhí sé ag leigheas na ndaoine!

D'airiúr, is dócha, go minic gur mór an trua an duine ná tuigeann an fear thall ag magadh fé, ach gur mó go mór ná san de thrua an té ná tuigeann é féin ag magadh fé féin. Nuair aduairt na Giúdaígh go raibh an Slánaitheóir, moladh go deó leis, ag briseadh na saoire mar gheall ar na leighseanna míorúilteacha ' dhéanamh Lá na Sabóide, bhí magadh acu á dhéanamh fúthu féin, an magadh ba mhó dár dhein aon daoine riamh fúthu féin, agus níor leog an mhailís agus an droch-aigne dhóibh a thuiscint gur ag magadh fúthu féin a bhíodar. Mura mbeadh an chuma 'nar dhall an mhailís agus an droch-aigne iad, do thuigfidís, bíodh ná tuigfidís fírinne an scéil féin, go raibh fuath agus fearg agus diomá na ndaoine a bhí ag brath ar leigheas acu á thabhairt orthu féin. Is iúntach mar a dhallann an droch-aigne duine!

Mar adeirtear sa tSoiscéal, do thug priúnsa de sna Fairisínigh cuireadh don tSlánaitheóir chun bídh a chaitheamh 'na thigh. Chuaigh an Slánaitheóir ann. Bhí na Fairisínigh ag faire air. B'é Lá na Sabóide é. Bhí i láthair an tSlánaitheóra duine go raibh líonadh ann. Bhíodar ag faire, féachaint an mbrisfeadh sé an tsaoire. D'iompaigh sé orthu agus chuir sé an cheist chúthu, "an dleathach duine do leigheas Lá na Sabóide?" Níor labhair éinne acu. Ní raibh coinne acu leis an gceist. Dúradar leó féin, "Leighisfidh sé an duine nú ní leighisfidh. Má leighseann sé é, féadfaimíd an dlí ' chur air mar gheall ar an saoire ' bhriseadh. Mura leighsidh, féadfaimíd a rá gurb amhlaidh ná fuil ar a chumas an leigheas san a dhéanamh". Ach nuair a tháinig an cheist, bhíodar i bpúnc. Dá n-abraidís, "Is dleathach", bheidís dhá mbréagnú féin. Dá n-abraidís, "Ní dleathach", d'éireódh na daoine chúthu agus [do] geóbhfí de chlochaibh iontu. Thuigeadar gurbh fhearra dhóibh

LII. An Séú Domhnach Déag tar éis Cíncíse

éisteacht, agus d'éisteadar. Ansan do thóg an Slánaitheóir an duine agus do leighis sé é, agus chuir sé chun siúil é.

Ach bhí ana-thrua ag an Slánaitheóir do sna Giúdaígh, dá olcas iad. B'iad a mhuíntir féin iad. B'iad Clann Israeil iad. B'iad a ghaolta féin iad. Is dóibh a tugadh na geallúna móra ó Dhia i dtaobh slánú an domhain. B'iad féin an tsliocht a thoibh Dia na glóire, as an gcine daonna go léir, chun na sean-dlí ' thabhairt dóibh le cimeád go dtí go dtiocfadh an t-am chun na dlí nua ' chur ar bun. Dá bhrí sin, bhí báidh ana-mhór ag an Slánaitheóir leó agus trua aige dhóibh mar gheall ar an aimhleas a bhí acu á dhéanamh dóibh féin, agus níor leog sé uaidh aon chaoi dá bhfuair sé ar chómhairle a leasa ' thabhairt dóibh.

Nuair a bhí an duine úd leighiste agus curtha chun siúil aige, do labhair sé leó-san, agus chuir sé i gcuímhne dhóibh conas mar a bhí aon obair amháin a bhí ceadaithe sa tsean-dlí sin go rabhadar chómh dian 'na chimeád. Dá dtiteadh beithíoch le duine acu féin i bpoll, ní raibh cosc sa dlí ar an mbeithíoch do thógaint as an bpoll. Má cheadaigh an dlí beithíoch allta do thógaint a poll, gan amhras do cheadaigh an dlí duine do leigheas ó ghalar. Ba chóir nár ghá don tSlánaitheóir an méid sin argóinte ' dhéanamh leó. Ba chóir go raibh an scéal chómh soiléir sin nár ghá cainnt a dhéanamh air. Ach ní raibh aon teóra le trócaire an tSlánaitheóra. Bhí an trua aige dhóibh, agus bhí gach aon rud aige á dhéanamh chun iad do chur ar a leas dá mb'fhéidir é.

"Ach", adéarfaidh duine, b'fhéidir, "nách féidir le Dia gach uile ní a dhéanamh? Dá bhrí sin, nách féidir le Dia duine ' chur ar a leas?"

Is féidir, gan amhras, le Dia gach uile ní a dhéanamh. Ach do thug Dia saorthoil don duine. Do chuir san ar chumas an duine géilleadh do ghrásta Dé agus a leas a dhéanamh, nú cur i gcoinnibh ghrásta Dé agus aimhleas a dhéanamh do féin. Grásta ana-mhór do sna Giúdaígh ab ea na míorúiltí úd go léir do dhéanamh ansúd os cómhair a súl.

LII. An Séú Domhnach Déag tar éis Cíncíse

Gan amhras, do thug an Slánaitheóir trócaireach mórán eile grásta dhóibh, i ganfhios don tsaol, nuair a bhíodh sé ag cainnt leó agus ag aighneas leó. Do ghéill cuid acu dá ghrásta. Bhí na haspail agus na deisceabail ar an gcuid sin. Níor ghéill ach cuid bheag, áfach. Chuir an chuid ba mhó dhíobh cos i dtalamh 'na choinnibh féin agus i gcoinnibh a ghrásta agus i gcoinnibh a thrócaire, agus dheineadar aimhleas anama dhóibh féin in ainneóin ar tugadh de ghrásta dhóibh.

An lá céanna san, nuair a bhí an mhíorúilt déanta aige agus an duine leighiste agus curtha chun siúil aige, níor stad sé dá ghrásta ' thabhairt dóibh. Uabhar fé ndeara do sna Giúdaigh an t-aimhleas go léir a dhéanamh dóibh féin. Bhíodar lán suas den uabhar, agus níl aon rud a chuireann i gcoinnibh grásta Dé chómh seasmhach agus a chuireann an t-uabhar 'na choinnibh. Bhí solaoid sa mhíorúilt a dhein an Slánaitheóir an lá úd. Do leighis sé colann an duine úd ón líonadh. Dob ionann an líonadh uisce sa cholainn agus an líonadh uabhair san aigne. Do leighis an Slánaitheóir colann an duine ón líonadh uisce. Dhéanfadh sé an leigheas céanna ar aigne na nGiúdach a bhí láithreach dá leogaidís do é ' dhéanamh. Do leighisfeadh sé a n-aigne ón líonadh uabhair. Bhí gá go cruaidh leis an leigheas acu go léir. Bhí a lán daoine tar éis cuireadh ' dh'fháil chun an dínnéir chéanna. Chonaic an Slánaitheóir iad, gach duine acu mar a thagadh sé, ag dridim suas, ag brú suas, gach éinne a d'iarraidh an inid uachtaraigh a bheith aige. Do labhair sé leó, dá thrócaire, agus thug sé an chómhairle dhóibh, mar atá sa tSoíscéal a léas díbh. Tabhair fé ndeara an chómhairle. Ag lorg onóra agus creidiúna is ea ' bhíodar ag brú suas. Thispeáin sé dhóibh go breá soiléir nách onóir ná creidiúint a chuirfidís in áirithe dhóibh féin leis an mbrú san agus leis an rith sin chun na n-inead uachtarach, ach gur náire agus tarcaisne agus droch-mheas ó dhaoine a chuirfidís in áirithe dhóibh féin leis. Níl ní ar bith is fírinní ná an méid sin. Ar an saol so féin, agus i measc ár gcómharsan, níl aon rud is mó ' thabharfaidh onóir agus urraim ó gach éinne chúinn ná fíor-úmhlaíocht, agus níl aon rud is feárr chun droch-mheas' a thabhairt ón uile dhuine orainn ná uabhar. I gcás, an rud is fíor i láthair Dé, gur fíor i láthair daoine, leis, é. "An té a

LII. An Séú Domhnach Déag tar éis Cíncíse

dh'árdóidh é féin go n-ísleófar é agus an té a dh'ísleóidh é féin go n-árdófar é".

Anois, a phobal, machnaímís go cruínn agus go dlúth ar an gcuma 'na mbaineann an gnó so go léir linn féin. Ní chuirfeadh an Eaglais síos ansan i Leabhar an Aifrinn dúinn é mura mbeadh go mbaineann sé linn. Conas a bhaineann sé linn?

Baineann sé linn mar táid na lochta céanna ionainn a bhí insna Giúdaígh. Tá an t-uabhar céanna ionainn, an líonadh céanna 'nár n-aigne agus an gá céanna leis an líonadh do leigheas. Tá an dúil chéanna againn insna hineadaibh uachtaracha. Agus mar gheall ar an ndúil sin, tá an baol céanna orainn. Is baol dúinn nách inead uachtarach a gheóbhaimíd sa deireadh ach inead an-íochtarach ar fad; inead íochtarach i láthair daoine ar an saol so, agus ansan inead íochtarach i gcómhair na síoraíochta ar an saol eile.

Tá an baol san os ár gcionn. Beidh an baol san os ár gcionn an fhaid a leanfaidh an galar orainn, galar an uabhair, an fhaid a bheidh an líonadh ionainn, an fhaid a bheidh líonadh an uabhair 'nár n-aigne. Cad 'tá le déanamh againn, mar sin, chun dul ón mbaol san atá os ár gcionn? Cad a bheadh againn le déanamh ach aghaidh a thabhairt láithreach ar leigheas éigin ' fháil ar an ngalar? Ach ca bhfuil an leigheas le fáil? Is fíor nách uiriste é ' dh'fháil. Is ana-dheocair é ' dh'fháil. Is ana-dheocair leigheas a dh'fháil ar an líonadh nuair a thagann sé i mballaibh beatha an duine. Do leighis an Slánaitheóir é an uair úd le míorúilt. Is deocra go mór an líonadh a thagann san aigne do leigheas ná an líonadh ' thagann sa cholainn. Níl aon ghalar aigne is deocra do leigheas ná an t-uabhar, mar níl aon pheaca is deocra a chur ' fhiachaibh ar an nduine a dh'admháil ná é. Do leighisfeadh an Slánaitheóir, moladh go deó lena ghrástaibh geala, an t-uabhar, an líonadh aigne, a bhí ar na Giúdaígh úd an lá úd dá leogaidís do an leigheas a dhéanamh orthu, ach ní leogfaidís. Thabharfadh sé dhóibh an deoch a bhí ollamh aige dhóibh agus do leighisfeadh an deoch iad dá n-ólaidís é. Ní bhlaisfidís é. Ní

LII. An Séú Domhnach Déag tar éis Cíncíse

ghlacfaidís uaidh in aon chor an deoch. Ní raibh aon ní eile ar bith a dh'fhéadfadh iad do leigheas ón líonadh ach an deoch san, agus ní ghlacfaidís é. Cad é an deoch é sin, a phobal, a bhí ollamh ag an Slánaitheóir an lá san dóibh-siúd chun iad do leigheas ón líonadh uabhair a bhí istigh 'na gcroí agus 'na n-aigne, dhá gcimeád fuar marbh, gan tapa, i láthair Dé? Cad é an deoch é ach deoch na húmhlaíochta? Tá an deoch céanna ag ár Slánaitheóir á thairiscint dúinn-na inniu, a phobal. Glacaimís uaidh an deoch agus ólaimís é. Diúgaimís é gan aon bhraon fuíollaigh ' fhágáilt. Úmhlaímís sinn féin i gcónaí i láthair Dé. Nuair a spriocfaidh an t-uabhar tu chun locht do chómharsan a thabhairt fé ndeara, tuig i t'aigne, rud is fíor, go mb'fhéidir gur feárr a shlí-sin chun Dé ná do shlí féin chun Dé. Nuair a spriocfaidh an t-uabhar tu chun a thuiscint go bhfuil so nú súd de mhaith ionat, tuig i t'aigne láithreach, rud is fíor, go mb'fhéidir go bhfuil dearúd ort, go mb'fhéidir nách maith atá ionat ach olc, nú más maith féin é nách ort-sa is cóir a bhaochas a bheith; pé maith atá ionat gur ó Dhia a fuarais é, agus ná fuil agat, uait féin, ach an peaca agus an t-olc. Go dtugaidh Dia dhúinn go léir taithí ' dhéanamh ar an gcuma san den úmhlaíocht. Is fírinne an úmhlaíocht agus is bréag an t-uabhar.

Go gcimeádaidh Dia ar bhóthar na fírinne sinn. Amen.

LIII. An Seachtú Domhnach Déag tar éis Cíncíse

Léitear an Soiscéal. (Maitiú 22:34-46)

San am san, tháinig na Fairisínigh chun Íosa agus cheistigh duine acu é, ollamh sa dlí, ag baint trialach as. "A Mháistir", (ar seisean), "cad í an aithne mhór sa dlí?" Duairt Íosa leis, "Gráigh do Thiarna Dia ód chroí go hiomlán, agus ó t'anam go hiomlán, agus ó t'aigne go hiomlán. Sin í an aithne is mó, agus is í an chéad aithne í. Tá an tarna haithne cosmhail léi: gráigh do chómharsa mar thu féin. Tá an dlí go léir agus na fáidhe sa dá aithne sin". Ansan do chruinnigh Íosa na Fairisínigh agus cheistigh sé iad, agus duairt sé, "Cad a thuigeann

LIII. An Seachtú Domhnach Déag tar éis Cíncíse

sibhse i dtaobh Chríost? Cér a mac é?" Dúradar leis, "Mac Dáivid". Duairt sé leó, "Más ea, cad uime go dtugann Dáivid, sa sprid, a Thiarna air, nuair adeir sé, 'Duairt an Tiarna lem Thiarna: suigh ar mo dheis go gcuiread do namhaid mar fhuairmín féd chosaibh?' Má thugann Dáivid a Thiarna air, conas atá sé 'na mhac aige?" Agus ní raibh oiread agus focal le rá acu dhá fhreagradh, agus ón lá san amach níor leómhaigh éinne é ' cheistiú a thuilleadh.

Chímíd sa tSoiscéal san, a phobal, an feall a bhí insa Fairisínigh. Tháinig an Slánaitheóir ag triall orthu chun iad a dh'fhuascailt, mar aon leis an gcine daonna go léir. Bhí sé tar éis dul 'na luí ar a n-aigne, mar gheall ar an uabhar ' bhí iontu, nuair a thiocfadh an Críost go gcuirfeadh sé iad féin os cionn na cine daonna go léir. Go dtiocfadh sé i bhfuirm rí agus go gcuirfeadh sé an domhan go léir féna smacht le neart sló agus airm, agus ansan go mbeadh ana-shaol ar fad acu féin. Dheallródh an scéal ná raibh eólas ró-chruinn acu an uair sin ar cérbh é an Slánaitheóir sin a bhí geallta dhóibh, ar ceocu Dia nú duine é. Ach nuair a chonacadar an fear so a bhí dhá rá leó gurbh é féin an Críost a bhí geallta dhóibh, is amhlaidh a tháinig seirithean orthu agus diomá. Ní chreidfidís focal den scéal san. "Cad 'tá sa bhfear san", adeiridís, "ach mac siúinéara?" "Cad a bhéarfadh gurbh é sin an Críost?"

Ansan, bhíodar ag féachaint ar na míorúiltibh, agus bhíodar ag éisteacht leis dhá rá gurbh é féin an Críost a bhí geallta; gurbh é Mac Dé é; agus dá chómhartha san féin go raibh cómhacht Dé aige, mar go raibh oibreacha aige á dhéanamh ná féadfadh aon chómhacht a dhéanamh ach cómhacht Dé. Bhíodar i gcrua-chás. Ní fhéadfaidís an chómhacht do shéanadh. Pé cómhacht a bhí aige, áfach, bhíodar ceapaithe ar gan a dh'admháil gurbh é an Críost a bhí geallta é. Bhí ' fhios acu an chreidiúint thar bárr a bheith aige i measc na ndaoine mar gheall ar na míorúiltí móra, agus mar gheall ar na leighseannaibh. Bhíodar ag cur 's ag cúiteamh eatarthu féin, féachaint conas a thiocfaidís ar an gcreidiúint sin do bhriseadh. Fé dheireadh, chuímhníodar ar shlí chuige. Bhí ' fhios acu go raibh in aigne na

LIII. An Seachtú Domhnach Déag tar éis Cíncíse

poiblíochta ana-scannradh roim aon ní a bheadh, dar leó, ag baint ón onóir ba cheart a thabhairt do Dhia. Dúradar leó féin mar seo:

"Deir an fear so gurb é féin Mac Dé. Is ionann san agus a rá gurb é féin Dia na glóire, agus gan ann ach duine. Briseann san an chéad aithne. Téimís chuige, os cómhair na ndaoine, agus ceistímís é ar an gcéad aithne. Admhóidh sé an chéad aithne nú ní admhóidh. Mura n-admhaídh sé an chéad aithne, iompóid na daoine 'na choinnibh. Má admhaíonn sé an chéad aithne, chífid na daoine go bhfuil an chéad aithne aige á bhriseadh gach aon uair adeir sé gurb é Mac Dé é. Nuair a thuigfid na daoine go bhfuil sé ag briseadh na dlí ar an gcuma san, iompóid siad 'na choinnibh".

Thánadar ag triall air. Do labhair duine acu, fear a bhí ana-léannta sa dlí, fear go raibh urraim ana-mhór ag na daoine go léir do. "A Mháistir", ar seisean, "cad í an aithne mhór sa dlí?"

D'fhreagair Íosa láithreach, "Gráigh do Thiarna Dia ód chroí go hiomlán, agus ó t'anam go hiomlán, agus ó t'aigne go hiomlán". Ansan níor thug sé uain don fhear léannta ar cheist eile do chur. D'inis sé an tarna haithne dho, chómh maith leis an gcéad aithne, agus do chuir sé ar a súilibh dóibh go rabhadar féin, i láthair na huaire sin, ag briseadh an tarna haithne, mar go raibh fuath acu dá gcómharsain, 'sé sin, do féin. "Sin í an aithne is mó", ar seisean, "agus is í an chéad aithne í. Tá an tarna haithne cosmhail léi", ar seisean, "Gráigh do chómharsa mar thu féin". Dob ionann san agus a rá leó dá mba dúthracht don chéad aithne a bheadh dhá gcur ar siúl, nár bhaol go ndéanfaidís dearúd den tarna haithne; agus dá mbeadh an grá ceart do Dhia 'na gcroí, nách fuath dá gcómharsain a bheadh 'na gcroí in aice leis. Ansan, gan uain a thabhairt dóibh ar a thuilleadh ceistiúcháin a dhéanamh, duairt sé leó teacht isteach in' aice agus chuir sé ceist chúthu. Ceist dhoimhinn ab ea í, agus ceist ab ea í do thispeánfadh cad é an saghas eólais a bhí acu-san ar an Slánaitheóir a bhí le teacht, de réir a gcreidimh. Bhí ' fhios acu gur ar shliocht Dháivid, an rí, a thiocfadh sé, agus "Mac Dáivid" a thugaidís air nuair

LIII. An Seachtú Domhnach Déag tar éis Cíncíse

a thráchtaidís air. Do labhair Dáivid féin i dtargaireacht ar an Slánaitheóir, agus seo mar a labhair sé air. "Duairt an Tiarna lem Thiarna, 'Suigh ar mo dheis go gcuiread do namhaid mar stól féd chosaibh'". Sa chainnt sin do thug Dáivid a Thiarna ar an Slánaitheóir a bhí le teacht. Thispeánfadh san gur thuig Dáivid go raibh an Slánaitheóir le bheith 'na Dhia agus 'na Dhuine. Ní thabharfadh sé a Thiarna air mura mbeadh gur thuig sé an ní sin.

"Cad a thuigeann sibhse i dtaobh Chríost?", arsan Slánaitheóir leis na Fairisínigh. "Cér a mac é?"

"Mac Dáivid", ar siad.

"Más ea", arsan Slánaitheóir leó, "cad uime go dtugann Dáivid a Thiarna air? Má thugann Dáivid a Thiarna air, conas atá sé 'na mhac aige?"

Níor fhéadadar aon fhreagra ' thabhairt ar an gceist sin. Agus níor chuir éinne a thuilleadh ceisteanna chuige.

Tuigimíd-na go léir an scéal san. Tá ' fhios againn an dá nádúr a bheith 'nár Slánaitheóir Íosa Críost, nádúr Dé agus nádúr duine.

D'fhoghlamaíomair an méid sin sa Teagasc Críostaí.

"An mó nádúr in Íosa Críost?"

"Dhá nádúr".

"Cad iad an dá nádúr iadsan?"

"Nádúr Dé agus nádúr duine".

"An fada atá nádúr Dé ann?"

LIII. An Seachtú Domhnach Déag tar éis Cíncíse

"Ón síoraíocht".

"An fada atá nádúr duine ann?"

"Ó ghlac sé colann daonna".

Is é mac Dáivid an Slánaitheóir sa mhéid gur duine é. Is é Aon-Mhac Dé é sa mhéid gur Dia é. Sa mhéid gur Dia é is ea ' thug Dáivid a Thiarna air. Dá mbeadh eólas ceart ag na Fairisínigh ar an méid sin fírinne, do thuigfidís an cheist a chuir an Slánaitheóir chúthu. Ar an gcuma gcéanna, dá mbeadh an t-eólas ceart acu, do thuigfidís ná raibh an Slánaitheóir ag briseadh an chéad aithne nuair aduairt sé gurbh é Dia é, bíodh gur dhuine é, mar go raibh sé 'na Dhia agus 'na Dhuine in éineacht. Do labhair Dáivid mar siúd mar bhí solas ón Sprid Naomh in' aigne. Do thispeáin an solas san do nádúr Dé ' bheith sa tSlánaitheóir, agus thug sé a Thiarna air. Thug sé Tiarna air díreach mar a thug sé ar an Athair Síoraí. "Duairt an Tiarna lem Thiarna, 'Suigh ar mo dheis go gcuiread do namhaid féd chosaibh'". Bhí taithí mhaith ag na Fairisínigh ar an gcainnt sin aduairt an rí Dáivid, agus féach, níor thugadar fé ndeara riamh an brí a bhí leis an gcainnt, gur chuir an chainnt sin in úil nádúr Dé ' bheith sa tSlánaitheóir. Ansan, dá mhéid eólas a bhí acu ar an Scríbhinn Diaga, nuair a cuireadh an cheist chúthu, bhíodar balbh.

Agus tabhair fé ndeara conas mar a thispeáin an Slánaitheóir glórmhar a thrócaire sa cheist sin a chuir sé chúthu. Thug sé dhóibh díreach an t-eólas a bhí in easnamh orthu. Thispeáin sé dhóibh, amach a béal an rí, amach a béal Dháivid, cad é an t-ainbhios a bhí orthu i dtaobh an Mhessiah. Dá mbeadh aon chiall acu, is amhlaidh do stadfaidís agus dhéanfaidís machnamh. Chuirfidís ceist chuige ag lorg eólais in inead bheith ag cur ceisteanna chuige a d'iarraidh greama ' bhreith air. Ach an té go mbíonn an donas ar maidin air, bíonn sé um thráthnóna air. Ní heólas a bhí uathu, ach éagóir. Thug an Slánaitheóir, dá ghrástaibh, an t-eólas dóibh, an t-eólas ba cheart dóibh a bheith acu agus ná raibh acu, an t-eólas do chuirfeadh ar a

LIII. An Seachtú Domhnach Déag tar éis Cíncíse

leas iad, dá ndeinidís an úsáid cheart de. Níor dheineadar. Do scaoileadar uathu an chaoi a thug an Slánaitheóir dóibh ar an bhfírinne ' dh'fheiscint agus do thuiscint. Do leanadar ar a n-aimhleas, agus do dheineadar é in ainneóin an ghrásta a thug an Slánaitheóir dóibh nuair a chuir sé chúthu an cheist sin nár fhéadadar a réiteach.

Deinimís machnamh ar an ní sin, a phobal. Deinimís dlúthmhachnamh air. Tá suas le dhá mhíle blian anois ó bhí an Slánaitheóir agus na Fairisínigh aimhleasta úd 'na seasamh ar aghaidh a chéile, agus an Slánaitheóir ag tabhairt a ghrásta go fial dóibh, agus iadsan ag cur 'na choinnibh go dubh. Is mó lá ó shin, i gcaitheamh na haimsire sin go léir, a bhí an cleas céanna díreach ar siúl, an duine agus grásta an tSlánaitheóra 'na seasamh ar aghaidh a chéile, grásta an tSlánaitheóra a d'iarraidh an duine do tharrac ar bhealach a leasa, agus an duine ag cur 'na choinnibh go seasmhach agus go dúr agus go dubh. Níl aon chiscéim dá chuaird shaolta a chuireann an duine dhe, ó theacht ar an saol do go dtí lá a bháis, gan grásta éigin ó Dhia curtha roimis ar an gciscéim sin chun é ' tharrac ó aimhleas agus chun é ' stiúrú ar a leas. Chómh luath agus ' thagann sé ar an saol, sin í an Eaglais ollamh chun é ' ghlacadh chúithi i Sácraimínt an Bhaistí, chun peaca an tsínsir a ghlanadh dhe agus chun oidhreacht na bhflaitheas, a cheannaigh an Slánaitheóir do, do chur in áirithe dho. Tá an áirithe sin daingean go leór do go dtí go dtagann tuiscint do, go dtí go dtagann fios uilc agus maitheasa dho, agus saorthoil, go dtí go dtosnaíonn sé ar bheith freagarthach i láthair Dé 'na ghníomharthaibh. Ansan is ea ' thosnaíonn an t-aimhleas. Ach do chuir Dia, b'fhéidir, athair maith agus máthair mhaith ag tabhairt aire dho, agus do cheangail Dia air, sa cheathrú aithne d'aitheantaibh Dé, bheith úmhal dóibh agus rud a dhéanamh orthu. Más Fairisíneach é, ní bheidh sé úmhal dóibh ná ní dhéanfaidh sé rud orthu. Neartóidh sé agus raghaidh sé ó smacht. Leanfaidh sé a thoil féin. Leanfaidh sé an droch-chómhluadar. Beidh sé i dtigh an óil; amu' déanach san oíche; 'na chodladh déanach ar maidin in inead bheith 'na shuí agus i mbun a ghnótha. Beidh a choínsias ag troid leis istigh 'na chroí, dhá

LIII. An Seachtú Domhnach Déag tar éis Cíncíse

ínsint do agus dhá chur 'na luí air gurb é an Slánaitheóir Mac Dé, agus go gcaithfidh sé freagairt do. Ach déanfaidh sé an rud a dhein na Fairisínigh: éistfidh sé leis an gcoínsias agus ní thabharfaidh sé freagra air. Comáinfidh sé leis 'na dhúradán stuacach stailce, ag cur a chos i dtalamh i gcoinnibh ghrásta an tSlánaitheóra agus ag déanamh aimhleasa anama dho féin gach aon lá a dh'éiríonn air.

Tá a leithéidí ann, a phobal. Táid siad ann riamh agus is dócha go mbeid go deó. Ach tá a malairt ann leis, agus ní beagán díobh é, baochas le Dia, daoine go dtéid na trí Súáilcí Diaga, Creideamh agus Dóchas agus Carthanacht, isteach 'na n-anam an uair a baistithear iad, agus go gcuirid na trí Súáilcí Diaga san rath agus séan, i gcaitheamh a saol, orthu féin agus ar gach aon Chríostaí 'na mbíonn aon teangmháil aige leó. Ní hag cur cos i dtalamh i gcoinnibh ghrásta Dé a bhíd siadsan, ach ag faire ar an uile chogar a thagann chúthu ó ghrásta Dé agus a d'iarraidh díchill a dhéanamh ar an gcogar d'fhreagairt. Chómh luath agus a thagann an tuisgint agus an saorthoil agus fios an uilc agus na maitheasa, ní dheinid siad blúire ríghnis ach an t-olc do dhíbirt chun siúil an túisce 'na dtuigid siad é, agus an mhaith do thoghadh agus do ghlacadh. Bíonn a rian air, bíonn an t-athair agus an mháthair a thóg iad, agus do thit leó, ag gabháil a bhaochais le Dia coitianta, a thug dóibh clann chómh grástúil, chómh diaga, chómh ciallmhar. Pé fada gairid is toil le Dia iad d'fhágáilt ar an saol so, ní stadaid siad ach dhá n-ollmhú féin, níos feárr agus níos feárr, i gcómhair an tsaeil eile, agus níl éinne a dheineann aon teangmháil leó ná gur feárr-de a shlí chun Dé é.

Deir an seanfhocal linn an droch-theangmhálaí do sheachaint. Is maith an chómhairle í. Ní dócha go bhfuil an duine sin beó a dhein aimhleas do féin, ná gur féidir do féachaint siar ar an lá a casadh 'na threó an droch-theangmhálaí, agus a rá in' aigne féin, go dúbhach, "Mura mbeadh é siúd do bhualadh umam an lá úd, ní dhéanfainn an rud a dheineas".

LIII. An Seachtú Domhnach Déag tar éis Cíncíse

Más olc é an droch-theangmhálaí is maith é an dea-theangmhálaí. Más ceart an droch-theangmhálaí do sheachaint, is ceart cloí leis an ndea-theangmhálaí. Ar scáth a chéile a mhairid na daoine, agus ar scáth a chéile a dheinid daoine leas nú aimhleas dóibh féin. Is iúntach mar a chuir Dia na daoine ag brath ar a chéile; an chlann ag brath ar an athair agus ar an máthair; na cómharsain ag brath ar a chéile. Ní féidir d'éinne maireachtaint ar an saol so gan cúnamh ó dhaoine eile. Chuir Dia na daoine go léir ag brath ar a chéile, agus ansan chuir sé an chine daonna go léir ag brath ar an Slánaitheóir, moladh go deó leis.

Tá ceangailte, dá bhrí sin, ar gach aon Chríostaí a bheatha ar an saol so do riaradh chun toile an tSlánaitheóra, agus i dtreó go dtiocfadh leis an riaradh san do dhéanamh ar an gcuma is feárr, is é a bhuac bheith i gcónaí i gcómhluadar na ndaoine a dheineann é, bheith ar scáth na ndaoine sin, agus é féin a chimeád chómh fada amach agus is féidir é ón ndroch-aicme, ó Fhairisíneachaibh na haimsire seo. Táid siad i gcoinnibh an tSlánaitheóra, ar gach aon tsaghas cuma, chómh seasmhach díreach agus a bhíodar-súd eile dhá mhíle blian ó shin.

Go dtugaidh an Slánaitheóir Íosa Críost a ghrásta dhúinn go léir chun gach droch-chómhairle agus droch-chómhluadair a sheachaint. Amen.

LIV. An tOchtú Domhnach Déag tar éis Cíncíse

Léitear an Soiscéal. (Maitiú 9:1-8)

San am san, chuaigh Íosa ar bórd luinge bige, agus chuaigh sé thar caladh chun a chathrach féin. Agus féach, thugadar chuige duine go raibh milleadh air, agus é sínte ar leabaidh. Agus mar a chonaic Íosa an creideamh a bhí acu, duairt sé leis an bhfear míllte, "Glac misneach, a mhic. Táid do pheacaí maite dhuit". Agus féach, duairt cuid de sna Fairisínigh 'na n-aigne féin, "Tá an fear so ag déanamh diamhasla". Agus mar do chonaic Íosa na smaointe a bhí acu, duairt

LIV. An tOchtú Domhnach Déag tar éis Cíncíse

sé, "Cad chuige dhíbh na droch-smaointe ' bheith 'núr gcroíthibh agaibh? Ceocu is usa a rá, 'Tá do pheacaí maite dhuit', nú a rá, 'Éirigh agus siúlaigh?' Ach ionas go mbeadh ' fhios agaibh go bhfuil ag Mac an Duine cómhacht ar an dtalamh so chun peacaí a mhaitheamh", duairt sé leis an bhfear a bhí millte, "Éirigh, agus tóg suas do leabaidh, agus imigh chun do thí féin". Agus d'éirigh sé, agus d'imigh sé chun a thí féin. Agus tháinig eagla ar an slua nuair a chonacadar an ní sin, agus do mholadar Dia a thug a leithéid sin de chómhacht do dhaoinibh.

Tabhair fé ndeara, a phobal, an chuma 'nar sheasaimh an scéal idir an Slánaitheóir agus na Fairisínigh. Ní ghéillfeadh na Fairisínigh in aon chor go raibh cómhacht Dé ag Íosa Críost, moladh go deó leis, agus bhí Íosa Críost dhá thispeáint dóibh-sin agus do sna daoine, leis na míorúiltibh a bhí aige á dhéanamh, go raibh cómhacht Dé aige. Agus féach, ní dhá thispeáint dóibh go raibh cómhacht ó Dhia aige a bhí sé, ach dhá thispeáint dóibh, lom díreach, go raibh cómhacht Dé féin aige, go raibh cómhacht Dé aige agus gurbh í a chómhacht féin an chómhacht san, agus dá bhrí sin go raibh sé 'na Dhia go fíor.

Tugaid na haithreacha fé ndeara an focal aduairt sé nuair a thóg sé mac na bainntrí ón mbás. Ní duairt sé, "In ainim Dé, éirigh". Duairt sé, "A óig-fhir, deirim leat, éirigh". D'oibrigh sé an chómhacht as a thoil féin, as toil an tarna Pearsan den Tríonóid ró-naofa, 'sé sin, as toil Dé, agus thispeáin sé gurbh é Dia aduairt an chainnt. Do thispeáin an chainnt féin, leis, gur ó Dhia a tháinig sí, mar do chuaigh sí i bhfeidhm ar chluasaibh marbha agus d'airigh na cluasa marbha í. Do thispeáin an chainnt agus an mhíorúilt gurbh é Dia féin do labhair nuair a labhair an Slánaitheóir Íosa Críost. Níorbh fhéidir d'aon fhocal, ach don fhocal a labharfadh Dia féin, dul i bhfeidhm ar chluas mharbh agus a chur ' fhiachaibh ar an gcluais a bhí marbh freagairt do. "A óig-fhir", ar seisean, "deirim leat, éirigh". Agus d'éirigh an duine marbh 'na shuí agus dhírigh sé ar chainnt. Bhí ' fhios ag an uile dhuine a bhí láithreach nárbh fhéidir d'aon chómhacht ach do chómhacht Dé dul i bhfeidhm ar an gcuma san ar dhuine a bhí tar éis bháis.

LIV. An tOchtú Domhnach Déag tar éis Cíncíse

Sa mhíorúilt seo atá againn i Soíscéal an lae inniu, ní har an mbás a bhí focal an tSlánaitheóra le dul i bhfeidhm, ach ar an ngalar ar a dtugtar milleadh, galar a bhaineann lúth a ghéag de dhuine i dtreó nách féidir do cor a chur de féin ach mar a bheadh sé gan anam. Do tugadh i láthair an tSlánaitheóra duine a bhí ar an gcuma san chun go leighisfeadh sé é. Bhí na Fairisínigh láithreach agus iad ag faire, feachaint a' ndéanfadh sé, nú a' ndéarfadh sé, aon rud a chuirfeadh ar a gcumas búntáiste ' bhreith air. Mar ba ghnáth leis, thug sé grásta mór dóibh. Thug sé le tuiscint dóibh go raibh dearúd mór acu á dhéanamh 'na thaobh féin nuair ná géillfidís do agus a dh'admháil gurbh é an Críost a bhí geallta dhóibh é. Do labhair sé leis an bhfear a bhí gan lúth. "Glac misneach, a mhic", ar seisean, "táid do pheacaí maite dhuit". De réir cumais na cainnte, dob ionann san agus dá n-abradh sé, "Maithim do pheacaí dhuit". Nuair ' airigh na Fairisínigh an chainnt sin, tháinig fearg orthu. "Sin diamhasla!", ar siad, 'na n-aigne féin. "Cé ' fhéadfadh peacaí ' mhaitheamh ach Dia!" Do chonaic an Slánaitheóir na smaointe a bhí istigh 'na n-aigne. Ba chóir go gcuirfeadh san in úil dóibh go raibh dearúd acu á dhéanamh 'na thaobh. "Cad chuige dhíbh", ar seisean leó, "na droch-smaointe sin a bheith 'núr n-aigne agaibh?" Ansan do thispeáin sé a thrócaire dhóibh. Thug sé a ghrásta dhóibh thar na beartaibh. "Ceocu is usa a rá 'táid do pheacaí maite duit'", ar seisean, "nú a rá leis an bhfear san éirí agus siúl?" Bhí na daoine go léir ag éisteacht leis an bhfocal chómh maith agus ' bhí na Fairisínigh ag éisteacht leis. Bhí na daoine ag faire, féachaint cad a dhéanfadh sé. Do labhair sé arís. "Ach", ar seisean, "ionas go mbeadh ' fhios agaibh go bhfuil cómhacht ag Mac an Duine ar an dtalamh so chun peacaí do mhaitheamh—éirigh-se", ar seisean leis an bhfear a bhí sínte, "agus tóg suas do leabaidh agus imigh chun do thí féin". D'éirigh an duine. Bhí lúth agus léim agus coisíocht aige láithreach. Thóg sé suas an leabaidh agus d'imigh sé abhaile.

Ní raibh aon rud míorúilteach i dtógaint na leapan nuair a bhí lúth a ghéag aige. Súsa ab ea an leabaidh. Ba ghnáth sa tír úd an uair sin, agus is gnáth fós i dtíorthaibh brothallacha, go mbeireann duine leis,

LIV. An tOchtú Domhnach Déag tar éis Cíncíse

ar a mhuin nú ar a chuislinn, fé mar a bhéarfadh sé cóta mór, súsa maith ramhar bog, agus é fíllte ar a chéile, agus nuair a thagann an oíche air go leathann sé an súsa ar an dtalamh agus go gcodlann sé air chómh sámh agus ' chodlódh duine anso ar leabaidh chlúimh éan. Nuair a bhíonn an lá tagaithe agus a dhóthain codlata aige, ní dheineann sé ach éirí agus a shúsa d'fhilleadh suas ar a chéile arís, agus é ' cheangal agus do chur chuige ar a mhuin, agus a bhóthar a thabhairt air. Sin mar a dhein an duine do leighseadh ón milleadh nuair aduairt an Slánaitheóir leis é ' dhéanamh.

Breithnigh anois ar an gcuma 'nar fhág an méid sin gnótha na Fairisínigh. Bhíodar i láthair duine a thug le feiscint dóibh go soiléir go raibh radharc aige ar na smaointibh a bhí istigh 'na gcroí. Ba chóir go gcuirfeadh an méid sin, agus gan a thuilleadh ' bhac, ag machnamh iad ar an aimhleas a bhí acu á dhéanamh dóibh féin. Duairt sé leó go raibh cómhacht aige chun peacaí ' mhaitheamh. Níor iarr sé orthu a fhocal féin do thógaint le fírinne an scéil sin, bíodh go raibh urrús a ndóthain in' fhocal féin leis. Ba mhian leis a ghrásta ' thabhairt dóibh ar chuma mhíorúilteach. Dhein sé an mhíorúilt i dtreó go mbeadh Dia féin aige á tabhairt mar urra dhóibh le fírinne a chainnte. "Chun go mbeadh ' fhios agaibh go bhfuil an chómhacht san agam", ar seisean leó. Cad a thispeánann an focal san, "Chun go mbeadh ' fhios agaibh?" Tispéanann sé go soiléir, chómh luath agus a chonacadar an mhíorúilt déanta, go raibh ' fhios acu an chómhacht a bheith aige. Bhí ' fhios acu go maith, mar dúradar féin é, ná féadfadh éinne ach Dia peacaí ' mhaitheamh. Bhí ' fhios acu, leis, agus do chiallaigh focal an tSlánaitheóra é, "Chun go mbeadh ' fhios agaibh", ná lamhálfadh Dia míorúilt a dhéanamh chun éithigh a chur i bhfeidhm in' ainm féin. Ach do deineadh an mhíorúilt mhór san, ansúd os cómhair a súl, agus do tugadh an mhíorúilt mhór san dóibh mar urraíocht ó Dhia air go raibh ag an nduine sin, a bhí ansúd 'na sheasamh os a gcómhair, cómhacht nárbh fhéidir a bheith ag éinne ach ag Dia féin, 'sé sin cómhacht chun peacaí do mhaitheamh. Dá bhrí sin, mura raibh an chómhacht san ag an nduine sin, do cheadaigh Dia an uair sin an mhíorúilt mhór san a dhéanamh, in

LIV. An tOchtú Domhnach Déag tar éis Cíncíse

ainm Dé féin, mar urraíocht ar ní ná raibh fíor! Ach diamhasla i gceart ab ea a leithéid sin do rá. Dá bhrí sin, ní raibh aon dul acu óna dh'admháil go macánta go raibh an chómhacht san aige. Ach, mar adúradar féin, níorbh fhéidir an chómhacht san a bheith ag éinne, as a ghustal féin, ach ag Dia. Dá bhrí sin, Dia go fíor ab ea an Duine sin a bhí ansúd 'na sheasamh os a gcómhair. Ní raibh aon dul acu ón admháil sin, dá dtugaidís ceart dá n-aigne, agus dá leogaidís dóibh féin fírinne an scéil do bhreithniú agus do mheas agus do thómhas mar a bhí dleathach. Grásta mór, grásta uathásach dóibh ón Slánaitheóir ab ea iad do chur sa chás san ná féadfaidís gan an fhírinne ' dh'admháil, mura mbeadh gur dhúnadar súile a n-aigne go daingean i gcoinnibh solais na fírinne.

Féach, a phobal, níor stad an dúnadh súl san leó-súd. Tá sé ar siúl sa tsaol riamh ó shin, agus tá sé ar siúl sa tsaol anois. Níl le déanamh againn-na i dtaobh an scéil ach féachaint chúinn féin go cruínn, chun a dhéanamh amach an bhfuil aon bhaol gur béas againn féin súile ár n-aigne do dhúnadh, agus do chimeád dúnta, i gcoinnibh solais na fírinne. Is mó cuma 'na ndeintear é. Is é nádúr an duine neamh-fhonn a bheith air féachaint díreach ar a dhroch-thréithe féin. B'fheárr leis go mór féachaint in aon treó eile ná 'na dtreó san. Is é nádúr thrócaire an tSlánaitheóra an solas do chur ag taithneamh orthu go láidir, i dtreó go bhfeicfeadh an duine iad agus go n-admhódh sé iad, agus go leighisfeadh cómhacht an tSlánaitheóra iad—an chómhacht úd ná hadmhódh na Fairisínigh a bheith aige. Cad é mar chiall d'aon Chríostaí, má tá droch-ní ar a choínsias, bheith a d'iarraidh é ' chimeád i bhfolach ón Slánaitheóir? Conas is féidir an droch-ní do leigheas má cimeádtar i bhfolach é? Nách é céad ní atá le déanamh an galar do nochtadh don dochtúir, i dtreó go bhfeicfidh an dochtúir cad é an saghas é, agus conas a caithfar an leigheas a dhéanamh air? Mura bhfeicfidh an dochtúir an gearán, conas is féidir do an gearán do leigheas? Mura n-ínsidh an duine breóite don dochtúir ca bhfuil an teinneas air, cad ' fhéadfaidh an dochtúir a dhéanamh? Go mór mór, má ínseann an duine breóite bréag don dochtúir, conas a bheidh an scéal ar ball? Beidh go hainnis. Tabharfaidh an dochtúir do, ní nách

LIV. An tOchtú Domhnach Déag tar éis Cíncíse

iúnadh, an leigheas ná hoireann do. Ach is cuma nú nimh don duine bhreóite an leigheas ná hoireann do. Is amhlaidh a mharóidh an leigheas san é in inead aon tairbhe ' dhéanamh do. Is é an peaca an gearán, an droch-ní atá ar choínsias an duine. Is é an t-oide faoistine an dochtúir a cheap an Slánaitheóir chun an ghearáin sin do leigheas. Má cheileann an duine breóite a ghearán ar an oide faoistine, conas is féidir don oide faoistine an leigheas a dh'oireann do do thabhairt don duine bhreóite? Ach tá, de réir nádúra, an neamh-fhonn agus an leisce ar an nduine féachaint díreach ar a pheacaí féin agus iad a dh'admháil. Fonn iad a chimeád i bhfolach is ea ' bhíonn air, ní hamháin iad a chimeád i bhfolach ó dhuine eile, ach iad a chimeád i bhfolach uaidh féin. Is fonn leis súile a aigne féin do dhúnadh go daingean i dtreó ná feicfeadh sé iad, agus go bhféadfadh sé bheith dhá áiteamh air féin agus dhá chur 'na luí air féin ná fuilid siad ann in aon chor. Bíonn sé coitianta ag machnamh ar na droch-nithibh ná deineann sé, agus ní fonn leis choíche an strac-fhéachaint is lú do thabhairt i dtreó na ndroch-nithe a dheineann sé. Ansan, nuair a théann sé chun faoistine, ní féidir leis cuímhneamh ach ar na peacaibh nár dhein sé, agus, ní nách iúnadh, cromann sé ar na peacaí nár dhein sé do chur síos don tsagart. Ní bhíonn d'fhaoistin aige ach, "Ní bhím dhá dhéanamh-so. Ní bhím dhá dhéanamh-súd. Ní bhím dhá dhéanamh-súd eile", agus mar sin. Níl aon tuairisc aige ar cad a dhein sé. Táid na nithe a dhein sé i bhfolach ón' aigne. Ní fhéachann sé choíche 'na dtreó. Bíonn sé i gcónaí ag féachaint i dtreó éigin eile. Ansan, má chuireann an sagart ceist chuige, lom díreach, "Ar dheinis a leithéid seo?", b'fhéidir go bhfeicfidh sé gur dhein, agus nách aon mhaith bheith dhá shéanadh. Ní déarfaidh sé, lom díreach, "Níor dheineas, a Athair". Níl sé chómh holc san, b'fhéidir, ar fad. Ach cuirfidh sé cor sa scéal. Déarfaidh sé, "Dheineas, a Athair, ach ní dhéanfainn dá leogtí dhom féin. An bhean so atá agam, is í fé ndear é". Is fada siar an seana-scéal é sin. Is fadó adúradh ar dtúis é. Táthar chómh tugtha chun an leathscéil sin a thabhairt anois agus do bhíothas an chéad lá. Tá an fonn chun na súl do dhúnadh ar ár ndroch-thréithibh féin chómh láidir anois agus ' bhí sé an chéad lá.

LIV. An tOchtú Domhnach Déag tar éis Cíncíse

Tá roinnt de mhianach an Fhairisínigh ionainn go léir. Dá luathacht a thuigfimíd an méid sin agus d'admhóimíd é is ea is fearra dhúinn é.

Is ceart dúinn, dá bhrí sin, féachaint isteach 'nár n-aigne féin, agus súile ár n-aigne ' dh'oscailt agus iad a chimeád ar dian-leathadh, agus féachaint díreach ar na peacaibh a dheinimíd. Ní baol dúinn na peacaí ná deinimíd. Ní iarrfaidh Dia orainn aon chúntas a thabhairt iontusan. Insna peacaibh a dheinimíd is ea ' bheimíd freagarthach i láthair Dé. Is ceart dúinn a iarraidh ar an Slánaitheóir solas a ghrást do chur orthu dhúinn go láidir, i dtreó go bhfeicfimís go cruínn agus go glan iad. Ansan, in inead bheith ag guailleáil agus ag casadh agus a d'iarraidh milleán ár bpeacaí do chur ar dhuine éigin eile, is amhlaidh is ceart dúinn an milleán go léir do ghlacadh orainn féin, agus a dh'admháil go breá macánta dleathach, i láthair Dé agus i láthair ár n-oide faoistine, gurb iad ár bpeacaí féin iad; gur sinn féin a dhein iad; gur sinn féin atá ciontach iontu agus nách aon duine eile; agus gur dúinn féin atáimíd a d'iarraidh maithiúnachais a dh'fháil ó Dhia iontu, agus cabhair ó ghrásta an tSlánaitheóra chun gan iad féin ná aon pheacaí eile do dhéanamh arís.

Solaoid, nú sampla, ar an nduine nuair a bhíonn an peaca maraitheach air, ab ea an duine úd a bhí gan lúth a ghéag. Níor deineadh aon cheilt ar ghalar an duine sin. Sin mar is ceart gan ceilt ná folachadh do dhéanamh ar na peacaibh ón oide faoistine. Ansan tiocfaidh chun an pheacaigh an maithiúnachas fé mar a thug an Slánaitheóir don duine bhreóite úd é. "Glac misneach, a mhic. Táid do pheacaí maite dhuit".

Ba shólásach an focal é, ag teacht ó bhéal an tSlánaitheóra. Gach Críostaí a leogann é féin ar a ghlúinibh i bhfianaise sagairt, chun faoistine ' dhéanamh, ba cheart do an misneach céanna do ghlacadh agus a shúil a bheith aige go láidir leis an sólás céanna. Agus i dtreó go bhfaigheadh sé an sólás san, ba cheart do bheith i gcónaí dhá iarraidh ar Dhia na glóire solas na ngrást a thabhairt do, i dtreó go

LIV. An tOchtú Domhnach Déag tar éis Cíncíse

bhfeicfeadh sé go soiléir conas a sheasaíonn sé i láthair Dé agus cad is ceart do a dhéanamh, agus conas is ceart do é ' dhéanamh.

Go dtugaidh Dia dhúinn go léir an solas san agus an sólás san. Amen.

LV. An Naoú Domhnach Déag tar éis Cíncíse

Léitear an Soiscéal. (Maitiú 22:1-14)

San am san, do labhair Íosa le priúnsaíbh na sagart agus leis na Fairisínigh, i solaoidíbh, agus duairt sé: Is cosmhail ríocht neimhe le fear a bhí 'na rí, agus do dhein bainis dá mhac. Agus chuir sé a sheirbhísigh ag triall ar na daoinibh a fuair cuireadh chun na bainise, dhá rá leó teacht, agus níorbh fhonn leó teacht. Chuir sé seirbhísigh eile uaidh arís, agus duairt sé leó, "Abraidh leó-súd a fuair cuireadh, 'Féach, tá an féasta ollamh agam; táid mo mhairt marbh agus m'éanlaithe ramhra, agus tá gach ní ollamh. Tagaidh chun na bainise'". Ach dheineadar-san neamh-shuím de, agus d'imíodar, duine acu chun a fheirme, agus duine acu chun a cheannaíochta. Agus do rug an chuid eile acu ar na seirbhísigh, agus thugadar tarcaisne dhóibh, agus mharaíodar iad. Nuair ' airigh an rí an ní sin, áfach, chuir sé a shlóite armtha uaidh, agus d'ídigh sé na cuirpigh sin agus do loisc sé a gcathair. Ansan duairt sé lena sheirbhísigh, "Tá an bhainis ollamh, ach an mhuíntir a fuair cuireadh, níorbh fhiú iad é. Imídh amach ar na bóithribh agus pé daoine a gheóbhaidh sibh, glaeidh isteach orthu chun na bainise". Agus d'imigh na seirbhísigh amach ar na bóithribh, agus bhailíodar isteach gach a bhfuaradar de dhaoine, idir olc agus maith, agus bhí an bhainis lán de dhaoine 'na suí chun an bhídh. Ansan do tháinig an rí isteach go bhfeicfeadh sé an chuideachta, agus chonaic sé ann duine ná raibh culaith na bainise uime. Agus duairt sé leis, "A chara, conas a thánais-se anso isteach gan culaith na bainise umat?" Ach níor labhair seisean focal. Ansan duairt an rí leis an lucht friothálaimh, "Deinidh a lámha agus a chosa do cheangal, agus caithidh amach é sa doircheacht atá amu', áit 'na mbeidh gol agus díoscán fiacal. Óir tá glaeite ar mhórán, agus níl tofa ach beagán".

LV. An Naoú Domhnach Déag tar éis Cíncíse

Is léir d'éinne, a phobal, ar an gcéad mhachnamh, cad a chiallaigh an bhainis sin. Is ionann bainis agus an chóisire a deintear nuair a póstar lánú óg. "Is cosmhail ríocht neimhe", arsan Slánaitheóir, "le fear a bhí 'na rí agus a dhein bainis dá mhac". B'é Dia an rí a dhein an bhainis dá mhac. B'é an Slánaitheóir féin an Mac. Na Giúdaígh ar dtúis, agus ansan an chine daonna go léir, na daoine a fuair an cuireadh. Na fáidhe agus na daoine naofa a cuireadh ag triall ar na Giúdaígh chun iad d'ollmhú do theacht an tSlánaitheóra, go mór mór Naomh Eóin Baiste, b'in iad na teachtairí do chuir an rí ag triall ar an muíntir a fuair an cuireadh chun na bainise. Níor chuir an mhuíntir a fuair cuireadh ar dtúis aon tsuím sa chuireadh. D'imíodar chun a ngnótha féin. Ansan do chuir an rí seirbhísigh eile ag triall orthu chun tathaint a dhéanamh orthu. Ní raibh aon mhaith ann. Ní thiocfaidís. Dheineadar rud ba mheasa ná gan teacht. Do rugadar ar sheirbhísigh an rí, agus thugadar tarcaisne dhóibh, agus mharaíodar iad.

Deir aithreacha na hEagailse gur labhair an Slánaitheóir sa chainnt sin ar an gcuma 'nar dhiúltaigh na Giúdaígh don tSlánaitheóir, agus ar an gcuma 'na rabhadar, i gcónaí riamh, ag tarcaisniú agus ag marú na ndaoine naofa a chuireadh Dia chúthu chun cómhairle leasa a n-anama do thabhairt dóibh, go dtí, fé dheireadh, gur tharcaisníodar agus gur chuireadar chun báis an Slánaitheóir féin, moladh go deó leis.

Deir cuid de sna haithreachaibh go gciallaíonn an chainnt ar fheirg an rí agus ar na slóitibh armtha agus ar loscadh na cathrach an íde a thug na Rómhánaigh ar chathair Ierúsaleim roinnt blianta tar éis bháis an tSlánaitheóra. Deir tuilleadh acu go gciallaíonn an chainnt sin na mílte cuma 'na leogann Dia trioblóidí agus cruatan agus iomárd do theacht ar na daoine a thugann faillí i ngnóthaibh a gcreidimh, mar gheall ar an iomad dúil a bheith acu i ngnóthaibh an tsaeil seo. B'fhéidir go gciallaíonn an chainnt an dá ní, an íde a tháinig ar na Giúdaígh mar gheall ar a ndroch-ghníomhartha féin, agus 'na theannta san, an díbheirg a thagann, le leónú Dé, ar Chríostaithibh, nuair a dheinid siad gníomhartha den tsaghas

LV. An Naoú Domhnach Déag tar éis Cíncíse

chéanna i gcoinnibh Dé agus i gcoinnibh na hEagailse do chuir an Slánaitheóir ar bun.

Tabhair fé ndeara, a phobal, cad a thit amach nuair a bhí an íde déanta ar an muíntir a fuair an cuireadh agus nár tháinig, ach do dhein an easonóir agus an marú. "Imídh amach", arsan rí, "agus pé daoine a gheóbhaidh sibh, glaeidh isteach orthu chun na bainise". D'imigh na seirbhísigh agus bhailíodar isteach na daoine go léir, idir olc agus maith.

Ní deocair ciall na cainnte sin do thuiscint. Ní thiocfadh an mhuíntir a fuair cuireadh ar dtúis, na Giúdaígh. Ansan do glaodh isteach an choitiantacht, na Gínte, an chine daonna go léir.

Ansan do thit rud amach agus ní foláir dúinn é ' bhreithniú agus machnamh ana-dhlúth a dhéanamh air. Bhí na daoine go léir 'na suí chun bídh agus an tigh lán. Ba mhaith leis an rí an chuideachta ' dh'fheiscint. Tháinig sé isteach. D'fhéach sé 'na thímpall ar an gcuideachtain. Ba gheárr go bhfeacaigh sé duine áirithe ar a measc, duine nár chuir uime an t-éadach ba cheart a bheith uime sara suífeadh sé sa chuideachtain sin. Do labhair an rí leis. "A chara", ar seisean leis, "conas a thánaís-se anso isteach gan culaith na bainise umat?" Níor labhair an duine focal. Níor dhein sé aon iarracht ar aon leathscéal a thabhairt uaidh. Ní duairt sé, fé mar ba dhó' le duine a dh'fhéadfadh sé a rá, "Do comáineadh isteach de m'ainneóin me". Ní duairt sé aon ní dhá shórd san, mar bhí ' fhios aige go maith ná beadh an chainnt fíor. Bhí ' fhios aige go dian-mhaith nách dá ainneóin a tugadh isteach é, ach gur ar mhaithe leis a tugadh isteach é, agus ná raibh aon bhac in aon chor air, dá mba mhaith leis é, é féin d'ollmhú sa cheart, culaith na bainise do chur uime. Bhí an chulaith ansúd ollamh do, agus ní raibh le déanamh aige ach í ' chur uime.

Ansan do thit ní eile amach, ní uathásach. Duairt an rí leis an lucht friothála, "Deinidh a lámha agus a chosa do cheangal, agus caithidh

LV. An Naoú Domhnach Déag tar éis Cíncíse

amach é sa doircheacht atá amu', áit 'na mbeidh gol agus díoscán fiacal".

Chómh fada agus a bhaineann an scéal linn-na féin anso, a phobal, is féidir dúinn a thuiscint gurb é Sácraimínt Chorp Críost an féasta. Díreach mar a chuir seirbhísigh an rí ' fhiachaibh ar na daoine úd go léir teacht isteach chun na bainise, tá ceangailte ag an Eaglais ar na Críostaithibh go léir atá tagaithe i mbliantaibh na tuisceana teacht agus Corp naofa an Tiarna do ghlacadh uim Cháisc, gach aon bhliain, nú tímpall na Cásca. I dtreó, áfach, go ndéanfadh an Críostaí Corp naofa an Tiarna do ghlacadh mar is cóir, ní foláir do bheith ar staid na ngrást. Ní foláir culaith na bainise ' bheith uime aige. An té go mbeadh sé de mhí-fhoirtiún air an Corp naofa do ghlacadh agus gan é ar staid na ngrást, bheadh peaca ana-scannrúil déanta aige i gcoinnibh Dé na glóire. Bheadh an rud céanna déanta aige a dhein na droch-dhaoine úd a fuair an cuireadh chun na bainise agus do mhairbh na teachtairí. Bheadh an íde tuíllte aige do thuilleadar-súd. Bheadh an rud céanna déanta aige a dhein an fear úd a chuaigh isteach go bainis an rí agus do shuigh sa chuideachtain uasail, agus gan culaith na bainise uime. Bheadh an cor céanna tuíllte aige a dh'órdaigh an rí a thabhairt ar an bhfear úd. "Ceanglaidh a chosa agus a lámha", arsan rí, "agus caithidh amach é sa doircheacht atá amu', mar a mbeidh gol agus díoscán fiacal". Bheadh an rud déanta aige ar ar cuireadh an ainm chruaidh, bheadh damnú síoraí dho féin ite aige mar bhia.

Cuímhnigh ar na nithibh sin, a Chríostaí, nuair a bheidh tú chun Comaoine ' ghlacadh. Níl neart duit fanúint siar. Sin é a dhein an mhuíntir a fuair cuireadh agus nár tháinig, nárbh fhiú leó ar mhac an rí, ná ar an rí féin, teacht chun a bhainise. Thugadar tarcaisne agus masla dho, agus dhíoladar as. Má dheineann tusa an rud céanna, díolfair as chómh maith leó. Ní lú ná mar atá neart duit teacht gan culaith na bainise umat. Cad 'tá agat le déanamh mar sin? Cad a bheadh agat le déanamh ach dul agus tu féin d'ollmhú sa cheart. Dul agus faoistin mhaith a dhéanamh. Sin é ' chuirfidh culaith na bainise

LV. An Naoú Domhnach Déag tar éis Cíncíse

umat. Má dheineann tú faoistin mhaith, beidh tú ar staid na ngrást. Nuair a bheidh tú ar staid na ngrást, beidh culaith na bainise umat. Ansan ní gá dhuit aon cheist a bheith ort mar gheall ar dhul sa chuideachtain uasail agus suí chun búird 'na measc. Beidh míle fáilte rómhat ag an gcuideachtain agus ag an lucht friothála, na haingil a bheidh mórthímpall an bhúird ag déanamh gach aon tsaghas friothála ar an gcuideachtain, le hórdú an rí. Beidh fáilte acu go léir rómhat, agus beidh áthas orthu mar gheall ar bheith ag friothálamh ort. Tiocfaidh an rí féin isteach chun féachaint ar an gcuideachtain. Chífidh sé thusa, agus chífidh sé culaith na bainise ort, agus beidh áthas air. Ansan ní bheidh náire ná ceann-fé ná scannradh ort roimis an rí, mar beidh do ghnó déanta sa cheart agat. Beidh culaith na bainise ort, culaith na ngrást, an chulaith uasal órga ghlan a cheannaigh an rí féin duit agus a bhí aige id chómhair, ag brath air go dtiocfá agus go gcurfá umat í, luath nú mall, agus go dtiocfá isteach sa chuideachtain agus í umat, agus ansan go mbeadh áthas ort féin, agus áthas ar an gcuideachtain, agus áthas ar an rí. Ansan ní baol duit fearg an rí, ná ceangal na lámh agus na gcos, ná an caitheamh amach, ná an doircheacht scannrúil atá amu', ná an gol nímhneach a leanfaidh ar feadh na síoraíochta, ná an díoscán fiacal a chuireann in úil géire agus déine na bpian. Beidh tú saor sábhálta uathu-san go léir.

Tá daoine adéarfadh gurb ana-chruaidh an rud aon duine ' chur isteach insna piantaibh sin ar feadh na síoraíochta. Is fíor dóibh é. Rud ana-chruaidh is ea é. Rud an-uathásach is ea é. Mura mbeadh gur rud uathásach é, mura mbeadh gur mí-ádh thar na beartaibh é, níor ghá do Mhac Dé, don Tarna Pearsain den Tríonóid ró-naofa, teacht anuas as na flaithis agus nádúr an duine do ghlacadh, agus an Pháis a dh'fhulag agus bás d'fháil tárnálta ar chrann na cruise chun na cine daonna do shaoradh uaidh. Do dhein Mac Dé an méid sin chun sinn-na do shaoradh ón mí-ádh uathásach san, ó cheangal na lámh agus na gcos, ón gcaitheamh amach sa doircheacht scannrúil, ón ngol nímhneach ná stadfaidh go deó, ón ndíoscán fiacal a thispeánann déine an phionóis. Cad é an leigheas atá ag Dia na glóire ná ag an

LV. An Naoú Domhnach Déag tar éis Cíncíse

Slánaitheóir gléigeal orm-sa má imím, lem thoil mhacánta, agus má chuirim saothar an tSlánaitheóra ar neamhní? Cheannaigh an Slánaitheóir aoibhneas na bhflaitheas dom. Cad é an tairbhe don tSlánaitheóir an ceannach san a bheith déanta aige má imím féin agus má dhíolaim an t-aoibhneas san arís? Ní hé sin féin, ach an t-aoibhneas gur díoladh chómh daor as do scaoileadh uaim ar shuarachas éigin gan mhaith gan tairbhe; ar phléisiúr éigin, b'fhéidir, a bhíonn imithe sara mblaistear é, nách mór; ar shaibhreas saolta; ar dhúil in ól; ar dhúil i gcuid mo chómharsan; ar shásamh mo dhroch-íntinne le rún díoltais; ar aon ní de sna nithibh a mheallann aigne an duine ar an saol so. Má scaraim ar an gcuma san leis an rud a cheannaigh an Slánaitheóir dom, conas is féidir dom an rud san do chimeád agus é ' bheith agam? Agus mura mbeidh sé agam, conas is féidir dom a thoradh agus a thairbhe ' bheith agam? Níl aon ní eile, ar an saol so ná ar an saol eile, chun me ' shaoradh ón ndoircheacht úd, agus ó cheangal na lámh agus na gcos, agus ón ngol, ó phiantaibh síoraí ifrinn, ach toradh saothair an tSlánaitheóra. Má chaithim uaim lem thoil mhacánta toradh an tsaothair sin, cad é an leigheas atá ag éinne orm? Ar ndeóin, ní hamhlaidh a mheasfadh aon duine a rá gur cheart aoibhneas na bhflaitheas a thabhairt do dhuine nár iarr riamh é, dáiríribh, nár chuir aon tsuím riamh ann, dáiríribh, ach do chaith a shaol ag déanamh peacaí, ag sásamh a thoile féin, ag gabháil de chosaibh i ngrásta Dé ar gach aon tsaghas cuma, agus ansan do gheibheann bás agus do théann i láthair Dé gan aon aithrí ' dhéanamh. Níl aon duine is túisce a dh'admhóidh ná fuil ceart ná teideal aige cun aoibhnis na bhflaitheas ná an duine sin féin. "Conas a thánaís-se anso isteach gan culaith na bainise umat?", arsan rí. Agus níor labhair seisean focal. Níor labhair mar ní raibh aon fhocal aige le labhairt. "Ceanglaidh a lámha agus a chosa", arsan rí, "agus caithidh amach é sa doircheacht atá amu', mar a mbeidh gol agus díoscán fiacal".

Níor labhair an duine féin focal. Níor iarr sé trócaire. Níor labhair éinne dá raibh láithreach focal in' fhabhar. Cad 'na thaobh? Mar bhí ' fhios ag á raibh láithreach, agus bhí ' fhios aige féin é níos feárr ná

LV. An Naoú Domhnach Déag tar éis Cíncíse

mar a bhí ' fhios ag éinne acu é, go raibh sé tar éis trócaire Dé ' chaitheamh uaidh lena thoil mhacánta féin. Níor tháinig an scéal i ganfhios air in aon chor. Bhí ' fhios aige go maith nár tháinig. Do tugadh breith damanta air agus d'admhaigh sé féin go raibh an bhreith lán-cheart. Bhí ' fhios aige ná tabharfí an bhreith sin air mura mbeadh é féin. Bhí ' fhios aige go raibh ceangailte air, in onóir don rí, agus in onóir do mhac an rí, culaith na bainise ' chur uime. Bhí ' fhios aige, leis, gur le heasonóir don rí agus do mhac an rí nár chuir sé an chulaith uime. Bhí ' fhios aige cad a thiocfadh as do. Níor tháinig aon ní i ganfhios air.

Ar an gcuma gcéanna san díreach atá an scéal againn go léir, a Chríostaithe. Tá fios aitheanta ár gCreidimh againn. D'fhoghlamaíomair an Teagasc Críostaí. Tá ' fhios againn go bhfuil ceangailte orainn Corp naofa an Tiarna do ghlacadh uim Cháisc nú tímpall na Cásca. Agus tá ' fhios againn gur ceart d'aon Chríostaí go bhfuil grá Dé agus dílse creidimh 'na chroí Corp naofa an Tiarna do ghlacadh níos minicí go mór ná uair sa mbliain; 'sea, agus níos minicí ná dhá uair sa mbliain. Tá ' fhios againn go maith, leis, chun go nglacfaimís Corp naofa an Tiarna mar is cóir, nách foláir bheith ar staid na ngrást, agus chun bheith ar staid na ngrást nách foláir faoistin mhaith a dhéanamh. Tá cúnamh ó ghrásta riachtanach dúinn chun faoistin mhaith a dhéanamh. Ní baol go dteipfidh an cúnamh san orainn má loirgimíd é.

Má dheinimíd an gnó ar an gcuma san, beidh culaith na bainise umainn agus ní baol dúinn an bhreith damanta.

Go dtugaidh ár Slánaitheóir Íosa Críost dúinn, trí neart a pháise agus a chruise naofa, agus trí ímpí na Maighdine Muire agus na naomh go léir, dul ón mbreith sin. Amen.

SEANMÓIN IS TRÍ FICHID

LVI. An Fichiú Domhnach tar éis Cíncíse

Léitear an Soiscéal. (Eóin 4:46-53)

> San am san, bhí taoiseach áirithe go raibh a mhac breóite i gCapharnaum. Nuair ' airigh sé sin Íosa ag teacht ó Iúdaéa go Gaililí, d'imigh sé ag triall air, agus d'iarr sé air dul síos agus a mhac do leigheas, óir bhí sé ag dul chun báis. Duairt Íosa leis, ámh, "Mura bhfeicidh sibh cómharthaí agus iúntaí, ní chreideann sibh". Duairt an taoiseach leis, "A Thiarna, tar anuas sula bhfaighidh mo mhac bás". Duairt Íosa leis, "Imigh leat; tá do mhac beó". Do chreid an duine an focal aduairt Íosa leis, agus d'imigh sé. Nuair a bhí sé ag dul síos, tháinig seirbhísigh 'na choinnibh agus dúradar leis go raibh a mhac beó. D'fhiafraigh sé dhíobh cad é an tráth 'na dtáinig an feabhas air. Agus dúradar leis gur inné, ar an seachtú tráth, d'imigh an fiabhras de. Dá bhrí sin, bhí ' fhios ag an athair gurbh in é tráth 'na nduairt Íosa leis, "Tá do mhac beó", agus do chreid sé féin agus a theaghlach go léir.

Is dócha, a phobal, gurb é céad smaoineamh a thiocfadh chun aigne aon duine, tar éis an tSoiscéil sin d'aireachtaint, ná a dh'fhiafraí dhe féin cad 'na thaobh go nduairt ár Slánaitheóir an focal úd leis an nduine uasal a tháinig agus d'iarr air dul agus a mhac do leigheas.

"Mura bhfeicidh sibh cómharthaí agus iúntaí", arsan Slánaitheóir leis, "ní chreideann sibh".

Cad 'na thaobh go nduairt an Slánaitheóir an focal san leis an nduine? Ar ndóin, mura mbeadh go raibh an creideamh aige, ní thiocfadh sé in aon chor.

Cuireann Naomh Gregorí an cheist chéanna san, agus sid é an freagra a thugann sé féin ar an gceist. Bhí, adeir Gregorí, iarracht de'n chreideamh aige, ach ní raibh an creideamh aige san iomláine. Dá mbeadh an creideamh aige san iomláine, ní iarrfadh sé ar an Slánaitheóir dul leis síos chun a thí chun an leighis a dhéanamh.

LVI. An Fichiú Domhnach tar éis Cíncíse

Bheadh ' fhios aige nár ghá dho corraí as an áit 'na raibh sé. Go bhféadfadh sé an leigheas a dhéanamh le gníomh toile. "Tar anuas", ar seisean, "agus leighis mo mhac. Tá sé ag dul chun báis". Ní hamhlaidh aduairt sé, mar aduairt an fear eile úd, "Ní fiú me go dtiocfá fém dhíon. Abair an focal agus beidh mo mhac slán". Ansan, nuair a dhein an Slánaitheóir an gearán ar an easpa creidimh, duairt an duine uasal, "A Thiarna, tar anuas sara bhfaighidh mo mhac bás". Dá mbeadh an creideamh ceart aige, bheadh ' fhios aige dá mbeadh an mac tar éis bháis féin go raibh ar chumas an tSlánaitheóra é ' thógaint ón mbás. Ach do dheallródh an scéal go dtáinig breis creidimh chuige fé dheireadh. Is dócha gur thug an Slánaitheóir, dá ghrástaibh, an creideamh do. Mar nuair aduairt an Slánaitheóir leis imeacht abhaile, go raibh a mhac leighiste, do chreid sé an focal agus d'imigh sé láithreach.

San am gcéanna, áfach, ba dhó' le duine air ná raibh sé ar fad sásta. Nuair a bhí sé ag teacht i gcóngar don bhaile, do bhuail cuid dá sheirbhíseachaibh uime agus d'inseadar do go raibh a mhac leighiste. Dá mbeadh an creideamh san iomláine aige an uair sin, ní chuirfeadh an scéal san aon iúnadh air. Déarfadh sé leó, "Tá go maith. Bhí ' fhios agam féin an méid sin", agus ní dhéanfadh sé a thuilleadh scrúdúcháin ar an scéal. Ach do dhein sé an scrúdúchán. Duairt sé leó a dh'ínsint do go cruínn cad é an tráth 'na dtáinig an mac chuige féin. D'inseadar do é go cruínn. Ansan do fuair sé amach gurbh é uair a tháinig an buachaill chuige féin díreach nuair aduairt an Slánaitheóir an focal, "Imigh leat abhaile. Tá do mhac leighiste". Ansan do thuig sé gurbh é an Slánaitheóir do leighis an mac, agus gur leighis sé é gan teacht 'na ghaire in aon chor. Gur leighis sé é gan a dhéanamh chun an leighis ach gníomh toile. Ansan do chreid an duine uasal agus a theaghlach go léir. Bhí ' fhios aige ansan gurbh é Dia a dhein an leigheas, mar nárbh fhéidir d'aon chómhacht eile ach do chómhacht Dé leigheas den tsórd san a dhéanamh le gníomh a thoile.

Is ceart dúinn-na, a phobal, machnamh go dlúth ar an méid sin. Chun go ndéanfaimís machnamh air is ea ' chuireann an Eaglais os ár

LVI. An Fichiú Domhnach tar éis Cíncíse

gcómhair é. Tá cúis a dóthain ag an Eaglais le hé ' chur os ár gcómhair agus len' iarraidh orainn machnamh a dhéanamh air. Tá ' fhios aici go maith go n-oireann an machnamh san dúinn, agus má dheinimíd é, go ndéanfaidh sé tairbhe dhúinn, agus nách tairbhe suarach é.

Is dócha gur dó' linn féin go bhfuil iomláine an chreidimh againn. Má dheinimíd an machnamh ceart ar an scéal agus má bhreithnímíd i gceart é, b'fhéidir go bhfaighimís amach go bhfuil ar ár gcreideamh, nú go mbíonn uaireanta pé'r domhan é, a lán den easnamh céanna a bhí ar chreideamh an duine uasail úd.

Fiafraímís an méid seo dhínn féin. Nuair a thagann trioblóidí an tsaeil orainn, an mbíonn an mhuinín cheart as Dia againn? Chonacamair i Soíscéal eile conas mar a chas an Slánaitheóir lena dheisceabail ná raibh an mhuinín as Dia acu ba cheart dóibh a bheith acu, agus dá mbeadh, ná beadh an saol so ag déanamh oiread buartha dhóibh. Thispeáin sé dhóibh go soiléir cad é an chúis gur cheart dóibh an mhuinín sin a bheith acu as Dia. Thug sé an chúis dóibh ar dhá chuma. Ar dtúis, níl ar chumas an duine aon ní a dhéanamh ach le cúnamh ó Dhia. Pé machnamh a dhéanfadh duine in' aigne air, ní fhéadfadh sé é féin a dhéanamh troigh níos aoirde ná mar atá sé. Níl aon tseó ach a laíghead is féidir don duine a dhéanamh as a chómhacht féin. Agus féach, is dó' leis féin go bhfuil ana-chómhacht aige, gur beag má tá aon teóra lena bhfuil ar a chumas. 'Sea, agus nuair is dó' leis go bhfuil an saol aige dá iompáil taobh síos suas, d'fhéadfadh puth gaoithe é ' chur ar fleasc a dhroma, agus isteach sa chómhrainn, b'fhéidir. Gan lámh Dé ' bheith ag cabhrú leis an nduine, níl ar a chumas aon rud in aon chor a dhéanamh. Ba cheart, dá bhrí sin, don duine, pé gnó atá ar siúl aige, pé trioblóidí saolta atá ag imirt air, greim a chimeád i gcónaí ar láimh Dé, a mhuinín a bheith aige as Dia coitianta, greim a chimeád ar láimh Dé i lár na dtrioblóidí go léir. Má chimeádann sé an greim sin ar láimh Dé, tá ' fhios ag an saol gur feárr a chuirfidh sé dhe na trioblóidí ná mar a chuirfidh sé

LVI. An Fichiú Domhnach tar éis Cíncíse

dhe iad má bhíonn sé a d'iarraidh gabháil tríothu gan cuímhneamh in aon chor ar Dhia.

Agus féach gur mó Críostaí a bhíonn ag briseadh a chroí le trioblóidibh an tsaeil ó mhaidin go hoíche, agus ó Luan go Satharn, agus ó cheann ceann den bhliain, agus ná cuímhníonn choíche ar ghreim a bhreith ar láimh Dé, i lár na dtrioblóidí, agus ar an ngreim a chimeád go daingean!

Cad fé ndeár é sin, a phobal? Néosfad-sa dhíbh cad fé ndeár é. Easpa creidimh fé ndeár é. Dá mbeadh an creideamh ceart ag duine is ar Dhia a chuímhneódh sé ar dtúis chómh luath agus ' thiocfadh aon tsaghas trioblóide air. Ach nuair ná bíonn an creideamh ceart aige is ar a ghustal féin a chuímhníonn sé nuair a thagann an trioblóid air, agus dá thruime an trioblóid is ea is deocra dho cuímhneamh ar Dhia, mar ní leogann an trioblóid do cuímhneamh ar Dhia. An té go mbeadh an creideamh ceart aige, is amhlaidh a chuirfeadh an trioblóid ' fhiachaibh air cuímhneamh ar Dhia, in inead é ' chosc ar chuímhneamh ar Dhia. Ar an gcuma san, an té go mbíonn an creideamh ceart aige, is amhlaidh a dheinid trioblóidí an tsaeil seo é ' tharrac níos mó chun Dé. Tá ' fhios aige go maith gur ar Dhia atá a sheasamh agus nách ar a neart féin ná ar a ghustal féin, agus dá bhrí sin iompaíonn a chroí agus a aigne chun Dé láithreach chómh luath agus ' thagann an trioblóid. Iarrann sé ar Dhia na glóire lámh a shíneadh chuige. Beireann sé greim daingean ar láimh Dé, agus dá ghéire an trioblóid is ea is daingne ' chimeádann sé an greim ar láimh Dé.

Thug an Slánaitheóir, an uair chéanna, cúis eile do sna deisceabail chun a muiníne do chur as Dia ar fad. Thug sé mór-mhaitheas Dé mar chúis dóibh chuige. Chuir sé i gcuímhne dhóibh conas mar a thugann Dia, dá mhór-mhaitheas, aire do sna héanlaithe, agus conas mar a chuireann sé órnáid ar bhláthannaibh an bháin, conas mar a thugann sé gach aon tsaghas aireachais do gach ní dár chruthaigh sé, beag agus mór, uasal agus íseal. Gur mó go mór-le-rá an duine ná aon ní

LVI. An Fichiú Domhnach tar éis Cíncíse

eile dár chruthaigh Dia ar an saol so. Dá bhrí sin, gur mó go mór an t-aireachas atá ag Dia á thabhairt coitianta don duine ná d'aon ní eile ar bith. Raghaidh gach ní eile dár chruthaigh Dia ar an saol so ar neamhní. Mairfidh an duine ar feadh na síoraíochta. Má tá mór-mhaitheas Dé chómh fial san le nithibh a raghaidh ar neamhní, conas ' fhéadfadh sé gan bheith fial leis an nduine a mhairfidh go síoraí? Ach an té ná bíonn an creideamh láidir aige, ní chuímhníonn sé air sin. Bíonn an saol ag gabháil 'na choinnibh. Ní túisce, b'fhéidir, a bhíonn trioblóid curtha dhe aige ná mar a thagann dhá thrioblóid in' inead air, agus gach trioblóid acu níos truime ná an trioblóid atá curtha dhe aige. Ach ní chuímhníonn sé ar mhór-mhaitheas Dé. Duine macánta is ea é, b'fhéidir. Cromann sé a cheann agus fuiligeann sé an trioblóid. Ach pé cúis é, fágann sé ansan an scéal. Ní chuímhníonn sé ar mhór-mhaitheas Dé. Ní chuímhníonn sé go mb'fhéidir go bhfuil a chúis féin ag Dia na glóire chun na dtrioblóidí sin a thabhairt do le fulag. Ní foláir do mhór-mhaitheas Dé an ní a thabhairt dúinn a dhéanfaidh tairbhe dhúinn, agus ná déanfaidh díobháil dúinn. Ní thiocfadh sé isteach in aon chor le mór-mhaitheas Dé an rud a thaithnfeadh linn féin do thabhairt dúinn ar an saol so, dá ndéanfadh an rud san díobháil dúinn i gcómhair an tsaeil eile. Dá bhrí sin, seo rud nách ceart d'aon Chríostaí aon mhearathall a bheith air 'na thaobh. Ní féidir don duine aon tsaghas trioblóide ' theacht air ach le toil Dé. Gan amhras, tagaid na trioblóidí ó dhuine eile go minic. Ní thiocfaidís dá mba thoil le Dia iad do chosc. Le toil Dé is ea ' thagann an uile shaghas trioblóide ar an nduine. Ach níor chuir Dia riamh aon trioblóid ar dhuine ar an saol so ach ar mhaithe leis an nduine sin. Má chuímhníonn an Críostaí ar an méid sin, i gceart, cad is dó' leat a thitfidh amach do? Sid é a thitfidh amach do. Lasfaidh an machnamh san grá do Dhia i gcroí an duine sin i dtreó gurb ar éigin a mhothóidh sé an trioblóid in aon chor. Labharfaidh grásta Dé i gcroí an duine sin. Tabharfaidh grá Dé cogar do, agus seo mar adéarfaidh Dia leis sa chogar san. "Tá sé roinnt cruaidh. Ach dein é ' dh'fhulag ar mo shon-sa". An Críostaí a dh'aireóidh an cogar san ó Dhia istigh 'na chroí, d'fhuiliceódh sé oiread eile dá n-iarrtí air é sa chogar chéanna.

LVI. An Fichiú Domhnach tar éis Cíncíse

Sin é an creideamh ceart. Sin é an creideamh a bhí ag an Slánaitheóir dá lorg nuair aduairt sé leis an nduine uasal úd 'na raibh a mhac ag dul chun báis: "Mura bhfeicidh sibh cómharthaí agus iúntaí, ní chreideann sibh". Sin é an creideamh a bhíonn in easnamh orainn-na nuair a thagann trioblóidí an tsaeil orainn agus ná cuímhnímíd ar mhór-mhaitheas Dé, ná ar mhór-chómhacht Dé, ná ar an bhfírinne sin, gur ar mhaithe linn a thugann Dia trioblóidí dhúinn le fulag ar an saol so. Gur le grá dho féin is maith leis a dh'fhuiliceóimís iad. Agus ansan go bhfuil an tsíoraíocht aige chun luacht ár saothair a thabhairt dúinn.

Agus féach ar an dtaobh so den scéal. Má chíonn Dia gurb é leas ár n-anama na trioblóidí ' chur chúinn ar an saol so, cuirfidh sé chúinn iad. Má chíonn Dia gur díobháil agus aimhleas anama a dhéanfadh sólás an tsaeil seo dhúinn, tabharfaidh sé, trína mhór-mhaitheas féin, togha aireachais gan an sólás do leogaint chúinn. Ansan caithfimíd an trioblóid a dh'fhulag. Níl aon dul uaidh againn. Nách leamh an obair dúinn gan an rud a dhéanamh is feárr a thaithnfeadh le Dia agus is mó a bhainfeadh an teinneas as an dtrioblóid agus, san am gcéanna, is feárr a thuíllfeadh luacht saothair dúinn féin ar ball? Easpa creidimh, is dócha, fé ndeara dhúinn gan cuímhneamh air sin, leis.

Chun go gcuímhneóimís ar na nithibh sin go léir, a phobal, is ea ' chuireann an Eaglais 'nár láthair an gearán san a dhein ár Slánaitheóir ar easpa creidimh. Is ceart dúinn íntinn agus aigne na hEagailse do bhreithniú agus do thuiscint. Cuímhneamh orainn féin. Féachaint chúinn féin. Ár gcroí agus ár n-aigne do thógaint suas ón saol so agus ó thrioblóidibh an tsaeil seo agus ó shólás an tsaeil seo. Greim a bhreith ar láimh Dé, agus an greim a chimeád. Ár muinín a bheith as Dia againn ar fad. Trioblóidí an tsaeil do ghabháil le n-ais agus d'fhulag le grá do Dhia, agus ansan, deimhne ' dhéanamh de go dtabharfaidh Dia ár dtuarastal go maith dhúinn ar an saol eile.

LVI. An Fichiú Domhnach tar éis Cíncíse

Go dtugaidh Dia dá ghrástaibh dúinn, trí ímpí na Maighdine Muire agus na naomh go léir, an tuarastal san do thuilleamh agus d'fháil. Amen.

LVII. An tAonú Domhnach ar Fhichid tar éis Cíncíse

Léitear an Soiscéal. (Maitiú 18:23-35)

San am san, duairt Íosa lena dheisceablaibh an tsolaoid seo, "Is cosmhail ríocht na bhflaitheas le fear a bhí 'na rí, agus gur mhian leis cúntas a shocrú lena sheirbhíseachaibh. Agus nuair a thosnaigh sé ar an gcúntas do shocrú, do tugadh chuige duine go raibh deich míle *talant* aige air. Agus nuair ná raibh aon rud aige chun na bhfiacha ' dhíol, d'órdaigh an tiarna é féin, agus a bhean, agus a chlann, agus a raibh aige, do dhíol amach agus díol fiach a dhéanamh. Ansan do chaith an seirbhíseach san é féin ar an dtalamh, ag guí an tiarna, agus duairt sé, 'Dein foighne liom, agus díolfad an iomláine leat'. Agus do ghlac trua an máistir don tseirbhíseach san, agus do scaoil sé chun siúil é, agus do mhaith sé na fiacha dho. D'imigh an seirbhíseach san amach, áfach, agus do casadh air cómh-sheirbhíseach do féin go raibh céad pingin aige air, agus do rug sé air, agus bhí sé dhá thachtadh, agus dhá rá leis, 'Díol liom na fiacha atá agam ort'. Agus do chaith an cómh-sheirbhíseach é féin ar an dtalamh, agus duairt sé, 'Dein foighne liom, agus díolfad leat an iomláine'. Ní dhéanfadh, ámh, ach d'imigh sé agus chuir sé sa phríosún é go ndíolfadh sé na fiacha. Nuair a chonaic na cómh-sheirbhísigh eile cad a bhí déanta, tháinig seirithean ana-mhór orthu, agus thánadar agus d'ínseadar don tiarna gach ní fé mar a thit amach. Ansan do ghlaeigh an tiarna arís ar an bhfear san, agus duairt sé leis, 'A sheirbhísigh mhallaithe, do mhaitheas-sa na fiacha go léir duit-se, toisc tu dhá iarraidh orm. Nár chóir, dá bhrí sin, duit-se trua ' bheith agat dod chómh-sheirbhíseach, fé mar a bhí trua agam-sa dhuit-se?' Agus bhí fearg ar an dtiarna, agus thug sé suas do na céastóiríbh é go ndíolfadh sé na fiacha go léir. Agus sin mar a dhéanfaidh m'Athair-se, atá insna flaithis, libh-se é mura maithfidh gach duine agaibh dá bhráthair ónúr gcroíthibh".

LVII. An tAonú Domhnach ar Fhichid tar éis Cíncíse

Is ró-fhuiriste a dh'fheiscint, a phobal, go gciallaíonn an fear a bhí 'na rí, sa tSoíscéal san, go gciallaíonn sé Dia na glóire féin, moladh go deó leis. Ansan, ciallaíonn socrú na gcúntaisí an rud a múineadh dúinn go léir nuair a dh'fhoghlamaíomair ár dTeagasc Críostaí, gach focal díomhaoin a labharfaidh an duine go gcaithfidh sé cúntas a thabhairt ann lá an bhreithiúntais.

Ach tabhair fé ndeara cad a thit amach. Do tugadh i láthair an rí duine go raibh an cúntas ana-mhór 'na choinnibh. Deich míle *talant*. Fiacha a bhí ana-throm. Fiacha nárbh fhéidir don duine a dhíol go deó.

Sin é díreach an chuma 'na raibh an scéal ag an nduine i láthair Dé mura mbeadh teacht an tSlánaitheóra. Bhí ar chumas an duine an peaca ' dhéanamh, ach ní raibh ar a chumas sásamh a thabhairt do cheart Dé sa pheaca. Níorbh fhéidir d'éinne ach don tSlánaitheóir an sásamh san a thabhairt do cheart Dé. D'fhéadfadh duine peaca ' dhéanamh in aghaidh Dé, ach níl ar a chumas, as a ghustal féin, aon leórghníomh a dhéanamh le Dia sa pheaca san. Is féidir do dhuine, anois, dul agus faoistin a dhéanamh, agus cathú ' bheith air mar gheall ar a pheacaibh, agus aspalóid ' fháil agus maithiúnachas ' fháil insna peacaibh. Ach más ea, is trí mhór-luacht bháis an tSlánaitheóra do dhul chun sochair dá anam i Sácraimínt na hAithrí a gheibheann sé an maithiúnachas san. Ach cuir an méid seo i gcás. Cuir i gcás ná tiocfadh an Slánaitheóir in aon chor, agus ná beadh sé le teacht, conas a bheadh an scéal againn? Seo mar a bheadh an scéal againn. Bheadh ar chumas an duine an peaca ' dhéanamh, díreach mar atá anois, díreach mar a bheidh go deó an fhaid a bheidh saorthoil ag an nduine. Ansan, dá dtagadh cathú ar an nduine sin mar gheall ar an bpeaca san, ní fhéadfadh an cathú san aon mhaithiúnachas a dh'fháil do sa pheaca san. Breithnigh an méid sin, agus chífir gur fíor é. Ní féidir do dhuine fiacha ' dhíol gan an t-airgead a bheith aige, nú luacht an airgid. Is féidir fiacha do chur suas gan airgead, ach ní féidir iad do thabhairt anuas gan airgead. D'fhéadfadh duine an t-anam a bhaint a duine eile. Tá ar chumas duine an gníomh san do dhéanamh. Níl ar a

LVII. An tAonú Domhnach ar Fhichid tar éis Cíncíse

chumas, áfach, an t-anam do chur thar n-ais sa duine sin. Níl ar chumas éinne é sin a dhéanamh ach ar chumas an tÉ a chuir an t-anam ar dtúis sa duine sin.

Tá ' fhios againn cad a thiteann amach, uaireanta, nuair a dheineann duine dúnmharú. Nuair a bhíonn an gníomh déanta, agus nuair a chíonn sé, sínte ansúd, gan anam, os a chómhair, an duine do mhairbh sé, tagann a leithéid sin de bhrón agus de bhuile aithreachais air, a leithéid sin de chathú mar gheall ar an ngníomh, go dtabharfadh sé an saol go léir, dá mba leis é, ar an nduine sin a dh'fheiscint beó arís. Ach pé buairt a bheadh air, ná pé brón a bheadh air, dá mbeadh sé ag sileadh deór le neart buartha go dtí go leighfeadh na súile amach as a cheann, ní fhéadfadh sé an t-anam do chur arís isteach sa chorp mharbh san. Ar an gcuma gcéanna díreach, tá ar chumas an duine, lena thoil mhacánta, an peaca ' dhéanamh, ach ansan, nuair a bhíonn an peaca déanta, níl ar chumas an duine, as a ghustal féin, dá mbeadh sé ag déanamh aithrí ar feadh míle blian, an peaca san a bhaint dá anam. Tá ar a chumas é féin a chur ar staid an pheaca, ach níl ar a chumas, as a ghustal féin, teacht arís ar staid na ngrást. Nuair a dheineann sé an peaca, cuireann sé é féin ar staid an pheaca. Tá sé, ansan, díreach sa chás 'na raibh an duine úd go raibh na fiacha móra go léir air agus ná raibh aon bhreith aige ar iad do dhíol. Solaoid is ea an seirbhíseach san ar an nduine, nuair a bhíonn an duine ar staid an pheaca.

Breithnigh anois go cruínn an rud a thit amach. Is rud é is ceart do gach aon Chríostaí a bhreithniú go cruínn, mar baineann sé go dlúth le gach aon Chríostaí atá beó ar an saol. Ní raibh aon bhreith, fé bhun Dé ar an dtalamh so, ag an seirbhíseach san ar na fiacha móra do dhíol. Níorbh fholáir, de réir chirt dlí, é féin agus gach ar bhain leis do dhíol, mar gheall ar na fiacha. Ar an gcuma gcéanna, nuair a bhíonn fiacha móra an pheaca ar an nduine, ní bhíonn aon bhreith aige, as a ghustal féin, ar na fiacha ' dhíol, agus dá bhrí sin, ní foláir, de réir chirt dlí, é féin do dhíol, 'sé sin breith damanta ' thabhairt air. Ach cad a thit amach don tseirbhíseach? Chaith sé é féin ar an dtalamh i

LVII. An tAonú Domhnach ar Fhichid tar éis Cíncíse

láthair an rí, agus d'iarr sé ar an rí foighneamh leis, agus go ndíolfadh sé na fiacha ach aimsir a thabhairt do. Tháinig trua ag an rí dho, agus mhaith sé na fiacha móra dho agus do scaoil sé chun siúil é. D'imigh an seirbhíseach san amach agus é lán d'áthas. Do casadh air cómharsa dho, cómh-sheirbhíseach. Bhí airgead éigin suarach aige ar an gcómh-sheirbhíseach, roinnt pinginí. D'iarr sé an roinnt pinginí ar an gcómh-sheirbhíseach. Do thárla ná rabhadar aige i láthair na huaire sin. Do rug an fear eile ar scórnaigh air. "Díol liom na fiacha atá agam ort!", ar seisean, agus é dhá thachtadh. "Bíodh foighne agat", arsan duine. "Tabhair aimsir dom, agus díolfad na fiacha leat". Ní thabharfadh. Do chuir sé an dlí i bhfeidhm ar an nduine agus chuir sé isteach sa phríosún é go ndíolfadh sé na fiacha.

Ní dócha go bhfuil aon Chríostaí beó a dh'airigh an méid sin gnótha riamh dá léadh do phobal amach a Soíscéal an lae inniu ná tabharfadh suas don tseirbhíseach san é gur bhuaigh a ghníomh ar ar deineadh riamh de ghníomharthaibh sprionlaithe, mallaithe, caillte. B'fhéidir go bhfuil Críostaithe a mheasfadh nár dhein éinne riamh é dáiríribh. Nárbh fhéidir aon duine ' dh'fháil a bheadh chómh folamh ar fad ó aon phioc den daonnacht ba cheart a bheith sa té is measa ' shiúlaigh talamh riamh ach gur dhuine é. Tá dearúd orthu. Rud ab ea é do thit amach, dáiríribh, i bpáirt éigin den domhan, tímpall aimsire an tSlánaitheóra, nú roimis. Do chonaic an Slánaitheóir é, mar chíonn Dia gach uile ní. Ansan, d'inis an Slánaitheóir é dá dheisceablaibh mar sholaoid ar an dteagasc a theastaigh uaidh a thabhairt dóibh. Ansan, do thóg an Eaglais an scéal agus chuir sí ansan isteach é, i Leabhar an Aifrinn, i dtreó go bhfanfadh sé ann agus go léifí amach é do sna Críostaithibh ar fuid an domhain, i gcónaí, nuair a thiocfadh an Domhnach so sa tímpall. Do deineadh an gníomh, in áit éigin, agus d'inis an Slánaitheóir dá dheisceablaibh é, agus ínseann an Eaglais dúinn-na é, agus is í céad cheist eile atá againn le cur chúinn féin, a phobal, i dtaobh an ghnímh sin a dhein an seirbhíseach mallaithe lena chómh-sheirbhíseach, ná so. Cad chuige gur inis an Slánaitheóir dá dheisceablaibh é? Nú cad chuige go n-ínseann an Eaglais dúinn-na é? Sid é cúis, a phobal, gur inis an Slánaitheóir dá

LVII. An tAonú Domhnach ar Fhichid tar éis Cíncíse

dheisceablaibh é, agus go n-ínseann an Eaglais dúinn-na é, mar do bhain an scéal go dlúth leis na deisceabail, agus baineann an scéal linn-na chómh dlúth díreach agus do bhain sé leis na deisceabail.

B'fhéidir gur dó' linn ná beadh aon bhaol go ndéanfadh éinne againn féin, pé rud a bheadh le himeacht air, beart chómh gránna leis an mbeart úd a dhein an seirbhíseach úd gur maitheadh na fiacha móra dho. Féachaimís isteach sa scéal san. Bhí an gníomh a dhein sé siúd gránna go maith gan amhras, ach conas a bheidh an scéal againn má chítear, i láthair Dé, go bhfuil Críostaithe le fáil a dheineann, agus nách go hannamh é, ach go minic, gníomh atá níos measa go mór, níos gráinne go mór, níos mallaithe go mór, ná an gníomh a dhein sé siúd?

Fiacha saolta, fiacha airgid, ab ea na fiacha móra do mhaith an rí don tseirbhíseach úd. Ar an gcuma gcéanna, fiacha saolta, fiacha airgid, ab ea na fiacha suaracha ná maithfeadh an seirbhíseach dá chómh-sheirbhíseach. B'in í an tsolaoid. Na fiacha móra saolta a bhí ag an rí úd ar an seirbhíseach, ba sholaoid iad ar na fiacha spriodálta a bhíonn ag Rí na Glóire ar an nduine nuair a bhíonn an duine ar staid an pheaca. Pé méid a bhí insna fiacha saolta, ba mhó na fiacha spriodálta ná iad, gan aon chomórtas. Dá bhrí sin, nuair a mhaitheann Dia na glóire an peaca don duine, maitheann sé dho fiacha atá, gan chomórtas, níos mó agus níos truime ná na fiacha airgid do maitheadh don tseirbhíseach úd. Maitheann Dia na glóire na fiacha spriodálta san do gach aon Chríostaí gach aon uair a dheineann an Críostaí aithrí agus faoistin, agus a tugtar aspalóid do. Ansan, tagann an Críostaí sin abhaile, agus ráiníonn go ndeineann cómharsa éigin droch-ghníomh éigin air, rud éigin nách ceart in aon chor don chómharsa san a dhéanamh. Ochón! Éiríonn an Críostaí sin láithreach ar dearg-bhuile. Lasann a chroí le feirg. Tagann fuath fíochmhar aige don chómharsain sin a dhein, dar leis, a leithéid de dhroch-ghníomh air. Ní mhaithfidh sé choíche dho é! Ní ceart in aon chor a iarraidh air é ' mhaitheamh do. "Ó, a Athair", adeir sé, "ná hiarr orm é ' mhaitheamh do! Ní fhéadfainn é ' mhaitheamh do! Dá

LVII. An tAonú Domhnach ar Fhichid tar éis Cíncíse

mairinn míle blian, ní mhaithfidh mé dho é! An rógaire fíll a dhein a leithéid de ghníomh orm, gan chúis gan abhar, agus nách é a bhí tuíllte agam uaidh ach a mhalairt, a mhalairt ar gach aon tsaghas cuma. Ní mhaithfidh mé choíche dho é! Ní fhéadfainn é ' mhaitheamh do!"

Cad 'tá le rá leis an saghas san cainnte, a phobal? Is mó agus is truime go mór na fiacha atá maite, agus ní haon uair amháin é, ag Dia na glóire don Chríostaí sin ná an deich míle *talant* a mhaith an rí sa tSoíscéal don tseirbhíseach mhallaithe úd, agus sin é an Críostaí ag déanamh an ghnímh chéanna díreach a dhein an seirbhíseach mallaithe. Tugaimís féachaint bheag eile ar conas a thit amach don tseirbhíseach mhallaithe. Chonaic na cómh-sheirbhísigh eile cad a bhí déanta aige. Tháinig seirithean ana-mhór orthu, ní nárbh iúnadh. D'inseadar don rí cad a dhein an fear. Thainig fearg ar an rí. Chuir sé fios ar an seirbhíseach mallaithe sin. Do tugadh 'na láthair é. "A sheirbhísigh mhallaithe", ar seisean leis, "do mhaitheas-sa dhuit-se na fiacha móra nuair a dh'iarrais orm é. Nár chóir duit-se trua ' bheith agat dod chómh-sheirbhíseach fé mar a bhí trua agam-sa dhuit-se?"

Meáigh an chainnt sin, a Chríostaí ná féadfadh an droch-ní a dhein do chómharsa ort a mhaitheamh do. Breithnigh an chainnt sin agus féach isteach inti. Cad é an saghas aigne is dó' leat a bhí ag an seirbhíseach mallaithe úd nuair ' airigh sé an chainnt sin ag teacht a béal an rí? Cad é an saghas aigne a bheidh agat-sa, a Chríostaí mhallaithe mhí-fhoirtiúnaigh, nuair a thiocfaidh an chainnt chéanna díreach chút ó bhéal an tSlánaitheóra, ó bhéal an Bhreithimh, ó bhéal an Rí? Ansan is ea ' thiocfaidh an sceón agus an sceit agus an creathán ionat. Ansan is ea ' thiocfaidh an fáscadh ar do chroí. Ansan is ea ' thuigfir i t'aigne gurbh fhusa dhuit maitheamh míle uair dod chómharsain, pé díobháil a dhein sé ort, ná aghaidh a thabhairt ar an gcainnt sin a béal an Bhreithimh. Ach beidh ort aghaidh a thabhairt ar rud a bheidh níosa mheasa ná an chainnt. "Agus do tugadh suas do sna céastóiribh é go ndíolfadh sé na fiacha go léir". Cad é an brí atá leis an gcainnt sin? Cathain a dhíolfadh sé na fiacha go léir? Ní raibh

LVII. An tAonú Domhnach ar Fhichid tar éis Cíncíse

aon bhreith aige ar iad do dhíol in aon chor. 'Sé sin le rá, ní raibh aon bhreith choíche aige ar fhuascailt ó sna céastóiribh, 'sé sin, ó phiantaibh síoraí ifrinn. Ba chruaidh an cás é. Ach féach ar an rud a bhí déanta aige. Ba chruaidh an cás é. Ach nár chruaidh an gníomh a thuíll é? Cé ' fhéadfadh labhairt i bpáirt an tseirbhísigh mhallaithe sin? Is gránna an ní é chun machnaimh air. Chuirfeadh sé teinneas croí ar dhuine bheith ag machnamh i bhfad air. Ach seo mar a chríochnaigh an Slánaitheóir an chainnt dá dheisceablaibh. "Sin mar a dhéanfaidh m'Athair-se, atá insna flaithis, libh-se é, mura maithfidh gach duine agaibh dá bhráthair ónúr gcroíthibh".

Níl aon dul ón gcainnt sin. Is é an Slánaitheóir do labhair í. Aon Chríostaí ná tabharfaidh maithiúnachas dá chómharsain, is cuma cad é an droch-ghníomh a dhein an chómharsa air, agus ná tabharfaidh an maithiúnachas san don chómharsain sin óna chroí, go fírinneach agus go hiomlán, caithfidh sé aghaidh a thabhairt ar an gcainnt sin.

"Ó! Ní fhéadfainn é ' mhaitheamh do!"

An bhféadfair aghaidh a thabhairt ar an gcainnt sin?

Go dtugaidh an Slánaitheóir a ghrásta dhúinn chun a rá ó chroí: "Maith dhúinn ár gcionta mar a mhaithimíd-na do chách". Amen.

LVIII. An Tarna Domhnach ar Fhichid tar éis Cíncíse

Léitear an Soiscéal. (Maitiú 22:15-21)

San am san, d'imigh na Fairisínigh, agus dheineadar cómhairle, féachaint conas ' fhéadfaidís búntáiste ' bhreith ar Íosa 'na chainnt. Agus chuireadar chuige deisceabail leó, in éineacht le muíntir Heróid, chun a rá leis, "A Mháistir, is eól dúinn gur duine fírinneach tu, agus go múineann tú slí Dé sa bhfírinne, agus ná fuil beann agat ar éinne, óir ní fhéachann tú chun pearsan aon duine. Inis dúinn, dá bhrí sin,

LVIII. An Tarna Domhnach ar Fhichid tar éis Cíncíse

cad is dó' leat? An ceart cáin do dhíol le Caesar nú gan a dhíol?" Bhí fios a ndroch-aigne ag Íosa: "A chluanaithe", ar seisean, "cad chuige dhíbh bheith 'om brath? Tispeánaidh dom píosa d'airgead na cána". Thugadar pingin do. Agus duairt Íosa leó, "Cé leis an íomhá seo agus an scríbhinn seo?" Dúradar leis, "Le Caesar". Ansan duairt sé leo, "Dá bhrí sin, tugaidh do Chaesar na nithe is le Caesar, agus tugaidh do Dhia na nithe is le Dia".

Is dócha, a phobal, gurb annamh le fáil, má tá le fáil in aon chor, feall chómh diablaí leis an bhfeall san a cheap na Fairisínigh a dhéanamh ar an Slánaitheóir, mar a léitear sa tSoiscéal san. Bhí fuath acu do Chaesar. B'é Ímpire na Rómhánach é. Bhí na Giúdaígh fé smacht na Rómhánach agus bhí fuath nímhneach acu do sna Rómhánaigh. Duine dá náisiún féin ab ea an Slánaitheóir. Bhí sé tar éis mórán maitheasa ' dhéanamh don phoiblíocht agus do dhaoinibh fé leith. Ach bhí fuath ag na Fairisínigh do. Níor thaithn sé leó. Mar gheall ar an bhfuath a bhí acu dho, dheineadar úsáid ghránna de chómhacht na Rómhánach, de chómhacht a namhad féin, chun díobhála ' dhéanamh do, dar leó. Tabhair fé ndeara an ghastacht, agus ansan tabhair fé ndeara an spriúnlaitheacht, a bhí sa bhfeall a bhí ar aigne acu. Thánadar chuige agus fínnithe acu, cuid de mhuíntir Heróid, cuid de mhuíntir an fhir a bhí 'na rí orthu fé Ímpire na Rómhánach, i dtreó go bhféadfadh na fínnithe sin a dh'ínsint do Heród cad é an freagra ' thabharfadh Íosa ar an gceist a bhí acu le cur chuige.

Thánadar 'na láthair agus do labhradar leis go han-urramúil ar fad.

"A Mháistir", ar siad, "is eól dúinn gur duine fírinneach tu, agus go múineann tú slí Dé sa bhfírinne, agus ná fuil aon bheann agat ar éinne, mar ná féachann tú chun pearsan aon duine". Ba bhreá réidh, urramúil, an chainnt í. Ba dheocair locht ' fháil uirthi. Ba dheocair a mheas go raibh feall nímhneach, mallaithe, laistiar di. Ach do bhí, feall chómh gránna, chómh mallaithe agus do ceapadh riamh, ná do beartaíodh in íntleacht duine dá dhiablaí.

LVIII. An Tarna Domhnach ar Fhichid tar éis Cíncíse

"Inis dúinn, dá bhrí sin", ar siad, "cad is dó' leat-sa? An ceart cáin do dhíol le Caesar nú gan a dhíol?"

Breithnigh an cheist sin. Bhí na daoine ag éisteacht leis an gceist. Duairt na Fairisínigh leó féin, "Déarfaidh sé gur ceart nú déarfaidh sé nách ceart. Má deir sé gur ceart, iompóid na daoine 'na choinnibh mar tuigfid siad go bhfuil páirt aige á ghabháil leis na Rómhánaigh, le namhaid ár dtíre. Má deir sé nách ceart cáin do dhíol le Caesar, béarfar air agus crochfar é. Peocu adéarfaidh sé gur ceart nú nách ceart, beimíd réidh leis". Féach air sin mar chamastaíol agus mar dhúbláil agus mar uisce-fé-thalamh! Agus iad ag lorg na fírinne mar dhea! Nách diabhalta an cam atá in aigne an duine nuair a thugann an duine cead a chínn don chlaonadh chun uilc atá istigh ann! Ach do tháinig an freagra chúthu ar an gceist, freagra ná raibh blúire coinne acu leis, freagra a bhain dá mbonnaibh iad, glan. Ní haon iúnadh linn-na an freagra. Tá ' fhios againn gurbh é Mac Dé do thug an freagra. Ní haon iúnadh linn Mac Dé do thabhairt freagra orthu a bhain dá mbonnaibh iad. Ach is freagra é atá ábalta ar iúnadh ' chur orainn ó thaobh eile den scéal. "Tispeáin dom", arsan Slánaitheóir, "píosa den airgead lena ndíoltar an cháin seo". Do tugadh do an píosa airgid. Bhí íomhá cínn an Ímpire ar an bpíosa airgid, agus bhí scríbhinn air, ag admháil údaráis Chaesair os a gcionn. "Cé leis an íomhá seo agus an scríbhinn seo?", ar seisean leó. "Le Caesar", ar siad. "Tá go maith", ar seisean. "Tugaidh do Chaesar na nithe is le Caesar, agus tugaidh do Dhia na nithe is le Dia".

Níor fhan focal iontu. Ní raibh a thuilleadh le rá acu. An feall a bhí ceapaithe beartaithe acu chómh deas, chómh gasta, chómh géarchúiseach, dar leó féin, do thit sé as a chéile os cómhair a súl. Dhein gal suip de an túisce 'nar labhair an Slánaitheóir. Bhí scéal nua ag muíntir Heróid ag dul abhaile. "Duairt an Fáidh úd go bhfuil sé lán-cheart an t-airgead do thabhairt do Chaesar". Bhí scéal nua ag na daoine, leis. "Duairt Íosa Nasareit nár cheart a thabhairt don Ímpire ach a chuid féin, agus nár cheart na nithe a bhaineann le Dia do thabhairt d'éinne ach do Dhia". Bhí scéal nua ag na Fairisínigh, leis,

LVIII. An Tarna Domhnach ar Fhichid tar éis Cíncíse

ag dul abhaile. Bhí muíntir Heróid, na fínnithe a thugadar leó, ag stealla-mhagadh fúthu. "Do mealladh úr n-éirim 's is nár díbh! Is deas na daoine sibh. Dhéanfadh sibh an donas air. Airiú, nách gairid a sheasaimh úr ngéarchúis! Nár ghairid an mhoíll air a thispeáint gur daoine gan mheabhair sibh! Más mian libh dul ag cur a thuilleadh ceisteanna air, ná hiarraidh orainn-na dul libh. Ní beag linn den spórt".

Ansan, déarfadh duine acu, as a mhachnamh, "Is iúntach an duine é. Is dó' liom go raibh ' fhios aige cad a bhí istigh 'nár gcroí. Is uathásach an duine é. Mheasas ná beadh focal le rá aige, bheadh sé 'na leithéid de chás agaibh, agus chómh luath agus do labhair sé, is sibhse a bhí sa chruatan. Chómhairleóinn díbh gan a thuilleadh cur isteach a dhéanamh air. Ba dhó' liom féin gurb é rud ba cheart díbh a dhéanamh ná éisteacht leis an nduine, agus a chómhairle do ghlacadh. Thugúir droch-iarracht fé agus do theip oraibh. Níor thispeáin sé dhíbh, áfach, an fhearg a bhí tuíllte agaibh uaidh. Do labhair sé réidh libh, agus thug sé cómhairle úr leasa dhíbh. Is baol nách aon mhaith d'éinne cómhairle úr leasa ' thabhairt díbh. Duine fónta is ea an duine sin, agus níl agaibh-se dho ach fuath".

Ar an gcuma san, do thuig na págánaigh feabhas an tSlánaitheóra sa mhéid gur duine é, agus níor leog an fuath agus an droch-aigne do sna Giúdaígh é ' thuiscint. Págánach ab ea Pontius Pílát, agus dá bhrí sin, do dhein sé a dhícheall, mar le págánach, chun an duine neamh-chiontach a thabhairt saor, dar leis, ón mbás. Ach ní leogfadh na Giúdaígh do é ' thabhairt saor. Bhí an fuath ró-mhallaithe acu dho.

Ach féach, a phobal. Conas a bhaineann an obair seo go léir linn-na anso inniu? Mura mbeadh go mbaineann sé go dlúth linn, ní chuirfeadh an Eaglais síos ansan dúinn é i Leabhar an Aifrinn. Is é ár ngnó féachaint isteach ann go cruínn agus a dhéanamh amach cad é an bhaint atá aige linn.

LVIII. An Tarna Domhnach ar Fhichid tar éis Cíncíse

Chuir na Fairisínigh an cheist úd chun an tSlánaitheóra, a phobal. Mheasadar féin an uair sin ná raibh inti ach ceist a chuirfeadh i bhfeidhm air an bheart bheag fhíll a bhí beartaithe acu 'na choinnibh. In' inead san, ceist ana-mhór ab ea í, ceist ana-leathan, ceist atá os cómhair aigne daoine ins gach aon pháirt den domhan riamh ó shin. Agus tá sí os cómhair aigne daoine, ins gach aon pháirt den domhan, an neómat so, níos géire, b'fhéidir, ná mar a bhí sí riamh fós. "An ceart cáin do dhíol le Caesar nú gan a dhíol?" Agus níl aon treabhchas daoine ná tugann iarracht ar an gceist do fhreagairt. Tugann gach éinne iarracht ar an gceist do fhreagairt, ach má breithnítear i gceart gach freagra fé mar a thagann sé, chífar go minic nách ó bhreithiúntas a thagann sé, ach ó thoil. An té a bheidh báidhiúil leis an gCaesar, déarfaidh sé gur ceart an cháin do dhíol leis. An té ná taithnfidh an Caesar leis, déarfaidh sé, mura mbeidh eagla na croiche ag cur air, nách ceart an cháin do dhíol. Eatarthu ní fuiriste teacht ar an bhfírinne.

Ach má bhreithnímíd an freagra a thug ár Slánaitheóir ar na Fairisínigh an uair úd, chífimíd go bhfuil le fáil sa bhfreagra san réiteach soiléir solasmhar iomlán ar an gceist, pé cuma 'na gcurtar í, pé saghas daoine a chuireann í, pé dei-mhéinn nú droch-mhéinn a bhíonn acu don Chaesar a bhíonn fé scrúdú acu.

"Tugaidh do Chaesar na nithe is le Caesar, agus tugaidh do Dhia na nithe is le Dia".

Sin é an freagra. Tispeánann an freagra san go bhfuil dhá chómhacht os cionn an duine, agus go bhfuil éileamh ar an nduine ag an dá chómhacht. "Cé leis an íomhá sin agus an scríbhinn sin?", aduairt an Slánaitheóir. "Le Caesar", ar siad. Tispeánann an cheist sin agus an freagra san gurb é leónú Dé na daoine ar an saol so do bheith fé ríthibh agus fé dhlithibh agus fé rialtaibh. Tispeánann an chainnt go léir aduairt an Slánaitheóir an uair sin go bhfuil ceangailte ar an nduine, ar an saol so, bheith úmhal do ríthibh saolta agus do dhlithibh ríochta, ach gan dlí Dé do bhriseadh ar a son—gan na nithe

LVIII. An Tarna Domhnach ar Fhichid tar éis Cíncíse

is le Dia do thabhairt do Chaesar. Dá ndeineadh rí dlí dhá órdú dhom gan an tAifreann a dh'éisteacht Dé Domhnaigh, bheadh ceangailte orm an dlí sin do bhriseadh. Dá ngéillinn don dlí sin, bheadh ní is le Dia agam á thabhairt do Chaesar. Do deineadh dlithe den tsórd san in Éirinn anso san aimsir atá imithe. Do bhris ár sínsear na dlithe sin. Ní thabharfaidís do Chaesar na nithe is le Dia. Do tugadh a rogha dhóibh, an dlí nú an chroch. D'fhuiligeadar an chroch ní ba thúisce ná mar a thabharfaidís do Chaesar na nithe is le Dia.

Níltear dhá iarraidh orainn-na anois ár gcreideamh do shéanadh ar an gcuma san, ach is mó cuma eile 'na n-iarrtar orainn ár gcreideamh do shéanadh—na nithe is le Dia do thabhairt do Chaesar. Aon chuma 'na leanfaidh an duine réir an tsaeil i gcoinnibh dlí Dé, beidh na nithe is le Dia aige á thabhairt do Chaesar.

Dá ndeintí anois dlithe dhá órdú dhúinn ár gcreideamh do shéanadh, an bhfuiliceóimís an chroch níos túisce ná mar a shéanfaimís an creideamh? B'fhéidir go ndéanfaimís. B'fhéidir ná déanfaimís. B'fhéidir go dtabharfadh Dia na glóire a ghrásta dhúinn agus go mbeimís dílis don chreideamh mar a bhí ár sínsear. Ach cad é an tairbhe bheith ag trácht ar cad a dhéanfaimís dá dtiteadh a leithéid seo nú a leithéid siúd amach? Cad a dheinimíd? Sin í an cheist anois. Aon Chríostaí a dhéanfaidh beart atá i gcoinnibh dlí Dé, ná fuil rud éigin le Dia aige á thabhairt do Chaesar? An té a dh'fhanfaidh ó Aifreann an Domhnaigh nú an lae shaoire agus gan aon dlí ríochta dhá iarraidh air, gan aon chómhacht dhá iarraidh air fanúint istigh, ach an leisce atá air féin, ná fuil an ní is le Dia aige á thabhairt do Chaesar éigin? Agus nách cuma cé hé an Caesar go dtabharfar do na nithe is le Dia, nách in í an éagóir déanta? Cad é mar shaghas duine an té ' mhaífeadh go bhfuiliceódh sé an chroch ní ba thúisce ná ' fhanfadh sé ó Aifreann Domhnaigh ag géilleadh do dhroch-dhlí, agus é ag fanúint ó Aifreann Domhnaigh ag géilleadh do leisce?

Ar an gcuma gcéanna, níl aon duine a ghéilleann do pheaca ná tugann na nithe is le Dia do Chaesar éigin nuair a dheineann sé an

LVIII. An Tarna Domhnach ar Fhichid tar éis Cíncíse

peaca san. Má bhíonn tart ar dhuine, cuir i gcás, agus go n-ólfaidh sé deoch uisce, nú deoch éigin folláin ná déanfaidh aon díobháil do, ach do bhainfidh an tart de, ní thugann sé do Chaesar ach an ní is le Caesar. Ach má bhíonn tart ar dhuine agus ná beidh sé sásta le deoch a dh'ól a bhainfidh an tart de, nách foláir leis deoch a dh'ól a chuirfidh ar meisce é, deoch a dh'ól a bhainfidh a mheabhair shaolta dhe, cad 'tá aige á dhéanamh? Ná fuil an ní a bhaineann le Dia aige á thabhairt do Chaesar, do Chaesar an chraois? Tá, go deimhin. Is é an scéal céanna é i dtaobh na ndroch-mhian eile atá istigh i gcroí an duine. Má leogann an duine dhóibh an lámh uachtair a dh'fháil air agus máistreacht a dhéanamh air, imreóid siad a dtoil féin air. Déanfaid siad sclábhaí dhe. Geóbhaid siad de chosaibh ann. Beid siad coitianta dhá iarraidh air na nithe is le Dia do chimeád ó Dhia agus iad a thabhairt dóibh féin, agus beidh an duine sin coitianta ag déanamh ruda orthu.

Níl aon trua ar an dtalamh so, is dócha, is mó ná an Críostaí mí-fhoirtiúnach a leogfaidh dá dhroch-mhiantaibh féin an lámh uachtair a dh'fháil air, agus smacht do chur air, agus gabháil de chosaibh ann. Ní leis féin é féin choíche. Beidh droch-mhian éigin sa bhroiceall air i gcónaí, dhá chomáint chun an uilc, le spuir agus le fuipeannaibh, agus ní túisce ' bheidh aon droch-mhian amháin cortha den mharcaíocht agus ag teacht anuas, ná mar a bheidh droch-mhian eile ollamh ar dhul suas agus ar na spuir agus na fuipeanna do chur i bhfeidhm air 'na lán-neart. Ní hea, ach is minic a bhíonn beirt, triúr, ceathrar, de sna marcachaibh thuas in éineacht. Is beag an iúnadh croí briste agus aigne loiscithe ag an nduine sin. Cuirfidh an dúil san ól ' fhiachaibh air craos a dhéanamh. Ansan beidh an mheabhair imithe. Ansan beidh cead cínn ag droch-smaointibh, ag peaca na drúise, ag fearg, ag fuath don chómharsain, ag bruíon, ag achrann, ag droch-chainnt, ag barbaraitheacht, ag eascainí, ag guídeóireacht, ag mionnaibh móra, agus idir óg agus aosta ag éisteacht leis an gcaaint, leis an gcainnt atá ag cur áthais ar dheamhnaibh ifrinn agus ag cur buartha ar aingealaibh na bhflaitheas.

LVIII. An Tarna Domhnach ar Fhichid tar éis Cíncíse

Ar ball imeóidh an mheisce sin. Ansan tiocfaidh troma-chroí agus dólás agus buairt aigne ar an nduine sin, agus caithfidh sé rith agus é féin do chur caoch ar meisce arís nú do thabharfadh sé an-chor éigin do féin le neart buartha aigne. Comáinfidh sé leis ar an gcuma san, ag dul ó mheisce go meisce go dtí go bhfaighfar i ndíg bhóthair múchta é maidean éigin tar éis na hoíche. Ach féach. Cá mbeidh an t-anam bocht an mhaidean san? Sin í an cheist.

Tá Críostaithe, a phobal, atá ag caitheamh a dtréimhse saeil ar an gcuma san díreach. Cad é an deireadh ' bheidh air dóibh? An bhfuil aon bhreith ag duine ar dhul suas an fhaid a leanfaidh sé an bóthar síos? Is suarach an scéal aige é, ag rith le fánaidh agus gan fáil ar chasadh aige, dar leis.

Stad, a dhuine! Leog do Dhia greim a bhreith ar láimh ort. Tá a lámh sínte amach ag Dia chút. Beir ar an láimh agus cimeád do ghreim uirthi. Croith suas tu féin. Cuir do chos i dtalamh. Bain únthairt asat féin agus cuir na marcaigh as an iallait. Caith anuas iad agus goibh de chosaibh iontu. Smachtaigh an droch-mhian. Ná hól an deoch san. Fuilig an tart. Ná labhair an droch-fhocal. Dún do bhéal agus fáisc na fiacla ar an ndroch-fhocal. Smachtaigh an fhearg. Díbir an droch-mhachnamh. Smachtaigh do dhrúis. Smachtaigh an t-uabhar. Úmhlaigh thu féin i láthair Dé. Cimeád do ghreim ar láimh Dé, agus iarr ar Dhia a ghrásta ' thabhairt duit chun gach dualgais a chómhlíonadh, "Na nithe is le Caesar do thabhairt do Chaesar, agus na nithe is le Dia do thabhairt do Dhia". Amen.

LIX. An Tríú Domhnach ar Fhichid tar éis Cíncíse

Léitear an Soíscéal. (Maitiú 9:18-26)

San am san, bhí Íosa ag cainnt leis an slua, agus tháinig taoiseach áirithe chuige, agus do shléacht sé dho, agus duairt sé, "A Thiarna, tá m'iníon tar éis bháis anois, ach tar agus cuir do lámh uirthi, agus beidh sí beó". Agus d'éirigh Íosa, agus do lean sé é, agus a

LIX. An Tríú Domhnach ar Fhichid tar éis Cíncíse

dheisceabail. Agus féach, tháinig laistiar de bean a bhí ag tabhairt a cod' fola ar feadh dhá bhliain déag, agus chuir sí a lámh ar fhabhra a bhruit. Óir duairt sí 'na haigne féin, "Mura ndeinead ach mo lámh a chur ar a bhrat, beidh mé slán". D'iompaigh Íosa, áfach, agus chonaic sé í, agus duairt sé, "Glac muinín, a 'nín ó. Do shlánaigh do chreideamh thu". Agus bhí an bhean leighiste ón dtráth san. Agus nuair a tháinig Íosa go tigh an taoisigh, agus nuair a chonaic sé na ceóltóirí agus an tslua ag déanamh fothraim, duairt sé leó, "Drididh siar. Ní marbh atá an cailín, ach 'na codladh". Agus bhíodar ag fionóid uime. Agus nuair a cuireadh amach an tslua, do chuaigh sé isteach, agus do rug sé ar láimh uirthi. Agus d'éirigh an cailín. Agus do leath an scéal san ar fuid na tíre sin go léir.

Tá tuairisc sa tSoiscéal san againn, a phobal, ar dhá mhíorúilt a dhein ár Slánaitheóir, moladh agus baochas leis, agus tá abhar machnaimh iontu, abhar mór, abhar doimhinn machnaimh. Tháinig an taoiseach ar dtúis agus d'iarr sé ar an Slánaitheóir dul agus a lámh do chur ar an gcailín a bhí tar éis bháis, agus í ' thógaint ón mbás. Do ghluais an Slánaitheóir láithreach fé dhéin tí an duine uasail. An fhaid a bhí sé ar an slí, áfach, do shleamhnaigh an bhean eile isteach agus do leighseadh í. Dhá bhliain déag d'aois a bhí an cailín nuair a fuair sí bás. Ar feadh dhá bhliain déag is ea ' bhí an bhean eile ag cailliúint a cod' fola sara bhfuair sí an leigheas.

Deir na haithreacha naofa ná raibh aon ní dhíobh-san gan a bhrí féin leis. Gur chiallaigh an bhean a bhí ag cailliúint a cod' fola an pobal Eabhra, agus gur chiallaigh an cailín a bhí marbh poiblíocht na nGínte. Go raibh an pobal Eabhra, an uair sin, go lag agus go leóinte, gan neart, gan sláinte spriodálta, agus go raibh na Gínte marbh ar fad i láthair Dé. Gur tháinig an Slánaitheóir chun an phobail Eabhra do leigheas, agus chun na nGínte do thógaint ón mbás. Go dtáinig an duine uasal dhá iarraidh ar an Slánaitheóir an cailín do thógaint ón mbás. Ansan gurbh é leónú Dé an bhean a bhí ag cailliúint a cod' fola do theacht crosta ar an slí i dtreó go ndéanfí í sin do leigheas ar dtúis sara dtógfí an cailín ón mbás; mar gur cheart an pobal Eabhra do

LIX. An Tríú Domhnach ar Fhichid tar éis Cíncíse

leigheas ón' easláinte spriodálta ar dtúis, sara ndéanfí na Gínte do thógaint ón mbás spriodálta a bhí orthu.

Tabhair fé ndeara an rud a dhein an bhean, agus an rud aduairt sí 'na haigne féin. "Mura ndeinead", ar sise, "ach baint lena bhrat, beidh mé leighiste". Cad é an tairbhe ' dhéanfadh baint lena bhrat di, mura mbeadh go raibh ' fhios aici go raibh cómhacht Dé laistigh den bhrat? Mura mbeadh go raibh an creideamh aici? Bhí an creideamh san aici, agus b'in é cúis 'na nduairt an Slánaitheóir léi an focal, "Glac misneach, a 'níon ó. Do shlánaigh do chreideamh thu".

Tá brí eile leis an mbrat. Dob ionann Colann Daonna an tSlánaitheóra agus brat. Bhí nádúr Dé sa bhrat san. Dá mbeadh an creideamh ceart ag an bpobal Eabhra, do chreidfidís an méid sin. Do bhainfidís lena bhrat, fé mar a dhein an bhean. D'admhóidís 'na n-aigne cómhacht an tSlánaitheóra, fé mar a dhein an bhean. Ansan do leighisfí iad ón mbreóiteacht spriodálta a bhí orthu, fé mar a leighseadh an bhean ón iomárd corpartha a bhí uirthi, ón ngearán a bhí ar feadh dhá bhliain déag dhá cimeád lag leice leóinte, gan neart, gan fuinneamh, gan chumas ar thairbhe ' dhéanamh di féin ná d'éinne eile. Níor chreideadar. Ní ghéillfidís go raibh aon chómhacht sa tSlánaitheóir ach cómhacht duine. Dá mb'í sin aigne ' bheadh ag an mnaoi, bheadh sí gan leigheas. D'fhág an aigne sin an pobal Eabhra gan leigheas, ach an fíor-bheagán acu do ghlac an creideamh.

Do leighseadh an bhean, agus ansan do tháinig an Slánaitheóir chun an tí 'na raibh an cailín tar éis bháis ann. Bhí na daoine go léir cruinnithe ag an dtórramh. B'é nós na tíre, an tigh 'na mbíodh tórramh ann go mbíodh daoine áirithe ann agus úirlisí ceóil acu, agus ceól brónach acu á dhéanamh agus mórán fothraim agus caointeacháin. Agus ba mhó den tsórd san a bhíodh i dtithibh daoine uaisle ná i dtithibh na ndaoine mbocht. Bhí mórán den cheól agus den fhothram san sa tigh seo 'na raibh an cailín dá tórramh ann. Tháinig an Slánaitheóir chun an tí. Chonaic sé na daoine go léir cruinnithe, agus an ceól agus an caointeachán ar siúl, agus an fothram. Tabhair

LIX. An Tríú Domhnach ar Fhichid tar éis Cíncíse

fé ndeara cad 'duairt sé. "Drididh siar", ar seisean leis an slua daoine, "ní marbh atá an cailín, ach 'na codladh".

Cad 'na thaobh go nduairt an Slánaitheóir an focal san? Ná raibh ' fhios aige gur marbh a bhí sí? Agus bhí ' fhios ag na daoine go léir gurbh ea. Nuair aduairt sé gur 'na codladh a bhí sí, níor dhein na daoine ach cromadh ar mhagadh faoi. Cad 'na thaobh go nduairt sé an focal in aon chor?

Deir cuid de sna haithreachaibh naofa go nduairt sé an focal san chun a chur in úil ná fuil i mbás an duine, ó tháinig an Slánaitheóir féin, ach mar ' bheadh codladh, agus go raibh ar chumas an tSlánaitheóra duine ' thógaint ón mbás díreach mar a dúiseófí duine as a chodladh. Dá bhrí sin, nár ghá don duine scannradh ' bheith roimis an mbás air, mar ná fuil sa bhás, don Chríostaí, ach mar a bheadh codladh, agus go dtógfaidh an Slánaitheóir na Críostaithe go léir ón mbás an lá déanach, fé mar a dúiseófí as a gcodladh iad, díreach mar a thóg sé an cailín úd ón mbás fé mar a dhúiseódh sé as a codladh í, nú mar a thóg sé Lasarus ón mbás mar a dhúiseódh sé as a chodladh é, agus é cheithre lá san uaigh. Agus dhein sé úsáid den fhocal céanna díreach i dtaobh Lasaruis féin. "Tá Lasarus 'na chodladh", ar seisean leis na deisceabail, nuair a bhí Lasarus tar éis bháis. "Má tá sé 'na chodladh", ar siadsan, "tá sé ó bhaol". Mar is eól do gach éinne, "Tosach sláinte codladh" do dhuine bhreóite. Ansan duairt an Slánaitheóir leó, lom díreach, "Tá Lasarus tar éis bháis", dhá chur in úil gur ar chodladh an bháis a bhí sé ag trácht, agus ná raibh sa bhás feasta ach codladh.

Nuair aduairt sé ná raibh an cailín ach 'na codladh, bhíodar go léir ag magadh. Tispeánann san ná raibh aon bhlúire mearathaill ar a raibh de dhaoine láithreach ná go raibh an cailín tar éis bháis. Agus tispeánann an magadh san, a bhí ag na daoine sin á dhéanamh an uair sin, gur ag stealla-mhagadh fúthu féin a bhíonn lucht díchreidimh nuair a mheasaid siad an mhíorúilt sin do shéanadh. Ba mhaith le lucht díchreidimh a rá ná raibh an cailín marbh in aon chor. Ná raibh sí ach i dtámh-néal. Ba dhó' liom gurbh fheárr a bhí ' fhios ag na

LIX. An Tríú Domhnach ar Fhichid tar éis Cíncíse

daoine a bhí láithreach, ag an dtórramh, ag féachaint ar an gcorp, ceocu marbh a bhí sí nú nárbh ea. Pé'r domhan é, is amhlaidh a chromadar ar mhagadh nuair adúradh gur 'na codladh a bhí sí. Tá sé pas deirineach, tar éis dhá mhíle blian, ag lucht díchreidimh bheith ag cainnt, a d'iarraidh a dhéanamh amach go raibh dearúd ar na daoine a bhí láithreach.

Do cuireadh na daoine amach as an dtigh. Ansan do chuaigh an Slánaitheóir isteach. Tháinig sé in aice an chuirp. Do rug sé ar láimh ar an gcailín. D'éirigh sí aniar chuige láithreach. Do stad an magadh. Tháinig iúnadh agus alltacht ar na daoine. Do leath an scéal ar fuid na tíre go léir. Níorbh iúnadh gur leath. Dob uathásach an scéal é.

Féach, a phobal. Bhí i leigheas na mná brí a bhain leis an bpobal Eabhra. Bhí brí a bhain leis na Gíntibh i dtógáilt an chailín ón mbás. Baineann an dá mhíorúilt linn-na. Samhlaím leis an mnaoi a bhí ag cailliúint a cod' fola an Críostaí a chuireann an iomad suime sa tsaol so agus i ngnóthaibh an tsaeil seo. Ba mhaith leis dhá thaobh an scéil a thabhairt leis, ach teipeann air. An neart spriodálta a gheibheann sé nuair a dheineann sé gnó Dé, cailleann sé é nuair a bhíonn sé a d'iarraidh greama ' chimeád ar ghnóthaibh an tsaeil, leis. Nuair a bhíonn sé ag déanamh gnótha Dé, tugtar an bia spriodálta dho. Ansan, nuair a thugann sé aghaidh ar ghnó an tsaeil a dhéanamh, cailleann sé an fhuil spriodálta agus an neart spriodálta, agus is ar éigin a bhíonn an t-anam ann i láthair Dé. Ní dheineann an bia spriodálta puínn tairbhe dho, mar ní fhanann a thairbhe aige. Bíonn sé ag cailliúint a chod' fola agus ní bhíonn blúire nirt ann.

Cad 'tá in easnamh ar an gCríostaí sin? Cad a leighisfeadh é? An rud céanna díreach a leighis an bhean úd. "Glac misneach, a 'níon ó. Do leighis do chreideamh thu". Cad é an creideamh? An creideamh a chuir ' fhiachaibh uirthi a rá, "Dá bhféadainn mo lámh do chur ar fhabhra a bhruit, do bheinn slán". Cad a chuireann ' fhiachaibh ar an gCríostaí an iomad suime ' chur sa tsaol so? Easpa creidimh. An té is mó agus is treise creideamh is é is lú suím sa tsaol so, is é is lú go

LIX. An Tríú Domhnach ar Fhichid tar éis Cíncíse

ndeineann an saol so buairt do. Agus rud greannúr, ansan. Is é is feárr agus is cruinne agus is torthúla a chuireann gnó an tsaeil seo chun taisce. An té go bhfuil an creideamh láidir istigh 'na chroí, tuigfidh sé i gcónaí in' aigne nách féidir do aon ghnó, gnó an tsaeil seo ná gnó an tsaeil eile, do dhéanamh ach le cabhair agus le cúnamh agus le grásta agus le cómhacht an tSlánaitheóra. 'Sé sin le rá, bíonn a lámh aige i gcónaí ar fhabhra bruit an tSlánaitheóra, agus bíonn focal an tSlánaitheóra ag labhairt i gcónaí istigh 'na chroí, "Glac misneach, a mhic ó. Tá do chreideamh 'ot chimeád slán". B'fhéidir gurb é toil Dé leogaint don tsaol so gabháil i gcoinnibh an duine sin uaireanta. B'fhéidir go leogtar do ghnó an tsaeil seo gabháil 'na choinnibh go hana-chruaidh uaireanta, chómh cruaidh agus go mbrisfeadh sé an croí i nduine eile. Ní bhriseann sé an croí i bhfear an chreidimh. Tá a lámh aige ar fhabhra bruit an tSlánaitheóra. Nuair a thagann cruatan ar muin cruatain chuige, agus iomárd ar muin iomáird, agus tiubaist ar muin tiubaiste, labhrann an creideamh istigh 'na chroí leis, "Is é toil an tSlánaitheóra é! Dé bheatha grásta Dé! Níor loit Dia riamh aon rud nár leighis sé arís!" Is fíor do an chainnt sin. Murab é toil Dé rud do leigheas don Chríostaí sin ar an saol so, is maith atá ' fhios ag an gCríostaí go bhfuil an leigheas le fáil aige ar an saol eile, ar a dhúbailt, ar a sheacht ndúbailt. Is é a chreideamh a thugann an deimhne sin do, agus is é an deimhne sin a bhaineann an nimh a trioblóidíbh an tsaeil seo. "Glac misneach, a 'níon ó. Do shlánaigh do chreideamh thu".

An cailín a bhí tar éis bháis, samhlaím í le Críostaí eile, leis an gCríostaí atá marbh sa pheaca. Tá an Críostaí sin geárrtha amach ó bheatha na ngrást. Níl aon bhreith ag an gCríostaí ar éirí ón mbás san ach oiread agus a bhí ag an gcailín úd ar éirí ón mbás, go dtí gur rug an Slánaitheóir ar láimh uirthi. Do rug an Slánaitheóir ar láimh uirthi. Do thóg sé a lámh isteach 'na láimh féin. Do theangmhaigh an lámh mharbh leis an láimh a bhí beó. Do theangmhaigh an lámh a bhí gan anam leis an láimh 'na raibh cómhacht Dé inti. Lámh fola agus feóla ab ea í, ach brat ab ea an fhuil agus an fheóil sin. Bhí cómhacht Dé i bhfolach fén mbrat san. Má theangmhaigh an bhean leis an mbrat

LIX. An Tríú Domhnach ar Fhichid tar éis Cíncíse

éadaigh a bhí ar an Slánaitheóir, do theangmhaigh an cailín leis an mbrat fola agus feóla a bhí ar Dhiacht an tSlánaitheóra. Do theangmhaigh an bhean leis an mbrat éadaigh mar duairt sí 'na haigne féin, "Mura ndeinead ach baint le fabhra a bhruit, beidh mé slán". Ní duairt an cailín aon ní den tsórd san. Ní raibh sé ar a cumas. Bhí sí fuar marbh. B'éigean don tSlánaitheóir féin, moladh agus glóire leis, an teangmháil a dhéanamh—a lámh, an brat fola agus feóla a bhí ar a Dhiacht, do chur i dteangmháil leis an láimh a bhí marbh. Ansan do deineadh an mhíorúilt. Do bogadh agus do scaoileadh agus do briseadh greim an bháis ar an gcailín sin. Do tugadh an t-anam thar n-ais ón saol eile, agus do cuireadh isteach arís é sa cholainn sin a bhí fuar marbh. Do bhíog an croí arís. Do ghluais an fhuil arís mórthímpall trí chuisleannaibh agus trí fhéitheachaibh an chuirp. Do bhog na lúithreacha arís, agus na balla beatha go léir, agus d'éirigh an cailín agus í beó. Do ghéill an bás do chómhacht an tSlánaitheóra. Ar an gcuma gcéanna san, nuair a bhíonn an Críostaí ar staid an pheaca mhairbh, ní bhíonn ar a chumas é féin a thógaint ón bpeaca. Curtar i dteangmháil é le brat an tSlánaitheóra i Sácraimínt na haithrí. Ansan bogtar agus scaoiltear agus bristear greim an pheaca d'anam an Chríostaí sin. Leogtar isteach arís, féna chroí agus fén' anam, caisí móra saibhre geala grásta Dé. Imíonn smól agus scamall agus doircheacht an pheaca dá anam, agus tagann 'na n-inead an solas agus an taithneamh agus an áilleacht a chuireann áthas ar aingealaibh na bhflaitheas nuair a dheineann peacach aithrí.

Ansan cad a thiteann amach? Titeann amach ansan an ní atá níos aoirde, níos doimhne, níos glórmhaire, ná aon mhíorúilt acu. Téann an Críostaí sin agus baineann sé le brat an tSlánaitheóra. Ní leis an mbrat éadaigh é a bhí ar an Slánaitheóir ar an saol so, ach leis an mbrat 'na bhfuil Fuil agus Feóil, Anam agus Diacht an tSlánaitheóra i bhfolach ann, fé ghné an aráin agus an fhíona. Baineann an Críostaí le fabhra an bhruit sin, a phobal. Glacann sé Comaoine. Glacann sé Corp naofa an tSlánaitheóra. Tá an Corp naofa i bhfolach ó shúilibh corpartha, fé ghné an aráin, nú an fhíona, ach chítear é. Chítear an Corp naofa le súilibh an chreidimh. Glactar an Bia cómhachtach,

LIX. An Tríú Domhnach ar Fhichid tar éis Cíncíse

buacach, bríomhar. Neartaíonn an Bia sin anam an Chríostaí. Cothaíonn an Bia sin an t-anam ar an saol so, agus cuireann sé misneach ann a bheireann saor sábhálta é isteach i ríocht na bhflaitheas ar an saol eile.

Go dtugaidh an Slánaitheóir gléigeal a ghrásta dhúinn go léir chun go ndéanfaimís an Bia sin do ghlacadh go minic agus é ' ghlacadh mar is cóir, agus a thoradh agus a thairbhe ' dh'fháil go hiomarcach, ar an saol so agus ar an saol eile. Amen.

LX. An Ceathrú Domhnach ar Fhichid tar éis Cíncíse

('Sé sin an Domhnach déanach.)

Léitear an Soiscéal. (Maitiú 24:15-35)

> San am san, duairt Íosa lena dheisceablaibh, "Nuair a chífidh sibh gráin an léirscriosa, ar ar labhair Daniel fáidh, 'na seasamh san áit naofa, an té a léifidh, tuigeadh. An uair sin an mhuíntir atá i Iúdaéa, teithidís chun na gcnuc, agus an duine ar bhuaic an tí, ná téadh sé síos chun aon ní a bhreith as a thigh leis, agus an duine sa pháirc ná filleadh sé a d'iarraidh a bhruit. Mairg do lucht clainne d'iompar, áfach, agus do lucht oiliúna, insna laethibh sin. Guídh, áfach, gan úr dteitheadh ' bheith sa gheímhreadh ná ar an Sabóid. Óir beidh buaireamh mór ann an uair sin ná raibh a leithéid ó thosach an domhain go dtí so, agus ná beidh. Agus mura gciorraítí na laethanta san, ní bheadh dul as ag feóil ar bith, ach ciorrófar na laethanta san ar son na bhfíoraon. San am san, má deir éinne, 'Féach, tá Críost anso, nú ansúd', ná creididh iad. Mar, éireóid Críostanna fallsa agus fáidhí fallsa, agus tabharfaid siad cómharthaí móra uathu agus iúnaí, i dtreó go seólfí amú na fíoraein féin (dá mb'fhéidir é). Féach, tá ínste agam díbh roim ré. Dá bhrí sin, má deir siad libh, 'Féach, tá sé sa bhfásach', ná téidh amach, 'Féach, tá sé insna seómraíbh', ná creididh. Óir mar an splannc a thagann as an dtaobh thoir (den spéir) agus a chítear go dtí an taobh thiar, sin mar a bheidh teacht Mhic an Duine. Pé áit 'na

LX. An Ceathrú Domhnach ar Fhichid tar éis Cíncíse

mbeidh an cnublach, is ann a chruinneóid na fiolair. Ach láithreach tar éis buairimh na laethanta úd, doircheófar an ghrian, agus ní thabharfaidh an ghealach a solas, agus titfid na réilte as an spéir, agus suaithfar cómhachta na bhflaitheas. Agus ansan chífar cómhartha Mhic an Duine sa spéir, agus ansan caífid treibh an domhain go léir, agus chífid siad Mac an Duine ag teacht i scamallaibh neimhe le mórchómhacht agus le gradam. Agus cuirfidh sé a aingil amach, le trúmpa agus le guth árd, agus cruinneóid siad a fhíoraein ó sna cheithre gaoithibh, ó uachtar na speártha go dtí a n-íochtar. Foghlamaídh solaoid ón gcrann fige. Nuair a bhíonn a ghéag bog, agus an duilliúr tagaithe amach, tá ' fhios agaibh an samhradh ' bheith in achomaireacht. Mar sin díbh-se, nuair a chífidh sibh na nithe seo uile, bíodh ' fhios agaibh go bhfuil sé in aice libh insna dóirsibh. Go deimhin adeirim libh, ní imeóidh an tsliocht so go dtiocfaid na nithe seo go léir chun cínn. Raghaidh an spéir agus an talamh ar neamhní, ach ní raghaid mo bhréithre-se ar neamhní.

Bhí ár Slánaitheóir, a phobal, ag trácht ar na nithibh a bhí le titim amach nuair a thiocfadh deireadh an tsaeil. Nuair a fuair na deisceabail an chaoi air, d'iarradar air a dh'ínsint dóibh cathain a thitfeadh na nithe sin amach. Ansan d'inis sé dhóibh, fé mar atá curtha síos sa tSoíscéal san a léas díbh, na nithe a thitfeadh amach agus na cómharthaí a thispeánfadh deireadh an tsaeil a bheith ag teacht in achomaireacht.

"Nuair a chífidh sibh", ar seisean, "gráin an léirscriosa", nú "gráin an uaignis", ar ar labhair Daniel fáidh, 'na seasamh san áit naofa, an té a léifidh, tuigeadh". Sin é an chéad chómhartha a thug sé do sna deisceabail.

Tá sa bhfocal san, "gráin an léirscriosa", nú "gráin an uaignis", nós cainnte a bhaineann leis an dteangain Eabhra. Ciallaíonn an chainnt an ghráin a chuireann sé ar dhuine lot nú léirscrios a dh'fheiscint déanta ar áit éigin naofa. Réabadh reilige a tugtar 'nár gcainnt féin ar lot nú ar léirscrios den tsórd san. Do deineadh léirscrios, nú réabadh reilige den tsórd san nuair a leag na Rómhánaigh cathair Ierúsaleim. Dá mhéid é naofacht na háite ar a ndeintear an réabadh reilige is ea is

LX. An Ceathrú Domhnach ar Fhichid tar éis Cíncíse

mó an ghráin a chuireann sé ar na daoine a thuigeann an naofacht. Bhí áit sa Teampall mór i Ierúsalem agus bhí an áit chómh naofa san nár cheadaithe d'aon duine dul isteach ann ach don Árdshagart amháin, agus níor cheadaithe do-san dul isteach ann ach uair sa mbliain. Nuair a bhris na Rómhánaigh an chathair, do ghabhadar de chosaibh ins gach aon rud. Chuireadar íomhá Chaesair suas istigh san áit naofa, íomhá an Phágánaigh istigh san áit naofa. Níor ghráin go dtí é sin, dar leis na Giúdaígh. Dheineadar dearúd, áfach, mar ba ghnáth leó. Bhí, gan amhras, an "ghráin" 'na seasamh san áit naofa nuair a bhí íomhá an Phágánaigh 'na seasamh istigh san áit ba naofa sa teampall, istigh san áit a bhí chómh naofa san ná leómhfadh aon duine dul isteach ann ach an tÁrdshagart, agus ná raibh ar a chumas san féin dul isteach ann ach uair sa mbliain. Ach do dhein na Giúdaígh dearúd. Bhí sé ceart acu a thuiscint 'na n-aigne ná raibh de bhun le naofacht an teampaill ach na daoine do dhéanamh naofa. Ná raibh aon tairbhe i láthair Dé i naofacht an teampaill nuair a bhí croí agus aigne na ndaoine iompaithe ó Dhia agus tabhartha suas don pheaca. Ná raibh i naofacht an teampaill ach solaoid do sna daoine ar an naofacht ba cheart a bheith i gcroí an duine i láthair Dé. Ná raibh ann ach neamhní i láthair Dé "gráin" an Phágánaigh a bheith 'na seasamh sa teampall seochas an ghráin eile, gráin an pheaca do bheith 'na seasamh i gcroí an duine, ag cur grá agus grásta Dé a seilbh. B'é toil Dé, nuair a ghlac an Pobal Eabhra gráin an pheaca isteach 'na gcroí, agus nuair a chuireadar Dia a seilbh a gcroí, gur leog Dia don ghráin phágánach, do ghráin an léirscriosa, dul agus seilbh do ghlacadh sa teampall. Cad é an tairbhe do Dhia, moladh 's baochas leis, an teampall nuair a bhí na daoine imithe uaidh!

Do chuir briseadh cathrach Ierúsaleim agus leagadh an teampaill deireadh le cómhacht an phobail Eabhra sa tsaol. B'é deireadh an tsaeil dóibh-sin an briseadh sin, agus cómhartha ar a dheireadh dhóibh ab ea an ghráin léirscriosa do chonacadar 'na seasamh san áit naofa nuair a tháinig an briseadh sin orthu.

LX. An Ceathrú Domhnach ar Fhichid tar éis Cíncíse

Ach chítear brí eile sa chómhartha. Deir na haithreacha naofa gurb é Antichríost gráin an léirscriosa, agus do dtiocfaidh sé ar an saol roinnt aimsire roim dheireadh an tsaeil. Go ndéanfaidh sé léirscrios agus dísciú ar gach aon rud i bhfuirm creidimh. Go ndéanfaidh sé, mar adeir an Soíscéal, oibreacha iúntacha, agus go leogfaidh sé air gurb é féin an Críost fírinneach. Sin í an ghráin dáiríribh, namhaid Chríost dhá leogaint air gurb é féin Críost. Is é Antichríost an ghráin dhéanach, ach tiocfaidh a lán dá shórd i gcaitheamh na haimsire roimis. Táid siad ag teacht ó thosach. Níl aon lá ó thosnaigh an Eaglais ar an gcreideamh do mhúineadh ná fuil múinteóirí bréagacha ag éirí agus ag múineadh an éithigh, agus dhá áiteamh ar na daoine gurb í an fhírinne atá acu á mhúineadh. Tá an Eaglais dhá gcur di i ndiaidh ' chéile, fé mar a gheall an Slánaitheóir a chuirfeadh sí dhi iad. Gráin, i láthair Dé agus daoine, is ea gach aicme acu a thagann ag cur an duibh 'na gheal ar dhaoine. Ach is é Antichríost féin an ghráin mhór, an ghráin a leogfaidh air gurb é féin Mac Dé. Is deocair don duine a thuiscint conas is féidir leogaint do namhaid an tSlánaitheóra a leithéid de léirscrios a dhéanamh. Ach is é gnó an duine focal an tSlanaitheóra do ghlacadh, agus gan bheith a d'iarraidh breithiúntais Dé do thómhas lena bhreithiúntas féin. Pé breithiúntas atá ag an nduine, is ó Dhia do fuair sé é. Pé cumas atá ag an nduine ar úsáid a dhéanamh den bhreithiúntas san, is ó Dhia do fuair sé an cumas. Tá an breithiúntas agus an cumas suarach, ana-shuarach, i láthair Dé. Duine buile is ea an duine do mheasfadh breithiúntas Dé do thómhas lena bhreithiúntas beag féin. Duine ciallmhar tuisceanach is ea an té a chimeádfaidh, i gcónaí, a bhreithiúntas féin úmhal do bhreithiúntas Dé. Déarfaidh an duine gan chiall, an duine buile, an duine gan mheabhair, "Ní féidir liom an ní sin do chreidiúint mar ní thuigim conas is féidir é ' bheith amhlaidh". Déarfaidh an duine ciallmhar, tuisceanach, úmhal, "Ní thuigim conas is féidir an ní sin a bheith amhlaidh, ach ó deir an Slánaitheóir go bhfuil sé amhlaidh, ní foláir dom é ' chreidiúint. Tá sé os cionn mo thuisceana. Is mó ní nách é atá os cionn mo thuisceana. Ba mhór an t-amadán me dá mba ná creidfinn aon ní atá os cionn mo thuisceana. Is neamhní a bhfuil ar chumas mo thuisceana seochas a bhfuil os cionn mo thuisceana".

LX. An Ceathrú Domhnach ar Fhichid tar éis Cíncíse

Ach do thug an Slánaitheóir cómhartha so-fheicse do sna deisceabail, agus do sna Críostaithibh go léir, i dtreó go n-aithneóidís na Críostanna fallsa, agus an tAntichríost nuair a thiocfaidh sé. "Mar an splannc a thagann ón dtaobh thoir den spéir agus a chítear go dtí an taobh thiar den spéir, sin mar a bheidh teacht Mhic an Duine". I gcás nách gá d'aon duine aon dearúd a bheith air. Ansan do thug sé dhóibh, agus dúinn go léir, na cómharthaí eile scannrúla: dorchú na gréine; luascadh an tailimh fé chosaibh na ndaoine; an t-aingeal ag séideadh an trúmpa; cruinniú na cine daonna ó gach aon pháirt den domhan, ó uachtar na speartha go dtí a n-íochtar; agus gach ní scannrúil eile a bhainfidh le lá an bhreithiúntais.

Ach féach, a phobal. Focal ana-dhoimhinn is ea an focal san aduairt ár Slánaitheóir i dtaobh "ghráin an léirscriosa 'na seasamh san áit naofa". Baineann brí an fhocail sin leis an gcine daonna go léir. Ach féach an focal beag a chuir sé i ndiaidh an fhocail sin. "An té do léifidh, tuigeadh", ar seisean. Tispeánann san go mbaineann an chainnt, ní hamháin leis an gcine daonna go léir agus le lá an bhreithiúntais, ach le gach duine fé leith chómh maith, agus leis an mbreithiúntas a tabharfar ar gach duine fé leith chómh luath agus ' thiocfaidh an bás air.

Gráin, léirscrios, réabadh reilige dob ea an íomhá phágánach a dh'fheiscint istigh san áit naofa sa teampall. Teampall do Dhia, teampall don Sprid Naomh, is ea anam an duine. Nuair a bhíonn an duine ar staid na ngrást is é anam an duine sin an áit naofa, agus bíonn an Sprid Naomh 'na chónaí istigh ann. Bíonn an t-anam san taithneamhach i láthair Dé. Iompaíonn an duine sin i gcoinnibh Dé, i gcoinnibh grásta Dé, i gcoinnibh an Sprid Naoimh. Deineann sé an peaca; is peaca maraitheach é. Cad a thiteann amach nuair a dheineann an duine sin an peaca maraitheach san? Titeann amach an uair sin rud atá níos seacht measa ná an rud a thit amach nuair a cuireadh íomhá an phágánaigh suas istigh san áit naofa i dTeampall Ierúsaleim. Curtar rud 'na sheasamh san áit naofa, in anam an duine, sa teampall naofa a dhein Dia na glóire dho féin fé leith, agus ní

LX. An Ceathrú Domhnach ar Fhichid tar éis Cíncíse

híomhá phágánaigh a curtar 'na seasamh san áit naofa san, ach is é an tÁirseóir féin, fíor na Cruise Céasta idir sinn agus é, do curtar 'na sheasamh ann. Sin gráin! Sin léirscrios! An tÁirseóir, an diabhal, an mac mallachtain, namhaid Dé na glóire, namhaid mharaitheach an duine, athair an éithigh agus an uabhair, an Sátan a thugann fuath do gach maith, an phiast mhallaithe do chuirfeadh gach maith ar neamhní agus do chuirfeadh gach olc i bhfeidhm dá bhféadadh sé é, an annsprid mhallaithe sin go daingean i seilbh istigh san áit naofa do cheap Dia dho féin, istigh in anam an duine sin, agus Dia na glóire díbeartha amach as an dteampall a chruthaigh sé dho féin! Sin gráin! Sin léirscrios!

Nuair a chailleann an duine grásta Dé mar gheall ar pheaca ' dhéanamh, tá an ghráin sin le feiscint ag na haingil, agus ag na naoimh, agus ag an Maighdin Muire, agus ag an Slánaitheóir, agus ag an Athair Síoraí; grásta an Sprid Naoimh díbeartha as anam an duine sin, díbeartha amach as an áit naofa, agus an peaca maraitheach, an ghráin, gráin an léirscriosa, 'na sheasamh go dána istigh san áit naofa. Chíonn an duine sin féin an ghráin sin, 'na seasamh san áit naofa. Tispéanann a choínsias do an ghráin sin. Dá bhrí sin, labhrann an Slánaitheóir an focal atá sa tSoíscéal leis an nduine sin, "Nuair a chífir gráin an léirscriosa 'na seasamh san áit naofa, an té a léifidh, tuigeadh". Nuair a chífir go bhfuil peaca déanta agat in aghaidh Dé, go bhfuil grásta Dé díbeartha uait agat led thoil mhacánta féin agus go bhfuil t'anam curtha agat ar staid an pheaca, go bhfuil an ghráin curtha 'na seasamh agat san áit naofa, go bhfuil an annsprid curtha agat i seilbh t'anama in inead an Sprid Naoimh, nuair a chífir an méid sin, cuímhnigh ort féin. "An té a léifidh, tuigeadh".

Agus cad 'tá le déanamh ag an gCríostaí, nuair a chífidh sé agus nuair a thuigfidh sé in' aigne gurb in mar atá an scéal aige, go bhfuil an droch-ní sin déanta aige dho féin, go bhfuil an ghráin sin glacaithe aige agus go bhfuil grásta Dé díbeartha uaidh aige? Ínseann an Slánaitheóir féin do cad 'tá le déanamh aige. Tá an rud le déanamh aige a dhéanfadh an duine do chífeadh uisce agus tine agus

LX. An Ceathrú Domhnach ar Fhichid tar éis Cíncíse

tóirthneach ag teacht in éineacht air. Cad a dhéanfadh an duine sin? Cad a dhéanfadh sé ach teitheadh len' anam chómh tiubh in Éirinn agus ' bheadh sé 'na chosaibh? Nú mar adeir focal an tSlánaitheóra sa tSoiscéal, "An mhuíntir atá i Iúdaéa, teithidís chun na gcnuc, agus an té atá ar bhuaic an tí, ná téadh sé síos chun aon ní a bhreith as an dtigh leis".

Sin é díreach atá ag an gCríostaí le déanamh nuair a thuigfidh sé in' aigne go bhfuil sé ar staid an pheaca, go bhfuil an ghráin 'na seasamh san áit naofa aige, teitheadh len' anam díreach mar a dhéanfadh an duine 'na mbeadh an t-uisce agus an tine agus an tóirthneach ag teacht in éineacht air.

Agus cá dteithfidh sé len' anam? Cá dteithfeadh sé len' anam ach chun na haithrí? Imíodh sé láithreach agus deineadh sé faoistin mhaith. Sin é an rud a chuirfidh an ghráin a seilbh arís agus do thabharfaidh grásta an Sprid Naoimh thar n-ais isteach san áit naofa. Deineadh sé an aithrí, le grá agus le croí-bhrú agus le muinín as Dia. Deineadh sé an aithrí i dtreó go raghaidh mór-luacht bháis an tSlánaitheóra chun sochair dá anam. Agus, thar gach ní eile atá agam le rá leis, deineadh sé an aithrí láithreach. Ná fanadh sé le haon tsaghas eile gnótha ' dhéanamh. "An té atá ar bhuaic an tí, ná téadh sé isteach chun aon rud a thabhairt leis as an dtigh". Má dheineann sé ríghneas den tsórd san, b'fhéidir go dtiocfadh an tuile agus an tine agus an tóirthneach air agus go scuabfí chun siúil é. Nuair a bhíonn duine ag teitheadh len' anam, ní chuímhníonn sé ar aon rud eile ach ar an anam. Is neamhní leis aon ní eile, ór ná airgead ná olla-mhaitheas. An duine atá ar staid an pheaca, má dheineann sé an ríghneas, agus ansan má thagann an bás air, agus go gcaithfidh sé dul i láthair Dé agus an ghráin 'na seasamh istigh san áit naofa aige, conas a bheidh an scéal aige? Beidh go scannrúil. "Beidh buaireamh mór ann an uair sin ná raibh a leithéid ó thosach an domhain, agus ná beidh". Sin iad focail an tSlánaitheóra féin ar conas a bheidh an scéal aige. Ní gá don duine sin fanúint go dtí lá an bhreithiúntais chun

LX. An Ceathrú Domhnach ar Fhichid tar éis Cíncíse

gabháil tríd an scannradh. Caithfidh sé aghaidh a thabhairt ar an scannradh chómh luath agus do scarfaidh anam le colainn aige.

Cuímhnigh air, a Chríostaí. Cuímhnigh in am air. Ná dein an ríghneas. "An té a léifidh, tuigeadh". Tuig láithreach conas a sheasaíonn tú i láthair Dé. Ná fág an t-anam bocht i gcúntúirt. Dein an aithrí gan ríghneas. Dein an aithrí go dílis agus go fírinneach. Díbir an ghráin as an áit naofa, as t'anam féin amach, ó chuir an Slánaitheóir ar do chumas é ' dhéanamh, agus bíodh aoibhneas na ngrást san áit naofa agat in inead an ghráin. Ansan, tagadh an bás ort pé uair is toil le Dia é, ní gá dhuit aon scannradh ' bheith ort roimis.

Go dtugaidh Dia na glóire, trí ímpí na Maighdine Muire, bás naofa dhúinn go léir. Amen.

SEANMÓIN IS TRÍ FICHID

An Teagasc Críostaí

Ceacht a haon

Ceist. Cé ' dhein an domhan?

Freagra. Dia.

C. Cé hé Dia?

F. Cruthaitheóir agus árdthiarna neimhe agus talún, ró-mhaith agus ró-iomlán.

C. Ca bhfuil Dia?

F. Tá sé ins gach uile áit.

C. Má tá Dia ins gach uile áit, cad fá ná feicimíd é?

F. De bhrí gur fíor-sprid é agus ná fuil colann aige.

C. An bhfeiceann Dia gach uile ní?

F. Chíonn.

C. An bhfuil fios gach uile ní ag Dia?

F. Tá.

C. An féidir le Dia gach uile ní do dhéanamh?

F. Is féidir.

An Teagasc Críostaí

C. Cad fá gur chruthaigh Dia sinn?

F. Chun aithne do chur air agus é ' ghráú ar an dtalamh so, agus chun séan síoraí do shealbhú 'na dhiadh so ar neamh.

C. Cad a thuigeann tú le neamh?

F. Ríocht glóire Dé.

C. Conas is féidir dúinn Dia d'aithint ar an dtalamh so?

F. Leis na fírinní a mhúin Sé dhúinn d'fhoghlaim.

C. Cá bhfaigheam na fírinní seo?

F. Táid [siad] go háirithe insa Chré.

Ceacht a dó

C. Abair an Chré.

F. "Creidim i nDia, &c".

C. Cé ' dhein an Chré?

F. An dá aspal déag.

C. Cad d'admhaímíd sa Chré?

F. Na cínn-rúndiamhra agus alta riachtanacha eile.

C. Abair na cínn-rúndiamhra.

An Teagasc Críostaí

F. Aondacht agus Tríonóid Dé, Incholladh, Bás agus Aiséirí ár Slánaitheóra.

C. Cad fá go dtugtar cínn-rúndiamhra orthu-san?

F. De bhrí nách féidir éinne a thagann chun blianta na tuisceana do bheith sábhálta gan fios bunúsach do bheith aige orthu agus iad do chreidiúint.

C. Cad a chiallaíonn Aondacht Dé?

F. Ná fuil ann ach aon Dia amháin.

C. Cad a thuigeann tú leis an dTríonóid?

F. Tuigim, insan aon Dia amháin sin, go bhfuil trí pearsana diaga.

C. Cá mhéid Dia ann mar sin?

F. Níl ach aon Dia amháin. Ní féidir níos mó do bheith.

C. Cá mhéid pearsa i nDia?

F. Táid trí pearsana i nDia.

C. Cé hiad na trí pearsana iadsan?

F. An tAthair, agus an Mac agus an Sprid Naomh.

C. An bhfuil an tAthair 'na Dhia?

F. Tá an tAthair 'na Dhia.

C. An bhfuil an Mac 'na Dhia?

An Teagasc Críostaí

F. Tá an Mac 'na Dhia.

C. An bhfuil an Sprid Naomh 'na Dhia?

F. Tá an Sprid Naomh 'na Dhia.

C. Ná fuil trí déithe ann mar sin?

F. Níl. De bhrí ná fuil ach aon nádúr amháin diaga in sna trí pearsanaibh diaga san, níl iontu ach [aon][11] Dia amháin.

C. An bhfuil aon phearsa de sna pearsanaibh diaga so níos eagnaí, níos sine ná níos mó cómhacht ná ' chéile?

F. Níl, óir táid uile iomlán gan teóra.

Ceacht a trí

C. Cad a chiallaíonn Incholladh?

F. Gur ghlac Mac Dé colann daonna chun sinn-na d'fhuascailt agus do shábháil.

C. Cad a thuigeann tú le colann daonna do ghlacadh?

F. Nádúr an duine do ghlacadh, 'sé sin corp agus anam mar atá againn-na.

C. Conas d'ainmníonn tú Mac Dé inchollaithe?

---

11 Curtar an uimhir *aon* isteach anso chun na habairte ' thabhairt isteach lena bhfuil scríofa in *An Músgraigheach* #1, leathanach a 29, mar a ndeir an fear eagair nách ceart i nGaelainn Mhúscraí *amháin* ' úsáid sa chéill seo gan *aon*. Ní mar sin a bhíonn in sna canúintí eile, agus sin é cúis, is dócha, go raibh *Dia amháin* sa leagan stairiúil ar an dTeagasc Críostaí.

An Teagasc Críostaí

F. Íosa Críost, Fuasclóir agus Slánaitheóir an domhain.

C. Cé hé Íosa Críost?

F. Mac Dé, an dara Pearsa den Tríonóid ró-naofa, do ghlac colann daonna.

C. Cár ghlac sé corp agus anam mar atá againn-na?

F. I mbroínn na Maighdine Glórmhaire Muire.

C. Conas san?

F. Ghoibh sí é ón Sprid Naomh.

C. Cá mhéid nádúr in Íosa Críost?

F. Dhá nádúr, nádúr diaga agus nádúr daonna.

C. Cad 'tá ceangailte orainn a chreidiúint i dtaobh Íosa Críost?

F. Go bhfuil sé in' fhíor-Dhia agus in' fhíor-dhuine.

C. Ca bhfuil Íosa Críost anois?

F. Sa mhéid gur Dia é, tá sé ins gach uile áit, agus sa mhéid gur duine é, tá sé ar neamh amháin agus i naomh-Shácraimínt na haltórach.

C. Cad fá gur ghlac Mac Dé colann daonna?

F. Chun báis d'fhulag ar ár son.

C. Cad fá gur fhuilig Críost bás ar ár son?

An Teagasc Críostaí

F. Chun cirt Dé do shásamh agus chun sinn-na do shábháil ó ifreann agus ó chómhachtaibh an diabhail.

C. Cad fá go rabhamair-na i gcómhachtaibh an diabhail?

F. De bhrí gur gineadh sinn i bpeaca.

C. Conas a tharla gur gineadh sinn i bpeaca?

F. De bhrí go ndeárna ár gcéad athair agus ár gcéad mháthair easúmhlaíocht in aghaidh Dé.

C. Cé ' chuir cath orthu chun easúmhlaíochta do dhéanamh in aghaidh Dé?

F. An diabhal.

C. Cad a thuigeann tú leis an ndiabhal?

F. Aon de na haingealaibh a dhíbir Dia as na flaitheasaibh.

C. Cad a thuigeann tú le haingealaibh?

F. Spridí glana a cruthaíodh chun Dia d'adhradh ar neamh.

C. Cad fá gur díbreadh aingil as na flaitheasaibh?

F. De bhrí gur dheineadar méirleachas in aghaidh Dé.

C. An bhfuil aon chúram eile ar an haingealaibh ach Dia d'adhradh?

F. Tá. Chuir Dia uaidh go minic iad mar theachtairí chun daoine, agus táid [siad] ceapaithe chun bheith dár gcoímhdeacht.

C. Cad é an pionós a chuir Dia ar na haingealaibh a dhíbir sé as na flaitheasaibh?

F. Dhaor sé chun ifrinn iad.

C. Cad a thuigeann tú le hifreann?

F. Áit 'na bhfuil pianta síoraí.

C. An bhfuil aon dream eile daor chun ifrinn ach na diabhail?

F. Tá, na daoine a gheibheann bás 'na namhdaibh ag Dia.

C. Cad é an luacht saothair a thug Dia do na haingealaibh d'fhan dílis?

F. Shocraigh sé iad go síoraí i nglóire.

Ceacht a ceathair

C. Cad é an pionós a chuir Dia ar ár gcéad athair agus ar ár gcéad mháthair?

F. Dhaor sé chun báis iad.

C. Ar chuir sé aon phionós eile orthu?

F. Do chuir. Bhain sé dhíobh gach teideal dá raibh acu chun flaithis Dé, agus mórán eile tabharthaisí dár bronnadh orthu.

C. Ar daoradh sinn-na mar a daoradh ár gcéad athair agus ár gcéad mháthair?

An Teagasc Críostaí

F. Do daoradh, de bhrí gur thánamair ar an saol so ciontach sa pheaca chéanna.

C. Conas ' ainmnítear an peaca san?

F. Peaca an tsínsir.

C. Conas a gheibhimíd maithiúnachas i bpeaca an tsínsir?

F. Trí mhór-luacht bháis Chríost do dhul chun sochair dúinn sa bhaiste.

C. Ar ghlac Mac Dé colann daonna gan mhoíll tar éis an pheaca a dhein ár gcéad athair agus ár gcéad mháthair?

F. Níor ghlac, go dtí tímpall cheithre mhíle blian 'na dhiaidh.

C. Cad é an lá a rugadh Íosa Críost?

F. Lá Nollag.

C. An fada a mhair sé ar an dtalamh so?

F. Tímpall trí mblian ndéag ar fhichid.

C. Conas a chríochnaigh sé a bheatha?

F. Fuair sé bás tárnálta ar chruis.

C. Cad é an lá a fuair Críost bás?

F. Aoine an Chéasta.

C. Cá bhfuair sé bás?

An Teagasc Críostaí

F. Ar chnuc Chalvarí.

C. Cá ndeighidh anam Chríost tar éis a bháis?

F. Chuaigh sé síos go hifreann.

C. An ndeighidh a anam go hifreann na ndamanta?

F. Ní dheighidh, ach go hinead suaimhnis ar a dtugtar Limbó.

C. Cé hiad a bhí i Limbó?

F. Anamnacha na bhfíoraon a fuair bás roim Chríost.

C. Cad fá nár leogadh go flaitheas Dé iad gan mhoíll tar éis a mbáis?

F. De bhrí go raibh flaitheas Dé dúnta in aghaidh gach uile dhuine chun gur oscail Críost lena bhás é.

C. Cá raibh corp Chríost an fhaid a bhí a anam i Limbó.

F. Bhí sé san uaigh.

C. An fada d'fhan corp Chríost san uaigh?

F. Cuid de thrí lá.

C. Cad d'imigh ar chorp Chríost an tríú lá?

F. Do thóg sé é féin go glórmhar agus go do-mharaitheach ó mharaíbh.

C. Cad é an lá d'éirigh Críost ó bhás?

F. Domhnach Cásca.

An Teagasc Críostaí

Ceacht a cúig

C. Cad é an fhaid d'fhan Críost ar an dtalamh so tar éis na haiséirí?

F. Daichead lá.

C. Cad fá gur fhan sé ar talamh tar éis aiséirithe dho?

F. Chun a thispeáint go soiléir gur aiséirigh sé, agus chun na n-aspal do theagasc.

C. Cá ndeighidh sé i gceann an daichead lá?

F. Do chuaigh sé suas ar neamh.

C. An ndeighidh sé lena cholainn suas ar neamh?

F. Do chuaigh agus tá sé 'na shuí ar deas-láimh Dé.

C. Cad a tuigtear lena rá go bhfuil Críost 'na shuí ar deas-láimh Dé?

F. Tuigtear gurb é Críost, sa mhéid gur duine é, an té is giorra do Dhia ar neamh.

C. Cá fada tar éis deasgabhála Chríost gur chuir sé an Sprid Naomh uaidh?

F. Deich lá 'na dhiaidh, 'sé sin, Domhnach Cíncíse.

C. Cad fá gur chuir sé an Sprid Naomh uaidh?

F. Chun sinn-na do naomhú, agus chun na n-aspal [do] neartú chun an tSoiscéil, 'sé sin an dlí nua, do chraobhscaoileadh.

C. Cad a tuigtear leis an ndlí nua?

An Teagasc Críostaí

F. An dlí a tugadh do na Críostaithibh.

C. Cad a tuigtear leis an sean-dlí?

F. An dlí a tugadh do na Giúdaíochaibh.

C. Conas ' aithnítear gur Críostaithe sinn?

F. Trínár mbaiste, le dlí Chríost d'admháil, agus trí chómhartha na cruise.

C. Conas a deintear cómhartha na cruise?

F. Curtar an lámh dheas ar an éadan, ansan ar an ucht, agus ansan ar an ngualainn chlé agus ansan ar an ngualainn ndeis, agus deirtear lena línn sin, "in ainm an Athar agus an Mhic agus an Sprid Naoimh. Amen".

C. Ca bhfuil Críostaithe fírinneacha le fáil?

F. Sa teampall fírinneach amháin.

C. Cad a tuigtear leis an dteampall fírinneach?

F. Cómh-chruinniú na bhfíor-chreideamhach uile.

C. Conas ' ainmnítear an teampall fírinneach?

F. An Teampall Caitlicí Rómhánach.

C. Cad fá go nglaeitear "Rómhánach" ar an dteampall bhfírinneach?

F. Ón Róimh, mar is ann a chónaíonn Ceann So-fheicse an Teampaill.

C. Cé hé Ceann So-fheicse an Teampaill?

An Teagasc Críostaí

F. An Pápa, Fear Inid Íosa Críost.

C. Cé hé Ceann Do-fheicse an Teampaill?

F. Íosa Críost féin, moladh go deó leis!

C. Cad fá go nglaeitear "Caitlicí" ar an dteampall bhfírinneach?

F. De bhrí go seasóidh an teampall fírinneach go deireadh an tsaeil agus go sruthfaidh ar feadh críocha an domhain uile.

C. Cé hiad atá ar an dtaobh amu' den teampall?

F. An mhuíntir nár baisteadh, an dream a thiteann fé choinneal-bhá, agus an mhúintir, trína gcoir féin, a leanann go ceann-tréan earráid creidimh.

C. An bhfuil a thuilleadh lasmu' den teampall?

F. Tá, an mhuíntir a dhiúltaíonn úmhlacht dhleathach, i nithibh spriodálta, do Cheann So-fheicse an Teampaill.

C. An féidir don teampall titim in earráid ná dul amú?

F. Ní féidir, óir do gheall Críost go mbeadh sé féin agus a Sprid bheannaithe de ghnáth in' fhochair agus ná buafadh dóirse ifrinn air.

Ceacht a sé

C. Cad a tuigtear le comaoine na naomh?

F. Go dtéann na húrnaithe agus na dea-oibreacha a deintear sa teampall chun sochair do gach n-aon a bhaineann leis an dteampall.

An Teagasc Críostaí

C. Cad é an saibhreas spriodálta 'na bhfuil páirt ag na daoine a bhaineann leis an Eaglais?

F. Na Sácraimíntí, naomh-íbirt an Aifrinn, úrnaithe na hEagailse, agus dea-oibreacha na bhfíoraon.

C. An leór do dhuine, chun bheith sábhálta, bheith 'na Chaitlicí Rómhánach?

F. Ní leór. Ní foláir do an peaca do sheachaint agus an mhaith do dhéanamh.

C. Cad é an ní peaca?

F. Aon smaoineamh toilthiúil, briathar ná gníomh a deintear in aghaidh dlí Dé.

C. Cad é an ní peaca maraitheach?

F. Coir ró-throm in aghaidh Dé, a bhaineann grásta naomhaithe den anam agus a thuilleann ifreann.

C. Cad é an ní peaca solathach?

F. Peaca is lú coir ná peaca maraitheach ná baineann grásta naomhaithe den anam agus ná tuilleann ifreann.

C. Conas a ghortaíonn peaca solathach an t-anam?

F. Le grá Dé 'nár n-anam do laígheadú, agus le sinn do chlaonadh chun an pheaca mhairbh.

C. Cad is grásta ann?

F. Tabharthas os cionn nádúra a thugann Dé féin dúinn chun sinn do naomhú agus do neartú chun flaitheas Dé do thuilleamh.

C. Cad a thuigeann tú le grásta naomhaithe?

F. Na grásta a dheineann sinn 'nár gcáirdibh ag Dia.

C. An bhfuil grásta riachtanach?

F. Tá, de bhrí, gan grásta, nách féidir dúinn flaitheas Dé do thuilleamh.

Ceacht a seacht

C. Cá mhéid príomh-pheaca maraitheach ann?

F. Seacht cínn. Cínn-pheacaí maraitheacha a tugtar orthu.

C. Abair na cínn-pheacaí maraitheacha.

F. Uabhar, sainnt, drúis, craos, fearg, formad agus leisce.

C. Cá dtéid an dream a gheibheann bás i bpeaca mharaitheach?

F. Go hifreann ar feadh na síoraíochta.

C. Cad 'tá d'fhiachaibh orainn a dhéanamh má thitimíd i bpeaca mharaitheach?

F. Aithreachas fírinneach do ghlacadh agus dul chun faoistine.

C. Cad fá go raghaimís chun faoistine nuair a thitimíd i bpeaca mharaitheach?

F. Chun caradais Dé d'fháil thar n-ais agus chun bheith de ghnáth ollamh i gcómhair an bháis.

C. Cad ba chóir dúinn a dhéanamh tar éis titim i bpeaca mharaitheach dúinn dá mba ná féadfaimís dul chun faoistine?

F. Ba chóir dúinn aithreachas ró-mhór do ghlacadh trí thitim ann, agus an chuid is lú dhe, dúil do bheith againn dul chun faoistine.

Ceacht a hocht

C. In éaghmais an pheaca do sheachaint cad é an mhaith atá ceangailte orainn do dhéanamh?

F. Ní foláir dúinn aitheanta Dé agus na hÉagailse do chimeád.

C. Abair na deich n-aitheanta.

F. 1. Creid, a mhic, i nDia go glan. 2. Ná tabhair ainm Dé gan abhar. 3. Cimeád an tsaoire mar is cóir. 4. Tabhair do t'athair agus dod mháthair onóir. 5. Ná dein marú. 6. Ná dein drúis. 7. Ná dein guid. 8. Ná tabhair fianaise bhréige in aon chúis. 9. Ná sanntaigh fear ná bean nách leat féin. 10. Ná sanntaigh clann duine eile, ná a áirnéis.

C. Cad a cheanglann an chéad aithne orainn?

F. Aon Dia amháin d'adhradh.

C. Conas ' dheinimíd Dia d'adhradh?

F. Le creideamh, le dóchas, le carthanacht, le húrnaithe agus le híbirt.

C. Cad é an ní creideamh?

An Teagasc Críostaí

F. Súáilce diaga lena gcreidimíd go daingean gach ar mhúin Dia dhúinn.

C. Cad é an ní dóchas?

F. Súáilce diaga a bheir muinín agus dóchas láidir dúinn go bhfaigheam an bheatha shíoraí agus na meóin atá riachtanach chun a saothraithe.

C. Cad é an ní carthanacht?

F. Súáilce diaga a bheir dúinn Dia do ghráú os cionn gach uile ní, ar a shon féin, agus ár gcómharsa mar sinn féin ar son Dé.

C. Cé hé ár gcómharsa?

F. An chine daonna uile, ár namhaid chómh maith lenár gcáirdibh, agus iadsan mar an gcéanna nách dár gcreideamh.

C. An gcoisceann an aithne seo orainn onóir do thabhairt do na naoimh?

F. Ní choisceann, de bhrí ná tugaimíd dóibh an árdonóir is dual do Dhia féin.

C. Cad é an deifríocht atá idir an onóir a thugaimíd do na naoimh agus an onóir a thugaimíd do Dhia féin?

F. Is ar Dhia amháin d'iarraimíd grásta agus trócaire, agus ní iarraimíd ar na naoimh ach a n-ímpí do chur suas chun Dé ar ár son.

C. Cad fá go n-onóraimíd taise na naomh?

F. De bhrí go rabhadar a gcuirp roime seo 'na dteampaill ag an Sprid Naomh agus go bhfaighid siad onóir an lá déanach ar neamh.

C. Cad fá go leogaimíd sinn féin ar ár nglúinibh i láthair íomhátha Chríost agus na naomh?

F. Chun ár smaointe do shocrú ar fhlaitheas Dé agus chun sinn féin do spreagadh chun aithris do dhéanamh ar na naoimh 'nár mbeatha.

Ceacht a naoi

C. Cad a cheanglann an dara haithne orainn?

F. Ár móide agus ár ngeallúna dlistineacha do chimeád.

C. Cad a choisceann an dara haithne orainn?

F. Gach dearbhú neamh-cheart; bréaga; mionna móra; eascaíní; diamhasla; agus focail naomh-aithiseacha.

C. An coir ró-mhór leabhar éithigh do thabhairt?

F. Coir ró-scannrúil is ea é, mar glaeitear ar Dhia chun fianaise ' dhéanamh go bhfuil an ní adeirtear fíor, agus gan ann go fiosach ach bréag.

C. Cad a cheanglann an tríú haithne orainn?

F. An Domhnach do chaitheamh in úrnaithe agus i ngnóthaíbh diaga eile.

C. Cad iad na gnóthaí diaga eile iadsan?

F. Aifreann d'éisteacht, bheith ag éisteacht le teagasc, agus ag lé' leabhar críostúla.

C. Cad a choisceann an tríú haithne orainn?

An Teagasc Críostaí

F. Gach uile obair shaothraitheach gan riachtanas agus briseadh lae an Tiarna go naomh-aithiseach.

C. Cad d'órdaíonn an ceathrú aithne?

F. Grá agus urraim agus onóir do thabhairt d'aithreachaibh agus do mháithreachaibh agus d'uachtaránaibh.

C. Cad a choisceann an cúigiú aithne orainn?

F. Gach dúnmharú toilthiúil, troid agus imreas.

C. Cad eile a choisceann an cúigiú aithne?

F. Gach an-chainnt tharcaisneach, fuath, fearg agus rún díoltais.

C. Cad a choisceann an séú aithne?

F. Gach cómhluadar mí-gheanmnaí le fear, nú le bean, nách le duine féin.

C. Cad eile a choisceann an aithne seo?

F. An uile amharc, nú focal, nú gníomh, mí-gheanmnaí.

C. Cad a choisceann an seachtú aithne?

F. Aon ní de chuid duine eile do thógáil nú do chimeád go han-dleathach; agus gach díobháil dá ndeintear don chómharsain 'na strus.

C. Cad 'tá d'fhiachaibh orainn a dhéanamh an tan a bhíonn cuid duine eile go neamh-dhlistineach againn?

An Teagasc Críostaí

F. Ní foláir dúinn é ' thabhairt thar n-ais más féidir dúinn é, nú ní maithfar an peaca dhúinn.

C. Cad a choisceann an t-ochtú aithne?

F. Gach fianaise neamh-fhírinneach, breithiúntas an-obann, bréaga, cúl-chainnt, agus tromaíocht.

C. Cad 'tá d'fhiachaibh ar an muíntir a mhaslaíonn clú a gcómharsan?

F. Ní foláir dóibh a ndícheall do dhéanamh ar an gclú do chasadh, nú ní maithfar an peaca dhóibh.

C. Cad a choisceann an naoú aithne?

F. Gach smaoineamh toilthiúil drúise, dúil mhí-gheanmnaí, agus dlúth-ócáidí, nú fáthanna, chun smaointe truaillithe.

C. Cad a choisceann an deichiú haithne?

F. Gach dúil neamh-dhlistineach i gcuid ár gcómharsan.

Ceacht a deich

C. An bhfuil sé ceangailte orainn mar an gcéanna aitheanta na hEagailse do chimeád?

F. Tá, óir "An té ná héisteann leis an Eaglais," adeir Críost, "creididh gurb ionann é agus an págánach nú an poibleacánach".

C. Cá mhéid aithne ' thug an Eaglais dúinn?

F. Sé haitheanta:

An Teagasc Críostaí

1. Aifreann d'éisteacht gach Domhnach agus lá saoire.

2. Troscadh agus tréanas do dhéanamh ar na laethanta órdaithe.

3. Faoistin do dhéanamh 'nár bpeacaíbh, an chuid is lú dhe, uair sa mbliain.

4. Corp Críost do ghlacadh um Cháisc nú tímpall na Cásca.

5. A gceart féin do dhíol leis an Eaglais.

6. Gan pósadh do dhéanamh san aimsir choiscithe, ná insna glúinibh toirmiscthe gaoil.

C. Cad é an ní lá troscaidh?

F. Lá ná ceadaítear dúinn do chaitheamh ach aon bhéile amháin, agus ar a mbíonn feóil toirmiscthe orainn.

C. Cad a tuigtear le laethibh tréanais?

F. Laethe 'na gcoisctear feóil orainn ach ar ar féidir linn ár ngnáth-bhéilí do chaitheamh.

C. An leór dúinn dul uair sa mbliain chun faoistine?

F. Ní leór. Tá faoistin ghnáthach riachtanach do gach uile dhuine, ach tá ceangailte orainn fé phéin pheaca mhairbh gan bheith bliain iomlán gan faoistin.

C. Ca bhfuil sé d'fhiachaibh orainn comaoine do ghlacadh um Cháisc?

F. 'Nár bparóiste féin.

An Teagasc Críostaí

Ceacht a haondéag

C. Cad é an ní guí chun Dé.

F. Tógáil ár gcrathacha suas chun Dé, chun baochais do bhreith leis, chun é do mholadh, agus chun a thabharthaisí d'iarraidh.

C. Cá uair ba chóir dúinn úrnaí do rá?

F. Ba chóir ná beadh 'nár mbeatha, atá íbeartha do Dhia, ach aon úrnaí amháin chónaitheach; ach tá d'fhiachaibh orainn úrnaí do dhéanamh go háirithe ar maidin agus um thráthnóna, agus in am gach catha agus gach guaise.

C. Cad iad na húrnaithe is mó a cómhairlíthear dúinn do rá?

F. An Phaidir, an tAvé Maria, agus an Chré.

C. Cé ' dhein an Phaidir?

F. Íosa Críost, moladh go deó leis!

C. Cé ' dhein an tAvé Maria?

F. Do dhein an tAingeal Gábriel agus Naomh Eilís an chéad chuid de, agus do dhein an Eaglais an chuid eile.

C. An bhfuil sé dleathach onóir do thabhairt don Mhaighdean Ghlórmhar?

F. Tá go cínnte, de bhrí gur thug Dia féin onóir di agus "go ndéarfaid cineacha an domhain gur beannaithe í".

C. Cad í an onóir a bheirimíd di?

F. Onóraimíd í os cionn na naomh uile de bhrí gurb í máthair Chríost í, ach ní thugaimíd di an onóir is dual do Dhia.

Ceacht a dódhéag

C. Cad a thuigeann tú le sácraimínt?

F. Cómhartha so-fheicse a cheap Críost chun grásta ' thabhairt dúinn.

C. Cad as go bhfuil cómhachta ag na sácraimíntí chun grásta ' thabhairt dúinn?

F. As mór-luacht bheatha Chríost agus a bháis, a chuirid chun sochair dár n-anamnachaibh.

C. Cá mhéid Sácraimínt ann?

F. Seacht Sácraimíntí.

  1. Baiste.

  2. Dul-fé-láimh-Easpaig.

  3. Corp Críost.

  4. Aithrí.

  5. Ola dhéanach.

  6. Órd beannaithe.

  7. Pósadh.

C. Cad é an ní Baiste?

An Teagasc Críostaí

F. Sácraimínt a ghlanann sinn ó pheaca an tsínsir, agus a dheineann Críostaithe agus clann Dé dhínn.

C. Conas is cóir d'fhear nú do mhnaoi baiste ' thabhairt do leanbh in am riachtanais?

F. Bas uisce do dhortadh ar cheann an linbh, agus a rá lena línn sin, "Baistim thu in ainm an Athar agus an Mhic agus an Sprid Naoimh".

C. Cad é an ní Dul-fé-láimh-Easpaig?

F. Sácraimínt do neartaíonn sinn 'nár gCreideamh.

C. Conas is cóir bheith ollamh chun sácraimínt Dul-fé-láimh-Easpaig do ghlacadh?

F. Fios aitheanta ár gCreideamh do bheith againn agus bheith ar staid na ngrást.

C. Cad é an deifríocht atá idir shácraimínt Dul-fé-láimh-Easpaig agus sácraimínt an Bhaistí?

F. Tá, go ndeineann an Baiste Críostaithe agus clann Dé dhínn, agus go ndeineann Dul-fé-láimh-Easpaig Críostaithe níos iomláine dhínn, agus saighdiúirí cróga dár Slánaitheóir Íosa Críost.

C. An bhfuil Dul-fé-láimh-Easpaig riachtanach?

F. Ar a shon gur féidir duine do shábháil in' éaghmais, bheadh duine ciontach i bpeaca ró-mhór a thabharfadh faillí ann.

C. Cad é an pionós a chuireadh an Eaglais i dtosach aimsire ar na haithreacha nú ar na máithreacha a leogfadh dá gclainn bás d'fháil gan an sácraimínt sin?

F. Aithrí trí mblian. Agus tispeánann san dúinn gur mór an peaca faillí do thabhairt sa tsácraimínt sin an uair is féidir é ' fháil.

C. Cad é an tairbhe a dheineann an sácraimínt sin dúinn?

F. Neartaíonn sé 'nár gcreideamh sinn, tugann sé misneach dúinn chun ár gcreidimh d'admháil ós árd agus do chosnamh in aghaidh namhad, agus chun ár ndualgas do chómhlíonadh gan náire ar bith.

C. An dtugann sé aon tairbhe eile dhúinn?

F. Tugann, de bhrí gur leis a ghlacaimíd an Sprid Naomh mar aon lena thíolaicí, agus séala beannaithe an Tiarna 'nár n-anam, chun go mbeimís 'nár saighdiúirí cróga ag ár Slánaitheóir Íosa Críost.

C. Ná tugann an Baiste an Sprid Naomh agus a thíolaicí dhúinn?

F. Tugann, ach ní chómh hiomlán leis an sácraimínt seo é.

C. An féidir do dhuine an sácraimínt Dul-fé-láimh-Easpaig do ghlacadh thar aon uair amháin?

F. Ní féidir, agus is peaca ró-mhór é ' ghlacadh go fiosach an dara huair.

C. Cad fá go mbuaileann an t-easpag buille ' bhais sa leacain ar an té a curtar fé láimh easpaig?

F. Chun a chur i dtuiscint do gur cóir do bheith ollamh chun gach masla agus tarcaisne d'fhulag ar son an chreidimh.

Ceacht a trídéag

C. Cad é an ní Sácraimínt Chorp Críost?

An Teagasc Críostaí

F. Fuil agus feóil, anam agus Diacht, ár Slánaitheóra Íosa Críost, fé ghné aráin agus fíona.

C. An bhfuil arán agus fíon i Sácraimínt na haltórach?

F. Níl, de bhrí go n-athraíthear substainnt an aráin agus an fhíona i bhfuil agus i bhfeóil ár Slánaitheóra Íosa Críost, trí bhrí na bhfocal lena ndeintear an coisreacadh.

C. Conas is féidir an t-arán agus an fíon d'athrú i bhfuil agus i bhfeóil Chríost?

F. Le cómhachtaibh agus trí mhór-mhaitheas Dé, ná fuil aon ní doiciúil ná do-dhéanta dho.

C. Cad a thuigeann tú le híbirt?

F. Gníomh Dia d'adhradh, len' admhaímíd cómhachta Dé go hiomlán os ár gcionn agus ár spleáchas féin go fórlíonta leis.

C. Cad í an íbirt atá sa dlí nua?

F. Íbirt an Aifrinn.

C. An bhfuil íbirt an Aifrinn bun-os-cionn le híbirt na cruise?

F. Níl, de bhrí gurb é an Slánaitheóir céanna d'íbir é féin go fuilteach ar an gcruis atá anois dhá íbirt féin ar ár n-altóiríbh, ar mhódh neamh-fhuilteach.

C. Cad iad na habhair ar a n-abarthar an tAifreann?

F. Chun glóire ' thabhairt do Dhia, chun baochais do bhreith leis i dtaobh a thabharthaisí, agus chun a ghrásta agus a thrócaire d'iarraidh.

C. Cad é an fáth eile go ndeirtear an tAifreann?

F. Chun páise agus báis ár Slánaitheóra do chur i gcuímhne dhúinn.

C. Conas is ceart dúinn bheith ollamh chun Comaoine?

F. Ní foláir dúinn bheith ar staid na ngrást, creideamh beó do bheith againn, dóchas láidir, agus teas-ghrá carthanachta. Agus is éigean bheith ar céalacan ó mheán oíche roim ré.

C. Cad is ceart dúinn a dhéanamh tar éis Comaoine?

F. Is ceart dúinn suím aimsire do chaitheamh ag breith baochais le Dia agus ag rá úrnaithe.

C. An peaca mór Comaoine do ghlacadh ar droch-staid?

F. Is peaca ró-chrith-eaglach é, óir "An té d'itheann agus d'ólann ar droch-staid," adeir naomh Pól, "itheann sé agus ólann sé breithiúntas, sé sin, damnú dho féin".

Ceacht a ceathairdéag

C. Cad é an ní Sácraimínt na hAithrí?

F. Sácraimínt lena maitear dúinn na peacaí a dheinimíd tar éis ár mbaistí.

C. Cad iad na cómhachta lena maitear peacaí?

F. Leis na cómhachta d'fhág Críost ag á eaglais.

C. Cá uair d'fhág sé na cómhachta san ag á eaglais?

An Teagasc Críostaí

F. Go háirithe nuair aduairt sé len' aspalaibh, "Glacaidh an Sprid Naomh; pé peacaí a mhaithfidh sibh, táid [siad] maite".

C. Cad í an tslí is feárr chun dea-fhaoistine do dhéanamh?

F. Ar dtúis, ní foláir dúinn grásta Dé d'iarraidh chun í ' dhéanamh mar is cóir; an dara ní, scrúdadh dúthrachtach orainn féin do dhéanamh, i dtaobh aitheanta Dé agus na hEagailse, chun fios d'fháil cad ann, nú cá mhéid uair, a pheacaíomair, le smaoineamh, le briathar, le gníomh nú le faillí; an tríú ní, sinn féin do spreagadh chun doilís croí fé fhearg do chur ar Dhia; agus ansan, rún daingean do ghlacadh gan an peaca do dhéanamh arís, ach ár mbeatha do leasú.

C. Cad é an ní croí-bhrú?

F. Doilíos croí agus fuath don pheaca os cionn gach uile ní, de bhrí go gcuireann sé fearg ar Dhia.

C. Cad é an módh is feárr chun sinn féin do spreagadh chun croí-bhrú?

F. A chuímhneamh gur chuireamair fearg ar Dhia a thuilleann ár ngrá go hiomlán.

C. Cad is cóir dúinn a dhéanamh in am faoistine?

F. Is cóir dúinn beannacht an tsagairt d'iarraidh; "Admhaím do Dhia, &c," do rá, go dtí na focail "tríom choir féin, &c"; sinn féin do dhaoradh 'nár bpeacaí; ansan na peacaí d'ínsint go fírinneach; ansan "ar an abhar san achainím, &c," do rá; agus éisteacht go húmhal le cómhairle an tsagairt, agus ár gcathú d'athnóchaint le línn é ' thabhairt na haspalóide dhúinn.

C. Cad is cóir a mheas don té a cheilfeadh peaca maraitheach in' fhaoistin?

An Teagasc Críostaí

F. Titeann sé i gcoir uathásach, agus in inead maithiúnachais d'fháil, cuireann sé suas níos mó fearg Dé.

C. Cad is ceart dúinn a dhéanamh tar éis faoistine?

F. Baochas do bhreith le Dia, agus ár mbreithiúnachas aithrí do chúiteamh.

C. An ndéanfadh an breithiúnachas aithrí a chuireann an sagart orainn sásamh 'nár bpeacaí i ngach uile chás?

F. Ní dhéanfadh, ach is féidir dúinn a dteastaíonn de do dhéanamh suas le gníomharthaibh aithrí uainn féin, agus le toradh logha, agus ba chóir dúinn fíor-thaithí ' dhéanamh de na gníomharthaibh sásaimh seo.

C. An iad na beó amháin a fhéadann cúiteamh do thabhairt 'na bpeacaí le gníomharthaibh sásaimh?

F. An mhuíntir a gheibheann bás ar staid na ngrást agus ná bíonn leórghníomh iomlán déanta acu 'na bpeacaíbh ar an saol so, fuiligid siad an leórghníomh iomlán i bPurgadóireacht.

C. Cad a thuigeann tú le Purgadóireacht?

F. Pionós ar an saol eile d'fhuiligeann an mhuíntir a gheibheann bás ar staid na ngrást agus gan ceart Dé do bheith cúitithe acu go hiomlán 'na bpeacaí.

C. Cad é an creideamh Caitliceach i dtaobh Purgadóireachta?

F. Go bhfuil a leithéid de staid ann, agus go bhfuascaltar na hanamnacha a bhíonn ann le húrnaithe agus le dea-oibreacha na gCríostaithe.

An Teagasc Críostaí

C. Cad a thuigeann tú le logha?

F. Réiteach ón bpionós aimsire d'fhanann go minic i ndiaidh an pheaca tar éis maithiúnachais d'fháil insa choir.

C. Cé ' thugann amach logha?

F. An Eaglais.

C. An maitheann logha peacaí?

F. Ní mhaitheann. Ní foláir na peacaí do bheith maite sular féidir toradh an logha d'fháil.

Ceacht a cúigdéag

C. Cad is Ola dhéanach ann?

F. Sácraimínt a cuireadh ar bun chun nirt agus furtachta ' thabhairt do dhaoinibh le línn báis dóibh.

C. Cad a thuigeann tú le hÓrd beannaithe?

F. Sácraimínt a bheir easpaig, sagairt, agus cléir eile, don eaglais.

C. Cad a thuigeann tú le Pósadh?

F. Sácraimínt a bheir grásta don lánúin phósta chun bheith grách dílis dá chéile agus a gclann do thabhairt suas go rialta críostúil.

C. An féidir na sácraimíntí ' ghlacadh an athuair?

F. Is féidir ach amháin Baiste, Dul-fé-Láimh-Easpaig, agus Órd beannaithe.

C. Cad fá nách féidir iadsan do ghlacadh an athuair?

F. Mar cuirid siad cómhartha, nú séala, spriodálta san anam, nách féidir go brách do chur as cló.

Ceacht a sédéag

C. Cá uair a bhéarfaidh Dia breithiúntas orainn?

F. Gan stad tar éis ár mbáis, agus lá an bhreithiúntais ghinearálta.

C. An éireóid ár gcuirp uile an lá déanach?

F. Éireóid, le hórdú Dé.

C. Cé ' bhéarfaidh breithiúntas orainn an lá déanach?

F. Íosa Críost.

C. Cad fá go dtabharfaidh sé breithiúntas orainn an lá san, tar éis breithiúntais do thabhairt orainn gan stad tar éis ár mbáis?

F. Chun a chirt do thispeáint os cómhair an domhain, chómh maith agus do thispeáin sé a thrócaire.

C. Cad 'déarfaidh Críost leis an ndream mallaithe an lá déanach?

F. "Imídh uaim, a dhream mhallaithe, go tine shíoraí, do hollmhaíodh don diabhal agus dá aingealaibh".

C. Cad 'déarfaidh Críost leis na dea-dhaoinibh an lá déanach?

F. "Gluaisídh liom-sa, a dhream bheannaithe seo m'Athar, agus glacaidh an ríocht atá ollamh díbh".

An Teagasc Críostaí

C. Cá raghaidh an dream mallaithe an lá déanach?

F. Curfar, idir chorp agus anam, iad go pianta síoraí.

C. Cá raghaid na dea-dhaoine an lá déanach?

F. Raghaid, lena gcuirp ghlórmhara, dho-mharaitheacha, go flaitheas Dé.

C. Cad a chiallaíonn "amen"?

F. Bíodh mar sin.

Appendix

C. An bhfuil gach pearsa fé leith, de na trí pearsanaibh, 'na Dhia?

F. Tá, go fíor.

C. Nách in trí déithe fé leith ann?

F. Ní hea, ach trí pearsana fé leith in aon Dia amháin.

C. Conas san?

F. Mar níl in sna trí pearsanaibh ach aon nádúr amháin diaga.

C. An féidir dúinn an ní sin do thuiscint?

F. Ní féidir, ach tá sé ceangailte orainn a chreidiúint gur fíor é.

C. Conas is féidir dúinn a chreidiúint gur fíor é mura féidir dúinn é ' thuiscint?

An Teagasc Críostaí

F. Is mó rud is fíor nách féidir linn a thuiscint, agus is mó rud a chreidimíd nách féidir linn a thuiscint.

C. Ca bhfios dúinn an fíor go bhfuil trí pearsana i nDia?

F. Mar d'fhoílsigh Dia féin dúinn é.

C. Ceocu de na trí pearsanaibh a ghlac colann daonna?

F. An Mac.

C. Cad a ghlac sé?

F. Corp agus anam daonna.

C. Cár ghlac sé colann daonna?

F. I mbroínn na Maighdine Muire.

C. Conas?

F. Le hoibriú ón Sprid Naomh.

C. Cathain?

F. Lá 'le Muire, an cúigiú lá fichead de Mhárta, naoi gcéad déag blian ó shin.

C. Cathain a rugadh é?

F. Oíche Nollag, trí ráithe ón Márta san.

C. Cad é an ainm a tugadh air?

F. Íosa Críost.

An Teagasc Críostaí

C. An bhfuil an dara pearsa den Tríonóid 'na Dhia agus 'na dhuine ó shin?

F. Tá.

C. Conas is féidir Dia agus duine ' bheith in aon phearsain amháin?

F. Ní féidir an ní sin do thuiscint.

C. An bhfuil sé ceangailte orainn é ' chreidiúint?

F. Tá.

C. Ca bhfios duinn an fíor é?

F. D'fhoílsigh Dia dhúinn é.

C. Cad chuige gur ghlac Mac Dé colann daonna?

F. Chun báis d'fhulag ar ár son.

C. Cathain a fuair sé bás?

F. Aoine an Chéasta.

C. An mó nádúr in Íosa Críost?

F. Dhá nádúr, nádúr Dé agus nádúr duine.

C. Nuair a fuair sé bás, ar scar a anam lena chorp?

F. Do scar.

C. Ar scar nádúr Dé len' anam?

An Teagasc Críostaí

F. Níor scar.

C. Ar scar nádúr Dé lena Chorp?

F. Níor scar.

C. Conas d'aiséirigh sé ón mbás?

F. Thug sé a chorp agus a anam chun a chéile arís, lena chómhacht féin, agus ansan bhí sé glórmhar do-mharaitheach, ag éirí dho as an uaigh.

C. Cad a tuigtear le deasgabháil ár Slánaitheóra?

F. A ghabháil ar deas-láimh Dé.

C. Cad é brí na bhfocal san, "ar deas-láimh Dé".

F. Go bhfuil ag Íosa Críost, sa mhéid gur Dia é, na cómhachta céanna atá ag an Athair Síoraí, agus sa mhéid gur duine é gurb é is giorra do Dhia in sna flaithis.

C. Cad chuige gur fhuilig Críost bás ar ár son-na?

F. Chun sinn do shaoradh ó ifreann agus ó chómhachtaibh an diabhail.

C. Cad do bheir sinn i gcómhachtaibh an diabhail?

F. Peaca an tsínsir.

C. Conas a thárla sinn-na ' bheith ciontach i bpeaca an tsínsir?

An Teagasc Críostaí

F. Óir an easúmhlaíocht a dhein ár gcéad athair agus ár gcéad mháthair, do chuir sé an peaca orthu féin agus ar a sliocht, agus mar gheall air sin do gineadh agus do rugadh sinn i bpeaca.

C. Ar chuaigh éinne de shliocht Adaim agus Éva saor ón bpeaca san?

F. Do cimeádadh an Mhaighdean Mhuire saor uaidh, óir bhí sí le bheith 'na máthair ag Mac Dé.

C. Ar rugadh aon duine eile saor uaidh?

F. Do rugadh, Naomh Eóin Baiste. Do glanadh é ó pheaca an tsínsir agus é i mbroínn a mháthar.

C. Cé ' chuir an eaglais ar bun?

F. Íosa Críost.

C. Conas ' aithnítear an eaglais a chuir Críost ar bun ó gach eaglais eile?

F. Táid cheithre cómharthaí so-fheicse ar eaglais Chríost.

C. Cad iad na cheithre cómharthaí iadsan?

F. Aondacht, naofact, caitliceacht agus aspalaitheacht.

C. Cad a chiallaíonn aondacht na heagailse?

F. Nár chuir Críost ar bun ach aon eaglais amháin, gur thug di aon chreideamh amháin, agus gur chuir sé os a cionn ar an saol so aon cheann so-fheicse amháin.

C. Cé hé Ceann So-fheicse na hEagailse?

An Teagasc Críostaí

F. An Pápa.

C. Cad a chiallaíonn naofacht na heagailse?

F. Gur naofa an tÉ ' chuir ar bun í, gur naofa a teagasc, gur naofa iad a sácraimíntí, agus go bhfuilid daoine naofa le fáil i gcónaí inti.

C. Cad a chiallaíonn caitliceacht na heagailse?

F. Gur sheasaimh sí gan chlaochló ó chuir Críost ar bun í go dtí inniu, agus go seasóidh sí go deireadh an tsaeil, agus go leathfar í ar fuid an domhain uile.

C. Cad a chiallaíonn aspalaitheacht na heagailse?

F. Gurb í an eaglais chéanna inniu í a chraobhscaoileadar na haspail ar dtúis, agus gurbh í an eaglais chéanna í an uile lá i gcaitheamh na haimsire sin.

C. An mhuíntir a rugadh agus do tógadh i gcreideamh eile, agus go dtuigid 'na n-aigne, i láthair Dé, gurb é an creideamh fírinneach atá acu, an bhfuilid na daoine sin geárrtha amach ón eaglais?

F. Nílid. Bainid na daoine sin le hanam na heagailse, agus táid siad páirteach i gcomaoine na naomh, ar shlí, agus 'na lán de shaibhreas spriodálta na heagailse, bíodh gan ' fhios san do bheith acu féin.

C. An mó sórd peaca ann?

F. Dhá shórd: peaca an tsínsir, agus peaca gnímh.

C. An mó sórd peaca gnímh ann?

F. Dhá shórd: peaca maraitheach agus peaca solathach.

An Teagasc Críostaí

C. An mó cuma 'na ndeintear peaca?

F. Cheithre chuma: le smaoineamh, le briathar, le gníomh agus le faillí.

C. An peaca gach droch-smaoineamh?

F. Ní hea, muna dtugtar toil do.

C. Cad iad na coinníll atá riachtanach chun gnímh do bheith 'na pheaca?

F. Ní foláir é ' bheith toilthiúil agus é ' bheith in aghaidh dlí Dé.

C. Conas a deintear peaca le briathar?

F. Le focal peacúil nú le cainnt pheacúil.

C. Cad a thuigeann tú le dlí Dé?

F. Aitheanta Dé agus na heagailse.

C. Cad í an aithne a bristear le smaoineamh drúisiúil?

F. An naoú aithne d'aitheantaibh Dé.

C. Cad í an aithne a bristear le gníomh drúise, nú le focal drúisiúil?

F. An séú aithne d'aitheantaibh Dé.

C. Cad í an aithne a bristear le leabhar éithigh do thabhairt?

F. An dara haithne agus an t-ochtú aithne.

C. Conas a bhriseann leabhar éithigh an dara haithne?

An Teagasc Críostaí

F. Mar nuair a thugann duine an leabhar, tugann sé Dia mar urra leis go bhfuil an fhírinne aige dá ínsint, agus más éitheach atá aige dá ínsint in inead na fírinne, cuireann sé an t-éitheach san i leith Dé, agus sin diamhasla.

C. Conas a bhriseann sé an t-ochtú aithne?

F. Leis an mbréig féin.

C. Cad í an aithne ' bhrisfeadh duine a shéanfadh a chreideamh?

F. An chéad aithne agus an dara haithne. Agus briseann sé an t-ochtú aithne leis, mar séanann sé os cómhair daoine an ní a chreideann sé 'na chroí agus sin bréag.

C. Cad í an aithne ' bhrisfeadh duine d'íosfadh feóil Dé hAoine?

F. An dara haithne d'aitheantaibh na heagailse.

C. Cad í an aithne a bhrisfeadh duine d'fhanfadh breis agus bliain gan dul chun faoistine?

F. An tríú aithne d'aitheantaibh na heagailse, agus bheadh an aithne briste aige chómh luath agus ' bheadh an bhliain iomlán caite aige.

C. Cad í an aithne a bhrisfeadh an té ' dhéanfadh díobháil dá chómharsain 'na chuid?

F. An seachtú aithne.

C. Cad í an aithne a bhrisfeadh duine ' dhéanfadh díobháil dá chómharsain 'na phearsain?

F. An cúigiú aithne.

An Teagasc Críostaí

C. Cad í an aithne a bhrisfeadh duine a chuirfeadh é féin ar meisce?

F. An cúigiú aithne.

C. Conas san?

F. Deineann sé díobháil dá phearsain féin, mar baineann sé dhe féin an mheabhair agus an chiall a thug Dia dho, agus sin peaca trom in aghaidh Dé.

C. Cad a tuigtear le col?

F. Gaol nú cóngas a dheineann cosc ar phósadh.

C. Cad é an gaol a dheineann cosc ar phósadh?

F. Trí glúine gaoil, ag cómhaireamh ón bpréimh.

C. Ca bhfuil an phréamh?

F. An lánú ór shíolraigh na trí glúine gaoil.

C. Ainmnigh na trí glúine.

F. Clann na lánún an chéad ghlúin. Clann na clainne sin an dara glúin. A gclann san an tríú glúin.

C. Cad é an deifríocht atá idir ghaol agus cóngas?

F. Sa ghaol sroiseann gach glúin ar thaobh na trí glúine ar an dtaobh eile. Sa chóngas sroisid dhá ghlúin ar thaobh éinne amháin ar an dtaobh eile. Tá cóngas idir fhear agus gaolta a mhná, nú idir mhnaoi agus gaolta a fir, ach tá gaol idir aon bheirt atá laistigh de na trí glúinibh.

An Teagasc Críostaí

C. An bhfuil cóngas spriodálta ann?

F. Tá. An té ' sheasaíonn chun baistí le leanbh, tá cóngas spriodálta idir é agus an leanbh, agus tá cóngas spriodálta idir an mháthair baistí agus an leanbh.

C. Cad a thuigeann tú le pósadh fé cheilt?

F. Pósadh ná deintear os cómhair na heagailse.

C. Cad iad na paidreacha áirithe is gnáth le daoinibh do rá ar maidin agus istoíche?

F. "Ár nAthair atá ar neamh", agus "Go mbeannaíthear dhuit, a Mhuire", agus Cré na nAspal, agus "Admhaím do Dhia". Agus ba mhaith an rud an Choróinn Mhuire do rá leis.

C. Cé ' chúm an phaidir sin, "Ár nAthair atá ar neamh?"

F. Íosa Críost féin, moladh go deó leis!

C. Cad chuige gur chúm sé an phaidir sin?

F. Chun a mhúineadh dhúinn-na conas is ceart dúinn ár n-achainí do chur chun Dé.

C. Cá mhéid achainí sa phaidir sin?

F. Seacht n-achainí.

C. Abair iad.

F. Iarraimíd ar Dhia, ar dtúis, go gcuirfeadh sé 'nár gcroíthibh uile a ainm do naomhú, 'sé sin glóire agus onóir do thabhairt dá ainm ró-naofa.

An Teagasc Críostaí

Sa dara hachainí iarraimíd ar Dhia go dtiocfadh a ríocht, 'sé sin le rá, go mbeadh ríocht agus bua ar an bpeaca ag grásta Dé 'nár gcroí go hiomlán ar an saol so, ionas go bhfaighimís ríocht na bhflaitheas ar an saol eile.

Sa tríú hachainí iarraimíd ar Dhia grásta ' thabhairt don chine daonna uile ionas go ndéanfí a thoil naofa ar an saol so go hiomlán, fé mar a dheinid na naoimh agus na haingil a thoil ar neamh.

Sa cheathrú achainí iarraimíd ar Dhia gach ní atá in easnamh orainn i dtaobh anama agus chuirp.

Sa chúigiú achainí iarraimíd ar Dhia ár bpeacaí do mhaitheamh dúinn, agus geallaimíd do go maithfimíd féin don uile dhuine gach gníomh a déintear 'nár n-aghaidh.

Sa séú achainí iarraimíd ar Dhia sinn do chimeád lena ghrástaibh ó gach cúntúirt peaca.

Sa seachtú achainí iarraimíd ar Dhia sinn do shaoradh ón uile olc agus go mór mór ón bpeaca.

C. Cad iad na tíolaicí a thugann Dul-fé-láimh-Easpaig dúinn?

F. Seacht tíolaicí an Sprid Naoimh.

C. Abair iad.

F. Eagna, Tuiscint, Cómhairle, Neart, Fios, Cráifeacht, Eagla an Tiarna.

C. Cad is Eagna ann?

F. Tíolaice ón Sprid Naomh, a thugann neamh-shuím dúinn i nithibh saolta agus speóis i ngnó ár n-anama.

An Teagasc Críostaí

C. Cad is Tuiscint ann?

F. Tíolaice ón Sprid Naomh, trína dtuigimíd go soiléir fírinní ár gcreidimh, agus trína ndeinimíd dá réir.

C. Cad is Cómhairle ann?

F. Tíolaice ón Sprid Naomh, a sheólann sinn chun glóire ' thabhairt do Dhia, agus chun leas ár n-anama do dhéanamh.

C. Cad is Neart ann?

F. Tíolaice ón Sprid Naomh, a thugann misneach spriodálta dhúinn chun gach buairt agus trioblóid shaolta d'fhulag ar son Chríost, agus chun bua do bhreith ar namhaid ár n-anama.

C. Cad is Fios ann?

F. Tíolaice ón Sprid Naomh, lena n-aithnímíd an tslí chóir chun Dé, ionas go leanfaimís í, agus lena n-aithnímíd an tslí atá aimhleasta, ionas go seachnóimís í.

C. Cad is Cráifeacht ann?

F. Tíolaice ón Sprid Naomh a bheir dúinn gach ní a thabharfadh glóire agus onóir do Dhia do dhéanamh go héasca agus go húmhal.

C. Cad is Eagla an Tiarna ann?

F. Tíolaice ón Sprid Naomh, trína gcrithnímíd le heagla roim aon ní do dhéanamh a chuirfeadh fearg ar Dhia.

Na Paidreacha Miona

In Ainm an Athar, agus an Mhic, agus an Sprid Naoimh. Amen.

Ár nAthair atá ar Neamh, go naomhaíthear t'ainm; go dtagaidh do ríocht; go ndéintear do thoil ar an dtalamh mar a déintear ar neamh. Ár n-arán laethúil tabhair dhúinn inniu; maith dhúinn ár gcionta mar ' mhaithimíd-na do chách a chionntaíonn 'nár n-aghaidh; agus ná léig sinn i gcathaíbh, ach saor sinn ó olc. Amen.

Go mbeannaíthear dhuit, a Mhuire, lán de ghrástaibh. Tá an Tiarna i t'fhochair. Is beannaithe thu idir mhnáibh, agus is beannaithe toradh do bhruinne, Íosa.

A Naomh-Mhuire, a Mháthair Dé, guigh orainn-na na peacaigh, anois agus ar uair ár mbáis! Amen.

An Chré

Creidim i nDia, an tAthair Uile-chómhachtach, Cruthaitheóir neimhe agus talún, agus in Íosa Críost, a aon-Mhac-san, ár dTiarna, a gabhadh ón Sprid Naomh, a rugadh ó Mhuire Ógh, d'fhuilig páis fé Phontius Pílát, do céasadh ar chruis, do fuair bás agus do hadhlacadh, a chuaigh síos go hifreann, d'aiséirigh an treas lá ó mharaíbh, a chuaigh suas ar neamh, atá 'na shuí ar deas-láimh Dé, an tAthair Uile-chómhachtach. As san tiocfaidh ag tabhairt breithiúntais ar bheóibh agus ar mharaíbh. Creidim sa Sprid Naomh, sa Naomh Eaglais Chaitlicí Rómhánach, i gcomaoine na naomh, i maithiúnachas na bpeacaí, in aiséirí na colla, agus sa bheatha shíoraí. Amen.

An Fhaoistin Choiteann

Admhaím do Dhia 'n uile-chómhacht, do Mhuire naofa atá riamh 'na hógh, do Mhícheál naofa árdaingeal, do Naomh Eóin Baiste, do na hAspalaibh naofa Peadar agus Pól, agus do na naoimh uile, gur pheacaíos go mór agus go ró-mhór, le smaoineamh, le briathar agus le gníomh, tríom choir féin, tríom choir féin, tríom choir féin go ró-mhór. Ar an abhar san, achainím ar Mhuire naofa atá riamh 'na hógh, ar Mhícheál naofa árdaingeal, ar Naomh Eóin Baiste, ar na hAspalaibh naofa Peadar agus Pól, agus ar na naoimh uile, guí chun an Tiarna Dia ar mo shon.

Go dtugaidh Dia 'n uile-chómhacht grásta agus trócaire agus maithiúnachas im peacaí dhom ar an saol so, agus an bheatha shíoraí sa tsaol atá le teacht. Amen.

Glóire don Athair, agus don Mhac, agus don Sprid Naomh!

Mar a bhí ar dtúis, mar atá fós, agus mar a bheidh le saol na saol. Amen.

Na Mion-ghníomhartha

Dólás mar gheall ar pheacaíbh

A Thiarna Dia atá go ró-mhaith, tá cathú orm mar gheall ar mo pheacaíbh. Maith dhom iad, agus tabhair cúnamh dom chun gan iad do dhéanamh arís.

Na Mion-ghníomhartha

Gníomh Creidimh

[12]Ó, a Thiarna, creidim gach uile ní a chreideann agus a choinníonn ár naomh-mháthair, an Eaglais Chaitlicí Rómhánach, agus go háirithe gach uile ní atá ainmnithe i gCré na nAspal, de bhrí gur fhoílsís féin dúinn iad. Creidim go speisialta in aon Dia amháin i dtrí bpearsanaibh, an tAthair, an Mac, agus an Sprid Naomh. Creidim gur ghlac an Mac, le hoibriú ón Sprid Naomh, colann daonna, i mbroínn na Maighdine Muire, gur fhuilig sé bás ar chrann na cruise ar ár son, gur éirigh sé an treas lá ó mharaíbh, go ndeighidh sé suas ar neamh, go dtiocfaidh sé as san i ndeireadh an tsaeil chun breithiúntais do thabhairt ar gach n-aon de réir a n-oibreacha, go dtabharfaidh sé an bheatha shíoraí mar luach saothair do na dea-dhaoine agus pianta síoraí ifrinn do na droch-dhaoine.

Tá aigne dhiongbhálta agam, le cúnamh do naomh-ghrásta, maireachtaint agus bás d'fháil sa chreideamh so.

Gníomh Dóchais

[13]Ó, a Thiarna, tá muinín agus dóchas láidir agam, tríod mhórthrócaire féin agus trí pháis agus bás ár Slánaitheóra Íosa Críost, go dtabharfaidh tú grásta agus trócaire agus maithiúnachas im peacaí dhom ar an saol so agus an bheatha shíoraí sa tsaol atá le teacht, de bhrí gur gheallais iad do na daoinibh a chuireann a muinín agus a

---

12 Is é seo an gníomh creidimh atá le fáil in *An Soiscéal as Leabhar an Aifrinn*. Tá ceann eile in *an Teagasc Críostaí*, mar seo ' leanas: A Dhia na Glóire, creidim ionat-sa, agus creidim gach ní dá múineann an Eaglais dúinn, mar do thugais-se dhi an fhírinne do mhúineadh.

13 Is é seo an gníomh dóchais atá le fáil in *An Soiscéal as Leabhar an Aifrinn*. Tá ceann eile in *an Teagasc Críostaí*, mar seo ' leanas: A Dhia na Glóire, is ort-sa atá mo sheasamh, is asat-sa atá mo mhuinín agam, go dtabharfaidh tú grásta agus trócaire agus maithiúnachas im peacaí dhom ar an saol so agus radharc ort féin sa tsaol atá le teacht. An radharc san go dtugair dúinn, a Thiarna. Amen.

ndóchas go hiomlán ionat, má dheinid [siad] dea-oibreacha, ní a gheallaim-se dhuit anois do dhéanamh, le cúnamh do naomh-ghrásta.

Gníomh grá agus croí-bhrú

[14]Ó, a Thiarna, gráim thu os cionn gach uile ní, de bhrí go bhfuilir ró-ghrámhar, ró-thaithneamhach agus ró-mhaith ionat féin. Tá grá agam dom chómharsain agus beidh de ghnáth, mar me féin, ar do shon-sa. Tá grá chómh mór san agam duit gur túisce a scarfainn leis an saol go léir ná mar a scarfainn leat. Agus de bhrí go ndeineann an peaca maraitheach anam an duine do scarúint leat, tá cathú agus dólás croí chómh mór san orm, trí fheirg do chur ort riamh leis an bpeaca, go bhfuil aigne agam le cúnamh do naomh-ghrásta gan titim ann as so suas agus ócáidí an pheaca do sheachaint go brách arís.

Úrnaithe roimis na Gníomhartha

Ó, a Dhia shíoraí uile-chómhachtaigh! Tabhair dhúinn breis creidimh agus dóchais agus carthanachta, agus chun go mb'fhiú sinn gach ní a gheallann tú dhúinn d'fháil, tabhair dhúinn grásta chun gach ní a órdaíonn tú dhúinn do ghráú agus do chómhlíonadh, trí Íosa Críost ár dTiarna. Amen.

Ag Éirí ar Maidin duit, abair le Dia na glóire:

A Dhia na glóire, mo ghrá thu! Do thugais saor ón oíche me agus táim baoch díot. Bheirim me féin suas inniu duit idir chorp agus anam. Go dtugaidh do ghrásta dhom mo smaointe go léir agus mo

---

14 Is é seo an gníomh grá agus croí-bhrú atá le fáil in *An Soiscéal as Leabhar an Aifrinn*. Tá gníomh grá eile in *an Teagasc Críostaí*, mar seo ' leanas: A Dhia na glóire, mo ghrá thu! Mo ghrá thu os cionn gach uile ní, mar is tu amháin is maith. Agus mo ghrá mo chómharsa mar me féin ar do shon-sa.

ghníomhartha go léir do dhul chun onóra dhuit-se agus chun sochair do m'anam. Trí Íosa Críost ár dTiarna. Amen.

Abair le t'Aingeal Coímhdeachta

A Aingil Dé, mo ghrá thu. Mo ghrá Dia a chuir me mar chúram ort. Cómhairligh me, díon me, stiúraigh me, cimeád ar mo leas me, inniu agus ó inniu go dtí lá mo bháis, agus tabhair suas dom Shlánaitheóir me an lá san.

Altú Roim Bia

A Thiarna Dia! Cuir do bheannacht orainn féin agus ar do thabharthaistíbh, trí Íosa Críost ár dTiarna. Amen.

Altú tar éis Bídh

Bheirimíd baochas na beatha so dhuit, a Dhia Mhóir an uile-chómhacht, agus i dtaobh do thabharthaistí go léir; agus beannacht Dé le hanman na marbh, go dtugaidh Dia suaimhneas síoraí dhóibh. Amen.

Le línn dul a chodladh dhuit, abair:

A Íosa, a Mhuire, a Ióseiph, tugaim suas díbh mo chroí agus m'anam.

A Íosa, a Mhuire, a Ióseiph, bídh ag cabhrú liom le línn mo bháis.

A Íosa, a Mhuire, a Ióseiph, go dtugad suas m'anam díbh i síocháin Dé.

Úrnaithe roimis na Gníomhartha

Isteach id láimh féin go nglacair mo sprid, a Thiarna.

M'anam go nglacair uaim, a Thiarna Íosa.

Úrnaithe roim Aifreann

Ó, a Athair ró-thrócairigh a ghráigh chómh mór san an domhan go dtugais suas t'aon-Mhac féin chun sinn-na ' shábháil, an tÉ le húmhlaíocht duit-se agus ar ár son-na na peacaigh d'ísligh é féin fós go bás na cruise, agus a leanann dhá ofráil féin go laethúil trí lámhaibh na sagart ar son na mbeó agus na marbh, aicimíd ort go húmhal creideamh fírinneach do chruthú ionainn ionas go n-iompróimís sinn féin de ghnáth le hiomad cráifeachta agus ómóis i láthair íbeartha fhíor-naofa a chod' fola agus feóla a deintear san Aifreann, agus mar sin go dtiocfadh linn bheith rann-pháirteach san íbirt a chuir sé i gcrích ar chnuc Chalvarí.

Ar aon íntinn led naomh-Eaglais agus lena seirbhíseach, a d'iarraidh ímpí na Maighdine Muire, Máthair Dé, na n-aingeal agus na naomh go léir, ofrálaimíd anois íbirt ró-adhrúil an Aifrinn chun t'onóra agus chun do ghlóire, ag admháil do dhei-mhéinne gan teóra, t'árdchómhachta os cionn gach créatúra, ár bhfíor-úmhlaíocht féin duit agus ár seasamh go hiomlán ar do chúnamh ghrástúil, ag tabhairt baochais duit i dtaobh do thabharthaisí uile agus chun maithiúnachais d'fháil 'nár bpeacaíbh.

Ofrálaimíd é ar son síolradh an chreidimh Chaitlicí, ar son ár n-athar ró-naofa, an Pápa, ar son ár n-easpaig, ár n-uachtarán, agus ar son cléire uile t'eagailse naofa, ionas go dtreóróidís na fíoraein i slí a slánaithe, ar son síochána agus dei-mhéinne i measc gach pobail agus gach stáit, ar son riachtanaisí na cine daonna, agus go háirithe ar son an phobail atá anso láithreach, chun go bhfaighimís gach grásta atá riachtanach dúinn ar an saol so, aoibhneas do-chríochnaithe ar an saol eile agus suaimhneas síoraí do na fíoraonaibh d'imigh rómhainn.

Úrnaithe roimis na Gníomhartha

Agus de réir mar a órdaigh Íosa Críost an uair a chuir sé ar bun ag á shuipéar dhéanach an rúndiamhar iúntach so a chómachta, a chríonnachta agus a mhaitheasa, ofrálaimíd an tAifreann i gcuímhniú baochais an méid a dhein sé agus d'fhuilig sé le grá dhúinn, ag déanamh cuímhniú speisialta ar a ghéarpháis agus ar a bhás, ar a aiséirí ghlórmhar agus ar a dhul suas ar neamh.

Ó, a Dhia shíoraí uile-chómhachtaigh (óir is duit-se amháin is dual íbirt chómh mór san), goibh léi go grástúil chun na gcríoch so agus chun gach críche eile is taithneamhach led naomhthoil féin, agus chun go mbeadh sí níos taithneamhaí, ofrálaimíd duit í tríd an Íosa Críost céanna, do Mhac dílis, ár dTiarna agus ár Slánaitheóir, ár n-árdshagart agus ár n-íbirt, agus in ainm na Tríonóide ró-naofa, an Athar agus an Mhic agus an Sprid Naoimh. Amen.

Guímís

Ó, a Thiarna Íosa Críost aduairt, "Iarraidh agus tá le fáil agaibh, loirgidh agus do gheóbhaidh sibh, buailidh agus osclófar díbh", aicimíd ort go húmhal go dtabharfá dhúinn tabharthas do ghrá ró-naofa, ionas go ngráóimís tu feasta le lán-chroí, le gach briathar agus le gach gníomh, agus ná scurfaimís choíche ded mholadh-sa, atá beó id Rí ar shaol gan foircheann. Amen.

Teachtaireacht an Aingil

V. Tháinig Aingeal an Tiarna le scéala chun Muire.

R. Agus do ghoibh sí gin ón Sprid Naomh.

Go mbeannaíthear dhuit, a Mhuire, &c.

V. Féach, mise cailín an Tiarna.

Teachtaireacht an Aingil

R. Go ndéintear liom de réir t'fhocail.

Go mbeannaíthear dhuit, a Mhuire, &c.

V. Agus do ghlac Mac Dé colann daonna.

R. Agus do chónaigh sé 'nár measc.

Go mbeannaíthear dhuit, a Mhuire, &c.

V. Guigh orainn, a naomh-Mháthair Dé.

R. Ionas go mb'fhiú sinn geallúna Chríost d'fháil.

An Ghuí

Guímíd thu, a Thiarna, do ghrásta do dhortadh go líonmhar 'nár n-anamnacha, ionas, tar éis fios d'fháil dúinn, trí theachtaireacht an aingil, ar theacht Íosa Críost, do Mhic, i gcolann daonna, go dtiocfadh linn sroisint chun glóire a aiséirí trí neart a pháise agus a chruise naofa, trí Íosa Críost ár dTiarna. Amen.

Go dtugaidh Dia cabhair agus cúnamh i gcónaí dhúinn. Agus go dtugaidh Dia suaimhneas síoraí do na fíoraonaibh d'imigh rómhainn. Amen.

Úrnaithe

D'órdaigh ár n-athair ró-naofa an Pápa, an tríú Leó déag (Leó XIII), do rá tar éis Aifrinn ísil, i dteampallaibh an domhain go léir.

Go mbeannaíthear dhuit, a Mhuire, &ml. (Trí huaire.)

Úrnaithe

An Salvé Regína

Go mbeannaíthear dhuit, a Bhannrín naofa. Go mbeannaíthear dhuit! Is tu ár mbeatha, ár mísleacht agus ár ndóchas! Is ort-sa do screadaimíd, clann bhocht díbeartha Éva! Is chút-sa suas a chuirimíd ár n-osna, ag caí agus ag gol sa ghleann so na ndeór. Iompaigh orainn, dá bhrí sin, a Chomairce chaomh-uasal, do shúile atá lán de thrua, agus nuair a bheidh deireadh lenár ndíbirt, tabhair radharc dúinn ar thoradh do bhruinne, Íosa, a Mhaighdean Mhuire ró-thrócaireach, ró-ghrámhar, ró-mhilis.

V. Guigh orainn, a Naomh-Mháthair Dé.

R. Ionas go mb'fhiú sinn toradh geallúna Chríost d'fháil.

Guímís Dia

Ó, a Dhia, ár ndíon agus ár neart, féach anuas le báidh ar do dhaoinibh atá ag éamh ort, agus trí ímpí na Maighdine glórmhaire Muire gan teímheal, Máthair Dé, trí ímpí a céile, naomh Ióseph, trí ímpí na nAspal Peadar is Pól, trí ímpí na naomh go léir, éist lenár nguí go trócaireach agus go ceannsa, tabhair aithrí do pheacachaibh bochta, agus tabhair réim agus saoirse dár naomh-mháthair an Eaglais, trí Íosa Críost ár dTiarna. Amen.

A Mhíchíl naofa Árdaingeal, cosain sinn in am an chatha; díon sinn ar mhallaitheacht agus ar chleasaibh an diabhail. Iarraimíd go húmhal ar Dhia cosc do chur leis—agus dein-se, a phriúnsa na n-aingeal, Sátan do thomáint le cómhachtaibh Dé, síos go hifreann, mar aon le gach droch-sprid eile atá ag gluaiseacht ar fuid an tsaeil ag cur na ndaoine ar aimhleas a n-anama. Amen.

(Trí chéad lá logha.)

An Memoráré

Ó, a Mhaighdean Mhuire cheannsa, cuímhnigh i t'aigne, éinne a tháinig chút-sa fé atuirse agus do chuir a mhuinín asat is cumaraí a anama ort, nár cloiseadh riamh fós gur chaillis air! Chút-sa, dá bhrí sin, a thagaim-se im peacach bocht anacrach ag éamh 's ag screadaigh ort go nglacfá me im leanbh chút is me ' bhreith saor go flaitheas leat! Ó, a Mháthair an Aon-Mhic, ná héimhigh m'achainí ach fóir agus freagair me go trócaireach taithneamhach! Amen.

Liodán Íosa

A Thiarna, déin trócaire orainn.

A Chríost, déin trócaire orainn.

A Thiarna, déin trócaire orainn.

A Íosa, éist linn.

A Íosa, éist go ceannsa linn.

A Dhia, a Athair na bhflaitheas, déin trócaire orainn.

A Mhic Dé, a Shlánaitheóir an domhain, déin trócaire orainn.

A Dhia, a Sprid Naoimh, déin trócaire orainn.

A Thríonóid Naofa, a aon Dia amháin, déin trócaire orainn.

A Íosa, a Mhic Dé Bheó, déin trócaire orainn.

A Íosa, a Lonnradh an Athar, déin trócaire orainn.

Liodán Íosa

A Íosa, a Ghileacht solais síoraí, déin trócaire orainn.

A Íosa, a Rí na glóire, déin trócaire orainn.

A Íosa, a Ghrian an chirt, déin trócaire orainn.

A Íosa, a Mhic na Maighdine Muire, déin trócaire orainn.

A Íosa ró-ghrámhair, déin trócaire orainn.

A Íosa ró-iúntaigh, déin trócaire orainn.

A Íosa, a Dhia chómhachtaigh, déin trócaire orainn.

A Íosa, a Athair an tsaeil atá le teacht, déin trócaire orainn.

A Íosa, a Aingeal na mór-chómhairle, déin trócaire orainn.

A Íosa ró-chómhachtaigh, déin trócaire orainn.

A Íosa ró-fhoighnigh, déin trócaire orainn.

A Íosa ró-riaraigh, déin trócaire orainn.

A Íosa is mín úiríseal croí, déin trócaire orainn.

A Íosa a thug grá don gheanmnaíocht, déin trócaire orainn.

A Íosa a thug grá dhúinn-na, déin trócaire orainn.

A Íosa, a Dhia na síochána, déin trócaire orainn.

A Íosa, a Údar na Beatha, déin trócaire orainn.

A Íosa, a Shampla gach súáilce, déin trócaire orainn.

Liodán Íosa

A Íosa, a Chara dhílis na n-anam, déin trócaire orainn.

A Íosa, a Dhia, déin trócaire orainn.

A Íosa, a Chomairce, déin trócaire orainn.

A Íosa, a Athair na mbocht, déin trócaire orainn.

A Íosa, a Shaibhreas na bhfíoraon, déin trócaire orainn.

A Íosa, a Dhea-Aeire, déin trócaire orainn.

A Íosa, a Fhíor-sholas, déin trócaire orainn.

A Íosa, a Eagna Shíoraí, déin trócaire orainn.

A Íosa, a Mhaith gan teóra, déin trócaire orainn.

A Íosa, a Shlí agus a Bheatha, déin trócaire orainn.

A Íosa, a Lúcháir na n-aingeal, déin trócaire orainn.

A Íosa, a Rí na bhfáidh, déin trócaire orainn.

A Íosa, a Oide na n-aspal, déin trócaire orainn.

A Íosa, a Theagascóir na soiscéalaí, déin trócaire orainn.

A Íosa, a Neart na martar, déin trócaire orainn.

A Íosa, a Sholas na *gconfesóirí*, déin trócaire orainn.

A Íosa, a Gheanmnaíocht maighdean, déin trócaire orainn.

A Íosa, a Choróinn na naomh uile, déin trócaire orainn.

Liodán Íosa

Déin trócaire orainn. Ó, a Íosa, ná daor sinn.

Déin trócaire orainn. Ó, a Íosa, éist linn.

Ón uile olc, saor sinn, a Thiarna.

Ón uile pheaca, saor sinn, a Thiarna.

Ó t'fheirg féin, saor sinn, a Thiarna.

Ó chleasaibh an diabhail, saor sinn, a Thiarna.

Ó sprid na drúise, saor sinn, a Thiarna.

Ó bhás shíoraí, saor sinn, a Thiarna.

Ó fhaillí dod mheanmna, saor sinn, a Thiarna.

Trí rúndiamhar t'Incholladh naofa, saor sinn, a Thiarna.

Trí bhrí do bhertha, saor sinn, a Thiarna.

Trí bhrí do naíondachta, saor sinn, a Thiarna.

Trí bhrí do bheatha dhiaga, saor sinn, a Thiarna.

Trí bhrí do shaothar, saor sinn, a Thiarna.

Trí bhrí do pháise agus do bhuartha, saor sinn, a Thiarna.

Trí bhrí do chruise agus do thréigin, saor sinn, a Thiarna.

Trí bhrí do mhór-fhulaig, saor sinn, a Thiarna.

Trí bhrí do bháis agus t'adhlactha, saor sinn, a Thiarna.

Liodán Íosa

Trí bhrí t'aiséirí, saor sinn, a Thiarna.

Trí bhrí do dheasgabhála, saor sinn, a Thiarna.

Trí bhrí do lúchára, saor sinn, a Thiarna.

Trí bhrí do ghlóire, saor sinn, a Thiarna.

A Uain Dé, a thógann peacaí an domhain,

    ná daor sinn, a Thiarna Íosa.

A Uain Dé, a thógann peacaí an domhain,

    éist linn, a Thiarna Íosa.

A Uain Dé, a thógann peacaí an domhain,

    déin trócaire orainn, a Thiarna Íosa.

A Íosa, éist linn.

A Íosa, éist linn go ceannsa.

Liodán na Maighdine Muire

Cuirimíd sinn féin fét chomairce, a naomh-Mháthair Dé. Ná diúltaigh dár n-úrnaithe in am ár riachtanais ach ón uile bhaol saor sinn, a Mhaighdean ghlórmhar bheannaithe.

A Thiarna, déin trócaire orainn.

A Chríost, déin trócaire orainn.

Liodán na Maighdine Muire

A Thiarna, déin trócaire orainn.

A Chríost, éist linn.

A Chríost, éist go ceannsa linn.

A Dhia, a Athair na bhflaitheas, déin trócaire orainn.

A Mhic Dé, a fhuasclóir an domhain, déin trócaire orainn.

A Dhia, a Sprid Naoimh, déin trócaire orainn.

A Thríonóid naofa, a aon Dia amháin, déin trócaire orainn.

A Naomh-Mhuire, guigh orainn.

A Naomh-Mháthair Dé, guigh orainn.

A Naomh-Mhaighdean na maighdean, guigh orainn.

A Mháthair Chríost, guigh orainn.

A Mháthair na ngrásta ndiaga, guigh orainn.

A Mháthair ró-ghlan, guigh orainn.

A Mháthair ró-gheanmnaí, guigh orainn.

A Mháthair gan truailliú, guigh orainn.

A Mháthair gan toibhéim, guigh orainn.

A Mháthair gheanúil, guigh orainn.

A Mháthair iúntach, guigh orainn.

Liodán na Maighdine Muire

A Mháthair ár gCruthaitheóra, guigh orainn.

A Mháthair ár Slánaitheóra, guigh orainn.

A Mháthair ró-eagnaí, guigh orainn.

A Mhaighdean ró-onórach, guigh orainn.

A Mhaighdean chlúmhail, guigh orainn.

A Mhaighdean chómhtach, guigh orainn.

A Mhaighdean cheannsa, guigh orainn.

A Mhaighdean dílis, guigh orainn.

A Scáthán an chirt, guigh orainn.

A Chathaoir na heagna, guigh orainn.

A Chúis ár lúchára, guigh orainn.

A Shoitheach spriodálta, guigh orainn.

A Shoitheach onóra, guigh orainn.

A Shoitheach cráifeachta fé leith, guigh orainn.

A Rós dhiamhair, guigh orainn.

A Thúr Dháivid, guigh orainn.

A Thúr eabhair, guigh orainn.

A Thigh óir, guigh orainn.

Liodán na Maighdine Muire

A Airc na Connartha, guigh orainn.

A Gheata na bhflaitheas, guigh orainn.

A Réaltann na maidine, guigh orainn.

A Shláinte na n-easlán, guigh orainn.

A Chumaraí na bpeacach, guigh orainn.

A Shólás na ndobrónach, guigh orainn.

A Chúnamh na gCríostaithe, guigh orainn.

A Bhannrín na n-aingeal, guigh orainn.

A Bhannrín na n-árdathar, guigh orainn.

A Bhannrín na bhfáidh, guigh orainn.

A Bhannrín na n-aspal, guigh orainn.

A Bhannrín na mairtír, guigh orainn.

A Bhannrín na *gconfesóiri*, guigh orainn.

A Bhannrín na maighdean, guigh orainn.

A Bhannrín na naomh uile, guigh orainn.

A Bhannrín a gabhadh gan peaca an tsínsir, guigh orainn.

A Bhannrín na Coróinneach Muire ró-naofa, guigh orainn.

A Uain Dé, a thógann peacaí an domhain,

Liodán na Maighdine Muire

ná daor sinn, a Thiarna.

A Uain Dé, a thógann peacaí an domhain,

deónaigh éisteacht linn, a Thiarna.

A Uain Dé, a thógann peacaí an domhain,

déin trócaire orainn, a Thiarna.

A Thiarna, déin trócaire orainn.

A Chríost, déin trócaire orainn.

A Thiarna, déin trócaire orainn.

Guímíd thu, a Thiarna, do ghrásta do dhortadh, &c.

(Mar atá thuas.)

SEANMÓIN IS TRÍ FICHID

Glossary

-na: an emphatic suffix appended to first-person plural prepositional pronouns as well as to nouns and verbs. Spellings such as *dúinne* are adjusted in this edition to *dúinn-na* to show the pronunciation /duːŋ′nə/.

&ml: an abbreviation of *agus mar ' leanas*, "and so forth".

a: "from", or *as* in GCh. The preposition *as* historically appeared with an *s* only before the singular and plural articles (*as an, as na*), the relative pronoun (*as a*), possessive adjectives (*as mo*), and before *gach*.

Abel: Abel; tearma.ie has *Áibil*.

abha: "river", with *abhann* in the genitive. The dative *abhainn* has replaced the nominative in GCh. The nominative and genitive are pronounced /au, aun/.

abhaile: "home, homewards". Pronounced /ə'vɑlʲi/.

abhar: 1. "material". 2. "reason" (for doing something). This would be *ábhar* in GCh. WM Irish distinguishes between *abhar* (originally spelt *adhbhar*, now pronounced /aur/), "material", and *ábhar* (sometimes written *ádhbhar*, pronounced /ɑːvər/), "amount". *Abhar machnaimh*, "food for thought, cause for reflection".

abhus: "on this side", pronounced /ə'vus/.

Abilína: Abilene, an area to the south and south-east of Damascus.

achainím, achainí: "to entreat, petition, beseech"; pronounced /ɑxi'niːmʲ, ɑxi'nʲiː/.

achomair: "near".

achrann: "entanglement, fastness, depths" or "strife, quarrel"; pronounced /ɑxərən/. *Dul in achrann i gcroí dhuine*, "for something said to really sink in".

achrannach: "rocky, difficult (of terrain)"; pronounced /ɑxərənəx/.

ádh: "luck"; pronounced /ɑː/.

adhaltranas: "adultery"; pronounced /əirhlənəs/. *Lucht adhaltranais*, "adulterers".

adhlacaim, adhlacadh: "to bury"; pronounced /əiləkimʲ, əiləkə/.

adhmad: "wood"; pronounced /əimədʲ/.

adhraim, adhradh: "to worship, adore"; pronounced /əirimʲ, əirə/. The preterite is given a broad *r* here, *d'adhar sé*; GCh has *d'adhair sé*. PUL may have been influenced by the fact that a slender *r* is generally pronounced broad before a slender *s*, as in *d'adhair sé*, but his manuscripts show a broad *r* in this word even before other consonants.

adhrúil: "adorable", a word not found in FGB; pronounced /əi'ruːlʲ/.

adhsáideach: "convenient, easy"; pronounced /əi'sɑːdʲəx/.

admháil: "admission"; pronounced /adə'vɑːlʲ/.

admhaím, admháil: "to admit"; pronounced /adə'viːmʲ, adə'vɑːlʲ/.

Advent: "Advent". GCh has *Aidbhint*. *Advent* is masculine here; the GCh form is feminine.

aeire: "shepherd", or *aoire* in GCh. This word was traditionally written *aodhaire*, but the spelling change of the mid-twentieth century has produced a GCh spelling that yields an incorrect pronunciation for speakers of Munster Irish. Pronounced /eːrʲi/.

Glossary

aeraíocht: "frivolity, vanity".

ag: "at". The combinations *ag mo* and *ag do* (*agat* in the original text) are edited here as *ageam* and *ageat*, pronounced /ig'əm, ig'ət/. The combination *ag á*, corresponding to *ag a* in GCh, is pronounced /i'g'ɑ:/.

aghaidh: "face"; pronounced /əig'/. *Aghaidh a thabhairt ar*, "to make for a place/person". *Do thánadar ar a n-aghaidh*, "they set about their faces" (in Sermon XIX, referring to Pharisees doing something to their faces to make them pale so everyone knew they were fasting). *In aghaidh*, "against".

agraim, agairt: "to avenge, give retribution"; pronounced /ɑgərim', ɑgirt'/. *Rud a dh'agairt ar dhuine*, "to punish someone for something".

agus go: "whereas".

aicíd: "sickness, disease, pestilence".

aicim: "to beseech", or *aitim, atach* in GCh. Note that this rare verb is used only in the present tense. The verbal noun, *athach* or *atach*, has not been attested since the 17th century. *Aicimíd ort*, "we beseech thee".

aicme: "class, set" (of people). The plural here is *aicmeacha*, where GCh has *aicmí*.

aidhm: "desire, inclination"; pronounced /aim'/.

Aifreann: "Mass"; pronounced /af ir'ən/. PUL uses the plural *Aifrinni*, /af ir'iŋ'i:/, whereas GCh has *Aifrinn*. *Aifreanntai* and *Aifreannai* are also found in WM Irish, *Aifreannai* being the form used by AÓL, according to CFBB (4). *Leabhar an Aifrinn*, "Missal".

aighneas: "contention, argument"; pronounced /əin'əs/. This is also a verbal noun, "to argue, contend".

aigne: "mind"; pronounced /ag'in'i/.

áil: "desire". Usually found in copula phrases: *dá mb'áil leis*, "if he would/could only (do something)".

aimhleas: "disadvantage, mischief"; pronounced /ail'əs/. *Aimhleas anama*, "something that would bring no benefit to your soul". The genitive here is *aimhleasa*; *aimhlis* is also found in the genitive.

aimhleasta: "misguided, foolish"; pronounced /ail'əstə/.

aimhréidh: "entanglement"; pronounced /əi'r'e:g'/. This word is masculine here, but feminine in GCh. *In aimhréidh*, "tangled, confused". *Imeacht in aimhréidh*, "to become confused/entangled".

aimsím, aimsiú: "to find, get"; pronounced /aim'ʃi:m', aim'ʃu:/.

aimsir: "time"; pronounced /aimʃir'/.

ainbhios: "ignorance"; pronounced /an'iv'is/.

ainm: "name"; pronounced /an'im'/. This noun is feminine in PUL's works, but masculine in GCh. *Ainm na macántachta (ar dhuine)*, "a reputation for honesty".

ainmhí: "animal"; pronounced /an'i'v'i:/.

ainmním, ainmniú: "to name, specify"; pronounced /an'im'n'i:m', an'im'n'u:/.

ainneóin: "unwillingness". *In ainneóin*, "in spite of". Pronounced /i'ŋ'o:n'/. FGB indicates that *de* is used in this phrase (*de m'ainneoin* is listed there). PUL wrote *do* in this phrase in his manuscripts, but this is edited here as *de m'ainneóin*.

Glossary

airc: "ark", or *áirc* in GCh. This is adjusted from *árc* in the original text of the Litany of Mary, assumed to reflect William Keane's original in the text of the Catechism that was updated by PUL, in favour of the *airc* that stands in PUL's other works. *Airc na Connartha*, "the Ark of the Covenant".

áird: "direction". *As gach áird*, "from all directions". *A cheithre hárdaibh an domhain*, "from all four directions".

áirde: "height", generally found in the phrase *in áirde*, "up on high"; compare *aoirde*, the general word for "height".

aire: "attention, care, heed".

aireach: "heedful, careful"; pronounced /iˈrʹax/.

aireachas: "care, attention"; pronounced /iˈrʹaxəs/.

áireamh: "counting; census".

airgead: "silver, money"; pronounced /arʹigʹəd/.

airím, aireachtaint: 1. "to hear". 2. "to perceive, sense". This is *airím, aireachtáil* in GCh. *An fuacht d'aireachtaint*, "to notice or feel the cold". Pronounced /aˈrʹiːmʹ, iˈrʹaxtintʹ/.

áirím, áireamh: "to count, reckon". The preterite is *d'áirimh*. *Go háirithe sa Chré*, "reckoned/set out in the Creed".

áirithe: "certainty, assurance". *In áirithe dhuit*, "reserved, assured to you".

áirnéis: "chattels, goods, moveable property", a collective word used in the singular.

áirseóir: "adversary", or *áibhirseoir* in GCh. *An tÁirseóir*, "the Devil", pronounced /ən ˈtɑːrʃoːrʹ/.

ais: "verge, side"; pronounced /aʃ/. *Rud do ghabháil le n-ais,* "to accept, tolerate, brook something". This phrase is calcified in this form; it is not **rud do ghabháil le t'ais*.

aiseac: "vomit", or *aiseag* in GCh.

aiséirí: "resurrection"; pronounced /ˌaʃəiˈrʹiː/.

aiséirím, aiséirí: "to rise again (from the dead)"; pronounced /ˌaʃəiˈrʹiːmʹ, ˌaʃəiˈrʹiː/.

aithin: "known", with the copula. *Is aithin dom é*, "I am acquainted with him".

aithis: "infamy, disgrace".

aithne: "acquaintance, recognition"; pronounced /ahinʹi/.

aithne: "commandment", with *aitheanta* in the plural. Pronounced /ahinʹi, ɑhəntə/.

aithním, aithint: "to recognise, discern"; pronounced /anʹˈhiːmʹ, ɑhintʹ/.

aithreachas: "repentance; regret"; pronounced /ahirʹəxəs/.

aithrí: "penance"; pronounced /arʹˈhiː/. *Sácraimínt na hAithrí*, "the sacrament of Confession".

aithríoch: "penitent"; pronounced /arʹˈhiːx/.

aithris: "imitation"; pronounced /ahirʹiʃ/.

áitím, áiteamh: "to argue, establish, persuade, prove". *Rud d'áiteamh ort féin*, "to persuade yourself of something".

Alba: Scotland; pronounced /ɑləbə/. The dative is *Albain*, /ɑləbinʹ/.

allaíre: "partial deafness" (*ort*).

allas: "sweat".

allta: "wild, fierce"; pronounced /aulhə/.

Glossary

Almáinn (an Almáinn): Germany, generally *an Ghearmáin* in GCh; pronounced /alə'maːŋ'/. Compare Almaine and Almany, obsolete English terms for Germany.

alt: "article", with *alta* in the plural here, where GCh has *ailt*. Pronounced /ɑhl, ɑlhə/.

áltaím, áltú: "to give thanks, say grace"; pronounced /ɑl'hiːm'~ɑl'huː/ in WM Irish.

altóir: "altar", with *altórach* in the genitive singular where GCh has *altóra*. *Altóra* is also found in the genitive in the Gospel passages, and is retained here where found. *Sácraimínt na hAltórach*, "Holy Communion". The dative plural *altóiríbh* is found here; PUL's general form is *altórachaibh*.

amach: "out"; pronounced /ə'mɑx/.

amáireach: "tomorrow", or *amárach* in GCh.

amen: "Amen", or *áiméan* in GCh. The pronunciation is given in IWM as /am'en'/, but in LASID as /amən/.

amháin: "one; only; even"; pronounced /ə'vaːn'/.

amharc: "sight"; pronounced /avərk/. *Ar an gcéad amharc*, "at first sight".

amhlaidh: "thus, so"; pronounced /aulig'/, but often reduced to /aulə/.

amhras: "doubt; suspicion over something"; pronounced /aurəs/. *Gan amhras*, "no doubt; for sure".

amú: "astray". *Tá a n-aigne amú ar an bpuínte sin*, "they are mistaken on that point".

amu': "outside", or *amuigh* in GCh. PUL used the spelling *amuich*, probably to forestall a pronunciation in /g'/, as the pronunciation is /ə'mu(h)/. *Amu' agus i mbaile*, "far and near". *Amu' 's amach*, "out-and-out". *Cómhar amu' agat*, "owed a favour".

an daighe: "indeed, really"; pronounced /ən dəi/. This refers to the Dagda, a powerful god in Irish mythology. The phrase is sometimes given as *don daighe*.

an-chainnt: "reviling, abuse, bad language". Pronounced /'ɑn'xaint'/, with a double stress.

an-cheart: "injustice", or *aincheart* in GCh. The original text also had *aincheart*, but the pronunciation shown in CFBB is /'ɑn'x'art/.

an-chor: "ill-treatment"; pronounced /'ɑn'xor/. *An-chor éigin a thabhairt duit féin*, "to commit suicide": this is *féinmharú* in GCh, but PUL stated "*féin-mharú, féin-teagasg, féin-riail*, are artificial compounds foreign to the nature of the Irish language" (NIWU, 38), as *féin* has to refer back to some noun and is not to a freestanding "self".

an-dleathach: "illegal, unlawful"; pronounced /'ɑn'dl'ahəx/. The GCh spelling is *aindleathach*.

an-mhian: "passion, lust". This was spelt *ainmhian* in the original, but entries in CFBB for similar words beginning *an-* show no diphthong in the pronunciation. That work is based on AÓL's Irish. There may be other valid pronunciations, but this can be pronounced /'ɑn'v'ian/.

ana-bhás: "a violent death"; pronounced /'ɑnə'vaːs/.

anacair: "uneven", derived from *an-shocair*, "unsteady". This is pronounced /ɑ'nokir'/ and /ɑnəkir'/, with PUL's spelling pointing to the latter variant.

Glossary

Ciscéim anacair was glossed in PUL's NIWU (5) as "a step on a stone [that] tends to cause a fall or a sprain".

anachainn: "misfortune, calamity", or *anachain* in GCh. The spelling here is adjusted to give *-inn*, as CFBB (10) shows the pronunciation to be /ə'nɑxiŋ'/.

anacra: "misery, distress"; pronounced /ɑnək(ə)rə/.

anacrach: "distressed, miserable"; pronounced /ɑnək(ə)rəx/.

anál: "breath", or *anáil* in GCh, which uses the historical dative. *Chuir sé a anál fúthu* translates "he breathed on them" in John 20:22. *Anál a dhul fút*, "for something to influence you/affect you". *An anál a tharrac*, "to draw your last breath".

anall: "over here, over from the other side"; pronounced /ə'naul/.

anam: "soul", with *anamnacha* in the plural. GCh has *anamacha* in the plural. *Gan anam*, "lifeless". The dative is found as *anman* /ɑnəmən/ in the phrase *beannacht Dé le hanman na marbh*, "may God bless the souls of the dead", where the usage can be considered to be calcified. Historically, *le* took the accusative plural, which would once have been *le hanamana na marbh*, with the final *a* then lost by haplology. In other phrases, the dative is *anam*.

angar: "want, distress, hunger"; pronounced /auŋgər/.

aniar: "from the west, from behind"; pronounced /i'n'iər/. *Éirí aniar*, "to sit up".

annamh: "seldom", with *annamha* in the comparative, where GCh has *annaimhe*.

Annas agus Caiphas: Annas and Caiaphas, the two high priests in Jesus' day. Annas, also known as Ananus ben Seth, was appointed high priest by the Romans in AD 6, but deposed by them in AD 15. He remained influential as an elder on the Temple council and possibly president of the Sanhedrin thereafter. His son-in-law was Caiaphas, or Joseph ben Caiaphas, appointed high priest in AD 18 and retaining the position until AD 36. Annas and Caiaphas played a leading role in the plot to have Jesus put to death.

annrianta: "unbridled, unruly, perverse", or *ainrianta* in GCh. CFBB shows the pronunciation /aun'riəntə/.

annró: "hardship"; pronounced /au'ro:/. The genitive is *annróidh*, /au'ro:g'/.

annspianta: "grotesque, abnormal", or *ainspianta* in GCh. Pronounced /aun'sp'iəntə/.

annsprid: "evil spirit", or *ainsprid* in GCh; pronounced /aunspr'id'/. *An Annsprid*, "the Devil". *Annsprid truaillithe*, "unclean spirit", a phrase that is regularly found in PUL's works without lenition of *truaillithe*, reflecting the homorganic dental word boundary and regular use in religious contexts. This is left as it was found in this edition, because *annsprid thruaillithe* would be harder to say.

anntráth: "an inopportune moment". *In anntráth*, "when it's too late, at the wrong time, out of season".

anois: "now"; pronounced /i'n'iʃ/. *Anois féin*, "right now".

anonn: "on that side". *Fada anonn*, "a long way off".

ansan: "then; there", or *ansin* in GCh; pronounced /ən'son/.

anso: "here", or *anseo* in GCh; pronounced /ən'so/.

ansúd: "there" (more distant), or *ansiúd* in GCh; pronounced /ən'su:d/.

Glossary

Antichríost: "(the) Antichrist", or *Ainchríost* in FGB. The Antichrist is a figure in Christian theology said to emerge as a false Christ before the Second Coming. See 1 John 2:18. The text of the New Testament and the teaching of the Apostolic Father Polycarp of Smyrna (AD ca. 69-ca. 115) lend weight to the view there is not a single Antichrist, but rather anyone who opposes Christ is an Antichrist. However, the Doctor of the Church Irenaeus of Lyon (AD ca. 130-ca. 202) argued that the Antichrist would be a person emerging from the Jewish tribe of Dan (based on Jeremiah 8:16, which reads in the Douay version, "the snorting of his horse was heard from Dan, all the land was moved at the sound of the neighing of his warriors: and they came and devoured the land, and all that was in it: the city and its inhabitants").

anuas: "down (from above)"; pronounced /ə'nuəs/. *As san anuas*, "from then on, down through the ages from that point". *Ó shin anuas*, "ever since".

aoibhneas: "bliss, delight"; pronounced /iːvˈinʹəs/.

aoirde: "height", or *airde* in GCh.

aolta: "whited, whitewashed". *Tuamaí aolta*, "whited sepulchres".

Aon-Mhac: "only son", often in reference to God the Son.

aonach: "fair".

aondacht: "unity; oneness (of God)", or *aontacht* in GCh.

aondéag: "eleven"; pronounced /eːŋʹiag/.

aonú: "first", used with *déag* to mean "eleventh": *an t-aonú Domhnach déag*. This is generally pronounced /eːuː/ in WM Irish, but the omission of the *n* is not indicated in PUL's spelling.

aoraim, aeireacht: "to herd", or *aoirím, aoireacht* in GCh.

appendix: the English word is given here for the appendix to the Catechism. The Irish equivalent would be *aguisín*.

ar ball: "presently, subsequently".

ar bogadh: "loose, moving".

ar dearg-lasadh: "blazing", pronounced /er ˈdʹarəgˌlɑsə/.

ar deas-láimh Dé: "at the right hand of God", a calcified phrase in which *deas-* is not lenited.

ar dian-leathadh: "wide open".

ar fuaid, ar fuid: "throughout", /er fuədʹ, er fidʹ/; *ar fud* in GCh. PUL wrote in NIWU (54) that *ar fuaid* should be used for broad areas (*ar fuaid na paróiste*) and *ar fuid* for small areas (*ar fuid an tí*), but it is clear that this distinction is not always adhered to in his works, and Brian Ó Cuív stated in CFBB that he had never heard *ar fuid* (273).

ar guagadh: "wobbling, wavering".

ar leithligh: "separate, apart"; pronounced /er lʹehilʹigʹ/.

ar ndeóin/ar ndóin: a variant of *dar ndóʹ* and *ar ndóʹ* (*dar ndóigh* in GCh), "of course, no doubt". This was spelt *ar neóin* and *ar nóin* in the original. *Dóin* (and hence *deóin* too) is explained in PSD as a corruption of *dóigh*.

araon: "both"; pronounced /ə'reːn/.

arbhar: "corn"; pronounced /ɑ'ruːr/.

Glossary

archuirim, archur: "to oversow". This is an invented word that was found in *An Soísgéal as Leabhar an Aifrinn*. *Archur* is also used in PUL's *Irish numerals and how to use them* (19) to mean "addition" (which is *suimiú* in tearma.ie).

árd: "high, tall; loud", with the comparative here *aoirde* where *airde* would stand in GCh. Similarly, the genitive singular masculine is *aoird*. *Ós árd*, "out loud".

árdaím, árdú: "to raise, lift". *Árdaíonn an ghrian*, "the sun rises in the sky".

árdathair: "patriarch".

árdchómhacht: "supreme dominion; great power", *ardchumhacht* in GCh.

árdchómhachtach: "mighty; of great power", or *ardchumhachtach* in GCh; pronounced /ɑːrdˈxoːxtəx/.

argóint: "argument; to argue"; pronounced /ɑrəˈgoːntʲ/.

arís: "again", with a slender *r*; /iˈrʲiːʃ/.

arm: "army; weapon"; pronounced /ɑrəm/. *Arm tine*, "firearm(s)".

armáil: "army", with *armálacha* in the plural. Pronounced /ɑrəˈmɑːlʲ, ɑrəˈmɑːləxə/.

armtha: "armed"; pronounced /ɑrəmhə/.

asachán: "reproach, insult", or *achasán* in GCh. *Rud do chasadh in asachán le duine*, "to fling someone in someone's face as a reproach".

aspal: "apostle".

aspalaitheacht: "apostolicity".

aspalóid: "absolution".

ath-lá: "another day". *Rud do chur ar ath-lá*, "to postpone something".

athair nímhe: "serpent, venomous snake", or *nathair nimhe* in GCh. The plural is *aithreacha nímhe*, /ahirʲəxə nʲiː/.

athair: "father", with *aithreacha* in the plural and *athrach* in the genitive plural. Pronounced /ahirʲ, ahirʲəxə, ɑhərəx/. *Na haithreacha naofa*, "the Holy Fathers of the church". *An tAthair Síorai*, "the Eternal Father": it is worth noting that in the genitive this becomes *an Athar Síorai*, with no lenition of the adjective. This reflects acceptance of *athair síorai* as a set phrase, pronounced with a broad *r* in the nominative in line with rules on the broadening of *r* before a slender *s* (see IWM §48), and so *athar-síorai* is effectively a set form that is found in all cases.

athnóim, athnóchaint: "to renew, renovate", or *athnuaim, athnuachan* in GCh. Pronounced /ɑnˈhoːmʲ, ɑnˈhoːxintʲ/. The LS transcription was *anhuachuint*.

athraím, athrú: "to change"; pronounced /ɑhəˈriːmʲ, ɑhəˈruː/.

athrú: "change"; pronounced /ɑhəˈruː/. *Athrú cló*, "change in appearance", used here of the Transfiguration of Christ.

athuair: "again, a second time", usually *an athuair*.

atruach: "compassionate".

atuirse: "weariness"; pronounced /ɑˈtirʃi/.

Augúst: Caesar Augustus, Gaius Julius Caesar Augustus (63 BC-AD 14), born as Gaius Octavius and also known as Octavian. Augustus, the great-nephew of Julius Caesar, was the first emperor of Rome, reigning from 27 BC to AD 14.

Avé Maria (an tAvé Maria): "the Hail Mary", or *an tÁivé Máiria* in GCh. PUL does not shoehorn the spelling of this Latin phrase into an Irish guise.

Glossary

bacaim, bac: "to hinder, let". *Ná bac é,* "pay it no need". *Gan aon ní eile do bhac,* "irrespective of anything else". *Gan a thuilleadh bhac,* "never mind anything else". PUL often has *gan bac do* where other writers have *gan bac le,* meaning "never mind, regardless of, not to bother or trouble with".

badhbóireacht: "an act of cursing or scolding", or *badhbaireacht* in GCh. Pronounced /bəi'boːrʹəxt/.

bagraim, bagairt: "to threaten; to signal to" (*ar dhuine*), or *bagraím, bagairt* in GCh. Pronounced /bɑgərimʹ, bɑgirtʹ/. With *bhagair* in the preterite.

báidh: "sympathy, liking". This word is *bá* in GCh, but the final *-idh* in the historical spelling is audible in the nominative/dative singular in WM Irish, /bɑːgʹ/.

báidhiúil: "sympathetic, well-disposed" (*le*), or *báúil* in GCh; pronounced /bɑːˈgʹuːlʹ/.

bail: "success, prosperity".

bailbhe: "dumbness, muteness"; pronounced /bɑˈlʹiː/.

Baile Átha Cliath: Dublin ("town of the ford of the hurdles"), named after an ancient crossing point over the River Liffey. Pronounced /blʹɑːˈklʹiəh/.

báim, bá: "to drown; to sink, submerge". *Báite* here refers to a nail submerged in a piece of wood such that it cannot be pulled out easily with pliers.

bainim, baint: "to take from", and other meanings. Pronounced /binʹimʹ, bintʹ/.

bainis: "wedding-feast".

bainntreach: "widow", or *baintreach* in GCh. The double *n* here shows the diphthong: /baintʹ(i)rʹəx/. The dative is *bainntrigh*.

bairille: "barrel". AÓL had *baraille*, but PUL's form is the same as that adopted in GCh.

bairlín: "sheet", or *braillín* in GCh. This is pronounced /bɑrˈlʹiːnʹ~bɑrəˈlʹiːnʹ/.

baiste: "baptism". This is most frequently found in *Eóin Baiste,* but is also confused with *baisteadh.*

baisteadh: "baptism, baptising", with *baisti* in the genitive. *An Baisteadh,* "the sacrament of Baptism". *Máthair baisti,* "godmother".

balbh: "dumb, mute"; pronounced /bɑləv/.

ball: "place, spot"; pronounced /baul/. *Balla beatha,* "limbs". *Balla éadaigh,* "articles of clothing".

ban-fháidh: "prophetess"; pronounced /ˈbanˈɑːgʹ/.

bán: "pastureland, lea".

banaltranas: "nursing" (*ar dhuine*); pronounced /bɑnərhlənəs/. GCh has *banaltracht*.

bannc: "bank of earth", or *banc* in GCh. *Ó bhannc go bannc,* "from one bank of the river to the other".

bannlá: "cubit", or *banlámh* in GCh; pronounced /baunˈlɑː/ (see CFBB 22). The original spelling here was *banlámha.*

bannrín: "queen", or *banríon* in GCh. This is pronounced /bauˈriːnʹ/ in WM Irish, where the *r* is broad (or slender in the Irish of those speakers who slenderise *r* in leniting circumstances). The genitive found here is *bannríona*. *Bannríne* is found in some of PUL's works and is also AÓL's form. *A Bhanríoghan naomhtha* in the

Glossary

Hail Holy Queen is edited here as *a Bhannrín naofa*, standardising on a slender final *n* in *bannrín*.

baoch: "grateful"; *buíoch* in GCh. The original text had *buidheach*.

baochas: "thanks"; pronounced /beːxəs/; *buíochas* in GCh. The original text had *buidheachas*.

baois: "folly".

baoite: "bait". This was spelt *báite* in the original. LASID shows this is pronounced /bəitʹi/, and AÓL had *baighte* (*Seanachas Amhlaoibh*, 128). *Baoite beag chun bertha ar an iasc mór*, "a sprat to catch a mackerel".

baol: "danger". *Ní baol go*, "it is unlikely that, of course not". *Ní baol ná go*, "it is highly likely that".

baothaire: "a vain or silly person".

baothaireacht: "vanity, silliness".

bára: found in the phrase *i dtosach bára*, "at the onset". *Bára* is derived from *báire*, "a game, a hurling match", but the pronunciation is /baːrə/ in this phrase. *I dtús báire* is found in GCh.

barbaraithe: "obscene, offensive", of words. FGB has *barbarach*. Pronounced /barəbərihi/.

barbaraitheacht: "barbarity". This form would be pronounced /barəbərihəxt/. *Barbarthacht*, /barəbərəxt~barəbərhəxt/, is also found in PUL's works.

bárr/barra: "top". *Bárr a thabhairt do*, "to give prominence to". *De bhárr*, "on account of, as a result of". *Dá bhárr*, "as a result of it". The variant *barra* is more frequently found in the dative.

bas: "palm of the hand", or *bos* in GCh; with *bais* in the dative. *Ar iompáil na baise*, "in a trice".

bascaim, bascadh: "to crush", with the verbal adjective *bascaithe* where GCh has *basctha*.

batráil: "beating, battering, thrashing"; pronounced /batəˈraːlʹ/.

be': see *beag*.

beag: "small", pronounced /bʹog/, with *big* in the masculine genitive singular. *Is beag aige é*, "he thinks nothing of it". *Ní beag dúinn é*, "it is enough for us". *Is beag má tá aon teóra lena bhfuil ar a chumas*, "there is hardly any limit to everything within his power". *Beag* is often pronounced *be'* or *beo'* before prepositional pronouns such as *leat* and *dhuit*. *Ní beo' dhóibh a luathacht*, "it will come soon enough for them". *Níor bheo' dhuit dea-chómhairle ' thabhairt dóibh chun a chur ' fhiachaibh orthu gan an chómhairle do ghlacadh*, "all you would have to do to make them do the wrong thing would be to give them good advice". *Ní be' leis*, "it is sufficient, quite enough for him" (implying a more subjective evaluation than if *do* had been used). *Nách be' leis an Slánaitheóir a luathacht a curfar an cogal sa tine*, "from the point of view of the Saviour, the sooner the tares are put in the fire the better".

béal: "mouth". *Gan ann ach béal ar siúl*, "mere words".

bealach: "way, path"; pronounced /bʹəˈlax/.

Glossary

bean: "woman", with *mnaoi* in the dative singular. The declined dative is not always used here.

beann: "regard (for someone/something)" (*ar*); pronounced /b'aun/. The genitive is *binne*.

beannacht: "blessing"; pronounced /b'ə'nɑxt/.

beannaím, beannú: "to bless". *Go mbeannaíthear duit* in the *Ave Maria* is edited here as *go mbeannaíthear dhuit* in line with the transcription in the LS version of *An Teagasc Críostaí*, which has *oit* and not *doit*.

beannaitheacht: "piety, sanctimony".

beart: "move, action, behaviour". This is feminine here (in this meaning; *beart* meaning "a bundle" is masculine in WM Irish), but masculine in GCh. *Thar na beartaibh*, "exceedingly".

beartú: "scheming, determination".

beatha: "life", with the dative *beathaidh* found in the phrase *'na bheathaidh*, "alive", pronounced /nə v'ahig'/. *Bréag 'na beathaidh*, "a living lie".

beirim, breith: "to bear, take, carry; to give birth", and numerous other meanings. *Pé cor a bhéarfaidh me*, "whatever happens to me". *Beirim* can have a meaning similar to "how come" in English: *cad a bhéarfadh gurbh é sin an Críost?*, "how could he be the Christ?" *Cad do bheir sinn i gcómhachtaibh an diabhail?* "how did we come to be under the power of the Devil?" The entries under *beirim* and *do-bheirim* (the absolute form of *tugaim*) in PSD [93, under *beirim*: *cad do bheir ann tú?* how came you to be there? *cad do bheir chómh fliuch soin tú?* what caused you to be so wet?; 349, under *do-bheirim*: *cad do thug tú?* why did you come?] show that *do bheir* is a conjugated form of either of these verbs, which are etymologically related and liable to be confused. However, *do-bheir* (better spelt with a hyphen) is a present-tense form of *do-bheirim/tugaim*, whereas *do bheir* is a variant past-tense form of *beirim*, equivalent to *do rug*. Note that the *r* of the preterite *rug* is pronounced slender: *do rug*, /də r'ug/. *Beirthe*, the past participle of *beirim*, is pronounced /b'erhə/, with a broad *r*, and is accordingly edited as *bertha* here. *Puínte ' bhreith leat*, "to win a point". *Bertha le rud*, "advantaged by something, gaining some benefit by it".

beo': see *beag*.

bheirim: see *tugaim*.

bia: "food". *Bídh*, the genitive singular, is pronounced /b'i:g'/ in WM Irish. The genitive is *bia* in GCh.

Bílsebub: Beelzebub.

bínn: "sweet", of a sound, with *binne* in the feminine genitive singular.

bíogaim, bíogadh: "to start, jump, come to life".

biorán: "pin"; pronounced /br'ɑ:n/. *Ní fiú biorán (agus) é*, "he/it is not worth a fig".

bíthinn: found in *as bíthinn*, "through, by means of". *As bíthinn a thoile féin*, "of his own volition". PUL argued that the literal meaning of *bíthinn*, which is found in GCh as *bíthin*, was "the fact of a thing's or a person's existence (*é ' bheith ar bith*)" (NIWU, 11), but the noun is not found outside of phrases like *as bíthinn, de bhíthinn* and *trí bhíthinn*.

Glossary

bladhmann: "bombast, boasting"; pronounced /bləimən/.
blaiseadh: "taste". *Blaiseadh beag de rud,* "a little taste of something".
bó: "cow", with *buin* in the dative.
bob: "trick". *Bob a bhualadh ar dhuine,* "to play a trick on someone". Maol Muire relates how PUL discussed this word with Gerald O'Nolan in *An tAthair Peadar Ó Laoghaire agus a Shaothar* (131): "i leitir Naoimh Pól chun na nGalatiánach do chuir an tAthair Peadar mar Ghaedhilg ar an abairt Laidne *Deus non irridetur, ní buailtear bob ar Dhia.* Do sgríbh an tAthair Gearóid mar seo chuige: Is this dignified enough? The 'critics', I'm afraid will call it slang. Ach do dhein an tAthair Peadar a chur 'na luighe air nárbh' eadh i n-aon chor acht gur nath cainnte an-fhórsamhail é agus an-oireamhnach don chás a bhí i gceist. (*Ní buailtear bob ar Dhia* is exactly what St. Paul would have said if he were talking Irish. The word *bob* is not slang. It is a good Irish word, perfectly suited to its sense. It gives St. Paul's meaning exactly, far better than it is given in the English, or in the Latin or in the Greek. If the English had said 'God is not to be fooled' it would be nearer the true idea St. Paul expressed. *Magadh* is not the true idea. I can't part with *bob*; it is a most beautiful expression.)"
bocht: "poor", with *boicht* in the masculine genitive singular. Pronounced /boxt, boxt′/ (i.e. with a broad /x/ before the slender /t/). *Is bocht an scéal é,* "it is a sad state of affairs".
bochtaineacht: "poverty, humiliation".
bodhaire: "deafness"; pronounced /bour′i/.
bodhar: "deaf"; pronounced /bour/.
bodhraim, bodhradh: "to bother"; pronounced /bourim′, bourə/.
bog-mheisce: "half-drunkenness". *Ar bog-mheisce,* "half-drunk".
bog: "soft", but also "easy".
bogadh: "easing, alleviating, mitigation" (*ar*). *Níor dhein sé aon bhogadh ar an bhfírinne dhóibh,* "he didn't sugar the pill for them, he told them the truth straight".
bogaí: "bog, moor".
bogha: "bow"; pronounced /bou/.
bollóg: "loaf"; pronounced /bə'lo:g/.
bonn: "ground, foundation". *Duine ' bhaint dá bhonnaibh,* "to sweep someone off his feet". Pronounced /bu:n, buniv′/. *Láithreach bonn,* "on the spot, instantly", in which phrase *bonn* is pronounced /boun/.
borb: "fierce"; pronounced /borəb/.
bórd: "table", or *bord* in GCh. Note the genitive singular *búird* (*boird* in GCh).
both: "booth, hut, tent".
bothán: "hut, shed"; pronounced /bə'hɑ:n/.
bóthar: "road", with *bóithre* in the plural; pronounced /bo:hər, bo:r′hi/.
brabús: "a catch", as in "seizing on a catch" in something, e.g. seizing on something someone has said in an argument.
bráca: "harrow". *Bráca an donais anuas sa drom air,* "afflicted with a dreadful calamity".

Glossary

braighdineas: "captivity", or *braighdeanas* in GCh. The original text also had *braighdeanas*, the only instance of such spelling in PUL's works against many examples of *braighdineas*, and so the spelling has been adjusted to reflect PUL's general spelling. Yet IWM §95 shows AÓL did have a broad *n* in this word.

braithim, brath: 1. "to depend, rely on" (with *ar*). 2. "to judge, spy out". *Duairt sé an méid sin dhá bhrath*, "he said that to try him". 3. "to betray".

braonach: "dripping, misty". *An domhan braonach*, "the whole wide world".

brat: "mantle, cloak; covering", with *bruit* in the genitive in this edition (this spelling is used in this edition to show the pronunciation; the original text had *brait*) where GCh has *brait*. Pronounced /brɑt, brit′/.

bréagnaím, bréagnú: "to contradict, deny, refute"; pronounced /brʹiagə'niːmʹ, brʹiagə'nuː/.

breall: "foolishness". *Tá breall orthu*, "they are fools, are making fools of themselves".

bréantas: "rottenness, filth, stench".

breith: "bearing, seizing, catching". *Níl aon bhreith aige ar (é ' dhéanamh)*, "he cannot possibly (do it)". *Breith a bheith agat ar dhuine i rud*, "to be able to match someone in something".

breith: "birth" with *bertha* in the genitive; /bʹerhə/. The genitive is not *breithe*, which is the genitive of *breith* only where it means "judgement".

breith: "judgement". *Breith bháis*, "death sentence".

breithiúnachas: "judgement, sentence". *Breithiúnachas aithrí*, "penance", as in a penalty imposed during the Sacrament of Confession.

breithiúntas: "judgement", or *breithiúnas* in GCh. The plural here is *breithiúntaisí* where GCh has *breithiúnais*.

breithním, breithniú: "to consider, examine, observe, reflect on; judge", *breathnaím, breathnú* in GCh. Pronounced /brʹenʹ'hiːmʹ, brʹenʹ'huː/. However, *Seanachas Amhlaoibh* (335) has *do bhreathnaíos*; both forms were found in WM.

breóiteacht: "sickness, illness". *I mbreóiteacht clainne*, "in labour".

brí: "meaning". The plural here is *bríthe*, where GCh has *bríonna*. This word is masculine here, but feminine in GCh. *De bhrí*, "in terms of importance or power", can lose its preposition: *cad é ' bhrí neart fir?*, "how significant is a man's strength?" *De bhrí go*, "because, by virtue of the fact that".

briathar: "word; verb", with *bréithre* in the plural; pronounced /brʹiəhər, brʹeːrʹhi/. *Briathar Dé*, "the word of God".

Bríd: St. Brigid/Bridget. Reputedly born in Co. Louth, St. Brigid founded monastic institutions for both men and women in Kildare before her death in AD 525. Bríd is known as Muire na nGael.

bríomhar: "vigorous, forceful, potent, powerful; substantial (of food)". *Beó bríomhar*, "alive and well".

briseadh croí: "heartbreak".

broc: "badger", with *bruic* in the genitive. *Ag déanamh cosaint an bhruic ort féin*, "fighting tooth and nail (like a badger defending himself against every foe)".

Glossary

broiceall: glossed in NIWU (12) as "the poll and back of the head". *Broiceall* (<*breiceall*) is apparently a doublet of *preiceall*, "dewlap, double chin", but PUL's definition in NIWU and that given in CFBB (38; compare also 180) show a distinction in meaning is made. See also the appendix to PSD's dictionary, where *braiceall* is glossed as "nape". *Rud sa bhroiceall ort*, "something on your back (e.g. forcing you to do something)". AÓL and DBÓC had *broicill* in the dative.

broínn: "womb"; pronounced /briːŋ'/. With *bruinne* in the genitive.

bronnaim, bronnadh: "to grant, bestow". The present autonomous, *bronntar*, is /brountər/ and the verbal adjective *bronnta* is /brountə/.

bronntanas: "gift, present"; pronounced /brountənəs/. *Bronntanais* was found in the plural in the Gospel passage for Sermon VIII, being adjusted in this edition to *bronntanaisi* in line with the Irish of most of PUL's works.

bruid: "hurry, press", or *broid* in GCh. *Bruid ghnótha*, "pressure of work".

bruíon: "strife, quarrel".

brúscar: "crumbs, fragments, rubbish"; *bruscar* in GCh. The pronunciation /broskər/ is given in IWM, but /bruːskər/ is found in CFBB. *Brúscar a dhéanamh de rud*, "to crumble something, reduce it to rubbish".

bua: "victory", with *buatha* in the plural where GCh has *buanna*.

buac: "pinnacle; one's best interests", or *buaic* in GCh.

buacach: "rich, luxuriant (of vegetation), nutritious (of food)".

buaim, buachtaint: "to win, gain a victory", or *buaim, buachan* in GCh. *Bhuaigh a ghníomh ar ar deineadh riamh de ghníomharthaibh spriúnlaithe*, "his deed beat (exceeded in terms of wretchedness) any shabby deeds ever done by anyone".

buanaí: "reaper".

buille: "blow". *Buille ' chois sa talamh*, "a stamping of the foot", a phase in which *dhe* is elided between *buille* and *chois*.

buíon: "band, troop, body of men", with *buínibh* in the dative plural here. GCh has *buíonta* in the plural. *Buíona* is also found in the plural in WM Irish.

bun-bhrí: "underlying meaning, fundamental meaning".

bun-os-cionn: "wrong, not right". Pronounced /binʲiʃ kʲuːn/ according to IWM §202, although a slender *n* is not shown in PUL's works and he may have had /bunəʃ kʲuːn/. *Bun-os-cionn le*, "at variance with". This is substantivised in one passage here as *an bun-os-cionn san*, "that variance or discrepancy, the way in which it varied or was not right".

bun-phréamh: "taproot, root cause, origin". GCh has *bunfhréamh*.

bun: "bottom". *Bun le rud a dhéanamh*, "a basis/reason for doing something". *I mbun do ghnótha*, "attending to your business". *Ná raibh de bhun le naofacht an teampaill ach na daoine do dhéanamh naofa*, "there was no other purpose to the holiness of the temple than to make the people holy".

búntáiste: "advantage". *Búntáiste ' bhreith ar dhuine*, "to take advantage of someone, get the upper hand over someone".

cá uair?: "when, at what time?" This is given as *cá uair?* in the original. *Cá huair?* with h-prefixation would be expected. The original spelling is retained in order to show the way in which PUL frequently elided an *h* that would otherwise be

Glossary

expected (see also the frequent failure to add an *h* after ordinals in phrases like *an ceathrú aithne*) The three instances of this adverbial phrase found in the catechism here are the only attestations of it in PUL's works. This may reflect the influence of the 1857 edition of Uilliam Ó Catháin's catechism, in which this phrase stands as *ca uair* (e.g. on p33; there are no lengthmarks in the 1857 edition, which is entirely in the Roman script).

cá/ca: "where? where from?" *Cá* is adjusted to *ca*, to show a short vowel, when found with *bhfuil* and *bhfios*. *Ca bhfios?*, /kavəs/. *Cá dtáinís?*, "where did you come *from?*"

cabhair: "help"; pronounced /kour'/.

cad 'na thaobh?: "why?", or *cén fáth?* in GCh. Pronounced /kanə 'he:v/.

cad é mar: "what (a) X!", in exclamations or rhetorical utterances. *Cad é mar shaghas áite!*, "what a place!" *Cad é mar obair dúinn (rud a dhéanamh)!*, "why on earth would (we do something)?"

cad fá?: "why?"

Caesar: "Caesar". *Ímpireacht Haezir* /he:zir'/ in "Cuíl Ruish" (138) suggests that the nominative *Caesar* was traditionally pronounced /se:zər/, under English influence. PUL doesn't seem to have had that pronunciation, however, as phrases like *leis an gCaesar* here would require a /k/ in the pronunciation of the base-form.

caí: "lamentation".

caileann: "calends; the first of the month". The genitive has a double *l*, *coille*, through assimilation of the *n* to the *l* (*cailne>caille*). Hence, *Lá Coille*, "New Year's Day". The nominative and genitive are pronounced /kal'ən, kil'i/.

caillim, cailliúint: "to lose; to spend", or *caillim, cailleadh* in GCh. *Cailliúint ar dhuine*, "to fail or let someone down". *Caillte le rud*, "disadvantaged by something, losing out thereby". *Pé méid a bheidh tú caillte leis*, "however much it costs you".

caillte: "lost", but also "dreadful". *Beart chaillte*, "a rotten deed".

caím, caí: "to lament".

cáin: "tax, tribute". *Cána* is found in the genitive here, where GCh has *cánach*. *Cánach* is also the more frequent genitive found in PUL's works.

cáinim, cáineadh: "to censure, condemn".

cainnt: "speech", or *caint* in GCh. The traditional double *n* is preserved here to show the diphthong, /kaint'/. *Sinn-na ag cainnt!*, "we can hardly talk!"

caíora: "sheep", or *caora* in GCh. The genitive singular and plural here is *caorach*; *caeireach* is also found. The plural is *caoire*.

Cáisc (an Cháisc): "Easter". *Domhnach Cásca*, "Easter Sunday".

caise: "stream, flood" (e.g. of tears), with *caisí* in the plural.

caismirt: "conflict, contention"; pronounced /kaʃm'irt'/.

caithim, caitheamh: 1. "to spend". 2. *caitheamh i ndiaidh ruda*, "to hanker after something".

Glossary

Caitliceach: "Catholic". This form of the word, normally found as *Caitlici* in WM Irish, is found in *An Teagasc Críostaí*, suggesting PUL was reluctant to heavily edit long-standing forms found in the Catechism. Pronounced /katʹilʹikʹəx/.

caitliceacht: "catholicity", i.e. the universal nature of the church. This is pronounced /katʹilʹikʹəxt/.

Caitlicí: "Catholic", or *Caitliceach* in GCh; pronounced /katʹilʹikʹi:/.

caladh: "landing-place; ferry". *Dul thar caladh*, "to cross the sea".

calcaithe: "petrified, calcified".

Calvarí: Calvary, the hill outside Jerusalem where Jesus was crucified. Tearma.ie has *Calvaire*.

cam: "crooked", with the comparative edited here as *cuime*, otherwise spelt *caime*. Pronounced /kaum, kimʹi/.

cam: substantivised as a "crooked place". Also "crookedness". The pronunciation is /kaum/. The genitive is *caím*, /ki:mʹ/. *Gan cham gan chor*, "with no deceit or twisting of the truth, straightforwardly".

camaim, camadh: "to bend".

camastaíol: "crookedness, fraud", or *camastaíl* in GCh. It is generally the case that verbal nouns in *-aíl* (*-ghail* in the older spelling) have a broad *l* in WM Irish (see also *osnaíol*).

camtha: "camp; followers", or *campa* in GCh; pronounced /kaumhə/.

canad: "where?", or *cá háit?* in GCh.

Canada: Canada. GCh has *Ceanada*.

caoch: "blind". *Caoch ar meisce*, "blind drunk".

caogad: "fifty", or *caoga* in GCh. This is spelt *caoghad* in the original text of the Sermons here. CFBB (49) shows *caogaid* to be the general form of this numeral in WM Irish, but *caogad* is regularly found in PUL's works.

caoi: "opportunity"; pronounced /ke:/.

caointeachán: "act of lamentation", or *caoineachán* in GCh.

caomh-uasal: "gracious".

caor: "berry", with *caortha* in the plural (both *caora* and *caortha* are found in the plural in Ua Laoghaire's works). *Caortha fíniúna*, "grapes".

caothúla-de: "all the more convenient". This is a 'second comparative' form, similar to *feárr-de, usa-de, miste,* meaning "all the more X for it". *Caothúil* is *caoithiúil* in GCh.

capall: "horse". Note that the dative plural has a slender *l* in Cork Irish: *capaillibh*. The original text had *capallaibh*.

captaein: "captain". This word is given as *captaen* in the original text, but a slender *n* pronunciation /kapˈte:nʹ/ seems preferable, as the word is a loanword likely to be known to Irish speakers in its English form and the English *n* is closer to the Irish slender *n*. GCh has *captaen*, apparently with a broad *n*, in the singular.

cara: "friend", with *caraid* in the dative. The nominative and genitive plural are *cáirde* and *carad*.

caradas: "friendship", or *cairdeas* in GCh.

Caraíos (an Caraíos): "Lent", or *Carghas* in GCh.

Glossary

cárnaim, cárnadh: "to heap up".
carraig: "rock", with the plural *carraigreacha* where *carraigeacha* would stand in GCh. Pronounced /kɑrigʹ, kɑrigʹirʹəxə/.
carthanach: "charitable, loving".
carthanacht: "charity".
casadh: "twist". *Casadh éigin a chur i gcainnt*, "to twist a statement and pervert its meaning". *Gan fáil ar chasadh aige*, "with no way back".
cásaím, cásamh: "to lament".
casúr: "hammer".
cath: "temptation", with *cathanna* in the plural. The dative plural is found in *ná léig sinn i gcathaibh*.
cathain: "when?"; pronounced /kəˈhinʹ/.
cathair: "city", with *cathrach* in the genitive (singular and plural) and *cathracha* in the plural. Pronounced /kɑhirʹ, kɑhərəx, kɑhərəxə/.
Céad Chomaoine: "first Holy Communion". GCh has *an Chéad Chomaoineach*.
cead cínn: "free rein, liberty", here of free rein being given to evil desires.
céad-chuirim, céad-chur: "to be the first to put". *Do chéad-chuir amach*, "who first published".
céad-ghin: "firstborn".
céalacan: "morning fast". *Ar céalacan*, "on a complete fast from midnight".
cealg: "sting"; pronounced /kʹaləg/.
cealgach: "treacherous, guileful"; pronounced /kʹaləgəx/.
ceangal: "bond", with *ceanglacha* in the plural. Pronounced /kʹaŋəl, kʹaŋələxə/.
ceanglaim, ceangal: "to bind, tie", or *ceanglaím, ceangal* in GCh. Pronounced /kʹaŋəlimʹ, kʹaŋəl/. The preterite is *do cheangail sé*.
ceann-dána: "headstrong, stubborn".
ceann-fé: "shame", or *ceann faoi* in GCh.
ceann-pheaca: "capital sin", with *cínn-pheacaí* in the plural. *Cínn-pheacaí marbha*, "the seven deadly sins".
ceann-tréan: "headstrong, wilful".
ceann-urraid: see under *urra*.
ceann: "head, end". *An ceann is feárr*, "an advantageous position": *ba mhaith leó an ceann is feárr a bheith acu chómh fada agus a théann an saol so*, "they wanted to achieve/triumph/be successful in this world".
ceannach: "purchase"; pronounced /kʹəˈnax/.
ceannann: "white-faced". *Troscadh an chait cheannainn*, "picking and choosing when it comes to doing the right thing", derived from a proverb about a white cat who would eat meat, but would not drink milk.
ceannatha: "facial features", or *ceannaithe* in GCh. This was spelt *ceannacha* in the original text, but this word is pronounced /kʹəˈnahə/, as stated by PUL in NIWU (60).
ceannsa: "gentle, meek"; pronounced /kʹaunsə/. *Ceansa* in GCh.
ceannsacht: "gentleness, meekness"; or *ceansacht* in GCh.
ceanntar: "district, part of the country"; pronounced /kʹauntər/. *Ceantar* in GCh.

Glossary

ceapadh: "conception, invention, plan, design".
ceapaim, ceapadh: "to assign, appoint", with *ceapaithe* as the verbal adjective here where GCh has *ceaptha*.
ceart: "right". *Ceart a bhaint de rud/dhuine*, "to cope or deal with something or someone".
ceartaím, ceartú: "to correct, adjust". *Tigh a cheartú*, "to fix up a house". *Tu féin a cheartú*, "to justify yourself".
céasadh: "crucifixion". *Aoine an Chéasta*, "Good Friday".
céasaim, céasadh: "to crucify, torment".
céastóir: "crucifier, tormentor".
ceathrar: "four people"; pronounced /kʹahərər/.
ceathrú: "fourth"; pronounced /ˈkʹarhu:/. Note the stress on the first syllable of *ceathrú* (and other ordinals). Theoretically this is followed by h-prefixation of a following vowel, but this is often not shown in PUL's Irish: *an ceathrú aithne*, "the fourth commandment". H-prefixation is often missing after the other ordinals in -*ú* too.
ceathrú: "quarter"; pronounced /kʹarʹhu:/. *Céad ceathrú cruithneachtan* translates "an hundred quarters of wheat" in Luke 16:7 in the Douay Bible. The Greek had κόρους, the accusative plural of κόρος, "*kor*", a dry measure in ancient Greece equivalent to around 500-600 litres. FGB shows *ceathrú* can be used for a range of measures, including a quarter of a pound, a quarter of a stone, etc.
céile: "spouse; each other". *Ní is soiléire ná a chéile*, "the clearest thing of all".
ceilg: "deceit, treachery"; pronounced /kʹelʹigʹ/.
céim: "step, degree; difficulty".
céimaighrá: "bewilderment, puzzlement"; pronounced /kʹe:məirɑ:/. This word is derived from the English/Greek "chimera".
Céin: Cane. *An Bíobla Naofa*, the GCh version of the Bible, has *Cáin*. PUL's *Sgéalaidheachta as an mBíobla Naomhtha* has *Cain*.
ceisneamh: "to grumble, complain".
ceistiúchán: "interrogation, asking questions". This is a verbal noun, but listed in FGB only as a ordinary noun meaning "interrogation".
ceocu: "which? which of them?; whether". From *cé acu* or *cé'cu*, but pronounced /kʹukə/. See also *peocu*.
cheana: "already"; pronounced /hɑnə/.
cheithre: "four", or *ceithre* in GCh; pronounced /xʹerʹhi/. This often lenites, and *cheithre míle* in one passage here is adjusted to *cheithre mhíle* in line with the rest of the text and PUL's general usage.
chím, feiscint: "to see", or *feicim, feiceáil* in GCh. Note the dependent autonomous form in the past tense, *feacathas*. The verbal adjective is *feicithe* where GCh has *feicthe*.
chúig: "five". This is usually lenited in WM Irish and usually lenites the noun it governs. Both *chúig bhulógaibh* and *chúig bulógaibh* were found in the original text; *chúig bhollógaibh* is standardised on here.

Glossary

ciall: "sense", with *céill* in the dative, although the declined dative is most frequently used in *sa chéill* and is not consistently found in other prepositional phrases. *Ciall daonna*, "human ability to reason". This phrase is regularly used in PUL's Irish without lenition of *daonna*. *Ciall cheannaigh*, "wisdom bought by experience".

ciapaim, ciapadh: "to harass, torment".

cimeádaim, cimeád: "to keep", or *coimeádaim, coimeád* in GCh. *Duine ' chimeád gan rud a dhéanamh*, "to keep someone from doing something". Note that the distinction shown in FGB between *coimeád*, "keep", and *coimhéad*, "watch over", does not obtain in WM Irish. *Duine ' chimeád suas*, "to maintain someone", in terms of paying for his upkeep.

cimilt: "rubbing", or *cuimilt* in GCh; pronounced /kʹimʹihlʹ/. *Cimilt a bheith agat le*, "to have dealings with".

Cíncís: "Pentecost", commemorating the descent of the Holy Ghost on the apostles and other disciples after the Ascension of Christ. *Domhnach Cíncíse*, "Whit Sunday".

cine: "race", which is feminine in WM Irish, but masculine in GCh. *An chine daonna*, "the human race"; the *d* is not lenited in this phrase. The plural is *cineacha*, where GCh has *ciníocha*.

cineál: "kind, sort; kindred, tribe". *De réir a gcinéil féin*, "of various kinds, of their respective generations".

cínn-rúndiamhra (na cínn-rúndiamhra): "the chief mysteries of faith"; pronounced /ˌkʹiːŋˈruːnˈdʹiəvərə/.

cíoch: "breast, pap".

cion: "regard, affection", with *ceana* in the genitive.

cion: "share, amount".

cionntaím, cionntú: "to trangress, offend". This is *ciontaím, ciontú* in GCh, but the vowel is long in the first syllable in the verb (and may be long in cognate words like *ciontach*). Pronounced /kʹuːnˈtimʹ, kʹuːnˈtuː/.

cionta: "sin, crime, guilt". This is morphologically the plural of *cion*, but largely found in this form.

ciontach: "guilty". *Duine ' thabhairt ciontach*, "to find someone guilty".

ciontachas: "guilt"; more generally *ciontacht*.

cíoraim, cíoradh: "to comb; examine minutely, thresh out in discussion". *Clú duine ' chíoradh le cúl-chainnt*, "to run down someone's reputation".

cíos: "rent". The phrase generally found as *ar cíos*, "rented", appears as *ar chíos* here and elsewhere in PUL's Irish.

ciscéim: "step; someone's gait", or *coiscéim* in GCh.

cladhaire: "rogue"; pronounced /kləirʹi/.

claí: "fence" (translating "hedge" in the Douay Bible), with *clathach* in the genitive plural. Pronounced /kliː, kləˈhɑx/.

claibín: "little mouth".

claíomh: "sword", with *cluimhte* in the plural (*claimhte* in GCh). Pronounced /kliːv, klitʹi/.

Glossary

clais: "trench, furrow", with *clasa* in the plural here where GCh has *claiseanna*. Pronounced /klɑʃ/.
clampar: "wrangling"; pronounced /klaumpər/.
clann: "children" (not "family"), with *clainne* in the genitive and *claínn* in the dative. Pronounced /klaun, kliŋʹi, kli:ŋʹ/.
claochló: "deterioration, corruption".
claon: "evil, perverse".
claon: "inclination", with *claonta* in the plural.
claonaim, claonadh: "to incline". Most forms of this verb are in the first conjugation in PUL's Irish, apart from the preterite *do chlaonaigh sé*.
clár: "board, table". *Sínte ar chlár*, "laid out dead".
cléir: "clergy".
cléireach: "clerk".
cleith: "staff, rod".
cliabhán: "cradle".
cliathach: "lattice frame"; pronounced /klʹiʹhɑx/.
cló: "form, shape, appearance". See *athrú cló*. *Rud do chur as cló*, "to efface something, blot it out".
clog: "clock; bell", with *cluig* in the genitive and plural. *Uair a' chluig*, "hour". *Fear cluig*, "a man with a bell".
cloí: "suppression, subduing, wearing down".
clóic: "gloom; a 'downer'".
cloím, cloí: "to wear down, suppress, subdue, overthrow".
cloisim, clos/cloisint: "to hear", or *cloisim, cloisteáil* in GCh. The preterite is found here as *do chualúir* in one passage, and as *chloiseadar* in another, the latter being the acknowledged dialectal form. Both forms are accepted here as found in the original texts.
Cluain Uamha: Cloyne, Co. Cork, a placename meaning "meadow of caves". The genitive is given here in *Easpag Chluana*, Bishop of Cloyne, where PUL's *Mo Sgéal Féin* (124) has *Dóiseas Chluanach agus Rosa*, "the diocese of Cloyne and Ross".
cluanaí: "deceiver, flatterer", or *cluanaire* in GCh.
cluas: "ear", with *cluais* in the dative. *Ar chluas mharbh* in Sermon LIV fails to give the declined dative, although the dative is then found in the very next clause.
cluichim, cluicheadh: "to harry, chase".
clúid: "covering". *Fé chlúid na gcaorach*, "in sheep's clothing".
clúmh: "down, feather, fur". *Leabaidh chlúimh éan*, "feather bed".
clúmhail: "of good repute, renowned", or *clúiteach* in GCh. Pronounced /klu:lʹ/.
cneadh: "wound", or *cneá* in GCh. Along with a number of other words where the older spelling is in *-adh* or *-agh* (see *sleagh* and *meadh*), *cneadh* has a short vowel, /knʹa/. The plural here is *cneathacha*, /knʹiʹhɑxə/.
cneasta: "gentle, mild-mannered".
cneastacht: "mildness of manners".

Glossary

cnósach: "collection, gathering"; or *cnuasach* in GCh. The original text also had *cnuasach*.
cnósaím, cnósach: "to collect"; or *cnuasaím, cnuasach* in GCh.
cnublach: "carcass, remains", or *conablach* in GCh. Pronounced /knubələx/. This is etymologically derived from *con*, and means, literally, "dog carrion".
cnuc: "hill", or *cnoc* in GCh. Pronounced /knuk/. The original spelling is adjusted in this regard. Similarly, the genitive is *cnuic*, where GCh has *cnoic*.
cnucán: "hillock", or *cnocán* in GCh.
cochall: "a cock's hackles", and by extension, *cochall ort*, "worked up, in a rage".
codlaim, codladh: "to sleep", or *codlaím, codladh* in GCh. Pronounced /kolim′, kolə/. The verbal adjective is *codlata*, /kolətə/.
cogadh: "war". The genitive, *cogaidh*, is /kogig′/.
cogal: "tares, weed".
cognaim, cogaint: "to chew", or *cognaím, cogaint* in GCh; pronounced /kogənim′, kogint′/. *Ag cogaint eatarthu féin*, "muttering something among themselves".
cognarnach: "whisper". The dative is sometimes found as *cognarnaigh*, but this isn't as consistently the case as when this word is used as a verbal noun.
cograim/cograím, cogarnach: "to whisper"; pronounced /kogərim′~kogə′ri:m′, kogərnəx/. When governed by *ag*, the verbal noun becomes *ag cognarnaigh*.
coileach: "cock, rooster"; pronounced /ki′l′ax/.
coímhdeacht: "to accompany". The LS transcription of *An Teagasc Críostai* points to a pronunciation of /ki:d′əxt/, but CFBB has /ki:nl′əxt/. *Aingeal coímhdeachta*, "guardian angel".
coinne: "meeting". *Chuir sé teachtairí 'na choinnibh*, "he sent messengers to meet him". *Bó nú capall atá ag gabháil 'na choinnibh*, "a cow or horse you're having a problem with", e.g. in terms of illness or lameness.
coinneal-bhá: "excommunication", literally "drowning of a candle". Spelt *caindeal-bháth* in the original, the pronunciation is /kiŋ′əl′vɑ:(h)/. *Titim fé choinneal-bhá*, "to be excommunicated".
coinním, coinneáil: "to keep, hold".
coinníoll: "condition"; pronounced /ki′n′i:l/. *Coinníoll a chur isteach*, "to enter a condition or stipulation".
coínsias: "conscience"; pronounced /ki:nʃəs/.
coínsiasach: "conscientious, of good conscience".
coínsiasacht: "conscientiousness".
coir: "crime"; pronounced /kir′/. *Coir bháis*, "a capital crime".
cóir: "equipment, means; proper provision". *Chómh suarach cóir*, "so meagre in terms of accommodation and other provisioning". *Cóir mhaith bídh agus di*, "sufficient food and drink, proper provision in terms of food and drink".
coirim, cor: "to tire, exhaust", with the verbal adjective *cortha*. Pronounced /kor′im′, kor/.
coiscim, cosc: "to prevent". The verbal adjective is *coiscithe*, where GCh has *coiscthe*. *Rud a bheith coiscithe ort*, "something you are barred from doing".
coisíocht: "footsteps; the ability to walk".

Glossary

cóisire: "wedding banquet", or *cóisir* in GCh.
coisreacadh: "consecration". This is a variant of *coisreacan*, the verbal noun found in PUL's other works and in GCh. Pronounced /koʃirˈəkə/.
coitianta: "regularly". Pronounced /koˈtʲiəntə/.
coitiantacht: *an choitiantacht*, "the common people". Pronounced /koˈtʲiəntəxt/.
col: "impediment".
colann: "body", with *colla* in the genitive and *colainn* in the dative, which form is used in the nominative in GCh. *Colann daonna*, "human flesh", a phrase in which lenition of *daonna* is regularly not given in PUL's works. The 1857 edition of Uilliam Ó Catháin's catechism (11) has *colan dhaonda*, and so PUL's lack of lenition is a deliberate revision.
colg: "point of a sword", pronounced /koləg/. *Bíodh gur leogadar uathu an substainnt agus nár chimeádadar ach an colg*, "although they did not keep the substance (of the law) and they only adhered to the finer points (of the law)".
Colm Cille: St. Columba. One of the Twelve Apostles of Ireland, St. Columba was born in Donegal and preached the Gospel among the Picts of Scotland before his death in AD 597. Pronounced /koləm kʲilʲi/. A vowel *ui* has to be inserted in the genitive in order to show the slenderisation of the *m*, *Coluim Cille*. PSD has *cuilm* as the genitive of *colm*, but PUL's spelling shows the *l* to remain broad.
colúr: "pigeon, dove"; pronounced /kluːr/.
comáinim, comáint: "drive", or *tiomáinim, tiomáint* in GCh. *Comáint leat*, "to carry on, proceed".
comairce: "protection, guardianship; refuge". The older spelling *comairce* is accepted in the Hail Holy Queen here. The more modern form of the word is *coimirce*, pronounced /kimʲirkʲ~kimʲirkʲi/.
comaoine: "favour".
Comaoine: "Holy Communion", or *Comaoin* in GCh.
cómh-chruinniú: "congregration, assembly". *Cómh-chruinniú na bhfíor-chreideamhach uile*, "the congregation of all the faithful".
cómhacht: "power, authority", or *cumhacht* in GCh, pronounced with a long *o* in WM Irish: /koːxt/. The plural here is *cómhachta* where GCh has *cumhachtai*.
cómhachtach: "powerful", or *cumhachtach* in GCh; pronounced /koːxtəx/.
cómhairle: "advice"; pronounced /koːrlʲi/. *I gcás 'dir dhá chómhairle*, "facing a conundrum, in a perplexing situation". *Cómhairle leasa*, "good advice".
cómhairleach: "adviser"; pronounced /koːrlʲəx/.
cómhairlím, cómhairliú: "to counsel, advise"; pronounced /koːrlʲiːmʲ, koːrlʲuː/.
cómhar: "co-operation, partnership"; pronounced /koːr/. *Cómhar a dhíol le duine*, "to return a favour". *Cómhar amuˈ agat*, "to be owed a favour".
cómharsa: "neighbour"; pronounced /koːrsə/. Note the genitive (singular and plural) *cómharsan* and dative *cómharsain*. The dative was not given in one passage in *An Teagasc Críostai*, and this is adjusted here.
cómharsanacht: "neighbourliness"; pronounced /koːrsənəxt/.
cómhartha: "sign"; pronounced /koːrhə/.
cómhluadar: "company"; pronounced /koːˈluədər/.

Glossary

cómhra: "coffin", or *cónra* in GCh, with *cómhrann* in the genitive and *cómhrainn* in the dative. Pronounced /ko:rə, ko:rən, ko:riŋ'/.

cómhrac: "encounter, fight, fray"; pronounced /ko:rək/.

comórtas: "competition". *Gan chomórtas*, "unparalleled".

cónaitheach: "constant, continual".

confesóir: "confessor", a Latin word referring to the Confessors of the Faith, i.e., those saints who were not martyrs, apostles, evangelists or virgins. PUL uses the Latin word here, following his general practice of not imposing Irish spelling rules on foreign words, as the word does not mean the same as the word "confessor" in the sense of someone who hears a confession (which would be *oide faoistine*).

cóngas: "affinity", a broader relationship than *gaol*, "consanguinity", as it includes relationships by marriage, adoption and the spiritual link with godparents.

connradh: "covenant", or *conradh* in GCh, with *connartha* in the genitive. The traditional double *n* is retained here as suggestive of the long vowel, pronounced /ku:rə, kunərhə/. CFBB shows that Amhlaoibh Ó Loingsigh had the pronunciation /ku:rəv/. This word is feminine in PUL's works, but masculine in GCh.

cor: 1. "throw, cast". 2. "condition, treatment". *Pé cor a thabharfaidís dóibh féin*, "whatever they did". *Cor a thabhairt do dhuine*, "to treat someone in a certain way". *Pé cor a bheadh le tabhairt do*, "whatever the consequences". 3. "twist, turn". *Cor a chur díot*, "to stir, move, make a move". *Cor nú casadh chur i bhfocal*, "to twist the meaning of a word or statement". *Cor a chur sa scéal*, "to put a twist or nuance in the story". *Gan cham gan chor*, "with no deceit or twisting of the truth".

córaím, córú: "to arrange, dress"; *cóirím, cóiriú* in GCh. CFBB (68) shows that both *córú* and *cóiriú* are found in WM Irish. *T'fhíoraontacht féin do chórú*, "to adjust your righteousness" in a certain manner, e.g. in line with the example set by the Pharisees (see the context in Sermon XLI).

Corbona: the place in the temple where people left their offerings.

corcra: "purple"; pronounced /korkərə/.

coróinn: "crown", or *coróin* in GCh; pronounced /kro:ŋ'/. The genitive is *coróinneach*. *An Choróinn Mhuire*, "the Rosary", with *na Coróinneach Muire* in the genitive.

Corp Críost: "the Body of Christ" in the sense of the Eucharist. In this calcified phrase, there is no lenition on *Críost*. *Sácraimínt Chorp Críost*, "the sacrament of Holy Communion". *Féile Chuirp Críost*, "the Feast of Corpus Christi" (this is referred to as *Dardaoin Chorp Críost* in one of PUL's letters to Risteárd Pléimeann, dated Dardaoin Chorp Críost, 1919, catalogued under G1,277 (1) in the Shán Ó Cuív papers held in the National Library of Ireland).

corp: "body", but also used in reference to the motivation with which something is done, with an inference of totality. The genitive and plural are *cuirp*. *Corp failli*, "sheer negligence". *An Corp Naofa*, "the Eucharist". *Corp dúil*, "liking or desire for something", is regularly found in PUL's works, apparently with no declined

Glossary

genitive, and is edited in this edition as *corp dúil'*, where the apostrophe shows the elided vowel of the genitive.

corpartha: "bodily".

córú: "arrangement, dressing" (with *ar*), or *cóiriú* in GCh. Both forms are found in WM Irish.

cos-ar-bolg: "brutal oppression". Pronounced /ˈkos er ˈbolǝg/.

cos: "foot", with *cois* in the dative. *Cos/do chos a chur i dtalamh*, "to put your foot down, refuse to budge". *Duine ' chur fé chois*, "to trample someone underfoot". *De chosaibh trioma*, "dry-footed" (without even getting your feet wet; i.e. with no sweat at all); FGB has d*e chosa tirime*.

cosaint: "defence, protection". *Duine ' chur ar a chosaint ar rud*, "to put someone on his guard against". *Dul ar do chosaint féin*, "to defend yourself".

cosmhail: "like, resembling". IWM (§361) shows the pronunciation /kosvilʹ/.

cosnaim, cosnamh/cosaint: "to defend; to cost", or *cosnaím, cosaint* in GCh. PUL stated in NIWU (29) that there is a difference in meaning between the verbal nouns: *cosnamh* means "protecting, shielding" and *cosaint* "defending", but it is difficult to read this distinction into every use of the verbal noun. An epenthetic vowel was sometimes written out in forms of this verb (e.g. *cosanóchaidh* in the original text of Sermon XXIV). The hand of editors may have played a role in the final spelling of PUL's works, but it seems most likely that PUL had an epenthetic vowel here, whereas CFBB (68) shows that AÓL, who had *cosnaím* in the second conjugation, did not. Given that more is known about AÓL's pronunciation of Irish, for the purposes of learners of WM Irish the pronunciation of this word can be given as /kosnimʹ~kosˈniːmʹ, kosnǝv~kosintʹ/.

costasúil: "costly, sumptuous", or *costasach* in GCh.

cosúlacht: "likeness, similarity". This is pronounced /kosvǝlǝxt~koˈsuːlǝxt/ in WM Irish. This word is edited with *ú* here because the original text had *cosamhlacht*.

cothaithe: "well-fed".

cothrom: "corresponding amount"; pronounced /korhǝm~kohǝrǝm/.

crá: "torturing".

cradhscal: "repugnance"; pronounced /krǝiskǝl/.

cradhscalach: "repugnant, distasteful"; pronounced /krǝiskǝlǝx/.

cráifeach: "devout, pious".

cráifeacht: "devoutness, piety".

cráim, crá: "to torture, pain, torment".

cráite: "tormented". *Croí cráite*, "broken heart", but used here of the torment of an envious heart.

crann: "tree"; "lot". *Rud a chur ar chrannaibh*, "to draw lots for something".

craobhscaoilim, craobhscaoileadh: "to preach, propagate, disseminate".

craos: "gluttony".

craosach: "ravenous, voracious, gluttonous".

Cré (an Chré): the Creed.

creathán: "trembling, tremor"; pronounced /krʹiˈhɑːn/.

créatúir: "creature", or *créatúr* in GCh; pronounced /krʹeːˈtuːrʹ/.

Glossary

creideamh: "faith", with *creideamhacha* in the plural here.

creidiúint: "credit", including in the sense of having a good reputation as a decent person.

crích: "end, fate; territory, region", or *críoch* in GCh, which retains the historical nominative. Pronounced /kr'i:(h)/. *B'é crích an scéil é (go)*, "the upshot was (that), the final result was (that)". *A leithéid sin de chrích dhár mbreith*, "for a certain type of fate to overtake us". *Rud do chur i gcrích*, "to accomplish, finish something". *Duine clainne ' chur i gcrích*, "to get a child settled in life". The historical *críoch* reappears in the genitive plural in *chun na gcríoch so*, "to those ends".

Críocha Lochlann: Scandinavia. *Lochlainn* is a plural noun, as are many placenames, and *Lochlann* is thus genitive plural.

críochnúlacht: "neatness, thoroughness, diligence".

críonnacht: "wisdom".

Críostúil: "Christian, charitable".

crith-eagla: "quaking fear, trembling"; pronounced /kr'i'hαgələ/.

crith-eaglach: "fearful, quaking with fear; terrible (of something that should be a source of terror)"; pronounced /kr'i'hαgələx/.

crithim, crith: "to tremble, shudder, vibrate".

crithním, crithniú: "to tremble, shiver", or *creathnaím, creathnú* in GCh. Pronounced /kr'in'ʹhi:m', kr'in'ʹhu:/.

cró: "sheepfold, pen".

croch: "the gallows", with *croich* in the dative.

crochaim, crochadh: "to hang".

crochaireacht: "villainy".

croí díchill: "utmost", or *croídhícheall* in GCh. PUL consistently uses this phrase as two words, with no lenition on the *d*.

croí-bhrú: "contrition".

croí: "heart". The plural here is generally *croíthe*; *crathacha* is also found here. *Ní bhfaighinn óm chroí maitheamh do*, "I couldn't find it within myself to forgive him". *A dhuine an chroí 'stigh*, "my dear man!"

croiceann: "skin", or *craiceann* in GCh. Pronounced /krek'ən/ or /krok'ən/ in traditional WM Irish. The genitive is edited here as *croicin*, with a single *n*, in line with the pronunciation.

croithim, crothadh: "to shake", or *croithim, croitheadh* in GCh. *Croith suas tu féin*, "give yourself a shake, pull yourself together".

cromaim, cromadh: "to stoop, bend down". The verbal adjective, *cromtha*, is /kroumhə/. *Cromadh ar (rud a dhéanamh)*, "to set about doing something".

Cromeil: Oliver Cromwell (1599-1658), an English military leader styled as Lord Protector of the Commonwealth of England, Scotland and Ireland. He ordered a conquest of Ireland in 1649-53 accompanied by many atrocities. The manuscript of PUL's *Mo Sgéal Féin* has the spelling *Cromuil*.

cros: "cross", with *cruise* in the genitive and *cruis* in the dative (these spellings are imposed in this edition). Pronounced /kros, kriʃi/. *Crann na cruise*, "the cross (on

Glossary

which Jesus was crucified)". *Fíor na Cruise idir sinn agus é*, "may the sign of the Cross protect us from him", a pious saying on mention on the Devil.

crosta: "across, cross-wise". *Rud a theacht crosta ort*, "for something to befall you".

crua-chás: "predicament, dilemma".

crua-chómhrac: "fierce fighting"; pronounced /kruə'xo:rək/.

crua: "hardness, severity". This is an abstract noun (found in *gach céim dá chrua*), corresponding to *cruadha* in the older script.

cruachaim, cruachadh: "to heap, pile up".

cruadas: "hardness", or *cruas* in GCh.

cruaidh: "hard, severe", or *crua* in GCh. Pronounced /kruəg′/ in WM Irish. The comparative, originally spelt *cruadha*, is edited as *crua* in this edition.

cruaim, cruachtaint: "to harden", or *cruaim, cruachan* in GCh. *Sarar chruaigh an tslat* is a reference to *nuair a chruann an tslat, is deocair í ' shníomh*, "when the branch hardens, it is hard to twist it", i.e. people are not as pliable when they are old; habits are formed when young.

cruinne: "universe, world".

cruinniú: "collection or agglomeration of something". *Cruinniú iasc*, "haul of fish".

cruithneacht: "wheat"; with *cruithneachtan* in the genitive where GCh has *cruithneachta*. Pronounced /kriŋ'haxt~kri'ŋ'axt/.

cruithniú: "creation"; pronounced /kri'n'u:/.

cruth: "appearance".

cruthaím, cruthú: "to create". PUL said in NIWU (30) that he had both seen and heard *cruthaitheóir* and *cruthnaitheóir*, but had only seen *cruthú* in print, but had never heard anything other than *cruithniú*; yet *chruthaigh* and *cruthú* are found here.

cruthaitheóir: "creator". This word is found in the Creed here, but transcribed *crunahóir* in the LS edition. Both *cruthaitheóir* and *cruthnaitheóir* are acceptable.

cuaird: "visit; circuit, course", or *cuairt* in GCh.

cuíbhreann: "common table, mess"; pronounced /ki:r'ən/. *Im chuíbhreann*, "at table with me".

cuid: "share, portion", with *coda* in the genitive. *Cuid na cómharsan*, "something that belongs to your neighbour". *Dhá chuid a dhéanamh den ghnó san*, "to do things half-heartedly, to divide your efforts".

cuideachta: "company, the people present". PUL's spelling indicates a pronunciation of /ki'd'axtə/, but /ki'l'axtə/ is also found (see IWM §409); that the pronunciation with /l/ is more common in Munster Irish today is indicated in GCD §253 (the Corca Dhuíbhne pronunciation is /kl'axtə/). The dative is *cuideachtain*. *I gcuideachtain a chéile*, "together, in each other's company".

cuideachtanas: "company; keeping company". This is pronounced /ki'd'axtənəs ~ki'l'axtənəs/.

cuímhin: "memory"; pronounced /ki:n'/. *Is cuímhin liom é*, "I remember it".

cuímhne: "memory, mind"; pronounced /ki:n'i/. *Rud do chur i gcuímhne dho*, "to remind someone of".

cuímhneamh: "thought"; pronounced /ki:n'əv/.

Glossary

cuímhním, cuímhneamh: "to remember, think, reflect, consider"; pronounced /kiːnʼiːmʼ, kiːnʼəv/.

cuímhniú: "commemoration", or *cuimhneachán* in GCh; pronounced /kiːnʼuː/.

Cuíncuagesima: "Quinquagesima", roughly 50 days before Easter. *Domhnach i gCuíncuagesima*, "Quinquagesima Sunday", 49 days before Easter and the last Sunday before Lent.

cuinigéar: "rabbit-warren", or *coinicéar* in GCh; pronounced /kinʼiʼgʼeːr/. *Cuinigéar bithiúnach*, "a den of thieves".

cuireadh: "invitation"; pronounced /kirʼi/. The genitive is also edited as *cuireadh* here: GCh has *cuiridh* in the genitive, but there is no slender g in the pronunciation.

cuirim, cur: "to put". The spellings of the autonomous forms *curtar, curfar, curfí* and *curti* and the spelling of the second-person conditional *churfá* are standardised on in this series of works, using the majority use of PUL's works. *Rud a chur chút*, "to appropriate something, take it on your person, put it in your pocket, put in on your shoulders, etc". *Imeóidh an Slánaitheóir uainn-na, mar a dh'imigh sé uathu-súd, má chuirimíd chuige é*, "the Saviour will depart from us, as he departed from them back then, if we drive him to it". *Cur de*, "to accomplish something, get through it, get it done": *an uile phéirse den tslí dá gcuireann sé dhe*, "every perch of the way that he covers". *Do mheisce ' chur díot*, "to get over your drunkennness, for your drunken state to recede". *Cur fút*, "to settle somewhere". *Cur isteach nú amach ar*, "to interfere with, interrupt". *Coinníoll do chur isteach*, "to produce, come up with or come out with a condition". *Rud do chur síos*, "to put down, lay out, give an account of". *Cur síos i bhfoclaibh*, "to lay down, set out in words".

cuiripthe: "correct, vicious", or *coirpthe* in GCh; pronounced /kirʼipʼi/.

cuirpeach: "malefactor, villain", or *coirpeach* in GCh; pronounced /kirʼipʼəx/.

cúis: "cause". Also, *cúis scríofa*, "the written charge" against someone.

cuisle: "forearm, wrist; arm; vein", with the dative *cuislinn*; pronounced /kuʃlʼi/. The plural is *cuisleanna* where GCh has *cuisli*.

cúitím, cúiteamh: "to compensate, requite, repay, make restitution". *Breithiúnachas aithrí ' chúiteamh*, "to carry out the penance enjoined on you in the Sacrament of Confession".

cúl-chainnt: "backbiting, detraction" (*ar*), or *cúlchaint* in GCh. The traditional *nn* is given here to show the diphthong, /ˈkuːlˈxaintʼ/.

cúl: "back of the head". *Dul ar gcúl*, "to go back, recede".

culaith: "suit of clothes"; pronounced /klih/.

cuma: "appearance, form". *Is cuma dhúinn 'en tsaol*, "it doesn't make the slightest difference to us". *Ar aon chuma*, "anyway", pronounced /erʼ ʼeː xumə/.

cumaim, cumadh: "to form, shape".

cumaraí: "refuge", a variant of *comairce/coimirce*.

cúmhartha: "fragrant", or *cumhra* in GCh; pronounced /kuːrhə/.

cúmparáid: "comparison", or *comparáid* in GCh; pronounced /kuːmpɑraːdʼ/.

cúmpórd: "comfort", or *compord* in GCh. The genitive is *cúmpúird*.

Glossary

cúnamh: "help". The genitive here is *cúnta*. *Cúnaimh* is found in the genitive in some of PUL's other works.

cúng: "narrow".

cúngrach: "narrow space, encroachment", or *cúngach* in GCh; pronounced /ku:ŋgərəx/. *Cúngrach a dhéanamh ar dhuine*, "to encroach on someone".

cúntas: "account", or *cuntas* in GCh; with *cúntaisi* in the plural. *Cúntas a thabhairt i rud*, "to account for something".

cúntúirt: "danger", or *contúirt* in GCh.

cúntúrthach: "dangerous", or *contúirteach* in GCh.

cúpla: "couple"; pronounced /ku:pələ/. Used with the nominative singular.

cur-ar-bun: substantivised as "foundation, establishment".

cur-thrí-chéile: "confusion; discussion".

curadóir: "sower, tiller".

cúram: "care". There is no widely-found plural of this word. *Mórán cúraim* means "a lot of cares/things to do".

Cúrínus: Cyrinus, or Publius Sulpicius Quirinius (ca. 51 BC–AD 21), Roman governor of Syria. He was appointed in AD 6 and ordered a census of the territories under his control.

dabhach: "vat, tub"; pronounced /daux/. The plural is *dabhcha*.

daille: "blindness"; pronounced /dil′i/. *Daille íntinne*, "blindness of heart/intention".

daingean: "firm, secure", with *daingne* in the comparative and plural. Pronounced /daŋ′ən, daŋ′in′i/.

daingean: "secure place, fastness". *Gan stuaim, gan daingean*, "aimlessly and with no stability".

daingneacht: "strength, firmness"; pronounced /daŋ′in′əxt/.

daingním, daingniú: "to make fast or secure (e.g., of a door); to become secure"; pronounced /daŋ′i′n′i:m′, daŋ′i′n′u:/.

dáiríribh: "actually, really; in earnest, serious", or *dáiríre* in GCh. PUL stated in NIWU (35) that "in earnest" is *dáiríribh*, not *i ndáiríríbh*, although the latter form is given in PSD as a variant. Yet at least one instance of *i ndáiríríbh* is found in PUL's works, *iad 'á labhairt i sult agus i bhfeirg, i magadh agus i ndáiríríbh, i n-aighneas agus i síothcháin* in *Sgothbhualadh* (21).

Dáivid: King David in ancient Israel in the 10th or 9th century BC. "The city of David", in reference to Bethlehem, was consistently found as *cathair Dáivid* in the original work. This has not been accepted here, as PUL's Bible manuscripts do have *cathair Dháibhid* at 2 Samuel 5:7. Similarly, in the Litany of Mary, *a Thúr Dáivid* has not been accepted in this edition, and has been adjusted to *a Thúr Dháivid*. The Song of Solomon 4:4 in PUL's Bible manuscripts reads *mar thúr Dháibhid atá do mhuineál*, and this is likely to be the source of the phrase. *Mac Dáivid* is accepted here, employing the older 18th-century approach of not leniting names of the *Murchadh mac Briain* type (contrasting with *Murchadh, mac Bhriain*, where additional information is set off via a comma). *A Mhic Dáivid* is also accepted here in the vocative.

Glossary

dall: "blind; a blind man", with *daíll* in the genitive and the plural of the noun. *Dall ar rud,* "blind to something".

dallaim, dalladh: "to blind".

damanta: "damnable, terrible". *Breith damanta,* "damnation", a phrase that repeatedly has no lenition on *damanta* in PUL's works (*damanta* is historically the genitive of the verbal noun, lenition of which was arbitrary). The one occasion in the Sermons where *damanta* was lenited was in *ó bhreith dhamanta* in Sermon XXV, adjusted to *ó bhreith damanta* in this edition in line with the same phrase in Sermon XXIV. Similarly, *damanta* is retained here in *deamhain damanta* where the homorganic dental word boundary also plays a role.

damh: "ox".

damnú: "damnation"; pronounced /dɑməˈnuː/.

dánaíocht: "presumptuousness", or *dánacht* in GCh. *Dhéanfainn dánaíocht ar an méid seo do rá,* "I would make so bold as to say the following".

daonnacht: "humanity".

daor-bhreith: "conviction; condemnation; harsh sentence".

daor: "hard, severe". *Daor chun báis,* "condemned to death".

daoraim, daoradh: "to condemn".

dara: "second". See *tarna*.

Dardaoin: "Thursday". GCh has *Déardaoin,* which properly means "on Thursday", but may also be found for "Thursday" in WM Irish.

dáréag: "twelve (people)", generally pronounced with a broad *r,* /dɑːriag/ (LASID, p158, question 358b). This is given as *dháréag* in FGB.

de sin: "whereupon".

dé: an obscure word used in salutations. *Dé bheatha,* "welcome". *Dé* doesn't appear to have anything to do with the word *Dia,* "God". The phrase rather appears a corruption of the Old Irish *rotbia de bethu,* "may you have much life; literally, there will be life to you", where *t* is an infixed pronoun that has survived in the *d* of *Dé*. The phrase appears to have been inaccurately reanalysed as some sort of copular sentence, with *dé do bheatha* and *dé bheatha-sa* both found, appearing to mean or be reanalysed as meaning "God is your life".

dea-aeire: "good shepherd", or *dea-aoire* in GCh, pronounced /dʲaˈeːrʲi/. CFBB (83) shows that AÓL had no intervening consonant between the prefix *dea-* and a subsequent word beginning with a vowel, whereas Eibhlís, Bean Sheáin Uí Chróinín, inserted an *h*.

dea-chómhairle: "good advice"; pronounced /dʲaˈxoːrlʲi/.

dea-chómharsanacht: "neighbourliness, the quality of being a good neighbour"; pronounced /dʲaˈxoːrsənəxt/.

dea-chroíoch: "kind-hearted".

dea-labhartha: "well-spoken, eloquent"; pronounced /dʲaˈlourhə/.

dea-obair: "good work, good deed". With *dea-oibre,* /dʲaˈebʲirʲi/, in the genitive, and *dea-oibreacha,* /dʲaˈebʲirʲəxə/, in the plural.

dea-shampla: "good example"; pronounced /dʲaˈhaumpələ/.

dea-shláinteach: "in good health".

Glossary

dea-staid: "a state of grace". *Ar dea-staid*, "in a state of grace".
dea-theangmhálaí: "a good associate"; pronounced /ˌd′ahaŋə'vɑːliː/.
dea-thréith: "good quality".
deachú: "tithe".
deacracht: "difficulty"; pronounced /d′akərəxt/.
déag: the "teen" suffix. *Dhá uair déag* is adjusted here to *dhá uair dhéag*, as PUL's works and writings usually have a lenited *déag* after a noun ending in slender *r*.
dealbh: "destitute"; pronounced /d′aləv/.
dealg: "thorn", with *deilgne* in the plural; pronounced /d′aləg, d′el′ig′in′i/.
deallraím, deallramh: "to appear", or *dealraím, dealramh* in GCh. The traditional *ll* is given in the editing here, indicating the diphthong. Pronounced /d′auˈriːm′, d′aurəv/. *Do dheallródh an scéal go*, "it would seem that".
deallraitheach: "similar"; pronounced /d′aurihəx/. Spelt *dealraitheach* in GCh.
deallramh: "appearance; likelihood", or *dealramh* in GCh; pronounced /d′aurəv/. *De réir dheallraimh*, "it seems". *Tá gach aon deallramh go*, "there is every likelihood that".
dealús: "destitution".
deamhan: "demon"; pronounced /d′aun/.
déanach: "late". *An lá déanach*, "the last day", i.e. the day of judgement.
dearbhaím, dearbhú: "to affirm, swear, attest"; pronounced /d′arə'viːm′, d′arə'vuː/. *Éitheach a dhearbhú ar dhuine*, "to give false witness against someone". Where *dearbhadh* is found in the original text, it is edited here as *dearbhú*.
dearbhú: "affirmation, declaration, attestation"; pronounced /d′arə'vuː/.
dearg-bhuile: "rage, fury"; pronounced /'d′arəgˌvil′i/. *Ar dearg-bhuile*, "raging mad, furious".
deárna: "palm of the hand", with *deárnan* in the genitive, *deárnain* in the dative and *deárnacha* in the plural.
dearúd: "mistake", or *dearmad* in GCh.
dearúdaim, dearúd: "to forget".
deas: "right-hand side", with *deis* in the dative.
deasgabháil: "ascension", or *deascabháil* in GCh.
dei-bhlasta: "good to taste, palatable"; pronounced /d′əivlɑstə/. This is *dea-bhlasta* in GCh.
dei-mhéinn: "good will", or *dea-mhéin* in GCh; pronounced /d′əi'v′eːŋ′/. The original text of one of the Gospel passages had *deagh-mhéinn*, but this is edited here in line with PUL's usual form and the pronunciations shown in the LS versions of his works.
deichniúr: "ten people"; pronounced /d′en′'huːr/.
deifríocht: "difference", or *difríocht* in GCh; pronounced /d′ef i'r′iːxt/. CFBB points out that AÓL had /d′efə'riːxt/, i.e. *deifearaíocht*. *Deifríocht aigne*, "a difference of opinion".
deighleáil: "dealing, transaction", or *déileáil* in GCh; pronounced /d′əi'l′ɑːl′/.
deighlim, deighilt: "to separate"; pronounced /d′əil′im′, d′əihl′/.
deilgneach: "thorny; of thorns"; pronounced /d′el′ig′in′'əx/.

Glossary

deimhne: "certainty"; pronounced /dˈəinˈi/. *Deimhne ' dhéanamh de*, "to make sure of". *Deimhne ' thabhairt do*, "to give proof/assurance to". *Deimhne ar rud*, "proof of something".

deimhním, deimhniú: "to affirm, certify"; pronounced /dˈəinˈiːmˈ, dˈəinˈuː/.

deimhnitheach: "certain", or *deimhneach* in GCh, used with *de*. Pronounced /dˈəinˈihəx/.

deinim, déanamh: "to do, make", or *déanaim, déanamh* in the GCh. *Is cuma leó cad a dhein an tréad*, "they don't care what happened to the flock". *Déanamh amach*, "to make out, conclude". *Go ndéantar* where found in the Lord's Prayer and elsewhere is not adjusted to the general dialectal form *go ndeintar*, as usage in prayers in likely to be calcified, but IWM (83) shows the pronunciation to be /gə nˈeːnˈtər/. Once the fact that PUL stated he had *-tear* after slender stems in the present autonomous, this produces *go ndéintear* (a spelling found in many of PUL's works), which is therefore used here. In *Liodán Íosa*, *dein* is adjusted to *déin* throughout, in line with the transcription in LS, as *déin* was used in formal religious language. *Go ndeárna* is retained in *An Teagasc Críostai*, where the meaning is the same as *gur dhein*, allowing some calcified forms to stand in formal religious language.

déirc: "alms, charity", with *déarca* in the genitive. *Déirc le feiscint* in Sermon XLIV means "almsgiving indisputably achieved", or something like that.

deirim, rá: "to say". *Agus go ndeirthí-se gur le cómhacht Bhílsebuib a chuirim-se na deamhain amach* in the Gospel passage for Sermon XXIIa uses an archaic second-person plural of the present tense: *deirthí* here means *deireann sibh*, and is not the past habitual autonomous. The historic dependent form *abraim*, /ɑbərimˈ/, is found here in one Gospel passage (PUL argued that such usage was more emphatic: in NIWU, 1, he said that *tá abartha agam* meant "I have made an assertion", whereas *tá ráidhte agam* meant "I have said what I wished to say"). The plural imperative is *abraidh*, /ɑbərigˈ/. Similar forms in *abr-* are found in the subjuntive: *sara n-abrad*, "before I say", /sɑrə nɑbərəd/, and in the third-person imperative, *abradh sé*, /ɑbərəx ʃeː/, "let him say". *Abarthar* in the present autonomous is found in *An Teagasc Críostai*. Use of *a rá go* is often counterintuitive to English speakers. The meaning is "to think that, to consider that": *is mór an iúnadh linn-na anois a rá go bhféadfadh Peadar agus na deisceabail eile a leithéid sin de thréigean a dhéanamh*, "it comes as a great surprise to us now (to think) that Peter and the other disciples could desert him in that way".

Cad 'deirir leó ná cuireann 'na luí ar a n-aigne féin é sa deireadh: *cad 'deirir leó/leis ná* is a strongly rhetorical device, with the meaning in context here being "and don't they impress it on themselves in the end!" This was explained by PUL in NIWU (133): "*Cad deirir leis nár dhiúltuigh!* What do you say to him that didn't refuse! This *nár* is peculiar. It is negative, while the sense it expresses is strongly positive. The construction emphasizes the unexpectedness of the event. It is constantly in the mouths of speakers and is well understood both in the Irish and the English forms. In English it is

Glossary

sometimes shortened to 'and didn't he refuse!'—contrary to all expectations, he refused".

deirineach: "last, final", or *deireanach* in GCh. A number of spellings of this word exist: PUL's spelling indicated it was pronounced /dʲerʲinʲəx/, whereas AÓL is believed to have had /dʲerʲənəx/.

deisceabal: "disciple". The dative plural, *deisceablaibh*, is /dʲeʃkʲəbəlivʲ/.

deocair: "difficult", or *deacair* in GCh. Pronounced /dʲokirʲ/, with the comparative *deocra*, *deacra* in GCh, pronounced /dʲokərə/. The original text is adjusted to give this spelling.

deoch: "drink", with *di* in the genitive. *Deoch* is masculine here, but feminine in GCh.

deóir: "tear", with the nominative plural here *deóra* and the genitive plural *deór*.

deólaim, deól: "to suck", as of a baby suckling at its mother's teat; or *diúlaim, diúl* in GCh.

deónaím, deónú: "to consent to, condescend to".

diabhal: "devil"; pronounced /dʲiəl/.

diabhalta: "awful (or in some contexts, great)"; pronounced /dʲiəlhə/.

diablaí: "diabolical", or *diabhlaí* in GCh.

diachair: "affliction, distress".

diacht: "divinity", a variant of *diagacht*. As the manuscript of Seanmóin XXXVII shows *diagacht* stood in the printed book where *diacht* was found in the manuscript, a decision has been made to standardise on *diacht* throughout, including in the chapters for which no manuscript is available.

diaidh: "wake, rear"; pronounced /dʲiəgʲ/. *Rud d'fhágaint it dhiaidh*, "to leave something behind you". *Na dhiaidh san is uile/eile*, "even so, notwithstanding". *Ná bí i ndiaidh air*, "don't blame him". *Bhí arbhar ag fás ar an dtalamh i ndiaidh na ndaoine*, "corn was growing on the land left behind by the people".

diamhar: "dark, secluded, obscure", or *diamhair* in GCh, which form AÓL had too. (PUL's *diamhar* is influenced by the many adjectives in *-mhar*.) Pronounced /dʲiəvər/. *A Rós dhiamhair*, "thou mystical rose".

diamhasla: "blasphemy"; pronounced /dʲiəvəslə/. *Dia 'dir sinn agus diamhasla*, "may God defend us against blasphemy", a saying used upon uttering a blasphemous statement.

dian-olc: "very bad, really bad".

dian-smacht: "strict discipline"; pronounced /ˈdʲiənˌsmaxt/.

díbheirg: "wrath, vengeance". CFBB (87) says that DBÓC pronounced this /ˈdʲiːvʲerʲigʲ/, whereas AÓL had /dʲiːˈvʲerʲigʲ/.

díbrim, díbirt: "to banish, drive out", with *as*; *díbrím, díbirt* in GCh. Pronounced /dʲiːbʲirʲimʲ, dʲiːbʲirtʲ/. This is a syncopating verb, with *díbreóidh* in the future tense. The imperative is *díbir*. The verbal adjective is *díbeartha*.

dícheallach: "diligent".

díchreideamh: "unbelief". PUL used the spelling *díthchreidimh* in the genitive in the original text, apparently confusing the (etymologically related) use of *dí-* as a

Glossary

prefix and the use of *díth* governing a following noun in the genitive (as in *díth céille*). For *díth creidimh* (without lenition of *creidimh*), see under *díth*.

dílleachtaí: "orphan", or *dílleachta* in GCh.

dingim, dingeadh: "to wedge, pack tightly". The verbal adjective was found in *An Soísgéal as Leabhar an Aifrinn* as *díngthe*, but is edited here as *dingithe*. Both forms may be found in WM Irish, but *dingithe* is given in CFBB.

dínnéar: "dinner", or *dinnéar* in GCh; pronounced /dʲiːˈŋʲeːr/. The plural is *dínnéaracha*.

díobháil: "harm, damage". *Cad é an díobháil dom ach go ...?*, "I wouldn't have minded apart from the fact that ..../it wouldn't have been so bad if not for the fact that ..."

díobhálach: "harmful, injurious", but also "badly off, at a loss". *Bíonn an fear deirineach díobhálach*, "the last man comes off badly".

díog: "ditch", with *díg* in the dative, which is often found for the nominative too. *Díg bhóthair*, "a ditch in the road".

díoltas: "vengence, revenge".

diomá: "disappointment", or *díomá* in GCh. The original text had *díombádh*.

diomách: "disappointed, dejected", or *díomách* in GCh. The original text had *díombádhach*.

díonaim, díonadh: "to protect, shelter" (*ar*).

diongbhálta: "steadfast, staunch", or *diongbháilte* in GCh, pronounced /dʲiŋəˈvaːlhə/.

díoscán: "grinding, squeaking, scraping". *Díoscán fiacal*, "gnashing of teeth".

díreach: substantivised as a "straight place".

díscím, dísciú: "to destroy, exterminate".

díth: "loss or lack of something, destruction, ruin", with *díthe* in the genitive. *Díth céille*, "lack of common sense". FGB has *díchiall* in this sense. *Rud ana-dhíth céille* here shows this noun phrase can function as an adjective, "something very foolish/lacking in sense". *Lucht díth creidimh*, "people lacking in faith".

dithneas: "haste, urgency" (*ort*). Pronounced /dʲihinəs~dʲehinʲəs/ (transcriptions given in IWM and LASID respectively).

diúgaim, diúgadh: "to drain, drink to the dregs". PUL regularly used this form, but CFBB has *díogaim, díogadh* (which is otherwise mainly found in verse).

diúid: "stump". *Greim diúid*, "a vice-like grip". This is *greim dúide* in FGB. CFBB (89) shows some speakers of WM Irish had *greim dúide*, while others had *greim diúid* (this was the usual form found in PUL's works). The form *diúid* may derive from a linking by folk etymology of *díuit*, which meant "sincere, single-minded; simple, not compound" in Old Irish, with *dúid*, "stump".

diúité: "duty", especially a religious duty.

diúltadh/diúltú: "refusal".

dleathach: "lawful, proper"; pronounced /dlʲiˈhɑx/.

dlí: "law". *Dli* is feminine here, but masculine in GCh.

dlistineach: "legitimate, proper".

dlúth-mhachnamh: "intent contemplation, close consideration".

Glossary

dlúth-ócáid: "an immediate occasion" for something.
do-chreideamhach: "lacking in faith". GCh has *creidmheach*, with a slender *v*.
do-chríochnaithe: "unending". The vowel of the prefix *do-* is given its full pronunciation, /do'xrʹiːxnihi/.
do-dhéanta: "impossible, hard to do". Note that the *do-* prefix is always fully pronounced /do-/ and does not become a neutral vowel.
do-fheicse: "invisible", or *dofheicthe* in GCh.
do-leighiste: "incurable"; pronounced /do'lʹəiʃtʹi/. FGB has *doleigheasta*.
do-mharaitheach: "immortal", or *do-mharaithe* in GCh; pronounced /do'vɑrəhəx/.
do-thíos: "churlishness".
do-thíosach: "inhospitable, churlish"; pronounced /do'hiːsəx/. The vowel in the prefix *do-* is not reduced to a neutral vowel in this and similar words.
do-thuisceanta: "incomprehensible, hard to understand". Compare *dothuigthe* in GCh.
do: "to, for". Note that the classical spelling of the preposition pronoun *dó* is adopted in GCh, but this is pronounced /do/ in the WM dialect and so edited as *do* here. *Daoibh*, "for you (plural)", is pronounced /dʹiːvʹ/, and therefore edited as *díbh* here. With the second-person plural possessive *dʹbhur* is *dúr* in WM Irish. *Dul dhon ghorta* is edited here as *dul ʹon ghorta*.
dó': "hope, expectation;", or *dóigh* in GCh. *Is dóʹ leat*, " you think". *Dob olc an dóʹ iad*, "they were not to be trifled with".
dobrónach: "grieving, afflicted, dejected".
dóchas: "hope".
dóichí-de: "all the more likely". This is a 'second comparative' form, similar to *feárr-de, usa-de, miste*, meaning "all the more X for it".
doiciúil: "hard to manage, difficult".
doilíos: "sorrow, melancholy"; pronounced /do'lʹiːs/.
doimhinn: "deep", or *domhain* in GCh; pronounced /dəiŋʹ/. The plural and comparative *doimhne* is pronounced /deŋʹi~doŋʹi/.
doimhne: "depth"; pronounced /deŋʹi/doŋʹi/.
doimhneas: "depth"; pronounced /deŋʹəs/.
doircheacht: "darkness"; pronounced /dorʹihəxt/; *dorchacht* in GCh.
doirchím, dorchú: "to darken"; pronounced /dorʹiʹhiːmʹ, dorə'xuː/. (The verbal noun tends to have a broad *ch*, which is the historically correct form.) *Dorchófar* in the original is edited as *doircheófar* here.
doirtim, dortadh: "to spill".
dólás: "sorrow, contrition, anguish".
domhan: "world"; pronounced /doun/.
Domhnach: "Sunday". *Lá Domhnaigh*, "on Sunday", pronounced /lɑː dounigʹ/.
domlas: "gall, bile"; pronounced /duməlǝs~doməlǝs/.
donas: "misfortune, affliction". *Dhéanfadh sibh an donas air*, "you would have done him mischief".
Doncha Dí: this appears to be an incorrect rendering of the Co. Down placename, Donaghadee, which is the easternmost point of the Irish mainland. The correct

515

Glossary

Irish form is *Domhnach Daoi*, "Daoi's church". The phrase "from Donaghadee to Tigh Mhóire" refers to the eastern and western extremities of Ireland. See also *Tigh Mháire*. PUL's form would be pronounced /dunəxə d'i:/.
dorcha: "dark"; pronounced /dorəxə/.
dorchadas: "darkness". PUL told Risteárd Pléimeann in a letter dated March 10th 1918 held in the G 1,277 (1) collection of manuscripts in the National Library of Ireland that *doircheacht* was the colloquial word for "darkness", the pedantic word being *dorchadas*. Pronounced /dorəxədəs/.
dorn: "fist"; pronounced /dorən/. With *dóirne* in the plural.
dóthain: "enough". *Do dhá dhóthain de rud a bheith agat*, "to have your hands full/have more than enough of something". *A ndóthain mór fíona*, "more than enough wine for them".
drachma: "drachma", an ancient Greek coin usually made of silver. In first-century Palestine this was equivalent to half a shekel and equal to a day's wage for a labourer.
dranna-gháire: "mocking smile", or *dranngháire* in GCh.
draoi: "druid, wizard, sorcerer".
dreó: "rotting away, decay".
dreóile: "puniness", or *dearóile* in GCh.
dreóim, dreó: "to rot away".
dreóite: "rotten".
dridim, dridim: "to get close to, approach, move near", but often more generally simply "to move"; *druidim, druidim* in GCh. The spelling is adjusted in this edition.
dríodar: "dregs, refuse; curdled or corrupt matter".
driotháir: "brother", or *deartháir* in GCh.
driseach: "thorns, brambles"; pronounced /dr'i'ʃax/.
driuch: "sickly appearance". This would be *dreach* in GCh.
droch-aicme: "a bad set of people".
droch-aigeanta: "malevolent, ill-disposed".
droch-aigne: "malice, evil disposition"; pronounced /drohag'in'i/.
droch-bhalaithe: "smell", or *droch-bholadh* in GCh. This is corrected from *droch bhaluith* in the original text.
droch-bheart: "evil deed"; pronounced /drov'art/. The plural is *droch-bhearta*.
droch-bhéas: "bad habit, vice".
droch-bheithíoch: "vicious beast". The plural here is *droch-bheithíocha*.
droch-bhó: "worthless cow", with *droch-bhuin* in the dative.
droch-bhraon: "bad drop", referring here to the suppuration caused by a brush with a gooseberry-thorn.
droch-chainnt: "bad language", or *droch-chaint* in GCh.
droch-chleachtadh: "vice, evil habit".
droch-chómhacht: "an evil power", probably referring to an evil spirit or devil. Pronounced /dro'xo:xt/. This would be *droch-chumhacht* in GCh.
droch-chómhairle: "bad advice"; pronounced /dro'xo:rl'i/.

Glossary

droch-chómharsanacht: "bad behaviour", such as might be displayed by a bad neighbour; pronounced /droˈxoːrsənəxt/.
droch-chómhluadar: "bad company, people who are a bad influence on you"; pronounced /droˈxoːluədər/.
droch-chómhrá: "un-Christian, bad conversation"; pronounced /ˌdroxoːˈrɑː/.
droch-chomrádaí: "a friend who is a bad influence"; pronounced /ˌdroxuməˈrɑːdi/.
droch-chrích: "bad fate or way to end up".
droch-chroí: "ill-will, evil disposition".
droch-dhriuch: "sickly appearance" (*ort*).
droch-dhúil: "evil desire".
droch-fhocal: "bad word, expletive"; pronounced /drohokəl/.
droch-fhuadar: "evil activity"; pronounced /droˈhuədər/.
droch-ghaoth: "bad wind". *Droch-ghaoth* can also refer to something causes a belch or breaking of wind, in any case not a serious illness in the context of Sermon XXXVII.
droch-ghníomh: "evil deed"; pronounced /droˈɣnʹiːv/.
droch-íde: "maltreatment, abuse"; pronounced /droˈhiːdʹi/.
droch-íntinn: "bad intention, ill-will".
droch-iompar: "bad conduct, misbehaviour"; pronounced /droˈhuːmpər/.
droch-lámh: "a bad hand". *Is é an t-uabhar a chuireann an chéad droch-lámh sa duine*, "it is pride that first has an evil hand in the person's development".
droch-mhachnamh: "a bad thought".
droch-mheas: "a poor opinion (of something)"; pronounced /drovʹas/.
droch-mhéinn: "ill will", or *droch-mhéin* in GCh.
droch-mheón: "evil mind or disposition".
droch-mhian: "evil desire". This is masculine here, with *droch-mhiana* in the genitive. *Mian* is feminine in FGB.
droch-mhianach: "baseness of character, viciousness".
droch-mhiotal: "aggressiveness, meannness".
droch-mhúinte: "ill-mannered"; pronounced /droˈvuːntʹi/.
droch-pheaca: "grievous sin".
droch-pheacach: "a grievous sinner"; pronounced /ˌdrofʹəˈkax/.
droch-radharc: "an evil sight".
droch-shampla: "good example"; pronounced /droˈhaumpələ/.
droch-shaol: "bad times", a phrase used to refer to the famine period of the 1840s. Pronounced /droˈheːl/.
droch-shlí: "a bad way"; pronounced /droˈhlʹiː/.
droch-shúil: "evil eye", but used in the Gospel passage for Sermon XVI in reference to envy.
droch-smaoineamh: "bad thought".
droch-spriocadh: "evil incitement".
droch-staid: "a state of sin".
droch-thaobh: "bad side". *An droch-thaobh den scéal*, "the worst interpretation of the matter" in Sermon XXXIII.

Glossary

droch-theangmhálaí: "a bad associate"; pronounced /ˌdrohəŋəˈvɑːliː/.
droch-thíoránach: "evil tyrant".
droch-úsáid: "abuse".
drud: "a jot", used in negative phrases referring to people not uttering a word. *Ní fhanann drud ann*, "he falls silent".
druím: "back" (in metaphorical senses). *Druím lámha ' thabhairt le*, "to abandon, turn your back on". Pronounced /driːmʹ/. In non-metaphorical senses, the word for "back" is *drom*.
drúis: "lust".
drúiseóir: "adulterer, libertine".
drúisiúil: "lascivious, lustful".
dua: "trouble" (taken with something). *Dua ruda ' dh'fháil*, "to put yourself out, go to trouble with something".
duairc: "morose, gloomy".
duairceas: "moroseness, gloominess".
dualgas: "duty". The plural here is *dualgaisí*, where *dualgais* stands in GCh.
dubh: "black". *Ní dheineann an Críostaí chómh dubh san ar fad é*, "the Christian doesn't do it in such a clear or black-and-white manner". *Ó dhubh go dubh*, "from dawn till dusk". *Go dubh*, "malevolently". The plural *dúbha* is /duː/.
dúbhach: "dismal, melancholy"; pronounced /duːx/.
dúbláil: "double-dealing"; pronounced /duːbəlɑːlʹ/.
dúil: "desire". *Dúil saolta* in the original is adjusted to *dúil shaolta* here. *Chun dúil a chur insna nithibh fónta* is edited here as *chun dúil'*, with an apostrophe showing elision of the final vowel of the genitive or simple non-declension.
duilliúr: "leaves, foliage".
duine: "person". *Blúire beag don duine acu*, "a little bit for each person".
dúire: "hardness, rigidity, stupidity".
dul amú: "erring, going astray".
Dul-fé-láimh-Easpaig (an Dul-fé-láimh-Easpaig): substantivised as "the Sacrament of Confirmation". De Bhaldraithe has both *dul faoi láimh easpaig* and *comhneartú* (=*cóineartú* in FGB).
dul: "condition, state". *Ar aon dul le*, "in line with, of a piece with".
dún: this should mean "fortified place", but translates "town" in the Douay version of the Gospel passage for Sermon XLIX.
dúr-chroí: "hardness of heart".
dúr: "hard, unfeeling, rigid".
dúradán: 1. "speck, mote, minute particle". 2. "stupid person". This second meaning is found in FGB, which states it is a variant of *dúramán*. *Dúradán stuacach stailce*, "a stubborn and sulky idiot".
dúthaigh: "land, region, district"; pronounced /duːhigʹ/. This corresponds to *dúiche* in GCh. The genitive is *dútha*.
dúthracht: "fervour, devotion"; pronounced /duːrhəxt/.
dúthrachtach: "fervent, earnest, devoted"; pronounced /duːrhəxtəx/.

Glossary

eabhar: "ivory"; pronounced /aur/. The Munster pronunciation is given on teanglann.ie as /eːvər/. It seems some native speakers have a long vowel at the beginning of this word, which then forestalls diphthongisation. The LS version of *An Teagasc Críostai* has /ɑver/.

Eabhra: "Hebrew"; pronounced /aurə/.

éag: "death"; pronounced /iag/. *Solas a chur in éag*, "to put the light out".

eagal: "fear". This form of *eagla* tends to be used before prepositional pronouns using *le* and *ar*: *is eagal liom, tá eagal orm*.

éaghmais: "absence, lack", or *éagmais* in GCh; pronounced /iamiʃ/. *In éaghmais*, 1. "in the absence of", making do without something; 2. "besides, other than".

eagla: "fear"; pronounced /ɑgələ/. This is masculine here, but feminine in GCh.

eaglais: "church". *An eaglais* is pronounced /ən 'ɑgəliʃ/, with a broad *n* (see CFBB, 270). The genitive is adjusted here to the *eagailse* found in many of PUL's works, including *Na Cheithre Soisgéil*, from *eaglaise* in the original text.

eagna: "wisdom"; pronounced /ɑgənə/.

eagnaí: "wise"; pronounced /ɑgə'niː/.

éagóir: "injustice". *Éagóir a dhéanamh ar do chreideamh*, "to wrong/do wrong by your faith".

éagsamhlach: "extraordinary, uncommon", or *éagsúlach* in GCh; pronounced /iag'saulǝx/.

ealaí: "art, science, skill". *Ní healaí dhúinn é*, "it does not behove us".

éalaím, éaló: "to steal towards or move stealthily towards", or *éalaím, éalú* in GCh. *Rud d'éaló ort*, for something to steal up on you.

earrach: "spring; the spring agricultural work"; pronounced /ə'rɑx/.

earráid: "error". *Earráid creidimh*, "false belief".

éasca: "easy, free, fluent"; pronounced /eːskə/. PUL wrote in NIWU (43) that *éasga* would be better spelt *aosga*.

eascaine: "curse"; pronounced /ɑskin'i/.

eascainím, eascainí: "to curse" (*ag eascainí ar dhuine*).

easláinte: "ailment, ill-health".

easlán: "sick person, invalid".

easnamh: "want, shortage"; pronounced /ɑsnəv/. *Rud in easnamh orthu*, "something they are/were lacking".

easonóir: "dishonour"; pronounced /ɑsə'noːrʹ/.

easúmhlaíocht: "disobedience, rebelliousness"; pronounced /ˌɑsuː'liːxt/.

éidir: "possible". PUL explained the difference between *éidir* and *féidir* as follows: "The phrase *ní h-éidir* is not the same as *ní féidir*. *Ní h-éidir* expresses the fact that the thing contemplated is very unexpected. For instance, a person sees a horse stretched out motionless in a field, and he says, *ní h-éidir gur marbh a bheadh sé!* Could it be at all possible that it is dead he is! There is a question implied in *ní h-éidir*. There is no question implied in *ní féidir*. It is a statement made with certainty" (NIWU, 62). This explanation appears to be one of the many instances where PUL concocted an explanation to his own satisfaction of

Glossary

variation in Irish. *Éidir* is effectively obsolete, and the use of the older form could be said to have a rhetorical nuance.

éigean: "violence, force". *B'éigean dóibh*, "they had to". AÓL had *b'éigint do* (e.g. in *Scéalaíocht Amhlaoibh*, 23).

Éigipt (an Éigipt): Egypt. *Éigipt* was traditionally pronounced *Éijipt* /eːdʒip(t)/ in WM Irish, influenced by the English pronunciation (see *Éjip* in "Habit Shirt", 96).

eile: *uile* is often found as *eile* in phrases like *'na dhiaidh san is eile*; see under *diaidh*.

Eilís: 1. Elizabeth I (1533-1603), queen of England and Ireland 1558-1603. She was the daughter of Henry VIII. 2. Naomh Eilís, St. Elizabeth, the mother of St. John the Baptist.

éiltheóir: "claimant".

éim, éamh: "to cry out, call upon, moan to"; pronounced /eːmʲ, eːv/. The preterite was found in the original as *d'éigh*, being adjusted in this edition to *d'éimh*. This follows the wider attested usages of PUL's Irish and reflects the principle that verbs with verbal nouns ending in *-mh* tend to have preterites in *-mh*, with some exceptions (e.g. *chuímhnigh*).

éimhím, éimhiú: "to refuse, reject". The original text had *éimigh*, but the spelling here is adjusted in line with that in PUL's *Mo Shlighe chun Dé*. FGB has *éimím, éimiú*.

éinne: "anyone", or *aon duine* in GCh.

Éire: Ireland, with *na hÉireann* in the genitive and *Éirinn* in the dative.

eireaball: "tail". *Pléisiúr go bhfuil eireaball air*, maybe "pleasure that has consequences or further implications".

éirí-in-áirde: "airs, uppishness".

eiriceadach: "heretic", or *eiriceach* in GCh.

eiriceadaí: "heretic", or *eiriceach* in GCh.

éirím, éirí: "to rise". This word is pronounced /əiˈrʲiːmʲ, əiˈrʲiː/ in WM Irish, and all cognates have /əi/ too. *Gach aon lá a ' dh'éiríonn orainn*, "every day of our lives".

éirim: "aptitude, talent". *Éirim aigne*, "intelligence".

éirleach: "havoc, confusion, commotion; destruction, slaughter". GCh has *eirleach*.

eisean: "he", the disjunctive form of the emphatic pronoun. Pronounced /iʃən/.

éisteacht: "hearing, the ability to hear".

éistim/éistím, éisteacht: "to listen, hear". Also, "to keep silent, keep your peace". *Do bhéal d'éisteacht*, "to shut your mouth". Where the meaning is "keep silent", the imperative *éist* can be *eist*, and where a short vowel is found in the original, it is therefore retained here: *eistidh!*, "be silent! speak no more!"

eiteachas: "refusal"; pronounced /iˈtʲaxəs/.

éitheach: "falsehood". *An t-éitheach a thabhairt do*, "to contradict, show to be a lie". *Leabhar éithigh do thabhairt*, "to swear falsely, perjure yourself".

eitím, eiteach: "to refuse". *Duine ' dh'eiteach*, "to refuse someone, turn him down". Pronounced /eˈtʲiːmʲ, iˈtʲax/.

Glossary

Eli, Eli, lamma sabactáni: an Aramaic phrase, "My God, my God, why hast thou forsaken me?" uttered by Jesus in Matthew 27:46 (Ἠλί, Ἠλί, λεμὰ σαβαχθανί) on the cross. This is a reference to Psalm 21:2 (Psalm 22 in some Bibles).

Elias: Elijah.

Eóin Baiste: St. John the Baptist.

Eóin: St. John the Evangelist.

eólas: "knowledge". *Eólas a dhéanamh do*, "to serve as a guide to".

eólgaiseach: "knowledgeable", or *eolach* in GCh.

eórna: "barley", with *eórnan* in the genitive.

ephphéta: this is an Aramaic word found in Mark 7:34, meaning "be opened". This is otherwise transcribed as *ephphatha* (ἐφφαθά). In Aramaic, this is אתפתח or אפתח.

Epiphaní: "Epiphany". GCh has concocted *Eipeafáine*. *An tarna Domhnach tar éis an Epiphani*, "the Second Sunday in Ordinary Time".

fabhar: "favour" (i.e. a request performed for someone); pronounced /faur/. *I bhfabhar duine*, "in someone's favour".

fabhra: "edge, fringe"; pronounced /faurə/.

fada: "long". *Ní fada go*, "it doesn't take long before".

fágaim, fágáilt/fágaint: "to leave", or *fágaim, fágáil* in GCh.

faid-araíonach: "long-suffering, patient", or *fadaraíonach* in GCh. This is adjusted in this edition to give a slender *d*, as all such compounds have *faid-*. (The noun *faidearadha* is found in many of PUL's works.)

faid-fhulag: "long-suffering", or *fadfhulaingt* in GCh. This is adjusted in this edition to give a slender *d*, as all such compounds have *faid-*.

faid: "length", or *fad* in GCh. *An fhaid*, "while", equivalent to *fad* or *a fhad* in GCh. *Cad é an fhaid le dul iad?*, "how far could they go?", in the sense that there would not be enough of them to go round.

fáidh: "prophet"; pronounced /fɑːgʹ/. With *fáidhe* and *fáidhi* in the nominative plural and *fáidhibh* in the dative plural.

faillí: "neglect" (*i rud*). The genitive *faillithe* found here reflects the fact that some Muskerry natives felt the base word to be *faillíth*.

faillitheach: "negligent". Note: this is not the *faillitheach*, with a short medial *i*, found in GCh. The pronunciation is /fɑˈlʹiːhəx/.

failm: "palm"; pronounced /fɑlʹimʹ/. This is *pailm* in GCh. *Domhnach na Failme*, "Palm Sunday".

faire: "to watch, keep a lookout; a watch or vigil". Note that *an faire* is found in the nominative here, whereas the genitive is *na faire*. The word is feminine in GCh.

faireachán: "an act of watching".

Fairisíneach: "Pharisee". The Pharisees were members of a Jewish social movement in first-century Palestine whose beliefs later formed the basis for Rabbinical Judaism after the destruction of the Second Temple in AD 70.

fairseag: "wide, extensive; generous, liberal", or *fairsing* in GCh. The original text had *fairsing*, but this is pronounced /fɑrʃəg/, as is shown in most of PUL's works.

fairsinge: "spaciousness, breadth".

Glossary

fáiscim, fáscadh: "to squeeze, press, tighten, bind". *Fáisc na fiacla ar an ndroch-fhocal,* "bite your tongue instead of using bad language".

fallsa: "false", or *falsa* in GCh; pronounced /faulsə/.

fáltas: "a little supply of something", and by extension "a fair amount of something"; pronounced /fɑːlhəs/.

fán: "wandering". *An Giúdach Fáin,* "the Wandering Jew", a legendary Jew who was reputed (according to legends that originated in the 13th century) to have mocked Jesus on the way to his crucifixion, and was condemned to wander the earth until the Second Coming.

fánaidh: "slope", or *fána* in GCh. *Fánaidh,* pronounced /fɑːnigʹ/, is found in the dative here (*tu féin a chaitheamh le fánaidh,* "to throw yourself down"), but PUL's *Críost Mac Dé* (Vol 1, 116) shows that he had *fánaidh* in the nominative of this word too: *tá tuitim an tailimh, nú an fhánaidh, síos ó chnoc Carmeil, agus ó Nasaret, go Caphárnum. Rith le fánaidh,* "to run down a slope, or just down".

fanaim, fanúint: "to wait, stay", or *fanaim, fanacht* in GCh.

faobhar: "edge"; pronounced /feːr/. *Faobhar ar a chainnt,* "insistence or menace in his voice". *Faobhar ar do shúilibh,* "looking daggers". CFBB shows the genitive is pronounced /fiːrʹ/ and so it is edited here as *faoir. Arm faoir,* "bladed weapons".

faoistin: "confession". *Cathaoir faoistine,* "a 'station' (house or other place) where confessions were arranged to be heard", also known as *suíochán faoistine.*

faolchú: "wild dog, wolf", with *faolchuin* in the plural.

fásach: "desert, wilderness".

fáscadh: "squeezing". *Fáscadh béil,* "pursing of the lips (i.e. in criticism of someone)". *Fáscadh ar do chroí,* "your heart being wrung" (in various senses, e.g. with grief).

fé bhun: "below, beneath", or *faoi bhun* in GCh. *Ní dócha go bhfuil radharc fé bhun Dé ar an dtalamh so is leimhe ná é,* "it is unlikely there is any sight on God's earth more insipid/silly than such a person".

fé ndeár, fé ndeara: "cause, reason". Gerald O'Nolan points out in his *A Key to the Exercises in Studies in Modern Irish, Part I,* 3-4, that in Munster Irish it is usual to say *tabhairt fé ndeara* for "to notice", but *fé ndeár* for "cause", but in any case *fé ndeara* may also be found in the meaning of "cause" (compare *feárr/fearra*). Pronounced /fʹeː nʹaːr, fʹeː nʹarə/.

fé: "under", or *faoi* in GCh. We find *ag déanamh magaidh faoi,* "mocking him, jeering at him", here, using the extra-dialectal *faoi,* and this is retained here wherever found in the original to avoid giving the impression that PUL never used extra-dialectal forms. *Fá* was found once in the original text for *fé* and *fád* was found for *fád dhéin*: these have been edited here as *fé* and *féd dhéin. Fét dhéin* is found in *Seanachas Amhlaoibh* (237), as the *d* can become a *t* before the /jʹ/ of *dhéin.*

feabhas: "excellence; improvement in health"; pronounced /fʹaus/. The genitive here is *feabhsa. Feabhais,* the genitive accepted in GCh, is also found in PUL's Irish.

féachaim, féachaint: "to look (at)". The plural imperative is found here as both *féachaidh* and *féachaídh. Féachaint chút,* "to watch out (for yourself)". *Féachaint*

Glossary

suas chun duine, "to look up to someone". *Féachaint rómhat*, "to look out for yourself", in the sense of looking ahead and considering the future.

féachaint: *cur ' fhéachaint ar*, "to force or compel someone". This would be *iallach* or *iachall a chur ar* in GCh. PUL uses this phrase without an intervening *de*, but the phrase may be found as *cur d'fhéachaint ar dhuine rud a dhéanamh*.

feadar: "I know", usually found in negative or interrogative contexts, with *ní fheadar* meaning "I don't know, I wonder". *Ní fheadair sé*, "he doesn't know". *Ní fheadraís*, "you don't know", pronounced /nʹi: adəˈriːʃ/. *Ní fheadraís ná go*, "you never know (but that)". *Ní fheadramair*, "we don't know", /nʹi: ˈadərəmirʹ/. While this verb is spelt *ní fheadair sé* in both present- and past-tense meanings in GCh, there was traditionally a distinction between *ní fheadair sé*, present tense, and *ní fheidir sé*, past tense, pronounced /nʹi: ˈedʹirʹ ʃe:/. This distinction is found here, but *Scéalaíocht Amhlaoibh Í Luínse* (23) shows that AÓL didn't have it.

feadh: *ar feadh*, "throughout, during"; pronounced /er fʹag/.

feall: "deceit, evil, betrayal"; pronounced /fʹaul/.

fear tí: "householder, master of the house". This can be found hyphenated, and was found as *fear-tíghe* in the original text.

fearg: "anger", with *feirge* in the genitive and *feirg* in the dative; pronounced /fʹarəg, fʹerʹigʹi, fʹerʹigʹ/.

feárr-de: "all the better". This is a 'second comparative' form, similar to *déine-de*, *usa-de*, *miste*, meaning "all the more X for it".

feasta: "from now on, henceforth".

feidhm: "force, effect"; pronounced /fʹəimʹ/. *Rud do chur i bhfeidhm*, "to put something into effect". *An fhírinne ' chur i bhfeidhm ar*, "to persuade someone of the truth".

feighil: "care, attention". This can be written *feighilt* and so is pronounced /fʹəihlʹ/. *I bhfeighil ruda*, "attending to something".

féile: "vigil; feast-day", a word that originally referred to the vigil of the feast on the evening before the feast-day, but which later came to denote the feast-day itself. *Lá fhéile Muire*, "Lady-day, the Feast of the Annunciation (March 25th)", is edited here as *Lá 'le Muire*, in line with the pronunciation and the transcription in LS. The lack of lenition on saints' names in such phrases reflects calcified usage.

feirm: "farm"; pronounced /fʹerʹimʹ/.

féith: "sinew", with *féitheacha* in the plural.

feitheamh: "to wait" (with *le*), a verbal noun pronounced /fʹihəv/.

feóchadán: "thistle".

feóchaim, feóchadh: "to decay, wither", or *feoim, feo* in GCh; pronounced /fʹo:ximʹ, fʹo:xə/. The verbal adjective is *feóchta* where GCh has *feoite*.

fiabhras: "fever"; pronounced /fʹiəvərəs/.

fiacal: "tooth", or *fiacail* in GCh. Note the epenthetic vowel in the plural, *fiacla*, pronounced /fʹiəkələ/.

fiach: "hunt, chase" (*i ndiaidh ruda*).

fiach: "obligation". *Díol fiach*, "the discharging of a debt; recompense, compensation". *Cur ' fhiachaibh*, "to force or compel someone". This would be

Glossary

cur d'fhiacha in GCh. PUL uses this phrase without an intervening *de*, but the phrase generally occurs in traditional Munster Irish as *cur d'fhiachaibh ar dhuine rud a dhéanamh*. *Fiacha* literally means "debts", and the use of *fiacha* reflects some kind of confusion with the related phrase *cur d'fhéachaint*. PUL claimed in NIWU (135) that there was a "manifest difference" between *d'fhiachaibh* and *fhéachaint*, with the former meaning "bound" to do something, and the latter "made" to do something. *Pace* PUL, the two forms seem interchangeable. *Fiacha ' chur suas*, "to contract a debt". *Fiacha ' thabhairt anuas*, "to pay down a debt".

fiachaim, fiach: "to hunt, chase".

fiafraím, fiafraí: "to ask (a question of someone)", used with *de*. Pronounced /fiərˈhiːmʼ, fiərˈhiː/.

fiain: "wild". As the pronunciation is /fianʼ/, there seems no reason for the GCh spelling, *fiáin*, other than that the original spelling was *fiadhain*. *Imeacht fiain*, "to go wild, run wild".

fianaise: "evidence, testimony". *Fianaise le rud*, "evidence of something". *Fianaise ' dhéanamh ar rud*, "to bear witness to something". *I bhfianaise (duine)*, "in someone's presence".

fige: "fig". The original text of PUL's gospels had a long *i* in this word, which is adjusted here (there is a short *i* in this word in PUL's manuscript translation of Genesis 3:7). *Crann fige*, "fig-tree".

fillte: "folded". *Fíllte ar a chéile*, "folded over".

fím, fí: "to weave".

fíniúin: "grapevine". *Caor fíniúna*, "grape".

fínné: "witness", with *fínnithe* in the plural.

fiolar: "eagle", or *iolar* in GCh.

fíon: "wine", with *fíonta* in the plural.

fíonghort: "vineyard", with *fíonghuirt* in the genitive.

fíonóid: "mocking, jeering", with a slender *ʃ* used in this edition as CFBB shows a pronunciation of /fəˈnoːdʼ/ with a slender *ʃ*.

fíor-chreideamhach: "true believer".

fíor-dhealbh: "truly destitute, very poor", pronounced /ˈfiːrjalev/.

fíor-fhuil: "pure, noble blood". *An fhíor-fhuil Ghaelach ionat*, "of true Gaelic stock".

fíoraim, fíoradh: "to fulfil, make true, come true", or *fíoraím, fíorú* in GCh.

fíoraon: "a just or righteous person", or *fíréan* in GCh. IWM shows that AÓL had /fiːˈrʼeːn/, but PUL regularly spells it with a broad *r*. The genitive and plural are edited here as *fíoraein* to retain the long *e* in the pronunciation.

fíoraonta: "righteous", or *fíréanta* in GCh.

fíoraontacht: "righteousness", or *fíréantacht* in GCh.

fios: "knowledge". *Fios a chur ar*, "to send for". *Tar éis fios d'fháil dúinn, trí theachtaireacht an aingil, ar theacht Íosa Críost*, "after the coming of Jesus Christ was made known to us through the angel's message".

fiosach: "knowing", or *feasach* in GCh. *Go fiosach*, "knowingly, wittingly, deliberately". This is pronounced /fiˈsɑx/.

fiú: "worth". *Níorbh fhiú leó air é*, "they didn't think he was worth doing it for".

Glossary

flaithiúil: "munificent, generous".
fleasc: "rod". *Ar fleasc a dhroma*, "on the flat of his back".
fliuchra: "wetness, wet weather", or *fliuchras* in GCh; pronounced /fl′uxərə/.
flúirse: "abundance, plenty".
flúirseach: "abundant, plentiful".
fó: this is a by-form of *fé* used in multiplication. *Fó chéad*, "a hundredfold". GCh has *faoi chéad*.
focailín: "little word", but also "short phrase".
focal: "word", with *foclaibh* in the dative plural. Pronounced /fokəl, fokəliv′/.
fochair: "proximity, presence". *I bhfochair*, "together with, in the presence of".
foghail: "plundering, pillaging"; pronounced /foul′/.
foghlamaím, foghlaim: "to study", or *foghlaimím, foghlaim* in GCh.
fógra: "announcement"; pronounced /fo:gərə/.
fógraim, fógairt: "to announce, declare"; or *fógraím, fógairt* in GCh. Pronounced /fo:gərim′, fo:girt′/.
foighne: "patience"; pronounced /fəiŋ′i/.
foighneach: "patient"; pronounced /fəiŋ′əx/.
foighním, foighneamh: "to endure, have patience (with)", used with *le*; pronounced /fəi′ŋ′i:m′, fəiŋ′əv/.
foílsím, foílsiú: "to reveal, disclose; publish". The LS edition of *An Teagasc Críostaí* shows a diphthong here, /fəil′ʃi:m′, fəil′ʃu:/, but PUL told Risteárd Pléimeann in responses written directly on a letter from the latter dated January 4th 1918 catalogued under G1,277 (1) in the Shán Ó Cuív papers held in the National Library of Ireland that the pronunciation was with *i* and not *oy*. Consequently, this is /fi:l′ʃi:m′, fi:l′ʃu:/, at least in PUL's Irish.
foircheann: "end, extremity", or *foirceann* in GCh. This was spelt *fóirchean* in the original text, but where this occurs in *Aithris ar Chríost*, the LS edition of that work shows the pronunciation /for′ihən/. The LS edition of *An Teagasc Críostaí* shows the pronunciation /fo:r′ihən/.
fóirim, fóirithint: "to relieve, save, help, go to the help of", used with *ar*. *Go bhfóiridh Dia orainn*, "God have mercy on us!"
folach: "act of hiding"; pronounced /fə′lɑx/. *I bhfolach*, "hiding, concealed".
folaím, folachadh: "to cover, conceal"; pronounced /fo′li:m′, fə′lɑxə/. The verbal adjective is *folaithe*; *fuilithe* is found in some of PUL's works.
foláir: "excessive, superfluous"; pronounced /flɑ:r′/. *Ní foláir é ' dhéanamh*, "it must be done".
foláramh: "warning", or *foláireamh* in GCh; pronounced /flɑ:rəv/.
folláin: "healthy, wholesome", pronounced /flɑ:n′/.
fómhar: "harvest"; pronounced /fo:r/. *Fómhar a bhaint*, "to reap".
fonn: "desire, wish". *Is fonn báis linn é* is not a widely attested set phrase, but means in context "it's the last thing we want, it is something you would see parting with as a death wish". *D'fhonn*, "with a view to; in order to". This is normally followed by a clause, but here we have *d'fhonn na síochána*, "with a view to peace".

525

Glossary

fonnmhar: "willing, desirous"; pronounced /funəvər/.
foraíor: "alas", or *faraor* in GCh; also *foraíor géar*. CFBB shows the pronunciation /fo'riər/. The original text had *foraoir* and *fóraoír*.
fórleathan: "widespread, extensive".
fórlíonta: "complete".
formad: "envy" (with *chun*); pronounced /forəməd/. As a verbal noun, *ag formad le duine*, "to vie with someone, engage in rivalry with him".
formhór: "majority"; pronounced /forə'voːr/.
fothain: "shelter"; pronounced /fuhin'/.
fothram: "noise, din"; pronounced /fohərəm/.
freagarthach: "answerable, accountable", or *freagrach* in GCh (*i rud*).
freagra: "answer"; pronounced /fr'agərə/.
freagraim, freagairt: "to answer, reply to", or *freagraím, freagairt* in GCh; pronounced /fr'agərim', fr'agirt'/. While the verbal noun is normally *freagairt*, *freagradh* (/fr'agərə/) is also used here. *Freagairt i rud*, "to answer for something, take responsibility for it".
friotháil: "serving, attending". The genitive is given in the original work as *friothálmha* (<*friothálamh*), but is edited here as *friothála* in line with the pronunciation shown in CFBB (113). It seems there is confusion between the genitives of *friothálamh* and *friotháil*, but CFBB states that *friothála* and *friothálaimh* were found.
friothálamh: "ministering to, attending to someone" (*ar*), or *friotháileamh* in GCh.
fromhadh: "proof, test", or *promhadh* in GCh. PUL had *fromadh* in the original text, as in most of his works, suggesting he did not know the correct form of this word, but his *Na Cheithre Soisgéil*, edited by Gerald O'Nolan, has *fromhadh*, with a lenited *m*, no doubt at O'Nolan's instance. This correct form is used in this edition. The genitive in this edition is *frofa* where GCh has *profa*.
fuadach: "abduction, kidnapping".
fuadar: "rush, hurry". *Fuadar a bheith fút*, "to be up to something, bent on something".
fuafar: "hateful, odious".
fuairmín: "footstool".
fuascailt: "redemption". The genitive is found as both *fuascailte* and *fuascalta* in PUL's works.
fuasclóir: "redeemer, deliverer"; pronounced /fuəskəloːr'/. This is *fuascailteoir* in GCh. *Fuascaltóir* is also found in PUL's works.
fuil-shrón: "blood that comes out of your nose".
fuil: "blood". *Lámh fola agus feóla*, "a hand of flesh and blood", shows that Irish orders the words differently.
fuiligim, folag/fulag: "to suffer, endure", or *fulaingím, fulaingt* in GCh. Pronounced /fil'ig'im', foləg~fuləg/. The preterite is *d'fhuilig sé*. The future and conditional have a *c*: *d'fhuiliceódh*. The verbal adjective is edited here as *fuilicthe*, /fil'ik'i/.

Glossary

fuíollach: "left-overs, remnants", or *fuílleach* in GCh. Although the spelling of the original text had a slender *l* in this word, PUL did have a broad *l* in this word: see *gan oiread agus brúsgar fuíolaigh fhágáil* in his *An Craos-Deamhan* (30).

fuip: "whip".

fuiriste/uiriste: "easy", or *furasta* in GCh. *Fuiriste* is more frequently found in lenited contexts, the form without *f-* being more fundamental to the dialect. Where *fhuiriste* is found in non-leniting circumstances, it is edited here as *uiriste*. Pronounced /irʹiʃtʹi~iʹrʹiʃtʹi/.

fuirm: "form", or *foirm* in GCh; pronounced /firʹimʹ/. *Aon rud i bhfuirm saibhris*, "any kind of wealth, anything in the form of wealth".

fulag: "suffering", or *fulaingt* in GCh.

furtacht: "succour, relief", or *fortacht* in GCh.

gabháil: "seizure, capture". *Gabháil iasc*, "catch of fish".

gabhaim, gabháil: "to take; go; capture, seize" and a large range of other meanings; pronounced /goumʹ, gvaːlʹ/. The future and conditional forms of *gabhaim* are aligned with those of the verb *gheibhim*, and so we find *geóbhaid siad* in the future and *geófar* in the future autonomous here where GCh has *gabhfaidh siad* and *gabhfar*. The preterite is adjusted in this edition from *ghaibh* in the original to *ghoibh*, corresponding to *ghabh* in GCh, as the pronunciation is /ɣovʹ/ in WM Irish. Similarly, the imperative is edited here as *goibh*. The verbal adjective is *gofa*, where GCh has *gafa*. *Gabháil ar dhuine*, "to set about someone, beat him up". *Gabháil de chlochaibh i nduine*, "to stone someone". *Gabháil de chosaibh i rud*, "to kick something", and, by extension, "to spurn something". *Gabháil de sciúirsíbh air*, "to beat him with scourges". *Gabháil le rud*, "to receive something, accept it". *An Mhaighdean a gabhadh saor ó pheaca an tsínsir*, "the Virgin who was conceived free of original sin".

gach: "every, each". *I ngach* and *ins gach* are both found here. Relics of eclipsis after *gach* remain in some phrases, as in *breithiúntas a thabhairt ar gach n-aon de réir a n-oibreacha*, "to judge each according to his works". Where *aon* is a numeral adjective, *gach aon duine* is correct Irish; where *aon* is a pronoun, *gach n-aon*, "everyone", is right. Note how a grammatically singular noun which embraces many people, *gach n-aon*, is later referrred to by a plural possessive; a similar phenomenon is exhibited by colloquial English.

Gaelainn (an Ghaelainn): "the Irish language", or *Gaeilge/an Ghaeilge* in GCh, which has generalised use of the (Connemara) genitive. Pronounced /geːliɲʹ/, with *Gaelainne*, /geːliɲʹi/, in the genitive.

Gailílí: Galilee. Tearma.ie has *an Ghailíl*.

Gailílíach: "Galilean". Tearma.ie has *Gailíleach*.

gainimh: "sand", or *gaineamh* in GCh.

gáirdeachas: "gladness, rejoicing", or *gairdeas* in GCh.

gaire: "nearness, proximity"; pronounced /girʹi/.

gaireacht: "nearness, proximity"; pronounced /giˈrʹaxt/.

gáirí: "laughing", or *gáire* in GCh. *Cúrsaí gáiri*, "a laughing matter".

Glossary

gairid: "short". This can be pronounced with a slender g, /gɑrʹidʹ~gʹarʹidʹ/. *Pé fada gairid*, "however long".

gáirim, gáirí: "to laugh", or *gáirim, gáire* in GCh. In WM Irish, *gáire* is a noun, meaning "a laugh", whereas *gáirí* is the verbal noun; GCh has *gáir/gáire* for the former and *gáire* for the latter.

gairm: "call, vocation"; pronounced /garʹimʹ/. *Gairm beatha*, "one's occupation, one's calling in life", where the *b* is not lenited on account of the coincidence of homorganic labials (GCh has *gairm bheatha*).

gal: "steam, vapour". *Gal suip*, "moonshine, something ephemeral, a flash in the pan, nothing", literally "steam from a wisp of straw".

galánta: "decent"; pronounced /glɑ:ntə/.

galar: "sickness, disease".

Gallda: "foreign; English; Protestant"; pronounced /gaulə/.

gann: "scarce, scanty; sparing, miserly"; pronounced /gaun/. *Is é rud is lú is gann dóibh é*, "it is the least they can do".

gaol: "relationship, consanguinity".

gaor: "nearness, proximity"; pronounced /geːr/. This is usually spelt *gaobhar*, but the spelling of the original text has been retained here. *Ní dheineann an chúmparáid in aon ghaor d'iomláine an chirt don tSlánaitheóir féin*, "the comparison doesn't do anything like justice to the Saviour himself". *In aon ghaor do* is regularly found in PUL's works as a qualifier of a noun. See, for example, *ná raibh in aon ghaor doʹn ghustal riachtanach agamʹ athair chun tabhairt fé n-a leithéid dʹobair* in his *Mo Sgéal Féin* (36).

gaoth: "wind", with *gaoith* in the dative. Note the dative in *ó sna cheithre gaoithibh*, "from the four winds, from all directions".

garbh: "rough, uneven"; pronounced /gɑrəv/.

gárdáil: "guard, guarding".

gasta: "smart, clever, shrewd".

gastacht: "smartness, cleverness, cunning".

gátar: "want, need". *'Na ghátar*, "in need of it".

gátarach: "needy; vital".

géag: "bough of a tree; limb", with *géige* in the genitive. *Lúth géige*, "the use of a limb, power of movement in a limb".

geal-gháiriteach: "radiant, cheerful", or *gealgháireach* in GCh. Pronounced /gʹalə-yɑːrʹitʹəx/.

gealacán: "the 'white' of something" (e.g. the white of an eye or the white of an egg), and by extension the central point of something prominent, e.g. knee-caps. *Tu féin a chaitheamh ar ghealacán do dhá ghlún*, "to throw yourself on your knees".

gealach: "moon"; pronounced /gʹəˈlɑx/.

geallaim, geallúint: "to promise", or *geallaim, gealladh* in GCh. *Geallaim dhuit* is pronounced *geallaim ʹot*.

geallúint: "promise, pledge", with *geallúna* in the plural; *gealltanas* in GCh.

geamhar: "corn in the blade"; pronounced /gʹaur/.

528

Glossary

geanmnaí: "chaste, pure"; pronounced /gʹanəmʹniː/.
geanmnaíocht: "chastity, purity"; pronounced /gʹanəmʹniːxt/.
geanúil: "loveable, lovely".
gearán: "complaint"; pronounced /gʹiˈrɑːn/. *Gearán a dhul isteach ort*, "for a complaint about you to be submitted".
géarchúis: "shrewdness, keenness of mind".
géarchúiseach: "astute, shrewd".
géarpháis: "intense suffering or passion".
gearrachán: "cutting remarks".
gearraim, gearradh: "to cut". *Geárrtha amach*, "cut out": this can refer to rewards or punishments being allotted to someone. *'Om ithe 's 'om ghearradh*, "disparaging me and verbally attacking me".
geimhreadh: "winter"; pronounced /gʹiːrʹi/. The genitive, *geímhridh*, is /gʹiːrʹigʹ/.
gheibhim, fáil: "to get, find; find out, realise"; pronounced /jəimʹ, fɑːlʹ/. The verbal adjective found here is *fálta*, /fɑːlhə/; *fachta* is also used in PUL's works. GCh has *faighte*. *Gan fáil ar chasadh aige*, "with no way back".
gin: "foetus, child". This is transcribed as *gen* in the LS edition of the Catechism, but PUL may not have known the correct pronunciation of the word. Dr Seán Ua Súilleabháin has pointed me to *Aifreann na Gine*, "midnight mass on Christmas Eve", which is referred to in *Seanachas Amhlaoibh* (348) as *Aifreann i gcine*, but explained there as *Aifreann sara mbefá ar an saol i n-aochor*. Seán Ó Cróinín added in the notes *gcine> geine* with reference to Dinneen's dictionary, s.v. *aifreann*. Local speakers apparently did not know the derivation of the phrase.
ginearálta: "general". The transcription in LS is *jenearálta*, as if the word were pronounced with an English *j*. Some speakers may have once used a *j*, but the pronunciation is /gʹinʹəˈrɑːlhə/ today.
ginim, giniúint: "to beget, give birth to". Often used in the autonomous: *do gineadh sinn i bpeaca*, "we were born in sin". *Geineadh* (as originally spelt) is transcribed *geneag* in the LS edition. PUL may have known the words *gein* and *geinim* only from literature and may thus have been unsure of the correct pronunciation.
Gínteach: "Gentile", with *Gíntibh* and *Gínteachaibh* in the dative plural.
giollacht: "an act of leading or guiding"; pronounced /gʹəˈlɑxt/.
giorracht: "shortness"; pronounced /gʹiˈrɑxt/. *Ní hé Dia do chuir a saol i ngiorracht*, "it was not God who shortened their lives". *I ngiorracht glao dho*, "near enough to call to".
giost: "yeast", or *giosta* in GCh. Pronounced /gʹist/. The genitive is *giost* here, but *giosta* in PUL's Bible manuscripts.
Giúdach/Giúdaíoch: "Jew". The manuscript of most of this text is not available, but that for Seanmóin XLVIII shows that *níor thuigeadar, áfach, gur cheart do Ghiúdach aon ghrá ' thabhairt do Ghínteach* was altered by a later hand to read *d'Iúdach*, and so the original *Giúdach* is standardised on here. *Iúdach* in the Gospel propers is adjust here to *Giúdach*. The plural is *Giúdaígh* with *Giúdach* and *Giúdaíoch* in the genitive plural.

Glossary

glacaim, glacadh: "to accept". This word takes a direct object here (*rud a ghlacadh*), whereas GCh has *glacadh le rud*. The verbal adjective is *glacaithe* where GCh has *glactha*. *Do ghlac an plúr an giost*, "the flour was leavened".

glaeim, glaoch: "to call", or *glaoim, glaoch* in GCh. This is one of a large number of words where the mid-20th century spelling change has produced a form that yields the incorrect pronunciation in WM Irish. *Duine ' ghlaoch chun an chúntais*, "to call someone to account".

glan: "clean". The comparative *glaine* is /glin'i/.

glao: "call, vocation". Note this word is feminine here, but masculine in GCh.

glaoch ola: "a priest's sick call (for the anointing of the sick)".

glaoch: "call". The plural, *glaeite*, means "the demands on your money, the requirements you need to meet in life".

glasra: "vegetable, herb; vegetation"; pronounced /glɑsərə/.

gléas: "means, accessories". *Gléas éadaigh*, "attire". *Gléas iompair*, "transport, means of conveyance".

gléigeal: "sparkling, pure white".

gléineach: "clear, lucid, glittering".

glóire: "glory", or *glóir* in GCh.

gluaireán: "to whinge, complain".

gluaisim, gluaiseacht: "to proceed, move, go". This verb is generally in the first conjugation in the present and past tenses, but with many exceptions, such as *ghluaisís* here.

glúin: 1. "knee", with *glún* in the genitive plural (the historical nominative singular now replaced by the dative thus reappears). In *ar ghealacán do dhá ghlún*, we see that the genitive dual is also *glún*. 2. "generation, degree of relationship".

gnás: "custom, usage".

gnáth-bhéile: "ordinary meal".

gnáthach: "ordinary, usual", or *gnách* in GCh.

gné: "form appearance". *Fé ghné aráin agus fíona*, "under the accidents of bread and wine" (of the Body and Blood of Christ in the Eucharist).

gníomh: "deed, action", with *gníomhartha* in the plural; pronounced /gn'i:v, gn'i:rhə/. *Rud do chur i ngníomh*, "to put into action, into effect".

gnó: "business, matter". *Gnóthaí an chreidimh do chómhlíonadh*, "to fulfil the requirements of faith". *Déanfaidh sé an gnó (dhuit)*, "it will do, it will suffice for you".

gnúis: "face, countenance". PUL glossed this word in NIWU (60) as "the face as giving expression to the mind and its passions or energies; the equivalent of the Latin *vultus*".

go leith: "and a half"; pronounced /gil'i/.

gobharnóir: "governor". The original text had *gobhernóir*, given as a plainly foreign word.

goile: "stomach; appetite"; pronounced /gil'i/.

goilim, gol: "to weep, cry"; pronounced /gol'im'~gil'im', gol/.

Glossary

goillim, goilliúint: "to adversely affect" or *goillim, goilleadh* in GCh, used with *ar*. The preterite is *ghoíll* with a long vowel.

gol: "weeping", with *guil* in the genitive. *Cúis ghuil*, "a reason to weep or lament".

gor: "to hatch, incubate", used here of someone brooding over past slights.

gorta: "hunger, famine".

grách: "loving".

gradam: "dignity, glory, grandeur".

gráim, gráú: "to love". This is a dated literary form of the verb that PUL may have regarded as appropriate in formal contexts. More natural in modern Irish than *gráóidh* in the gospel passage accompanying Sermon XLVIII would be *tabharfaidh tú grá do* or *beidh grá agat do*. Bedell's 17th-century Irish Bible had *gráidheóchaidh*. PUL's *Na Cheithre Soisgéil*, edited by Gerald O'Nolan, has *gráfaidh tú* (174; Luke 10:27) in the first conjugation.

gráin: "hatred, disgust, abhorrence (*ar*); ugly appearance". *Gráin an léirscriosa*, "the abomination of desolation" in Matthew 24:15. FGB has *gránach* in the genitive, but a declined genitive of this word is rare, and PUL has *an ghráin* in the genitive here, identical to the nominative.

gráinniúil: "hateful, abhorrent, horrid", or *gráiniúil* in GCh.

gráinniúlacht: "abhorrence", or *gráiniúlacht* in GCh.

gránna: "ugly". This word is indeclinable in GCh, but the comparative is found as *gráinne* here. Pronounced /ɡrɑ:nə, ɡrɑ:nʹi/.

grásta: "grace". PSD shows the historical nominative singular to be *grás*, but *grásta* is used as a nominative singular and plural (*an grásta, na grásta*) in PUL's works. The genitive plural is *grást*.

grástúil: "gracious".

greamaím, greamú: "to fix, fasten". *Greamaithe ar rud*, "focused on something". *Greamú istigh*, "to get fixed or fastened in".

greann: "humour, mirth; affection". *Sid é mo Mhac Dílis ar a bhfuil mo ghreann*, "this is my Beloved Son in whom I am well pleased".

greannúr: "funny", or *greannmhar* in GCh. PUL clarifies in NIWU (61) that this word means "queer, comical, peculiar", but not "witty".

Gregóir/Gregorí: Pope St. Gregory I (AD ca. 540-604), Bishop of Rome AD 590-604. He is also known as Gregory the Great, and is one of the Doctors of the Church.

Gréig (an Ghréig): Greece.

Gréigis (an Ghréigis): "the Greek language".

greim: "grip"; pronounced /ɡrʹəimʹ/. *Greim snáthaide do chur*, "to put a stitch in, to darn". *Greim a ghabháil ar dhuine*, "to seize someone, hold him fast".

grian: "sun", with *gréin* in the dative.

grua: "brow".

gruama: "glum, dejected"; pronounced /ɡruəmhə~ɡruəmə/.

guagach: "unsteady, capricious".

guailleáil: "jostling, swaggering about".

guais: "danger".

gual: "coal".

Glossary

guala: "shoulder", replaced in GCh by the dative *gualainn*; with *gualann* in the genitive (singular and plural).

guí: "prayer", masculine in *Seanmóin*, but feminine in *An Teagasc Críostaí* as it is in GCh.

guid: "theft", or *goid* in GCh.

guideóireacht: "imprecation, cursing, swearing", or *guíodóireacht* in GCh. Both *guideóireacht* and *guíodóireacht* are found in PUL's Bible manuscripts (the footnote to Hosea 14:1 and the footnote to Jeremiah 17:18 respectively).

guidim, guid: "to steal", or *goidim* and *goid* in GCh. The verbal adjective is *guidithe* where GCh has *guidte*.

guím, guí: "to pray". This can take a preposition—*guí chun Dé* (*ar dhuine*)—or be used transitively, as *an tAthair a ghuí*.

gunta: "wounded"; also "incisive, trenchant"; or *gonta* in GCh.

guntacht: "sharpness, incisiveness, subtlety", or *gontacht* in GCh.

gus: "vigour, spirit". *Gan ghus*, "worthless, insubstantial".

gustal: "means, wealth, resources". *As a ghustal féin*, "by his own means".

Hannraoi (an t-ochtú Hannraoi): Henry VIII (1491-1547), king of England 1509-1547. Henry VIII declared himself king of Ireland under the Crown of Ireland Act 1542 passed in both the English and Irish parliaments on June 18th 1542, the Act being read to the Irish parliament in both English and Irish. As PUL's *Niamh* has the spelling *Hamhri*, it seems the pronunciation is intended to be /hauˈriː/.

Heród: 1. King Herod the Great, or Herod I (ca. 72-ca. 4 BC), Roman Jewish client king of Judaea (reigning 37-4 BC), and the king who ordered the killing of infant boys in an attempt to murder the Christ-child. 2. King Herod Antipas (ca. 20 BC-AD 39), son of Herod the Great and tetrarch of Galilee. He was the Herod who ordered the execution of John the Baptist.

hiomann: "hymn", with *hiomanna* in the plural. This was spelt *himna* in the original. PUL's form, always with an *h*, reflects the fact that this is a loan-word. FGB has *iomann*, with *iomainn* in the plural.

i bhfad: "for long (a long time or a long way)". *I bhfad eile*, "any longer, for much longer".

i gcómhair: "for, in store for". This phrase was spelt *i gcóir* in the original, in line with PUL's view (see NIWU, 24) that this phrase derives from *cóir*, "proper arrangement" (among other meanings) and not *cómhair*, "presence". He indicated he did not have a nasal vowel in this phrase, but the issue is complex, as his etymology seems faulty (DIL has *i gcomhair*) and it is possible that *i gcómhair* became conflated with a separate phrase *i gcóir*, "ready", in WM Irish. In any case, nasalisation is not a noted feature of modern-day WM Irish, and so the GCh form produces the correct pronunciation.

iall: "thong, strap". *Iall bróige*, "shoe-lace".

iallait: "saddle", or *diallait* in GCh.

iarracht: "a bit or a touch of something".

iarraidh: "request", pronounced /iərigʹ/, but in the phrase *gan iarraidh*, "unrequested, without being asked", the pronunciation is /gɑn iərə/. *Iarraidh* can

Glossary

also lose its final slender *g* when used as a verbal noun before *na*, as in *a d'iarraidh na ndaoine do mhealladh ón bhfírinne*. AÓL has *d'iarra* in many additional contexts, e.g. *a' d'iarra uisce, a' d'iarra tornapai* (*Scéalaíocht Amhlaoibh*, 253; *Seanachas Amhlaoibh*, 193). *Ag iarraidh*, found in one of the prayers, is adjusted in this edition to *a d'iarraidh*.

iasc: "fish", with *iasca* in the plural, where GCh has *éisc*.

íbirt: "sacrifice", or *íobairt* in GCh. Pronounced /i:birt′/ according to IWM (§57), with a broad *b*, but PUL consistently used a slender *b* in this word.

idir: "between, among". Note that *eadrainn*, "between us", is pronounced /ɑdəriṅ′/.

ifreann: "hell", pronounced /if′ir′ən/.

íle: "oil". This is regularly spelt *oíle* in PUL's works, but the spelling is adjusted here as essentially yielding the same pronunciation.

imím, imeacht: "to go, go away". Note that the participle, *imithe*, is stressed on the second syllable: /i′m′ihi/.

imníoch: "diligent, concerned", pronounced /im′i′n′i:x/. The original spelling, *imghníomhach*, is not accepted here, giving a false etymology of the word. The historical spelling was *imnidheach*, with some possibility of confusion with *imshníomhach*.

ímpí: "intercession".

impire: "emperor".

impireacht: "empire; imperial reign".

imreas: "strife, discord". Pronounced /im′ir′əs/.

imrim, imirt: "to play", or *imrím, imirt* in GCh; pronounced /im′ir′im′, im′irt′/. The preterite is *d'imir*. This is a syncopating verb, with second-conjugation forms in the future: *imreóidh*.

in: a form of the demonstrative pronoun *sin* used after the copula (*b'in, nách in*, etc.).

incholladh: "incarnation", or *ionchollú* in GCh. Pronounced /′iŋxolə/.

inead: "unit; place", or *ionad* in GCh. Pronounced /in′əd/ in WM Irish. *In inead*, "instead of, in the place of". *Fear Inid an tSlánaitheóra*, "the Vicar of Christ", a reference to the Pope.

iníon: "daughter". The vocative is often *inín* in PUL's works, found as *a 'nín ó*. This reflects the tendency for feminine nouns to align themselves with masculine nouns in terms of slenderisation for the vocative singular.

inné: "yesterday"; /i′n′e:/.

inniu: "today"; /i′n′uv/. The final consonant heard in the pronunciation is left untranscribed, as it was not indicated in the historical orthography and is not indicated in the spelling adopted in GCh. The spelling *aniogh* was found in the works of Seathrún Céitinn in the 17th century.

ínsim, ínsint: "to tell", or *insím, insint* in GCh. The future and conditional autonomous are *neósfar* and *do neósfí*, where GCh has *inseofar* and *d'inseofaí*. The preterite/imperative can be *innis* or *inis*, with the former found in *An Soísgéal as Leabhar an Aifrinn* and the latter in the Sermons, but *inis* is standardised on here. *Scéal á ínsint do chapall agus an capall 'na chodladh*,

533

Glossary

"something said that lands on deaf ears". *É ' insint ar dhuine*, "to inform on someone with regard to it".

íntinn: "intention, spirit, mind".

íntleacht: "intellect"; pronounced /i:nt′il′əxt/.

iomaidh: "rivalry". *Ag iomaidh le chéile*, "vying with each other". Pronounced /umig′/.

iomarcach: "excessive, superabundant".

iomárd: "affliction, misfortune, calamity"; pronounced /ə'mɑ:rd/.

íomhá: "image, statue"; pronounced /i:'vɑ:/. The plural here *íomhátha* where GCh has *íomhánna*. *An íomhá sin* is allowed to stand here, as PUL often used *sin* and not *san* after a long vowel.

iomláine: "fullness, entirety"; pronounced /umə'lɑ:n′i/.

iomlán: "full, whole, entire"; pronounced /umə'lɑ:n/.

iompaím, iompáil: "to turn; be converted", or *iompaím, iompú* in GCh; pronounced /u:m'pi:m′, u:m'pɑ:l′/. *Iompáil amach*, "to turn out a certain way". *Leac ' iompáil siar*, "to turn back or turn aside a flagstone", here of a large stone covering Jesus' tomb.

iompar: "transport, carriage, conveyance"; pronounced /u:mpər/.

iompraím, iompar: "to carry"; pronounced /u:mpəri:m′, u:mpər/. *Tu féin a dh'iompar*, "to behave, deport oneself".

ionchas: "expection"; pronounced /unəxəs/. *Le hionchas go*, "in the expectation or likelihood that".

ionúin: "dear, beloved"; pronounced /u'nu:n′/.

Iórdan: the River Jordan.

Isáias: the Prophet Isaiah.

Israel: Israel. The *síneadh fada* on the *Isráel* of the original text is not accepted in this edition. This word may be pronounced /'isre:l/, reflecting the fact that this is not an Irish placename. Tearma.ie has *Iosrael*, quixotically imposing Irish spelling conventions on a foreign placename.

isteach: "inside" (with motion); pronounced /iʃt′ax/.

istigh: "inside"; pronounced /iʃt′ig′/. *Bheith istigh*, "a place to stay for the night".

ithim, ithe: "to eat". *'Om ithe 's 'om ghearradh*, "disparaging me and verbally attacking me".

iúnadh: "wonder, surprise", or *ionadh* in GCh; pronounced /u:nə/. The genitive, *ionaidh* in GCh, is identically pronounced and so edited here as *iúnadh* too. This word may slenderise the *n* of the article: *an iúnadh*, /in′ u:nə/ (see CFBB, 270). *Iúnadh* is consistently feminine in PUL's works, but masculine in GCh.

iúntach: "wonderful", or *iontach* in GCh; pronounced /u:ntəx/.

iúntaoibh: "confidence, trust" (*as*), or *iontaoibh* in GCh; pronounced /u:n′ti:v′/.

Iúróip (an Iúróip): Europe. Ua Laoghaire stated that this was pronounced /u:'ro:p′/, without an introductory *yod*. *Eóraip*, the form used in GCh, was a word that fell out of use before being revived in the modern day.

Glossary

lá: "day", with *ló* in the dative in the phrase *de ló agus d'oíche*, "by day and by night", /də lo: ɑgəs di:hi/. An obsolete plural *laethe* is found in one passage here, where *laethanta* would be expected.

labhairt: "a saying", with *labhartha* in the plural; pronounced /lourt′, lourhə/.

labhraim, labhairt: "to speak", or *labhraím, labhairt* in GCh. Pronounced /lourim′, lourt′/.

lag: "weak". *Is lag leis é*, "he is loth to do it".

lagachar: "weakness, faintness"; pronounced /lɑgəxər~lə'gɑxər/. *Lagachar aigne*, "pusillanimity of spirit".

lagspridí: "despondency, dismay".

laige: "weakness"; pronounced /lig′i/.

laíghead: "smallness; fewness", or *laghad* in GCh; pronounced /li:d/.

laígheadaím, laígheadú: "to lessen", or *laghdaím, laghdú* in GCh; pronounced /li:'di:m′, li:'du:/.

láimhseálaim, láimhseáil: "to handle, wield".

laistiar: "behind"; pronounced /lɑʃt′iər/. PUL often spells this *lastiar* in his works, indicating that he may not have slenderised the *s*.

laistigh: "inside, within"; pronounced /lɑʃt′ig′/. PUL often spells this *lastigh* in his manuscripts, indicating that he may not have slenderised the *s*. *Laistigh díobh*, "ahead of them, stealing a march on them".

láithreach: "presently, without delay; present"; pronounced /lɑ:r′həx/.

lámh: "hand". Note that the nominative singular (and genitive plural) is pronounced /lɑ:v/ with the genitive singular (*lámha*) and the nominative plural (*lámha*) both pronounced /lɑ:/. PUL stated in NIWU (70) "I never see *lámha* written as the genitive of *lámh*. I have always heard it spoken". Consequently, in his works the genitive is often given, not as *láimhe*, but as *lámha*. This use is standardised on in this edition of *Seanmóin agus Trí Fichid*. The dative singular, *láimh*, and the dative plural, *lámhaibh*, are identically pronounced: in one passage here Jesus was described in the original text as being *i lámhaibh a namhad* and in another *i láimh a namhad*. *I lámhaibh a namhad* is standardised on in this edition. *Le lámh láidir*, "by force": this phrase is found both with and without the declined dative in PUL's works. Compare *le lámh láidir* in Numbers 20:20 and *le láimh láidir* in Ezekiel 20:34 in his Bible manuscripts. *As mo lámhaibh*, "out of my hands, over (of a piece of work now finished)". *Ar láimh shábhála*, "safe, in safe keeping".

lamhálaim, lamháil: "to allow, permit, remit". Pronounced /lə'vɑ:lim′, lə'vɑ:l′/.

lán béil: "mouthful". *Is lán béil ar fuid an domhain ainm gach fir acu riamh ó shin*, "the names of every one of the men have been famed ever since throughout the world".

lán-chead: "full permission".

lán-cheapaithe: "fully determined, resolved, intending to" (*ar*).

lán-cheart: "totally right".

lánú: "couple", or *lánúin* in GCh, which uses the dative.

Glossary

lasmu': "outside", or *lasmuigh* in GCh. Pronounced /lɑsˈmu/, the spelling *lasmuich* was used in the original, probably to indicate that there is no slender g in this word. *Lasmu' dhe sin*, "apart from that".

lathach: "mud, mire", with *lathaí* in the genitive. This is pronounced /lɑhəx~ləˈhɑx/, but the nominative is often replaced by the dative *lathaigh*.

le fíor-dhéanaí: "very recently".

le: "with". *Bheith leó*, "to deal with them, try to take them on".

leabaidh: "bed". GCh has *leaba* (the historically correct nominative). The genitive is *leapan*. Pronounced /lʹabigʹ/.

leabhar: "book"; pronounced /lʹour/.

leac: "flagstone, slab".

leaca: "cheek", with *leacain* in the dative/dual.

leagaim, leagadh: "to knock down, fell", or *leagaim, leagan* in GCh. *Do bhreithiúntas a leagadh ar*, "to hand down a judgement on". *Ar leagadh na súl*, "in a twinkling".

leamh: "insipid, disgusting", with *leimhe* in the comparative. Pronounced /lʹav, lʹivʹi/, but the comparative is usually found in WM Irish as /lʹau/ and /lʹaˈviː/. The manuscript has *leimhe*.

leanaim, leanúint: "to follow". *Leanúint siar ar*, "to continue on about, exhaust a topic". *Leanúint siar ar an gcúmparáid idir an dá aeire*, "to extend the comparison between the two shepherds".

leanbaí: "childish"; pronounced /lʹanəˈbiː/.

leanbh: "child"; pronounced /lʹanəv/. The genitive is *linbh*, /lʹinʹivʹ/.

léanmhaire: "dreadfulness, grievousness".

léanmhar: "woeful, grievous".

léann: "learning; branch of studies"; pronounced /lʹeːn/.

léannta: "learned"; pronounced /lʹeːntə/.

léas: "ray, glimmer"; pronounced /lʹias/.

leasaím, leasú: "to amend, reform, improve".

leasú: "manure, fertiliser".

leath-bhliain: "half a year; six months"; pronounced /lʹaˈvlʹiənʹ/.

leath-choróinn: "half a crown", or 2/6 in the old coinage; pronounced /lʹaˈxroːŋʹ/.

leath-ghlúin: "one knee".

leath-imeall: "the outer edge of something".

leath-mharaím, leath-mharú: "to attack someone and leave him half-dead".

leath-mharbh: "half-dead"; pronounced /lʹaˈvɑrəv/.

leath: "side", with *leith* in the dative. *Fé leith*, "separate, special; separately, individually". *A Shoitheach cráifeachta fé leith*, "thou singular vessel of devotion". *Rud do chur i leith dhuine*, "to accuse someone of something".

leathaim, leathadh: "to spread, widen". The verbal adjective *leata* is found here. *Do leath a meabhair orthu*, "their minds couldn't fathom it", a phrase similar to *do leath a bhéal air*, "his mouth opened wide with astonishment", and *do leath a shúile air*, "he stared in astonishment".

leathphinge: "ha'penny", or *leathphingin* in GCh.

Glossary

leathscéal: "excuse", or *leithscéal* in GCh; pronounced /l′a'ʃk′ial/. With *leathscéalacha* in the plural where GCh has *leithscéalta*.

leibhéalaim, leibhéaladh: "to level, knock flat"; pronounced /l′i'v′e:lim′, l′i'v′e:lə/.

leice: "sickly, delicate". *Leice* was originally the participle of *leogaim*, meaning, fundamentally, "laid out".

leigheas: "cure, healing", with *leighseanna* in the plural; pronounced /l′əis, l′əiʃənə/. GCh has *leigheasanna* in the plural.

leighim, leaghadh: "to melt, dissolve", or *leáim, leá* in GCh. Pronounced /l′əim′, l′əi/ in traditional WM Irish.

leighsim, leigheas: "to remedy, cure", or *leigheasaim, leigheas* in GCh; pronounced /l′əiʃim′, l′əis/.

léir: "clear, plain", but also "punctilious, careful, accurate". The latter meaning is used in Sermon XLIV to describe parsimonious aid to the poor.

léirím, léiriú: 1. "to state, state clearly, explain". 2. "to set in order, arrange".

léirscrios: "destruction, devastation". The genitive is *léirscriosa* as an ordinary noun, but *léirscriosta* as a verbal noun. This contrasts with FGB, where *léirscriosta* is the only genitive listed.

leisce: "laziness, reluctance".

leithead: "breadth"; pronounced /l′ehəd/.

leitir: "letter", pronounced, or *litir* in GCh. This word means both a letter as in a written form of communication and a letter of the alphabet. Pronounced /l′et′ir′/. *Leitir na dli*, "the letter of the law".

Leó XIII: Pope Leo XIII, born Gioacchino Vincenzo Raffaele Luigi Pecci (1810-1903), Pope 1878-1903. He was noted for his support for the praying of the Rosary. In 1884 he added the Leonine Prayers, also know as the Prayers after Mass, to be used after Low Mass. In 1886, he added the Prayer to St. Michael the Archangel given here. These were suppressed after the Second Vatican Council in 1965.

leogaim, leogaint: "to let, allow", or *ligim, ligean* in GCh. *Rud a leogaint ort leat féin*, " to admit something to yourself". *Rud a leogaint uait*, "to relinquish, to not keep something". The verbal adjective is *leogaithe*, where GCh has *ligthe*. *Ná léig sinn i gcathaíbh* is accepted in the Lord's Prayer, without adjusting to *leog*, reflecting calcification of the phrase.

leóinte: "sickly, weak".

leómhaim, leómhadh: "to dare"; pronounced /l′o:m′, l′o:/. The preterite *leómhaigh* is /l′o:g′/.

leómhan: "clothes-moth", or *leamhan* in GCh, pronounced /l′o:n/.

leónú: "consent, will", or *deonú* in GCh. This was spelt *leamhnughadh* in the original text. *Leónú Dé*, "God's will, providence".

leórghníomh: "restitution, compensation".

Levíteach: "Levite", or *Léivíteach* in GCh. The Levites were descendants of the tribe of Levi, holding religious responsibilities in ancient Israel.

Limbó: Limbo, a region of the underworld distinct from the Hell of the damned. This word is spelt *liombó* in GCh, but it is not really an Irish word and better

Glossary

spelt the way PUL spelt it here. In this foreign word the *mb* combination in the middle of the word does not indicate eclipsis, /l'im'bo:/.

lín tí: "household", or *líon tí* in GCh, literally "the full number/complement of a house". The *n* appears to be slenderised owing to the slender *t* that follows.

liodán: "litany". PSD claimed that *liodáin* was treated as a masculine plural word in West Munster, but PUL clearly uses *liodán* here in the singular. *Liodán Íosa*, "Litany of the Holy Name of Jesus".

líonadh: "filling". This is used in Sermon XXXVIII and elsewhere for "dropsy", which de Bhaldraithe translates as *íorpais*. This is also given here as *líonadh uisce*, as dropsy is an oedematous build-up of fluid in bodily organs.

Lisania: Lysanias, tetrarch of Abilene during the time of John the Baptist. He was not a member of the Herodian dynasty, although detailed information on him is lacking in the historical record.

liúireach: "shouting".

lobhaim, lobhadh: "to rot, decompose"; pronounced /loum', lou/. The verbal adjective is *lofa*.

lobhar: "leper"; pronounced /lour/. *Lobhar a ghlanadh*, "to cleanse a leper".

lobhra: "leprosy"; pronounced /lourə/.

loch: "loch, lake". *Loch* is masculine in PUL's works and in GCh, but generally feminine in the Irish of other speakers of the WM dialect (see *Scéalaíocht Amhlaoibh*, 7). Consequently, we have *locha* here in the genitive, where *loiche* is found in AÓL's Irish.

locht: "fault, flaw". The plural here is variously *lochta* and *lochtai*, where GCh has *lochtanna*.

logha: "indulgence"; pronounced /lou/.

loirgim, lorg: "to search, seek", or *lorgaím, lorg* in GCh; pronounced /lor'ig'im', lorəg/.

loiscim, loscadh: "to burn", with the participle *loiscithe*, where GCh has *loiscthe*.

loitim, lot: "to damage, ruin".

lom: "bare"; pronounced /loum/. *Lom díreach*, "straight, directly, at once".

long: "ship", with *luinge* in the genitive and *luing* in the dative. The plural is *luingeas*, which is a collective noun meaning "shipping" in other parts of Ireland.

lonnradh: "brightness, resplendence", or *lonradh* in GCh. Pronounced /lu:rə/. *A Lonnradh an Athar*, "Splendour of the Father". The fact that the vocative is *lonnradh* shows that this word is reinterpreted in the dialect as if *lonnra*, and so the vocative/genitive has no final slender *g*.

lorg: "searching"; pronounced /lorəg/. *Ar a lorg*, "searching for him".

loscadh: "burning".

lú: "smaller, smallest", the comparative of *beag*. *Rud is lú is gann dúinn-na*, "the very least we can do". *Ní lú ná a*, "neither, much less".

lua: "value, worth". *Lua dhá chéad pingin*, "two hundred pennyworth".

luacht: "value", or *luach* in GCh. *Luacht saothair*, "reward (for labour), remuneration".

luaim, lua: "to prize, value". *An té ' luadh*, "he who was prized".

Glossary

luaiscim, luascadh: "to swing"; or *luascaim, luascadh* in GCh.
luaithreach: "ashes"; pronounced /luərʹhəx/. *Céadaoin an Luaithrigh*, "Ash Wednesday".
luascadh talún: "earthquake". This phrase uses a variant genitive of *talamh*, q.v.
luathacht: "speed", or *luaithe* in GCh.
lúb: "twist, bend". *Lúb ar lár*, "a dropped stitch in knitting, a defect or weak point".
lúbarnach: "to twist, writhe, wriggle". With *ag*, this becomes *ag lúbarnaigh*.
Lúcás: St. Luke the Evangelist.
lúcháir: "gladness, exultation"; pronounced /luːˈɣɑːrʹ~luːˈxɑːrʹ/.
lucht: "people", found in many phrases, e.g. *lucht seanchais*, "historians". Pronounced /loxt/.
luím, luí: "to lie". *Luí fé dhlí*, "to submit to a law". *Luí amach ar rud*, "to really get stuck into something, set about it in earnest".
luíochán: "lying down; confinement (in illness)".
luisniúil: "ruddy", used here of the appearance of an apple.
lúth: "power of movement, agility". *Lúth a chos*, "the use of his legs". *Gan lúth*, "paralysed".
lúth: "sinew, tendon", with *lúithreacha* in the plural, adjusted from *lúthacha* in the original text in line with PUL's general usage.
macánta: "honest". *Lena thoil mhacánta*, "of his own free will".
machaire: "plain".
machtíre: wolf", or *mac tíre* in GCh.
macshamhail: "copy". *Macasamail* is also found and is the form used in GCh. Pronounced /mɑˈkaulʹ~mɑkəˈsaulʹ/. *Macshamhal* here is the genitive plural.
madra: "dog"; pronounced /mɑdərə/.
magadh: "mocking, jeering", with *magaidh* in the genitive. Pronounced /mɑgə, mɑgigʹ/.
maidean: "morning", or *maidin* in GCh.
maidrín: "little dog"; pronounced /mɑdʹirʹiːnʹ/. *Maidrín lathai*, "a menial person".
maighdean: "maiden, virgin", with *maighdine* in the genitive and *maighdin* in the dative. Pronounced /məidʹən, məidʹinʹi, məidʹinʹ/.
mailís: "malice".
mailíseach: "malicious".
maím, maíomh: "to state, claim, boast". *Rud a mhaíomh ar dhuine*, "to begrudge someone something".
mainnséar: "manger"; pronounced /mainˈʃeːr/.
mairbhití: "numbness; dullness; languor, torpor"; pronounced /mɑrʹivʹitʹiː/. *Mairbhití ar a súilibh*, "their eyes were heavy".
mairg: "woe". *Is mairg a mhaífeadh ...*, "woe to him who would boast". Pronounced /mɑrʹigʹ/.
mairim, maireachtaint: "to live", or *mairim, maireachtáil* in GCh; pronounced /mɑrʹimʹ, məˈrʹaxtintʹ/.
máirnéalach: "mariner, sailor"; pronounced /mɑːrʹnʹeːləx/.
mairtír: "martyr". See *martar*.

Glossary

maistín: "mastiff, ferocious dog".
máistreacht: "mastery"; pronounced /mɑːʃtʼirʼəxt/. *Máistreacht a dhéanamh ar*, "to lord it over, have mastery over".
maith: "good", as a noun. This noun was neuter in Old Irish, and normally masculine in subsequent literary Irish, but often feminine in spoken Irish. This explains why PUL has *an mhaith* in the nominative, but has *an mhaith* in the genitive too.
maithiúnachas: "forgiveness, remission of sins" (*i rud*), or *maithiúnas* in GCh.
Maitiú: St. Matthew the Evangelist. He is referred to as *Matha* in *An Bíobla Naofa*, published in Maynooth in 1981.
malairt: "change, alternation, swap". *Malairt a dhéanamh le*, "to swap with, swap places with".
mallacht: "curse". Pronounced /məˈlaxt/. The general genitive of this word is *mallachta*, apart from in the phrase *mac mallachtain*, "the Evil One, the Devil, the son of malediction". It is worth noting that this genitive is not *mallachtan*, although Classical Irish once had a noun *mallachta* with a genitive *mallachtan*. Compare the way in which WM Irish has *tiarna talúin* with a slender *n*.
Mammon: this is an Aramaic word found in the New Testament, originally referring to the Syrian god of wealth, and understood to mean "wealth, riches".
manna: "manna", the food sent by God to the Israelites as they wandered the Sinai peninsula for 40 years in the book of Exodus.
maoin: "wealth".
Maois: Moses. The genitive used in PUL's works is consistently *Maoise* (this was historically the nominative too, with *Maois* in the nominative later emerging and aligning the declension pattern with feminine nouns like *baois*). Tearma.ie has *Maois* in both the nominative and the genitive.
maolaím, maolú: "to become soft; to lower, abate".
mar a chéile: "identical, alike".
mar dhea: a phrase meaning "as if, supposedly, as it were". Probably derived from *mar bh'ea*. Pronounced /mar ˈjaː/.
mar: 1. "as, like". *Mar sin dóibh*, "and so on". *Mheasadar go raibh dhá thaobh an scéil acu, agus is é rud d'imigh orthu ar ball ná raibh sé mar seo ná mar siúd acu*, "they thought they had it both ways, but what happened to them presently was that they didn't have it either way". *Mar go*, "because, for". 2. this preposition is often used with a noun in apposition: *is ró-dheocair é ' sheachaint, go minic, mar fhormad*, "it is often hard to avoid it, is envy".
maraím, marú: "to kill". The preterite *mhairbh* given here has a slender *r*, /varʼivʼ/, where GCh has *mharaigh*.
maraitheach: "deadly, lethal", or *marfach* in GCh; pronounced /marəhəx/. *Peaca maraitheach*, "mortal sin". *Nimh mharaitheach*, "deadly poison".
maraitheacht: "deadliness", or *marfacht* in GCh.
marbh: "dead (adjective)"; pronounced /marəv/. The genitive, *mairbh*, is /marʼivʼ/, and the plural, *marbha*, is /maˈruː/. *Fuar marbh*, "stone dead". *Peaca marbh*, "mortal sin".

Glossary

marbh: "dead person"; pronounced /mɑrəv/. The plural is *mairbh*, /mɑrʹivʹ/. *Éirí ó sna mairbh*, "to rise from the dead". This is also found here as *éirí ó mharaíbh*.

marcach: "horseman, rider", pronounced /mərˈkɑx/.

marcaíocht: "an act of riding".

margadh: "market; a deal"; pronounced /mɑrəgə/. The genitive, *margaidh*, is /mɑrəgigʹ/.

mart: "slaughtered cow".

martar: "martyr". The dative plural, *martraibh*, is /mɑrtəriv'/. *Mairtír* is the form show in CFBB (*martir* found in the original text of *Liodán Mhuire* is adjusted here to *mairtír*). *Mairtear* (*martear* in the original text of *Liodán Íosa* is adjusted here to *martar*) and *mairtíreach* are also found in PUL's works—the latter form is the one adopted in GCh. A large number of forms of this word were found in traditional Irish, but the intention during the editing of this volume was to reduce them to two, *martar* or *mairtír*.

máthair: "mother", with *máithreacha* in the plural; pronounced /mɑːhirʹ, mɑːrʹhəxə/.

me: disjunctive form of the first-person pronoun, pronounced /mʹe/ (or /mʹi/ through the raising of the vowel in the vicinity of a nasal consonant). Always *mé* in GCh.

meabhair: "mind"; pronounced /mʹaurʹ/; with *meabhrach* in the genitive. *Do thug roinnt dá meabhair dóibh*, "he brought them to their senses to some extent".

meáchaint: "weight", or *meáchan* in GCh. *Tuilleadh meáchaint'* is edited here with an apostrophe to show elision of the vowel of the genitive.

meadar: "churn, wooden pail", with *meadraibh*, /mʹadəriv'/, in the dative plural.

meáim, meáchaint: "to weigh, consider, judge". The imperative is *meáigh*. The verbal noun is also found as *meá* (spelt *meádh*) in PUL's Irish, which is also the verbal noun found in GCh.

meallaim, mealladh: 1. "to entice, coax"; 2. "to deceive, cheat". *Do mealladh úr n-éirim*, "someone got the better of your intellect".

mealltóir: "deceiver".

meanmna: "good spirits, courage, morale; disposition, presentiment", or *meanma* in GCh; pronounced /mʹanəmnə/. The form *meanma* is found in PUL's *Guaire* (Vol 1, 5) and *Bricriu* (29). Eleanor Knott asked PUL in a letter dated April 8th 1915 whether *meanmna* or *meanma* was right. The reply he gave her in an undated letter (item XLV in collection 12 O 21/76 held in the Royal Irish Academy) said "*meanmna* is what I have always been hearing. I never heard *meanma*". *Ó fhaillí dod mheanmna*, "from neglect of your inspiration".

méar: "finger", with *méireanna* in the plural, where GCh has *méara*.

mearaí: "bewilderment, distraction". See *meascán*.

mearathall: "confusion", or *mearbhall*. Pronounced /mʹarəhəl/ in WM Irish.

meas: "regard, esteem". *An iomad meas* is frequently found in PUL's works with no declined, genitive, but is edited here with an apostrophe, *an iomad meas'*, showing elision of the final vowel of the genitive or simple non-declension.

measa: "worse". *Is measa leat*, an idiom meaning "you prefer".

Glossary

measaim, meas: "to think, consider". With *do*: *cad is cóir a mheas don té a cheilfeadh peaca maraitheach?*, "what should be expected of someone who concealed a mortal sin?"

meascaim, meascadh: "to mix", with the verbal adjective *meascaithe* where GCh has *measctha*.

meascán: "muddle". *Meascán mearai*, "bewilderment".

méid: "amount". *Méid* resists lenition in PUL's Irish in this meaning. This often corresponds to "what/that" in English: *sa méid atá ráite agam*, "in what I have said". PUL commented on this word in a letter to Risteárd Pléimeann dated November 29th 1917 and held in the G1,277 (1) collection of manuscripts in the National Library of Ireland: "*An mhéid* = 'the bigness' or 'the size', where *méid* is a definite thing. *An méid seo* = 'this much' or 'thus much', where *méid* expresses, not 'size' in itself, but the amount or degree of magnitude in something". *Cad é an mhéid daoine* is adjusted here to *cad é an méid daoine*. Likewise *tuig an mhéid seo* is adjusted to *tuig an méid seo*. *Sa mhéid go*, "in so far as", is an exception in this regard, as it has lenition.

méinn: "mind, disposition", or *méin* in GCh.

meirg: "rust"; pronounced /mʹerʹigʹ/.

méirleachas: "rebellion", or *meirleachas* in GCh.

meisce: "drunkenness; a bout of drunkenness". *Meisce ' chur suas*, "to get drunk, start a bout of drunkenness". This is a feminine noun, *an mheisce* with the article, but we find *an mheisce* here in the genitive, a usage also found in PUL's other works.

meisceóir: "drunkard".

meisciúil: "intoxicating", of drink.

Memoráré (an Memoráré): the Memorare, a Catholic prayer seeking the Virgin Mary's intercession. This prayer dates back to the 15th century. An indulgence was declared for use of the modern form of the prayer by Pope Pius IX in 1846.

meón: 1. "mind, disposition". *Cad é an meón a bhí aige leis?*, "what did he mean by it?" 2. "means". *Meóin* in the plural in this meaning is found in Ceacht a hOcht in the catechism, where the English catechism has "hope is a divine virtue by which we firmly trust that God will give us eternal life and the means to obtain it". Other than here, *meón* is not generally used in this sense. The use of *meóin* in the Catechism here is a revision of the *meodhana* found on p21 of the 1857 catechism that PUL updated.

Messiah (an Messiah): "the Messiah". FGB has *an Meisias*.

mí-ádh: "misfortune"; pronounced /ˌmʹiːˈɑː/.

mí-bhanúil: "unwomanly, unladylike, immodest".

mí-chómhairle: "evil counsel"; pronounced /mʹiːˈxoːrlʹi/.

mí-chothrom: "unevenness"; pronounced /ˈmʹiːˌxorhəm~mʹiːˈxohərəm/.

mí-chreidiúint: "discredit".

mí-fhoirtiún: "bad luck, misfortune"; pronounced /ˌmʹiːorʹtʹuːn/ with a broad *r*. This would be *mífhortún* in GCh.

Glossary

mí-fhoirtiúnach: "unfortunate"; pronounced /ˌmʲiːorˈtʲuːnəx/ with a broad *r*. This would be *mífhortúnach* in GCh.
mí-gheanmnai: "immodest, impure"; pronounced /ˈmʲiːjanəmˈniː/.
mí-réasúntacht: "unreasonableness".
mí-thaithneamhach: "displeasing", or *míthaitneamhach* in GCh; pronounced /mʲiːˈhaɲˈhəvəx/.
mianach: "breeding", often in the sense of bad qualities, bad character traits.
mias: "dish", with *méis* in the dative.
Mícheál: St. Michael the Archangel. The vocative *a Mhichíl* is edited here as *a Mhichíl*, although pretonic long vowels are shorter than stressed long vowels, a phenomenon that is particularly noticeable where the same originally long vowel flanks an /h/ (/iːˈhiː/>/iˈhiː/). The Archangel Michael is mentioned in Revelation 12:7-12, where he wages war with Satan, and consequently he is traditionally depicted as a warrior of God.
milis: "sweet", with *mísle* in the feminine genitive singular, where GCh has *milse*.
milítheach: "pale, sickly in appearance".
milleadh: "impairment, mutilation". *Duine go raibh milleadh air* translates "one sick of palsy" in the Gospel passage for Sermon LIV.
milleán: "blame".
millim, milleadh: "to destroy, spoil". *Míllte*, "ruined, disfigured, impaired".
mineál: "neck", or *muineál* in GCh. The original text had *muineál*, but CFBB shows this word has a slender *m* (272).
minic: "often". Note the comparative here, *minici*, where GCh has *minice*.
míogarnach: "dozing off".
mion-arán: "fragments of bread".
Mion-Cháisc: "Low Sunday", the Second Sunday of Easter, also known as White Sunday (*Dominica in albis*).
mion-dlí: "a minor or detailed law".
mion-fhiach: "a minor debt".
mion-gháirí: "smiling, tittering, chuckling softly".
mion-ghníomh: "short act of faith".
mion-riail: "a minor or detailed regulation".
mionn: "oath". *Mionna móra*, "swear-words".
míorúilteach: "miraculous"; pronounced /mʲiːˈruːlʲhəx~mʲiːˈruːlʲəx/.
míorúilteacht: "miraculous nature". This abstract noun, while regularly derived, isn't listed in PSD or FGB.
mioscais: "malice, ill-will".
mioscaiseach: "spiteful, malicious".
mírr: "myrrh", or *miorr* in GCh. *Mirr*, with a short vowel, is used in PUL's published gospels, possibly reflecting Gerald O'Nolan's editorial choices.
mísleacht: "sweetness", or *milseacht* in GCh; pronounced /mʲiːʃlʲəxt/.
misneach: "courage"; pronounced /mʲiʃˈnʲax/.

Glossary

miste: "all the worse". This is a 'second comparative' form, similar to *feárr-de, usaide, déine-de*, meaning "all the more X for it". *Níor mhiste dhom*, "I might as well".

mistéir: "mystery", in the religious sense.

mithid: "high time". *Is mithid duit é*, "it is high time for you (to do something)".

moch: "early"; pronounced /mux/. *Moch déanach*, "at all hours, from early till late".

módh: "mode, manner", pronounced /mo:~mou/. This is a literary word rarely found in native Irish: *ar shlí* (and sometimes *ar slí*) are more likely to be found than *ar m(h)ódh*. *Ar módh* in the original text has been adjusted here to *ar mhódh*. This phrase appeared on p29 of the 1857 catechism that PUL updated as *air mhodh*, with lenition (and without a lengthmark, as there are no lengthmarks at all anywhere in the 1857 catechism). PSD also has *ar mhódh*, with lenition.

móide: "all the more, all the greater". This is a 'second comparative' form, similar to *feárr-de, usa-de, miste*, meaning "all the more X for it".

moíll: "delay". *Gan maíll*, "without delay", is edited here as *gan mhoíll*.

mór-chlú: "renown"; pronounced /muər'xlu:/.

mór-chómhacht: "great power"; pronounced /muər'xo:xt/. This would be *mórchumhacht* in GCh.

mór-eagna: "great wisdom"; pronounced /muər'agənə/.

mór-is-fiú: "pomposity, self-esteem, conceit".

mór-le-rá: "notable, significant".

mór-luacht: "great value", referring to the efficacy of Christ's sacrifice.

mór-mhaitheas: "munificence"; pronounced /muər'vahəs/.

mór-shlua: "multitude".

mór-thrócaire: "great mercy".

mór: "large"; pronounced /muər/. *Ní mór dhom*, "I must", pronounced *ní mór 'om*. *Ní mór gur chuma leis*, "it hardly makes any difference to him". *Is mór agat é*, "you value it, think it important".

móráil: "pride, vanity"; pronounced /muə'ra:l'/. *Bainfidh sé an mhóráil díot*, "it will take you down a peg or two, it will knock the pride out of you".

mórgacht: "majesty, magnificence, pomp"; pronounced /muərgəxt/.

mórthímpall: "all around", or *mórthimpeall* in GCh. The broad *p* in WM Irish is preserved here: /muər'hi:m'pəl/. This is sometimes found as *mórdtímpall* in other writers of WM Irish.

múchaim, múchadh: "to stifle, suffocate".

muin: "the upper back; the shoulders and neck". *Cloch ar muin cloiche*, "a stone on top of another stone". (Note: this is not *ar mhuin*.)

muínteartha: "friendly, familiar"; pronounced /mi:ntərhə/. PUL pointed out in NIWU (81) that *daoine muínteartha* meant both friends and relatives in traditional Irish (*cáirde* was once a rare word).

muíntearthas: "friendliness", or *muintearas* in GCh.

Muire (an Mhaighdean Mhuire): "the Virgin Mary". Pronounced /ə vəid'ən vir'i/. *Muire Mháthair* is also found here, where *máthair* is lenited as it is seen as adjectival.

Glossary

mullach: "summit, ridge"; pronounced /mə'lɑx/. *I mullach a chínn orthu*, "on their head". *Ar mhullach a chínn* is also found here.

muna/mura: "if not, unless". *Mura* and *mara* are the forms of the word generally found in PUL's works, where GCh has *muna*, although *mura* and *muna* are both found here. *Conus is féidir dúinn a chreideamhaint gur fíor é muna féidir dúinn é thuigsint?* was found in the original text of *An Teagasc Críostaí* (31), with *muna* transcribed in LS as *maran*. *Maran* is a dialectal form used with the present-tense copula, but not found in any of PUL's published works.

músclaim, múscailt: "to stir, arouse", or *músclaím, múscailt* in GCh; pronounced /mu:skəlim', mu:skihl'/.

mustárd: "mustard".

ná ra' maith aige: "no thanks to him". This is adjusted from *nára maith aige* in the original. Both spellings yield the same pronunciation, once *raibh* is reduced to /rə/, and it seems this was just a mistaken transcription in the original text.

ná: "neither, nor". *Cad é an beann a bheidh ag an nduine sin, feasta, ar an saol so, ná ar thrioblóidibh an tsaeil seo, ná ar anacra an tsaeil seo?* The use of *ná* here is worth noting. In *Ár nDóithin Araon, Ag Séide agus ag Ithe agus An Sprid* (112) we find this editor's note: *An bhfeacaís aon duine a dubhairt leat go bhfeacaidh sé, le n-a shúilibh féin, sprid ná púca riamh? Aililiú! 'Sé an ceistiúchán é! An amhlaidh a chonaicís féin sprid nú púca?* Deireadh an tAthair Peadar ná raibh aon tslighe ann dob' fhearr chun an fhíor-Ghaedhilgeóra d'aithint 'ná an chuma i n-a mbainean sé feidhm as an dá fhocailín úd, "nú" agus "ná". Mar seo a dhein sé an sgéal a mhíniú: "Cuirean 'ná' ceangal smaointe idir dhá thaobh na cainnte. Deighlean 'nú' an dá thaobh ó n-a chéile. Nú chun na deifrigheachta do nochtadh ar a mhalairt de chuma. Cuirean 'nú' i gcéill dúinn go bhfuil cúinse éigin (nú, malairt éigin) sa sgéal. Má's 'ná' adeirtear, ní'l aon chúinse ann: tá an dá thaobh ar aon dul ... Ach féach: *Aon duine do labharfidh, ná do gháirfidh, ná dhéanfidh sraedh, ná casachtach, ná mianfuiach, ná a cheann do thochas, curfar pionós air* (*Sgothbhualadh*, 91). *Tá sé contabharthach do dhuine ná do bheithidheach bheith amuigh leithéid an lae indiu. Is ionan baoghal dóibh araon. Tá sé chomh contabharthach díreach do'n bheithidheach bheith amuigh agus atá sé do'n duine bheith amuich. D'á réir sin, cuirean an focal 'ná' ar aon dul iad. Ní bheadh aon chiall le 'nú' anso*".

PUL further explained in NIWU (128-129) the difference beween *ná ná* and *nú ná*. *Nú ná* is a disjunctive negative, used where there are two distinct contingencies, as in *ní osgalóchad an doras pé'cu thiocfidh sé nú ná tiocfidh sé* ("I will not open the door whether he comes or does not come"), where there are two distinct circumstances mentioned. By contrast, *ná ná* is a total negative, as in *ní osgalóchad an doras pé duine a thiocfidh ná ná tiocfidh* ("I will not open the door no matter who comes or does not come").

nách: the negative subordinating or relative particle, or *nach* in GCh; pronounced /nɑ:x/.

nádúr: "nature", with *nádúra* in the genitive where GCh has *nádúir*. *Os cionn nádúra,* "supernatural".

Glossary

naíondacht: "infancy", or *naíonacht* in GCh. (*Naíondacht* means "childlike qualities; innocence" in FGB.)

namhaid: "enemy"; pronounced /naud´/. Traditionally *námha*, the dative has now replaced the nominative. The plural is also *namhaid*, replacing the former *naimhde*, with *namhad* in the genitive singular and plural. This word is often feminine in PUL's works, as with *namhaid mharaitheach* here. Yet this word is masculine in the genitive phrase *namhad chealgaigh* found here.

Naomh Aguistín: St. Augustine of Hippo (354-430), Bishop of Hippo Regius in what is now Algeria and a Doctor of the Church.

Naomh Ióseph: St. Joseph.

naomh-aithiseach: "profane, blasphemous".

naomh: "saint". St. Anna in the temple praising the baby Jesus is here referred to as a *naomh mhór*. This noun was both masculine and feminine in Middle Irish, and we see lenition on the adjective here where *naomh* refers to a female saint.

naomhaim/naomhaím, naomhadh/naomhú: "to sanctify, hallow". The optative form *go naofar* is found in one passage here, with *go naomhaíthear* in another passage. Most uses of this verb are in the second conjugation, i.e. *naomhaím, naomhú*.

naomhthoil: "sacred/blessed will", of God.

naonúr: "nine people". *Naonúr déag*, "nineteen people".

nár: "shameful". *Is nár liom é*, "I'm ashamed of it". *Is nár díobh é*, "it is disgraceful of them".

neadaím, neadú: "to nest, nestle".

néal: 1. "a wink of sleep". 2. "cloud".

neambeó: "dead, lifeless", or *neamhbheo* in GCh; pronounced /n´a'm´o:/.

neamh-choitianta: "unusual, extraordinary"; pronounced /´n´axo't´iəntə/.

neamh-chosmhail: "dissimilar, not alike"; pronounced /n´a'xosvil´/.

neamh-chúmpórd: "lack of comfort, discomfort", or *neamhchompord* in GCh.

neamh-chúntúrthach: "safe, without risk", or *neamhchontúirteach* in GCh.

neamh-fhíoraon: "unrighteous person".

neamh-fhoighneach: "impatient"; pronounced /n´a'vəiŋ´əx/.

neamh-fhonn: "disinclination, reluctance" (*ort*).

neamh-fhuilteach: "bloodless".

neamh-ghusúil: "insubstantial". This is pronounced /´n´ayu'su:l´/. CFBB (166) implies that Mícheál Amhlaoibh Uí Loingsigh had /´n´avu'su:l´/.

neamh-sheasmhach: "unsteadfast, inconstant"; pronounced /n´a'hasəvəx/.

neamh-shuím: "lack of interest, indifference".

neamh-shuimiúil: "uninterested, indifferent".

neamh-spleách: "independent", with *neamh-spleáichi* in the comparative. This word also means "of independent means; well-off".

neamh-thairbhe: "unprofitableness, fruitlessness", pronounced /n´a'hɑr´if´i/.

neamh-thuiscint: "thoughtlessness, want of understanding".

neamhnár: "shameless, discreditable", pronounced /´n´au'nɑ:r/.

Glossary

neart: "strength". *Le neart,* "by force of, by dint of". *Le neart lámh,* "by physical force". *Níl neart duit fanúint siar,* "you cannot stay back".

neartaím, neartú: "to strengthen, grow stronger", but also "to grow up", of a child.". Used impersonally with *ar: do neartaigh air,* "it strengthened".

neómat: "minute, moment", equivalent to *nóiméad* in GCh. The various words for "minute" in Irish are all corruptions of the original *móimeint.*

nimh: "poison", with *nímhe* in the genitive; pronounced /nʹivʹ, nʹiː/.

nímhneach: "painful, vicious"; pronounced /nʹiːnʹəx/. *Gol nímhneach,* "bitter weeping".

níos: "more". The form *níosa,* which lenites (*níosa mheasa*), is also found here. PUL stated in his NIWU (82) that the use of *níosa* implied a progressive increase (*níosa mheasa,* "worse and worse"). Yet it is hard to infer such a nuance in most uses of *níosa* in his works.

Noé: Noah; tearma.ie has *Naoi.* PUL's *Sgéalaidheachta as an mBíobla Naomhtha* also has *Naoi.*

Nollaig: "Christmas", with *Nollag* in the genitive. *Lá Nollag,* "Christmas Day". *Lá Nollag Beag,* "the Feast of the Epiphany, January 6th": it is worth noting that, while FGB states that *Nollaig Bheag* means "the Epiphany", PUL doesn't have **Lá Nollag Bige.* The adjective *beag* qualifies *Lá Nollag* as a whole.

nú: "or", or *nó* in GCh; pronounced /nuː/.

nua: "new"; pronounced /noː/. *Go nua,* "anew".

ó chiainibh: "just now", or *ó chianaibh* in GCh; pronounced /oːˈxʹiənʹivʹ/. The original text had *ó chianaibh.*

ó dheas: "southwards"; pronounced /oːˈjas/.

ó thuaidh: "northwards"; pronounced /oːˈhuəgʹ/.

ó: "from". Note the combined form with the relative pronoun and the perfective particle in *An Teagasc Críostaí* here, *ór,* where *ónar* would be more common.

obair: "work", with *oibre* in the genitive and *oibreacha* in the plural; pronounced /obirʹ, ebʹirʹi, ebʹirʹəxə/.

obann: "sudden", or *tobann* in GCh. *Breithiúntas obann,* "a rash or hasty judgement".

ócáid: "occasion".

ocht-lá: "octave", or *ochtáibh* in GCh. *An Domhnach laistigh d'ocht-lá na Deasgabhála,* "Sunday within the Octave of Ascension".

ocras: "hunger"; pronounced /okərəs/.

ofráil: "offering"; pronounced /ofəˈraːlʹ/.

ofrálaim, ofráil: "to offer", in the religious sense (i.e. during the offertory procession); pronounced /ofəˈraːlimʹ, ofəˈraːlʹ/.

ógh: "virgin", especially *Muire Ógh,* "the Virgin Mary"; pronounced /oː/.

oibleagáid: "obligation"; pronounced /obʹilʹigaːdʹ/.

oibrím, oibriú: "to work, put to work, operate"; pronounced /ebʹiˈrʹiːmʹ, ebʹiˈrʹuː/. CFBB (270) states that *ag oibriú* is generally /igʹ ebʹiˈrʹuː/, although /əg obʹiˈrʹuː/ was also found. *Cómhacht a dh'oibriú,* "to wield power". *Míorúilt a dh'oibriú,* "to perform a miracle".

Glossary

oide: "foster-father; tutor". *Oide faoistine*, "father confessor".
oidhreacht: "inheritance"; pronounced /əir′əxt/.
oificeach: "officer"; also found as *oifigeach*; pronounced /ofik′əx~ofig′əx/.
óig-fhear: "young man". Note that the GCh spelling *ógfhear* poorly indicates the slender quality of the g and the non-reduced vowel in the final syllable. Pronounced /ˈoːgʲar/.
oilbhéim: "stumbling block; offence, scandal"; pronounced /il′i′v′eːm′/. This is a rare, literary word.
oiliúint: "nurturing". *Lucht oiliúna*, "those suckling children".
oiread: "amount"; pronounced /ir′əd/. *Oiread san dúil* is regularly found in PUL's works, with no declined genitive, and is edited in this edition as *oiread san dúil'*, where the apostrophe shows the elided vowel of the genitive (or simple non-declension).
oirim, oiriúnt: "to suit, fit"; pronounced /ir′im′, i′r′uːnt′/. Impersonally, *oireann dom*, "I need, require". *Oireann an chainnt sin dúinn féin*, "those words apply to us".
ól: "drinking". *Tigh an óil*, "the public house".
ola: "oil". *Ola bháis*, "last rites". Also *ola dhéanach*.
ólaim, ól: "to drink". *Airgead a dh'ól*, "to drink away money, waste your money on drink".
olc: "evil, a bad thing" with *uilc* in the genitive. Pronounced /olk, ilk′/. *B'olc uathu é*, "it was a poor show on their part".
olla-bhodhaire: "total deafness"; pronounced /olə'vour′i/.
olla-mhaitheas: "wealth, luxury"; pronounced /olə'vɑhəs/.
ollamh: "expert, learned man".
ollamh: "ready", or *ullamh* in GCh; pronounced /oləv/ in WM Irish.
ollmhaím, ollmhú: "to prepare", or *ullmhaím, ullmhú* in GCh. Pronounced /o'liːm′, o'luː/ in WM Irish. The original text had *d'ollamhuigheadar* and *ollamhughadh*, possibly suggesting that PUL or his editor had /dolə'viːdər/ and /olə'vuː/. Such spellings are rejected here owing to the ease of confusion with *d'fholmhaíodar*.
ómós: "reverence, respect". The original text had *fomós*.
onóireach: "honourable, honoured", or *onórach* in GCh. Both forms were found in the original; AÓL had *onórach*.
onóraim/onóraím, onóradh/onórú: "to honour", or *onóraím, onórú* in GCh. PUL uses both first- and second-conjugation forms here.
órd: "order". In *Aifreann agus órd* this word means "office, liturgy", as in the saying of the Daily Office. *Órd beannaithe*, "ordination (holy orders)".
os cionn: "above". Pronounced /aʃ k′uːn/. Gerald O'Nolan commented in his *Studies in Modern Irish: Part I* that the preposition *os* is "mostly pronounced *as*, except in *ós árd, ós íseal*" (171).
os cómhair: "in front of". Pronounced /as koːr′/.
oscailt: "an opening".
osclaim, oscailt: "to open", or *osclaím, oscailt* in GCh. Pronounced /oskəlim′, oskihl′/. This is a syncopating verb, with *osclóidh* in the future tense.
osna: "sigh". This is both masculine and feminine here, but feminine in GCh.

Glossary

pá: "pay", with *páidh*, /pɑːgʲ/, in the genitive.
Pádraig: St. Patrick; pronounced /pɑːd(ə)rigʲ/.
págánach: "a pagan". *An Págánach* in Sermon XXV is a reference to the Roman governor, Pontius Pilate.
págánach: "pagan (adj)", or *págánta* in GCh.
paidir: "prayer", with *paidreacha* in the plural; pronounced /pɑdʲirʲ, pɑdʲirʲəxə/. *An Phaidir*, "the Lord's Prayer".
páirt: "part". *Labhairt i bpáirt duine*, "to speak on behalf of someone".
páirtíocht: "partnership".
páis: "Passion (of Christ)". *Domhnach na Páise*, "Passion Sunday" (this is the 5th Sunday in Lent, the Sunday before Palm Sunday, although Passiontide as a liturgical season that partly overlapped with Lent was abolished by the Roman Catholic Church in 1969).
Pápa (an Pápa): "Pope".
Parathas: Paradise, or *Parthas* in GCh. *Gáirdín Parathais*, "the Garden of Eden, the Garden of Paradise".
pas: "a bit". Where it means "a short spell or fit" of something, it can be plural: *an dá phas rógaireachta*, "the two instances of rogue behaviour".
peaca: "sin". *Peaca gnímh*, "a sin of commission", i.e. a sin that involves committing a wrong deed, sometimes opposed to original sin (inherited from Adam and Eve).
peacach: "sinner"; pronounced /pʲəˈkɑx/.
Peadar: St. Peter. This is pronounced /pʲadirʲ/ in all cases in WM Irish, and was spelt *Peadair* in the original text of *An Teagasc Críostai*.
pearsa: "person", but often by extension "appearance, features, bearing". *Pearsa* is ultimately derived, as with cognates in all European languages, from the ancient Etruscan *phersu*, "face mask". The genitive and dative are *pearsan* and *pearsain*.
péirse: "perch", a unit of measurement equivalent to 21 ft.
peocu: "whether", from *pé acu*, or *péˈcu*. Pronounced /pʲukə/. Often followed by a relative clause. Gerald O'Nolan explained in his *Studies in Modern Irish: Part I* the difference between *ceocu* and *peocu* (see p76). *Ceocu* is used with substantival clauses (*ní fheadar ceocu ' thiocfaidh sé nú ná tiocfaidh*), whereas *peocu* is used with adverbial clauses (*peocu ' thiocfaidh sé nú ná tiocfaidh, fanfad-sa*). *Peocu san de*, "however that be".
pian: "pain", with *péin* in the dative. This noun is feminine, and yet *an pian* is consistently found in WM Irish, reflecting both English influence and the labial word boundary.
piast: "worm, serpent", or *péist* in GCh, with *péiste* in the genitive.
piléar: "bullet"; pronounced /pʲlʲeːr/. The original spelling was *pléar*.
Pilib: Philip the Tetrarch (ca. 26 BC-33 AD), son of Herod the Great and tetrarch of Ituria agus Traconitis (territories in the north-east of Palestine, covering the Golan Heights and parts of Syria today).
pingin: "penny". *Pingin rua*, "penny piece, copper coin".
pionós: "punishment, penalty", with *pionóisi* in the plural.
plámás: "flattery".

Glossary

plaosc: "skull", with *plaoisc* in the plural here, or *blaosc, blaoscanna* in GCh. PUL's *Mo Sgéal Féin* had *plaoisceanna* in the plural.
pléim, plé: "to plead, discuss, dispute".
pluais: "den, cave".
pobal: "people, congregation". The vocative *a phobal* is not declined for the vocative case, as it is a collective word. The dative plural *poblaibh* is /pobəliv´/.
poibleacánach: "publican, tax-collector"; pronounced /pob´il´i'kɑ:nəx/.
poiblí: "public"; pronounced /pob´i'l´i:/.
poiblíocht (an phoiblíocht): "the public"; pronounced /pob´i'l´i:xt/.
poillín: "little hole". This is pronounced /pou'l´i:n´/.
póirse: "passage".
poll cnaipe: "button-hole".
poll: 1. "hole", with *puill* in the plural. This can also mean "pond, sea" (meaning 6 in FGB). *Amach fén bpoll*, "out into the sea". Pronounced /poul, pi:l´/.
port: "tune".
potadóir: "potter", i.e. someone who makes pots or who engages in pottery.
práinn: "hurry, rush, urgency".
preab: "start, bound", but also "liveliness, spirit".
préamh: "root", or *fréamh* in GCh; pronounced /pr´iav/. The dative is *préimh*, and the plural is *préamhacha*, /pr´iaxə/.
priléid: "privilege", or *príbhléid* in GCh. The original text had *pribhiléid*, adjusted here to *priléid* in line with the spelling shown in NIWU (86).
prínseabálta: "principled", or *prionsabálta* in GCh.
priocaim, priocadh: "to prick".
priúnsa: "prince", or *prionsa* in GCh.
puball: "tent, pavilion". PUL states under *cábán* in NIWU that "the word *pubal* is not in the living speech" (16). The plural here is *puhaill*. *Puible* is also found in the plural in PUL's works.
púicín: "blindfold, mask; camouflage".
puínn: "not much". This is used almost adverbially in sentences like *ní baol dúinn é, puínn*, "we don't have much reason to fear him, he is hardly a risk to us".
puínte: "point", or *pointe* in GCh.
punann: "sheaf".
púnc: "point", or *ponc* in GCh. *I bpúnc chruaidh*, "in a terrible fix".
Purgadóireacht: "purgatorial suffering", and by extension, "purgatory". *Purgadóir* is the form used in GCh, where the logically correct distinction between "purgatorial suffering" and "purgatory" is maintained. Note that this word should be pronounced /progə'do:r´əxt/ according to IWM (§420, where it noted that *purgadóir* is pronounced *progadóir*).
puth: "puff, whiff". *Puth gaoithe*, "a breeze".
R.: response, a reply made by the congregation to the versicle.
rá: "utterance, statement".
rabairneach: "extravagant, prodigal".

Glossary

raca: a term of abuse mentioned in Matthew 5:22. Most scholars view this as a form of the Aramaic word *reka*, "empty one", implying someone is empty-headed or foolish.

rachmas: "wealth, capital".

radharc: "view, sight; the faculty of sight"; pronounced /rəirk/. *Radharc spóirt*, "entertaining sight". *Radharc súl*, "eyesight".

raímhre: "thickness, fatness"; pronounced /ri:rʹi/.

ráiníonn: "to reach", a verb without a verbal noun in common use. Usually found impersonally meaning "to happen to, transpire". *Rud a ráiníonn duit*, "something that happens to you, something you manage to achieve, etc".

ramhar: "fat"; pronounced /raur/. *Súsa ramhar*, "a thick rug or cover".

rann-pháirteach: "participating" (*i rud*).

rathúnachas: "prosperity, happiness".

ré: 1. "interval, month, period". *Ré aithri*, "time to repent". *Gach aon ré sholais*, "constantly, at every opportunity". *Tá a ré caite*, "their time is spent". 2. "moon".

réabadh: "ripping up, violating"; pronounced /re:bə/. *Réabadh reilige*, "sacrilege".

reacht: "law, decree"; pronounced /raxt/.

réalt/réaltann: "star", with *réaltanna* in the plural. Pronounced /re:hl~re:lhən, re:lhənə/. *Réaltann* is generally found in verse in reference to a beautiful woman, and is used in the vocative of Mary in the Litany of Mary here. See also *réiltín*.

reann: "constellation", with *reanna* in the plural. Pronounced /raun, ranə/. PUL spelt the plural *ranna*, reflecting the fact that slender *r*'s are pronounced broad initially.

réasún: "reason"; pronounced /re:ˈsu:n/. *Ní ... ar aon tsaghas cleas ná réasún*, "not on any account, not for any reason".

réidh: "quiet, calm"; pronounced /re:gʹ/. The comparative, traditionally written *réidhe*, but edited here as *ré*, is /re:/.

réidh: substantivised as "level ground"; pronounced /re:gʹ/.

reilig: "graveyard".

réilt: "star", with *réilte* in the plural here. See also *réiltín*.

réiltín: "star", or *réalta* in GCh. This is a former diminutive that has become the standard form of the word in WM Irish.

réim: "power, sway, authority". *Teacht i réim*, "to come to power/authority".

réir: "service, treatment". *De réir*, "according to", found as *do réir* in the original. This is pronounced /də re:rʹ/ in WM Irish, or /drʹe:rʹ/ when the words are run together. *Dá réir/dá réir sin*, "accordingly". *Beart a dhéanamh dá réir*, "to do accordingly". *Réir an tsaeil*, "the will of the world".

réiteach: "solution, settlement". *Réiteach ón bpionós aimsire d'fhanann go minic i ndiaidh an pheaca tar éis maithiúnachais d'fháil in sa choir*, "a freeing from the period of punishment that often remains for a sin after remission is obtained for the misdeed".

rí-theaghlach: "royal household, palace"; pronounced /ri:ˈhəiləx/. AÓL had *ré-theaghlach* ("Diarmuid and Gráinne as a Folk-Tale", 87). That PUL had *rí-theaghlach* is unchallengeable: his brief recording of an extract from *An Craos-*

551

Glossary

Deamhan (https://catalog.phonogrammarchiv.at/media/Ph_690_ex.mp3) for Rudolf Trebitsch includes this word.

rí: found in *gan rí ná rath*, "with neither luck nor grace, nothing being right with him".

riachtanas: "necessity". *In am riachtanais*, "in an emergency".

rialta: "regular". *Go rialta críostúil*, "in a proper and godly way".

rialtóir: "ruler, governor".

riamh: "ever". *Tar éis a shaeil riamh*, "having spent his entire life up to then in this fashion".

rian: 1. "trace, mark". *Bíonn a rian air*, "the results are obvious". 2. "power of movement, vigour", found in *siúl agus rian aige* in Sermon XLIX.

rianta: "organised, prepared". *Scéal réidh rianta* here means "the matter was straightforward and organised, i.e. clear from beginning to end".

riarach: "complaisant, obliging, submissive", a word not found in FGB.

riaraim, riaradh: "to arrange; distribute, allocate; administer", along with many other meanings. GCh has *riaraim, riar*. *Do shlí chun Dé ' riaradh*, "to manage or arrange your path to God" in line with Jesus' instructions.

ribe: "hair (a single hair)". This was spelt *ruibe* in the original, showing a broad *r* even in phrases like *aon ribe amháin*.

ríghneas: "slowness, delay"; pronounced /riːnʼəs/.

riocht: "guise". *I riocht titim anuas air*, "looking likely to fall on him", here of a sin likely to overtake someone.

ríocht: "kingdom", with *ríochta* in the plural where GCh has *ríochtaí*.

rithim, rith: "to run", in various senses. Impersonally, *rithfidh leó*, "they will succeed". *Rith le rud*, "to rush something".

rogha: "choice"; pronounced /rou/. *A rogha rud*, "whatever they like". Note that *rogha* is followed by the nominative.

roidín: "little thing", or *ruidín* in GCh. This is pronounced /roˈdʼiːnʼ/. The original text had *ruidín*.

roim ré: "in advance, beforehand"; pronounced /rimʼ rʼeː/. Both *roim ré* and *roimh ré* were found in the original text, being standardised here as *roim ré*, which is the majority use of PUL's works. *An oíche roim ré*, "the previous evening".

roim: "before". Both *roim* and *roimh* are found here. *Roim bia* stands in the catechism where the confluence of labials removes lenition. *Roim bhia ' chaitheamh* with lenition on *bia* is allowed to stand in Sermon XXVIII, as that was given in the early 20th century edition and no manuscript of that part of text is available. *Tá rómhaibh*, "your comeuppance awaits you". *Rómpu* is /ruːmpə/.

Róimh (an Róimh): Rome; *na Rómha* in the genitive. Pronounced /roːvʼ/, with /roː/ in the genitive.

roinnim, roinnt: "to share, divide"; pronounced /reŋʼimʼ, rəintʼ/.

rómhraim, rómhar: "to dig", or *rómhraím, rómhar* in GCh; pronounced /roːrimʼ, roːr/.

Glossary

rua: "red, brown, reddish brown", with *ruaigh* in the masculine genitive singular. *Airgead rua*, "brass coinage".
ruaigim, ruagadh: "to expel, drive out", or *ruaigim, ruaigeadh* in GCh.
rud: "thing". The genitive *ruda* is not always given; in Sermon XLVI we see *rud'* with an apostrophe, showing the elision of the vowel of the genitive. This usage is retained in this edition. *Rud a dhéanamh ar dhuine*, "to do as someone says, obey his orders".
rúimín: "little room".
rún díoltais: "a vengeful desire, a desire for revenge", where *rún* means "a secret disposition".
rún: "intention, purpose, design". *Rún daingean do ghlacadh*, "to firmly resolve".
rúndiamhar: "religious mystery", or *rúndiamhair* in GCh, which form AÓL had too. (PUL's *rúndiamhar* is influenced by the many adjectives in -*mhar*.) The plural is *rúndiamhra*, /ruːnˈdʼiəvərə/. The single instance in Sermon XLII where *rún diamhair* stood in the original is adjusted here to *rúndiamhar* to make the text here internally consistent.
sábhálta: "safe", or *sábháilte* in GCh.
Sabóid: "Sabbath". *Lá na Sabóide*, "the Sabbath, i.e. Saturday".
Sacarí: Zechariah, the father of St. John the Baptist.
sácraimínt: "sacrament". The text of *An Teagasc Críostaí* has *sacraimínt*, but a long vowel in the first syllable is standardised on here, as shown in several passages of the manuscripts of the Sermons here.
Sacsan: "Saxon" (and therefore used in reference to the English), a word that provides the origin of the placename *Sasana*, but which is used here in its original form in *rí Sacsan*.
saghas: "sort, kind"; pronounced /səis/. The plural is *saighseanna*, where GCh has *saghsanna*.
saibhir: "rich, wealthy", with *saibhre* in the plural; pronounced /sevʼirʼ, sevʼirʼi/.
saibhreas: "wealth"; pronounced /sevʼirʼəs/.
saighdiúir: "soldier"; pronounced /səiˈdʼuːrʼ/.
sail: "beam, joist".
sainnt: "greed"; pronounced /saintʼ/.
sáite: "stuck". *Sáite i dtigh an óil*, "sitting in the pub".
sál: "heel", or *sáil* in GCh. *Ar shálaibh a chéile*, "in rapid succession".
salach: "dirty"; pronounced /slax/. The genitive here is *sailigh*, with a slender *l*.
salachar: "dirt, waste"; pronounced /slaxər/.
Salvé Regína (an Salvé Regína): the Hail Holy Queen, a Marian anthem sung since the 12th century. This formed part of the Leonine prayers added by Pope Leo XIII to be said after Low Mass.
sámh: "tranquil, sound" (of sleep).
samhlaím, samhlú: "to imagine, fancy; to liken something to something"; pronounced /sauˈliːmʼ, sauˈluː/.
samhlú: "imagination, semblance"; pronounced /sauˈluː/. *Fén samhlú san*, "in that guise".

Glossary

samhradh: "summer"; pronounced /saurə/.
sampla: "example"; pronounced /saumpələ/. *Sampla saolta*, "a public example".
sanntaím, sanntú: "to covet", or *santaím, santú* in GCh. The traditional *nn* is retained here to show the diphthong, /saun'tiːmʹ, saun'tuː/.
saoi: "wise man, expert", with *saoithe* in the plural.
saoire: "day of rest, holiday". *Lá saoire*, "holiday; a holy day of obligation". *An tsaoire ' bhriseadh*, "to break the sabbath".
saol: "world". *Saeil* is used in the genitive here, as the mid-twentieth-century spelling change has introduced inconsistencies: the genitive is spelt *saoil* in GCh, which would give the wrong WM pronunciation. *Teacht ar an saol*, "to come into the world, be born". *An saol mór*, "the whole world".
saolta: "worldly, earthly".
saor-bhreithiúntas: "acquittal, deliverance from penalty", or *saorbhreithiúnas* in GCh.
saor: "free". *Saor ar*, "free of, innocent of" (e.g. a crime).
saoráideach: "easy". This is pronounced /səi'rɑːdʹəx/ or /seː'rɑːdʹəx/—both pronunciations are indicated in IWM §281.
saorchead: "perfect liberty to do something".
saorthoil: "free will".
saothraím, saothrú: "to labour, cultivate, till; to earn, reclaim"; pronounced /seːr'hiːmʹ, seːr'huː/.
saothraitheach: "servile, laborious", or *saothrach* in GCh; pronounced /seːhərihəx/.
sár-mhaith: "excellent".
sara: "before; lest", or *sula* in GCh. Where *sula* is found in the original texts, it is retained here to avoid suggesting PUL never used extra-dialectal forms.
sárú: "confutation, contradiction". *Sárú ar an bhfírinne*, "contradiction of the truth".
sásaím, sásamh: "to satisfy". Note that the preterite is *shásaimh*, reflecting a general tendency for *-mh* to appear in the preterite and imperative, instead of the *-gh* used in GCh (where the form is *shásaigh*), when the verbal noun ends in *-mh*.
sásamh: "satisfaction". *Sásamh aigne*, "mental satisfaction/contentment".
Satharn: "Saturday"; pronounced /sɑhərən/.
satlaím, satailt: "to tread, trample"; pronounced /sɑtə'liːmʹ, sɑtihlʹ/.
scaipim, scaipeadh: "to scatter, dissipate, squander (wealth)". The verbal adjective is *scaipithe*, where GCh has *scaipthe*.
scairt: "entrails". *Tá sé de scairt aige (rud a dhéanamh)*, "he has the gumption/nerve (to do something)".
scannal: "scandal". *Scannal a ghlacadh um rud*, "to be scandalised by something". *Lucht scannail a thabhairt uathu*, "those who cause others to stumble in their faith".
scannalach: "scandalous, disgraceful".
scannradh: "terror", or *scanradh* in GCh; pronounced /skaurə/ in WM. The genitive is also *scannradh*. (GCh has *scanraidh* in the genitive, but there is no slender *g* in the genitive of this word.)

Glossary

scannrúil: "awful, frightful", or *scanrúil* in GCh. The traditional *nn* is preserved to show the diphthong: /skauˈruːlʲ/.
scaoilim, scaoileadh: "to let loose, release". *Rud do scaoileadh thort*, "to let something pass you by, ignore it".
scárd: "terror, a frightened look".
sceach: "bramblebush; whitethorn; brier".
sceanthairt: "cut-up refuse; giblets", or *sceanairt* in GCh.
scéim, scéith: "to pour out, spew out", or *sceithim, sceitheadh* in GCh. Pronounced /ʃkʲeːmʲ, ʃkʲeː(h)/. *Scéith ar*, "to inform on".
scéiméir: "schemer, intriguer".
sceinnim, sceinnt: "to spring, dart"; pronounced /ʃkʲeŋʲimʲ, ʃkʲəintʲ/. This would be *scinnim, scinneadh* in GCh.
sceit: "fright".
sceón: "terror", or *scéin* in GCh.
scioból: "barn"; pronounced /ʃkʲəˈboːl/.
sciomraim, sciomar: "to scrub", or *sciomraím, sciomradh* in GCh; pronounced /ʃkʲumərimʲ, ʃkʲumər/. The verbal adjective is *sciomartha*.
sciúirse: "scourge".
sciúrsáil: "scourging".
sciúrsálaim, sciúrsáil: "to scourge".
sclábhaí: "slave".
scoiltim, scoltadh: "to split, break apart", or *scoiltim, scoilteadh* in GCh.
scoláirthe: "scholar, pupil". The pronunciation is /sklɑːrʲhi/. The original text had *sgoláire*, being adjusted here to take a consistent approach to the editing of PUL's works.
scorn: "scorn, disdain"; pronounced /skorən/.
scórnach: "throat", with *scórnaigh* in the dative.
scoth: "the pick, the choice, the best". *Béal-gan-scoth*, "blabbermouth".
screadaim, screadach: "to scream, shriek"; pronounced /ʃkrʲadimʲ, ʃkrʲəˈdɑx/. Note that as a feminine verbal noun, the dative is *ag screadaigh* /i ʃkrʲadigʲ/. This distinction is not observed in GCh.
scríbhinn: "writing". *An Scríbhinn Diaga*, "Holy Scripture", a calcified phrase in which *diaga* is never lenited in PUL's works, reflecting the homorganic dental word boundary and calcification in religious language.
scríbhneóir: "writer, scribe"; pronounced /ʃkrʲiːˈŋʲoːrʲ/.
scrím, scrí': "to write", or *scríobhaim, scríobh* in GCh. PUL's preterite is *do scríbh sé*.
scriosaim, scrios: "to annihilate, blot out", or *scriosaim, scriosadh* in GCh.
scriptiúir: "scripture", or *scrioptúr* in GCh; with *scriptiúra* in the genitive.
scrúdadh: "examination". Both *scrúdadh* and *scrúdú* are found in PUL's works.
scrúdaim, scrúdadh: "to examine, study". Both first- and second-conjugation forms of this verb are found in PUL's works. *Lucht scrúdaithe an Scriptiúra*, "students of the Scriptures", uses a second-conjugation form.
scuabaim, scuabadh: "to sweep, brush".
scuimh: "grimace, snarl", or *scaimh* in GCh.

Glossary

scuraim/scuirim, scor: "to unloosen, break up", or *scoirim, scor* in the GCh. *Scuraim de rud*, "I leave off, desist, cease doing something". PUL used the spelling *sgurfidís* here in the original, with a broad *r*, but the spelling *sguireadh* is found in PUL's *Niamh*.

seachnaim, seachnadh/seachaint: "to avoid", or *seachnaím, seachaint* in GCh; pronounced /ʃaxənim', ʃaxənə~ʃaxint'/. This is a syncopating verb, with *sheachnóimís* in the conditional (i.e. the verb is in the second conjugation in the future and conditional tenses). The plural imperative, *seachnaidh*, is /ʃaxənig'/. Some editions of *An Teagasc Críostai* have *seachnadh*, but the 1921 edition has *seachaint*. Shán Ó Cuív explained in the preface to the LS edition of the catechism that PUL changed the former *seachnadh* to *seachaint* in that edition of the catechism in order to update the language and remove archaisms. However, *seachnadh* is found frequently in the text of the Sermons here.

seachtú: "seventh". *An seachtú aithne*, "the seventh commandment", fails to give h-prefixation of *aithne*. This usage is frequently found in PUL's works.

séala: "seal".

sealbhaím, sealbhú: "to possess, gain possession of"; pronounced /ʃalə'vi:m', ʃalə'vu:/.

sean-dlí (an tsean-dlí): the Old (Mosaic) Law; pronounced /ʃan'dl'i:~ʃaun'dl'i:/. Pádraig Ó Loingsigh had the latter of these pronunciations.

sean-reacht (an sean-reacht): the Old Law or Old Covenant with the Jews; pronounced /ʃaunraxt/.

séan: "happiness, good fortune". *Séan síorai*, "eternal happiness/bliss". *Chun séin síorai ' shealbhú* (*séin síoruidhe shealbhughadh*) stood in the Sermons, appearing to split the difference between *chun séan síorai ' shealbhú* (where the noun phrase would be undeclined) and *chun séin s<u>h</u>íorai ' shealbhú*. Those passages in the Sermons in fact refer to the following in *An Teagasg Críostaighe* (11), where the genitive is not given after *chun*: C. Cad fá gur chruthuig Dia sinn? F. Chum aithne do chur air agus é ghrádhúghadh ar an dtalamh so, agus chum séan síoruídhe do shealbhúghadh 'na dhiaigh so ar neamh. For this reason, those passages in the Sermons have been edited with *chun séan síorai* in this edition.

seanchas: "lore, history"; pronounced /ʃanəxəs/. *Lucht seanchais*, "historians".

seanmóin: "sermon", or *seanmóir* in GCh; pronounced /ʃanə'mo:n'/.

seanóir: "elder".

searraim, searradh: "to stretch". *Tu féin a shearradh*, "to stretch yourself out".

seasaím, seasamh: "to stand", or *seasaim, seasamh* in GCh. Note the preterite *do sheasaimh sé*, where GCh has *sheas sé*, reflecting a general tendency for *-mh* to appear in the third-person singular preterite (and imperative) where the verbal noun ends in *-mh* in WM Irish.

seasmhach: "steady, constant; insistent"; pronounced /ʃasəvəx/.

seasmhacht: "steadfastness, constancy"; pronounced /ʃasəvəxt/.

Secsagesima: "Sexagesima", i.e. 60 days before Easter. This is a word for which tearma.ie and teanglann.ie have no Irish equivalent. *Domhnach i Secsagesima*,

Glossary

"Sexagesima Sunday", is the Sunday after Septuagesima Sunday and is thus 56 days before Easter Day.

séideadh: "blowing, draught". *Séideadh aoibhnis*, possibly "waft of bliss".

séidim, séideadh: "to blow". *Séideadh fé*, "to influence, inspire".

seilbh: "possession, occupancy"; pronounced /ʃelʹivʹ/. *Deamhain a chur a seilbh*, "to cast out demons". *Seilbh a ghlacadh*, "to take up occupancy, take possession".

seile: "spit, spittle"; pronounced /ʃelʹi~ʃilʹi/, the latter pronunciation being given in LASID. This is often plural: *seilí ' chaitheamh*, "to spit". *Seile* is masculine here, but feminine in GCh.

seinnim, seinnt: "to play (music)", or *seinnim, seinm* in GCh; pronounced /ʃeŋʹimʹ, ʃəintʹ/. *Tá a phort seinnte*, "he is finished".

séipéal: "church, chapel"; pronounced /ʃe:ʹpʹe:l/. *Séipéal* has particular reference to a Catholic church, as the older church infrastructure remained with the Church of Ireland at the time of the Reformation, and smaller Catholic chapels began to be built from the 18th century onwards as restrictions on the Catholic Church began to be eased.

seirbhíseach: "servant"; pronounced /ʃerʹiʹvʹi:ʃəx/.

seirithean: "indignation", or *seirfean* in GCh; pronounced /ʃerʹihən/.

seisean: the emphatic third-person pronoun (masculine); pronounced /ʃiʃən/.

seisear: "six people"; pronounced /ʃiʃər/.

seisreach: "a plough-term (originally of six horses); a yoke of oxen"; pronounced /ʃeʃirʹəx/.

seó: "show". *Níl aon tseó ach a laíghead is féidir don duine a dhéanamh as a chómhacht féin*, "it is amazing how little a person can do of his own power".

seochas: "besides", or *seachas* in GCh. *Seachas* was also the original spelling, but this word is pronounced /ʃoxəs/. *I ndaoine seochas a chéile*, "in some people rather than others".

seómra: "room"; pronounced /ʃo:mərə/.

Septuagesima: "Septuagesima", i.e. the 70 days before Easter. FGB has *Seaptuaigéas*, a transparently fabricated word. *Domhnach i Septuagesima*, "Septuagesima Sunday", nine Sundays before Easter Day (i.e. within 70 days, but more than 60 days, before Easter).

siar: "back". *Siar is aniar ar*, "beating around the bush".

síbhialta: "civil, polite", or *sibhialta* in GCh; pronounced /ʃi:ʹvʹiəlhə/.

sid é: "this is, here is", corresponding to *siod é* in GCh. Similarly, *sid í* and *sid iad* correspond to *siod í* and *siod iad*. The *d* may be pronounced either broad or slender; compare IWM §266 and §274 (line 128) for examples of both pronunciations in AÓL's Irish. As the *d* is consistently written slender in PUL's works, it seems likely he had a slender *d*.

sínsear: "ancestor; ancestors", or *sinsear* in GCh. Note that the singular noun can have collective meaning. *Peaca an tsínsir*, "original sin".

síoladh: "spread, propagation", or *síolrú* in GCh.

síolraim, síolradh: "to breed, propagate", or *síolraím, síolrú* in GCh. The preterite *shíolraigh* is in the second conjugation. Pronounced /ʃi:lrimʹ, ʃi:lrə, hi:lrigʹ/.

Glossary

Although IWM §400 shows the *l* in *síolrach* is not pronounced, the *l* in the cognate word *shíolraigh* is shown in the transcription *híolruig* in the LS version of *Mo Sgéal Féin* (42). It seems *síolraim, síolradh* is a literary word that has largely been replaced by *síolthaím, síolthú* in WM Irish, and so retains its historical pronunciation where the classical form is found. Marie-Louise Sjoestedt stated in her survey of Corca Dhuíbhne Irish that *síolrú* was pronounced both /ʃiːˑlruː/ and /ʃiːˑləruː/ (*Phonétique d'un parler irlandais de Kerry*, 113). Compare *shíolthaíodar* in *Seanachas Amhlaoibh* (3) and *go mbeidís 'n-a gclainn ag Ábraham chómh maith díreach agus dá mba ar a shliocht do shíoltóchaidís* in the original text of *Seanmóin is Trí Fichid* (Vol 1, 71).

síolthaím, síolthú: "to propagate, spread", used in WM Irish in the place of *síolraim, síolradh*. *Síolthú ó dhuine*, "to descent from someone". The original text had *shíoltóchaidís*; an *h* is added to give *lth* in this edition.

sionagóg: "synagogue". This was spelt *sinagog* in the original, failing as a foreign word to adhere to Irish orthographical rules. The dative should be *sionagóig*, but *amach as an sionagóg* here doesn't give the declined dative.

síor: "eternal, perpetual", substantivised in *de shíor*, "forever".

Síria: Syria. Note *Suíria* with a broad *s* in CFBB (198).

-siúd, -súd: "that", a demonstrative suffix (*mheasadar-súd*, "*they* thought"). The use of *siúd/súd* and not *sin/san* is more highly coloured. PUL explains this in NIWU (120): "*'Fágfad-sa baluith dóighte loisgithe sgólta ortha súd!'* There was no possibility of his saying '*ortha san*' nor '*ortha so*'. They may have been present listening to him, but the use of the words '*ortha súd*' cut them off from the congregation and treated them as absent. It had also the effect of expressing the bitterness of his condemnation of their conduct. The second reason for his saying '*ortha súd*' was because the action which he was reproving was a past action and it carried the agents of it with it into the past. Consequently they were '*iad súd*', not '*iad san*' nor '*iad so*'".

siúicre: "sugar", or *siúcra* in GCh; pronounced /ʃuːkʼirʼiˊ/.

siúinéir: "carpenter".

siúl: "the ability to walk".

siúlaim, siúl: "to walk". Note that this verb is normally in the second conjugation in the past tense and imperative: *shiúlaigh sé, siúlaigh*.

sladaim, sladadh: "to devastate, destroy", or *sladaim, slad* in GCh.

slánaím, slánú: "to save".

slat: "rod, stick, cane", with *slait* in the dative. *Slat ri*, "sceptre".

sléachtaim, sléachtadh: "to fall prostrate before" (*do*).

sleagh: "spear", or *sleá* in GCh. This word has a short vowel and so is not edited as *sleá* here: /ʃlʼa/.

sleamhnaím, sleamhnú: "to slide, slip"; pronounced /ʃlʼauˈniːmʼ, ʃlʼauˈnuː/.

slí: "way", but also "enough room or space" for something. The plural is *slite*, not *slíte*; the original spelling *slíghte* was incorrect on this point. *As an slí*, "wrong".

sliabh: "mountain", with *sléibhte* in the plural. The genitive plural here is also *sliabh*. Pronounced /ʃlʼiəv, ʃlʼeːtʼi/.

Glossary

slisne: "chip or piece of something; fragment", with *slisneacha* in the plural where GCh has *slisni*. Pronounced /ʃlʲiʃnʲi, ʃlʲiʃnʲaxə/.

sloigim, slogadh: "to swallow or devour", or *slogaim, slogadh* in GCh. Pronounced /slogʲimʲ, slogə/.

sloigisc: "riff-raff, rabble"; pronounced /slogʲiʃkʲ/.

slua: "host, army". PUL normally forms the plural of this word, *sluaite* in GCh, with an *-ó-*. While IWM (§92) shows the local pronunciation as /sluətʲi/, /slo:tʲi/ is also found in verse. The genitive plural is *sló*: *neart sló*, "military manpower, a military force". It is also worth noting that this word, masculine in GCh and in the Irish of other writers of WM literature, is generally feminine in PUL's works (*an tslua* here).

smiog: "word, tittle, sound"; pronounced /smʲug/.

smól: "stain". *Smól peaca*, "stain of sin". The words *smál* and *smól* are confused in Irish: in WM Irish, it seems that *smál* refers to "smudge, stain", but *smól* covers both "covering ash, candle snuff" and "blot or stain (of sin)", which may both be regarded as more derived meanings. By contrast, in FGB *smál* is "covering ash; blot, smudge; moral stain" and *smól* "live coal, ember", but also "candle snuff".

smúsach: "pith, pulp".

snáithín: "a thread".

snap: "snap". *Snap droch-mhúinte a thabhairt ar dhuine*, "to snap at someone in an ill-mannered fashion".

snáthad: "needle", or *snáthaid* in GCh, which uses the historical dative.

sneachta: "snow", with *sneachtaidh* in the genitive; pronounced /ʃnʲaxtə, ʃnʲaxtigʲ/.

sníomhaim, sníomh: "to spin; twist"; pronounced /ʃnʲi:mʲ, ʃnʲi:v/. See under *cruaim*.

so is súd: "this and that". *Go bhfuil so nú súd de mhaith ionat*, "that you have some kind of good in you".

so-chreideamhach: "believing, credulous". GCh has *creidmheach*, with a slender *v*.

so-fheicse: "visible", or *sofheicthe* in GCh. Pronounced /soˈikʃi~soˈekʃi/. *Ceann So-fheicse an Teampaill*, "the visible head of the church", a reference to the Pope.

so-thuisceanta: "comprehensible, easy to understand". Compare *sothuigthe* in GCh.

socair: "settled". PUL commented on this word in NIWU (58): "Similarly, *tá sé socair, lán, folamh*, etc., *agam*, not *socaruighthe, líonta, folmhuighthe*".

sochar: "advantage, profit". *Rud a chur chun sochair*, "to turn something to advantage". *Rud a dhul i sochar duit*, "for something to work to your benefit". The phrase is normally *dul chun sochair duit*; *dul i sochar* may have a progressive meaning (working increasingly to your benefit).

sochraid: "(funeral) procession"; pronounced /soxəridʲ/.

socraím, socrú: "to settle (e.g. accounts)"; pronounced /sokəˈri:mʲ, sokəˈru:/. *Socrú air go*, "to decide that".

socrú: "decision"; pronounced /sokəˈru:/.

soilseach: "bright, brilliant".

sóinseáil: "change, changing". *Sóinseáil sa tsaol*, "a change in the world/society".

Glossary

soir siar: "east and west; to the four winds". *Caite soir siar,* "scattered to the four winds".

soiscéal: "gospel"; pronounced /siːʃkʲeːl/.

soiscéalaí: "evangelist"; pronounced /siːʃkʲeːliː/.

soitheach: "vessel", with *soithí* in the plural; pronounced /sə'hɑx, su'hiː/. This was the pronunciation of AÓL as shown in CFBB (197); other speakers (DBÓC) had /sɑhəx, si'hiː/, as if from a form *sathach*, which is mentioned by PSD.

solaoid: "illustration, parable" (*ar rud*).

sólásaí: "comforter". *An Sólásaí,* "the Paraclete", in reference to the Holy Ghost.

solathach: "easily forgiven; venial". This is pronounced /soləhəx/, according to the LS version of the catechism, but derives from *so-loghtha,* as given in PSD. The compound origin of the word has been obscured, giving the present pronunciation.

soláthraím, soláthar: "to get, procure; to seek out (search and find)"; pronounced /slɑːr'hiːmʲ, slɑːhər/.

solmanta: "solemn"; pronounced /soləməntə/. This is *sollúnta* in GCh.

son: "sake". *Ar a shon go,* "even though, despite the fact that".

sop: "wisp, small bundle of straw", with *suip* in the genitive. See under *gal* for *gal suip.*

sórd: "sort", or *sórt* in GCh. *Cómharthaí sóird,* "gestures". This could mean "body language" in Sermon XLVIII.

spairt: "a useless thing; a man falling down drunk".

speabhraíd: "hallucination" (*ar*). Usually plural: *speabhraídí,* "illusions, ravings". Pronounced /spʲau'riːdʲiː/.

speisialta: "special, particular"; pronounced /spʲi'ʃiəlhə/.

speóis: "interest, liking", a variant of *spéis*.

spíce: "spike, long nail".

spídiúchán: "reviling, abusing".

spionnadh: "vigour, liveliness". *Spionnadh ' chur ann,* "to envigorate, animate".

spíosra: "spice, spices"; pronounced /spʲiːsərə/.

spiúnán: "gooseberry", or *spíonán* in GCh. The original text had *spionnán*. *Thabharfadh dealg spiúnáin amach an droch-bhraon atá istigh,* "even a brush against a gooseberry-thorn can produce suppuration", i.e. great evils can arise from small causes.

splannc: "flash of lightning"; pronounced /splauŋk/. *Splannc tóirthni,* "thunderbolt", a phrase that can also be found as *splannc thóirthni.*

spleáchas: "dependence". *Gan spleáchas do,* "independent of, in spite of".

spor: "spur", with *spuir* in the plural.

spreagaim, spreagadh: "to incite, inspire". PUL usually used *spriocaim, spriocadh* (which means "to fix, arrange" in GCh) in the sense of "stir up, inspire", reserving *spreagadh* for usages such as *ceól a spreagadh suas,* "to play music with verve". However, counterexamples exist, and both forms of the word are found with the meaning "to incite, inspire" here.

Glossary

sprid: "spirit", or *spiorad* in GCh. Spelt *spioraid* in the original. *An Sprid Naomh*, "the Holy Ghost", is masculine, with *an Sprid Naoimh* in the genitive, but this word is generally feminine in other meanings and phrases (see *an Annsprid*). *Sprid truaillithe*, "unclean spirit", a phrase that is regularly found in PUL's works without lenition of *truaillithe*, reflecting the homorganic dental word boundary. This is left as it was found in this edition, because *sprid thruaillithe* would in any case be harder to say.

spridiúil: "high-spirited".

spridiúlacht: "spiritedness, high spirits".

spriocadh: "incitement", e.g. to commit sin. The genitive is also *spriocadh*. The genitive in GCh would be *sprioctha*, as the verbal adjective is the genitive of the verbal noun, but it is also possible to see *spriocadh* as one of a number of nouns including *iúnadh* that are not declined for the genitive through confusion of nouns in -*a* and -*adh*. In any case, the pronunciation of *spriocadh* and *sprioctha* would be identical.

spriocaim, spriocadh: the verb *spriocaim* exists in GCh only in the meaning "to fix, arrange", but is used in WM Irish to mean "to inspire", a meaning that is covered by *spreagaim* in GCh.

spriodálta: "spiritual", or *spioradálta* in GCh. This was uniformly spelt *spioraideálta* in the original text, being adjusted here, with one eye on the spelling *spiridálta* found in PUL's Bible manuscripts. This word should therefore be pronounced with a broad *d*.

spriúchaim, spriúchadh: "to lash out, kick with the hind legs".

spriúnlaithe: "stingy, miserly; mean, shabby (of behaviour)", or *sprionlaithe* in GCh.

spriúnlaitheacht: "miserliness; shabbiness (of behaviour)", or *sprionlaitheacht* in GCh.

spuaic: "spire, pinnacle".

spúinse: "sponge".

srang: "string, cord", with *sraing* in the dative/dual; pronounced /srauŋg, sriːŋgʹ/.

srian: "reins" (as on a horse). *Srian a chur le rud*, "to curb or restrain something". *Srian a scaoileadh le*, "to give free rein to". Also *srian a thabhairt do*. *An iomad sriain*, "too much free rein" given to something.

sroisim, sroisint/sroisiúint: "to reach", or *sroichim, sroicheadh* in GCh; pronounced /sroʃimʹ, sroʃintʹ~sroˈʃuːntʹ/.

sruthaim, sruthadh: "to stream, flow, pour forth", or *sruthaím, sruthú* in GCh

stábla: "stable"; pronounced /staːbələ/.

staid: "state". *Staid na ngrást*, "a state of grace". *Ar staid an pheaca*, "in a state of sin". *Staid deirineach* (referring to the final state of a man possessed by seven devils in Luke 11:26), was found four times in the original text without lenition. PUL's *Na Cheithre Soisgéil* (177), edited by Gerald O'Nolan, also has *staid deirineach*. This is edited here as *staid dheirineach* as it seems PUL's editors were applying a rule on delenition between dentals that had become historical by the

Glossary

early 20th century. PUL's Bible manuscripts do have lenition in *staid dheirineach* in Job 42:12.

stailc: "sulk, stubbornness". *Stailc a chur suas*, "to go on strike" and "to become fractious".

staithim, stathadh: "to pick, pluck", or *stoithim, stoitheadh* in GCh.

stalcaíol: "sulkiness, stubbornness". As a verbal noun, *ag stalcaíol i gcoinnibh toile Dé*, "behaving sulkily against the will of God", i.e. chafing against the will of God and the troubles of this life that God has allowed to happen to us.

staraíocht: "recitation". This is glossed in PSD as "carrying on amusing conversation". *Staraíocht cainnte*, "an interesting speech".

stealla-mhagadh: "mocking, jeering" (*fé dhuine*), or *steallmhagadh* in GCh; pronounced /ˈʃtʲalə'vɑgə/.

steille-bheatha: found in the phrase *'na steille-bheathaidh*, "as large as life"; pronounced /nə ˈʃtʲelʲiˈvʲahigʲ/.

stíobhard: "steward".

stíobhardaíocht: "stewardship", or *stíobhardacht* in GCh.

stoirm: "storm"; pronounced /storʲimʲ/.

strac-fhéachaint: "a cursory glance", or *sracfhéachaint* in GCh.

strae: "straying". *Dul ar strae*, "to go astray".

stríocaim, stríocadh: "to yield, submit, give up".

strus: "wealth, means".

stuacach: "stubborn, obstinate".

stuacacht: "stubbornness, sullenness".

stuaim: "level-headedness, self-control". *Gan stuaim*, "aimlessly".

súáilce: "virtue". *Súáilce diaga*, "moral virtue". PUL consistently has no lenition on *diaga* in this phrase, although it is a feminine noun. This may reflect the influence on WM Irish of the 1857 edition of Uilliam Ó Catháin's catechism, where on pp20-21 this phrase repeatedly occurs, without lenition.

suaimhneas: "peace, quietness"; pronounced /suənʲəs/.

suairceas: "pleasantness, agreeableness".

suaithim, suathadh: "to shake, toss about", or *suaithim, suaitheadh* in GCh.

suan: "slumber, sleep".

suarach-le-rá: "insignificant".

suarach: "trifling", but also "mean, contemptible, miserable, wretched". *Is suarach an scéal é*, "it is a wretched/dirty story".

substainnt: "substance". This is a feminine word, but PUL does not prefix *t* to this loan-word, so we read *an substainnt* in the nominative.

suí: "sitting". *Id shuí*, "up and out of bed".

suipéar: "supper"; pronounced /siˈpʲeːr/.

sult: "amusement, enjoyment". *Ag déanamh suilt*, "having fun, amusing yourself".

súsa: "rug, cover, blanket".

tá: this sometimes functions as a particle. PUL explained: " '*Cad é an sgéal é?*' arsa Sadhb. '*Tá, sgéal ait*', arsa Diarmuid. This *tá* is an introductory particle asserting beforehand the truth of the statement which is to follow. It may be regarded as a

Glossary

sort of interjection, the true answer coming after. It is common in conversation" (NIWU, 116).

tábhairne: "tavern"; pronounced /tɑːrnʹiː/. *Tigh tábhairne*, "inn", pronounced /tʹi tɑːrnʹiː/.

tabhairt suas: "education" (*ort*).

tabharthas: "gift", or *tabhartas* in GCh. The plural here is variously *tabharthaisí* and *tabharthaisti*. The GCh plural is *tabhartais*. Pronounced /tourhəs, tourhiʃtʹiː~tourhiʃiː/.

tagaim, teacht: "to come". PUL used the classical spelling *tar* in the imperative, a spelling (which is retained here) that has been adopted in GCh, whereas the form *tair* is more generally found in WM Irish, /tarʹ/. T. F. O'Rahilly used the spelling *tair* in *Papers on Irish Idiom* to transcribe an unpublished manuscript by PUL, *Measgra Cainte* (see p44). *Teacht isteach*, "to come in; to encroach (in various senses)". With *le*, "to be able to": *ní thiocfaidh linn*, "we will be unable to". With *isteach* and *le*, "to coincide with, fit in with": *ní thiocfadh sé isteach in aon chor le mór-mhaitheas Dé an rud a thaithnfeadh linn féin do thabhairt dúinn ar an saol so*, "it would not be at all consistent with divine munificence to give us in this world what we would like". *Teacht anuas*, "to get off (e.g. a horse)".

tagraim, tagairt: "to refer, allude to" (used with *do*); pronounced /tagərimʹ, tagirtʹ/. *An scéal a thagairt do rud*, "to relate the story to something, to use the story to allude to something".

taibhreamh: "dream"; pronounced /təirʹəv/.

taighdim, taighde: "to research, investigate, probe" (*ar rud*); pronounced /təidʹimʹ, təidʹiː/.

táim, bheith: "to be". *Bíodh acu*, "let them do so". Obsolete second-person singular present-tense forms *taoi* and *taíonn tú* are found here. The obsolete second-person plural present-tense form *táthaoi* is also found here.

tairbhe: "benefit"; pronounced /tarʹifʹi/. This is masculine here, but feminine in GCh.

tairbheach: "useful, beneficial"; pronounced /tarʹifʹəx/.

tairgim/taraigim, tairiscint: "to offer, proffer, tender". This verb can have either a broad or slender *r*: /tarəgʹimʹ~tarʹigʹimʹ, tarʹiʃkʹintʹ/. In Sermon XVI we read *chuireadar éagóir ʹna leith, bíodh gur tharaig sé a cheart go macánta do gach fear díobh*, and I retain the broad *r* of the original here. Where *tharaing* is found in the original, it is edited here as *tharraig*, with a double *r*, and so, although the pronunciation is the same, the reader can see that *tharaig* means "offered", but *tharraig* means "pulled, drew". See under *tarraigim, tarrac*.

taisce: "store, treasure". *Rud a chur chun taisce*, "to store something away safely".

taise: "mildness, gentleness". *Gan trua gan taise*, "with neither pity nor compassion".

taise: "relics". *Taise na naomh*, "relics of the saints". This would be plural, *taisi*, in GCh, but PUL uses the singular in a collective sense.

taithneamhach: "pleasing, agreeable; bright, shining", or *taitneamhach* in GCh; pronounced /taŋʹhəvəx/.

563

Glossary

taithneann, taithneamh: "to shine", and also "to please" (with *le*), or *taitníonn, taitneamh* in GCh. Generally in the first conjugation in PUL's works, pronounced /taŋʹhən, taŋʹhəv/. The preterite, *thaitin* in GCh, is found as *thaithn* here, pronounced /haŋʹ/.

talamh: "land". The genitive, *talaimh* in GCh, is generally found here with a slender *l*: *tailimh*, /talʹivʹ/. A variant genitive *talún* is also found here. AÓL had *talúin* with a slender *n* in the phrase *tiarnaí talúin* (*Seanachas Amhlaoibh*, 4). Brian Ó Cuív also mentions *talúin* with a slender *n* in *Irish Dialects and Irish-Speaking Districts* (46). However, this ending is never written slender in PUL's works, and it seems that whereas AÓL accepted a masculine genitive *talúin*, PUL had a feminine *talún* (alongside the masculine *tailimh*).

talant: "talent". This was a unit of measurement, and thus of monetary value too, in the ancient world. The talent is variously stated as equivalent to 36 kg or 59 kg, and as a unit of silver it was equivalent to 6,000 *denarii* or about 20 years' wages. Tearma.ie has *tallann* in this meaning.

támh-néal: "swoon, trance"; pronounced /taːvʹnʹial/.

tan: "time, occasion". *An tan*, "when, whenever".

taobh: "side". *Taobh síos suas*, "upside down, topsy turvy". *Dhá thaobh an scéil a bhreith/thabhairt leat*, "to play both sides of the story, to side with both sides in a dispute, to have it both ways". *Aon taobh acu*, "either one". *An taobh amu' ' thabhairt do dhuine*, "to show someone the door, eject him".

taoiseach: "leader, chief". *Taoiseach céad*, "centurion".

taom: "a fit or attack of illness". *Taom breóiteachta*, "a fit or bout of illness".

tapa: "quickness, vigour". *Gan tapa*, "withered", as of a limb.

tapaidh: "quick", or *tapa* in GCh; pronounced /tapigʹ/.

tarainge: "nail", or *tairne* in GCh.

tarcaisním, tarcaisniú: "to scorn, insult".

tarcaisniúil: "contemptuous, insulting", or *tarcaisneach* in GCh, which is also found here.

targaireacht: "prophecy", or *tairngreacht* in GCh; pronounced /tarəgirʹəxt/.

targairim, targaireacht: "to prophesy", or *tairngrím, tairngreacht* in GCh; pronounced /tarəgirʹimʹ, tarəgirʹəxt/.

tarna: "second", or *dara* in GCh. Where *dara* is found in the original, .e.g. in *An Teagasc Críostaí*, it is retained here.

tárnálaim, tárnáil: "to nail", or *tairneálaim, tairneáil* in GCh.

tarrac: "the ability to draw on something" (*ar rud*). *Tarrac ar airgead*, "access to money".

tarraigim, tarrac: "to pull, draw", or *tarraingím, tarraingt* in GCh. Pronounced /tarigʹimʹ~tarʹigʹimʹ, tarək/. *Rud a tharrac chút*, "to adopt a strategy; to take up a way of behaving".

tástáil: "sample, testing". *Tástáil a bhaint as*, "to try out, test".

tathant: "urging".

teacht: an interjection that appears to mean "coming!", but can just mean "yes!" in context, where a servant is addressed by a master.

Glossary

téad: "rope", with *téid* in the dative.
Teagasc Críostaí (an Teagasc Críostaí): "the Catechism".
teagascaim, teagasc: "to teach, instruct". The plural imperative, *teagaiscidh*, has a slender *sc*.
teaghlach: "household"; pronounced /t′əiləx/.
teampall: "temple, church"; pronounced /t′aumpəl/.
teanachair: "tongs, pliers", or *teanchair* in GCh; pronounced /t′ə'nɑxir′/.
téanam: "come along", part of a defective verb usually found only in the imperative. *Téanam* appears to be derived from a first-person plural imperative, but is used as the equivalent of a second-person imperative.
teanga: "language", with *teangan* in the genitive and *teangain* in the dative. The plural, *teangthacha*, is /t′auŋhəxə/.
teangmháil: "communication, intercourse"; pronounced /t′aŋə'vɑ:l′/. This is *teagmháil* in GCh.
teangmhaím, teangmháil: "to come into contact with something/someone; to touch", used with *le*; or *teagmhaím, teagmháil* in GCh. Pronounced /t′aŋə'vi:m′, t′aŋə'vɑ:l′/.
teann: "tight, taut; forceful, emphatic, assured"; pronounced /t′aun/. *Is mairg a labhrann go teann*, "woe betide him who speaks about others in a bumptious manner".
teannta: "prop, support". *I dteannta ' chéile*, "collected together, placed together".
téarma: "term"; pronounced /t′e:rmə/.
teas-ghrá: "fervent love, zeal".
teastaíonn, teastabháil: "to be wanting, lacking", or *teastaíonn, teastáil* in GCh. *A dteastaíonn de do dhéanamh suas* uses the comprehensive relative particle, meaning "to make up all that is lacking therein".
teideal: "title; entitlement" (*chun ruda*).
teilgean: "substance, profundity, eloquence". This word has other meanings, but is used here to refer to the profundity of the words of a Gospel passage. Pronounced /t′el′ig′ən/.
téim, dul: "to go". It is worth noting that the dependent form of this verb is not always used in WM Irish in the past tense. We normally find *gur chuaigh*, but *go ndeighidh*, /n′əig′/, is found in some passages here. *Cad é an fhaid a raghadh an t-arán*, "how long the bread would last". *Dul fé dhli*, "to submit to a law". *Rud a dhul féna súilibh*, "for something to be visible to them". *Dul leat*, impersonally, "to succeed". *Ní féidir dul leat i bhfad eile*, "you cannot succeed any longer". *Dul uaidh*, "to escape it". *Dul suas*, "to get on (e.g. a horse), mount".
    Impersonally, *dul de* means "to run out": *do chuaigh dá gcuid fíona*, "their wine ran out". The construction *dul de* was the subject of a letter by PUL published in *The Freeman's Journal* on March 17th 1915, where he explained that, despite Michael Sheehan's view that this was an "obscure and unintelligible construction", it was good Irish.
teímheal: "stain"; pronounced /t′i:l/. *Gan teímheal*, "immaculate, without blemish".
teinn: "painful, sore"; pronounced /t′əiŋ′/.

Glossary

teinneas: "soreness", or *tinneas* in GCh; pronounced /t′eŋ′əs/.
teipim, teip: "to fail". The verbal adjective is *teipithe*, where GCh has *teipthe*. Used impersonally: *do theip air*, "he failed at it".
teithim, teitheadh: "to flee". *Teitheadh lena n-anam*, "to flee for their lives" (where *anam* is singular as each person has only one soul/life).
teóra: "boundary, limit", or *teorainn* in GCh, where the historical dative has replaced the nominative. *Gan teóra*, "unlimited, infinite".
tetrarc: "tetrarch", i.e. a ruler of a quarter of a kingdom. The tetrarchs were the four kings who divided up King Herod the Great's kingdom of Judaea upon the latter's death in 4 BC.
thall: "over (in a certain place)"; pronounced /haul/. *An fear thall*, "your neighbour".
thar cheann: "on behalf of". Note that this is not *thar ceann* in WM Irish.
thar: "through, across, past". Note *thorm*, /horəm/, *thorainn*, "past me, past us", spelt *tharam, tharainn* in GCh, which forms were also found in the original text and have been adjusted here. *An Domhnach so a ghoibh thorainn*, "last Sunday". *Thórsu*, "past them", or *tharstu* in GCh. *An lá san thar gach lá eile*, "on that day in particular, on that particular day".
thiar: "west". *Ón ndomhan tiar*, "from the east/from the Occident", delenites the *th* after a dental.
thoir: "east". *Ón ndomhan toir*, "from the east/from the Orient", delenites the *th* after a dental.
thuaidh: "in the north"; pronounced /huəg′/.
Tibérias Caesar: Tiberius Caesar (42 BC-AD 37), Roman emperor from AD 14 to 37.
Tigh Mháire: this appears to be PUL's incorrect rendering of *Tigh Mhóire*, a place on Dunmore Head, Co. Kerry. The phrase "from Donaghadee to Tigh Mhóire" refers to the eastern and western extremities of Ireland. See also *Doncha Di*.
tigh: "house", or *teach* in GCh. The historical dative has replaced the nominative in WM Irish.
tímpall-ghearradh: "circumcision", or *timpeallghearradh* in GCh.
tímpall: "around", or *timpeall* in GCh. The broad *p* in WM Irish is preserved here: /t′i:m′pəl/. *Teacht sa tímpall*, "to come round" (in Sermon LVII of a Sunday in the calendar coming round).
tíolaice: "bestowal, gift", or *tíolacadh* in GCh. The nominative plural here is *tíolaici*. Pronounced /t′əilək′i/.
tionóisc: "accident". This is PUL's regular word for "accident"; *timpiste* in not found in his works.
tíos: "housekeeping". *Fear tís*, "house steward".
tirim: "dry", with *trioma* in the plural. Pronounced /tr′im′, tr′umə/. The plural is adjusted here from *tiorma* in the original text.
tispeánaim, tispeáint: "to show". PUL consistently wrote this word with a broad *t*, as it stands in GCh, but IWM (see the note to §368) shows the pronunciation is /t′is′p′a:nim′, t′is′p′a:nt′/ (or /t′i′ʃa:nim′, t′i′ʃa:nt′/) in WM Irish.

Glossary

tistiún: this was generally "fourpence" in predecimal money, but is stated in Sermon XVI as being equivalent to half a penny in first-century Palestine. GCh has *toistiún*. IWM shows that AÓL also pronounced this word with a broad initial *t*, but PUL always wrote it slender. This word derives from "teston", a silver coin in Europe in the 16th century. Under Henry VIII, the teston was worth a shilling. Later it was 6d, and later still in Ireland, 4d.

titim: "fall". *Titim saibhris isteach chun duine*, "for wealth to come someone's way". *An mháthair ag titim leis*, "the mother sacrificing herself for her child".

tiubaist: "calamity, tragedy", or *tubaist* in GCh. *É ' bheith de thiubaist ort (rud do dhéanamh)*, "to have the misfortune (of doing something)".

tiubaisteach: "calamitous, disastrous", or *tubaisteach* in GCh. CFBB (262) shows *tubaist* with a broad *t*, and *tubaisteach* is found in PUL's *Séadna* (e.g. 86). There are a number of words that are variously spelt with broad or slender *t* in PUL's Irish (for example, both *tionóisg* and *tonóisg* are found in his works), reflecting a wider tendency towards varying realisation of initial slender/broad *t* in Munster Irish.

tiubh: "quick; plentiful, widespread", with *tiúbha* in the comparative, pronounced /t′uv, t′u:/. The GCh comparative is *tibhe*.

tóchaim, tóch: "to dig up, root up".

tocht: "silence; an emotional catch that stops you from speaking".

tógáilt: "lifting", or *tógáil* in GCh. *Tógáilt cínn*, "an advancement or uplift", as of someone getting on in the world.

tógaim, tógáilt: "to lift, take; to raise or bring up a child", or *tógaim, tógáil* in GCh. *Galar a thógaint ó dhuine*, "to catch a disease from someone". *Tógtha le rud*, "taken with something, excited by it or interested in it".

tógálach: "infectious, contagious".

togha: "choice"; pronounced /tou/. *Togha an aireachais*, "the greatest care/vigilance".

toghaim, toghadh: "to choose, select"; pronounced /toum′, tou/. The preterite is *do thoibh sé*, /də hov′ ʃe:/, but *thogh sé* in GCh, which spelling was also found in the original text. Brian Ó Cuív transcribed a note by PUL that accompanied his manuscript translation of the Old Testament that refers to his preferred spelling of the preterite of this word: "there is one other word and I think I must ask you to let me keep it. It is the past tense of *toghaim*, 'I choose'. *Do thoghas* is all right, 'I have chosen' or 'I did choose'. *Do thoghais* is all right. But for 'he chose' I have never heard any Irish but *do thoibh sé*. *Tá sé toghtha* = 'It is chosen' is quite manageable. It is easy to call it *toffa*. But *do thoibh sé* = 'He chose' must stand as it is or you will have nothing. I have seen it written *do thogh sé*. But that is not at all what is said and heard, so I find I must keep *thoibh*. It occurs also in the imperative *toibh é* = 'choose it'" ("An t-Athair Peadar Ua Laoghaire's translation of the Old Testament", 645). The verbal adjective is therefore *tofa*. Yet LASID (Vol 2, question 634, as answered by the respondents for points 15-17) shows that some native speakers in Muskerry and nearby areas had /toug′/ for the imperative and /tout′i/ for the verbal adjective.

Glossary

toibhéim: "blemish, reproach". Probably pronounced /to'v′e:m′/. *Gan toibhéim*, "undefiled".

toil: "wish", with the genitive *toile* here, in contradistinction to the *tola* of GCh. *Más é do thoil é*, "please, if you will": this sometimes has the sarcastic meaning of the English "if you please", as in *duine óg is ea é, más é do thoil é, a dhéanfaidh mar is ceart a dhéanamh, ach ní chuirfidh sé suas níos mó le smachtúchán* in Sermon XLV here. *Toil duine*, "a person's will": there is usually no lenition of *duine* in this phrase.

toiltheanach: "willing".

toilthiúil: "wilful, intentional", or *toiliúil* in GCh.

toirmeasc: "mischief, row"; pronounced /tor′im′əsk/.

toirmiscim, toirmeasc: "to prevent, hinder". PSD has *toirmeascaim*, but I haven't found attestation of the finite verb in WM literature. The verbal adjective is *toirmiscthe*, /tor′im′iʃk′i/. *In sna glúinibh toirmiscthe gaoil*, "within the prohibited degrees of consanguinity".

tóirthneach: "thunder", or *toirneach* in GCh; pronounced /to:rhn′əx/. PUL commented in NIWU (107) that he had never heard this word pronounced without its medial *-th-*; nonetheless, the distinction in pronunciation is exceedingly slight, with /rhn′/ realised as a devoiced /rn′/. The dative is *tóirthnigh*.

tomáinim, tomáint: "to drive", or *tiomáinim, tiomáint* in GCh. Both *comáinim* and *tomáinim* (with a broad *t*) are found in WM Irish.

tómhaisim, tómhas: "to measure, estimate"; pronounced /to:ʃim′, to:s/. Note the broad *s* in the future autonomous, *tómhasfar*.

tómhas: "measure"; pronounced /to:s/. *Tómhas plúir*, "a measure of flour".

tonn: "wave", with *tuínn* in the dative, *tonnthacha* in the nominative plural, *tonn* in the genitive plural and *tonnaibh* in the dative plural. Pronounced /tu:n, ti:ŋ′, tu:nhəxə, tuniv′/.

toradh: "fruit, result". The genitive, spelt *toraidh* in GCh, is pronounced identically and is edited here as *toradh*.

tórramh: "wake, funeral". This can be used as a verbal noun: *duine ' thórramh*, "to hold a wake for someone".

torthúil: "fruitful, productive".

tosach: "beginning, front"; pronounced /tə'sɑx/. *Tosach an scéil*, "the first of the story, the first account of an item of news". *Tosach sláinte codladh*, "the first step to good health is a good night's sleep". *Tosach slí ' bhaint de dhuine*, "to beat someone to it, get in first before someone". With *ar: tosach a thabhairt do thoil Dé ar do thoil féin*, "to give precedence to God's will over your own will".

tosnaím, tosnú: "to start", or *tosaím, tosú* in GCh.

Trae: Troy in what is now Western Turkey. *Na Trae* in the genitive shows this is feminine. Tearma.ie has *Trai*. The fall of Troy (the inhabitants of which possibly spoke an Indo-European language related to Hittite; they were not Greek) in the mythological Trojan War was traditionally dated to 1184 BC. Archaeologists today note that the Troy location was first occupied in 3600 BC and that nine

568

Glossary

layers of urban settlements, Troy I to Troy IX, have been excavated, with Troy IX being devastated by earthquakes in 500 AD. There is no modern consensus on whether the Trojan War, a supposed attack on Troy by Mycenaean Greek states, as recounted in Homer's *Iliad*, was or might have been a historical event.

tráth: "time, occasion". *Ag faire na dtráth san oíche*, "keeping the night watches". *Tráth éigin dá raibh sé*, "at some point in his life".

treabh: "tribe", with *treibh* in the nominative plural. GCh has *treibh* and *treibheanna*. See also *treibh*.

treabhaim, treabhadh: "to plough"; pronounced /tr′aum′, tr′au/. The verbal adjective is edited here as *treatha* (for which see CFBB, 258).

treabhchas: "tribe"; pronounced /tr′auxəs/.

tréad: "flock".

tréanas: "abstinence", e.g. from meat; pronounced /tr′e:nəs~tr′əinəs/.

treas: "third".

treascraim, treascairt: "to overthrow, knock down", or *treascraím, treascairt* in GCh; pronounced /tr′askərim′, tr′askirt′/.

treasna: "across", or *trasna* in GCh. *Treasna trí*, usually "right through", but here we read *mar ar cuireadh an tsleagh treasna trína chroí naofa*. As the Church teaches that the spear did not fully pass through Jesus' heart, the meaning here seems to be "diagonally through to the heart". *Thánag mórthímpall an domhain agus treasna thríd*, "I came in a circuit through the world and to and fro through it".

treibh: "tribe". This form is found here in the singular, alongside *treabh* (q.v.).

tréigean: "abandonment, desertion, dereliction". AÓL and DBÓC had *tréigint*.

tréimhse: "period, term".

treó: "direction, condition". *Rud do chur i dtreó*, "to put in order, arrange".

triail: "trial". *Do thriail a sheasamh*, "to stand trial".

triallaim, triall: "to fare, journey"; pronounced /tr′iəlim′, tr′iəl/. *Ag triall ar*, "with recourse to" in various senses, including going to see someone, bringing something for someone and sending something to someone.

trioblóid: "trouble"; pronounced /tr′ubə'lo:d′/.

Tríonóid: "Trinity". *Féile na Tríonóide*, "Trinity Sunday", the first Sunday after Whitsun (Pentecost).

triúr: "three people", with *trír* in the genitive here where GCh has *triúir*.

trócaireach: "merciful".

troid: "fight". *Troid dílis* found twice here is edited in this edition as *troid dhílis*. Lack of lenition may reflect the hand of an editor in the 1910 edition.

troigh: "foot (measurement)"; pronounced /trig′/.

trom: "heavy"; pronounced /troum/. The comparative is *truime* where GCh has *troime*. *Luí go trom ar*, "to lay stress on".

troma-chroí: "dismay, heaviness of heart".

tromaíocht: "denigration, running down".

troscadh: "fasting, abstinence". The genitive is *troscaidh*, pronounced /troskig′/. *'Na dtroscadh*, "fasting, without having had anything to eat".

trúig: "cause, occasion". *Trúig pheaca*, "cause or occasion of sin".

Glossary

truime: "heaviness", or *troime* in GCh.
trúmpa: "trumpet".
tuairisc: "news, account, description". *Tuairisc duine chur ar (dhuine)*, "to ask someone's whereabouts".
tuama: "tomb".
tuarastal: "salary, wages". *Fear tuarastail*, "hireling".
tuath: "countryside district". The genitive *tuatha* (*tuaithe* in GCh) is used adjectively: *fear tuatha*, "a humble rural man".
tuathal: "the wrong direction; the left". *Ar tuathal*, "in the wrong way".
tugaim, tabhairt: "to give". The historical *bheirim* and *bheireann* are found in some passages here where *tugaim* and *tugann* could have been used. See the discussion under *beirim*. *Tabhairt amach*, "to bring out", in various sense: *rud a thabhairt amach sa Bhéarla*, "to put something in English, translate it, bring out its sense". *Rud a thabhairt leat*, "to grasp or comprehend something". *Tugann cainnt an tSlánaitheóra an chiall san léi go hiomlán*, "the words of the Saviour give full expression to that sense". *É thabhairt suas do dhuine*, "to acknowledge someone's achievement (in some sense)", used in Sermon LVII in the negative sense of "you'd have to give it to him that the shabby deed he did beats all such deeds ever done in terms of its wretchedness". *Tabhair dúinn* in *Na Paidreacha Miona* is edited here as *tabhair dhúinn*; this reflects the transcription *túir úing* found in the LS version of *An Teagasc Críostaí*, where the same prayer is found.
tuilleadh: "more". *Tuilleadh* contrasts, in WM Irish at any rate, with *a thuilleadh*, an adverbial phrase meaning "anymore".
túirligim, túirleacan/túirleac: "to descend", or *tuirlingím, tuirlingt* in GCh. Where *túirleac* was found as *túirling* in the original text, it is adjusted here in line with the form found in Diarmuid Ua Laoghaire's *Cogar Mogar* (2).
túis: "incense, frankincense".
túisce: "sooner, rather". *Ní túisce ... ná mar a ...*, "no sooner (is one thing over) than (another thing happens)".
tuiscint: "understanding". *Tuiscint daonna*, "human understanding". This phrase is regularly used without lenition of *daonna*. *Rud a chur i dtuiscint do dhuine*, "to make someone understand or realise something". *Blianta na tuisceana*, "the age of discretion", i.e. an age when someone knows the difference between right and wrong.
tuise: "measure, dimension", or *toise* in GCh. This is feminine here, but masculine in GCh. *Tuise dá bhfíoraontacht féin*, "a model for their own righteousness".
tumaim, tumadh: "to dip". Note the long vowel in monosyllabic forms such as *do thúm sé* in the preterite.
tumna: "testament", or *tiomna* in GCh.
tur: "blunt, rude".
tús: "beginning". The dative is *túis* here (*ar dtúis*), implying this word is feminine in the dative, although it doesn't seem to be used in WM Irish outside of phrases such as *ar dtúis* and *ó thúis go deireadh*. Munster Irish prefers *tosach* to *tús* in most circumstances.

Glossary

uabhar: "pride". Pronounced /uər/. *Aingil an uabhair,* "the fallen angels". *Uabhar a dhéanamh,* "to display pride".

uachtar: "top". *An lámh uachtair a dh'fháil ar,* "to get the upper hand over".

uaigh: "grave". Note the genitive singular *uagha* found here, in contradistinction to *uaighe* in GCh (the latter form could yield the same pronunciation, but there is no reason not to accept the spelling given in the original). The plural is *uaghanna,* where GCh has *uaigheanna.* Pronounced /uəgʹ, uə, uənə/.

uaigneach: "lonely, desolate"; pronounced /uəgʹinʹəx/.

uaigneas: "loneliness, grief, sadness; a solitary place, solitude"; pronounced /uəgʹinʹəs/.

uan: "lamb".

uathás: "horror, terror; cause of astonishment", or *uafás* in GCh.

uathásach: "terrible; astonishing", or *uafásach* in GCh; pronounced /uəˈhɑːsəx/ in WM Irish.

uathásaí: "quality of being wonderful or astonishing", or *uafásai* in GCh. *Dá uathásaí é,* "however wonderful".

ucht: "chest, bosom". *As ucht,* "for the sake of, on account of".

úil: "knowledge", or *iúl* in GCh. PUL used the spelling *i n-úil* in the original text, showing the *n* to be broad in this phrase, /ə ˈnuːlʹ/. The word *úmhail,* "attention", appears to have become confused with the dative of *eól,* producing *úil.* *Rud a chur in úil do dhuine,* "to let someone know something, to make someone realise something".

uile-chómhacht: "omnipotence"; pronounced /ilʹiˈxoːxt/. *Dia 'n uile-chómhacht,* "Almighty God". In the quarterly journal *An Músgraigheach* ("Séadna", 9), it was stated that the Four Masters of Ballyvourney had had the text of *Séadna* read to them, and insisted on *Dia na n-uile chómhacht* in the genitive plural where PUL had *Dia 'n uile-chómhacht.*

uile-chómhachtach: "almighty", or *uilechumhachtach* in GCh; pronounced /ilʹiˈxoːxtəx/.

Uilliam Ó Catháin: William Keane (1805-1874), a native of Castlemartyr, Co. Cork, Bishop of Ross 1851-1857 and then Bishop of Cloyne 1857-1874.

úiríseal: "lowly, humble".

uisce-fé-thalamh: "intrigue", or *uisce faoi thalamh* in GCh.

um: "about, round". PUL stated in NIWU (112) that *um* was not an obsolete word for him, and that he had always heard *cuir umat do chasóg* for "put your coat on", and not *cuir ort do chasóg.* The combined forms are *umam* /əˈmum/, *umat* /əˈmut/, *uime* /imʹi/, *uímpi* /iːmpʹi/, *umainn* /əˈmiŋʹ/, *umaibh* /əˈmivʹ/, *úmpu* /uːmpə/. See *Stair na Gaeilge,* Ch VI: Gaeilge na Mumhan, §6.22, for discussion of the pronunciation of these forms. *Uim Cháisc,* "at Easter", where *um* is found as *uim* (in line with the process whereby prepositions are often influenced by the third-person singular prepositional pronoun).

úmhal: "humble, obedient"; pronounced /uːl/.

úmhlacht: "humility", or *umhlaíocht* in GCh. *Úmhlaíocht* is also found here, and is the more common form. Pronounced /uːləxt/.

Glossary

úmhlaím, úmhlú: "to humble"; pronounced /uːˈliːmʼ, uːˈluː/.
úmhlaíocht: "humility"; pronounced /uːˈliːxt/.
úmhlú: "humbling". *Úmhlú ' dhéanamh ort féin*, "to humble yourself".
ungaim, ungadh: "to anoint". There is a long vowel in *úng-* before a consonant, *úngfaidís*.
únthairt: "tossing about", or *únfairt* in GCh. *Bain únthairt asat féin*, "give yourself a toss".
úr: "your (pl), or *bhur* in GCh. *Ag úr mbaisteadh* corresponds to *d'bhur mbaisteadh* in GCh, reflecting PUL's view that *ag* should be used in such constructions where the verbal noun has a pronoun object (and *do* where the construction is passive).
urchar: "shot". This is usually pronounced /ruxər/ in WM Irish (see IWM, §421). However, *Scéalaíocht Amhlaoibh* (346) shows that /urəxər/ is possible too. *D'urchar*, /druxər/, "like a shot, at once".
úrlabhra: "speech"; pronounced /uːrlourə/.
úrmhaireacht: "moistness".
úrnaí: "prayer; act of praying".
urra: "warranty, security". The genitive *urraid* is only found in *ceann-urraid*, "leader, chief", pronounced /kʼaun əˈridʼ/. *Urra le rud*, "warranty or assurance of something (sufficient reason to believe it)".
urraim: "respect, deference". With *urrama* in the genitive where GCh has *urraime*.
urraíocht: "security, pledge" (*ar rud*).
urramúil: "respectful", or *urramach* in GCh.
urrús: "assurance" (*ar rud*). *Urrús le rud*, "assurance of something (sufficient reason to believe it)".
usa-de: "all the easier". This is a 'second comparative' form, similar to *feárr-de, miste, déine-de*, meaning "all the more X for it".
usa: "easier", the comparative of *uiriste* (see *fuiriste*). GCh has *fusa*.
úsáid: "use". *Úsáid dílis* found here is edited in this edition with lenition as *úsáid dhílis*. The original may reflect the hand of an editor in the 1910 edition.
V.: versicle, a short statement read by an officiant, to be responded to by the congregation.
váh: a Latin exclamation, meaning "ah! oh!"
vinéigir: "vinegar", or *fínéagar* in GCh. The original text of *An Soísgéal as Leabhar an Aifrinn* had *i mbinéigir*. *Bhinéigir* in PUL's usual form, and it can neither lose lenition nor gain eclipsis, and and an early editor may have erred by adding eclipsis to this loan-word. *Vinéigre* is found in the nominative in Pádraig Ua Buachalla's *Eachtra Phinocchio* (86).

www.ingramcontent.com/pod-product-compliance
Lightning Source LLC
Chambersburg PA
CBHW052106280426
43661CB00117B/1477/J